전쟁하는 신민, 식민지의 국민문화

식민지 말 조선의 담론과 표상

저자 / 역자

차승기 성공회대 동아시아연구소 HK 연구교수
미하라 요시아키[三原芳秋] 일본 도시샤[同志社]대 전임강사
홍종욱(洪宗郁) 일본 도시샤[同志社]대 준교수
와타나베 나오키[渡辺直紀] 일본 무사시[武蔵]대 인문학부 준교수
황호덕 성균관대 국어국문학과 조교수
테드 구센(Ted Goossen) 캐나다 요크대 인문학과 정교수
권나영(Nayoung Aimee Kwon) 미국 듀크대 아시아학과 조교수
정재원 연세대 국어국문학과 강사
김응교 시인, 문학평론가
심원섭 인하대 BK21 동아시아한국학사업단 연구교수
곽형덕 일본 와세다대 문학연구과 박사과정
이종호 성균관대 국어국문학과 박사과정 수료
이주연(Jooyeon Rhee) 캐나다 요크대 인문학과 강사
이재명 명지대학교 문예창작학과 교수, 연극평론가
이영재 일본 도쿄대 공생을 위한 국제철학교육센터(UTCP) 연구원

전쟁하는 신민, 식민지의 국민문화

식민지 말 조선의 담론과 표상

초판 1쇄 발행 2010년 10월 10일
초판 2쇄 발행 2011년 5월 30일
엮은이 와타나베 나오키 · 황호덕 · 김응교 **펴낸이** 박성모 **펴낸곳** 소명출판 **출판등록** 제13-522호
주소 서울시 서초구 서초동 1621-18 란빌딩 1층
전화 02-585-7840 **팩스** 02-585-7848 **전자우편** somyong@korea.com **홈페이지** www.somyong.co.kr

값 32,000원

ISBN 978-89-5626-480-6 93810

전쟁하는 신민, 식민지의 국민문화

식민지 말 조선의 담론과 표상

Behind the lines : Culture in Late Colonial Korea

와타나베 나오키 · 황호덕 · 김응교 편

소명출판

● 책머리에 ●

도쿄에서의 마주침, 1937~1945 혹은 2006~2009

1__ 이 책은 와타나베 나오키를 중심으로 2006년 봄부터 현재까지 도쿄의 무사시대학[武蔵大学]에서 계속되어 온 '인문평론연구회'의 연구 성과를 정리하여 묶은 책이다. 수록된 글의 상당수는 함께 참여했던 일본, 캐나다에서의 학술회의와 각자의 연구 활동 공간에서 이미 여러 언어로 발표된 적이 있다. 하지만 그 성과를 번역하고 수정하여 한 자리에 모으는 일이 우리에게나 학계에 '식민지 말 조선문화' 연구의 변폭들을 확인시켜줄 수 있는 적잖은 의의를 지니리라 보아 이 책을 출간하게 되었다.

연구회를 시작할 당시 도쿄에는 와타나베 나오키 등의 '일본' 학자 외에, 심원섭, 김응교(이상 와세다대학[早稲田大学]), 황호덕(조사이대학[城西國際大学]) 등의 한국문학 연구자들이 모여 있었으며, 그 외에도 식민지기 한국문학 연구를 목적으로 장·단기 체류 중이었던 연구자들이 적잖이 있었다. 여러 사정으로 이번 작업에는 동참하지 못한 분들도 있지만, 연구회는 한국학 혹은 동아시아학의 영역에서 활동하는 다양한 배경의 연구자들이 참여하였고, 그 중에는 연구년을 얻어 체재하고 있는 경우가 많았기에 의욕과 활기가 넘쳤다. 도쿄라는 공간이 많은 이들에게 한국근대문학 연구를 위한 '경유지'로서의 성격을 가진 곳이기에 연구회원들의 면면은 다양한 한편 자주 바뀔 수밖에 없었지만, 그런 사람들이 서로 정보를 교환하는 의미에서 한 달에 한 번씩 가진 것이 이 '인문평론연구회'였다.

편자들 외에, 일본의 오오무라 마스오[大村益夫], 하타노 세쓰코[波田野節子], 세리카와 데쓰오[芹川哲世], 미하라 요시아키[三原芳秋], 후지이시 다카요[藤石貴代], 마키세 아키코[牧瀨曉子], 기시이 노리코[岸井紀子], 최진석(崔真碩), 전설령(全雪鈴) 선생 외 여러분, 한국의 김경수, 차승기, 이영재, 함태영, 곽형덕, 서영인, 김미정, 이혜진, 안지나, 신미삼, 이경분, 신지영 선생 외 여러분, 미국의 최경희, 권나영, 조희경, 권경미, 심미령, 존 글래이드(John Glade) 선생 외 여러분, 캐나다의 테오도르 구센(Theodore William Goossen), 이주연 선생 등 많은 분들이 연구회에 관심을 가지고 참여해 주셨고, 그 중 많은 분들은 이번 책에 본인들의 연구 성과를 기고해 주셨다(이름들을 써가며, 이러한 국가 단위 분류가 원칙 없고 무의미한 것임을 깨닫는다). 그런 의미에서 편자들은 다만 그 성과를 모두고 펼치는 실무자들에 불과하다.

연구회 명칭에서도 알 수 있듯이 이 연구회는 당초 최재서가 1930년대 후반에 주간을 맡아서 발행한 잡지 『인문평론』을 읽어 나가는 형식으로부터 시작되었다. 연구회는 그 이후에 잡지 『국민문학』에 실린 일본어 소설을 읽어 나가는 작업을 거쳐, 지금 현재는 잡지 『신시대』를 읽으면서 일제 말기의 문학/문화 담론에 대한 검토와 연구를 진행 중이다. 그 사이에 여러 분이 거처를 한국이나 북미로 옮겼지만, 새로 참여하게 된 여러 선생님들 덕분에 지금도 지속적으로 연구회를 이어가고 있다.

한국문학을 연구하는데 일본의 수도인 도쿄에 체류한다는 것은 과연 어떤 의미가 있을까 생각해 보게 된다. 아무래도 자료도 연구자도 많이 있는 곳은 서울이다. 정기적으로 연구 모임이 열리고 그때마다 열띤 토론이 이루어진다. 그에 비하자면 도쿄는 많이 나아졌다고는 해도 한국문학 연구에 관해서는 여전히 황무지나 다름없다 할 것이다. 한때 1980

년대에는 한국의 연구자들 사이에서 북한문학 관련 자료를 수집하는데, 도쿄가 놓인 위치의 유용성을 인정받은 시기도 있었다. 옛날의 '대일본제국의 제도(帝都)'에서 식민지 담론과 한국 지식인들의 고민과 고뇌에 관해서 생각해 보는 것도 어느 정도 의미는 있을 것이다. 최근의 이산(離散) 및 포스트콜로니얼리즘 연구에서 재일(在日) 문학이 갖는 중요성도 간과할 수 없다. 그러나 '일본'의 자료 역시 이미 어느 정도 한국에 있는 연구자들 사이에서 축적이 된 요즘이다. 일본에 있어서의 문학 연구 및 인문학의 위축 등으로 인해, 한국 연구자들이 연구 목적으로 찾아왔다고 해서 연구자들 사이에서 꼭 유익한 만남이 보장되는 것도 아닐 것이다. 그러한 한계 의식과 위기감 속에서 각자가 처한 고립을 넘기 위해 시작된 모임이 결과적으로 윤택한 논의와 폭넓은 만남을 가능하게 했다는 점에서 연구회는 각자에게 하나의 위안이기도 했고, 그 자체로 유익한 것이었다.

2__ 식민지 말이라는 시간, 식민지 조선의 작가들이 택한 길과 삶에 대해 각 연구자가 취하는 태도나 평가가 한결 같을 수는 없다. 따라서 각 논문의 주지와 그것이 '모여' 이루어진 책 전체의 지향을 분류하여 요약하기는 실로 어렵다. 요약 소개의 과정에서 취지 자체가 변형되어 전달될 수 있겠지만, 하나의 편서에 전체 얼개에 대한 간단한 해제가 없을 수도 없는 노릇이기에 편성에 대한 간단한 소개로 내용 설명을 대신하고자 한다.

이 책은 식민지 말의 문학 및 문화 현상과 관련된 전체 4부 13편의 논문들로 구성되어 있다. 일사불란한 체계 아래 기획되지는 않았지만 거듭된 연구회와, 함께 참가했던 여러 학술회의들을 통해 아이디어를 나누고 서로에게 도움이 되는 충고들을 들을 수 있는 기회는 많았다.

'제1부 「전시(戰時) 지적 협력의 논리 구조」'에서는 주로 식민지 말의 문학 및 사상의 전체상을 조망한 글들, 특히 '협력의 논리 및 윤리'와 관련된 글들을 실었다. '식민지 말'이라는 시대 표지는 흔히 중일전쟁 이후의 전시(戰時) 체제, '비상사태(예외상태)'라는 비결정성/초결정성의 세계에 대한 파악을 방해하는 요소로서 기능하곤 한다. 차승기의 글은 '삶의 유지라는 생명의 직접적 요구'를 윤리의 기초로 삼았던 사실수리론이 생성되는 특정한 '협력의 윤리적 공간'을 묘사해 보임으로써 식민지 말과 오늘의 정치 기획이 갖는 연동을 검토한 작업이다. 그에 따르면, '사실의 세기'는 질서, 규칙, 형식의 힘이 갖는 허구성이 박탈된 시대인데, 전시/비상사태의 정치 기획은 질서의 (재)구성을 가능케 하는 '형식(화)의 힘'이 박탈된 후 남은 '맨 삶 그 자체'를 정치의 대상으로 삼음으로써, 삶의 유지와 관련된 모든 협력에 '윤리'의 거처를 마련해 준다. 미하라 요시아키의 글은 어빙 배빗(Irving Babbitt), 윈덤 루이스(Wyndham Lewis), T. S. 엘리엇으로 대변되는 경성제국대학 시절의 최재서의 영문학 연구가 이후 그의 사상적 편력에서 어떻게 관통, 혹은 굴절하는지를 해명한 글이다. 그에 따르면, 주지주의(主知主義, 정치주의 비판)·문화방위를 위한 인민전선·제국적 국민주의·문학의 질서론으로 이어지는 최재서의 전향과 재전향에도 불구하고, 'Order'를 최종 심급으로 하는 최재서의 '주체화'의 이론은 동일한 질서 아래에서 변전하고 있었다. 와타나베 나오키의 글은 프롤레타리아 문학에서 민족 협화에 이르는 이기영·한설야의 문학적·사상적 전환을 '만주 유토피아니즘'과 '재발명된 농본주의'라는 두 개의 키워드를 축으로 해명한 글이다. 이민과 농촌 개혁운동이 결합된 형태로 재독(再讀)된 농본주의에 의해, 제국의 광역권이 계급 및 생산 관계의 극복을 달성을 위한 공간으로 재의미화되는 과정, 즉 '식민지적 무의식'이 두만강을 건너가면서 '식민주의적 의식'으로 바뀌는 광경을 그의 분석을 통해 확인할 수 있을 것이다.

'제2부 「세계·제국·로컬—문화의 위계와 고통의 네트워크」'에서는 주로 제국 문화의 위계 및 소수자 문학의 네트워크를 논한 글들을 실었다. 세계와 제국의 위계에 의해 생겨나는 번역의 정치, 인종 문제, 소수자 문학의 문제들이 논해졌다. 황호덕의 글은 제국일본의 문화 편제 속에서 루쉰을 매개로 펼쳐진 김사량과 룽잉쭝[龍瑛宗] 간의 대화—어떤 '고통의 네트워크'를 실마리로 하여, 일본어(상례) 안에 조선(어)라는 예외적 순간을 계속 지정하려 했던 김사량의 문학에 잠재하는 주권적 힘에 대해 논한 글이다. 테드 구센의 글은 김사량의 일본어 소설 「빛 속으로」(1939)와 조이 코가와(Joy Kogawa)의 영문 소설 『오바상(*Obasan*)』(1981) 사이의 비교를 통해, "에스닉 문학(ethnic literature)" 혹은 "이민문학(immigrant literature)"에 있어서의 어린이 모티브가 갖는 의미를 논한 에세이이다. 일본계 캐네디안이 주장하는 '캐나다인됨'과, 겉모습은 비슷할지언정 본질적으로는 일본인들과 다르다는 것을 절대로 잊어버리지 말아야 하는 재일 한국인들의 '조선인됨'을 대치시키는 그의 글을 통해, 피부가 아니라 이름에 의해 분절되는 제국 일본의 인종 정치 및 식민지 조선인들의 자기 부인이라는 심리 기제에 대해 다시금 숙고해 볼 수 있을 것이다. 권나영의 글은 제국 및 민족문학 안에서 거듭 포함과 배제가 반복되어 온 김사량의 문학을, 아쿠타가와상 후보 선정의 과정 및 차후의 평가들로 다시 돌아가 묻는 담론 분석이다. 그녀의 분석에 따르면, 김사량은 주인의 도구가 헤게모니 권력에 저항하는 도구로 바뀔 기회를 엿보는 한편 그람시적 의미에서의 유기적인 지식인이 되고자 노력하였다. 그러나 그의 지향은 더욱 심화된 지배와 문화적 위계에 의해 '자기 민족지학적(self ethnographic)' 설명을 제공하는 도구로서 식민주의자들에게 동원되고 이용당할 위험에 처하게 된다. 그리고 이러한 위험은 해방 후 더욱 현실적인 것이 된다.

'제3부 「시학 · 정치 · 자본—국민문학의 이념과 시장」'에는 국민문학의 기치 아래 창작된 실제적 창작물들과 그것이 유통되는 방식에 대해 논한 글들을 실었다. 김응교의 글은 국민문학론과 일본어 시의 연동과 전개를 논한 연구로, 소위 일본어 '국민시'의 전개를 시기별로 대별하여 각 시기의 특성을 상세히 논한 작업이다. 그의 분석은 국민시론의 식민지적 전개까지를 그 논제로 하고 있는데, 특히 해녀들의 삶을 시화한 김이옥과 지방성에 충실하면서도 거기에 현대성을 내장시키는 방법을 생각했던 김종한의 경우를 통해, 언어에 의한 이데올로기 분절이 갖는 함정을 드러내 보이고 있다. 심원섭의 글은 김종한의 '뒤늦은' 전향 과정과 그 종착지인 신지방주의론을 논하고 있다. 이 글을 통해 우리는 어떻게 한 사람의 민요 시인이 일본 국민문학의 일원이 되어 가는지, 혹은 발레리의 순수시론과 프랑스 상징주의에 경도되었던 이상주의적 시인이 어떻게 제국의 로컬 속에서나마 여전히 '예술인 국민문학'을 쓰게 되는지를 보게 될 것이다. 특히 시국에 대한 부분적 저항 방책이자 심리적 자기 보상책이었다고 할 그의 '신지방주의론'은 식민지의 국민문학이 갖는 한줌의 불온성을 보여주는 의미심장한 사례라 할 것이다. 곽형덕의 글은 당시 제국과 식민지 조선의 문화를 잇는 중요한 고리 역할을 했던 마해송의 니혼대학에서의 행적과 차후 일본 문화계에서의 역할을 검토하고 있다. 조선문화 소개의 에이전시 역을 담당했던 『모던 니혼』, 기쿠치 간, 조선예술상에 대한 세밀한 분석을 통해, 당대 조선문단과 일본문단의 관계에 대한 여러 암시점들을 제공하고 있다. 이종호의 글은 출판신체제의 성립이라는 문화 생산 시스템의 변화가 식민지 조선의 언어 질서에 끼친 영향을 논하고 있다. 국민문학으로 대변되는 조선문학계의 '성과'들이 어떻게 유통되고 또 읽혔는지를 실증적으로 밝혀낸 글이다. 1940년 제 2차 고노에[近衛] 내각의 출범을 기화로 성립된 소위 '출판신체제'는 단순한 검열을 넘어 출판물의 생산, 유통, 소비 영역에 대한 전면적 통제를 수행하는 한편, 일본출판문화협회를 축으로 하여 '유통의 광역화'를 실현하게 된다. 조선문학의 공간은 내지 일본을 경유하여 대동아공영권=유통의 광역권에 절합되는데, 그러한 절합은 '국어'=일본어를 매개로 한 조선문학의 '확장'이라는 환상을 낳았다.

'제4부 「미디어 · 표상 · 국민문화」'에는 식민지 말의 프로파간다 영화 및 국민연극을 다룬 두 편의 글과 식민지기에 형성된 문화적 표상들

이 후기 식민지라는 상이한 문화적 장 안으로 귀환되는 방식을 다룬 글 한 편을 실었다. 이주연의 글은 제국일본의 국책영화 〈사무라이의 딸[新しき土]〉(1937)과 〈망루의 결사대(望樓の決死隊)〉(1943)에 나타난 땅과 여성의 이미지를 통해 근대의 초극 담론과 대동아 공영권 이데올로기가 영화에 어떻게 반영되었는지를 살피고 있다. 근대의 한계에 대한 담론이 전체주의 미학과 맞물려 가는 상황을 묘사하고 있는 이 글을 통해, 우리는 반근대주의적 불안과 무의식이 어떻게 문화의 원형으로서의 여성=땅의 이미지를 통해 매번 '갱신'의 환상에 붙들리는지, 또 어떻게 여성성의 정형화가 보편적 정체성을 통과해 전체주의적 국가사회에 봉사하게 되는지를 보게 될 것이다. 이재명의 글은 조선연극문화협회의 활동을 중심으로, 식민지 말 조선의 국민 연극이 노정했던 문제들을 검토한 시론(試論)이다. 극단(劇團)의 형태로 움직이는 집합적 예술 활동인 연극의 특성, 그에 맞물린 총독부의 개입이 개별 연극인들을 어떻게 고립·순치시키며 조정 가능한 전체로 조직해내는지에 대해 저자는 쓰고 있다. 이 책이 구체적으로 다루고 있는 대상들로부터 약 20년 정도 떨어져 있는 이영재의 글은, 그럼에도 불구하고 우리의 책을 위해 유익했다. 왜냐하면 이 글은 역사의 반복에 대해 말하고 있기 때문이다. 각각 외부와 내부를 배경으로 하는 대륙활극영화와 깡패영화라는 액션영화의 두 계열을 분석하고 있는 이영재의 글에 따르면, 주로 '만주'를 배경으로 식민지의 기억을 재구성하는 영화들은 당시를 '무법천지'로 묘사함으로써 식민지기를 일종의 전쟁상태로 의미화하려는 충동을 보여주는 반면, 주로 내부의 뒷골목을 배경으로 한 〈팔도사나이〉 류의 영화들은 넘치는 폭력에도 불구하고 후기 식민 '분단' 국가의 법적 정당성을 긍정하는 '범법'의 상상력에 의해 지배되고 있다. 식민지를 배경으로 한 일련의 액션영화들을 통해, 우리는 대한민국이라는 후기 식민국가가 어떻게 자신의 전사(前史)를 '법적 안전망' 속에서 다시 구성해내는지를 보게 될 것이다.

3_ 최근 몇 년 간, 한국과 일본, 미국 등지에서는 식민지 조선의 문학 및 문화를 대상으로 한 심도 있는 연구 성과가 거듭 발표되고 있다. 그런 연구물의 공통된 특징 혹은 난관 중의 하나가 언어 장벽으로 대표되는 '전체상 재구(再構)의 어려움'이라 할 수 있지 않을까 생각한다. 일본에서 나온 한 연구물은 식민지 시기에 활약한 한국인 영화감독을 연구하는데 인도네시아어로 된 문헌까지 섭렵했다. 그것은 그 감독이 해방 후에 인도네시아에서 활동했었고 초창기 인도네시아 영화의 역사에서 빼놓을 수 없는 인물이 되어 있기 때문이다. 또는 식민지 시기부터 활약한 어떤 한국인 음악가에 관한 연구는 한국어와 일본어는 물론이고 독일어에까지 능통해야 그 사람 인생의 총체를 조명할 수 있다. 아주 단편적인 사례들이지만, 이와 같은 연구를 하는 데에는 여러 외국어 능력과 연구자들 간의 협업이 필요하다. 그 시대 한국의 지식인들이라는 것이 철저히 '식민지인'인이었던 한편, 그런 까닭에 '제도(帝都)'를 통과해 세계성을 직접 겨냥하고 있었기 때문이다. 물론 그 과정은 낭만적이라기보다는 잔혹한 것이었다. 여러 언어에 대한 능력 자체가 여러 구속의 결과이기도 하기 때문이다. 그런 의미에서 어쩌면 우리에게 여전히 부족한 것은, 그러한 잔혹한 상황들 혹은 복잡다기한 구속들과 대면할 수 있는 용기와 능력인지 모른다. 이 상황, 이 구속들이 여전히 현재적이라는 인식이 없다면, 아마 우리의 연구는 한걸음도 앞으로 나아갈 수 없을 것이다.

제도(帝都)이자 적도(敵都)인 도쿄를 통과해 또 다른 세계의 수도들에 진입하려 했던 한 시기의 열망과 고통. 그것들은 각 논문들이 분석 대상으로 삼고 있는 텍스트 뿐 아니라, 필자들 스스로의 존재론적 고민 속에서도 수험되어야 하기에, 식민지(말) 연구는 물리적으로 뿐 아니라 심리적으로도 매우 어렵고 위태로운 작업이다. 때로는 연구자 스스로가, 때로는 동료들의 도움으로 적극적으로 이와 같은 상황과 대면하며, 서로의 언어 장벽과 그것에 얽혀 있는 식민지 문학 연구의 폐색 현상을 깨뜨리려고 노력하였다. 어떤 작가들에게는 열망이었고, 다른 작가들에게는 적도(敵都)였던 도시에서 공부하고 있다는 자의식, 왼손으로 왼손을 꺾어야 했던—'남의 말'로 '남을 나무라야 했던' 시간들에 대한 묘한 기시감, 언어들 속에서 생각하되 그 위계화에 스스로 저항해야한다는 강박 등이 연구회를 지배했다. 따라서 연구회는 종종 텍스트와 연구자의 배경이 되는 이중언어 상황 혹은 다언어상황을 그대로 반영하는 형태로 진행되곤 했고, 그래서 항상 '효율적'일 수는 없었다. 서로가 가진 앎과 삶에 대한 이해와 배려는 텍스트를 대면하는 과정 속에서도 반복되었지만, 그럼에도 우리는 서로의 인식이나 텍스트·작가의 선택과 그 결과에 대해서만은 준엄해지려 노력하였다. 그럼으로써 보이게 된 어떤 보조선과 같은 것이 이번에 선보이게 된 이 논문들일지 모른다. 부족하나마 식민지 말의 문화 현상이 갖는 국지성과 보편성을 생각해 본 이번 책이 한국 근대문학 연구, 식민지 말 문화 현상에 대한 이해에 얼마간 이바지할 수 있다면 기쁘겠다.

이 연구 성과들이 책으로 나오는 데까지 여러 선생님들의 신세를 졌다. 아무런 보상도 없는 기획에 그간의 성과를 보내주시고 또 거듭된 수정과 번역 작업에 성심껏 응해 주신 연구회원 여러분과 다망한 와중에도 어렵고 번거로운 번역 작업을 맡아주신 홍종욱·정재원·이주연 선생님, 여러 필자의 서로 다른 표기법과 용어들을 정리하며 다섯 번의 교정 작업을 헌신적으로 도와주신 이종호 선생과 장지영, 정병섭, 강문희 님께 감사와 자축의 말씀을 전한다. 특히 이 책을 소명출판의 '연세근대한국학총서'의 한 권으로 출간하는데 적극적으로 힘을 써주신 연세대 국문과의 김영민 교수와 소명출판의 박성모 대표, 윤종욱 님 외 편집진 여러분께 깊은 감사의 말씀을 올린다.

2009년 10월

와타나베 나오키·황호덕·김응교 삼가 씀

● 차례 ●

제3부 시학, 정치, 자본—국민문학의 이념과 시장

제1부
전시(戰時) 지적 협력의 논리 구조

'사실의 세기', 우연성, 협력의 윤리
차승기

최재서의 Order
미하라 요시아키

식민지 조선의 프롤레타리아 농민문학과 '만주'
—'협화'의 서사와 '재발명된 농본주의'
와타나베 나오키

'사실의 세기', 우연성, 협력의 윤리

차승기

> 바보들이나 비평의 쇠퇴를 애석해한다. 비평의 명맥이 끊어진 지 이미 오래인데도 말이다. 비평이란 정확하게 거리를 두는 문제이다. 비평이 본래 있어야 할 곳은 원근법적 조망과 전체적 조망이 중요한 세계, 특정한 관점을 취하는 것이 아직도 가능한 세계이다. 그런데 지금 온갖 사물들이 너무 긴박하게 인간 사회를 짓누르며 다가오고 있다.[1)]

1. 비상사태(예외상태)—비결정성의 세계

1937년 발발된 중일전쟁은 식민지 / 제국 체제 전체에 급격한 변화를 가져오는 결정적인 계기가 되었다. 전쟁이라는 비상사태에 즈음하여 일본은 1938년 4월 1일 '국가총동원법'을 공포했고, 5월부터는 이를 식민지에서도 시행했다. 이미 식민지 조선에서는 같은 해 3월 '제3차 조선교육령'이 공포되어 국체명징 · 내선일체 · 인고단련을 주요 골자로 하는 황민화교육이 강화되고 있었고, 총독부에 의해 6월부터 준비 작업에 들어간 '국민정신총동원 조선연맹'은 중일전쟁 1주년을 기념하여 7월 7일 발대식을 가지고 내선일체 선전과 전쟁을 위한 동원 · 통제 활동을

1) Walter Benjamin, 조형준 역, 『일방통행로』, 새물결, 2007, 135면.

전개했다.

식민지/제국의 관계가 한층 억압적으로 긴밀해지고 동원과 통제가 강화되어가는 이 시기 변화의 조종중심이 전쟁효율성에 있었음은 두말할 필요도 없을 것이다.[2] '전시'라는 비상사태(예외상태)에서 무엇보다 전면에 드러나는 것은 법질서의 내부와 외부에 동시에 존재하는 주권권력의 정체이다.[3] '국가총동원법'이라는 비상법령이 실시됨으로써, 제국주의 주권권력이 법 내부에서 권력 집행의 정당성을 보장받는 동시에 바로 그 법의 효력을 정지시킬 수 있는 초법적 존재라는 사실이 보다 분명히 드러나게 된 것이다. '전시'에 처한 제국주의 주권권력은 평상시의 법과 관행을 정지시키고,[4] '국방'이라는 최고의 유일한 목적을 위해 '내지' 및 식민지 인민들의 생명과 정신의 가장 깊은 영역까지 통제와 동원의 공간으로 끌어냈다. 실로 이 시기 식민지/제국의 정치적 공간의 본질은, '국가총동원 상 필요할 경우'라는 조건만 충족시킨다면[5] 모든 것이 가능하고 모든 것이 금지된다는 데에 있었다.

이렇듯 중일전쟁 이후 총동원체제가 강화되는 과정 속에서 문학인들은 심각한 혼란을 경험하고 있었다. 특히 인식을 통한 표현과 표현을

---

2) '국가총동원법' 제1조에서 규정하는 '국가총동원'이라는 개념("전시-전쟁에 준하는 사변의 경우를 포함. 이하 이와 동일-에 처하여, 국방 목적 달성을 위해 나라의 전력을 가장 유효하게 발휘할 수 있도록 인적 및 물적 자원을 통제 운용함")을 통해서도, 이 시기 식민지/제국 시스템 변화의 주조가 '전쟁효율성'에 맞추어져 있었음을 알 수 있다. '국가총동원법'의 전문은 「国家総動員法」, 中野文庫, http://www.geocities.jp/nakanolib/hou/hs13-55.htm. 참고로 '국가총동원법'이 규정하는 '인적 및 물적 자원'이란 "정신력, 노력 그 외 무형적인 힘과 자원, 설비 등의 유형적인 힘 양방을 포함한 전 국력 구성의 원천이 되는 것 모두"를 뜻한다. 佐藤達夫, 「國家總動員法」, 『國家總動員法·經濟統制法』(佐藤達夫·峯村光郞), 三笠書房, 1938, 28면.

3) Giorgio Agamben, 박진우 역, 『호모 사케르』, 새물결, 2008, 55~60면 참조.

4) 하지만 병역법만은 총동원법에 앞선다. "제4조 정부는 전시에 즈음하여 국가총동원 상 필요할 경우에는 칙령이 정하는 바에 따라 제국신민을 징용하여 총동원 업무에 종사시킬 수 있다. 단 병역법의 적용에 지장을 주지 않는다."(「國家總動員法」)

5) 실제로 '국가총동원법'의 거의 모든 조항은 "정부는 전시에 즈음하여 국가총동원 상 필요할 경우에는"이라는 조건절로 시작되고 있다.

통한 인식의 변증법적 관계를 헤아리며 현실과 문학의 역사성을 반성하고자 했던 작가 및 비평가들에게 총동원의 현실은 그 반성적 거리를 소멸하게 만드는 위협으로 느껴졌다. 더욱이 1935년 '카프(KAPF)'의 해산과 더불어 진보적 운동으로서의 문학의 조직적 기반이 와해되고 이데올로기적 근거도 취약해져버린 후, '주체' 붕괴의 위기를 겪고 있던 문학인들[6]에게 중일전쟁 이후의 사태는 혼란 그 이상의 것이었으리라 짐작할 수 있을 것이다.

임화는 이 같은 혼란을 '말하려는 것'과 '그리려는 것'의 분열로 설명한 바 있다. 즉 그의 말을 빌리면, 이 시기 문학인들은 "작가가 주장하려는 바를 표현하려면 묘사되는 세계가 그것과 부합되지 않고, 묘사되는 세계를 충실하게 살리려면, 작가의 생각이 그것과 일치할 수 없는 상태", 또는 "이상과 현실이 너무나 큰 거리로 떨어져 있는"[7] 상태에 처해 있었다고 하겠다. 요컨대 이를 세계와의 화해불가능성의 경험이라고 바꿔 말할 수도 있을 텐데, 임화의 진술은 단순히 방법적인 과오를 문제 삼거나, 주체와 세계 사이의 시적 조화가 붕괴된 근대적 산문성의 일반적 조건을 반복해서 확인하는 것으로 모조리 환원될 수는 없다. 이 사태는 무엇보다도 주체의 "무력(無力)"[8]으로 경험되고 있었기 때문이다. 흔히 규범적 의미에서의 근대적 시민계급이 부재하다는 데에서 이 무력의 기원이 찾아지기도 했지만, 유독 이 시기에 와서 세계와의 화해불가능성이 문제로 대두되고 있었다면, 이 무력이란 주체를 압도하는

6) 임화는 이와 관련하여, "적극성과 희망 대신 퇴영과 소극성과 절망의 의식이 탄생"한, "'내슈내리즘'도 '쏘시알리즘'도 업서"진 상황에서 "작가가 홀몸으로 현실 아페 서게 된 것"으로 표현한 바 있다. 임화, 「최근 조선소설계 전망(본격소설론)」, 『조선일보』, 1938.5.27.

7) 임화, 「세태소설론」, 『동아일보』, 1938.4.2.

8) 위의 글. 물론 임화 자신은, 세태소설과 내성소설이라는 양식적 편향을 낳은 이 주체의 무력을 극복해야 한다고 주장하면서 본격소설이라는 고전적 소설 양식의 완성을 과제로서 제시한 바 있지만, 당연하게도 본격소설이 주체의 무력 및 세계와의 화해불가능성이라는 사태를 해결할 수 있는 것은 아니었다.

현실의 위력이라는 상대항에 의해 규정된 것으로 보아야 할 것이다.

여기서 주체를 압도하는 위력적인 현실이란, 통상적인 의미에서의 사회현실, 또는 인식론적 의미에서의 대상적 세계, 나아가서는 혁명론적 의미에서의 모순의 투쟁의 장과도 구별되는 존재라고 할 수 있다. 그것은 기존의 질서를 유지할 수도 폐지할 수도 있는 초법적 주권권력의 폭력성이 드러난 현실, 비상사태(예외상태)를 조만간 종결시킬 것인지 끝없이 지속시킬 것인지를 결정할 권리가 전적으로 주권권력에게 주어진 현실, 통제와 동원이 구체적으로 어느 선까지 이루어질 것인지에 대한 결정이 주권권력에게 절대적으로 내맡겨진 현실, 주체의 자율성이 어느 정도의 범위 안에서 작동될 수 있는지를 결코 자율적으로 결정할 수 없는 현실이다.[9] 따라서 주체의 무력이라는 것도 어떤 고정된 실체가 외적인 압력에 의해 밀려난 상태로서 표상될 수 없는, 주체가 그 자체의 경계선이 모호하게 유동하고 있는 상태를 경험할 때 느끼는 불안의 감정에 가깝다고 하겠다. 과감하게 말해서, 중일전쟁 발발과 '국가총동원법' 공포 이후 주체와 세계의 위상은 이전과는 질적으로 전혀 다른 불확실성과 비결정성의 성격을 갖게 됐다고 할 수 있을 것이다.[10]

바로 이 시점에서 발레리가 말했다는 '사실의 세기'라는 표현이 감각적 설득력을 얻으며 문학인들 사이에서 유포되고 해석되고 전유되었다. 당대 유럽 최고의 지성인이라 평가받던 발레리가 우울한 어조로 20세기에 '사실의 세기'라는 이름을 붙였다는 풍문이 식민지 조선에까지 흘러들어온 이후, "바레리-의 말과 가티 금일은 사실의 세기"[11]였던 것이다. '사실'이란 무엇을 지시했는가. '사실의 세기'라는 단순한 규정은

9) 이렇게 볼 때, '현실'이란 단지 객관적인 것이 아니라 주체와 세계의 비대칭적 상호작용의 지평 위에 성립되는 관계적 개념으로 이해되어야 할 것이다.

10) 이는 특수한 영역에 따라, 조선인의 경계가 모호해지는 내선일체의 생명정치적 공간, 조선문학(문화)의 정체성이 재설정되는 국민문학(문화)의 표상정치적 공간에서 그 예를 찾을 수도 있을 것이다.

11) 백철, 「지식계급론」, 『조선일보』, 1938.6.3.

어떤 속성들을 함축하고 있었는가. '사실의 세기'라는 표제 아래에서 무엇이 이야기되었는가. 이 질문들은 전시라는 비상사태(예외상태)를 살아간 문학인들이 주체/세계의 불확실성 및 비결정성을 어떻게 경험했고, 그 속에서 다시금 어떻게 확실성의 근거들을 찾아갔는가를 검토하는 데 결정적인 실마리 역할을 하게 될 것이다. 아울러 이 질문들은 식민지 조선에서 이른바 '친일' 또는 '대일협력'이라는 정치적 지향 및 행위가 애당초 가능할 수 있었던 특정한 윤리적 공간을 열어 보이는 열쇠 역할을 하게 될 것이다.12)

12) '사실의 세기'를 둘러싼 논의는 김윤식의 『한국 근대 문예비평사 연구』(1973) 이래 기존의 한국 근대문학 비평사의 맥락에서 여러 번 다루어진 바 있으나, 대부분의 경우 '사실수리론'으로 요약되는 백철, 유진오 등의 전향 합리화론 이상으로는 의미가 부여되지 않았다. 그러던 것이 최근 친일문학에 대한 새로운 접근 및 일본 사상계와 식민지 조선의 지식인 사이에 형성되었던 동시대성에 주목하는 연구가 이루어지면서, '사실의 세기'를 둘러싼 논의를 역사철학적 전환의 의식, 나아가 '근대 초극론'의 맥락에까지 연결시키고자 하는 시도들이 이루어지게 됐다(예컨대 류보선, 『한국 근대문학의 정치적 (무)의식』, 소명출판, 2005; 이현식, 『일제 파시즘 체제 하의 한국 근대문학비평』, 소명출판, 2006). 하지만 '사실의 세기'라는 기표가 식민지 총동원의 현실 위에 떠돌게 된 '번역' 과정의 해명을 비롯해 '사실' 논의가 지닌 정치적·윤리적 의의에 대해서는 여전히 본격적인 연구가 이루어지지 못하고 있다. '사실'을 둘러싼 논의 자체를 본격적으로 분석하고자 한 시도의 드문 예로는 하정일, 『분단 자본주의 시대의 민족문학사론』, 소명출판, 2002를 들 수 있다. 그는 중일전쟁 이후 대두된 '사실'이라는 기표가 '지성의 반대말', '파시즘의 상징', '문학적 제재' 등의 서로 다른 의미와 연결되고 있음에 주의하면서 '사실'에 대한 태도를 ① 사실수리론(백철), ② 사실회피론(김환태), ③ 사실길항론(임화)으로 구분하고 있다. 그러나 '사실'의 다양한 의미를 세심하게 구별해야 한다는 경고는 이 세 가지의 유형을 나누는 과정에서 잊혀지고, ―당연하게도―'사실길항론'이 윤리적인 탁월성을 인정받는 예정된 결론에 귀착하고 있다. 하지만 문제는, '사실' 논의를 촉발시킨 중일전쟁 시기의 불확실성·비결정성은 사실에 맞서야 한다는 당위적인 진술에 의해 해결되지 않는다는 데 있다. 오히려 이 불확실성과 비결정성의 조건 위에서 주체/세계의 경계를 어떻게 설정할 것인가를 두고 사유된 과정들을 분석할 때, 정치적이고 윤리적인 의의를 갖는 서로 다른 '세계'들이 보다 분명히 보이기 시작할 것이다. 이렇게 볼 때, '사실'은 받아들이거나 피하거나 싸울 수 있는 실체가 아니라 총동원 체제의 생명정치의 임계를 나타내는 표지가 될 것이다.

2. 사실 / 허구의 전도와 정신의 위기

정신의 위기, 지성의 위기, 문화의 위기에 대한 암울한 진단은 발레리에게서 온다. 발레리는 1차 세계대전이 끝난 1919년 「정신의 위기」라는 글을 통해 유럽 정신이 붕괴의 위험에 처해 있음을 경고한 바 있다.[13] 문명에 의한 문명의 파괴로서의 전쟁이 위기 진단의 직접적인 계기가 되었을 법하지만, 실은 보다 근본적으로 인간과 정신의 자유를 추구해 온 근대 세계가 자기붕괴의 해결할 수 없는 궁지에 처해 있다는 판단이 밑바닥에 깔려 있다. 양차대전 사이에 발레리는 정신의 위기를 무엇보다도 "유럽 문화의 동일성의 위기"[14]로 정의하고 있었는데, 이 유럽 문화의 동일성이란 유럽 자체가 아니라 "유럽이 책임지고 있는 **정신**의 보편성, 유럽을 자신의 저장고·자본, 혹은 수도로 갖게 하는 그 보편성"[15]에 다름 아닌 것이다. 그런데 이러한 판단은 역설적이다. 유럽이라는 '특수'한 장소가 정신의 '보편성'의 저장고가 되어 왔다는 모순된 판단[16] 속에 이미 동일성의 균열이 함축되어 있기 때문이다. 이렇게 볼 때 발레리는 마치 정신의 보편성의 '극한' 지점인 **유럽에서야말로** 정신의 위기가 발생하지 않을 수 없다고 진술하고 있는 듯하다. 그것은 어떤 운명처럼 보인다. 이런 운명적 성격을 띤 정신이란 무엇인가.

발레리는 20세기를 '사실의 세기'라고 명명했다고 하는데, 그것은 이전까지의 시대를 지칭하는 '질서의 세기'와 극명하게 대립되는 이름이

---

13) Paul Valéry, 박은수 역, 『발레리 산문선』, 인폴리오, 1997 참조.

14) Jacques Derrida, 김다은·이혜지 역, 『다른 곶』, 동문선, 1997, 32면.

15) 위의 글, 58면. 강조는 원문.

16) "유럽은 **실제로 지금 그대로의** 것이, 즉 아시아 대륙의 한 작은 곶이 될 것인가? 아니면 유럽은 **지금 그렇게 보이는** 것으로, 즉 지상 세계의 값진 부분으로, 지구의 진주로, 엄청난 한 몸뚱이의 두뇌로, 남아 있게 될 것인가?" Paul Valéry, 앞의 책, 239면(강조는 원문).

다.[17] '사실의 세기'가 정신의 위기가 발생하는 시대를 뜻하는 것이라면, 정신이란 틀림없이 '질서'와 깊이 관련된 어떤 것이리라. 과연 발레리에게 있어 '사실'과 '질서'는 어떤 의미를 생산하는 대립인가.

> 하나의 사회는 동물성에서 질서로까지 향상한다. 야만기란 사실의 시대이므로 질서의 시대란 따라서 허구의 제패기임에 틀림없다—다시 말해 육체에 의한 육체의 속박만으로 질서를 세울 수 있는 권력은 전혀 없기 때문이다. 거기에는 허구의 힘이 필요하다.
>
> (…중략…)
>
> 따라서 질서는 **부재하는 사물들이 실재로서 움직일 것**을 강요하며, 또한 그것은 이상이 본능을 균형 잡은 결과이다.[18]

발레리에게 사실의 시대란 단적으로 야만의 시대, 즉 인간적 역사·문화 이전에 놓인 시대이다. 그러나 여기서 '이전'이란 단지 연대기적 과거만을 뜻하는 것은 아니며 역사·문화의 '바깥'이라는 의미까지 함축하고 있다. 인간의 이성·이상에 의해 포획되지 않은 본능의 세계까지 포함하고 있기 때문이다. 이에 반해 질서의 시대란 '허구'의 시대이다. 야만/질서 또는 사실/허구의 뚜렷한 대립을 전제로 한 설명틀이다. 그런데 여기서 발레리의 논점은 사실의 시대가 야만의 시대임을 재확인하는 데 있기보다는, 질서가 가진 근본적인 허구성을 상기시키는 데 있는 것으로 보인다. 그에 따르면, "신성한 것, 정당한 것, 적법한 것, 예의에 맞는 것, 찬미할 만한 것, 그리고 그 반대물들이 서서히 사람들의 뇌리에 그려지고 결정(結晶)"됨으로써 틀지워지고, "글쓰기, 복종되는 제

---

17) "바레리—는 이십세기를 사실의 세기라고 말하얏다. 사실의 세기란 질서의 세기에 대하는 말이다." 최재서, 「사실의 세기와 지식인」, 『조선일보』, 1937.7.2.

18) Paul Valéry, 新村猛 譯, 「『ペルシャ人の手紙』 序」, 『ヴァレリー全集』 第8巻, 筑摩書房, 1967, 174면(원문은 "Préface aux Lettres Persanes", *Commerce* Ⅷ, été, 1926)(강조는 원문). 이하 이 글에서 인용할 때는 PLP라는 약자를 사용하여 본문에 직접 표기.

언, 이행되는 약속, 유효한 비유, 존수되는 습관과 협정—즉 순수한 허구"에 의존하게 되는 "상징과 기호의 왕국", 즉 질서의 세계는 "실로 주박으로 이루어진 건조물"(PLP, 175면)인 것이다. 정신의 자유라는 것도 일종의 마법으로 지켜지고 있을 뿐인 이 질서의 세계가 정착한 이후에야 비로소 가능해진다.

그런데 사실과 본능이 지배하는 욕구의 세계로부터 질서와 규칙의 세계가 분리되어 나옴으로써 인간은 사물 또는 자연에 긴박되어 있던 상태를 점차 잊게 되고 관습의 세계를 유일한 본질적 세계로 간주하게 된다.

> 사람들은 사실이 지배하고 있던 시대로부터 모르는 사이에 멀어져 간다. 예견과 전통의 이름하에 가공의 원경(遠景)인 미래와 과거가 현재를 지배하고 구속한다.
>
> 그렇게 되면, 마법으로 지켜지고 있는 데 지나지 않는 사회상태, 그것이 우리에게는 자연과 같은 것처럼 자연스럽게 보이게 된다. (…중략…) 관계들로 이루어진 이 세계는, 습관으로 인해, 형이하의 세계와 같은 정도로 안정되고, 그와 같은 정도로 천연 자생의 것으로 우리에게 보이기 시작한다.(PLP, 175면. 강조는 원문).

질서의 세계가 제2의 자연이 됨으로써 허구는 사물적 견고함을 획득하게 된다. 계몽이 다시 신화로 복귀하듯이,[19] 자연지배의 완수와 함께 허구가 사실로 이행하는 전도가 발생하는 것이다. 이 전도 위에서 정신은 서서히 대담해진다. "확립된 안전보장조치에 편승하고, 또한 눈앞에 이루어지는 것들의 이유가 소멸한 덕택에 머리를 쳐들고 거친 콧김을 내뿜는"(PLP, 176면) 정신은, 자신의 자유의 전제이자 조건이었던 '사실과

19) Theodor W. Adorno · Max Horkheimer, 김유동 역, 『계몽의 변증법』, 문학과지성사, 2001, 21~79면 참조.

의 투쟁'을 망각한 채 구성된 관계의 세계 안에서 모든 것이 가능하다고 믿어버리게 된다. 이 같은 질서의 세계를 극한까지 몰고 가는 대표자는 부르주아이다. 그는 "존재하는 것을 망각할 때에만 비로소 존재하게 되는 것 때문에 조금도 고통스러워하지 않는 인간",[20] 즉 인간화된 세계 바깥이 존재한다는 것으로 인해 불안해하지 않는 인간이다.[21]

그러나 질서와 규칙의 세계 안에서 모든 것이 가능하다고 믿는 바로 이 정신의 자유의 "운동의 와중에 무질서와 **사실상태**가 재현되고 재생"(PLP, 177면. 강조는 원문)된다. 자연지배의 완수가 오히려 자연상태를 초래하는 역설이 발생한다.[22] 다시 말해, "인간은 스스로의 가장 강력한 사상의 의외의 귀결에 의해 새로운 종류의 야만인으로 되돌아갈 수 있다"(PLP, 177면). 질서와 규칙의 준수에 의해 유지되는 관습의 세계에서 과감해진 정신은 이번엔 사물화된 허구로부터 다시 자유로워지려 할 수 있기 때문이다. 발레리가 예시를 통해 말하고 있듯이, "질서에 있어 필수적인 것은, 어떤 인간이 즉시 교수형에 처해지게 됐을 때 이미 그 인간이 당장이라도 목이 졸리는 것 같다고 느끼는 것"(PLP, 175면)이다. 이 심상의 작용은 질서를 유지하는 허구의 힘과 그 작동방식을 단적으로 보여준다고 할 수 있는데, "이 심상에 큰 신뢰가 따라오지 않는다면 머지않아 모든 것은 붕괴한다"(PLP, 175면).

발레리에게 '사실의 세기'란 자유의 가능성의 조건을 망각한 정신이 초래하는 역설적이지만 필연적인 귀결이다. 이것이 유럽의 정신의 위기

---

20) Paul Valéry, 佐藤正彰 譯, 「詩の必要」, 『ヴァレリー全集』 第6卷, 筑摩書房, 1967, 122면(원문은 "Nécessité de la Poésie", 1937.11.19. 유니베르시테 데 아나르에서 행한 강연).

21) 사실/질서의 대립과 이행을 연대기적이거나 일회적인 것으로 간주하지 않는다면, 발레리의 역사철학적 입장은 주체와 세계 사이의 투쟁으로서의 역사가 종말을 고한 후 나타나는 새로운 인간 유형을 '동물'과 '스노브'로 양분하여 제시하고 있는 코제브의 그것과 만나는 것으로 보인다. Alexandre Kojève, *Introduction to the Reading of Hegel*(Ithaca, N. Y.: Cornell University Press, 1980), 159~162면 제2판의 주석 참조.

22) 발레리가 새로운 사실의 시대를 초래하는 중요한 요인 중 하나로—전쟁보다—"실증과학에 의한 사물의 정복"(PLP, 178면)을 들고 있는 것은 이러한 맥락에서이다.

에 운명적 성격을 부여한다. 그것은 넓은 의미에서 휴머니즘의 세계가 봉착할 수밖에 없었던 막다른 골목이었다고 할 수 있다. 따라서 '사실의 세기'란 유럽이 중심이 되어 만들어 온 근대세계가 외부의 야만에 의해 침해당하는 것을 두려워하는 방어적·배타적 위기담론보다 훨씬 근원적인 근대 비판 또는 유럽의 자기비판과 관련되어 있다.

3. '사실' 또는 새로운 직접성

그렇다면 유럽 정신의 위기에 대한 발레리의 반성적 진단은 어떻게 총동원 시대의 조선에서 전유될 수 있었을까. 이 전유과정에는 근대적 지식의 번역자·매개자로서의 일본의 존재가 필연적으로 전제되어야 했다. 발레리, 지드 등의 글을 동시대의 문맥에 번역 소개하면서 평론활동을 전개하고 있던 『문학계』 동인 가와카미 데쓰타로는 「사실의 세기」(1938.3)라는 글에서 발레리의 위기 담론을 일본의 상황에 접속시키고 있다.

> 지금이야말로 사상의 혼란이라는 것을 그 가장 솔직한 의미에서 입에 담아도 되는 때가 온 것 같다. 물론 혼란 따위의 어구는 현재는 수많은 터부 중의 하나이다. 이 말은 지금은 일반에게서 그 페시미즘 때문에 기피되고 있으며, 혼란을 반성하기보다 새로운 건설적인 희망이나 신념에로 향할 것이 추천되고 있다. 그러나 미리 말할 것도 없이, 나 역시 지금 새로운 건설에 대해 말하고자 하고 있는 것이다.[23]

---

23) 河上徹太郎, 「事実の世紀」, 『事実の世紀』, 創元社, 1939, 64면. 이하 이 글에서 인용할 때는 ZS라는 약자를 사용하여 본문에 직접 표기.

가와카미가 사상의 혼란을 문제 삼을 수 있는 것은 '건설'이 전제되어 있기 때문이다. 건설을 전제할 때 비로소 '혼란'을 말할 수 있다는 논리가 '혼란'의 청산을 목표로 하고 있음은 물론이다. 가와카미는 중일전쟁 발발을 계기로 거대한 사회적 변동이 일어나면서 지금까지와는 다른 새로운 질서가 모색되고 있다고 판단하고, 일본 지식계에 존재해 온 '사상 혼란'의 문제를 해결하기 위해 발레리의 '사실의 세기'를 전유해 오고 있는 것이다.

그는 서구에 있어서의 사상의 혼란이란, "문예부흥기에 시작되어 19세기 실증주의적 시대와 함께 완성된 하나의 중심사상, 강하게 이름 붙이자면 인간중심적 비평주의라고 할 만한 강력한 지성이 이제 바야흐로 몰락"(ZS, 65면)한 데서 온 결과라고 본다. 즉 서구 지성의 몰락은 단적으로 휴머니즘의 몰락이다. "합리주의의 가장 견실한 결론으로부터"(ZS, 66면), "휴머니즘의 세기가 끝난 곳에서"(ZS, 68면) '사실의 세기'가 도래했음을 반복적으로 확인하는 것을 볼 때, 그는 발레리의 위기 담론이 발화되고 있던 맥락을 정확히 이해하고 있었던 것 같다.

그러나 그것은 '유럽'의 사정이다. 가와카미는 근대 세계에 늦게 참여한 일본은 서구 300년의 역사를 겨우 70년에 수료했기 때문에 "휴머니즘의 녹슨 독을 그 정도로 받아들이지 않았다"(ZS, 69면)고 본다. 더욱이 어떤 사상이 한 사람의 전 존재를 지배할 수 있었던 서구와는 달리 일본의 경우엔 사람이 먼저 있고 나중에 사상이 흘러들어왔다 나가는 형태였기 때문에, 비록 위대한 사상체계를 만들 수는 없었을지라도 그 대신에 사상의 병폐에 감염되기는 어려웠다고 본다. 다시 말해 일본은 세기말 이후의 서구에서 나타난 것과 같은 "존재가 비평을 낳는 것이 정상적인 상태임에도 비평이 존재를 규정하는 시대"(ZS, 70면)를 피해갈 수 있었다는 것이다.

근대문화의 세례를 받은 우리나라에서도 당연히 이 비평을 위한 비평의 정신이 수입되었다. 그러나 그것은 다른 유형의 문명들과 나란히 하나의 문화 항목으로서 수입된 것이며, 근대문명에 필연적으로 수반하는 병폐로서 빚어진 것은 아니었다. 현대에 있어 마찬가지로 사상의 혼란이라고 불러도, 서구와 우리나라에서는 이 정도의 차이가 있다. 우리나라에서의 사상의 혼란은 사상의 앞질러감에서 생겨났고, 서구의 그것은 사상의 원숙에 있었던 것이다.(ZS, 70~71면)

이러한 특수성의 강조를 통해 그는 근대 세계가 봉착한 정신의 위기를 유럽이라는 '한 지역의 위기', '한 지역의 운명'으로 상대화한다. 이미 발레리에게서 볼 수 있었던 것처럼 유럽의 자기동일성 자체에 보편성과 특수성 사이의 모순이 존재하고 있었지만, 가와카미는 보편적으로 관련되어 있는 문제를 유럽적 특수성에 회수시키는 방식으로 일본의 문제상황을 분리시키고 있다. 그럼으로써 발레리의 '사실의 세기'에 드리워져 있던 운명적 베일을 걷어버리고, 위기 '극복'의 가능성을 말할 수 있는 담론 공간을 개시하게 된다.

그 위기 극복의 방향은 공허한 휴머니즘의 허구로부터—서구와 구별되는 일본의—'현실'로 복귀하는 데에서 찾아진다. 말하자면, 서구의 경우 휴머니즘이라는 허구가 인간의 전 존재를 지배해 왔기 때문에—즉 자연화되어 왔기 때문에—그 허구가 붕괴될 경우 돌아갈 곳이 없다는 근원적인 위기와 공포를 피할 수 없지만, 일본은 허구가 무너진 후 '일본적 현실'로 복귀함으로써 오히려 진정한 사상의 모랄이 생겨날 수 있다는 것이다.[24] 따라서 가와카미에게 '사실의 세기'란 비로소 '일본적 현실'에 기초한 새롭고도 진정한 사상이 시작될 수 있는 기회이기도 하다.[25] 앞질러 가던 공허한 사상의 추상주의와 사대주의로부터 돌아와

24) 이 맥락에서 1930년대 중반부터 '일본낭만파' 등 전통주의자, 국수주의자를 중심으로 나타났던 "일본적인 것에의 외침은 이러한 추상성을 버리고 현실에 착목하라는 경고로서 더욱 의미가 있는 것"(ZS, 72면)이 된다.

구체적인 '일본적 현실'에서 새로운 문학과 사상을 길어낼 수 있는 기회 앞에는 "일본주의도 구좌익도 없다"(ZS, 75면).

'사실의 세기'를 둘러싸고 나타나는 추상/구체, 서구/일본—나아가서 근대/탈근대('근대의 초극')—등 인식론적·가치론적 계열체들의 재배치는 가와카미에게서만 나타나는 것은 아니었다. 20세기='사실의 세기'가 던져주는 사상적·문화적 과제를 둘러싸고 열린 『문학계』의 한 좌담회에서 미키 기요시는 이렇게 말하고 있다.

> 근대문화가 발전한 결과, 모든 것이 압스트락트하게 되어 왔습니다. 과학이 그러한 압스트락트한 사고를 조장했다고도 말할 수 있고, 거기에 시대의 진보도 있었던 것입니다만, 어쨌든 압스트락트하게 되어 왔던 것이 어떻게 이번에는 콘크리트하게 될 것인가 하는, 그 방도를 찾고 있는 것은 아닐까 하고 생각합니다. 과학의 시대에 대해 사실의 시대라고 말해지고 있는 것도 역시 그러한 느낌이 있는 것은 아닐까 하고 생각하는 겁니다.
>
> (…중략…)
>
> 동양인에게는 아직 그만큼 깊은 페시미즘이 없고, 오히려 페시미즘에 빠져 있는 서양문화에 대해 동양으로부터 새로운 빛을 부여할 수 있다는 희망을 가질 수 있는 점이 있습니다. 거기에서 동양적 지성이라는 것이 문제가 되고 있습니다. 오늘날 서양에는 일반적으로 깊은 페시미즘이 있습니다. 그것을 구원한 것은 고대 사회가 끝날 무렵에는 기독교였는데 이번엔 어떠한 것일지 모르겠지만, 뭔가 그러한 것이 나오지 않으면 안 됩니다. 서양인의 동양에 대한 관심이

25) "진정한 문학이 생겨나고, 진정한 사상이 생겨나는 것은 이제부터라고 나는 솔직히 생각한다. '사실의 세기'는 시작된 것이다."(ZS, 74면) 한편, 가와카미의 책에 대한 서평에서 요코미쓰 리이치 역시 "동시대에 각각 세계를 달리하고 있다고 하는 동서(東西)의 사실, 이것을 '사실의 세기'라고 하는 것이 아니라, 이러한 세기에 하나는 가능성이 없어진 데 반해 하나는 가능성을 발견한 사태의 전개 속도를 가지는 의미"에 주목해야 한다고 쓰고 있다. 横光利一, 「覺書—「事実の世紀」について」, 『文學界』, 1939.9, 인용은 『定本 横光利一全集』 第十三卷, 河出書房新社, 1982, 525면.

라는 것은 그런 점에 있는 것이 아닐까 생각합니다.[26]

미키의 경우에는 추상과 구체 또는 일반적인 것과 경험적인 것을 일종의 중간 형태[形]로서 새롭게 통일할 필요성을 역설하는 맥락에서 말하고 있지만,[27] 그 새로운 통일과 종합의 방향은 추상이 구체화되고 서양이 동양화되는 쪽으로 분명하게 설정되어 있다. 가와카미나 미키가 비록 '사실의 세기'를 환대하고 있는 것은 아니지만, 발레리에게 있어 '사실의 세기'가 정신의 위기의 필연적 귀결인데 반해, 그들에게는 새로운 형태로 관계와 질서를 구축해 갈 수 있는 조건이자 기회로 여겨지고 있었던 것이다. 따라서 "동양적 지성"은 결코 위기에 처해지지 않는다. 가와카미가 "혼란은 우리 안에 있지 사상에는 없다"(ZS, 75면)고 말한 것도 이와 같은 맥락에서이며, 같은 이유에서 '혼란'에 앞서 '건설'이 말해질 수 있었던 것이다. 어쩌면 이곳에 '사실의 세기' 또는 전시기(戰時期)의 '명랑성'의 비밀이 있을 것이다.

흥미로운 것은 이 기회를 마련해 준 것이 다름 아닌 '정치'라는 데 있다. 지금까지 한편으로 사상은 휴머니즘을 추상적으로 추수해 왔을 뿐이고, 다른 한편으로 정치나 국책은 사상의 빈곤 속에서 단순한 방편이나 도구로만 여겨져 왔다. 그러나 "바야흐로 정치가 그 복수를 할 때가 왔다"(ZS, 72면). 가와카미가 말하는 최근 정치정세의 변화가 중일전쟁 이후 총동원체제를 향해 나아가는 과정을 지시하고 있음은 물론이다. 휴머니즘적인 사상의 지향성[28]이 차단당하게 된 것은 비록 정치적・국책

---

26) 「廿世紀とは如何なる時代か」, 『文學界』, 1939.1, 203・205면(강조는 인용자). 이 좌담회에는 미키 기요시[三木清] 이외에 가와카미 데쓰타로, 곤 히데미[今日出海]가 참석하고 있다.

27) 그가 '形'이라고 말하는 이 변증법적 종합의 이상은, 그의 철학체계에서는 '구상력'으로, 정치학에서는 '신화'로, 사회공학에서는 '동아협동체'라는 지역적 공동체 구상으로 나타난다.

28) 이곳에는 개인주의, 자유주의는 물론 "휴머니즘 인생비평의 총결산"으로서의 "좌익적 세계관"(ZS, 73~74면)까지 포함된다.

적 방편에 의한 것이었지만, 이미 휴머니즘으로 구제할 수 없는 시대라는 점에서 "이 경향이 반드시 인위적인 금압이 아니라 사상 자체가 스스로 살아가기 위해 부여한 모랄이기도 한 것"(ZS, 71면)을 인정해야 한다는 것이다. 이곳에서 사상 내적인 요구와 국책적인 요구가 일치된다. 아니, 오히려 사상에 대한 '금압'이라는 정치의 부정적 실천을, "사상의 건강"(ZS, 74면)을 시험할 긍정적 조건으로 받아들임으로써 사상의 위기 자체를 봉합하고 있다고 봐야 할 것이다. 정치가 사상에게 '현실성'을 폭력적으로 상기시키자 사상은 그것을 자신이 안거(安居)할 집으로 받아들였다. 그러나 그 집에 들어갈 것인지 아니면 그것을 파괴할 것인지를 결정할 권리는 사상에게 없었다.

4. 우연성과 아이러니, 또는 '사실'을 대하는 잠정적 도덕 격률

두 번째 격률은, 행동에 있어서 가능한 한 확고하고 결연한 태도를 취하고, 아무리 의심스런 의견이라도 일단 그것을 취하기로 결정했다면 아주 확실한 것인 양 따라야 한다는 것이었다. 이 점에 있어 나는 숲에서 길을 잃은 나그네가 우왕좌왕하면서 이 방향 저 방향으로 왔다 갔다 하거나 혹은 한 자리에 그냥 머물러 있는 것이 아니라, 처음에는 비록 그저 우연하게 한 방향을 선택했을지라도 특별한 이유가 없으면 그 방향으로 계속 걸어가는 태도를 본받으려고 했다. 이렇게 하면 나그네는 자신이 원했던 장소로 곧장 가지는 못할지라도 적어도 숲 한가운데 있는 것보다는 확실히 나은 어떤 장소에 결국 도착할 것이기 때문이다. 이와 마찬가지로 삶에 있어 우리 행동은 어떠한 지체도 용납하지 않는 경우가 종종 있으므로, 아주 참된 의견을 식별할 수 없을 경우에는 가장 개연적인 의견을 따라야 한다는 것은 지극히 분명한 사실이다. 또 어떤 의

견이 더 개연적인 것인지 전혀 알 수 없을 경우에도 우리는 그 가운데 하나를 결정해야 하며, 나아가 그것이 실생활과 연관되어 있는 한 우리는 이후에도 그것을 의심스러운 것이 아닌 아주 참되고 확실한 것으로 간주해야 하는데, 이는 우리로 하여금 이렇게 결정하도록 한 근거가 아주 참되고 확실한 것이기 때문이다. 이렇게 함으로써 나는 이때 이후로 약하고 흔들리기 쉬운 정신을 가진 사람들, 즉 어떤 것을 좋다고 행하다가 나중에 다시 나쁘다고 생각하는 변덕스러운 사람들의 양심을 괴롭히는 모든 후회와 자책에서 벗어날 수 있었다.[29]

백철이 「시대적 우연의 수리」[30]에서 인용하고 있는 대목이기도 하지만, 데카르트가 『방법서설』에서 서술한 이 잠정적 도덕 격률은, 중일전쟁기 총동원 시대를 '홀몸으로' 살고 있던 지식인들의 윤리적 선택과 관련하여 의미심장한 암시를 준다. 기본적으로 데카르트의 이 격률은 —『방법서설』 자체가 그렇듯이—'의심과 회의로부터의 해방'을 지향하고 있다. 어떻게 '의심과 회의'로부터 벗어날 수 있을까. 데카르트는 "우연하게 한 방향을 선택했을지라도 특별한 이유가 없으면 그 방향으로 계속 걸어가는 태도"를 취하고자 했다. 그리고 그 방향이 옳은지 그른지는 알 수 없지만 그것을 "참되고 확실한 것으로" 간주하고자 했다. 혼란스러운 시대에 처해 있으므로 옳고 그름을 판단해 줄 객관적인 근거는 어디에도 없다. 그럼에도 불구하고 자신이 선택하기로 한 것을 참되고 확실한 것으로 "간주해야" 한다. 이렇게 간주할 수 있는 이유는 "우리로 하여금 이렇게 결정하도록 한 근거"가 참되고 확실한 것이라는 데 있다. 그리고 그 '근거'란 '의심과 회의로부터 해방'되고자 하는 의

---

29) René Descartes, 이현복 역, 『방법서설, 정신지도를 위한 규칙들』, 문예출판사, 1997, 175~176면.

30) 백철, 「시대적 우연의 수리—사실에 대한 정신의 태도」, 『조선일보』, 1938.12.2~7. 이하 이 글에서 인용할 때는 AEA라는 약자를 사용하여 본문에 직접 표기. 한편 신남철 역시 당대를 근대 초기의 전환기에 비유하면서 새로운 『노붐 오르가눔』과 『방법서설』의 등장을 요청하고 있다. 신남철, 「知者를 부르는 喇叭」, 『조선일보』, 1938.7.7 참조.

지의 타당성에 다름 아니다. 쉽게 말해서, 길 잃은 숲에서 벗어나고자 하는 의지가 있기 때문에, 어떤 하나의 방향으로 계속 걸어가는 태도가 —적어도 잠정적으로—'참되고 확실한 것'으로 간주될 수 있는 것이다.

이 같은 데카르트의 격률에는 크게 두 가지의 암묵적인 전제가 뒷받침되어 있는 것으로 보인다. 하나가 인간이 지닌 양식(bon sens)에 대한 근본적인 신뢰라면, 다른 하나는 미래세계에 대한 근본적인 낙관이다. 즉 숲을 벗어날 수 있는—주관적인—능력에 대한 신뢰가 한편에 있다면,—객관적으로—숲 바깥의 세계가 "확실히 나은 어떤 장소"일 것이라는 믿음이 다른 한편에 있다. '시대적 우연의 수리'라는 상당히 패배적인 뉘앙스를 풍기는 글 제목과는 반대로, 백철은 기본적으로 데카르트의 이러한 전제를 공유하고 있다.[31]

백철이 처음으로 '사실의 세기'를 거론한 것은 식민지 조선에 총동원법이 적용되기 시작한 직후의 시점이다. 「비애의 성사」[32]를 발표하고 이른바 '과학적 비평 태도'와 결별한[33] 이후 줄곧 개성론·휴머니즘론·지성론 등에 개입해 오던 백철은, '지식계급'이라면 부정적인 현실 속에서도 긍정적인 것을 찾아야 한다고 역설하면서 '사실의 세기'를 끌어들여 오고 있다.

> 바레리—의 말과 가티 금일은 사실의 세기다. 그것도 너무 편벽된 사실과 행위가 과람(過濫)한 세기다. 이 사실의 세기 그것만을 아무리 파라푸레—즈해 봐도 거기서 곳 적극적인 가치를 발견할 수 업기 때문이다. 그러나 우리들은 현

31) 물론 데카르트와 백철이 직접 대응될 수는 없다. 무엇보다도 데카르트적 회의는 근대 전환기의 이른바 '확실성 상실' 이후 "진리로부터 진실성으로, 실재로부터 신뢰성으로"라는 보편적인 주관적 전환을 지시하고 있기 때문이다. Hannah Arendt, 이진우·태정호 역, 『인간의 조건』, 한길사, 1996, 345면 참조. 이곳에서 데카르트는 다만 백철의 '확실성의 근거'가 어디에 놓여 있었는가를 좀 더 잘 드러나게 하기 위해 소환해 왔을 뿐이다.

32) 백철, 「비애의 성사」, 『동아일보』, 1935.12.22~27.

33) 백철, 「批評私論—과학적 태도와 결별하는 나의 비평체계」, 『조선일보』, 1936.6.28~30.

> 실을 이해하는 데 잇서 그것만을 그대로 파라프레－즈하는 대신에 그것과 다른 가치를 봐꿔놋는 법을 알고 잇다. (…중략…) 여기서 사실의 세기를 가치의 세기로 바뀔어서 보는 것이 그것이다. 이 현세에 대하야 가치의 세기를 딴 면에 설정하는 데서 금일에 대하야 적극적인 의미를 찻자는 것이다.[34]

이곳에서는 분명하게 서술되어 있지 않지만, 그에게 있어서도 '사실'이란 질서 및 법칙에 대립되는 개념이다.[35] 그런데 '사실' 속에서는 아무런 "적극적인 가치를 발견할 수 업기 때문"에 그것과 다른 곳에 "가치의 세기"를 설정하고자 한다는 점에서, '사실'은 부정되어야 할 것임에 틀림없다. 개념들이 엄밀하게 사용되고 있지 않지만 문맥을 통해 그가 말하고자 하는 취지를 이해하자면, '사실'은 현실의 한 층위에 불과하며 따라서 그와 다른 층위에서 '가치'를 찾을 수 있다는 것으로 보인다. 그렇다면 '가치'는 무엇에 기초하여 세워질 수 있으며, 어떻게 '사실'의 층위를 벗기고 현실로부터 "적극적인 의미"를 길어낼 수 있는가.

그는 이와 관련하여 지식인에게 "시세(時世)를 불거(不拒)하야 현실적인 것을 일차 수리(受理)하는 정신"[36]을 요구하는데, 이렇게 현실을 받아들이라는 요구를 할 수 있는 근거로 두 가지를 제시하고 있다. 첫째는 "역사의 필연성에 대한 신뢰심"이고, 다른 하나는 "혜지(慧知)를 신빙하는 존재"로서의 지성에 대한 신뢰이다.[37] 데카르트의 도덕적 격률이 근거하고 있는 주관적 능력과 객관적 비전이라는 전제에 그대로 대응되고 있다.

---

34) 백철, 「지식계급론」, 『조선일보』, 1938.6.3.

35) "바레리－가 사실의 세기라는 것은 十九세기가 질서의 세기인 데 대립해서 二十세기의 혼란을 가르친 말이다. 또는 十九세기가 과학과 법칙의 세기인 데 반하여 二十세기는 그 과학적 추상력과 법칙이 실각하고 사실이 그 우에 서는 시대라는 데서다." 백철, 「'사실'과 '신화' 뒤에 오는 이상주의의 신문학」, 『동아일보』, 1939.1.15.

36) 백철, 「속 · 지식계급론－時世를 不拒하는 정신」, 『동아일보』, 1938.7.1.

37) 위의 글, 1938.7.2.

그가 비록 "현실에 대하야 그것이 우연적인 때문에 존재성을 부인하고 그것이 비위에 맛지 안는 때문에 우연과의 우의(友誼)를 거절한다고 해도 현실측에서 머리를 숙이고 문학자와 타협을 청하는 일은 업다. 이쪽에서 침묵하면 이번은 사실편서 도전을 해온다"(AEA, 12.2)고 말하면서, 인간의 주관적 이해와 모든 대상성 형식에 대해 언제나 이미 선행하고 초과하는 객체의 존재를 인정하는 것처럼 보일지라도, 그가 근본적으로 신뢰하고 있는 것은 인간의 역사와 지성이다.

> 금일은 사실의 세기, 사실이 이 시대의 주인공이기 때문이다.
> (…중략…)
> 그러나 사실은 어데까지나 사실이다. 사실은 결국 정신과 직면하지 안코는 의미를 갓지 못한다. 그리고 무엇보다도 그 사실을 살리는 데는 정신의 의미를 면하지 안코는 구원되지 못하는 것이다(AEA, 12.2).

발레리가 정신의 위기의 필연적 귀결로서 이름붙인 '사실의 세기'는 이곳에서 다시 한 번 정신에 의해 극복 가능한 것으로 재맥락화된다. 그것은 물론 가와카미 등에 의해 재맥락화된 개념을 받아들임으로써 가능한 것이었다. 백철은 가와카미 등이 유럽의 정신의 위기를 '유럽의 위기'로 제한함으로써 열어놓은 담론공간, 즉 '사실의 세기'를 구체적인 '현실'에 기초한 새로운 사상에 의해 극복가능한 것으로 설정할 수 있게 만드는 담론공간으로 들어갔다. 그곳에서 백철은 '사실의 세기'를 말하면서도 "정신의 자유세계"(AEA, 12.2)를 논할 수 있었다. 그런데 그 현실이란 말할 것도 없이 제국적 주권권력에 의해 규정된 비상사태(예외상태)의 '동양적 현실'이었다.[38]

38) 백철은 이미 「지식계급론」을 쓸 시점에 "나이팅게일이 아니라 雲雀이 우는 소리에 세기의 연인이 귀를 기우리게 된 시대"라는 비유로 '동양적 현실'을 긍정하고 있다. 백철, 「지식계급론」, 『조선일보』, 1938.6.3.

그러나 가와카미 등에게 정치가 '현실성'을 폭력적으로 상기시킴으로써 추상적이기만 했던 사상에 '보복'을 가하는 힘, 따라서 사상을 현실에 뿌리내리게 하는 힘으로 이해되고 있는 반면에, 백철에게 정치는 피상적이고 우연적인 것, 정신과 문화에 의해 의미가 부여되어야 할 부조리한 것이다. 비록 지금 현실의 중심은 정치이고, "지식인이 몇십년 동안 사색 가운데 몰두해서도 열니지 안는 문을 정치가 일일(一日)에 그 문을"(AEA, 12.6) 열어주었다고 평가하고 있지만, 정치에 의해 개시된 새로운 현실을 의미로 완결시켜주는 것은 그에게 '심원한 문화'의 힘이다.[39)]

> 정치적 행위하라는 것이 지식인의 길압잽이라는 의미를 생각하기 전에 위선 그것이 자체로선 부조리의 행위라는 것에 그 행위가 결코 심원한 것이 아님을 생각해얄 것이다.
>
> (…중략…)
>
> 중대한 것은 그 정치행위가 남기는 우연적인 것이 계기가 되어 우리들 아페 순간적인 예지의 섬광을 던지는 사실이다. 그리하여 심원한 문화의 문제는 그 피상적이요 조리가 없는 정치적인 행위에서부터 시작되는 것이요 전개되는 것이다(AEA, 12.4).

백철은 "정치 그것보다 그 속에 잠재한 역사의 진실을"(AEA, 12.6) 신뢰하는 입장에서 문화 또는 정신의 힘을 통해 정치가 개시한 '사실의 세기'로부터 새로운 미래를 발견할 수 있다고 믿고 있다. 지식계급론에서도 확인할 수 있었던 역사와 지성에 대한 신뢰가 있었기에, 그는 "어떤 성질의 정치든 간에 그 현실이 역사적 소산으로서 가능한 구조의 내

39) 최재서와 함께 백철에게 있어서의 '문화'가 갖는 의미와 이 시기 그들의 문화 이념의 변전에 대해서는 김예림, 「'동아'라는 시뮬라크르 혹은 그 접속자들의 문화 이념」, 『상허학보』 제23집, 2008 참조.

용을 설정하야 최대한도로 유리한 요소를 택하고 그 요소를 중심하고 주체적으로 필연적인 것을"(AEA, 12.4) 만들어내고자 하는 '정치적 현실주의'의 입장을 취할 수 있었다. 정치의 위력에 의해 '구체적인 일본적 현실'로 끌려들어간 일본 지식인들의 태도와, 역사·지성에 대한 신뢰에 기초하여 피상적이고 우연적인 정치를 이용할 수 있으리라고 보는 백철의 태도는 분명히 다른 것이다. 문화가 정치에서 "혈연관계"(AEA, 12.4)를 찾아야 한다고 말하면서도 문화의 입장에서 애써 정치를 얕잡아 보려는 태도라고 할 수 있겠다. 이는 중일전쟁 이후 총동원의 현실에서 '내지'의 지식인들에 비해 식민지 조선의 지식인들이 보다 냉정하고 객관적인 태도를 취할 수 있다는 왜곡된 자신감과도 관련되어 있는 것으로 보인다.[40] 이 자신감이 왜곡된 것은, 장기지구전화 되어가는 중일전쟁을 위해 병참기지로 위치지워진 식민지의 위치, 즉 전쟁에 주체적으로 참여하는 것도 전쟁을 거부하는 것도 불가능한 위치를 마치 전쟁의 현실로부터 거리를 둘 수 있는 위치인 양 이해하는 데서 나오는 것이기 때문이다.[41] 이 연장선에서 백철은 도쿄문단으로부터 "펜부대의 명목으로 30여 명의 문인들이 북지쪽에 동원된 것에 대해 (…중략…) 문화를 위해서는 그다지 신뢰를 두지 않는다"[42]고 말할 수 있었다. 물론 그가 비판하는 이유는 일본 펜부대의 행동이 "전장을 구경거리로 삼는 호기심"에 지나지 않는다는 데 있으며, 그와 대립되는 모델로 "전쟁 그 자체

---

40) "동경 지식인과 여기 지식인 사이에는 그만한 지방적 거리가 지고 잇는 것이다. 그 것은 물론 다만 여기의 지식인이 지방적인 감정과 심리의 차이 때문에 동경인과 같은 행위에 나가지 못한다는 의미보다는 지방적으로 우리들은 비교적 냉정한 입장에서 현세에 대한 지성의 방향을 객관적으로 이해하고 잇는 때문일 것이다." 백철, 앞의 글, 1938.6.7.

41) 이 왜곡된 자신감은 침략당하는 중국의 입장에 대해 전혀 고려하지 않는 태도로도 드러난다. 이 시기 일본, 중국, 조선의 비대칭적 관계 속에서 폭력과 동원과 변혁의 이질적 힘들의 충돌이 생성해낸 담론공간의 특성에 대해서는 차승기, 「추상과 과잉—중일전쟁기 제국/식민지의 사상연쇄와 담론정치학」, 『상허학보』 제21집, 2007 참조.

42) 백철, 「時局と文化問題の行き方」, 『東洋之光』, 1939.4, 25면.

를 하나의 인생적 문제로서, 도덕적 절실함으로서 파악하고 있는" 히노 아시헤이[火野葦平]를 제시하고 있지만,[43] 식민지 조선에서도 김동인, 박영희, 임학수 등이 전선에 동원되고 있던 시점[44]에 이처럼 허위적인 거리두기를 취할 수 있었던 것은 동일한 왜곡된 심리의 작용이 있었기 때문인 것으로 보인다.

이러한 태도는, 법질서 내부와 외부에 동시에 존재하는 초법적인 제국적 주권권력에 의해 지금까지 형식적으로 지속되어왔던 관습의 세계[45]가 붕괴되고 그 안에서 유지해왔던 주체성의 형식들이 결정적으로 용해되는 시기를 겪어야 했던 주체의 불안을 불안으로 경험하기보다는, 불안하고 고통스러운 처지에 놓여 있는 자신을 부정함으로써 보다 높은 위치에 있는 자신을 자랑스럽게 내보이는 아이러니적 태도라고 할 수 있겠다.[46] 그리하여 백철은 가와카미가 "'사실의 세기'는 시작된 것이다"(ZS, 74면)라고 말한 곳에서 "「사실의 세기」의 종료"[47]를 선언할 수 있었고, 적어도 자기 입장에서는 언제나 '문화주의자'로서 정치에 관계할 수 있었다. 생명과 정신 등 주체의 자율성의 가장 마지막 전제까지 정치의 영역으로 포섭되어가는 총동원의 현실에서, 정치보다 우월한 영역에 문화를 설정하고 그 초월적인 곳에 주체 정립의 근거를 마련하고자 하는 이에게는, 실제 세계에서의 정치와의 '혈연관계'는 결코 문화주의자의 불명예가 되지 않는다. 또한 비결정성과 불확실성이 지배하는

43) 위의 글.

44) 김동인, 박영희, 임학수는 1939년 4월 15일부터 한 달 간 '황군위문작가단'으로서 화북 장병 위문을 위해 동원되었고, 복귀 후 『전선기행』(박영희)과 『전선시집』(임학수)을 발표했다.

45) 백철이 "정치적인 지배와는 별개로서 문화는 독자적으로 커다란 지배력을 가지고 잇음"을 주장하면서 문화의 세계에 실제의 세계와 "동등의 가치와 권리"를 부여하는 '문화주의자'의 입장을 취할 수 있었던 것은 이 관습의 세계 내부에서였다고 하겠다. 백철, 「문화주의자가 초한 현대지식인간론」, 『동아일보』, 1937.10.16.

46) 柄谷行人, 이경훈 역, 『유머로서의 유물론』, 문화과학사, 2002, 127면 참조.

47) 백철, 「'사실'과 '신화' 뒤에 오는 이상주의의 신문학」, 『동아일보』, 1939.1.18.

우연성의 세계도 초월적인 지점에서 바라보면 역사의 한 단계로서의 필연성을 가지는 것이고, 그 한 단계로서의 필연성 속에 사는 것은 문화주의자에게 결코 굴욕적인 것이 아니다. 따라서 그는 "어떤 것을 좋다고 행하다가 나중에 다시 나쁘다고 생각하는 변덕스러운 사람들의 양심을 괴롭히는 모든 후회와 자책에서 벗어날 수 있었다."[48)]

5. '현실' 표상의 붕괴와 생활의 발견

'사실의 세기'의 종료를 선언하고 아이러니적으로 정치와의 혈연관계 속으로 들어간 백철과는 달리, 많은 문학인들은 '사실의 세기'에 대해 느끼는 혼란과 불안을 보다 직접적으로 드러냈다. 이 글의 초두에서 서술한 바와 같이, 이 시기 지식인들이 경험한 주체와 세계 사이의 화해불가능성은 각별한 것이었기 때문이다.[49)] 그러나 리얼리즘 전통에 깊이 닿아 있는 문학인들의 경우 객관세계에 대한 부정은 그들의 입장적 일관성을 완전히 배반하는 것이기도 하기 때문에 선택 불가능한 태도였다. 따라서 주체의 붕괴와 정치적 현실의 압도라는 진퇴양난에도 불구하고, 그리고 제국 주권권력에 의해 포섭된 정치적 공간에서 주체와

---

48) René Descartes, 이현복 역, 『방법서설, 정신지도를 위한 규칙들』, 문예출판사, 1997, 176면.

49) 중일전쟁 발발 직후인 1937년 8월 조선일보는 6인의 작가에게 '현대에 대한 작가의 매력'을 묻는 특집을 마련(1937.8.13~19)했는데, 대부분의 작가들은 당대를 부정적 또는 비극적인 시선으로 보고 있다. 유진오에게는 "염증"을 일으키는 시대이고, 이효석은 몸도 마음도 "빈민굴 속에 살고 잇는" 듯하다고 느끼며, 박태원조차 "매혹이라 할 매혹을 느끼고는 잇지 안"다고 대답하고 있다. 반면 김남천의 경우는 "착잡한 현상과 혼란된 樣姿에도 불구하고 이를 뚤코 흐르는 역사적 추진력을 간파하고 그의 본질을 예술적으로 인식할랴는 곳에"서 매혹을 느낄 수 있다고 쓰고 있다. 김남천의 입장에 대해서는 뒤에서 좀 더 자세히 살펴볼 것이다.

세계의 경계 자체가 불확실하게 유동하고 있음에도 불구하고, 어떤 형태로든 부정적인 세계와의 관계를 설정하지 않으면 안 되었다.

특히 리얼리즘의 이론적 정교화에 기여해 온 임화에게 이 무렵 주체/세계의 화해불가능성은 조선 소설의 기형화를 낳은 근본적인 조건으로 이해되었다. 즉 한편으로는 세계와의 대면을 포기한 채 내성에 침잠하고 다른 한편으로는 주체적인 비전에 괄호를 친 채 세태만을 개관하는 조선 소설의 분열은, "사실에 처리에 곤혹하고 잇는 문학"의 모습일 뿐만 아니라, "놀라운 사실" 앞에서 "어찌해야 조흘지 모르는 제 자신과 꼭 같은 초상"[50]이었다. 그러나 그는 일본을 통해 재맥락화되어 온 '정신의 위기' 및 '사실의 세기' 논의에 중요한 수정을 가한다. 가와카미에게도 백철에게도 '정신의 위기'는 유럽이라는 한 지역의 위기였고, 따라서 '동양적 현실'에서 '사실의 세기'의 극복가능성이 말해질 수 있는 담론공간이 개시되었다는 점은 이미 말한 바와 같다. 그런데 임화는 발레리의 위기 담론을—가와카미 등과 같이 공간화가 아니라—시간화함으로써 또 다른 담론 공간을 열어놓는다. 다시 말해 발레리의 위기 담론을 역사화하고자 한다.

> 우리는 '바레리'가 19세기에 탄생하야 19세기에 교육을 받고 전혀 교양과 문화와 생활에 잇어 완전한 19세인(世人)인 것, 나이가 벌서 작고한 전세기(前世紀) 작가들과 동년배라는 사실을 잊어서는 아니 된다.
>
> '바레리'에 잇어 문제는 그에게 잇어 '토—키'가 이해하기 어려운 시끄러운 예술인 것 이상으로 20세기는 알 수 없는 세계다.
>
> 우리는 이 사실이 전혀 20세기란 시대의 추악한 데 잇다느니보다 오히려 20세기의 사실 앞에 19세기의 지성이 무력해진 증거라고 생각해야 하지 안흘가 한다.

50) 임화, 「사실의 재인식」, 『동아일보』, 1938.8.25. 이하 이 글에서 인용할 때는 RF라는 약자를 사용하여 본문에 직접 표기.

> 벌서 20세기의 사실이 19세기의 지성으로 파악될 수 없음은 19세기의 왕자인 시민의 지배권이 20세기에 와서 근본적으로 동요되엇다는 대서 증명되는 것이다(RF, 8.25).

복수의 지성과 사실이 있다. 그리고 그 지성들과 사실들은 서로 다른 시간성을 보유한 채 '역사적 현재'에서 충돌하고 있다. 특히 날카롭게 충돌하고 있는 것은 19세기적 지성과 20세기적 '사실'이다. 19세기적 지성이 개인주의, 자유주의 등으로 대표되는 부르주아 계급의 이념에 응축되어 있다고 할 때, 20세기적 '사실'은 그 이념들이 근본에 있어 허구적으로 구성된 것임을 드러내면서 나타나고 있는 현상들이다. 임화에게 있어 20세기적 '사실'로 파악되는 것은 일차적으로 프롤레타리아트의 대두와 사회주의 혁명이다. 그리고 이 '사실'에 입각해 역사를 재구성하는 입장에서 새로운 "20세기의 지성"(RF, 8.25)이 등장할 수 있었다. 그러나 이미 과거의 것이 된 19세기적 지성은 물론 20세기의 지성마저 패배시키면서 바야흐로 새로운 20세기적 "사실의 압력이 범람"(RF, 8.25)하고 있는 것이다. "요컨대 실제로는 두 가지 색다른 조류의 지성적인 것이 한 개의 사실 앞에 방황하고 잇는 것이다"(RF, 8.28). 임화가 서 있는 곳에서 이 또 하나의 20세기적 사실이 전쟁합리성에 의해 구성된 총동원의 '동양적 현실'을 뜻했음은 말할 것도 없다.

그러나 19세기적 지성과 20세기적 지성을 시간적으로 구별하고 있다고 해서, 임화가 19세기적 지성을 배제하는 방식으로 20세기적 지성을 고수하려 했던 것은 아니다. 부르주아적 지성도 프롤레타리아적 지성도 모두 패배하고 있음을 인정하고 있을 뿐만 아니라, 그 패배의 원인을 "시민적 지성이나 20세기의 새 지성이나 하자(何者)를 물론하고 지내치게 제 논리의 자율성 속에 칩거함"(RF, 8.28)에서 찾고 있기 때문이다. 임화는 리얼리스트의 입장에서, 주관의 예단과 편견을 초과하며 진행하는 현실의 물질적 과정이 인식의 원천이 되어야 함에도 불구하고 논리적 일관성과 정합성의 틀에 사로잡혀 현실의 변화를 포착하지 못했음을 비판—자신이 지니고 있었던 낭만주의적 편향에 대한 자기비판을 포함하여—하고 있는데, 이는 질서와 규칙으로 세워진 허구의 세계가 필연적으로 붕괴하게 되리라는 발레리의 경고와 본질적으로 맥을 같이 하는 이해라고 볼 수 있을 것이다.

그리하여 임화는 기정사실을 인정한 위에서 "사실과의 길항"을 주장하며 "우리의 정신 활동의 방향을 일체로 사실 가운대로 돌려 그 사실의 탐색 가운데서 진실한 문화의 정신을 발견"(RF, 8.28)할 것을 권한다. 이는 분명히 백철의 아이러니적 태도와 구별되는 것이다. 백철은 생명과 정신을 모조리 정치의 영역에 포섭시키는 총동원의 세계에 말려 들어가면서도 그것에 허위적으로 거리를 둔 불변하는—문화주의적—지성의 위치를 고수하려 했지만, 임화는 지성의 개조를 각오하면서 '사실의 세기'에 부딪치고자 한다.[51)]

임화는 규범적으로 이해해 왔던 주체/세계의 경계가 붕괴되고 비결정성과 불확실성의 공간이 확장되어가는 현실에서 그 경계를 재설정하려 시도했다고 볼 수 있을 것이다. 여기서 규범적인 주체/세계의 경계가 유지되는 상태란 양자의 화해가 가능한 상태 또는 세계에 대한 주체의 근본적인 신뢰가 흔들리지 않는 상태라고 할 수 있다. 그것은 이를테면 "현실의 발전이 결과하는 지점이 자기의 사상의 논리적 결과와 일치되리라는 예상"[52)]이 의심받지 않는 상태이다. 이러한 의미에서 기존의 리얼리즘이 대상으로 간주했던 '현실'로서의 세계란 "현상으로서의

---

51) 이러한 지성의 개조에 대한 각오야말로 그가 말하는 "시련의 정신!"(RF, 8.28)의 내용일 것이다. 아울러 문학론의 영역에서 지성의 개조는 리얼리즘 개념 자체의 수정을 뜻한다. 이 시기 임화를 비롯한 비평가들의 리얼리즘 개념의 변모과정을 다룬 연구로는 손정수, 「1930년대 한국 문예비평에 나타난 리얼리즘 개념의 변모양상」, 『개념사로서의 한국 근대비평사』, 역락, 2002 참조.

52) 임화, 「생활의 발견」, 『태양』, 1940.1; 임화, 『문학의 논리』, 학예사, 1940, 333면. 이하 이 글에서 인용할 때는 DL이라는 약자를 사용하여 본문에 직접 표기.

생활과 본질로서의 역사를 한꺼번에 통합한 추상물"(DL, 334면)이다. 말하자면 그 말의 현혹성에도 불구하고, '현실'로서의 세계는 언제나 이미 구성된 결과물이라는 점에서 주관성 내부의 표상이다. '사실'의 폭력적인 압도에 의해 붕괴된 것은 바로 이 '현실' 표상, 그리고 그와 같은 표상을 자기 맞은편에 세울 수 있는 능력을 소유한 주체였다. 이 상황에서 기존의 주체/세계 관계를 반성적으로 고찰하고 그 경계를 재설정하고자 하면서 임화는 '현실' 대신 '생활' 개념에 주목하게 된다.

> 현상이란 현실에 있언 늘 일상성의 세계다. 일상성의 세계란 속계 우리가 어떠한 경우에도 거기서 헤어날 수 없고 어떠한 이상도 그 속에선 일개의 시련에 부닥드리지 아니할 수 없는 밥먹고, 결혼하고, 일하고, 자식 기르고 하는 생활의 세계다(DL, 334면. 강조는 인용자).

일상성의 세계로서의 '생활의 세계'는 주체/세계의 경계가 모호한 영역이다. 오히려 '세계−내−주체'라고 할 수 있는 양태로 상호침투하고 상호구성함으로써 이루어지는 과정적인 영역이라고 할 수 있다. "고전적 의미의 소설 양식의 완성"[53]을 조선 소설의 과제로 주장하던 임화의 이상은 '사실' 앞에서 시련을 겪게 되는데, 이 시련은 단순히 이상을 남몰래 지키고 견고하게 하기 위한 것이 아니라 이상의 주관적 한계를 시험하기 위한 것이었다. 따라서 '현실'에서 '생활'로의 이행은, 어감이 주는 편견과는 정반대로 회피가 아니라 오히려 세계와 마주하는 방향으로의 이행이며, 정치가 실제로 작동하고 있는 곳에서 주체/세계의 경계의 형성과 변동을 반성적으로 고찰하는 방향으로의 이행이다. 주어진 조건을 긍정적으로 받아들이는 신세대의 '자연주의적' 경향을 문제 삼으면서, 그 자신이 비판해왔던 세태소설에 대해 "시정생활이나, 혹은 자기성

53) 임화, 「최근 소설계 전망(본격소설론)」, 『조선일보』, 1938.5.28.

찰의 근면하던 작가들도 근원적으로 낡은 시대의 정신적 습속의 정리와 새 시대 현실의 향수(享受)를 위한 여러 가지 고심에 찬 준비에 급급하고 잇섯던 것"[54]으로 평가한 것은 이러한 맥락 위에서라고 하겠다.

6. 시정(市井), 풍속 또는 '사실'의 문학화

한편 임화에 의해 '세태'와 '내성'에로의 편향을 보여주는 작가로 비판되었던 유진오와 김남천 등은 단지 이론적으로만이 아니라 작품 창작과 병행하여 다른 입장에서 이 이행을 시도하고 있었다. 초기부터 지식인의 문제를 그 생활의 측면에서 주로 다루어왔던 유진오는, 이 시기 기존의 문학들이 안고 있는 문제들에 이의를 제기하는 방식으로 일상성 또는 생활에 주목할 것을 주장했다. 그리고 '사실의 세기'는 이러한 주장을 강화하는 중요한 근거로서 도입되고 있다. 특히 그는 '사실의 세기'에 대응되는 문학적 대안으로 '시정문학'을 제안하는데, 역설적이게도 이는 기존의 조선문학이 지닌 후진성을 탈피하기 위해서이다. 유진오는 "조선의 신문학이 30년을 두고 걸어온 길—그것은 세계문학의 계열에의 비약이라는 꼴에 비해 볼 때에는 아직도 전도요원한 것이라고 아니할 수 없다"[55]고 평가하고는, 단순히 조선적인 것을 집적해도 세계적으로 될 수는 없기 때문에 일개 지방문학에 떨어지지 않기 위해서는 "세계적인 조류와 보조를 가치하면서 인간적, 일반적인 감정과 신경으로 조선적 특수적인 생활을 파들어가야만"(NWC, 1.11) 한다고 주장

54) 임화, 「신세대론」, 『조선일보』, 1939.7.2.

55) 유진오, 「조선문학에 주어진 새길」, 『동아일보』, 1939.1.10. 이하 이 글에서 인용할 때는 NWC라는 약자를 사용하여 본문에 직접 표기.

한다.[56] 따라서 변화되는 정세를 주시하면서 조선문학의 세계문학화에 노력해야 함에도 불구하고 기존 작가들은 예전의 세계관을 고수하려고 할 뿐 달라진 현실을 보지 못한다고 비판한다.

이에 반해, "20대 작가의 고민은 절망적이 아니고 건설적이오 병적이 아니고 건강하다. 이리해 그들의 문학은 비록 인생의 근본상을 종합적으로 탐구하는 것은 못된다 하더라도 적어도 왜곡된 방향으로 이끌어 가지는 안흐며 또 유유히 **사실**에 즉해 있는 것"(NWC, 1.12. 강조는 인용자)이라고 본다. 그는 젊은 작가들의 새로운 경향을 평가하는 과정에서 발레리를 이렇게 전유하고 있다.

> 그러면 그들에게 잇어서 특질적인 것은 무엇인가. 그것은 인간적 일반적인 눈으로 기성사실을 솔직히 받어드리고 그 사실 우에 서서 인간상을 조탁하려는 것이다.
>
> 기성사실을 그대로 받어드린다는 것은 대단히 어폐가 잇는 말이나 이론보다 사실이 자꼬 앞서는 현대에 잇어서는 피할 수 없는 일이다. 발레리가 현대는 '사실의 세기'라고 말한 것도 표현의 애매로부터 오는 여러 가지 해석이 잇을 수 잇다 해도 결국은 이런 의미의 말이라고 보는 것이 오를 것이다(NWC, 1.12).

그는 발레리의 '사실의 세기'를 "기성사실을 그대로 받어드린다"는 태도와 결합시킨다. 이 말 자체는 '사실'과의 직접적인 관계가 가능하기라도 한 듯한 연상을 불러일으키기도 하고, 주어진 세계를 수동적으로 받아들이고 긍정하는 태도로도 읽히지만, 유진오는 오히려 이 무렵 일

56) 이와 관련하여 다른 곳에서 유진오는 "정말 의미의 새로운 창조는 (…중략…) 풍토적 이질성을 통해서 도리혀 他와의 정신적 동질에까지 도달하고 다시 그곳에서 빠저나감으로써 他에서 볼 수 업는 새로운 정신적 가치를 창조하는 것"을 과제로 제시하고 있다. 유진오, 「독창의 문학으로」, 『매일신보』, 1940.8.2. 이 문제는 일본의 국민문학 내에서 조선문학이 차지하는 '지방문학'으로서의 성격을 둘러싼 논의와 이어진다.

관되게 작가적 개성으로서의 '눈', 그리고 그 '눈'으로 본 현실의 독자적인 '구성'이야말로 작품의 생명이라고 말하고 있었다.[57] 그래서 처음엔 '사실의 세기'의 새로운 경향으로 주목하기도 했던 젊은 작가들의 작품 경향을 "사실의 격류의 표면을 안일히 부침하는 것"[58]이라고 비판하기도 했던 것이다. 그렇다면 그가 '사실의 세기'를 전유하는 맥락에서 "인간적 일반적인 눈으로 기성사실을 솔직히 받어"들인다는 것은 무엇을 뜻하는가. 유진오 자신의 말을 빌리자면 그것은 아마도 "색안경을 쓰지 안코 제 자신의 타고난 눈으로써 사물을 본다는 것"[59]에 가까운 것이리라.

> 세상에는 흔히 색안경을 쓰고 시퍼하는 이가 많다. 혹은 '정치'의 안경을 혹은 '엽기'의 안경을 혹은 '탐미'의 안경을. 그러나 그들의 눈 우에 안경이 씨어 잇는 한 그들이 본 인간생활이라는 것은 벌서 그 자연이 아니고 인위적으로 물드려진 것이다.
>
> (…중략…)
>
> 그러나 이곳에는 한 가지 더 부처 둘 중대한 조건이 잇다. 그것은 사람의 '눈'이라는 것은 일부의 사람이 상상하듯이 만인공통 영원불변의 것이 아니라는 것이다. 도리혀 그 반대다. 눈이야말로 환경 교양 취미 역사 사회 기타 모든 조건에 의해 실로 복잡미묘하게 구성되고 제약된 것이다.[60]

색안경이란―정치적인 것이든 예술적인 것이든―어떤 현실에 앞서 놓이는 관념적이고 외적인 목적이나 이데올로기로서, 그 특정한 목적에 부합하고자 할 때 현실을 왜곡시키고 마는 인위적 장치를 뜻한다. 유진

57) 이원조 · 유진오 대담, 「산문정신과 레알리즘」, 『조선일보』, 1938.1.1; 유진오, 「작가의 '눈'과 현실구성」, 『조선일보』, 1938.3.2 등 참조.
58) 유진오, 「'순수'에의 지향」, 『문장』, 1939.5, 136면.
59) 유진오, 「작가의 '눈'과 현실구성」, 『조선일보』, 1938.3.2.
60) 위의 글.

오가 '사실의 세기'를 흔쾌히 인정하면서, 폐기해야 할 낡은 세계관이라고 했던 것이 바로 이러한 인위적 장치에 해당될 것이다. 그러나 이 인위적 장치를 버리고 새롭게 작가가 가져야 할 개성으로서의 '눈' 역시 엄밀히 말하면 인위적인 것이다. 그 또한 이 '눈'이 소박한 직접성의 상징이 아님을 뚜렷이 의식하고 있다. 하지만 이 '눈'은 정치주의, 탐미주의 등의 관념적이고 외적인 목적에 의해 부여된 것과는 달리, 환경, 교양, 취미, 역사, 사회 등, 즉 주체 / 세계의 상호작용 속에서 주체에게 육체화된 어떤 능력과 더 관계된 것으로 보인다. 그 능력이란 다름 아닌 '모랄'이다.

사회 역사적 규정요소들이 작가의 '눈'으로 응집될 때 그것은 작가의 모랄이 된다. 이에 비한다면, 정치주의, 탐미주의 등의 이데올로기 내에서 얻게 된 '색안경'은 윤리적으로 무책임한 것이다. 그리하여 유진오는 관념적 이상의 입장에서 세속적 세계를 부정하는 "푸라톤적 고답보다는 차라리 소피스트적 시정성"(NWC, 1.13)을 선택한다. 그리고 자신의 모랄을 의식하면서 '사실'이 새로운 모랄을 만들어가는 과정을 포착하고자 했다.[61] 이러한 윤리적 입장에서 '사실'을 받아들이고자 했기 때문에 유진오는 '시정문학'의 길을 제시하면서도 '순수'를 말할 수 있었다.

유진오는 세계를 대상화할 수 있는 주체의 안정적 거리 확보가 불가능한 상태에서 섣불리 확실성의 기반으로 새로운 가상을 받아들이기보다는[62] 모랄화된 작가적 개성('눈')을 통해 '사실' 탐구의 길을 걷고자

61) 당시 발표됐던 그의 작품들에 대해 "모랄의 저하라든가 혹은 속물에의 접근" 등의 비판이 있었음에도 불구하고, 그리고 그 자신이 "고도의 모랄과 철학적인 통일로써 위대한 작품을 제작함"이 불가능한 현실이라고 고백하고 있음에도 불구하고, 시정문학의 핵심이 "시정을 편력하야 그곳에서 영원의 인간상을 발견"(NWC, 1.13. 강조는 인용자)하는 데 있다고 주장하는 것을 볼 때 그의 관심이 생활의 현실 속에서 형성되는 새로운 모랄을 포착하는 데 있었음을 알 수 있다.

62) 유진오는 "사실을 사실로써" 받아들이는 태도가 소극적인 것임을 인정하지만, "각개의 분산적인 사실과 사실 사이에 통일적인 연락을 붙이고 그곳에서 어떠한 새로운 근본원리(三木 씨의 소위 '신화')를 찾어내랴" 하는 시도는 통일적 원리를 찾는 것이 원

했다고 할 수 있을 것이다. 그러나 그의 이러한 선택은 현실의 다양한 측면을 포착하고자 하는 작가들이 가지게 되는 극히 일반적인 리얼리즘적 태도와 별 차이를 보이지 않는다. 문학에 앞서 주어진 관념과 이데올로기는 작가들에게 언제나 적이었다. 그는 "혼돈의 세기가 요구하는 문학은 오직 사실의 문학이 잇을 뿐"(NWC, 1.13)이라고 선언하고 있거니와, 그에게 '사실의 세기'란 실로 작가가 이데올로기적 편견에서 벗어나 다양한 문학적 제재와 고투해야 할 시대, 따라서 작가적 모랄에 다름 아닌 "문학정신"[63]을 열정적으로 발휘하여 '사실' 속에서 참된 것을 길어 올려야 할 시대이다. 이렇게 볼 때, 그가 '사실의 세기'를 "조선문학의 재출발"의 시점으로 이해하고 '사실의 문학'을 통해 "세계문학의 계열에의 약진"(NWC, 1.13)을 기대했던 것도 이유가 없는 것은 아니었다. 그리고 이처럼 유진오가 '사실의 세기'를 기성사실을 그대로 받아들이는 태도와 결합시켜 조선문학 재출발을 선언하는 계기로 전유할 수 있었던 근거는, '사실의 세기'를 초래한 '정신의 위기'를 비문학적 고정관념과 이데올로기의 위기로 이해했던 사정과 분리될 수 없을 것이다. 앞서 주어진 이데올로기로부터 벗어나 문학이 마주해야 할 '사실'이란 유진오에게 있어 유일한 '현실'이었다.

한편 1930년대 중반부터 자기고발, 모랄론, 풍속론, 관찰문학론 등 일련의 소설개조론을 전개하고 그에 입각해 작품 실험을 지속해 오던 김남천 역시 이 무렵 유진오와 유사하지만 조금은 다른 입장에서 '사실'과 대면하고자 했다.

김남천은 이미 '카프'가 해체된 이후 관념적으로 주어진 세계관을 통해 현실을 이상화했던 주관주의적 오류를 폭로하면서 '이데올로기적 주체화 과정'의 정치학에 대해 비판해 왔다. 이 비판은 구체적으로 '카프'

칙적으로 불가능한 시대에 오히려 "유해한 독단에 빠질 뿐"이라고 경계하고 있다(NWC, 1.12).

63) 유진오, 「'순수'에의 지향」, 『문장』, 1939.5, 136면.

에 속해 있던 문학인들의 소부르주아적 계급성을 폭로하는 것으로 출발했지만, 이후 주체화가 어떤 과정을 거쳐 이루어지는지를 드러내기 위해—'개인'이라는 개념이 아닌—유일무이한 존재자로서의 '자기'가 사회적으로 구성되는 모랄화에 주목했고, 나아가서는 "생산관계의 양식에까지 현현되는 일종의 제도(예컨대 가족제도)를 말하는 동시에 다시 그 제도 내에서 배양된 인간의 의식인 제도의 습득감(예컨대 가족의 감정, 가족적 윤리의식)까지를 지칭"[64]하는 '풍속'을 통해 당대의 주체화의 구조를 포착하고자 하였다. 그리고 이 연장선에서 일련의 발자크 연구를 통해 주체/세계가 상호작용하고 상호구성하는 과정을 세계의 측면에서 드러내고자 '관찰문학론'에까지 나아간 바 있다.

비록 직접 '사실의 세기'를 전유해오는 방식으로 '사실'의 문제를 다룬 적은 없지만, 김남천은 줄곧 리얼리즘적인 관점을 유지하며 세계와의 관련 속에서 주체가 형성되는 과정을 포착하는 문제에 집요하게 매달리고 있었고, 특히 중일전쟁 발발 이후 세계의 변화를 주체/세계 관계 속에서 어떻게 문제화할 것인지를 고민해왔다.[65] 그의 일련의 소설론적 실험은 이러한 고민의 연장선 위에 있었던 것으로 보인다. '고발' 및 '자기고발'이라는 것도, 구체적으로는 프롤레타리아 문학에서 주체의 존립 근거 역할을 해 왔던 이데올로기의 허구성을 폭로하는 작업이었지만, 그 방향성에 있어서는 주관적 이상이 만들어 놓은 맹목의 베일

64) 김남천, 「일신상 진리와 모랄」, 『조선일보』, 1938.4.22; 정호웅 · 손정수 편, 『김남천 전집』 Ⅰ, 박이정, 2000, 359면. 김남천의 이 풍속 개념은 도사카 준[戸坂潤]에게서 온 것이다(戸坂潤, 『思想と風俗』, 平凡社, 2001, 20면 참조). 아울러 임화의 '세태'와 김남천의 '풍속'의 대비를 통해 중일전쟁기 이후의 전환기 의식을 다룬 것으로 차승기, 「임화와 김남천, 또는 '세태'와 '풍속'의 거리」, 『현대문학의 연구』 제25호, 2005 참조.

65) "객체로서의 생활과 세계가 알게마이네 크리제(전반적 위기—인용자)의 시대에 있어서는 여하한 것인가를 이론적으로 인식하는 것으로써 끝나는 것이 아니라 작가가 이 문제를 얼마나 절실하게 자기 자신의 것으로 하고 있는가, 그리고 이러한 가운데서의 자기 자신을 얼마나 사회 전반의 문제 속에서 해결하면서 있는가가 중요하였다." 김남천, 「도덕의 문학적 파악」, 『조선일보』, 1938.3.9; 정호웅 · 손정수 편, 앞의 책, 340면.

바깥으로 나아가고자 하는 의지와 이어져 있다고 하겠다. 그것은 곧 주관적 가상 바깥에서 '사실'을 대면하고자 하는 지향성이라고 할 수 있을 것이다.[66] 따라서 김남천은 이 같은 '고발'과 '회의'로부터 비롯된 필연적 귀결로서 "'발자크적인 것'으로 표현할 수 있는 강렬한 묘사의 정신"[67]을 실천하는 '관찰문학'에로 나아가게 된 것이다.

그가 발자크에 주목하는 것은 물론 마르크스·엥겔스적인 맥락에서의 '리얼리즘의 승리' 명제와 관련되어 있다. 하지만 주체/세계의 관계가 유동하는 '전환기'의 맥락에서 발자크는 비결정적이고 불확실한 세계에 통일적 설명을 부여하려는 일체의 주관적 가상을 거부하고자 하는 시도와 관련되어 있다.

> 몰아성(沒我性)은 끝까지 자기과신을 경계한다. 후안무치한 자기주관과 개인취미를 경계한다. 관찰자의 (작자의 주관의) 관찰의 대상(현실세계)에 대한 종속—그러나 이러한 명제 가운데서 작자의 사상이나 세계관이 몰각되었다고 생각하는 자는 우매한 이해력이다.[68]

김남천은, 발자크가 편집광적인 묘사의 정신을 통해 부르주아적 세계가 형성되어가는 역사의 명암을 깊이 포착할 수 있었던 것처럼, '전환기'의 세계를 '자신의 대상으로' 포착하고자 하는 욕망을 좌절시키면

---

66) 1939년의 소설계를 개관하는 자리에서 김남천은 자신과 유진오의 작품을 "체험적인 것 내지는 관념적인 주관을 적당히 모랄로서 남겨 가지면서 사실의 세계로 들어가려는 경향", "내성적인 것, 주관적인 것을 들고서 사실의 내부에 내려와서 그곳에서 생활적 진실을 찾으려는 방향"으로 분류하고 있다. 김남천, 「토픽 중심으로 본 기묘년의 산문 문학」, 『동아일보』, 1939.12.22, 정호웅·손정수 편, 앞의 책, 563~564면. 아울러 이데올로기 혹은 주관적 가상으로부터 벗어난 곳에 '모랄화된 자기'가 있다는 점에서도 김남천과 유진오의 공통점이 있을 것이다.

67) 김남천, 「토픽 중심으로 본 기묘년의 산문 문학」, 『동아일보』, 1939.5.6; 정호웅·손정수 편, 앞의 책, 492면.

68) 김남천, 「관찰문학소론—발자크 연구노트 3」, 『인문평론』, 1940.4; 정호웅·손정수 편, 앞의 책, 598면.

서 그 세계 자체에 몰입할 수 있는 '몰아성'의 태도를 견지하고자 한다. 그는 '주관을 대상에 종속시키는' 리얼리즘을 통해 '전환기'의 풍속을 관찰함으로써 '전환기의 구조'를 드러내고 나아가서는 그 초월의 계기 또는 '전환기' 너머로 도래할 세계의 가능성의 계기를 내부로부터 찾고자 하였던 것이다. 이곳에서 주관/대상 또는 주체/세계의 관계는 소설론의 맥락에서 설정된 것이지만, 소설론의 맥락에로 환원시킬 수 없는 문제들과 깊이 관련되어 있다. 그 스스로 소설 장르의 역사철학과 일련의 소설론적 탐구를 "소설이 전환기의 극복과 피안의 구상에 참여할 수 있는 길"69)과 결부시키기도 했지만, 문학에서의 주체/세계의 관계 설정은 현실에서의 윤리적 판단과 분리될 수 없는 부분이기 때문이다. 김남천의 소설론을 사회적인 문맥으로 옮겨 놓는다면, 중일전쟁에 '세계사적 의의'를 부여하거나 총동원 사회를 근대 부르주아 사회 이후의 대안적 공동체의 원리로 설명하는 등의 주어진 해석모델을 거부하고 총동원 사회 속에서 주체/세계의 관계가 변형되어가는 과정을 직시하고자 하는 입장이라고 할 수 있을 것이다.

> 첫째로 이야기하여야 할 위험성은 전환기라는 것을 극히 짧은 시간으로 생각하려는 의견이다. (…중략…) 세계를 통일할 하나의 구상이 나타나서 세계적 욕구를 만족시키는 시기까지를 생각해 본다면, 혹은 4,5년을 가지고 종식될 줄로 믿었던 이 전환기가 한 사람의 생애 같은 것은 게눈 감추듯이 집어삼킬는지도 알 수 없다.70)

김남천은 이른바 '신체제기'(1940.7)에 접어든 이후의 시점에서 이 말을 하고 있다. '대동아 신질서' 건설이 슬로건으로 표방되는 한편으로, 비상

69) 김남천, 「전환기와 작가」, 『조광』, 1941.1; 정호웅 · 손정수 편, 『김남천 전집』 I, 박이정, 2000, 689면.
70) 김남천, 앞의 글; 정호웅 · 손정수 편, 앞의 책, 682~683면.

사태(예외상태)를 정상상태로서 고착화시키는 '고도국방국가'가 새로운 질서로 강요되고 있을 때, 그는 조급하게 '새로운 원리'가 수용되는 경향을 경계하고 있는 것이다. 개인 또는 사적 영역이라는 부르주아적 자율성의 가상을 무참히 파괴하면서 모든 생명과 자원을 총체적인 동원의 장 속으로 끌어들이는 현실에서, 따라서 주체/세계의 관계가 안정적으로 상호작용을 맺을 수 없는 현실에서, 주체와 세계의 화해불가능성을 주체의 측에서부터 '고발'해 왔던 김남천은, 이번엔 주관을 대상에 종속시키는 방식으로 '사실'의 세계를 관찰하고 그곳에서 새롭게 형성될 세계의 모습을 찾고자 한다. 새로운 원리 또는 새로운 확실성의 근거에 설 수 없었던 주체는 '사실'의 세계에서 그 원리와 근거를 발견하려고 했지만 일본의 패전으로 식민지 상태가 끝나기 전까지 그것은 결코 찾아질 수 없었다. 그에게 있어 '전환기'는 종결불가능성을 내포하고 있었기 때문이다.[71]

7. 협력의 윤리적 공간

지금까지 발레리의 '사실의 세기'가 번역되고 재맥락화되고 전유되는 과정을 실마리 삼아 식민지 조선의 문학인들이 중일전쟁 발발 이후 총동원 시대의 불확실성과 비결정성의 상황을 어떻게 경험했고 그 안에서 주체/세계의 경계를 어떻게 재설정하고자 했는지를 주로 백철,

71) 이 '종결불가능성'은, 「길 우에서」(『문장』, 1939.7)와 『사랑의 수족관』(『조선일보』, 1939.8.1～1940.3.3)과 『1945년 8·15』(『자유신문』, 1945.10.15～1946.6.28), 그리고 「낭비」(『인문평론』, 1940.2～1941.2)와 「경영」(『문장』, 1940.10)과 「맥」(『춘추』, 1941.2) 등 작품 하나하나로 완결되지 않는, 나아가서 작품 바깥의 세계를 향해 개방되어 있는 김남천 자신의 연작 소설 형식을 통해서도 드러난다.

임화, 유진오, 김남천 등을 통해 살펴보았다. 백철, 임화, 유진오, 김남천은 각각 구별되는 어떤 유형이나 모델로서 제시된 것이 아니라, 이른바 근대 세계가 붕괴된 이후 도래하게 될 새로운 원리들이 모색되던 이 '전환기'에, 기존의 규범적인 주체성 형식이 무너지면서 주체/세계의 경계가 어떤 방향으로 움직여가고 있었는가를 보여주는 경향성들로서 의의를 가질 것이다.

주체/세계의 경계가 형성되는 접점은 질서/사실, 이상/실제, 의지/조건 등의 접점과 겹쳐진다는 점에서, 무엇보다도 윤리의 문제를 환기시킨다. 세계가 주체의 바깥에 사물적으로 놓여 있는 것이 아니라면, 그리고 주체/세계의 관계가 앞서 주어진 고정불변의 일의적 틀이 아니라면, 따라서 주체의 입장과 실천에 따라 세계 자체가 재편성되고 세계의 구조변화에 따라 질적으로 상이한 주체들이 생성·몰락하는 것이라면, 양자 사이에는 필연적으로 윤리의 문제가 발생한다. 전쟁이라는 비상사태(예외상태)를 통해 드러난 초법적인 제국적 주권권력이 이전까지 존재해 왔던 근대적인 주관적 가상들을 전면적으로 파괴하고 생명과 정신의 밑바닥까지 정치적 동원의 영역으로 끌어내는 시대에서는 더욱 그러하다. '카프' 해체와 중일전쟁 발발을 전후해서, 주어진 규범으로서의 '윤리'가 아니라 '윤리'에 대한 비판을 통해서만 '자기'를 정초할 수 있는 최소한의—그러나 근본적인—확실성의 근거로서 모랄이 문제가 되었던 것이 이러한 사정을 말해준다.

윤리는 '불가능의 법칙'에 의거하여 응답하고 책임지는 행위이다. 즉 미리 준비된 법칙 또는 규칙을 통해 설명하거나 예측하는 것이 불가능한 '사건'에 봉착했음에도 불구하고 입장과 행위의 일관성에 입각해 거기에 응답해야 한다는 곤란한 상황에서 이루어지는 행위라고 하겠다. 만일 특정한 행위가 어떤 '가능의 법칙'에 따라 이루어진다면, 그것은 기술주의적인 반복은 될지언정 결코 윤리적인 행위를 구성할 수는 없을 것이다. 그렇게 이루어지는 행위는 애당초 책임의 문제를 불러일으킬 수 없기 때문이다. 법칙으로 설명되지 않으며, 상위개념에 의해 간단히 포섭될 수 없는 문제들이 언제나 윤리성을 갖는다.

총동원의 시대는 모든 개개인들이 자기의 생명과 정신에 대해서까지 자기결정권을 가지지 못한 채 정치적인 영역에 내맡겨진 시대, 따라서 기존의 아름답고 치열했던 모든 주체의 이름들이 한낱 이름만으로 남은 시대, 지배와 자율성의 영역이 모호하게 뒤섞인 비결정성의 시대, 단순하고 사소한 선택들이 치명적인 결과를 불러일으킬 수도 있는 불확실성의 시대였다고 하겠다. 따라서 이곳에서 주체/세계의 관계를 재설정하고자 하는 모든 문학적 행위는 그 어느 때보다 윤리성을 띤다고 할 수 있다. 바로 이 지점에서 '사실의 세기'가 번역되고 재맥락화되고 전유되었던 것이다. '정신의 위기'를 이해하는 방식, '사실'을 받아들이거나 그에 응답하는 방식은 모두 이 시기 문학인들이 비결정성과 불확실성 속에서 자기를 정립할 곳을 모색하는 방식들에 대응된다고 하겠다. 이러한 모색이 이루어졌던 장에 이름을 붙일 수 있다면 '협력의 윤리적 공간'이라고 할 수 있을 것이다. 오해를 덜기 위해 덧붙이자면, 여기서 말하는 '협력'은 협력 행위 그 자체가 아니라 '국가총동원법'에 의해 전쟁 승리와 '신질서' 건설에의 협력이 '예외적으로' 요구됨으로써 식민지 인민들 모두의 생명과 정신과 행위가 끌려 들어갈 수밖에 없었던 특정한 관계성의 형식을 뜻한다. 이 관계성은 협력에의 요구를 받아들일 것인가 거부할 것인가의 선택에 선행하며 그 선택 가능성 자체를 지배하는 것이다. 이는 '사실의 세기'라는 단순한 규정이 '사실'을 받아들일 것인가 거부할 것인가의 문제에 선행하며 주체/세계 관계를 재설정하고자 하는 다양한 모색들을 규제하고 있는 것과 같다. 이렇게 볼 때 '사실의 세기'는 '협력의 윤리적 공간'의 생성을 지시하고 있다고 할 수 있을 것이다.

지금까지 '사실'을 둘러싼 논의를 백철, 임화, 유진오, 김남천의 순서로 살펴봤는데, 그것은 무엇보다도 기존의 규범적인 주체성 형식이 무너진 이후 주체/세계의 경계가 이동해 가는 경향의 스펙트럼을 그들 각각이 보여주고 있다고 판단할 수 있었기 때문이다. 간단히 말해서, 백철이 흔히 '사실수리'의 입장을 대표하는 논자로 거론되었음에도 불구하고 아이러니적인 태도 속에서 정치에 관여하면서도 실은 탈정치화된 주체의 위치를 끝까지 보존하고자 했다면, 이상/현실의 괴리 사이에서 늘 이상의 편에 서고자 했던 임화는 '사실'의 재인식을 통해 '생활'에 주목하면서 지성의 개조를 각오하고 주관의 예단과 편견을 초과하는 세계에 대면하고자 했다. 이에 비해 유진오는 기존에 존재했던 주관적·이데올로기적 가상을 비판하며 '시정' 속으로 들어가고자 했고, 김남천은 이에서 더 나아가 철저한 '몰아성'을 견지하면서 객관 세계의 '관찰'에 몰두하고자 하였다. 주체/세계의 접점을 어느 쪽에 가깝게 두고 있는가에 따라 이들을 살펴봤고, 그 논리적 순서에 따라 '자기'의 확실성의 근거는 '주체'로부터 점차 '사실'의 세계 쪽으로 이동해 갔다.

그러나 '협력의 윤리적 공간'에 다시 배치한다면, 백철·유진오와 임화·김남천이 대칭을 이루게 될 것이다. '사실의 세기' 또는 총동원의 세계가 기존의 주체/세계의 경계를 불확실성과 비결정성의 상태에 빠지게 만들었다면, 문제는 이 불확실성과 비결정성을 어떻게 받아들이고 거기에 응답했는가 하는 데 있다. 단적으로 말해서 백철과 유진오는 '사실'의 세계를 유일한 '현실'로 받아들였다고 할 수 있다. 현실이 주체와 세계 간의 상호작용의 지평 위에 구성되는 통일체라면, 그것은 이미 주체/세계의 관계가 어떤 형태로 설정되었을 때만 표상될 수 있는 것이다. 비록 백철의 경우에는 높은 곳에서 이 현실을 관조하는 또 다른 주관성이 상처 입지 않은 채 보존되어 있고, 이에 반해 유진오는 '사실'의 세계에 침잠할 것을 주장하면서 객체 우위의 관점을 취하는 것처럼 보이지만, '사실'의 세계에서 새로운 인간을 구성해낼 현실을 발견하고 거기에 참여하는 방식으로 주체/세계의 관계를 이미 설정해놓고 있다는 점에서는 백철도 유진오도 마찬가지였다.[72] 백철에게 그 현실은

'동양적 현실'이었고 유진오에게 그것은 '조선문학의 재출발'이었다.

반면에 임화와 김남천에게 '사실의 세기'는 주체/세계의 관계가 여전히 불확실성과 비결정성의 상태에 놓여 있는 시대이다. 불확실성과 비결정성이란 주체의 입장에서 봤을 때의 규정일 텐데, 요컨대 초법적 주권권력의 작용 속에서 주체가 어디까지 연속성을 지닐 수 있는지를 결정할 수 없는 상태라고 할 것이다. 비록 임화와 김남천은 소설론적 맥락에서는 첨예하게 대립하는 입장에 서 있었지만, 비결정성과 불확실성을 그 자체로 받아들이고자 하면서 주체의 형식을 변형시킬 방법을 찾고 있었다는 점에서는 마찬가지였다. 임화는 자신이 견지해 왔던 이상의 주관적 한계를 시험하는 '시련'을 거치고자 했고, 김남천은 헤게모니 담론 속에서 주어지고 있던 새로운 원리—새로운 주체/세계 관계의 틀—에 대해 유보적인 태도를 취하면서 '전환기'의 구조를 관찰하고자 하였다. 말하자면 이들은 '사건'에 대해 응답하는 형태로 자기 변화를 모색하고 있었다고 하겠다. 따라서 이들에게 '사실'의 세계는 아직 '현실'로 구성될 수 없었다고 말해도 좋을 것이다.

그러나 '사실'의 세계를 유일한 현실로 받아들이거나 유보하는 그 태도의 차이와는 별개로 '협력의 윤리적 공간' 자체가 갖는 성격 역시 이해하지 않으면 안 될 것이다. '협력의 윤리적 공간'이 구체적인 '협력 행위' 그 자체에 선행하면서 그것을 가능하게 하는 조건이라면, 이 공간은 개개의 '협력 행위'에 고유하게 대응되는 동인(動因)으로는 설명될 수 없는 어떤 일반성을 가질 것이며, 그런 의미에서 중일전쟁 시기라는

---

72) 이와 관련하여, 함께 '사실' 탐구의 방향으로 나아가고 있었던 유진오와 김남천을 구별되게 하는 중요한 근거는 그들이 각자 '사실'의 세계로부터 무엇을 포착하고자 했는가 하는 데에서 찾을 수 있을 것이다. 유진오가 '사실'의 세계에서 "영원한 인간상"(NWC, 1.13), 즉 인물을 포착하고자 했던 반면에, 김남천은 소설을 통해 '주인공=성격=사상'이 아닌 '세태=사실=생활', 즉 대상세계를 포착하고자 했다(김남천, 「토픽 중심으로 본 기묘년의 산문 문학」, 『동아일보』, 1939.12.19~22; 정호웅·손정수 편, 『김남천 전집』 Ⅰ, 박이정, 2000, 558~564면 참조). 유진오의 '영원한 인간상'이라는 이상은 주체/세계의 특정한 관계가 전제되었을 때에만 성립될 수 있을 것이다.

특정한 역사적 국면에로 환원시킬 수 없는 근대적 생명 정치의 구조와 관계되어 있을 것이기 때문이다.

'사실의 세기'는 질서, 규칙, 또는 형식의 힘이 갖는 허구성이 박탈된 시대, 그리고 그 형식의 힘 내에서 유지될 수 있었던 주체/세계의 관계가 비결정 상태에 빠진 시대라고 할 수 있다. 이를 총동원 시대의 문맥으로 옮겨 말한다면, 초법적 주권권력과 일상적인 삶 사이에 형식적 자유의 영역을 개시했던 1920년대의 이른바 '문화정치'의 공간이 폐색된 시대, 정치와 삶으로부터 이론적인 거리를 둔 채 양자의 관계를 조망하고자 했던 주체의 장소가 붕괴된 시대, 그리하여 일상적인 삶 전체가 제국적 권력 앞에 맨 몸을 드러낸 시대라고 할 수 있을 것이다. 주체/세계의 경계가 비결정성 · 불확실성의 상태에 처함으로써 생성되는 것이 '협력의 윤리적 공간'이라면, '형식의 힘'이 박탈된 후 남는 것은 '맨 삶 그 자체'이다. 따라서 살아남는 것이 유일한 윤리적 가치가 된다. 흔히 '협력'이 생존의 논리로 설명되거나 합리화되는 이유는 이곳에 있다고 하겠다.[73] 물론 "결사(決死)의 의무"[74]가 국민화의 계기로 요구되고 있을 때, 살아남는 것 자체가 윤리적 의의를 가질 수는 있을 것이다. 그러나 살아남는 것이 유일한 윤리적 가치가 되는 삶이란 실로 노예의 삶에 다름 아니다. '협력의 윤리적 공간'은 노예적인 삶을 요구한다. 마르크스가 말하는 '필연의 왕국'만을 유일한 현실로 간주하는 삶, 즉 생명의 직접적인 요구—삶의 유지—만을 충실히 따르는 삶을 강요하는 것이다. 이 윤리적 공간에서 배제되는 것은 '타자에의 윤리'[75]이며, 따라

---

73) '협력'을 생존의 논리로 설명하는 틀에 대한 비판으로는 권명아, 「환멸과 생존—'협력'에 대한 담론의 역사」, 『민족문학사연구』 제31호, 2006 참조.

74) 田邊元, 「死生」, 『田邊元全集』 第8卷, 筑摩書房, 1964, 261면. 다나베 하지메는 1943년 5월 19일 교토제국대학 학도지원병을 향해 행한 이 연설에서 '죽음'을 매개로 개인들을 국가의 이념과 결합시키고 있다. 이 논리에 대한 자세한 탐구로는 酒井直樹, 이규수 역, 『국민주의의 포이에시스』, 창작과비평사, 2003, 150~183면 참조.

75) 그리하여 '협력의 윤리적 공간'에서 윤리적 관계는 '나/너' 또는 '동일자/타자'가 아니라 '주체/세계'로 나타난다.

서 엄밀히 말하자면 '협력'은 '행위'일 수 없다.

그리고 이러한 '협력의 윤리적 공간'은 해방 이후로도 국민국가의 주권권력의 작용 하에서 지속적으로 재생산되어 온 것으로 보인다. 아니 분단, 전쟁, 계엄으로 이어지는 항상적인 비상사태(예외상태) 하에서 '협력의 윤리적 공간'은 더욱 비가시적인 형태로 편재해 왔다고 해도 좋을 것이다. 이 공간의 본질이 특정 정치 이데올로기 또는 정치 세력에 대한 '협력'이 아니라 삶의 유지라는 생명의 직접적 요구에 종속되도록 만드는 데 있다면, 오늘날은 정치가 스스로 생명의 직접적인 요구에 근거하고 있음을 자랑스러워하는 시대이기 때문이다.

최재서의 Order*

미하라 요시아키[三原芳秋]
홍종욱 역

批評家의 資格을 보랴면 그 結論보다도 그 結論에 이르기까지의 푸로세스를 보아라.[1)]

1. Jaisou Choe, Seoul 1963

여기 한 권의 영문학 연구서가 있다.

Jaisou Choe, *Shakespeare's Art as Order of Life*(1965).[2)] 저자는 1964년에 타계

---

* 본고는 필자가 미국 체류 중이던 2004년 7월에 집필되어 공간할 기회를 얻지 못했던 같은 제목의 에세이를 대폭 가필 수정한 것이다. 그 간 일본에 귀국한 필자는 영문학 연구자라는 문외한임에도 불구하고, '식민지 / 근대의 초극 연구회'(대표 : 요네타니 마사후미[米谷匡史]), '『인문평론』 연구회'(대표 : 와타나베 나오키[渡辺直紀], 'Asian Studies Conference Japan'(사카이 나오키[酒井直樹], 권나영(Nayoung Kwon), 황호덕, 이영재와의 패널)에서 관련된 주제를 발표할 기회를 얻어, 여러 전문가로부터 귀중한 조언을 받을 수 있었다. 그 중에서도 이영재, 황호덕, 와타나베 나오키의 아낌없는 우정과 도움에 대해서는 특별히 여기 적어 감사의 뜻을 표하고 싶다【본고는 三原芳秋의 「崔載瑞の Order」(『사이間SAI』 4, 2008.5)를 한국어로 옮긴 것이다. 이하에서 【 】 표시는 역주이다】.

1) 崔載瑞, 『文學과 知性』, 人文社, 1938, 299면.

2) Jaisou Choe, *Shakespeare's Art as Order of Life*, Vantage Press, 1965【이 책은 崔載瑞, 『셰익스피어藝術論』(乙酉文化史, 1963)의 영문판이다. 본문 중 책으로부터 직접 인용한 부분

한 듯하니 동료나 제자들의 손에 의해 출판된 것일까. 여하튼 한국을 대표하는 영문학자의 일생의 업적이라는 인상은 아마도 잘못된 것이 아닐 것이다. 그 극히 질서 있는 목차를 보는 것만으로도 이 연구자의 학문을 엿볼 수 있다. 「서론」에서는 먼저 영국에서의 셰익스피어 연구의 축적을 총괄하고, 스스로의 연구를 'the Bradley tradition' 가운데에 위치 짓는다. 특히 A. C. Bradley가 비극의 독해로부터 끌어낸 'moral order'의 관념을 중시하여, 그 'order의 관념'을 비극뿐만 아니라 셰익스피어의 전 작품으로 확대하는 것을 본서의 목적으로 삼는다고 명확히 밝히고 있다. 이어 이 연구가 입각하고 있는 'Literature as Order of Life'라는 관점을, William James, John Dewey, I. A. Richards 등의 실험심리학에 의거하여 정의한다. 즉 "order에서 오는 만족감을 쾌락이라 부른다. 문학은 그러한 쾌락을 고유한 기능으로 삼는다"(38면; 한국어판 36면)고. 그런 다음 본론에 들어가, 「Political Order—사극(史劇)의 세계」, 「Social Order—낭만적 희극의 세계」, 「Criticism of Life—문제극들의 의미」, 「Moral Order—비극의 세계」, 「Transcendental Order—로마극의 세계」, 「Natural Order—만년의 극들의 세계」3)와 같이 각 장이 진행된다. 그리고 결론 「The Nature of Shakespeare's Art」에서는 본론에서 다루지 않았던 시 작품을 논한 뒤 셰익스피어의 '보편성', '비개성(非個性)'을 칭송하고, 마지막으로 P. B. Shelley의 Adonais를 인용하여 "완전한 인간성이 발산하는 order의 백광(白光)"(199면; 한국어판 298면)을 찬양하면서 붓을 놓는다.

주로 프랑스 경유의 '이론', 그 가운데서도 '탈구축 비평'이란 것을 경과한 오늘날의 시점에서 본다면, 영미 프래그머티즘의 전통에 전면적

에 대해서는, 내용에 큰 차이가 없을 경우 한국어판의 같은 부분을 이용했다. 다만 저자의 의도를 살리는 의미에서 'order'라는 개념에 대해서는 그에 대응하는 한국어판의 '秩序'라는 개념으로 바꾸지 않고 그대로 채용했다】.

3) 【영문판은 「Natural Order—Last Plays」, 한국어판은 「自然的 秩序—로맨스劇의 世界」로 되어 있다. 본문 중에 "그의 마지막 脚本들(Last Plays)—즉 로맨스劇(Romances)"(한국어판, 194면)이라는 설명이 있다】.

으로 의거하여 1930년대 언저리에서 시계 바늘이 멈춰 버린 듯한 이론적 틀에 대해 격세지감이 드는 것도 어찌할 수 없을 것이다. 특히 모든 것을 'order'로 수렴하는 논의, 아니 그 신념에는 움찔하게까지 된다—"문학지식과 생활체험을 order의 이념 밑에 통일해보자는 것이 항상 나의 머리를 떠나지 않는 소원이었다"(「머리말」). 그렇다고 해도 그 단정한 영어로 보나 주의 깊은 독해로 보나 감탄하게 되는 바가 많다. 어찌 되었건 지금으로부터 45년 전에 '본국'(=영미)에서 본격적인 영문학 연구서를 출간한 한국의 연구자가 있었다는 것은 그 자체로 특기할 만한 일일 것이다.

'Seoul / 1963'이라는 서명이 달린 머리말은 다음과 같이 시작된다.

> 나는 6·25動亂 직전에 무슨 豫感에선지 學生들 앞에서 다음처럼 말했다—"우리들에게 어떤 不幸한 사태가 일어나 우리들이 모두 피난하게 된다면, 나는 『콘사이스 옥스퍼드 딕쇼나리』와 『셰익스피어全集』 만을 가지고 떠나겠다"고. 그 해 크리스마스 아침에 예언대로 서울을 떠날 때에, 나의 보따리에는 또 한 권의 책 아냔의 『글로싸리』(Onion의 *Glossary*—인용자)가 들어 있었다.

피난지('my place of refuge')에서 용어해설집만의 도움을 받아 필연적으로 '정독'에 매진할 수밖에 없었던 저자는, 그 작업을 통해서 "이전에 경험할 수 없었던 기쁨과 위안을 발견했"다고까지 적고 있다. 현실 정치의 혼돈에서 벗어나 오로지 문학 속의 'order'를 추구하는 한 사람의 문학 연구자의 진지한 자세라고 할까. 마치 본인도 잘 알고 있었을 후쿠자와 유키치[福沢諭吉]처럼, 동란의 예감에 뒤숭숭했을 학생 제군에게 학문의 소중함을 이야기한 것인지도 모른다. 그리고 이 연구가 최재서(崔載瑞, 1908~1964) 선생의 '실천'이었고, 이 한 권의 책이 선생의 '백조의 노래'가 되었다.

최재서라는 이름을 들으면 다나카 히데미쓰[田中英光]의 소설 『취한 배[酔いどれ船]』(1949)의 등장인물 '최건영(崔健榮)'을 떠올리는 이가 있을지

도 모르겠다. 태평양전쟁 중의 조선문단을 다룬, 전기적 사실과 망상이 뒤섞인 이 장편 속에서 활약하는 '최건영'의 모델은 다름 아닌 최재서라고 종종 지적되곤 한다.

> 그(최건영－인용자)는 옛날 경성제국대학이 문을 연 이래 가장 우수한 성적으로 영문과를 졸업하고, 한 때는 마르크시즘 문예이론가로서 조선 제일의 인물이었다고 한다. 그 때문인지 그에게는 돌 같은 완고함이 있어서, 지금도 상황에 따라서는 본부 관원에게조차 포화와 같은 기세로 덤벼들었다. (…중략…) 술이 취했을 때의 주벽은 고약하기로 유명했다. 가라시마 박사든 도다 지로든 안하무인이었다. 가슴속에서부터 경멸하는 태도로 울부짖으며, 주변에 있는 접시고 뭐고 닥치는 대로 집어던졌다.[4)]

김윤식에 따르자면 최재서에게 마르크스주의자로서의 경력은 없었으므로 '옛날 조선의 구라하라 고레히토[藏原惟人]라 불려진' 등의 이야기는 다나카 히데미쓰가 지어낸 것으로 보인다. 가와무라 미나토[川村湊]가 논하고 있듯이 다나카 히데미쓰 자신의 '전향' 체험을 하나의 테마로서 등장 인물의 경력에 갖다 붙였다고 하는 것이 적확한 평가일 것이다.[5)] 하지만 최재서가 경성제대(京城帝大) 영문과의 수재이면서 술주정 또한 있었던 것은 사실인 듯하다. 같은 대학의 국문과 교수였던 다카기 이치노스케[高木市之助]의 회고록 중에 이런 일화가 있다.

> 그런 경험('민족'을 의식하게 된 경험)의 일례를 들자면, 최재서라고 영문학을 전공하는 학생이 있었는데, 이 친구는 사토 기요시[佐藤清] 군－영문학 교

---

4) 『田中英光全集』 2, 芳賀書店, 1965, 274~275면【한국어 역은 다나카 히데미쓰(유은경 역), 『취한 배』, 小花, 1999, 262~263면에서 인용】.

5) 金允植, 大村益夫 訳, 『傷痕と克服－韓国の文学者と日本』, 朝日新聞社, 1975 및 「一九四〇年前後在ソウル日本人の文学活動」, 『岩波講座 近代日本と植民地 7－文化の中の植民地』, 岩波書店, 1993 및 川村湊, 『「酔いどれ船」の青春－もう一つの戦中・戦後』, 講談社, 1986 참조.

수로 영국 체류 중의 이야기에 나온 사람인데, 영국에서는 같은 하숙집에 있거나 해서 꽤나 신세를 졌습니다. 경성(京城)에 간 다음에도 교수회 등에서 세게 몰아 부치는 시인 풍의 사람 아니 실제로 유명한 시인이었는데, 사토 군은 바로 최 군을 끔찍이 아꼈습니다. 졸업 후에는 강사가 되기도 해서 나한테도 자주 놀러 왔는데, 학생 시절에는 친일파라고 해서 조선인 학생들로부터 두드려 맞은 적이 있을 정도였습니다. 그런데 이런 최 군이 어느 정월 연휴인가 맥주 두세 병을 들고 험상궂은 얼굴로 새벽녘에 나를 찾아와, '선생님들이 아무리 으스대도 우리 조선인의 혼을 빼앗을 수는 없소'라고 으름장을 놓고 다시 비틀비틀 돌아간 일이 있었습니다.[6]

경성제대 영문과 창설기의 주임교수 사토 기요시의 애제자로서 때로는 '친일파'라고 해서 동포 학생들로부터 얻어맞기까지 했던 최재서는, 선배인 데라모토 기이치[寺本喜一]와 스기모토 나가오[杉本長夫]를 제치고, 1933년 4월 졸업생 중 최초로 같은 대학 강사로 발탁된 바로 일본의 제국대학 시스템이 낳은 우등생의 표본이었다.[7] 그러면서도 술에 취하면 국문과 주임교수 집에 찾아가 고함을 지르는 '민족주의적'인 일면을 보이는 이 인물이, 만년에 『문학원론』, 『영문학사』 등의 대저와 영어로 된 셰익스피어론을 출간한 한국 영문학 연구의 대가 Jaisou Choe 바로 그 사람이다. 그리고 태평양전쟁기에 "황민문학(국민문학이라 칭했던)의 이론을 정립하고 주도한"[8] 이시다 고조[石田耕造](창씨개명한 최재서의 일본명) 또한 동일 인물인 것이다.

---

6) 高木市之助, 『国文学五十年－遍路残照』, 岩波新書, 1967. 金允植, 앞의 글에 같은 부분 인용됨.

7) 경성제국대학 입학 이전의 최재서의 '우등생'으로서의 면모에 관해서는, 李建志 『朝鮮近代文学とナショナリズム』, 作品社, 2007, 104~106면 참조.

8) 林鍾國, 『親日派－李朝末から今日に至る売国売族者たちの正体』(反民族問題研究所 編), 御茶ノ水書房, 1992, 345면【임종국, 『실록 친일파』(반민족문제연구소 편), 돌베개, 1991, 235면】.

2. 최재서와 반(反)낭만주의

'친일파' 최재서를 이야기할 때 앞에 따라붙는 '경성제국대학 영문과를 우수한 성적으로 졸업하고'라는 말은 거의 상투구처럼 되어 있지만, 실제로 이 '경성제국대학 영문과 졸업'이라는 타이틀이 최재서의 일련의 비평활동에 있어서 어떠한 위치를 점하고 있는지, 또한 역으로 영문학자로서의 최재서가 '(제국)일본의 영문학'이라는 제도 내에서 어떠한 지위를 점하고 있었는지에 대한 연구는 아직 그다지 이루어지지 않은 것이 현실이다. 본 절에서는 경성제대 영문과의 교수 및 학생에 의해 발행된 기관지 『경성제대영문학회회보(京城帝大英文學會會報)』를 중심으로 우선 이 문제를 밝혀 보고자 한다.

'일본의 영문학'에서 최재서의 지위를 생각하는 데 있어 무척 흥미로운 일화가 남아 있다. 최재서의 은사로서 오랫동안 경성제대 영문과 주임교수의 지위에 있었던 영문학자 / 시인 사토 기요시에 의한 다음과 같은 회상이다.

> 그 때는 (최재서가) 대학을 나온 지 얼마 되지 않아서인데, 처음으로 도쿄의 학회에서 강연을 했을 때의 일이다. 강연은 역시 비평의 문제였는데 강연이 끝나자 그 또한 대학을 갓 졸업한(2,3년 전이었는지도 모른다) 아베 도모지 군과 나카노 요시오 군에게 둘러싸여(이름이 틀렸다면 사과한다) 질문에 답을 하던 장면이다. 나는 늘 그 때의 광경을 떠올리곤 한다. 그리고 머지않아 『改造』에 글을 쓰기 시작하게 되지만.[9]

아베 도모지[阿部知二](1903~1973), 나카노 요시오[中野好夫](1903~1985)라

9) 「新刊紹介 崔載瑞評論集 転換期の朝鮮文学」, 『國民文學』 3(7), 1943.7, 101면.

는 거물을 거명한 뒤 '이름이 틀렸다면 사과한다'고 덧붙인 것부터가 놀랄 일인데, 당시 '영문학의 삼총사' 중의 한 사람으로 꼽히던 사토 기요시의 입장에서는, 셋 중의 다른 한 사람인 도쿄제대[東京帝大] 사이토 다케시[齋藤勇](나머지 한 사람은 도호쿠제대[東北帝大]의 도이 미쓰토모[土居光知])의 제자 두 사람 정도로 비춰졌어도 이상할 게 없을지 모르겠다. 그러나 오늘날의 관점에서 볼 때, 이 두 사람이 그 후 '일본의 영문학'이 낳은(그리고 그 틀을 뛰어 넘은) 대표적 인물이 되었다는 사실에 대해서는 이론의 여지가 없을 것이다. 실제로 『일본의 영학(英學) 100년』 쇼와[昭和] 편의 「쇼와의 영문학 연구 1－영국 문학」을 집필한 히라이 마사오[平井正穗]는, "전전, 전중 그리고 전후의 이른바 영문학자의 정신적인 동향을 가장 단적으로 드러낸" 이 세대를 '나카노 · 아베 세대'라고 부르고 있다.[10] 여기서 다시 사토 기요시가 회상한 이 젊은 세 사람이 열띤 토론을 벌이고 있는 장면을 그려 본다면, 기예의 영문학도 최재서에게 약속되어 있었을 찬란한 장래를 생각하지 않을 수 없게 된다. 만약 최재서가 식민지 조선인만 아니었다면, 아마도 아베 도모지처럼 소설가로서 대성할 일은 없었다고 하더라도, 기질이 닮아 보이는 나카노 요시오처럼 착실하게 학회 및 문단에서 입지를 굳혀, 일본제국 패전 후에는 전쟁협력에 관한 자기비판을 발판으로 삼아 더더욱 왕성하게 활동하여 비평가/지식인으로서 이름을 떨치고 있지 않았을까.[11] 여기까지 생각이 미치면, 같은 '일본의 영문학'이라는 제도 안에 있었던 셈인 이 젊은 세 사람을 담은 그림에는 눈에 보이지 않는 단절의 선이 깊게 새겨져 있었다는 사실을 깨닫게 되지 않을 수 없다.

최재서에게 있어 경성제대 영문과가 갖는 의미에 관해서는, 포괄적인 동시에 여전히 그 준거틀로서의 의의를 전혀 잃지 않고 있는 연구로

10) 『日本の英学100年』(전 3권+별권), 研究社, 1968.10~1969.10.

11) 나카노 요시오[中野好夫]에 관해서는, 졸고, 「終わりなき内戦－中野好夫」(『英語青年』 152(8), 2006.11) 참조.

서 김윤식의 최재서론이 있다.[12] 거기서 김윤식은 '경성제대 낭만주의 테제'라고도 부를 만한 대담한 가설을 제기하고 있다. 당시 '제대정신(帝大精神)'의 개관으로부터, 경성제대 영문과의 교수진 및 개설과목의 분석, 나아가 최재서의 성적표 및 졸업논문의 제목("The Development of Shelley's Poetic Mind") 등의 자료에 바탕하여 '낭만주의의 온상' 경성제대 영문과의 우등생 최재서는 본질적으로 낭만주의자였다고 보고, 또한 만년의 최재서의 글로부터 "Coleridge의 시론을 30년 간 믿어 왔다"는 구절을 인용하여 최재서는 그 비평가로서의 일생을 통해 일관되게 낭만주의자였다고 설명한다. 그리고 그런 관점에서 최재서의 반낭만주의/모더니즘적인 '주지주의(主知主義)'는 문단의 요청에서 비롯된 기술적이고 피상적인 한때의 '외유'에 지나지 않았다고 결론짓는다. 이 가설은 개인 심리에 대한 분석으로서 극히 매력적이며 또한 어느 정도 설득력을 갖고 있기도 하지만, 지나치게 정황 증거에 기대고 있는 경향이 없지 않다. S. T. Coleridge나 P. B. Shelley가 대표적인 '낭만파 시인'인 것은 틀림없지만, 그들을 연구대상으로 삼았다고 해서 연구자 본인까지를 '낭만주의자'라고 할 수는 없을 것이다. 비평가의 개인 심리보다도 오히려 그 비평 태도의 핵심을 탐구하고자 한다면, 하나하나의 연구업적을 당시 영문학 연구의 수준에 비추어 정밀하게 살펴볼 필요가 있다.[13]

먼저 문제의 'Coleridge의 시론'인데 그것이 시인으로서가 아니라 비평가로서의 Coleridge에 대한 언급이라는 것에 주의하지 않으면 안 된다. '30년 전'인 1929년은 공교롭게도 『경성제대영문학회회보』가 창간된 해

12) 김윤식, 『한국 근대문학 사상 연구 1—陶南과 崔載瑞』, 一志社, 1984의 2부 1장 「경성제대 영문학과 낭만주의—낭만주의 세계관의 사상사적 과제」.

13) 필자가 알고 있는 범위에서, 최재서의 비평을 비평 내부의 논리에 입각하여 포괄적·체계적으로 다루고 그 인식구조에 관해 가장 투철한 분석을 행한 연구는, 金興圭, 「崔載瑞 研究—1934~1941年間의 文學批評 活動에 對한 比較文学的·批評史的 研究」, 서울대 석사논문, 1972이다. 최재서의 비평체계에 관해서는 이 석사논문에서 거의 전부 설명하고 있다고 보이므로, 본고에서는 가능한 한 그것과의 중복을 피하기로 한다. 본고를 김흥규 논문의 補遺로서 읽어 주었으면 한다.

인데, 그 7호(1932.3)의 「신간소개」란에 타이베이제대[臺北帝大]의 구도 요시미[工藤好美]가 출간한 『코올리지(Coleridge) 연구』에 대해 서평을 쓴 Sigma(아마도 사토 기요시의 필명임에 틀림없다)는 다음과 같이 말하고 있다.

> Coleridge 연구는 시인으로서보다도 비평가로서 지대한 가치를 지닌다. Biographia Literaria 2권은(그의 시가 절멸된다고 해서 반드시 영시(英詩) 전통의 경중이 되물어지는 일은 없을지 모르지만) 우리의 비평정신을 lead하는 책으로서 영원히 잃어 버려서는 안 될 보물이다. Dryden에 이르러 시의 본질이 파악되고 Coleridge에 이르러 진정한 문학비평이 확립되었음에도 불구하고, Carlyle, Ruskin, Arnold 및 Pater에 이르러 morality나 utility나 socialism이나 유미주의(唯美主義)로 치달아, Coleridge가 확립한 본도(本道)로부터 완전히 벗어났다. 19세기가 저물자 과연 이들 비평가에 대한 반동으로서 Coleridge로 돌아가고자 하는 신진 비평가가 발흥하게 된 것은 경하할 일이다. 그 태도가 어떠하든 T. S. Eliot이나 Richards나 Read나 Murry 등의 현대 비평가가 Coleridge에게서 문제를 구하고 있는 것은 사실이다. (…중략…) 구도 씨의 저서는 비평가로서의 Coleridge 연구에 몰두하고 있는 우리에게 하나의 자극제가 될 것으로 믿는다.(13~14면)

즉 사토 기요시와 그 제자들('우리')에 의해 진지하게 연구된 'Coleridge의 시론'이란 낭만주의는커녕 오히려 그 반동으로서의 모더니즘 비평의 원천으로 여겨지고 있던 셈이다. 아울러 당시 일본에서 유통되고 있던 Biographia Literaria의 주석본은 다름 아닌 사토 기요시 본인의 손에 의해 쓰인 것으로, 그 편주자(編註者) 서문에도 거의 같은 내용의 비평사적 견해가 제시되어 있다.[14] 이러한 견해가 경성제대 영문과만의 특수한 것이 아니었다는 사실은, 당시 이미 「주지적(主知的) 문학론」(『시와 시론[詩と詩論]』 5호, 1929)으로 주목을 받고 있던 신진기예의 비평가 아베 도모지

---

14) 佐藤清 編註, *Principles of Criticism from Biographia Literaria*, 研究社, 1928.

가 이어서 발표한 논문 「Coleridge와 Poe」(『시와 시론』 6호)에서, "영국 비평의 최고봉이자 최고의 미로(迷路) 코올리지. 그가 Romanticism의 아버지였다는 것은 동시에 그가 그 안에 새로운 20세기 Classicism의 씨앗을 품고 있었다는 점을 방해하지 않는다. Eliot, Richards 등의 반낭만주의 비평에 대해 많은 유산을 남긴 사실은, 그의 인텔렉트의 신선함을 말해줄 뿐"(18면)이라고 말하고 있는 것을 봐도 명백하다.

이 점에 바탕하여 필자는 '최재서의 비평 태도는 철두철미하게 반낭만주의(모더니즘)적이었고, 또한 그것은 그의 영문학 연구로부터 비롯된 것'이라는 가설을 제출하고자 한다. 즉 아베 도모지 주변의 『시와 시론』 그룹이 추진하고 있던 '주지적(主知的)'[15] 비평과의 접속은 결코 '외유'와 같은 우발적인 것이 아니라, 최재서가 진지하게 파고들었던 영문학 연구 속으로부터 일정한 필연성을 갖고 발생된 것인 셈이다. 이하 이 가설을 염두에 두면서 『경성제대영문학회회보』에 실린 논문을 중심으로 최재서의 영문학 연구의 실태를 살펴보고자 한다.

식민지 조선에서의 교육열의 고양과 3·1독립운동의 발발로 간담이 서늘해진 총독부는 '문화정치'로의 방침전환을 표방하게 된다. 이를 받아 안는 형태로, 1924년 5월 5일에 공포된 '경성제국대학관제'에 따라 경성제국대학 예과가 설치되고, 이어 1926년 4월에는 경성제국대학 법문학부 및 의학부가 개설되었다.[16] 예과 촉탁으로서 2년 간의 유학을 끝내고 1926년 5월 귀국하자마자 법문학부 교수로 취임한 사토 기요시

15) 아베 도모지의 '主知的 문학론'은 종종 '主知主義 문학론'으로 誤記되는 경우가 있는데 이는 본인의 뜻에 어긋나는 것이다. 『시와 시론』의 편집장으로서 다양한 운동을 일으키기도 한 하루야마 유키오[春山行夫]는, 『시와 시론』 14호(1931.12)의 편집후기에 이렇게 적고 있다—"올해 초에는 아직 '주지적'이라는 것과 '주지주의'를 혼동하거나, 최근에는 '낭만적(romantic)'과 '낭만주의'를 혼동하거나 하는 사람도 있었지만, 지금은 오히려 혼동하는 사람이 예외적 존재가 되었을 정도로 문학비평의 일반적 개념이 보편화되었다"(395면).

16) 阿部洋, 「日本統治下朝鮮の高等教育－京城帝国大学と民立大学設立運動をめぐって」, 『思想』 565, 1971.7.

는, 경성제대 영문과의 창설을 거의 전면적으로 떠맡은 격이 되었다. 그 사토가 "꼬박 4년 간의 여러 가지 곤란을 헤치고 여하튼 연구실 비슷한 것이 우리 안에 생겨난 것은 무엇보다도 기쁜 일의 하나"라면서 연구실 및 이 기관지를 통하여 "내외의 우애 정신을 강화"할 것을 호소한 「권두언」을 통해, 『경성제대영문학회회보』 창간호(1929.12.25)의 머리를 장식했다. 유학에서 갓 돌아온 데라이 구니오[寺井邦男] 조교수의 권두논문에 이어, 「감상삼매(感想三枚)」라는 이름 아래 모아진 회원의 글이 이어지고, 연구실 소개, Edmund Blunden(영국 시인, 도쿄제국대학에서 교편을 잡았다)이 사토 기요시에게 보낸 경성제국대학 객원교수 취임을 전향적으로 검토하겠다는 답장의 원문(결국 실현되지 않았다), 경성제대 영문학회 발족의 경위를 전하는 「학내 동정」, 회원명부 등으로 채워진 13쪽의 소책자다. 이 「감상삼매(感想三枚)」란에 이미 교직에 나가 있던 졸업생 이종수(李鍾洙, 목포공립상업학교) · 마쓰다 이사오[增田功](광주중학교) · 채관석(蔡官錫, 경성제일공립보통학교), 일 년 선배인 데라모토 기이치[寺本喜一]와 함께, 학부생인 최재서가 「요괴[お化け]」라는 단문을 싣고 있다. 이 글은 "철학자, 종교가, 예술가는 이념의 요괴가 아니"라고 말하기 위해 쇼펜하우어(Schopenhauer)나 스티르너(Stirner)를 들먹이는 교양주의에 심취한 젊은 혈기의 소치이기는 하지만, 여기에 기고하고 있는 것 자체가 사토 기요시 문하에서 선배 데라모토와 함께 행동대로서 활약하고 있는 최재서의 모습을 잘 드러내고 있다.

1930년 3월 발행된 졸업생(데라모토 기이치와 이효석(李孝石)의 학년)의 논고를 중심으로 한 제2호를 사이에 두고, 제3호(1930.11.10)에 최재서는 「*Shelley의 Reminiscences*」라는 논고를 발표한다. 이것은 Robert Bridges, Lascelles Abercombie, W. H. Davies라는 오늘날에는(Bridges를 빼고) 거의 잊혀진 당시 현역 시인의 시구 가운데서 P. B. Shelley의 영향을 읽어낸다고 하는, 우등생다운 건조하고 색깔 옅은 논문이다. 바로 옆에 「Individualist로서의 Whitman」이라는 논문을 싣고 있는 동급생인 현영남(玄永男)[17]이, "The

Masses에 대해 무비판적이고 맹목적인 사랑을 바친다", "진정한 프롤레타리아의 우군은 그(Whiteman)였다", "개인주의 즉 사회주의여야 한다"는 등 기염을 토하고 있는 것에 비하면, 최재서의 '색깔 옅음'은 오히려 기묘하게 비쳐진다. 제4호(1931.3.5)에 최재서의 논고는 없지만 「학내 동정」란을 펼치면, 영문학회 제2회 독서회에서, 영어로 Oscar Wilde론을 발표한 1년 후배의 조용만(趙容萬)과 나란히 「장편시의 난점」이라는 타이틀로 "Goethe와 Eckermann의 대화를 중심으로 A. C. Bradley 및 Abercrombie에 의거하여 long poem의 창작적 곤란에 대해 말했다"는 기사가 보인다. 그리고 그 3월에 앞서 말한 타이틀로 졸업논문을 제출하고 대학원에 진학한다.

대학원생이 된 최재서는 제5호(1931.6.20)에 본격적인 논문 「시의 한계」를 발표한다(같은 호에는 필자가 'S. S. Z.'로 되어 있는 「Herford의 Wordsworth」라는 서평·해설이 있는데, 이 글도 틀림없이 최재서에 의한 것으로 생각된다).[18] 「시의 한계」는 부제에 보이듯이 Alexander Pope, William Wordsworth, P. B. Shelley를 단계론적으로 다룬 논문인데, 후일 최재서 평론의 특징이 되기도 하는 원칙론/방법론의 제시로부터 시작된다.

> 근대 비평의 특색인 내재적 비평이라고 하더라도, 그것이 인상(印象) 기술에 그치는 단순한 감상에 만족하지 않고 한 걸음 나아가 가치 비평의 영역에까지 이른다면, 역시 무언가의 표준을 갖지 않으면 안 된다. 다만 그 표준을 생명 없는 외부적 법제에서 구하는 것이 아니라, 그 작품을 틀 짓는 여러 가지 요소의 배후에 있으면서 그것들을 통일하고 섭리하고 형태화하고 나아가 생명을 부여하는 작품 자신의 법칙 속에서 구하는 점에, 과거의 폭군적인 재단(裁斷) 비평

---

17) 玄永男은 물론 후일 전향하여 급진적인 內鮮의 '徹底一體論'('同化一體論')자가 되는 玄永燮의 개명하기 전의 이름이다.

18) 후일 일본영문학회의 기관지 『英文學硏究』에 논문을 발표할 때 알파벳으로 'Sai-zui Sai'라고 서명하고 있는 것으로 보아, 崔載瑞는 일본어로 '사이 사이즈이'라고 불렸던 것을 알 수 있다.

과는 판연하게 다른 면이 있다. 그리고 이 경우 비평가에게 근저적인 표준관념을 부여하는 것은 그 작품의 내면에 퍼져있는 작자의 인식의 범위이다. 논리적인 차원에서 일률적으로 재단 가능한 편리한 규정을 설정하기를 그치고, 그 대신 개별적인 차원에서 구체적으로 작자의 인식이 결국 어디까지 발전했는가를 알 때, 우리는 그 작품의 각 부분을 정당하게 관찰할 수 있다. 이것이 내가 말하는 시의 한계이다.(3~4면)

여기에는 이미 단순한 감상(인상 비평)이나 프로 문학적인 '재단 비평'을 거부하고, I. A. Richards의 가치론의 계보로 이어지는 '가치 비평'이라는 입장이 선명하게 제시되어 있다. 또한, 이 점에 대해서는 뒤에서 자세하게 다루겠지만, '표준', '한계'라는 용어로부터는 최재서가 이미 Irving Babbitt에 친숙해 있었다는 사실을 엿볼 수 있다. 그리고 본론에서는 이러한 '시의 한계'의 역사적 전개를, Pope(상식과 겸양) → Wordsworth(감각과 구상(具象)) → Shelley(인식과 상실)의 순으로 좇고 있다. '도달할 수 있는 극한'까지 도달한 Shelley를 최상위에 두는 논의는 낭만주의를 찬양하고 있는 듯이 보이는 것도 사실이지만, 어디까지나 '한계'를 설정함으로써 낭만주의적 '천재'를 상대화하고 있다고도 말할 수 있다. 또한 이 논문에서 사상사적인 퍼스펙티브의 맹아가 보이는 점도 지적해 두는 것이 좋을 듯하다.

그 후 제6호(1931.11.20)에 「하드(Hurd)의 『기사전기론(騎士傳奇論)』」을, 드물게도 간격을 두고[19] 제10호(1933.3.10)에 「Addison의 상상론」을 발표하는데, 두 편 모두(특히 후자는) 중후한 비평가론이다. 전자는 "세상으로부터 잊혀져 버린" 작가/성직자 Richard Hurd(1720~1808)를 "neo-classical reason

19) 이 동안 최재서의 소식은 『京城帝大英文學會會報』에 전혀 보이지 않는다. 尹相仁・渡辺直紀 訳, 『韓国の近代文学』(李光鎬 編), 法政大学出版局, 2001에 역자가 덧붙인 「인명 해설」에 따르면 최재서는 학부 졸업 후 런던대학에 유학한 것으로 되어 있는데, 아마도 이 공백의 시기를 가리키는 것으로 보인다.

에 대항하여 Gothic imagination을 주장함으로써 낭만주의로의 추세를 촉진시키고, 또한 unity of action에 대항하여 unity of design을 역설함으로써 근대적인 내재적 비평의 길을 개척하는 등, 그의 이름은 기억될 필요가 있다"(7면)고 재평가하는 극히 전문성 높은 논문이다. 후자는 18세기 '이성의 시대'를 상징하는 *The Spectator*지(1711~1712, 1714) 등에서 활약한 요새 말로 하자면 '지식인'이라고 부를 만한 작가/저널리스트 Joseph Addison(1672~1719)의 「상상론」을 정치하게 분석한 것으로, 그 거시적인 사상사적 퍼스펙티브와 미시적인 용어 분석과의 결합은 실로 '학술적'이라고 할 수 있다. 이들 두 편의 논문에는 집필시기에 1년 반 가까운 차이가 있고 또한 대상도 시대적으로 크게 다르지만(Hurd가 Addison의 여섯 권으로 된 저작집을 편집했다는 접점이 있지만), 둘 사이에는 틀림없는 일관성이 확인된다. 그것을 단적으로 드러내는 것은, Addison론의 말미 부근에 있는 "미신에 관한 소박한 관념을 제외하면 그대로 하드를 통하여 코올리지의 대사상으로 발전해 간 배태(胚胎)를 볼 수 있다"는 언급이다. 즉 근대적 문학 비평의 기원을 찾아, Coleridge의 imagination(상상)론으로부터 거슬러 올라가 Hurd를 지나 Addison에로 일관된 계보학적 탐구를 행하고 있었던 것이다.

여기서, 다소 뒤늦은 감이 있지만, 사토 기요시가 최재서에게 준 영향에 관해 언급해 둘 필요가 있을 것이다. 이 문제를 크게 다룬 연구로는 김윤식의 앞의 책과 가와무라 미나토[川村湊]의 「조선 근대비평의 성립과 차질—최재서를 중심으로」[20] 등이 있는데, 전자는 사토 기요시의 '낭만주의적 상상력'이 최재서에게 끼친 결정적이고 본질적인 영향에 대해 논하고 있다. 물론 사토 기요시의 시인/비평가로서의 활동의 핵심에 '낭만주의적 상상력'이 자리 잡고 있는 것은 틀림없다. 실제로 그의 야심작 『문학범론(文學汎論)』[21]에서는 모더니즘 비평의 시점에서 낭

20) 川村湊, 「朝鮮近代批評の成立と蹉跌－崔載瑞を中心に」, 『岩波講座 「帝国」日本の学知 5－東アジアの文学・言語空間』(藤井省三 編), 岩波書店, 2006.

21) 佐藤清, 『文学汎論』, 四條書房, 1931. 『京城帝大英文學會會報』 제6호에 'T. R. M.'(아

만주의를 비판적으로 철저히 검증한 뒤에, 돌연 "어찌되었건 근대적인 문학의 가치가 주로 낭만적인 것이라는 사실은 분명하게 해 두지 않으면 안 된다"(388면)고 단언하여 독자를 놀라게 할 정도이다. 그러나 여기서도, 사토 기요시의 영향에 관하여 시인으로서의 측면과 비평가로서의 측면을 나누어 생각할 필요가 있을 것이다.

최재서가 '비평가'로서의 측면을 이어받았다고 한다면 '시인'으로서의 측면을 이어받은 것은 『자토(赭土)』 그룹이다. '경일(京日)【『경성일보(京城日報)』】 시단(詩壇)'의 심사위원을 맡고 있던 사토 기요시 아래 모여든 젊은 일본인 시인들은 1930년 3월에 시지 『자토(赭土)』를 창간한다.[22] 그 창간선언이기도 한 「권두언」은 이렇게까지 천진난만하게 낭만주의적이면서 또한 오리엔탈리스트적인 문장은 쉽게 찾아보기 어려울 정도의 물건이다.

> 우리는 지금 청춘의 피에 불타 명랑하고 상쾌한 신성(新聲)을 올리려고 한다. 우리는 조선에 태어나 조선에 자라 조선의 공기 속에서 살고 있다. 조선은 우리의 고향이다. 조선 향토의 시가는 우리에 의해 비로소 노래되는 것이다. 우리는 대담하고 솔직하게 또 민감하게 우리만이 가지는 독자적인 감동을 노래하는 것을 우리의 자랑으로 삼고 우리의 특권으로 삼는다. (…중략…) 우리는 빌려온 것을 노래하지 않으며 우리는 우리의 공기를, 대지를, 어머니를 노래하는 것이다. 우리는 우리의 '붉은 땅[赭土]'을 노래하는 것이다. / 우리는 과거 조선의 모든 시운동으로부터 자유롭고 독립적이다. 우리는 누구의 간섭도 받지 않으며 누구의 지배도 받지 않을 것이다. / 진지한 자유시로의 정진! 이것 외에 우리 앞에 놓인 길은 없는 것이다. 그리고 진정한 의미에서의 향토시야말로 우리가 성취해야 할 미개척의 땅이어야 한다.(2면)

마도 데라모토 기이치)에 의한 열렬한 서평이 있다.

22) 『赭土』 창간호, 河野卓爾方·赭土社, 1930.3.1 발행. 『赭土』에 관한 스기모토 나가오 杉本長夫의 회고가 『國民文學』 2권 10호, 1942.12에 실려 있다.

전통도 속박도 아무 것도 없는 제로로부터의 출발. 자아에게 과거는 없고 단지 눈앞에 펼쳐진 '미개척의 땅'이 있을 뿐. 이들 식민자 2세의 눈에는 '원주민'은 존재하지 않고 어머니로서의 대지는 그들에 의해 노래되어질/범해질 것을 몸을 열어 기다리고 있다. 물론 이러한 '청춘의 피에 불타'는 식민자 2세들과 사토 기요시를 동렬에서 다룰 수는 없다. 실제로 시의 애독자도 아닌 조선인 학교 교사로부터 "조선의 자연은 노래하고 있지만 조선의 인간에 대해서는 한마디도 말하고 있지 않다"는 비판이 있었지만, 적어도 사토 기요시에게는 그러한 비판을 받아들일 정도의 여유는 있었던 듯하다.[23] 전쟁 말기에 학도출진을 고취하는 시 가운데 "이를 알아라/나라를 위해 죽는 것은 사는 것이오/진정으로 사는 것은 나라를 위해 죽는 것임을"[24] 등의 용서 받기 어려운 시구를 남긴 사토 기요시이기는 하지만, 일반적으로 식민지에 있던 제국 지식인으로서의 사토 기요시에 대한 평가는 '양심적인 제국주의자'라는 정도에서 일치되고 있는 것으로 보인다. 그러나 그 중에는 사토 기요시를 아우어바흐(Erich Auerbach)와 연결지어 사이드(Edward W. Said)까지 가져와서 평가하는 이해하기 힘든 연구도 있다.[25] 이러한 논의는 '제국' 연구에 잠재하는 일종의 '제국'에 대한 노스탤지어의 이데올로기적 징후에 지나지 않지만, 이런 식의 평가가 역으로 사토 기요시의 '낭만주의적 상상력'과 제국주의/오리엔탈리즘과의 공범관계를 드러내고 있다고 말할

23) 「座談會 詩壇の根本問題」, 『國民文學』 3(2), 1942.2.

24) 『國民文學』 3권 12호, 1943.12에 게재된, 이 「학도출진」이라는 제목의 시는 "신문에 전재되어 수많은 장행회(壯行會) 석상에서 낭독되고, 마침내 총독부가 편한 중등 국어 교과서에 채용되었다"(石田耕造(崔載瑞), 「徴兵と文学」, 『國民文學』 4(8), 1944.8, 15면)고 한다. 또한 같은 무렵 옛 동료였던 다카기 이치노스케[高木市之助]는 구슈제대[九州帝大]의 출진학도를 향하여 "나아가라 대장부여 천황의 군대로 삼가 몸을 가다듬고 나아가라[征けますらを すめ大君の御軍へ斎ひかしこみ 慎みて征け]"라고 울부짖고 있었다(村井紀, 「国文学者の十五年戦争 1」, 『批評空間』 II-16, 1998).

25) 佐野正人, 「佐藤清・植民地的な主体として－植民地・京城帝大・英文学」, 『'翻訳'の圏域－文化・植民地・アイデンティティ』(筑波大学文化批評研究会 編), イセブ, 2004.

수 있을지도 모르겠다.

사토 기요시의 '시인'으로서의 측면에 지나치게 지면을 써 버린 감이 있지만, 여기서 다시 '낭만주의적 상상력'의 최재서에 의한 '비평적' 수용을 생각해 보고자 한다. 앞서 언급한 바와 같이 최재서의 Hurd론 및 Addison론을 꿰뚫고 있는 것은 비평적 · 계보학적인 '낭만주의적 상상력'의 기원 탐구이다. 그리고 그 다다른 곳이 Addison의 '진정한 위트(wit)론' 이었다—"애디슨의 상상론도 이 위트론으로부터 시작된다고 보는 것이 정당하다고 믿는다. 그는 이 논문에서 위트의 진위를 구별함으로써 문학의 지적(智的) 상상이 향할 올바른 방향을 보였다"(2면). '우연히 생겨나는 실질 없는 허영의 거짓'에 의해 지배되는 '거짓 위트'로부터 '찬란한 진리'에 의해 지배되는 '참 위트'를 떼어낸 Addison의 논의를, '직접적인 연관은 없는' Addison의 '상상론'에 접속시킴으로써, 최재서가 이름 붙인 바의 '지적 상상론(智的想像論)' 을 전개한다. 즉 여기서 최재서는, '낭만주의적 상상력'을 현대로 가져와 감정의 분출을 구가하는 『자토(赭土)』 그룹의 일본인 시인들과는 정반대로, 그것을 비평적 · 계보학적으로 탈구축하여 그 기원에 각인되어 있는 '지적(智的)'인 것의 존재를 발견한 것이다. '낭만주의적 상상력'을 비평적으로 파고듦으로써, 이 근원적인 '주지적(主知的)' 기원에까지 거슬러 올라가는 데 성공한 최재서가, 거기서 갑자기 반전하여 '현대문학'을 향해 그 '주지주의 문학론'의 비평적 날을 들이대는 것은 어느 정도 필연성이 있었다고 보여진다.[26]

---

26) 가와무라 미나토[川村湊]는 앞의 논문에서 최재서의 '실천' 지향 속에서 사토 기요시의 영향을 확인하고 있는데, 이것은 실로 흥미로운 지적이다. 도쿄(제국)대학 영문과의 '상아탑'의 학통(사이토 다케시[斉藤勇]—히라이 마사오[平井正穂])과 비교할 때, 이는 사토 기요시 개인의 성격이라기보다도 식민지 제국대학이라는 제도로부터 생겨난 성격일지도 모르겠다. 참고로 臺北제국대학 영문과를 그 창설로부터 이끌었던 야노 호진[矢野峰人]에 관한 한 회상을 인용해 둔다—"당시의 관립대학은 군의 조직구조에 준하여, 帝大는 그 중핵으로서 지대한 권위를 인정받아 전국의 교육은 그 교육방침에 따랐고, 帝大의 어학편중 교육도 철저했다. 어학편중이란 무비판에 가까운 외국문학의 도입이자 동시에 독창성의 억압이었다. 어쩌면 정통적인 외국 전통의 정확한

3. 풍자문학론—'그 자신의 주인'

Addison론이 발표된 한 달 후인 1933년 4월, 최재서는 경성제국대학 법문학부 강사로 위촉된다. 이 인사는 『경성제대영문학회회보』를 읽어 온 이에게는 그다지 기이하게 여겨질 것은 없다. 말 그대로 쌍벽을 이루었던 데라모토 기이치와 최재서 중에서, 데라모토는 한 해 전에 경성제일고등여학교에 갓 취직한 상태였으므로, 유학에서 돌아온 최재서가 강사로 위촉되는 것은 당연한 것으로도 보인다. 하지만 타이베이제대[臺北帝大]보다 현지인 학생에게 문호가 열려 있던 경성제대라고 해도, 교수 구성에 관해서는 일본인이 거의 독점하고 있는 상태였던 점을 생각하면,[27] 역시 이것은 '대발탁'이라고 아니할 수 없을 것이다.

강사가 된 후 처음으로 최재서가 『경성제대영문학회회보』에 실은 글이 「문학의 보전」(제11호, 1933.6.1)이다. 이 논고는 그것이 '예언'이라는 점에서 일단 주목할 만하다. 즉 이제까지의 과거를 대상으로 한 학술적 연구를 반전시켜, 현재에 대한 분석 및 미래에 대한 전망으로 눈을 돌렸다는 점에서다.

> 영리한 비평가는 결코 예언을 즐기지 않는다. 이 위험을 굳이 무릅쓸 정도로 어리석은 나는, 가까운 장래에 문학의 보전이 진지하게 부르짖어질 것은 확실하다고 생각한다. 혼돈시대의 온갖 것이 그러하듯이, 현대의 문학도 무정형을 그 특징으로 한다. 가장 신시대적인 문학의 정의를 내려 보라고 하면, 비평가

수용이었지만, 이와 표리를 이룰 이상성, 허망, 생의 폭로 혹은 반역적인 문학의 말살제거이기도 했다. 공리적인 가치관에서 볼 때 실익이 없는 시문학을 전공한 사토 기요시, 세기말의 허망을 대상으로 삼은 호진峰人이, 각각 벽지인 京城과 臺北으로 敬遠된 이유도 그런 점에 있었을지도 모른다"(関川左木夫, 「矢野峰人先生景仰録」, 『ふるほんや』, 矢野峰人追悼特集号, 1989; 井村君江 외편, 『矢野峰人選集 3－英文学』, 国書刊行会, 2007의 후지카와 요시유키[富士川義之]에 의한 「解説」, 598~599면에 인용됨).

27) 泉靖一, 「旧植民地帝国大学考」, 『中央公論』, 1970.7.

의 예지는 그저 지독한 혼란의 숲을 헤맬 것에 틀림없다.(19면)

이 '혼돈시대'의 현상분석을 통해 최재서는 명확하게 '반낭만주의'의 자세를 내세우게 된다. 그리고 그것을 표현할 이디엄(idiom)을 제공한 것은 Irving Babbitt이었다.

> 무릇 예술 특히 문학의 혼란을 경계하여 질서와 통제를 촉구한 첫 목소리는, 1776년 레싱(Lessing)에 의해 '라오콘(Laocoon)' 속에서 회화와 문학 사이에 나타났다. 그 후 낭만주의라는 새로운 정세에 의해 빚어진 더 크고 기괴한 예술의 혼란을 경고하기 위하여, 어빙 배빗은 '신(新)라오콘'을 지었다. 그로부터 벌써 20여 년이 지났다. 그러나 배빗의 열성에도 불구하고(!) 세계의 예술은 혼돈의 나락을 향해 최후의 박차를 가하고 있는 것으로 보인다.(19면)

여기서 이 '질서(order)와 통제(control)'가 상실된 '예술 내부의 혼란'은 "직접적으로는 분석과 차별을 꺼리는 낭만적 상상의 결과"라고 단언한다. 특히 문학과 사회과학의 혼동을 그 일례로서 들고 있는데, 이는 명확한 프롤레타리아문학 비판이다—"오만하고 치기어린 프로 작가의 소설을 읽느니 마르크스의 자본론을 읽는 편이 얼마나 더 사회적 흥분을 느끼게 하는지 알 수 없다"(19면).

Irving Babbitt이 최재서에 미친 깊은 영향은, T. E. Hulme의 영향만이 강조되는 것에 가려 종종 간과되는 경향이 있다. 확실히 중앙 평단의 전통적인 잡지 『사상(思想)』에 조선인의 글로서 처음으로 실리게 된 최재서의 논문이 「T. E. 흄의 비평적 사상」(1934.12)이었던 점이 강하게 인상에 남는 것은 사실이다.[28] 다만 이 논문 자체는 잘 정리된 소개문의 영역을

28) 『思想』, 제1,000호를 기념한 사토 다쿠미[佐藤卓己], 가루베 다다시[苅部直], 요네타니 마사후미[米谷匡史]의 좌담에서도 이것이 화제에 올랐다(『思想』, 1,000호, 2007.8, 26면).

벗어나지 않으며, 또한 각종 문예비평지에서는 오래전부터 T. E. Hulme이 많이 소개되고 있던 점을 고려한다면, 이는 단지 『사상(思想)』이 (특히 영미의) 문예비평에 대해 소홀했다는 역사적 사실을 말해 줄 따름이라고 생각된다(물론 그런데 왜 최재서가 발탁되었는가 하는 의문은 남는다). 이에 반해 최재서가 Babbitt을 주체적으로 일본어로 번역하여 이윽고 개조문고(改造文庫)로 출판(상권, 1939.12; 하권, 1940.3)한 사실이 갖는 중대한 의의는, 그 「역자의 말」의 서두를 읽는 것만으로도 헤아려지는 바가 있다.

> 이 번역을 시작한 것은 쇼와[昭和] 6년, 즉 내가 경성제국대학 영문학과를 졸업하고 같은 대학원에 들어간 뒤 얼마 지나지 않아서다. 원저의 가치에 관해서는 일찍이 은사인 사토 기요시 교수로부터 가르침을 받은 바 있었고, 또한 내 자신도 영국 현대비평을 조금씩 읽어감에 따라 배빗의 중요성을 알게 되었다. 그런 까닭에 나는 말하자면 일종의 신념을 갖고 이 번역에 임하게 된 것이다. (상권, 5면)[29]

쇼와 6년(1931) 경부터 그러니까 바로 본고에서 다루고 있는 『경성제대영문학회회보』의 여러 논문을 집필하는 한편에서, 최재서는 '일종의 신념을 갖고' Babbitt의 대저를 탐하듯 읽고 있었던 것이다.

T. E. Hulme보다 Babbitt의 영향을 강조하는 것은, 단순한 전기(傳記)적 관심에서가 아니라 거기에서 최재서 사상의 핵심을 건드리는 중요한 지점을 찾아볼 수 있기 때문이다. T. E. Hulme과 Babbitt은 '반낭만주의'라는 점에서 종종 한데 묶여진다. 물론 낭만주의/루소주의적인 인간 자아의 무한성・자발성에 대한 신앙을 철저하게 부정한다는 점에서 양자는

29) アーヴィング・バビット【어빙 배빗】, 崔載瑞 訳, 『ルーソーとロマン主義【루소와 낭만주의】』 上・下, 改造文庫, 1939.12・1940.3. 이하 본서로부터의 인용은 최재서 역을 따른다. 또한 필요에 따라 참조하는 원문 텍스트는, Irving Babbitt, *Rousseau and Romanticism*, U. of Texas Press, 1977.

일치한다고 할 수 있다. 그러나 그에 대한 대항축과 관련해서 양자에게는 결정적인 차이가 있다. 즉 T. E. Hulme이 가톨릭적인 '원죄' 도그마의 절대성을 주장하는데 반해, Babbitt은 외재적인 도그마를 거부하고 이교도(異敎徒)적인 아리스토텔레스나 부처에게서 인간 이상을 구하여, 고전주의적인 '규거(規矩)'(decorum), '규율'(discipline)에 의한 '내면적 통제'(inner control)의 완성을 통하여 보편적 '표준'(standards)을 습관화할 것을 요구한다—"어떻게 표준을 갖는 동시에 도그마에 유폐(幽閉)되지 않을 것인가"(32면). 이 결정적인 차이는 앵글로 가톨릭을 선명하게 내세우면서, 명확하게 T. E. Hulme적인 도그마주의 편에 서게 된 T. S. Eliot(그에게 배빗은 하버드 시절의 은사이기도 하다)에 의한 Babbitt의 "New Humanism"에 대한 일련의 비판 가운데서 분명하게 확인할 수 있다.30) 그 비판 속에서 T. S. Eliot은 Babbitt의 기본적인 방향성에 대해서는 이해를 보이면서도, 종교 즉 외재적 도그마 없이 '내면의 소리'를 신격화하고 있는 점은 전면적으로 부정한다. 본고에서는 Babbitt의 거대한 사상에 더 이상 깊이 들어갈 여유는 없지만, 최재서의 논문 「문학의 보전」으로 돌아가기에 앞서 『루소와 낭만주의』 중에서 최재서의 이후의 평론에서 그 영향을 읽어낼 수 있는 부분을 몇 구절 잠언(箴言) 풍으로 인용해 두고자 한다—"이 이른바 사실주의(realism)라는 것은 초기 낭만주의와 비교할 때 조금도 근본적인 방향전환을 보인 것이 아니다. 그것은 한 비평가의 말처럼 지상을 포복하는 낭만주의에 지나지 않는다"(상권, 179면), "만일 인간이 명확한 목적이나 의도를 욕망의 무한한 확대에 대립시킨다면, 그는 그의 외부적 통제로부터 벗어나는 데 비례하여 이러한 부동(不動)의 원동자(原動者)를 의식하게 될 것에 틀림없다. 이처럼 견고한 중심을 갖고 있기 때문에 그는 '동굴의 내란'을 헤치고 마침내 행복의 피안에 이르기를 희망할 수 있는

30) T. S. Eliot, "The Humanism of Irving Babbitt"(1928), "Second Thoughts about Humanism"(1929), *Selected Essays*, Faber, 1932; Norman Foerster ed., "Religion Without Humanism", *Humanism and America—Essays on the Outlook of Modern Civilization*, Farrar and Rinehart, 1930.

것이다"(상권, 252면), "루소는 위대한 반주지주의자(反主知主義者)의 최초의 인물이다"(상권, 258면), "다른 누구보다도 급진적 민주주의자의 아버지인 루소가, 또한 동시에 최초이자 최대의 반이지주의자(反理知主義者)라는 것은 나쁜 전조이다"(하권, 247면), "만일 셸리(Shelly)가 오래 살았다고 해도, 그가 정서적 궤변으로부터 탈각하여 상상 작용의 질에 있어 보다 윤리적으로 되었을지는 자못 의심스럽다. 정서적 궤변에서 윤리적 통찰로의 이 같은 진보를, 우리는 괴테에게서 실제로 본다"(하권, 223~224면), "나이 40에 아직도 20대 때처럼 셸리(Shelly)에 심취하는 자가 있다면 그는 성숙될 소질이 없는 자이다"(하권, 262면).

「문학의 보전」에서 프로 문학이라는 갖가지 '기괴한 잡종'을 비판한 뒤, 최재서는 문학의 '본연의 기능'에 대해 말한다―"그 본연의 기능이란 상상에 의한 진리의 전달이다"(20면). 여기서 전개되는 '진리'론은 특기할 만하다.

> 진리라는 말이 진리가 아니라 진리에 대한 우리의 전 인격적 반응―지식, 정서, 의지 등을 모두 포함한 것이 진리인 것이다. 그러나 우리의 인격적 반응에는 제한이 없다. 고로 진리에도 제한이 없고, 따라서 또한 절대적인 진리는 없다. 다만 비교적인 진리와 비교적인 무지가 있을 뿐이다. / 우리는 어떻게 이러한 전 인격적인 반응을 그대로 똑같이 상대에게 전할 수 있을까? 오직 상상이 있을 따름이다.(20면)

여기서 최재서가 드는 예는 그리스도이다. "현실의 그리스도는 오직 한 번밖에 없었"지만, 그 "그리스도의 가치를 존속시키는 방법은 상상에 다름 아니"라는 것이다. 여기서 보이는 인식론은, '진리'('도그마'라고 바꿔 말해도 괜찮다)의 실념론(實念論)[31]을 거부하고 '상상'이라는 행위에

---

31) 여기서 말하는 '실념론(實念論)'(realism)이란 중세 스콜라 철학의 '보편논쟁'에서 '유명론(唯名論)'(nominalism)과 대립한 인식론으로서, '보편'이라는 개념의 실재성을 주장

의해 '가치'를 생산한다고 하는 프래그머티즘적인 것이다. '문학의 보전'이란 필경 ('사회구성체의 하부구조'나 '천재의 중심사상'과 같은) '본질'이라는 실념론의 유혹에 굴복함 없이, (유명론(唯名論)/프래그머티즘적으로) 끊임없이 개개의 작품 사상(事象)에 '산다'는 행위에 의해 '가치'를 계속 생산하는 것에 다름 아니다.

> 그러므로 개념과 상징의 미몽(迷夢)을 깨뜨리고 진리의 르네상스에 살고자 하는 자는 주석해설에 의해 셸리의 중심사상을 취하기를 그치고, 그가 투사한 심상(image)에 하나하나 구체적으로 살아야 한다. 이것이 문학 보전의 유일한 길임과 동시에 문학으로 하여금 사회에 필수불가결한 것이게끔 하는 최후의 모티브이다.(20면)

이어지는 제12호(1933.11.10)에 최재서는 「예스페르센(Jespersen)의 신(新)문법서」라는 해설문을 기고하였다. Jespersen은 당시 최신의 문법이론으로, 영어학에 관한 상세한 해설문을 쓴 것은 신임 강사로서의 책임감에서였을 것이다.[32] 하지만 이 순수한 문법이론 해설에서 보이는 "요컨대

한 입장이다. 당초 가톨릭교회가 실념론을 지지한 이유의 하나는 아담에게 보편적 인간이 실재하지 않는다면 '원죄'의 도그마가 성립하지 않게 되는 데 있었다. 황당무계하다는 비난을 거리끼지 않고 굳이 필자가 이 용어를 여기서 꺼낸 의도는, 최재서의 당초의 인식론을 T. E. Hulme이나 (후기) T. S. Eliot에게 보이는 '보편'의 실념론과 대립시켜 오히려 Babbitt의 반도그마나 I. A. Richards의 '가치'론을 경유한 유명론/프래그머티즘적 사상과 접속시키려는 데에 있다. 물론 필자는 최재서와 유명론/프래그머티즘 사이에 실체적인 연속성이 있다고 주장하는 것은 아니다. 어디까지나 실념론의 유혹에 굴복하지 않는 '태도'의 지표로서 이 용어를 사용한 것이다. 또한 마르크스가 "유명론(唯名論)은 유물론(唯物論)으로의 왕도"라고 말한 것은 유명한데, 그 방향성을 이어받은 것이 알튀세르나 들뢰즈의 유물론이다.

32) 일본의 영문과에서 '문학'과 '어학'이 확연히 나누어지게 된 것은 실은 최근의 일로, 당시 경성제대 영문과에서는 사토 기요시[佐藤清]와 나카지마 후미오[中島文雄](영어학의 권위, 후에 도쿄대학 교수)가 동시에 셰익스피어 강독 수업을 하는 광경도 볼 수 있었다. 『英語青年』의 나카지마 후미오 추도호에 실린 해방 후의 한국영어사학회(韓国英語史学会)의 중진으로 대한민국학술원 회원이기도 한 조성식(趙成植)(中島文雄, 『英語の構造』의 번역도 있다)의 「나카지마[中島] 선생의 추억」에서 한 구절을 소개한다—

그 안목은 종래 문법에서 보이는 바와 같은 라틴문법에서 나온 독단적인 구분법을 배격하여 과학적인 문법원리에 따라 영어사실을 구분하고, 각 부문도 고전문법의 배열법에 따르지 않고 몇 개의 본질적인 문법개념을 중심으로 가능한 한 집단적으로 배열하고자 한 것"이라는 '반도그마주의'적인 서술은, 그 태도에 있어서 앞서 논한 최재서의 비평인식론과 훌륭하게 통하고 있다는 점에서 흥미롭다.

제13호(1934.3.1)에 최재서가 실은 논문은 「윈덤 루이스(Wyndham Lewis)론」인데, 최재서 최초의 모더니스트 작가론이 Wyndham Lewis인 것은 다소 기이하게 여겨진다. 그도 그럴 것이 오늘날의 모더니즘 연구에서 Wyndham Lewis는 마이너 작가의 부류에 들어가는 것이 보통이기 때문이다.[33] 그러나 동시대의 언설 공간에서는, 예를 들어 T. S. Eliot이 시종 Wyndham Lewis의 천재성을 인정하였고, 또한 일본에서 현대 영문학 소개의 권위자(arbiter)였던 니시와키 준자부로[西脇順三郎]가 1930년에 『시와 시론[詩と詩論]』에 실은 「20세기 문학의 일면」이라는 글 속에서 "영문학 방면에서는 오늘날에는 Wyndham Lewis의 최고의 비평이 20세기 30년 간을 통하여 가장 기억할 만한 것이다", "요컨대 영국 비평가로서는 Hulme, 루이스, 헉슬리(Huxley)가 가장 주요한 이들이다. 특히 Lewis 씨는 그러하다고 생각한다"(7 · 11면)는 평가도 확인할 수 있다. 이를 보면 최재서의 관심이 Wyndham Lewis에게 향한 것 자체는 그다지 이상하다고 할 수 없을

"사토 기요시 선생과 나카지마 후미오 선생을 동시에 맞은 것은 우리들로서는 더할 나위 없는 행운이었다. 같은 셰익스피어의 작품을 다루어도 접근방법은 완전히 대조적이었다. 아일랜드 문학 전공인 사토 선생의 Julius Caesar 강의는 시인답게 정열적, 감각적, 문학적인 접근방법이었지만, 나카지마 선생의 Hamlet 강의는 지적, 이론적, 어학적인 어프로치였다. 사토 선생은 자그마한 오역 등은 신경 쓰지 않았지만, 나카지마 선생 쪽은 정확지상주의여서 오역 등은 금물이었다"(『英語青年』, 2000.7.1, 23면). 여기서 사토 기요시가 '아일랜드 문학 전공'으로 다소 부정확하게 기억되고 있는 사실 또한 흥미롭다.

33) 흥미로운 예외로서, Fredric Jameson의 *Fables of Aggression—Wyndham Lewis, The Modernist as Fascist*, U. of California Press, 1979가 있다. 미국을 대표하는 마르크스주의 비평가인 Jameson이 Wyndham Lewis를 '혁명적'으로 읽은 의욕작이다.

것이다. 한편 코뮤니즘에 접근한 차세대를 대표하는 시인/비평가인 Stephen Spender가 자신의 널리 읽힌 비평서 *The Destructive Element*(1935)에서 Wyndham Lewis를 통렬하게 비판한 것도 잊을 수 없다.[34] 1930년대 후반 언저리부터 최재서가 Wyndham Lewis를 그다지 언급하지 않게 되는 데에는 이유가 없지 않았던 것이다.

여하튼 본문 내용으로 들어가 보면, 최재서는 먼저 Wyndham Lewis의 작품 속에 "본질적 자아와 비자아의 대립항쟁"이 있다고 보고, 그 근저에서 '예술가(즉 천재)'와 '행위인(man of action)' 사이의 항쟁을 발견한다. 이 양자의 차이는 '정력(energy)'의 '용도의 상위(相違)'로 표현되는데, 최재서는 어느 한 쪽을 거들기보다 "예술이란 상반된 두 가지 잠재력의 병치(倂置)에 의해 생겨나는 불꽃"이며 "내적 충돌―vision의 고양―이 없으면 예술은 궤변의 유희에 떨어지고 만다"고 논한다. 이런 관점에서 Wyndham Lewis의 예술을 최대한 평가하고 있는 것인데, 거기에서는 확실히 Babbitt의 영향을 확인할 수 있다.

> (윈덤 루이스)의 예술로 하여금 초월적 의의를 갖게끔 한 것은, 그가 발견하고 유리(遊離)되어 그럼으로써 의식적으로 개발하는 "모순충돌"이다. 그러나 그 중심을 이루는 고독한 모습 'enlightened man', 'the guardian'은 정적(靜的)이다. 즉 온갖 정력(그 종류가 창작적이건 활동적이건 상관없이)의 안티테제이다. 아니 그것은 오히려 개성(personality)이라기보다는 상태(state)이다. 부처의 상태―자아의 궁극적인 멸각(滅却, 종합)이다.(8면)

여기서부터 '개성멸각(個性滅却)'의 화제로 들어가 예술가를 '개성'이 아니라 'agent'로 파악하여, T. S. Eliot의 유명한 '촉매'의 비유 등을 갖고 와서 상식적인 논의를 전개하는데(오늘날의 시각에서 보아 '상식적'이라고는

34) 특히 제11장 「The Great Without」을 참조.

도저히 생각되지 않는 것은, James Joyce를 미련 없이 깎아 내려 Wyndham Lewis와 '운니지차(雲泥之差)'라고까지 말해 버리는 부분이다), 본고로서는 그다지 중요하지 않다. 오히려 흥미로운 것은 논문 마지막에 나오는 '화가의 눈'[35]에 관한 고찰이다. 최재서는 이 용어에 일부러 각주까지 달고 있다.

> "화가의 눈"은 대상으로부터 떨어져서 그 본질을 꿰뚫어 보는 눈으로, 일반적이고 일상적인 입장에서 보면 몹시 비인간적이다. 따라서 화가의 눈은 루이스에게 있어서는 비자아(Not-Self)의 기능이다. 이 Not-Self의 작용을 Self가 바라볼 때 거기에 부조화가 있고 유머가 있다. 하지만 그 아래서 빛나는 이지(理智)의 비판을 놓쳐서는 안 된다(11면 각주).

보들레르 언저리로부터 설명하기 시작하여 이와 같은 '자기이중화'에서 근대인의 정신적 태도의 본질을 보고자 하는 것은 모데르네(moderne)론의 전형이 되어 있다는 점에서 그 자체는 그다지 주목할 만한 것은 아니지만, 그러나 최재서가 여기서 어떤 결정적인 의미(어떤 종류의 '해결')를 찾아내고 있는 것은 간과할 수 없다.[36] 그 '해결'이란 풍자가 소극적으로는 '반낭만적 백신주사 즉 "유머의 주입에 의한 낭만적 정서의 소독"'이 되는 것이고, 적극적으로는 "최고의 예술에 없어서는 안 될 격리(detachment)"에 의해 "독자를 각성시키는" 것이다.

> 독자를 각성시키는 목적은 독자로 하여금 더욱 실재적인 세계의 진리를 보

---

35) Wyndham Lewis는 표현주의적 화풍을 가진 전위적인 화가였다. 오늘날은 오히려 화가로서 이름이 기억되고 있는 면이 강하다.

36) 유머에서 결정적인 의미를 찾아내는 다른 흥미로운 예로서, 가라타니 고진[柄谷行人]의 「유머로서의 유물론[ヒューモアとしての唯物論]」(1992)이 있다. 물론 여기서, 가라타니가 말하는 '초월론적'과 최재서의 '주지적'을 이어붙이는 견강부회를 부릴 생각은 털끝만큼도 없지만, 초기의 최재서가 견지한 '초월'에 쉽게 굴하지 않고 내재적으로 사고하는 '태도'를 안이하게 '주지주의 문학론'이라는 명칭으로 회수시키지 않기 위한 하나의 힌트가 될 것으로 생각한다.

게끔 하기 위해서다. 여기에 그의 격리된 객관적 태도가 있어 satirist로서의 그가 등장하는 것이다. 그는 적극적으로는 "화가의 눈"으로써 물상의 본질을 투시시키고, 소극적으로는 유머러스한 풍자로써 낭만적 도취의 정서를 멸각시키는 것이다.(12면)

여기서 마침내 최재서가 철저하게 추진해 온 '반낭만주의'적 비평론의 귀결로서, 또한 그것을 넘어서는 '적극적'인 방향의 지침으로서 '풍자'가 클로즈업되는 것이다.

이 「윈덤 루이스론」을 마지막으로 최재서의 『경성제대영문학회회보』에 대한 기고는 끝이 나고, 한 달 후에는 경성제대 법문학부 강사를 그만두고 경성법학전문학교 교수로 자리를 옮긴다. 최재서는 문자 그대로 경성제대 영문학 연구실을 떠나, 식민지 조선문단 나아가 도쿄의 중앙 문단으로 진출하게 된다. 그 해 최재서는 (앞서 논한 『사상(思想)』의 논문을 제외하면) 3편의 논문을 일본어로 집필하였다. 「시인 대 행위인」(『조선급만주(朝鮮及滿洲)』, 1934.4), 「테마 빈곤의 시대」(『조선시단(朝鮮詩壇)』, 1934.4), 「시인과 인간고(苦)」(『조선급만주』, 1934.12, 집필은 8월 3일)이다. 「시인 대 행위인」은 「윈덤 루이스론」과 거의 같은 내용으로 여전히 추상적이고 현대 조선에 대한 실감이 없다. 「테마 빈곤의 시대」 또한 역시 추상적이지만, '시대적인 고뇌'라는 모티브가 그 사회화의 가능성과 함께 드러나기 시작한다—"그러나 시 속에서 통일적 신념을 추구하지 못할 때 한 단계 낮춰 공동의 체험과 공통의 고뇌를 추구하는 것은 가능할 뿐만 아니라 또한 실로 필요하다"(5면). 그리고 「시인과 인간고」에 의해 이 '시대적 고뇌'가 '지금 · 여기'로 끌어내려진다.

거의 매일 밤을 술집에서 보내는 한 친구를 향해 어느 날 나는 "왜 그렇게 술을 먹느냐"고 물어 봤다. 그의 대답은 이러했다—"이게 이 경성이라는 감옥으로부터 벗어나는 제일 빠른 길이기 때문"이라고. 다음날 아침 이 남자가 눈을 떴을 때 경성의 거리는 이 남자에게 어떤 얼굴을 지을까를 생각하면, 나는 몸서리칠 수밖에 없었다.(70면)

이 '친구'란 최재서 본인일까, 그게 아니면 현영섭이라도 가리키는 것일까, 상상의 나래를 펼치게 되지만, 여하튼 대체로 고답적인 최재서의 문체 속으로 '지금・여기'가 '몸서리'로서 실감적으로 침투해 오고 있는 것이 느껴진다. 그리고 이 에세이 풍의 글 말미 언저리에 있는 "불행한 것은 그 사회에 고뇌가 있는 것이라기보다는 오히려 고뇌의 표현이 없는 것"(74면)이라는 구절에, 이후 그 '사회'에 어디까지나 표상의 레벨에서 관여해 가는 최재서의 비평가로서의 기본적 모티브가 담겨 있는 것으로 보여 진다.

「풍자문학론—문단위기의 일타개책으로서」는 『조선일보』에 1935년 7월 14일부터 같은 달 21일까지 5회에 걸쳐 연재된 의욕작이다.[37] 그 비평사적 의의(KAPF 붕괴 후 문단에서의 위기의식의 명확화, 프로 문학적인 '내용과 사상'에 대항하여 '태도와 기법'을 제창, 이상(李箱)의 「날개」나 김기림(金起林)의 「기상도(氣象圖)」 등 실제 작품에 끼친 영향)는 이미 김윤식이 지적한 대로다.[38] 또한 그 비평론으로서의 사정(射程, 지성의 명료성의 방어, 사이비 가치의 파괴)과 한계(부정성(否定性), 행동에 대한 위축, 가치기준을 구현할 '전통'의 부재에 대한 무자각)에 대해서도, 김흥규에 의해 상세하게 논해진 바 있다.[39] 따라서 본고에서 다시 옥상옥을 지을 필요는 없을 것이다. 오히려 본고가 착목하고자 하는 점은, 이 시론을 이제껏 논해 온 최재서의 영문학 연구가 '현대 조선문단의 위기'에 '이식'된 것으로 간주할 수 있다는 점에 있다.

---

37) 각 연재는 모두 한 쪽을 넘지 않는 점을 고려하여 연재 회수를 괄호 안에 로마 숫자로 표시하였다.

38) 金允植, 『韓國近代文藝批評史硏究』, 一志社, 1976의 2부 2장 3절 「諷刺文学論」 참조.

39) 金興圭, 앞의 글. 3장 4절 「「知性」의 意味와 機能」 참조.

그리고 그런 점에서 이 시론에 대해 영문학 연구의 방면으로부터 조금이나마 새로운 시각을 제시할 수 있지 않을까 생각되는 바이다.

「풍자문학론」은 바로 「문학의 보전」이 그러했듯이 "현명한 비평가가 처음부터 손대기를 끄려할" 만한 "일종의 예언"(Ⅰ)이라는 선언에 의해 시작된다. 다만 「문학의 보전」이 '문학' 일반을 대상으로 하고 있던 것에 비해, 「풍자문학론」은 '지금・여기'의 식민지 조선문단을 대상으로 하고 있다는 차이가 있다. 그 때문에 "비평의 임무는 문학의 나아갈 방향을 지시하고 아울러 창작지대를 방어함"(Ⅱ)에 있다고 하는 보다 절박한 자의식이 드러나 있다. 글에서 전개되는 논의의 대강의 얼개는, Babbitt의 이디엄을 갖고 '문학적 위기'의 본질을 분석한 위에 Wyndham Lewis론에서 얻은 '풍자'의 특권성이라는 식견을 접목한 것이라고 할 수 있다. 모럴 부재의 시대에 모럴을 창도하는 '교사'로서 자임하는 Irving Babbitt과 '가장 위대한 풍자란 비모럴'[40]이라고 공언하면서 '공공의 적'을 자임하는 Wyndham Lewis의 이 언뜻 보아 기묘한 '접목'은 그 자체로서 흥미롭지만, 그것을 단순히 '천박한 이해'라고 깎아 내릴 것이 아니라, 그러한 '기묘함'을 떠안을 수밖에 없었던 식민지 지식인의 곤란한 숙명을 생각하지 않으면 안 될 것이다.

먼저 Babbitt의 강인한 반도그마주의적 태도는 최재서에게, '국민주의'(=민족주의)와 '사회주의'라는 양극은 정치적 심급이 문학을 결정한다는 반영론(이것도 실념론의 일종이다)에 기반하고 있다는 점에서 동류라고 날카롭게 지적하는 비평적 시야를 제공했다고 할 수 있다—"정치학적 체계에만 절대적 배타적으로 의거하야 오든 문학비평이 정치의 혼란을 따라 방면을 잡지 못하는 것은 당연한 일이다"(Ⅲ). 이것이 '정치의 우위성'을 맹신하는 '정치주의' 비판일 따름으로 '비정치주의'가 아닌 것은 병행 관계에 있던 독일 표현주의 논쟁을 참조하면 명확한데, 이 '정치

40) "The Greatest Satire Is Non-Moral", *Men Without Art*(1934) 참조.

주의 비판'의 정치성이란 외재적인 거짓 질서(Order)에 포섭되기를 거부하고 그 이데올로기성을 폭로하는 데에 있다. 그러나 동시에 그것은 아무리 강력한 비평이라 하더라도 건설적인 '타개책'에는 이르지 못할 것이다. 미국에 있으면서 '건전한 개인주의'를 말할 수 있는 Babbitt의 경우에는, 그가 생각하는 서양문명의 뿌리인 고전적 인문주의의 '표준'에 준하여 '규거(規矩)'나 '규율' 즉 '내면적 통제'를 완성함으로써 현상을 타개할 수 있다고 믿기 때문에, "상상적이면서 동시에 규거에 들어맞는", "윤리적 예술"(상권, 311면)을 주창할 수 있다. 그러나 식민지 상황이란 그 정의에서부터 질서(Order)가 최종적으로는 외부로부터의 명령(order)으로서 강요되는 공간이다. 그와 같은 정황 하에 최재서가 '타개책'으로서 '풍자'라는 (앞서 언급한 Spender의 저서의 제목을 빌리면) '파괴적인 요소'에 기댈 수밖에 없었다는 것에는 일정한 필연성이 있는 것이 아닐까.[41) 최재서는 풍자를 '일종의 복수'라고 부른다—"인생에 모든 것을 잃어버렷다 할지라도 그가 만일에 그 실망을 해부하야 그 허무를 폭로하고 그 무가치를 냉소할 이지력을 가젓다면 그는 아직도 그 자신의 주인이라고 할 것이다"(Ⅳ). Babbitt이라면, 개인은 부단한 극기에 의해 '윤리적'으로 '그 자신의 주인'이 될 수 있다고 말할 것이다. 그에 반해 이처럼 소극적=부정적(negative)인 방식으로밖에 '그 자신의 주인'이 될 수 없는 것이 바로 식민지 상황인 것이다.

구질서의 자괴(自壞)를 촉진시키는 것이 '타개책'이라고 한다면, 그것은 신질서의 도래를 희망하는 묵시론(apocalypse)과 동전의 양면을 이룬다. 이 양면성은 예컨대 영국에 귀화하여 앵글로 가톨릭의 입장을 취하기 이전의 아직 확고한 도그마에 도달하지 않은 '전위'시인/비평가였던 T. S. Eliot에 의한 『율리시즈』 평가의 양가성(ambivalence)에서도 볼 수 있다.

---

41) V. S. Naipaul, Chinua Achebe, Salman Rushdie 등 영어권 '포스트 콜로니얼 소설'에 특징적인 풍자적 요소를 포스트 콜로니얼 이론과의 관계에서 분석한 연구로서, John Clement Ball, *Satire & the Postcolonial Novel*, Routledge, 2003이 있다.

한편에서는 "아직 충분히 상실되지 않은" 구질서를 종식시키는 것으로서 『율리시즈』를 평가하면서, 다른 한편에서는 그 "신화적 수법"이 "현대의 무질서에 질서를 부여"하고 있다고 평가한다.[42] 이것은 최재서에게 잠재되어 있는 양가성(ambivalence)이기도 하다. 즉 "구질서를 철저하게 자괴(自壞)시킨다"고 하는 명제는 그것이 정말로 실현되어 버리면 논리적으로 성립될 수 없으므로, "신질서가 벼락처럼 갑자기 도래한다"고 하는 묵시론(apocalypse)적 대망론으로 반전되어 버리는 것이다. "외재적 질서에 의존하는 문학은 그 질서의 붕괴에 의해 같이 무너진다"는 '예언'은 "질서의 부재를 견디지 못하게 되었을 때, 외부로부터 도래하는 질서에 투신한다"는 '예언'이 되어, 최재서 본인 앞으로 되돌아오게 될 것이다.

『인문평론(人文評論)』(1939.10~1941.4)을 다룰 다음 절로 넘어가기 전에 그 때까지의 최재서의 중앙 문단·학계로의 진출에 대해 가볍게 살펴보고자 한다. 1934년 12월의 『사상(思想)』 데뷔를 시작으로 1936년 3월과 10월, 1937년 2월, 1938년 8월에 『개조(改造)』 그리고 1938년 9월에 『미타문학(三田文學)』에 각각 글을 싣고 있다. 또한 일본영문학회에서도 정력적으로 연구발표를 행하여 학회기관지 『영문학연구(英文學硏究)』에도 종종 등장한다. 대부분 소개문으로 그다지 볼 만한 것이 없지만, 이 시기에 Herbert Read의 존재가 커진 것이 주목된다. Herbert Read는 T. E. Hulme의 유고를 정리하여 T. S. Eliot의 눈에 들어 다음 절에서 논의의 중심이 될 『크라이테리언(*The Criterion*)』에서 실질적인 부(副)편집장의 역할을 한 시인/비평가인데, 사상적으로는 T. S. Eliot과는 대극적이어서 T. S. Eliot의 '왕당파, 고전주의자, 앵글로 가톨릭' 선언에 빗대어 자신은 '아나키스트, 낭만주의자, 무신론자'라고 호언한 바 있다. 이 『크라이테리언』에서 활약한 물이 오른 소장 비평가로부터 최재서는 자신이 Babbitt에게서 물려받은 사상에

42) 자세한 내용은 졸고, 「Mapping T. S. Eliot 1917~1923」, 『リーディング』 22(東京大学大学院英文学研究会), 2001을 참조하길 바란다.

가까운 것을 찾아내고 있었다는 사실을 쉽게 알아차릴 수 있다. 본고의 문맥에서는 특히 그 '도그마론'이 중요할 것이다.

> 이 모순과 허위로부터 벗어나기 위해서는 비평가는 먼저 몇 개의 도그마를 주의 깊게 쌓아올려야 한다. 그러나 일단 도그마가 고정되면 그것에 머무는 것이 아니라 끊임없이 일정한 방향을 향해 나아가지 않으면 안 된다.[43]

이것은 최재서의 문장이지만 실은 Herbert Read의 논문 "The Attributes of Criticism"의 마지막 단락을 거의 그대로 베낀 것이다('도작(盜作)' 개념이 지금처럼 발달하지 않았던 당시의 '비평'에서는 이런 일이 많았다). 이것과 최재서 역 『루소와 낭만주의』의 아래 문장을 같이 놓고 보면 그 친근성은 일목요연하다.

> 도그마의 외부적 권위를 기초로 하는 문명은, 상상작용이나 그 역할에 대해 전면적인 진리에 직면할 힘이 없다. 도그마나 외부적 권위가 비평적 정신에 의해 그 토대로부터 붕괴되고 있는 문명은 이를 이룰 수 있을 뿐만 아니라 만일 그것이 존속되고자 한다면 이를 이루지 않으면 안 된다.(하권, 234~235면)

외재적 도그마의 유혹을 거부하고 내재적으로 도그마를 생성하며, 그러나 그것을 결코 고정시키지 않기 위하여 '비평적 정신'에 의해 쉼없이 파괴해 간다. 이 동적인 도그마관이야말로 최재서가 영문학 연구를 통하여 얻은 최대이자 가장 근원적인 비평적 '태도'가 아니었을까. 동시에 위의 인용이 포함된 절의 제목이 '리드(Read)의 고민'인 점을 놓칠 수 없다. 그 '고민'을 최재서는 바다에 던져진 한 척의 배에 비유하여 이야기한다—"먼저 그는 자신의 위치도 방향도 모른다. 그러므로 자

---

43) 崔載瑞, 「批評とモラルの問題」, 『改造』, 1938.8, 61면.

신의 정신적 해도(海圖)를 원한다"(61면). 이 논문을 쓴 다음 해 최재서는 동지를 규합하여 이 해도(海圖)를 조선어로 그리기 위해 『인문평론』을 창간한다. 그 시도는 날로 강제력을 더해가는 식민지에서는 견딜 수 없는 '고민'이었을 것이다. 결국 그 시도는 으깨져 마침내 제국의 지도에 완전히 삼켜져 버리지만, 그 시점에서 이번에는 '조선어'가 '고민거리'가 된다는 아이러니가 기다리고 있었다.

4. 『인문평론(人文評論)』—Order 없는 order

최재서를 '편집 겸 발행인'으로 하여 1939년 10월에 창간된 『인문평론』 모두의 권두언 「건설과 문학」은 한 달 전에 벌어진 독일의 폴란드 침공에 대한 언급으로부터 시작된다. 세계정세는 바야흐로 풍운을 예고하고 있었다. 독소불가침조약에 세계가 놀랄 새도 없이 독일군은 폴란드를 급습하였고(9월 1일), 그 이틀 후에는 영불이 독일에 대해 선전포고를 함으로써 유럽은 순식간에 제2차 세계대전으로 돌입하였다. 한편 제국일본에서는 중일전쟁이 장기화의 양상을 띠는 가운데 1938년 11월 3일 제2차 고노에[近衛]성명에 의해 '동아신질서' 건설구상이 제기되어, 그 즈음부터 '동아협동체론', '동아연맹론' 등의 구상에 바탕한 지식인의 시국 관여가 본격화된다. 특히 미키 기요시[三木清] 등 다수의 혁신좌파 지식인이 '전시변혁' 노선으로 방향을 틀면서 '전시거국일치체제'에 발을 깊이 담그게 된다.[44] 이와 병행되는 형태로 식민지 조선의 지식인 사이에서도 '동아협동체론', '내선일체론'을 둘러싼 논의가 활발하게 진

44) 米谷匡史, 「戦時期日本の社会思想－現代化と戦時変革」, 『思想』 882, 1997.12를 비롯한 요네타니[米谷]의 일련의 연구를 참조.

행되었다.[45] 이런 움직임은 총독부의 개입이 강화된 출판계의 동향에서도 여실히 드러나, '내선일체'를 추진하는 『동양지광(東洋之光)』(1939.1 창간), 『국민신보(國民新報)』(1939.4.3 창간)가 잇달아 등장하고, 또한 이전부터 이 방면에서 적극적으로 활동하고 있던 재조일본인(在朝日本人) 단체 '녹기연맹(綠旗聯盟)'의 기관지 『녹기(綠旗)』에서도 1939년경부터 이영근(李泳根), 서춘(徐椿), 현영섭(玄永燮) 등 조선인의 집필이 활발해 진다.[46] '철저일체론(徹底一體論)'의 창도자로 알려진 현영섭은 경성제대 영문과에서 최재서와 동급생이었던 현영남(玄永男)에 다름 아닌데, 이미 『조선인의 나아갈 길[朝鮮人の進むべき道]』(綠旗聯盟, 1938.1), 『신생조선의 출발[新生朝鮮の出發]』(大阪屋號書店, 1939.2)을 출판하여, 특히 전자는 "38년 8월까지 11판을 거듭해 연말에는 1만 부를 팔아 조선 출판계의 신기록을 수립했다"[47]고 한다. 이렇듯 죄여오는 정치/언론의 정황 속에서, "단순한 시국적 언사"나 "국책적 몸짓"으로 안이하게 달려가는 것이 아니라, "새로운 질서에서 탄생되는 새로운 성격"을 창조한다고 하는 "위대한 건설적 행동"[48]을 사명으로 하고, 임화(林和)·유진오(兪鎭午)·백철(白鉄)·김기림(金起林)·김남천(金南天)·서인식(徐寅植) 등 조선문단의 좌에서 우에 이르기까지 온갖 인재를 규합하여 『인문평론(人文評論)』이 창간되었다.

---

45) 戸辺秀明, 「資料と証言 Ⅰ－日中戦争期・朝鮮知識人の東亜協同体論 資料解題」, 『クアドランテ』 6(東京外国語大学海外事情研究所), 2004.3; 崔真碩, 「資料と証言 Ⅱ－日中戦争期・朝鮮知識人の内鮮一体論 資料解題」, 『クアドランテ』 7(東京外国語大学海外事情研究所), 2005.3을 참조. 주로 경제론을 시야에 넣은 가장 포괄적인 논의로서는 洪宗郁, 「植民地後期・解放後における朝鮮社会主義者の現実認識と「転向」」, 東京大学大学院人文社会系研究科提出博士論文, 2008.2가 있다.

46) 林鍾國, 大村益夫 譯, 『親日文學論』, 高麗書林, 1976【한국어판: 林鍾國, 『親日文學論』, 平和出版社, 1963】의 제3장 제1절 참조. 『綠旗』에 처음으로 실린 조선인의 글은 현영섭의 「世界の歸一と言語の統制」(1937.6)이다.

47) 高崎宗司, 「朝鮮の親日派－綠旗連盟で活動した朝鮮人たち」, 『岩波講座 近代日本と植民地 6 抵抗と屈従』, 岩波書店, 1993, 132면. 또한 현영섭 및 녹기연맹에서 활동한 조선인에 대해서는 李昇燁, 「朝鮮人内鮮一体論者の転向と同化の論理－綠旗連盟の朝鮮人イデオローグを中心に」, 『二十世紀研究』 2, 2001이 자세하다.

48) 「建設과 文学」, 『人文評論』 창간호, 1939.10, 3면.

이제 더 이상 구질서의 자괴(自壞)를 재촉할 '타개책'을 이야기하는 것이 아닌 신질서의 '건설'을 지도하는 입장에 최재서는 서게 된 것이다. 최재서의 나이 서른 한 살 되던 해였다.

『인문평론』 전체를[49] 분석・평가하기 위해서는 물론 그 자체를 대상으로 한 연구가 필요하겠지만, 본고에서는 창간 당초의 '인민전선적' 문화정치 프로젝트에 초점을 맞춰, 특히 동시대의 영미 비평계와의 관계를 중심으로 보다 구체적으로는 T. S. Eliot이 주재한 『크라이테리언』(1922.10~1939.1)과의 관련・비교라는 미시적인 접근법을 통해 『인문평론』을 조명해 보고자 한다.

'인민전선적'이라는 상당히 논의의 여지가 있는 애매모호한 용어를 여기서 꺼낸 것은, 말할 것도 없이 히라노 겐[平野謙]이 '쇼와[昭和] 10년(1935) 전후'에 대해 언급한 것을 염두에 둔 것이다. 『문학계(文學界)』와 『인문평론』을 직접 연결 짓는 것은 시간적 / 공간적으로 보아 매우 위험한 일이지만, 『인문평론』을 창간할 즈음의 최재서가, '문학의 자위(自衛) 운동, 문학자에 의한 문예부흥운동'이라는 초지를 품고 일본 문단의 좌에서 우까지 다수의 작가를 끌어들인 『문학계』에서 어떤 종류의 모델을 보고 있었을 가능성은 부정할 수 없다. 『문학계』 창간에 관한 히라노의 회상을 참고로 인용해 보면,

> 앞서 적은 바와 같이 『문학계』는 쇼와[昭和] 8년(1933) 10월에 창간되었는데 창간에 이르기까지 중요한 역할을 한 것은 가와바타 야스나리[川端康成], 고바야시 히데오[小林秀雄], 하야시 후사오[林房雄], 다케다 린타로[武田麟太郎] 등 네 사람이었던 듯하다. 이 네 사람이 원동력이 되어 『문학계』라는 새로운 잡지가 창간되었다는 사실에 세상은 깜짝 놀랐다. 당시는 하야시도 다케다도 일본프롤레타리아작가동맹의 버젓한 멤버여서, 이 프롤레타리아파와 예술파라고도

49) 『인문평론』은 다섯 권으로 된 복각판이 역락에서 2004년에 출판되었다.

부를 만한 가와바타 · 고바야시가 서로 제휴하여 새로운 잡지를 창간한다는 것은 당시 문단의 상식에서 볼 때 파천황적인 사건에 다름 아니었다. 오월동주(吳越同舟)라는 평가가 끊이지 않았다.[50]

한편 좌우의 '오월동주'는 『크라이테리언』의 성격이기도 했다.

『인문평론』에는 「모던문예사전(文藝事典)」이라는 조금 기묘한 코너가 있다. 창간호의 106쪽부터 126쪽에 걸쳐 지면 하단 1/3정도의 본문 아래 부분을 지렁이가 기어가듯이 이어지는, 김기림(起) · 김남천(南) · 서인식(寅) · 최재서(瑞) 등 네 사람이 집필한 용어해설과 같은 것인데, 선택된 용어군에서 일관성을 발견하기는 곤란하다. 참고로 그들 용어군을 순서대로 적어보면 「농민문학」(瑞), 「동아협동체」(寅), 「Logos」(寅), 「Mass Observation」(瑞), 「모랄」(南), 「생산문학」(瑞), 「세태소설」(南), 「시민사회」(寅), 「Autarchy」(寅), 「이마지즘」(起), 「전작장편소설(全作長編小說)」(南), 「Pathos」(寅), 「풍속」(南), 「크라이테리온」(瑞)[51] 등이다. 그 키메라적인 지리멸렬함으로 보나 공간적인 배치로 보나 마치 『인문평론(人文評論)』의 '무의식'이라는 느낌이 든다. 그리고 그 마지막을 장식한 것이 최재서의 「크라이테리온」인 점에 여기서는 특별히 주목하고 싶다.

"대전 후 구라파의 지성의 최고수준을 표시하는 세계적 권위"였던 『크라이테리언』이 "불행히 금년 정월에 폐간"된 것과 관련하여 그 "돌연"한 폐간에 대해 최재서는 "애석"한 마음을 표명한다.[52] 그리고 이어서 그 잡지의 의의를 해설한다.

---

50) 平野謙, 『文学 · 昭和十年前後』, 文藝春秋, 1972, 346~347면. 또한 이 책에서 히라노가 열렬히 다루고 있는 亀井勝一郎의 처녀 평론집 『転形期の文學』(ナウカ社, 1934)은 그 '전형기'라는 용어법도 그러하지만 '관조주의'와 '정치주의'의 양자를 비판하고 '능동적 주체의 확립'을 지향하는 비평태도와 관련하여, 본고의 앞 절에서 논한 최재서의 그것과 비교 검토될 수 있을 것이다.

51) 무슨 이유에서인지 마지막 항목만 서명이 '載'로 되어 있다.

52) 「모던文藝辞典 크라이테리언」, 『人文評論』 창간호, 1939.10, 125~126면.

이 雜誌는 그 標題가 말하는 듯이 『標準』—다시 말하면 批評基準의 確立을 目標로 하는 雜誌엿다. 大戰後 混亂한 文化界에 處하야 傳統과 現代와의 調整을 唯一의 職務로 알고 잇던 '엘리엇트' 自身의 批評家的 一面이 反映된 이 잡지는 中心에 古典主義를 堅持하면서도 外部에 對하야 多角的인, 때로는 革新的인 編輯을 보혀 文化保存에 貢獻한 바 不少하엿다.(126면)

그리고 T. S. Eliot의 「종간의 말」[53]로부터 편집의 의욕을 잃었다는 고백을 인용한 뒤 이를 '문학적 표준의 붕괴를 탄(嘆)'한 것으로 해석한다. 편집자 스스로 창간호를 통해 『크라이테리언』에 대한 경의를 특별히 표했다는 사실 자체만으로도, 이 짧은 해설은 『인문평론』 창간이라는 프로젝트에 담긴 최재서 자신의 강한 의지가 표명되어 있는 것으로 받아들일 수 있을 것이다. 최재서의 프로젝트란 바로 '혼란한 문화계'에서 '문화보존'을 위해 '비평기준의 확립을 목표'로 한 것이고, 그를 위해 '다각적인, 때로는 혁신적인 편집'이 지향된 것이다. T. S. Eliot의 「종간의 말」 중 최재서가 인용한 부분 바로 위에 보이는 다음과 같은 예언은 그의 마음을 강하게 사로잡았음에 틀림없다.

당분간 아니 아마도 앞으로 상당히 오랫동안 문화의 연속은 극히 소수의 사람—더구나 결코 세속적으로 가장 유리한 조건을 갖고 있다고는 할 수 없는 사람들—에 의해 유지되지 않으면 안 될 것이다. 결코 커다란 언론기관도 아니고 옛날식의 잡지류도 아닌, 작고 이름 없는 아마도 기고자 본인 이외에는 단

---

53) T. S. Eliot, "Last Words", *Criterion*, 1939.1. 『크라이테리언』의 갑작스런 폐간은 일본의 영문학계에도 커다란 충격을 준 모양으로, 이 「종간의 말」은 그 해 4~6월에 걸쳐 『英語青年』 지상에 中野好夫의 번역 · 해설로서 소개되었다. 그 역주의 모두에서 中野好夫는 "어떤 의미에서 Criterion의 역사는 대전 후 세대의 영국문학사를 꿰뚫는 커다란 주제라고 할 수 있다. Eliot의 이 짧은 글은 잡지의 과거를 돌아봄과 동시에 그 문화사적 의미를 밝히고 나아가 종간의 동기에 이르기까지의 정리(情理)를 남김없이 드러낸 글이라고 생각한다"(『英語青年』, 1939.4.15, 39면)고 해설하였다.

한 사람의 독자도 있을 것 같지 않은 신문잡지, 그러나 살아 있는 비평정신을 전하고 진정으로 독창적인 재능을 자극할 것은 실로 이들 평론지가 아니면 안 될 것이다.[54]

'문화의 연속'("the continuity of culture")을 '유지'하기 위해 '극히 소수의 사람'을 규합한 '평론지'를 만든다—최재서의 『인문평론(人文評論)』 창간은 말하자면 이러한 T. S. Eliot의 호소에 호응한 것이었다고 할 수 있다. 이러한 동지적 집단을 가리켜 『크라이테리언』 그룹에서는 'phalanx'(고대 그리스의 중무장보병 밀집대형)라고 부르곤 했다. Herbert Read 앞으로 된 편지(Read는 이를 1924년 10월로 기억하고 있다) 속에서 T. S. Eliot은 다음과 같이 설명하고 있다.

물론 나는 가능한 한 동질성을 지닌(homogeneous) 그룹을 바라고는 있지만 동질성이라는 것은 결국 정의하기 어렵다고 본다. 『크라이테리언』의 목적을 번호를 매긴 몇몇 신조로 환원할 수는 없다. 나는 전원으로부터 내 자신의 신념 전부의 항목에 대해 찬동을 받으려고 생각하지는 않으며, Arnold나 Newman이나 Bradley나 Maurras를 내 관점에서 독해하기를 바라지도 않는다. 금일 우리는 보다 많은 도그마를 가져야 하며, 적어도 사고를 하고자 하는 이는 가능한 한 정확하고 명석한 신조를 가져야 한다고 나는 생각한다. 그렇지만 늘 신조란, 어떤 의미에서는 그 개인보다 작고 또 다른 의미에서는 개인보다 크다. 정식화하는 것이 필요하다고는 해도 정식은 그 사람을 결코 완전하게는 설명하지 않는다. 내 자신에 대해 말한다면, 내 산문과 시 사이에 있는 명백한 부정합(그것은 최대한 살려져 왔다)에 개의치 않는다. 그러할진대 내 자신과 내가 함께 일하고 싶은 사람들 사이에 있는 개개의 정식의 차이에 대해 왜 굳이 신경 쓸 필요가 있겠는가.

54) 中野好夫 訳,「終刊の言葉 五」,『英語青年』, 1939.6.15, 12면.

이 편지에서 'phalanx'에 대해 내가 갖고 있는 생각을 다소나마 명확하게 해 보았다. 나는 자신이 쓸 때에는 자기 자신의 확신이나 포부가 허락하는 한에서 쓰고 있지만, 그것을 타인에게 강요하고 싶지는 않으며, 하물며 내 자신을 동료 사이의 공통분모로 해소시켜 버릴 생각은 조금도 없다. 중요한 것은 내 자신의 신념과 적대되지 않는 어떤 종류의 신념에 대해 비개인적인 성실함을 지닌 사람들을 찾아내는 것이다.[55]

요컨대 'phalanx'란 어떤 특정한 '정식(定式)'을 공유하는 당파가 아니라 어떤 종류의 '표준'(criterion)을 갖고 공투(共闘)할 수 있는 개인의 집합인 것이다. 이 'phalanx'의 비유가 내포하는 의미를 가장 잘 설명하고 있는 것은 독일의 동지 E. R. Curtius가 『크라이테리언』에 기고한 이하의 글일 것이다.

유럽의 감춰진 귀족계급이 존재한다. 하지만 그 계급은 아직 자신에 대해 모른다. 그러나 만일 그 구성원들이 서로의 존재를 인정하고 힘을 합치게 되면, 그들은 금방 몇 개의 본질적인 점에 대하여 일치를 볼 것이다. (…중략…) 만일 우리가 서로를 알게 된다면, 우리는 'phalanx'를 편성하여 마치 아에네아스(Aeneas)가 트로이의 'penates'를 지켜내었듯이 우리 과거의 신성한 것들을 지켜내어 장래의 영광이 약속된 새로운 토지에서 예를 갖춰 그것을 세우게 될 것이다.[56]

전쟁에서 패한 트로이로부터 탈출하여 지중해를 헤매던 아에네아스와 그 군단(phalanx)이, 트로이의 'penates'(토지의 수호신)를 지켜내고 마침내

---

55) Sir Herbert Read, "T. S. E.—A Memoir", *T. S. Eliot—The Man and His Work*(Allen Tate ed.), Delacorte Press, 1966, p.21【저자에 의한 일본어 역으로부터 번역】.
56) E. R. Curtius, "Restoration of the Reason", *Criterion*, 1927.11, p.394【저자에 의한 일본어 역으로부터 번역】.

로마의 땅에 안착하여 제국의 기초를 쌓아올린 고사를 따라, 유럽의 엘리트 지식인들(지적 '귀족계급')이 협동하여 문명을 후세에 남기기 위해 단결하자는 것이 이 'phalanx'의 비유가 의미하는 바인 것이다.

『크라이테리언』 그룹의 이 'phalanx'의 비유는 언뜻 보아 확실히 이념으로서는 『인문평론(人文評論)』의 프로젝트와 친근성을 갖는 것처럼 보인다. 그러나 그 지켜내야 할 'penates'란 도대체 무엇인가를 물을 때 거기에 결정적인 차이가 있는 것은 일목요연하다. T. S. Eliot은 그 점에 대해 확실히 말하고 있는데, 'penates'란 요컨대 '유럽의 이념'이다.

> 로마 제국의 보편적 이념은 고대 로마의 추진력이 오늘날까지 계속(continuity)되고 있는 점에서 찾을 수 있다. 그것은 확실히 '권위'와 '전통'을 의미하는 것이지만, 그 '권위'와 '전통'(특히 후자)이 반드시 무솔리니 씨를 가리키는 것은 아니다. 그것은 성 이냐시오(San Ignacio de Loyola), Newman 추기경과 더불어, Hooker나 Laud[57]를 포함하는 이념이다. 실로 그것은 유럽의 이념 즉 서구 공통의 이념인 것이다.[58]

T. S. Eliot에게는 고대 로마로부터(다시 말하면 아에네아스가 'penates'를 로마로 갖고 들어간 후로) 계속되는 '유럽의 이념'은 확고한 것으로, 그것을 지켜내는 것이 그들의 'phalanx'인 것이다. 이는 순전한 이데올로기적 사고인데 이 이데올로기 덕분에 (맹우(盟友), Ezra Pound처럼) 무솔리니를 숭배하는 방향으로는 흐르지 않았다고 할 수 있다. 요컨대 자신도 지니고 있다고 확신하는 '이념'을 보편의 형태로 상기시킴으로써 현실 정치의 혼돈에 대한 무관심 / 공평무사(disinterestedness)의 포즈를 취할 수 있었던 것이다—"(문예비평지는) 공평무사를 확실하게 내세우고, 사회적 · 정치적 ·

57) Richard Hooker(1554~1600)와 William Laud(1573~1645)는 모두 영국 국교회의 고급 성직자로서 高教会적(앵글로 가톨릭적) 신학 형성에 크게 공헌했다.

58) "A Commentary", *Criterion*, 1926.4, p.222【저자에 의한 일본어 역으로부터 번역】.

종교적 편견에 호소하는 유혹에 결코 굴해서는 안 된다".[59] 때문에 예컨대 파시즘연구국제센터(로잔(Lausanne)) 서기장 J. S. Barnes와 비공산당원으로서 코뮤니즘 사상가인 옥스퍼드대학 교수 A. L. Rowse를 『크라이테리언』 지상에서 수차례에 걸쳐 논쟁시킨 뒤, "파시즘도 코뮤니즘도 모두 자본주의에 대한 선의의 반역이지만, 내게는 문제의 핵심에는 도달하지 못한 반역이라고 생각된다. (…중략…) 파시즘도 코뮤니즘도 이념으로서는 새롭지도 않고 혁명적이지도 않다"[60]면서 양자를 거부할 수 있었던 것이다. 이것이 『크라이테리언』의 '오월동주'의 실태로서 거기에서 정치성=적대성이라는 의미에서의 '인민전선'적 요소는 보이지 않는다. 실제로 T. S. Eliot은, 시간이 흘러 1937년 스페인 내전에 대한 지식인의 태도를 표명하기를 촉구하는 설문조사에 대해, "당연히 (공화국 정부를) 동정하고 있지만, 그래도 여전히 적어도 소수의 문학자가 고독을 지키면서 다양한 집단적 행동에 참가하지 않는 것이 최선이라고 확신한다"[61]고 답하게 된다. T. S. Eliot에게는 언제나—이미 상기 가능한 '이념'=질서(Order)의 '권위와 전통'이 있었기 때문에 (적어도 이론상으로는) 현실 세계의 무질서에 동요하지는 않았던 것이다.

그러나 이와 같은 '보편'적 입장은 시국에 관여하는 식민지 조선인이 취할 수 있는 선택지 가운데 있을 리가 없었다. 『인문평론(人文評論)』의 최재서는 기댈 '권위'도 '전통'도 빼앗긴 채였다. 이 곤란한 정황은 최재서가 창간호의 권두 논문으로 고른 서인식(최재서보다 2년 연상)의 「문화에 있어서의 전체와 개인」의 모두 부분에 그려져 있다.

時代精神의 交替가 잦은 現代에 있어서 自意識에 사는 사람으로서 時代와 對

59) "The Idea of Literary Review", *Criterion*, 1926.1, p.4【저자에 의한 일본어 역으로부터 번역】.
60) "Mr. Barnes and Mr. Rowse", *Criterion*, 1929.7, pp.690~691【저자에 의한 일본어 역으로부터 번역】.
61) 富岡次郎, 『イギリス社会主義運動と知識人』, 三一書房, 1980, 315면 참조.

> 質하면서 늘 自己의 生活을 整理하여 나가지 안으면 안 된다는 것은 決코 수월한 일이 아니다. 이것은 금일 三四十代에 을은 이 땅의 知識階級치고는 대개가 體驗하는 不幸한 運命의 하나이다. 그들은 일즉이 十年에 가까운 靑春을 밑으로부터 擡頭하는 두 낫의 커다란 時代精神(민족주의와 공산주의)을 遍歷하는 데 바치였다. 하다가 멀지 안은 過去에 그 두 낫의 精神을 靑春과 함께 訣別하였다. 그리고 그 心的傷痕이 아물지 못한 채로 지금 또 다시 우으로부터 降臨하는 別個의 精神(전체주의)과 對決하지 않으면 안 될 段階에 到達하였다.62)

최재서가 일찍이 도그마론에서 보인 것과 같이 '가치부여적'인 내재적 도그마를 능동적/비평적으로 생산한다는 것은 이미 꿈같은 이야기로, 지금은 '우으로부터 강림하는' 질서=명령에 수동적으로 '대결'하는 것 외에 다른 길은 남아 있지 않았던 것이다.

그러나 '수동적으로'라고 해도 그것이 반드시 패배주의적인 태도를 가리킨다고는 할 수 없다. 이 서인식이나 『인문평론』 2권 7호(1940.7)에 「동아협동체론의 일성찰」을 발표한 박치우(朴致祐)로부터 "'번역'을 통한 대항'63)을 통찰하고 적극적으로 평가하는 최근의 연구도 있다. 이와 같은 '번역'을 통한 대항전략을 정치(精緻)하게 이론화한 차승기(車承棋)는, 그것을 '추상화(abstraction)' 전략과 '과잉(excess)' 전략으로 이름 지어 분류한 뒤, "'추상화' 전략은 일본의 '동아신질서' 구상의 근본적 한계를 비판하는 곳까지 나아갈 수 있었고, '과잉' 전략은 일본의 헤게모니 언설을 내부로부터 결을 거슬러 오독(誤讀)함으로써 그 기만성과 허위성을 드러낼 수 있었다"64)는 결론을 끌어내었다. 그러나 영문학의 훌륭한 번

---

62) 崔真碩 訳, 「資料と証言 Ⅰ－日中戦争期・朝鮮知識人の東亜協同体論」, 『クアドランテ』 6(東京外国語大学海外事情研究所), 2004.3, 372~373면【徐寅植, 「文化에 있어서의 全體와 個人」, 『人文評論』 창간호, 1939.10, 4면】.

63) 戸辺, 앞의 글, 347~350면 참조. 또한 崔真碩, 「朴致祐における暴力の予感－『東亜協同体論の一省察』を中心に」, 『現代思想』 31(3), 2003.3 및 趙寛子, 『植民地朝鮮/帝国日本の文化連環－ナショナリズムと反復する植民地主義』, 有志社, 2007의 제3부도 참조.

역자이자 일본어 비평문의 숙달된 문장가였던 최재서로서는 그처럼 불순한 '번역'의 전략을 취할 능력은 없었던 듯하다. 최재서에게 텍스트는 어디까지나 투명하고 권위적인 것으로, 그것을 정확하게/비평적으로 '정독'할 수는 있어도, 불순한 '초역(超譯)'이나 '오역(誤譯)'를 전략적으로 수행할 수는 없었던 것이다. 그 때문에 '구질서'와 '신질서'의 투명한 '조정(調整)'에서 '문화인으로서 중대한 책무'를 찾아내고, 문화의 '이질적인 것을 포용하고 소화하는' 능력이나 '교양'의 '포옹적' 측면에 기대를 걸게 된다.[65] 그러나 이것은 '우으로부터 강림하는' 질서를 통째로 받아들인 위에 그 온정에 기대는 태도에 다름 아니어서, 그 귀결점에는 '질서'의 원활한 조정자/'명령'의 유창한 통역이라는 역할만이 남겨지게 될 것이다.

하지만 서인식이나 박치우 등의 ''번역'을 통한 대항'에 적극적으로 기회를 제공한 편집자 최재서의 공적은 과소평가되어서는 안 될 것이다. '비평기준의 확립'을 목표로 한 결사(영어의 'order'에는 계급을 같이 하는 자들의 결사·수도회·기사단 등의 의미도 있다)로서의 『인문평론』이 '외부에 대(對)하야 다각적인, 때로는 혁신적인 편집'을 행한 결과로서 이들 다양한 가능성의 씨앗이 심어진 것이다. 'penates' 없는 'phalanx'—'질서(Order)' 없는 '결사(order)'의 행군은 최재서에게는 고민의 나날들이었을 것으로 짐작되지만, 바로 그로부터 '추상과 과잉'의 가능성을 배태할 여지가 생겨난 것이라고 할 수 있을 것이다.

그 『인문평론』도 당국의 '명령'에 의해 1941년 4월호를 끝으로 폐간되기에 이른다.

---

64) 車承棋, 「抽象と過剰－日中戦争期・帝国/植民地の思想連鎖と言説政治学」, 『思想』 1,005호, 2008.1, 49면. 여기서 「추상과 과잉」을 「환유(換喩)와 남유(濫喩)」로 바꿔 말해 보는 것도 재미있을지 모르겠다.

65) 「卷頭言 文化人의 責務」·「教養의 精神」, 『人文評論』 2, 1939.11.

5. 『국민문학(國民文學)』 — 최재서의 '전향'

『인문평론』의 폐간이 가까워짐에 따라 '국민문학'·'국민문화'라는 용어가 심심치 않게 눈에 띄게 된다. 최재서 자신은 폐간 한 달 전 호(1941.2)에 발표한 논문 「전환기의 문화이론」에서 이를 '문화주의의 반성'이라는 문맥에서 파악하고 있다. '제1차 대지진(大地震)'인 만주사변(1931) 및 '제2차의 좀 더 강렬한 지진'인 지나사변(중일전쟁, 1937)의 영향으로 '문화주의의 반성'이 추구되게 되었다고 하면서, '문화의 우위성'에서 '정치의 우위성'으로의 전환, 즉 '통일력'을 가지며 '가치부여'적인 '국가이상'을 반영하는 '국민문화' 건설의 필요성을 주장하고 있다. 최재서의 비평적 출발점이라고도 할 '문화의 자율성'이라는 관점에 바탕한 '정치주의 비판'의 모멘트가, 여기서 이미 방향전환을 개시한 것을 엿볼 수 있다. 또한 그와 병행하여 '진리'를 기준으로 한 초기의 인식론도 '역사적 법칙'에 의해 대체되려고 하는 분위기가 느껴진다—"문화가치의 절대성, 문화활동의 자율성이라는 것은 합리주의적 진리 그 자체와 마찬가지로 결코 영원불변한 것이 아니라 역사적 법칙에 의하여 변동된다."[66] 그리고 이 '전환'을 가능하게 하는 '부적과 같은 언어[お守り言葉]'[67]가 '국민'이었다.

---

66) 「轉換期의 文化理論」, 『人文評論』, 1941.2, 21~22면【논문 제목이 목차에서는 「轉換期의 文化理論」, 본문에서는 「轉形期의 文化理論」으로 되어 있다. 후일 『轉換期の朝鮮文學』, 人文社, 1943에는 「轉換期の文化理論」이라는 제목으로 실렸다】. 또한 주 31)에서 언급한 용어를 빌린다면 '진리의 프래그머티즘'에서 '역사적 법칙'이라는 헤겔주의적 실념론으로의 '전환'이 엿보인다고 할 수 있을까.

67) 쓰루미 슌스케[鶴見俊輔]의 용어—"언어의 부적[お守り]과 같은 사용법이란 언어의 거짓 주장적인 사용법의 한 종류이자 의미를 잘 모른 채 언어를 쓰는 습관의 한 종류이다. 언어의 부적과 같은 사용법이란, 사람이 그 살고 있는 사회의 권력자에 의해 정통으로 인정된 가치체계를 대표하는 언어를, 특히 자신의 사회적·정치적 입장을 지키기 위해서, 자기 위에 덮어씌우거나 자신이 하는 일 위에 덮어씌우는 것을 말한다"(「言葉のお守り的使用法について」(1946), 『鶴見俊輔集』 3, 筑摩書房, 1992, 390면).

『국민문학』은 총독부가 주도한 잡지 통폐합의 결과, '반도 유일의 문화잡지'로서 최재서를 편집 겸 발행인으로 하여 1941년 11월에 창간되었다. "결국은 최초부터 당국의 국책 선전지로서 출발했다"[68]고 여겨지는 『국민문학』도 당초에는 '연4회 국어판(일본어판), 8회 언문판(조선어판)'을 예정하고 있었지만, 곧 일본어판만의 잡지가 된다. 일본어판으로의 통일에 임하여 편집자 최재서가 "조선어는 최근 조선의 문화인에게는 문화의 유산이라기보다는 고민거리"[69]라고 탄식한 것은 너무나도 유명한 이야기다. 현영섭 등의 조선어 박멸운동과 종종 혼동되기 쉽지만, 최재서의 경우에는 어디까지나 '용어'와 관련된 잡지편집상의 기술적인 문제였다는 점을 놓쳐서는 안 된다. 같은 호에는 '반도학생(半島學生)의 제문제(諸問題)를 말한다'라는 좌담회가 실렸는데, 거기서 최재서는 이 '용어의 문제'를 언급하여 "『국민문학』에 8회의 언문판이 남겨져 있어 최근 저의 고민거리입니다"라고 털어놓고 있다. 그리고 "일반 가정이나 사회에서는 조선어가 사용되고 있는" 현상을 인정한 위에 "우선 평론만은 쓰는 사람도 읽는 사람도 상당히 수준이 높으니까 전부 국어로 할까 생각하고 있는 상황입니다"[70]라고 말한다. 요컨대 최재서로서는 조선어라는 '언어' 자체가 '고민거리'인 것은 아니고, 『국민문학』 편집상의 '용어'로서 조선어를 계속 채용하는 것의 (공리적 관점에서의) 곤란에 관해 '고민'하고 있는 것이다. 물론 이것이 모어 / 민족에 대한 배신행위라는 점에는 틀림이 없지만 예컨대 현영섭의 '배신' 정도로 격렬한 것은 아니었다. 최재서의 경우 잡지 편집의 '용어'에 관한 기술적 문제에 비해 '언어' 그 자체에 대해서는 오히려 무관심에 가까웠지 않았는가 생각되는 구절이 있다. 예컨대 바로 「전환기의 문화이론」를 구상하고 있던 때에 해당하는 1941년 1월 『녹기(綠旗)』[71]의 좌담회에서 최재서는 이렇게까지

68) 林鍾國, 大村益夫 訳, 앞의 책, 51면【한국어판 62면】.
69) 崔載瑞, 「編集を了へて」, 『國民文學』 2(5), 1942.5・6, 208면.
70) 「座談會 半島學生の諸問題を語る」, 『國民文學』 2(5), 1942.5・6, 146~147면.

말하고 있다.

> 저는 말에 대한 애착이란 것은, 이것은 당연히 일단 인정하기는 합니다만, 그것은 그다지 중요한 문제는 아니라고 생각합니다. 요컨대 말에 대한 애착은 누구라도 갖고 있는 것이어서 그것은 특별히 운운할 의미가 없으므로, 그런 것으로부터 떠나 그 말에 의해 표현된 사상의 문화사적 가치가 모든 것을 결정한다고 보는 겁니다.[72]

최재서는 어디까지나 '언어' 자체보다도 '사상의 문화사적 가치'를 중시하여, 그 '가치'를 '이론화'하는 것에 사명감을 지니고 있었다고 할 수 있다. 실제로 이 대담에서 유진오(兪鎭午)가 '내선일체'를 이론화하지 않으면 안 된다고 제기한 것에 대해 녹기연맹의 브레인인 쓰다 가타시[津田剛](『취한 배[酔いどれ船]』의 '쓰다 지로[都田二郎]')가 "그런 새로운 이론도 하나의 임무죠"라고 적당히 답했을 때, 최재서는 지체 없이 "하나의 임무가 아니라 유일한 임무입니다"라고 강조했다.[73] 명백하게 최재서는 『국민문학』의 용어로서 조선어를 사용하는 것보다도, '국민문학'이라는 운동을 '이론화'하는 것에 지도적 지식인으로서의 사명감을 품고 있었던 것이다.

그런데 한 걸음 물러나 다시 이 악명 높은 '고민거리'라는 구절을 바라보면 눈에 들어오는 것이 있다. 이 "고민의 껍질을 깨뜨리"는 계기가 된 것이 "불현듯이 떠올라 다시 읽어 본" 낭만파 시인 William Blake의 시였다는 증언이다. 이러한 경위는 같은 호의 권두언 「태양을 우러러보라[太陽を仰げ]」에 적혀 있다. 거기서는 먼저 William Blake의 시 「고대 시

71) 최재서와 『綠旗』와의 라이벌 관계에 대해서는 김윤식, 『한국 근대문학 사상 연구』의 2부 2장 참조.

72) 「座談會 新體制下の半島文化を語る」, 『綠旗』, 1941.1, 63면.

73) 위의 글, 57면.

인의 소리(The Voice of the Ancient Bard)」의 번역을 실은 뒤, 그 "의심은 사라지고-이성의 구름도, / 어두운 다툼도, 교활한 야유도 모두다"라는 구절에 대해 최재서는 "이성의 악몽에 시달리며 밤새도록 전전반측한 자가 새벽에 찬연한 아침 해를 우러러보고 가슴의 암운이 한꺼번에 불식되는 상쾌함이 잘 드러나 있는 명시"라고 감상을 밝힌 뒤, 그것을 태평양전쟁의 개시 및 징병제 실시의 발표에 의해 "가슴의 암운이 한꺼번에 불식"된 "우리 국민"의 상쾌감에 빗대고 있다. 나아가 문화인(무지몽매[頑冥不靈]한 문화주의자)들이 "동서양 양쪽에서 태동하고 있는 신질서에 눈을 뜨지 못한 것은 합리주의에 눈이 가려졌기 때문"이었다고 단언한다.[74] 이것은 마치 그 때까지의 최재서의 주지적 / 반낭만주의적인 '이론화'의 시도는 실은 '이성의 구름'에 의해 눈이 가려져 있던 것으로, '대동아전쟁'이라는 총동원체제의 비상시가 되어 이윽고 낭만주의적 비합리주의의 힘에 의해 그 미망(迷妄)이 '한꺼번에 불식'된 것이라고 말하고 있는 것에 다름 아니다. 여기에 암시된 '이론화'의 후퇴 나아가 '전향'을 거슬러 올라가 확인해 보고자 한다.

『국민문학』 창간호(1941.11)를 장식한 좌담회 「조선문단의 재출발을 말한다」[75]에서의 경성제대 교수 가라시마 다케시[辛島驍](『취한 배[酔いどれ船]』의 변태적 악당 '가라시마[唐島] 박사'의 모델)와의 미묘한 신경전으로부터는 최재서 당초의 비평전략을 엿볼 수 있다. 당시 조선문단에서 행해지고 있던 '로컬 컬러'론에 화제가 미치자 가라시마는 "당면의 작가가 진정으로 일본인인 것에 철저하다면 아무 말도 필요 없어요. 결국은 모든 것이 그 점에 있겠죠"라고 너무 노골적이라서 아무 의미도 없는 발언을 한다. 그러나 최재서는 단순히 '로컬 컬러'를 옹호하는 데 그치지 않고, '로컬 컬러'·'특수성'이라는 것에는 '불만족'이라며 '조선문학의 독창

74) 「巻頭言 太陽を仰げ」, 『國民文學』 2(5), 1942.5·6, 2~3면.
75) 「座談會 朝鮮文壇の再出発を語る」, 『國民文學』 창간호, 1941.11, 70~90면.

성'이라는 관점을 제기한다. 이에 대해 가라시마는 "독창성을 추구하기 이전에 나는 아까부터 몇 번이고 말한 것처럼 새로운 감정을 발견하고 그리로 매진해 가야 한다고 생각한다"며 금방 막아서지만, 잠시 후 최재서는 자신의 설을 더욱 부연하여 다음과 같이 입론한다—"일본 문화의 일익으로서 조선의 문학은 재출발합니다. 따라서 지금까지의 일본 문화 그 자체가 역시 일종의 전환을 겪는 셈입니다. 더 넓은 것이 되는 거죠. 그리하여 지금까지 내지(內地)적 문화에 없었던 어떤 하나의 새로운 가치가 조선 문화의 전환에 의해 부가됩니다. 그런 것이 아니라면 진정한 의미는 없다고 생각합니다." 여기서도 가라시마는 "금일에 있어 조선적인 것을 일본 문학에 특별히 추가하고자 하는 의식을 강조할 필요는 없다고 나는 봅니다"라며 처음부터 남의 말을 들을 뜻이 없지만, 최재서는 그 말꼬리를 잡아 다시 "나는 그것을 의식할 뿐만 아니라 가능한 한 그것을 이론화해야 한다고 본다"고 표명한다. 이상에서 최재서가 염두에 둔 조선문학 '재출발'의 프로그램을 읽어낼 수가 있다. 이미 조선문학의 자율적인 발전을 바랄 수 없는 현상을 인정한 위에, 한편에서 가라시마적인 파괴적 폭력에 저항하고 또 다른 한편에서는 헤게모니의 소비에 기여하는 '특수성'론도 거부하면서, 어디까지나 조선문학에 '독창적'인 '가치' 창조능력을 기대하고 그것을 '이론화'해 가고자 한 것이다.

그와 같은 '이론화' 실천의 첫걸음으로 여겨지는 것이 같은 호에 발표된 논문 「국민문학의 요건」[76]이다. 이 논문에서 최재서는 같은 해 2월에 『인문평론』에 발표한 「전환기의 문화이론」의 논의를 그대로 이어받는 형태로, "만주사변, 지나사변, 제2차 구주대전이라는 일련의 지진" 이후의 정세에서 "창작정신의 지주(支柱)"는 "국민의식에서 구하는 것 이외에 길이 없다"면서, 그것은 "자유선택의 범위 바깥에 속한다"(35·36면)고까지 단언한다. 그 후 이 '국민문학'에 의한 '타개책'이 제시된 셈

76) 崔載瑞, 「國民文學の要件」, 『國民文學』 창간호, 1941.11, 34~40면.

인데, 이것은 「풍자문학론」 언저리의 초기 논고에서 사색된 '타개책'에 비할 때 명백한 후퇴를 보이고 있다. 초기 논고에서는 Babbitt / Read적인 반도그마주의와 Wyndham Lewis의 풍자에서 보이는 '파괴적인 요소'를 접목시킴으로써, 주지적인 '자기 풍자'라는 '비평적 정신'에 의한 도그마의 부단한 파괴를 요구하고 있던 것이 여기에 와서 양상이 일변한다.

> 사회적인 폭풍에 의해 척추가 꺾이고 행동능력을 거세당한 인텔리겐차의 내면묘사나 자기폭로는, 독자의 흥미를 이어가기에는 너무나 생기가 없다. 이 궁지를 타개하기 위해 다양한 시도가 있었던 것이 사실이지만, 그러나 근본적인 타개를 위해서는 외부로부터의 힘을 기다리지 않으면 안 될 상황이었다. (…중략…) 국민적 입장은 한편에서 새로운 것을 획득하는 반면에 또한 다른 한편에서 여러 모순이나 병폐를 양기하고 해결하지 않으면 안 된다고 하는 일면이 의외로 가볍게 여겨지고 있는 것은 아닐까? 솔직히 말하자면 국민적 입장이 이러한 모순을 해결해 주지 않는다면 새로이 국민의 신망을 얻어낼 수 없지 않을까.(37면)

이렇게 하여 '타개책'은 그 내재적 '비평적 정신'을 잃고 '외부로부터의 힘'에 의한 '해결'이 되고 만다. 그리고 Babbitt의 고전주의로부터 얻은, 고전주의적인 '규거(規矩)(decorum)', '규율(規律)(discipline)'에 의한 '내면적 통제(inner control)'의 완성을 통해 보편적 '표준(standards)'을 습관화한다는 윤리적・교육적 이념은, 여기서 '나치스 문예이론'에 접목된다.

> 국민화에 의해 문학은 새로운 기능을 획득한다기보다도 오히려 오래 된 기능을 부활시킬 것이다. 그 본래의 윤리적, 교육적 기능이 부활할 것이다. 더욱이 단순히 평면적으로 교훈적이라기보다는 오히려 역사적으로 국민적 성격의 형성력으로서의 문학이 강조될 것이다. (…중략…) 이렇게 고전문학에서와 같은 교육과 훈련의 요소는 사갈시(蛇蝎視)되어, 몇몇 고전주의자의 절규에도 불

구하고 심미주의가 비평원리의 왕좌를 점하기에 이른 것이다.

금세기에 들어서 문학의 이 다부진 성능을 되찾고자 가장 눈부신 활동을 벌인 것은 뭐니 뭐니 해도 나치스 독일의 이론가들일 것이다. 시가(詩歌)의 근원이 민족의 예지에 있다고 하여, 그 시가는 민족성의 형성력으로서만 존속이 허락된다는 것이 나치스 문예이론의 근저를 이루고 있는 듯하다.(39~40면)

'타개책'에 관한 이론의 궤도수정—필자는 그것을 '후퇴'로 간주하는데—은 다음해 4월호의 「문예시평 나의 페이지[私の頁]」[77]에서 명확하게 자기비판의 형태를 취한다. 「풍자문학론」의 독자라면 아래의 인용문을 통해 이 글에서 보이는 논의의 자기부정을 읽어내는 것은 어렵지 않을 것이다.

문학이 일체의 속박에서 해방될 때 물론 일종의 진보는 있을 수 있다. 자유, 분방, 고독, 우울, 탐미, 기교, 반역, 나아가 분석, 폭로, 풍자, 자조(自嘲)—이러한 순서에 따라 점점 미묘함, 정치함을 더해 가는 일종의 진보는 있을 수 있다. 그러나 우리는 그것을 진보라고는 하지 않는다. 퇴보라고 한다. 그렇다, 그것은 전락(轉落)을 향한 진행이니까.(33면)

그리고 '내면적 통제' 대신에 '국가의 통제'가 "넘쳐흐르는 물을 한 방향으로 집중시키는 둑"(36면)으로서 찬양되고, 끝내는 '비극의 대망(待望)'이 부르짖어 진다—"차라리 커다란 비극이라도—불건전한 취미와 과거의 잔재를 한꺼번에 태워 버려 정화해 줄 것 같은 비극이라도 일어나면 좋겠다"(38면). 이 묵시론적인 "과거의 잔재를 한꺼번에 태워 버려 정화해 줄" 큰 불을 대망하는 심경이, 한 달 후에는 조선어='고민거리'라는 '암운'을 '한꺼번에 불식'시키게 되는 것이다. 이렇게 하여 최재서

77) 崔載瑞, 「文芸時評 私の頁」, 『國民文學』 2(4), 1942.4, 32~39면.

의 문학이론은, 식민지 상황하의 지성이 주지적=비평적인 '자기풍자'를 통해 '그 자신의 주인'이 된다고 하는 모더니즘적 '풍자문학론'으로부터, 나치스를 흉내 낸 '민족'의 신화—그 낭만주의와의 친화성은 말할 것도 없다—로부터 출발하는 '비극대망론'으로 방향을 전환했다. 당초부터 그 문학이론의 중핵에 있던 반낭만주의적 지성이 여기에 와서 Blake의 시(詩)와 나치스의 '민족'의 신화에 압도되었다는 점에서, 이는 명백히 이론적 '후퇴'라고 할 수 있을 것이다.

그러나 동시에 여기서 아무렇지 않게 치환되고 있는 '국민'과 '민족'이라는 두 용어가, 실은 식민지 조선인에게 있어서는 교환 불가능한 것이었다는 중대한 문제가 존재함을 잊어서는 안 된다. 추상적인 문학이론에서는 피해갈 수 있는 이와 같은 문제도 일단 '조선문학'을 주어=주체로 하여 말하기 시작하면 금세 곤란에 부딪힌다. '문학이론'의 '해결'은 그에 걸맞은 '조선문학'의 '이론화' 없이는 성립될 수가 없는 것이다. 그 '이론화'의 시도가 1942년 8월에 발표된 「조선문학의 현단계」[78]라고 하는, '반도인'의 입장에서 스스로 지도해 온 '국민문학' 운동의 말하자면 그 시점에서의 총괄이자, 나중에 평론집 『전환기의 조선문학』(1943)의 중핵이 될 논문이다.

이 논문이 '파리 함락'에서부터 이야기를 풀어가고 있는 것은 극히 시사적이다—"파리의 함락은 소위 근대의 종언을 의미하는 것으로, 최근 한층 더 유럽 문학의 유행을 좇아 온 조선문학은 비로소 새로운 사태에 정신을 차리게 되었다고 할 수 있다. 특히 모더니즘의 경향을 좇아 온 시인들에게 심각한 반성의 기회를 주고 마침내 비평가들로 하여금 모색에 광분하게 한 것이다"(11면). 이 발언에는 '모더니즘의 경향을 좇아 온' 최재서 자신에 대한 단순한 자기 해학(諧謔)이라고 보아 넘겨버릴 수 없는 일말의 진리가 담겨 있는 것으로 생각된다. 군인이나 어

78) 「朝鮮文學の現段階」, 『國民文學』 2(7), 1942.8, 11~19면.

용작가 등의 일본주의자들에 의한 협박만이 아니라 아니 그 이상으로 세계정세의 격동과 그에 따른 '세계사'적 감정이 이 지도적 지식인의 내면에 미묘한 그러나 결정적인 변화를 가져왔다고 할 수는 없을까. 그렇다면 그 '이론화'에서도 미묘한 변화가 읽혀질 것이다.

이 「조선문학의 현단계」라는 논문에서도 역시 "일본 문학의 일환으로서 조선문학이 있"으며 "다만 그 조선문학이 충분히 독창성을 가진 문학이어야 한다"는 것이 종래와 같이 확인되고 있다. 그러한 위에 '일본 문학의 질서'라는 제목의 한 절에서 조선문학의 자리매김이 '이론화' 된다.

> 하나의 문학적 질서 속에 새로운 문학이 들어온 경우 일반적으로 어떤 일이 벌어질 것인가. "현재 남아 있는 여러 작품은 그들 자신 사이에 하나의 이상적 질서를 형성하고 있지만, 그 질서는 새로운(진정으로 새로운) 작품이 그들 사이로 들어옴으로써 변화를 겪게 된다. 현존 질서는 새로운 작품이 도래하기 이전에 있어서는 완전하다. 그러나 그 질서가 새로운 작품의 부가 이후에도 존속되기 위해서는 전체 질서가 다소나마 변경되지 않으면 안 된다. 거기서 전체에 대한 개개 작품의 관계나 균형이나 가치가 각각 재조정되는 것이다. 이것이 낡은 것과 새로운 것 사이의 조화다." 이것은 전통과 개인적 재능과의 관계에 대한 엘리엇의 이론인데, 이는 우리의 경우에도 들어맞는 진리이다. 조선문학이 국민문학적 체제를 취하고 일본 문학 속으로 새로이 들어간다는 것은, 이는 하나의 충격임에 틀림없다. 그리고 일본 문학은 이 충격을 받아침으로써가 아니라 포옹함으로써 다시 안정을 되찾고 보다 커다란 전통을 이루어, 그럼으로써 진보를 향한 추진력이 될 것으로 믿는 바이다.(15~16면)

틀림없이 이것은 조선문학의 '재출발'을 이야기했을 때의 논의를, T. S. Eliot의 '일반' 이론에 기대어 보다 고도로 '이론화'한 것이라고 할 수 있을 것이다. 그러나 그 발화의 위치에 미묘한 그러나 결정적인 변화를 찾아낼 수는 없을까. 이전에는 조선문학이 주체적·가치창조적인 '재출발'을 한 결과로서 일본 문학에 건설적으로 참가하는 것이 요체였지만, 여기서는 어디까지나 '일본 문학의 질서'가 주어=주체의 위치를 점하고 조선문학은 그 '질서'에 '재조정'을 촉구하는 외부로부터 도래하는 '충격'의 위치에 만족하게 된다. 일본 문학의 '시험장[試植田]'이라고까지 말해 지고 있다. 흡사 T. S. Eliot이 (전통론을 쓴 시점에서는) 런던 재주의 미국인이면서—즉 어떤 의미에서 제국 수도에 재주하는 '식민지인'의 입장에 있으면서[79]—'유럽의 전체성'이라는 시점에서 이야기하고 있던 것처럼, '재조정'을 논하는 최재서는 '일반' 이론의 이름하에 일본 문학의 'Order'(질서=명령)의 위치에 서 있는 것이다. 만일 이 한 지식인의 '전향'을 논한다면 필자는 그 '전향'의 모멘트를 이와 같은 '이론화'에 있어서 발화 위치의 미묘한 그러나 결정적인 전도—'국민문학' 결성운동에서의 주객의 전도—에서 보고자 한다. 여기서 볼 수 있는 것은 더 이상 '질서'(Order) 없는 바다를 해도도 없이 항해하는 '결사'(order)의 지도자가 아니라, '질서'의 곁에 서서 '명령'을 충실하게 전하는 '통역'의 모습이다.

여기서 최재서는 그의 영문학 지식으로부터 일종의 독특한 비유를 끌어낸다. 스코틀랜드 문학이다—"굳이 예를 찾자면 이는 잉글랜드 문학에 있어서의 스코틀랜드 문학과 같은 것이 아닐까. 그것은 영문학의 한 부문이지만 스코틀랜드적 성격을 견지하면서 수많은 공헌을 행하고 있다. 또한 언어 문제로 시끄러울 때 곧잘 조선문학을 아일랜드 문학에 견주는 경향도 있었던 듯한데 이것은 위험하다. 아일랜드 문학은 물론 영어를 사용하고 있지만, 정신은 처음부터 반영적이고 잉글랜드로부터의 이탈이 그 목표다"(14~15면). 확실히 한 때 식민지 조선의 문학자들 사이에서 아일랜드 문학에 대한 관심이 높았던 모양이다. 최재서의 경

79) 이 시기 T. S. Eliot은 다소 자조적인 의미에서 자신을 'Metoikos'라고 부르기도 했다. 'Metoikos'란 고대 그리스의 폴리스에서 시민권을 갖지 않는 외국인 거류자에게 부여되었던 명칭이다.

성제대 영문과 한 해 선배이면서 동반자 작가로서 출발한 이효석이 졸업논문으로 J. M. Synge를 골랐다는 사실도 그런 문맥에 자리매김될 수 있지 않을까 생각된다. 이러할 때 그런 문맥에서 굳이 스코틀랜드 문학을 예로 들고 있는 것이 '독특'하다고 할 수 있으며 이렇게 말해도 괜찮다면 '반동적'인 것이다.[80] 물론 '독특'하다고는 해도 최재서만의 완전히 독창적인 생각은 아니었다. 예컨대 『삼천리(三千里)』 1940년 3월호 특집 「'내선일체' 체내(體內)의 조선민중적 고찰」에 기고하여 '철저일체론'을 주장한 현영섭은 "'스코트란드'는 영국에 충성하며 영어를 사용하면서 '스코트란드'를 자랑한다. 이 지방주의는 인류를 파괴하지 아니한다. 인류사회를 파괴하려 하는 것은 애란(愛蘭) 같은 정치적 독립운동"[81]이라고 말한 바 있고, 또한 윤치호는 1940년 5월 25일과 1943년 3월 1일 일기에 조선의 스코틀랜드화를 염원한다고 적고 있다. 조경달(趙景達)은 윤치호의 스코틀랜드에 대한 두 번의 언급 사이에서 '협화적내선일체론'으로부터 '철저일체론'으로의 문맥의 이행을 읽어내고 있다.[82] 한편 제국일본 측에서는 한국병합으로부터 불과 10년 지난 1921년에 이미 척식국(拓殖局) 촉탁 요시무라 겐타로[吉村源太郎]에 의한 『영소병합론(英蘇併合論)』[83]이라는 영국의 스코틀랜드 병합의 '성공례'를 상세하게 분석한 연구서가 나왔고, 그 같은 연구 성과를 받아 안는 형태로 무라야마 미치오[村山道雄]의 『대동아건설론(大東亞建設論)』(1943)[84]에서는 스코틀

80) 당시 스코틀랜드 문학과 아일랜드 문학을 나누어 생각하는 경향이 있었던 것은, 경성제대 영문과 도서실에서 스코틀랜드 문학과 아일랜드 문학이 각각 다른 부문에 배치되어 있던 것을 통해 엿볼 수 있다. 「研究室のなか」, 『京城帝大英文學會會報』 창간호, 12~13면을 참조.

81) 玄永燮, 「『内鮮一体』と朝鮮人の個性問題」, 『三千里』 12(3), 1940.3, 38면. 일본어역은 趙慶喜 訳, 前掲 「資料と証言 Ⅱ－日中戦争期・朝鮮知識人の内鮮一体論」, 324면.

82) 趙景達, 「日本帝国の膨張と朝鮮知識人－東亜協同体論と内鮮一体論をめぐって」, 『膨張する帝国 拡散する帝国－第二次大戦に向う日英とアジア』(石田憲 編), 東京大学出版会, 2007, 180면.

83) 吉村源太郎, 『英蘇併合論』, 拓殖局, 1921.

84) 村山道雄, 『大東亞建設論』, 商工行政社, 1943.

랜드와 아일랜드의 "실로 흥미로운 대조"(53면)가 다루어지고 있다. 요컨대 식민지 조선과 스코틀랜드의 비유는 식민지 조선쪽에서는 '철저일체론'의 목표로서 제국일본 쪽에서는 '병합'의 성공례로서 이미 어느 정도 정착된 담론이었다고 할 수 있다.[85] 최재서가 '독특'한 것은 그것이 '문학'에 특화된 논의였다는 점과 아울러 주어=주체가 식민지 조선이 아닌 제국일본 쪽에 있었다는 점에 있다.

'문학'에 특화되고 또한 자신의 위치가 아닌 '제국의 주체'의 위치로부터 행해진 스코틀랜드 문학론으로서 여기서 다시 (초기) T. S. Eliot의 예를 들고자 한다. 신진기예의 비평가로서 명성을 얻고 있던 T. S. Eliot은 *Athenaeum*지의 1919년 8월 1일호에 "Was There a Scottish Literature?"라는 소론을 싣고 있다. 이것은 동시대에 쓰여졌다고는 해도 오늘날에도 유명한 앞서 다룬 「전통과 개인의 재능」과 달리 *Athenaeum*지 게재 이후 눈에 띄는 형태로 재록된 적이 없는 짧은 서평문으로 아무리 공부에 열심인 최재서라고 해도 그것을 실제 입수해서 읽었을지 어떨지는 분명치 않다. 그러나 최재서가 『개조(改造)』 논문 「비평과 모럴의 문제」에서 J. M. Murry의 *Adelphi*지와 T. S. Eliot의 *Criterion*지를 상세하게 비교검토하고 있는 것을 보면, 1919년부터 편집이 J. M. Murry의 손에 넘어가 T. S. Eliot도 단골 집필자가 된 *Athenaeum*지에 최재서의 연구가 미쳤다고 해도 전혀 이상할 것은 없다.[86] 또한 경우에 따라서는 1937년에 연구사(研究社)에서 엘리엇론(필자가 아는 한 본서는 일본어로 된 T. S. Eliot론의 단행본으로서

---

85) 실제로 잉글랜드에 의한 스코틀랜드 병합에 이르는 과정에서의 담론전략에는, 시대배경이나 사회구조의 이질성을 고려할 필요가 있다고는 해도, 한국병합을 둘러싼 언설과 서로 통하는 점이 많다. 예컨대 전설상의 브리튼 섬 통일국가의 초대 왕인 Brutus의 이름이나 '문명화'의 사명 등이 등장한 것이 알려져 있다. David Armitage, *The Ideological Origins of the British Empire*, Cambridge UP, 2000의 제2장을 참조.

86) 1919년 *Athenaeum*지의 편집장으로 발탁된 J. M. Murry는, 일을 시작하면서 "영국 전체에서 누구보다도" T. S. Eliot을 부(副)편집장으로 삼기를 간절히 바랐다고 한다. 결국 T. S. Eliot은 은행 근무를 계속하는 편을 택하지만, 그 당시에는 상당히 고민을 했었던 듯한 정황이 1919년 3월 12일자로 어머니에게 보낸 편지에서 엿보인다.

는 후카세 모토히로[深瀬基寛]의 책과 더불어 아라카와 다쓰히코[荒川竜彦]에 이어 두 번째로 빠른 것이다)을 출간한 은사 사토 기요시[佐藤清]로부터 그 존재를 들었을지도 모른다. 여하튼 이 단문은 여기서 살피지 않을 수 없는 중요한 내용을 담고 있다.

Gregory Smith, *Scottish Literature - Character and Influence*(1919)의 서평으로서 쓰여 진 이 단문은 그 표제에서 보이듯이 '스코틀랜드 문학은 존재했는가?'라는 도발적인 물음을 던지고 있다. T. S. Eliot의 답은 '아니다'이고 더욱이 그것이 스코틀랜드 문학으로서는 행복이었다고 단언한다. 여기서 보여 지는 것은 "기껏해야 다섯 혹은 여섯 개의 강대하고 유기적인 역사 편성" 즉 대문자의 'History'에 바탕한 일종의 '문명의 충돌' 사관이며 그 레토릭은 극히 다원주의적이다.

> 스코틀랜드어 및 스코틀랜드 문학이 분리 독립을 유지할 수 없었던 것은 약함이 아니라 강함의 증거라고조차 결론지을 수 있지 않을까. 여러 문학 간의 생존경쟁이 얼마나 가혹하며 얼마나 숙명적인 것인가는 별로 인식되고 있지 않다. 이 경쟁에서는 그다지 이종적(異種的)이지 않은 여러 힘이 합동하는 것이 승리의 호(好)조건을 이룬다. 스코틀랜드 문학은 잉글랜드 문학에 자신의 운명을 거는 것에 의해 생존 가능성을 배가시켰을 뿐만 아니라 잉글랜드 문학을 완성시키는 데에 중요한 공헌을 이루게 되는 것이다. (…중략…) 잉글랜드 문학과 스코틀랜드 문학 그리고 (정치적 알력에 의한 방해가 없었다면) 잉글랜드 문학과 아일랜드 문학은 가치 있는 합동을 이루기에 충분할 정도로 동족적(同族的)이다(681면, 【저자에 의한 일본어역으로부터 번역】).

이 서평 속에서 T. S. Eliot이 전개하고 있는 중앙집권주의적인 수도(首都)중심주의를 반드시 최재서가 받아들이고 있었던 것은 아닐 테지만,[87]

87) 「朝鮮文学の現段階」에서도 최재서는, 金鍾漢이 「一枝の倫理」에서 보인 도쿄와 경성을 '전체' 아래 상대화하는 논의에 바탕하여, 도쿄로의 일극 집중을 비판하고 있다.

'여러 문학 간의 생존경쟁'에서 보다 강대한 것에 '자신의 운명을 거는', 아무런 밑천도 없는 상황에서 나온 행위는, '국민문학' 운동이라는 최재서의 '도박'을 잘 설명하고 있는 것으로 여겨진다. 이 동족적 '합동' 유리설—실은 단순한 문화적 식민주의지만—은, 논리형식으로서는 최재서로서도 무리 없이 '통역'할 수 있는 것이었을 터이다.

다만 여기서 흥미로운 것은 이상과 같은 언술이 잉글랜드인도 스코틀랜드인도 아닌 'Metoikos'(외국인 거류자)인 T. S. Eliot에 의해 행해졌다는 점이다. 어쩌면 그러한 뿌리 뽑힌(uprooted) / 초월적인 '아르키메데스 점'에 있었기에 이 '제국주의적' 문명관이 가능했다고도 생각된다. 대영제국의 특수이해관계에 무관심(disinterested)할 수 있었던 T. S. Eliot은 어디까지나 '문학과 언어'라는 차원에서만 사고하여, 인도처럼 "지리적 또는 다른 이유에 의해 너무나 떨어져 있는 민족"이 영어를 사용하는 것은 "영문학 및 영어가 분해(disintegration)될 위험"(681면)을 초래할 수 있다고 경고하고 있다. 이걸 두고 'T. S. Eliot이 제국주의를 비판했다'고 이해하는 것은 너무나도 피상적인 이해로서, 위의 동족합동유리설과 같이 놓고 생각한다면 거기서 보이는 것은 Hannah Arendt가 분석하는 '대륙형' 제국주의 이데올로기의 전형적인 표출이다. 이러한 특권적인 위치로부터 수많은 공격적인 비판과 『황무지』라는 장편시를 낳은 T. S. Eliot이, 그 후 『크라이테리언』의 편집자로서 지도적 입장에 서게 되고 1927년에는 영국에 귀화하여 '영국인보다도 영국인적'이라고 야유 받을 정도로 '동화'되기에 이른 것은 특히 주목할 만한 것이라 할 수 있다. 일반적으로 보아 '국민주의'로의 철저한 동화는 '특수주의'로의 폐색을 의미하는 것으로 여겨지지만, 그러나 T. S. Eliot의 경우는 오히려 그것이 (로마제국을 전범으로 삼는) '유럽의 이념'이라는 보편주의를 강화하는 것으로 드러나게 된다. 이와 같은 움직임은 언뜻 보아 모순되어 보이지만, 부패한 가톨릭교회도 인간주의에 의해 범해진 프로테스탄트 제파도 아닌 앵글로 가톨릭의 도그마야말로 '정통'이며, 그것으로 '대표'되는 '기독교 사회의 이념'에 입각한 유럽 보편주의–이는 전후 유럽 공동체 이데올로기에도 공통된다–를 찬양한다고 하는 '제국주의적 국민주의'(사카이 나오키[酒井直樹])[88]의 한 형태로서 일관성 있고 오히려 전형적인 것이라고 할 수 있을 것이다. 제2차 대전기의 T. S. Eliot이 한편에서 기독교에 의한 '유럽의 통합'을 창도하면서 다른 한편에서 아프리카에서 전사한 인도 병사를 찬미하는 전쟁시[89]를 쓴 것은 전혀 모순될 것이 없는 것이다.

T. S. Eliot의 사상 편력에서 보이는 것과 같은, 'Metoikos'에 의한 이해관계를 떠난(disinterested) 추상적인 '제국'관이라는 발화의 위치로부터, 현존하는 제국에 대한 철저 '동화'에 의해 얻어진 '제국주의적 국민주의'로의 이행은, '국민문학'운동을 '이론화'하는 과정에 있어서의 최재서의 '전향'에도 통하는 바가 있다고 필자는 생각한다. 즉 먼저 발화의 위치가 식민지 조선의 주체로부터 제국일본의 주체로 '전향'하고, 나아가 계속해서 그 아직은 추상적인 '제국의 주체'를 '국민문학' 운동의 추진을 통하여 '제국주의적 국민주의'의 주체로 구체화해 가는 과정을 보는 것이다. 바로 T. S. Eliot이 『네 개의 사중주』의 마지막 노래인 「Little Gidding」(1943)의 말미에서 "History is now and England"[90]라고 읊은 것처럼, 최재서는 "'세계사'란 지금 대동아제국"이라고 결단하고, '천황귀일(天皇歸一)'이라는 극단적으로 국민주의적인 특수주의에 투신함으로써 '팔굉일우(八紘一宇)'라는 제국주의적 보편주의의 주체가 되었다고 말할 수 있지 않을까.

---

88) '제국주의적 국민주의'의 나르시스틱한 정신구조 및 그것이 제국 내 소수파에게 '통합'에 대한 욕망을 불러일으키는 메커니즘에 관해서는 酒井直樹, 「「東洋」の自立と大東亜共栄圏」, 『情況』, 1994.12 참조.

89) T. S. Eliot, "To the Indians who Died in Africa"(1943), *Collected Poems 1909~1962*, Faber, 1963, p.231.

90) Ibid, p.222.

6. 이시다 고조[石田耕造] 게이죠[京城]・쇼와[昭和] 19년

"나는 작년 말 무렵부터 여러 가지로 자신을 처리하기 위해 깊게 결심하고, 새해 첫날에는 그 시작으로서 창씨(創氏)를 했다. 그리고 이튿날 아침 그 사실을 삼가 보고하기 위해 조선신궁(朝鮮神宮)을 참배했다. 신 앞에 깊이 고개를 숙이는 순간, 나는 청명한 대기 속으로 빨아 올려져 모든 의문으로부터 해방된 듯한 느낌이 들었다".[91] 이것이 이시다 고조[石田耕造]로 창씨개명한 최재서가 태평양전쟁 말기에 도달한 지점이었다. '반도'의 '국민문학'(즉 '내선일체'의 '황민문학') 운동을 지도해 온 최재서는 이 논문의 제사(題辞)로서 모토오리 노리나가[本居宣長]의 『직비령(直毘靈)』을 내걸고 모두에서 "섬기는[まつろふ] 문학이란 천황을 받들어 모시는 문학"(3면)이라고 정의한다. 그리고 그 결론부에서 '섬기는 문학'이란 '다스림[まつりごと](政)의 문학'으로 '황도 선포의 첨병'인 '황군'의 "뒤를 잇는 것은 문화이고 그 중에서도 문학이어야 한다"(18면)고 단언한다. 이것은 명백한 '정치주의'의 문학론이다. 당초 '정치주의 비판'의 모멘트를 지닌 '주지주의'의 이론가로서 등장한 최재서는, 『인문평론』에서 문화방위전에 좌절한 뒤 『국민문학』에서 제국일본이라는 발화의 위치로 '전향'하여 마침내 순수한 '정치주의'에 몸을 던지게 된다. 그 간 일관되게 지녀온 '이론화'에 대한 의지 또한, 은사 사토 기요시가 「학도출진(學徒出陣)」이라는 시에서 "이를 알아라 / 나라를 위해 죽는 것은 사는 것이오 / 진정으로 사는 것은 나라를 위해 죽는 것임을"이라고 읊고 있는 것에 맞춰, "자기의 운명을 전체에 맡겨 역사의 바른 흐름에 뛰어드는 것은 영원히 사는 이의 길입니다"(「학도출진을 둘러싸고[學徒出陣をめぐりて]」)[92]라고 늘어놓을 때, "(전장에서 죽을 때는) 따질 것 없이 "만세"

---

91) 石田耕造(崔載瑞), 「まつろふ文學」, 『國民文學』 4(4), 1944.4, 5면.
92) 두 글 모두 『國民文學』 3(12), 1943.12.

입니다"[93]라고 하는 (대문자) 'History'에 대한 의지 앞에 완전히 무릎 꿇고 만다. 그리고 그 '이론화'의 패배를 '문학이론'으로 치장하여 제시한 것이 쇼와[昭和] 19년(1944)이 밝아 '이시다 고조[石田耕造]'로 창씨개명한 뒤 쓰인 「섬기는 문학[まつろふ文學]」이었던 것이다.

이 논문 속에서 모토오리 노리나가 독해에 끼워 넣는 형태로 유럽 문학사론이 전개되고 있다. "유럽 문학도 처음부터 개인주의적이었던 것은 아니"라고 말을 꺼낸 뒤 "그리스·로마의 휴머니즘적 전통"과 "중세기의 기독교적 전통"에 의해 "유럽인은 상당히 오랜 기간 정신적 질서의 왕국을 유지할 수 있었다"(8~9면)고 설명한다. 그것이 르네상스에 의해 붕괴되어 운운하는 구절은 더 이상 인용할 필요도 없겠지만, 나중에 동시대에 대해 설명하는 부분에서 다시 T. S. Eliot을 "세기의 병증(病症)과 그것을 극복하기 위한 노력을 애처로울 정도로 구현하고 있는"(9면) 자로서 대대적으로 다루고 있다. 『개성멸각론(個性滅却論)』(「전통과 개인의 재능」을 가리킴)에서 비롯되어 유명한 "고전주의, 존왕주의, 앵글로 가톨릭" 선언으로 이어지는 흐름을 개관하고, "유럽 개인주의 문학"의 "가장 민감한 한 사람의 환자를 보인 것 뿐"(10면)이라고 호언한다. 그리고 엘리엇이 말하는 "가톨릭적 세계질서의 건설"이라는 것에 물음표를 달고, "명백한 답은 이번 전쟁이 말해 줄 것"(10면)이라고 결론짓는다. 여기서 보이는 '문학이론'은 '정신적 질서의 왕국'의 노예로서의 그것으로, 결국 '전쟁'이라는 데우스 엑스 마키나(dues ex machina)가 생각대로 작동하지 않아 그 '질서의 왕국'이 와해된 이상, 최재서 자신이 마취가 걸린 "가장 민감한 한 사람의 환자"로서 우리 앞의 수술대 위에 눕게 된다. 「풍자문학론」에서의 정치주의 비판의 '예언', 즉 "정치학적 체계에만 절대적 배타적으로 의거하야 오든 문학비평이 정치의 혼란을 따라 방면을 잡지 못하는 것은 당연한 일"이라는 '예언'은, 채 10년이 지나지 않아 자기 자

93) 「座談會 軍人と作家・徵兵の感激を語る」, 『國民文學』 2(6), 1942.7에서의 馬杉 소좌(少佐)의 발언.

신에게 되돌아와 '성취'된 꼴이 된 셈이다.

이 '이론화'의 결정적 패배 후 최재서가 '이시다 고진[石田耕人]'이라는 필명으로 창작에 손을 대기 시작한 데는 어떤 내적 필연성이 있었을지도 모른다. 물론 원고 부족에 제동이 걸리지 않는 위기적 상황을 타개하기 위한 고육지책이었다고 보는 관점[94]도 어느 정도 설득력이 있지만, 오히려 '이론화'에 패배한 뒤 나치스에 의해 전유(專有)된 독일 낭만주의의 '민족의 신화'를 흉내 내어, 스스로도 '민족'='국민'과 일체화된다고 하는 선동가적 욕망—'감각'을 갈망하는 '지식인의 배반'[95]—에 사로잡힌 것은 아닐까. 최재서 자신이 편집한 『신반도문학선집(新半島文學選集)—국민문학작품제이집(國民文學作品第二輯)』(1944.12)에 자작의 「부싯돌[燧石]」을 게재하면서 최재서는 스스로 다음과 같은 주를 달았다.

> 소설 공부 일년생에 대하여 그러나 세간의 비평은 꽤나 엄격하다. 네 소설은 평론적이라는 것은 네 소설은 결론을 서두르다 보니 재미가 없다는 비난인 듯하다. 그러나 평론이 막다른 길에 다다라 소설로 뛰어든 거라는 속론에 비하면, 비평은 아무리 혹평이라도 역시 고맙다. 나는 평론을 그만두고 소설로 전적(轉籍)한 것이 아니다. 나는 동포들과 함께 생각했던 여러 가지 주제를 지니고 있다. 그것을 평론으로는 다 표현할 수가 없다. 있는 그대로 말한다면 나는

94) 田村栄章, 「『國民文學』の変容－崔載瑞 1941~1945」, 『日本語文学』 32, 2007.3, 188면.
95) "요컨대 감각에 대한 갈망인 것이다. 실제로 지식인은 아래와 같은 온갖 방법을 통하여 감각 세계에 쇄도함으로써 그들의 규범인 정신적 금욕주의를 벗어 던지는 것이다. 즉 질서 관념을 말하고 지배 관념이나 미적 상징의 관념을 내세우는 것. 세계의 다이너미즘과 일체가 되어, 요컨대 숙명적이고 저항하기 어려운 힘에 편입되어, 순수의지・순수행동이 되어 그 순수성을 변질시킬 수 있는 내성(內省)적 상태를 전부 무시하는 감각을 갖는 것. 정당의 궤변에 가담하고 그 지적 간판이 되는 것을 인정함으로써 공적 생활에서 역할을 다하고 대중의 열광의 대상이 되는 기쁨을 아는 것. 오로지 행동하고 그때마다의 싸움에서 전투태세를 취하여 전사의 기분에 빠지거나 아니면 단순히 사랑, 심정을 토로하기만을 바람으로써 정신의 엄격한 규범을 던져 버리는 것. 결국은 극히 명백함에도 불구하고 민중을 혼란에 빠트리고 있는 대립의 상황을 단칼에 부정함으로써 선동가 기분에 빠져 보는 것, 등을 통해서이다"(ジュリアン・バンダ【줄리앙 방다】, 宇京頼三 訳, 「1946年版序文」, 『知識人の裏切り』, 未来社, 1990, 110~111면).

더 많은 독자를 갖고 싶은 것이다.[96]

요컨대 '주제'가 먼저 있는데 그 '주제'는 '주지적'으로 표현할 수 있는 것이 아니기에 '주제소설'이라는 형태로 표현하게 되었다는 말이다. 확실히 예컨대 『국민문학』에 1944년 5월호부터 8월호까지 4회에 걸쳐 연재된 소설 『때아닌 꽃[非時の花]』의 '주제'는 앞서 언급한 「학도출진을 둘러싸고」(1943.12)에 제시되어 있다. 앞서 인용한 '자기의 운명을 전체에 맡겨 역사의 바른 흐름에 뛰어드는 것은 영원히 사는 이의 길'이라는 생각을 부연하는 형태로 최재서는 '조선 예술의 절정'인 신라 예술의 의미를 해설한다.

> 신라는 오늘날의 일본과 아주 닮은 구석이 있습니다. 당(唐)은 말할 것도 없고 고구려, 백제 등과 같은 선진 강대국에 억눌려도, 그럼에도 불구하고 발랄한 국민적 정신은 표현을 추구하여 멈추지 않습니다. 그 속에서 저 경탄할 만한 예술이 탄생한 것입니다. 이상을 위해 죽는 것은 영원히 사는 길이라는 진리의 실증을 우리는 여기서도 볼 수 있는 것입니다.(37면)

그리고 이 글의 끝에 『때아닌 꽃』의 플롯인 김유신(金庾信) 부자(父子)의 일화가 그 의의와 더불어 해설되어 있다. 물론 소설은 어디까지나 소설이어서 반드시 작자 본인에 의해 해설되는 '주제'를 갖고 모든 것을 이야기할 수는 없는 것이고, 일정한 어긋남이 생길 가능성은 크다. 확실히 "어디까지나 현상을 유지하고자 하는 노대국(老大國)과 오랜 세월의 불합리성을 폐절하고 스스로 올바른 질서를 세우고자 하는 신흥국가 사이에는, 변함없이 전쟁－언제 끝날지 알 수도 없는 전쟁이 계속되어 갔다"[97]고 배경을 설명하는 이 소설을, 통일신라에 의탁한 '문학

96) 白川豊監修, 『日本植民地文学精選集 29－朝鮮編 9』, ゆまに書房, 2001, 34면.
97) 石田耕人, 「非時の花 その四」, 『國民文學』 4(8), 1944.8, 77~78면.

적 저항'으로 읽는 것도 불가능하지는 않을 것이다. 그러나 여기에 그려진 주제=주체는 이미 제시된 바와 같이 어디까지나 '질서'를 위해 스스로 목숨을 바친 화랑들의 '발랄한 국민정신'이다. 더욱이 주인공 김유신 부자의 집은 원래 백제와 신라 사이에 낀 소국 금관국(金官國)의 왕가로서, 김유신의 할아버지 대에 "어차피 사직(社稷)을 지킬 전망이 없는 것을 깨달은 왕은 불합리한 독립을 과감히 청산하고 국토와 인민의 영원한 보전을 꾀하기 위해 결심"하여 신라에 귀화한 것인데, 김유신 대에 이르자 "신라를 짊어지고 우뚝 선 기둥이 되어 이미 귀화족 따위의 말은 어색할 지경"[98]이 되었다는 설명을 읽자면, 이 소설의 '내선일체'적인 성격도 충분히 읽혀진다. 하지만 이 밖에도 '주제'와의 어긋남을 생산적으로 읽어내는 것은 가능하겠지만,[99] 설령 거기에 '문학적 저항'이 있었다고 해도, 태평양전쟁 말기에 조선인에 의해 일본어로 쓰여 진 소설만큼 처음부터 '많은 독자'를 확보할 가망이 없었던 문학은 역사상 그리 많지는 않을 것이라는 아이러니가 따라붙는다.

『때아닌 꽃』의 결말은 해방 후 최재서가 걸은 길을 생각할 때 무척이나 시사적이다. 전설적인 명장 김유신의 아들로서 소설의 주인공인 원술은, 장래가 촉망되었으면서도 첫 전투에서 '죽지 못'했다는 이유로 아버지로부터 의절을 당하고, 부모의 임종도 지키지 못한 채 방랑하는 화랑이었는데, 소설의 말미에서 앞으로의 살 길에 대한 물음을 받고 이렇게 답을 하고 있다—"저말입니까? 이제 방랑에도 지쳤으니 어딘가에 자리 잡고 조용하게 책이라도 읽고 싶습니다."[100] 셰익스피어를 읽은 최재서이므로 『템페스트』의 프로스페로를 염두에 두면서 이 대사를 썼을지도 모른다(최재서는 후일 발표한 셰익스피어론에서 전기(傳記)적 비평은 거부한다고

98) 石田耕人, 「非時の花 その二」, 『國民文學』 4(6), 1944.6, 68면.

99) 예컨대 사에구사 도시카쓰[三枝壽勝]는 최재서의 소설 속에서 '위화감'을 적극적으로 읽어내고 있다. 「屈服과 克服의 말－日帝末期 韓國文學이 제기하는 問題點」, 『文學과 知性』 8(2), 1977.7 참조.

100) 石田耕人, 「非時の花 その四」, 『國民文學』 4(8), 1944.8, 89면.

하면서도 마지막의 프로스페로의 대사만은 작자의 전기를 담아서 읽고 있다). 어쩌랴, 캘리반이 되기에는 너무나 지성적이었던 최재서는 이제 와서는 '친일문학자'라는 비방을 면할 수 없다. '조용하게 책이라도 읽고 싶습니다'라는 말을 입에 담기에는 너무 늦은 셈이 되어 버렸지만, 해방 후의 정치적 혼란 속에서 최재서는 바로 그 바람대로 다시 '영문학'의 세계에서 'my place of refuge'를 발견하게 된다. '정치주의 비판'의 모멘트를 지닌 '주지주의'에서 출발한 최재서는, '정치주의'에 투신하여 패배한 뒤 정치를 거부(refuse)하고 '문학의 Order' 속에 숨는 '비정치주의'로 귀착된 셈이다.

그러나 이러한 '비정치주의'의 결정일 셰익스피어론[101]에서 작자가 '로마 물' 정치극에 대해 각별한 관심을 보이고 있는 것은 기묘하게 여겨진다. Jaisou Choe는 "적어도 셰익스피어가 현실적 투쟁에 져서 몰락하는 이상주의자를 경계하기는커녕, 그를 존경하고 사랑하고 심지어 찬미했다는 증거를 우리는 로마극들의 결말에서 본다"(117면; 한국어판 149~150면)라고 읽는다. 그 중에서도 특히 마음이 끌렸던 것으로 보이는 『코리올레이너스(*Coriolanus*)』를 논함에 이르러서는 "이리하여 코리올레이너스는 무지하고 비겁하고 잔인해서 항상 동요하는 대중과, 개인적인 질투심과 이해관념(利害觀念)에서 무책임하게 선동하는 소수의 지도자들로써 구성되는 현실적 사회의 희생이 되어 목숨을 잃는다. 만약 우리가 그러한 상대적인 현실을 초월하는 절대적 가치의 세계―초월적 질서(transcendental order)를 상정하지 않는다면, 이 극 전체는 넌센스"(128면; 한국어판 167면)라고 단언한다. 이것을 '현실적 투쟁에 져서 몰락하는 이상주의자(idealist=관념론자)'의 애달픈 자기연민으로 볼 수도 오만한 자기변호로 볼 수도 있을 것이다. 어찌됐건 'Order'를 '전제'로 하지 않으면 모든 것이 '넌센스'라는 신념은, 주지주의―정치주의―비정치주의로 다양한 의장(意匠·衣裝)을 갈아입으

101) Jaisou Choe, *Shakespeare's Art as Order of Life*, Vantage Press, 1965.

면서도 털끝만큼도 의심된 적이 없었던 것이다. 김윤식은 사토 기요시와 그 문하생(최재서 · 데라모토 기이치[寺本喜一] · 스기모토 나가오[杉本長夫])이 다 들 모여 실로 화기애애했던 좌담회 「시단(詩壇)의 근본문제」[102]에 대해 이를 "그들이 종로 연건동에 있는 영문학과 연구실에서 키츠와 셸리의 시를 논의하던 것의 연장선상"[103]으로 형용하고 있다. 바로 이 '연장선상'에 '풍자문학론'의 주지주의가 있고 '섬기는 문학'의 정치주의가 있으며(그것은 '민족혼'이라도 상관없고 때가 때였다면 '프롤레타리아독재'였을지도 모른다), 셰익스피어론의 비정치주의 또한 있어, 그것들은 경성제대 영문과 연구실로부터 『국민문학』 편집실로 그리고 다시 연세대학의 연구실로 경성(京城)시내를 이동하듯이 이행 가능했던 것이다. 그것들이 'Order'라는 '절대적 가치'의 이름인 이상은.

이상 본고는 최재서의 경성제대 영문과에서의 영문학 연구의 분석에서 출발하여 '풍자문학론'의 주지주의적 비평가로부터 『인문평론』의 지도적 지식인으로 성장하여 『국민문학』에 이르러 점점 깊이 시국에 관여하게 되는 최재서의 '전향'을 '발화 위치'의 전도에서 발견하고, 나아가 그 정치적 모험에 패배한 후에는 '정치'로부터 '문학'으로 '재전향'하는 프로세스를 면밀하게 좇아 왔다. 여기서 필자는 이와 같은 '전향' · '재전향'의 프로세스 속에 '이론에 대한 의지'라고도 부를 만한 것이 시종일관 존재했다고 생각한다.[104] 그 '이론'이란 한마디로 하면 'Order'를 절대적 가치로 삼는 '주체화'의 이론이다. 주로 Irving Babbitt에 대한 연구를 통해 획득한 'Order' 부재에 대한 예민한 비평적 관점으로부터,

---

102) 『國民文學』 3(2), 1943.2.

103) 金允植, 「一九四〇年前後在ソウル日本人の文学活動」, 『岩波講座 近代日本と植民地 7－文化の中の植民地』, 岩波書店, 1993, 239면.

104) 이 입론에 있어 中野敏男, 「総力戦体制と知識人－三木清と帝国の主体形成」, 『岩波講座 近代日本の文化史 7－総力戦下の知と制度』, 2002에 의한, 미키 기요시[三木清]의 '전향'과 거기에 일관된 '주체적 행위'의 이론 분석에 커다란 영감을 받았다.

'Order' 부재상황에서 '그 자신의 주인이 되기'(=주체화하기) 위해 아무 기댈 것 없는 상황에서 주지적 태도로서 '풍자문학론'이 제기되었다. 여기서 문제된 개인의 '주체화'가 지도적 지식인으로서 『인문평론』을 편집하는 단계가 되면, 문화를 유지하기 위한 조선 문화인 결사(order)라는 집단적 '주체화'의 문제로 발전한다. 그 후 『국민문학』에 이르러 제국의 'Order' 속에서 어떻게 하면 조선문학의 '주체화'를 이론화할 수 있을 것인가에 고민이 미친 결과, 오히려 '제국의 주체'에 동화된다고 하는 '전향'에 의한 해결에 다다라 마침내 제국의 'Order'를 serve하게(따르게 · 제공하게) 된다. 그리고 이 '제국의 Order' 붕괴 이후에는 정치를 거부(refuse)하고 '문학의 Order' 속에서 '주체화'의 계기를 발견해 간다.

필자는 이를 최재서라는 한 지식인의 비극으로 보지 않는다. 차라리 그것은 식민지 상황 하에서의 '이론에 대한 의지' 자체의 비극이라고 할 수 있지 않을까. 'Order'를 최종심급으로 하는 '주체화'의 이론이 'Order'가 늘 '명령'으로서 외부로부터 도래하는 식민지 상황에서 'Order'도 '이론'도 포기하지 않는 한 발화의 위치를 '전향'시켜 '제국의 Order'의 '통역'이 되지 않으면 안 되었던 '비극'으로서.

식민지 조선의 프롤레타리아 농민문학과 '만주'*

'협화'의 서사와 '재발명된 농본주의'

와타나베 나오키[渡辺直紀]

1. 머리말

식민지 조선의 문학 작품 중에 농민이나 농촌의 문제를 다룬 것이 본격적으로 등장하는 것은 1930년대에 들어선 후의 일이다. 프롤레타리아 문학 단체인 KAPF(조선 프롤레타리아 예술동맹)에서는 1920년대 말에 두 번에 걸친 방향 전환을 거쳐 1930년대에는 여러 활동들을 전개했는데, 그 중에서도 프롤레타리아 농민문학의 분야에서는 이기영(1895~1984)이 장편소설 『고향』(『조선일보』, 1933.11.15~1934.9.21)을 발표했다. 이러한 작품이 나온 배경으로서는 1930년 11월에 소련 하리코프에서 열린 혁명작가 제2회 국제회의(이른바 '하리코프 회의')에서 논의된 일본 프롤레타리아 문학 운동에 대한 결의 내용이 있다. 이때 이 회의에서는 광범위한 농민층이

* 이 논문은 『한국문학연구』 33, 동국대 한국문학연구소, 2007.12에 수록된 논문을 수정, 보완한 글이다.

존재하는 일본에서는 무산계급 문학운동의 대상을 노동자뿐만이 아니라 농민에게도 넓혀야 한다는 의견이 나왔는데, 이것이 일본에 들어오면서 식민지 조선에서도 논의된 결과가 이기영의 장편소설 『고향』과 같은 작품의 등장으로 이어진 것이다. 공장 노동자의 이익과 농민의 이익이 어떻게 일치될 수 있는지의 문제를 둘러싸고 당시 무산계급 운동 내부에서도 치열한 논의가 이루어졌지만, 하리코프 회의가 당시 대일본제국의 판도 내부에 있는 농민들의 동향에 주목하고 있었다는 사실은, 그만큼 정치 세력으로서 농민층의 존재가 중요하다는 점이 인정되고 있었다는 증거가 되기도 한다. 그리고 그 대일본제국의 식민지였던 조선에서도 농민을 둘러싼 문제는 단지 프롤레타리아 문학운동에서의 작품 소재나 사상 보급의 대상으로서만이 아니라 지극히 중요한 문제성을 품고 있었던 것이다.

1930년대 농민・농촌을 둘러싼 일반적인 문제로서 당시 식민지 조선에서도 귀농운동이 활발하게 이루어져 있었던 것은 널리 알려져 있는 사실이다. 그것이 이기영의 『고향』뿐만 아니라 예를 들어 이광수의 『흙』(1932)이나 심훈의 『상록수』(1935)와 같은 문학작품으로 결실을 맺은 것도 잘 알려져 있다. 다만 당시 식민지 조선의 경우에는 자본이 유입됨으로써 농촌・농업이 피폐되는 한 지방의 문제로서가 아니라 땅을 잃은 농민이 간도(만주)에 이주하는('흘러가는') 문제를 어떻게 대처하는가라는 점도 과제였다. 예를 들어 1931년 7월에 일어난 만보산(萬寶山)사건은 이렇게 만주에 유입된 조선인 농민과 현지의 중국인 농민 사이에서 일어난 충돌이었는데, 이 사건 이후에 조선 내에서는 일부 민족주의자나 그러한 단체 안에서 '재만동포 보호'를 슬로건으로 내걸고 만주에 이주해서 실제로 여러 업종의 공장을 경영하면서 만주에 있는 조선인 동포의 보호 사업을 전개한 사람들도 많이 있었다.[1)]

---

1) 이런 가족을 묘사한 회상록으로서 가령 羅英均, 小川昌代 訳, 『日帝時代、わが家は』, みすず書房, 2003과 같은 작품이 있다. 그리고 박찬승, 『한국 근대정치사상사 연구―

본고에서는 그렇게 만주에 유입된 조선인 농민들의 문제를 당시 식민지 조선의 문학자들, 특히 이기영(1895~1984)이나 한설야(1900~?) 등, 식민지 조선의 프롤레타리아 문학운동에서 중심적인 역할을 다하면서 해방 후에도 북한의 문예 정책에서 중요한 역할을 다한 문학자들이 어떤 이미지를 가지고 그것을 작품화했는지에 대해서 검토하고자 한다. 만주국에서의 총동원 체제의 문제, 혹은 거기서 농민이 어떤 위치에 놓여 있었는가 하는 문제에 대해서는 여러 논의들이 있는데, 본고에서 특히 원용하고 싶은 것은 루이즈 영(Louise Young)이 『일본의 총동원 제국－만주와 전시 제국주의의 문화』(1998)[2]에서 제시한 '재발명된 농본주의(reinventing agrarianism)'라는 개념이다. 만주의, 혹은 만주를 둘러싼 문화 표상에서 많이 강조된 농본주의는 원래 일본 국내에서 주장되어 온 것과는 이질적이었다는 루이즈의 주장은 본고의 검토 작업에서도 지극히 유용하다. 이하에서 조선인 농민의 만주 이민과 루이즈의 지적과의 관계를 밝히면서 그것이 당시 식민지 조선의 작가들에 의해서 어떻게 서사화되었는지, 그리고 그 서사가 현재에 이르기까지 어떠한 문제점을 품고 있는지에 대해서 검토하고자 한다.

민족주의 우파의 실력양성운동론』, 역사비평사, 1997의 기술은 주로 1920년대의 민족운동에 관한 것인데, 여기서 중심적으로 검토되고 있는 운동이나 사상의 일부는, 그 후 1930년대에는 만주의 문제와 지극히 밀접한 관계를 가지게 된다. 1930년대에 들어서면서 이른바 식민지 조선의 민족주의 우파의 지식인들의 일부가 재만동포 보호의 문제에 착수했던 시기와, 좌우 합작의 민족주의 단체인 '신간회'가 좌우로 분열된 시기가 거의 같은 1931년경이라는 사실은 어쩌면 서로 직접적으로 관련이 있을 것이라고 추측할 수 있다.

2) Louise Young, *Japan's Total Empire－Manchuria and the Culture of Wartime Imperialism*, Berkeley : University of California Press, 1998. 일본어 번역은 L・ヤング, 加藤ほか 訳, 『総動員帝国－満洲と戦時帝国主義の文化』, 岩波書店, 2001. 이 일본어판에서는 원문에 있는 "2. The Jewel in the Crown－The International Context of Manchukuo"(왕관 속의 보석－만주국의 국제적 문맥)이 내용적으로 일본에서는 기본적인 사항이라는 이유로 번역이 안 돼 있는데 이하에서 이 책을 언급할 때는 일본어판의 면수를 제시한다.

2. 만보산사건, '재발명된 농본주의', 개척문학

구체적인 작품의 소개나 분석에 들어가기 전에 앞에서 언급한 몇 가지 사항에 대해서 약간이나마 역사적인 경위도 포함해서 부연 설명할까 한다. 우선은 1931년 7월에 일어난 만보산사건이다. 이 사건은 만주(중국 동북부)의 장춘(長春) 교외의 만보산에 이주한 조선인 농민과 현지 중국인 농민이 1931년 7월 2일에 충돌한 사건이다. 300명 정도의 조선인 농민이 논 개척을 위한 수로 공사에 착수했는데, 원래 논농사는 하지 않고 밭농사만 해 온 중국인 농민들이 자신들의 밭이 망하는 것을 무서워해서 한 500명 정도의 중국인 농민이 항의한 것이 충돌까지 발전된 것이다. 일본 측은 만주 침략의 기운을 북돋우기 위해서 중국 측의 불법 행위를 대대적으로 선전했는데,[3] 이것이 사건 다음날인 7월 3일에 식민지 조선의 항만 도시인 인천에서 중화가가 습격당하는 사건으로 발전된 것이 사태를 심각하게 했다.[4] 1910년의 한일합방 이후 조선에서 토지조사사업(土地調査事業)이나 산미증식계획(産米増殖計画)으로 땅을 잃은 조선인 농민들은 현재의 중국・북한 국경선의 북측인 간도(間島)나 동변도(東辺道)를 중심으로 유입됐는데, 이러한 농민을 일본측은 '선량한 일본 신민(臣民)'으로서 보호했고, 다른 한편으로 만주를 근거지로 항일 운동을 하는 조선인들에 대해서는 '불령선인(不逞鮮人)'으로서 이것을 단속했다.[5]

---

3) 山室信一, 『キメラ—満洲国の肖像』, 中央公論新社(新書), 1993, 39면.

4) 식민지 조선에서 일어난 이 습격 사건에 대해서는 당시의 『조선일보』지가 사건을 과대하게 보도했던 것이 계기였다고 한다. 예를 들어 李茂傑의 연구에서는, 당시 사건 기사를 조선에 보낸 것은 조선일보의 장춘(長春) 특파원이었던 김이삼(金利三)이었는데, 인천 폭동 이후, 그가 1931년 7월 14일자 『吉長日報』에서 성명문을 발표하면서 일본 영사관의 지시로 기사를 보낸 사실을 인정했더니, 그 다음날 김이삼이 괴한에게 피살당했다는 사실을 지적하고 있다. 李茂傑, 「萬寶山事件の経緯」, 『近代日本と「偽満洲国」』(日本社会文学会 編), 不二出版, 1997, 43면.

만주에서 논 개척을 하는 조선인 농민이 밭농사를 해 온 현지 중국인 농민과 수로 건설을 둘러싸고 충돌하는 사건은, 이 만보산사건뿐만 아니라 빈번히 일어나고 있었다. 그것은 이와 비슷한 이야기가 당시 조선인 작가가 쓴 「홍염」(최서해, 1927)이나 「붉은 산」(김동인, 1932)과 같은 단편소설에서 반복되어 있는 것만 해도 충분히 알 수 있다. 그리고 그 뿐만 아니라 만주에 거주하고 있었던 조선인 작가가 당시 혹은 1945년의 해방 이후에 만주를 무대로 한 작품을 많이 발표하고 있다는 사실은, 해방 이전에도 이후에도 한국인·조선인의 주체 형성에 '만주'라는 공간이 얼마나 중요한지를 말해주고 있다. 가와무라 미나토[川村湊]는 이러한 '만주의 조선인 문학'이 ① 식민지 조선에서 씌여진 만주를 배경으로 한 조선어 작품, ② 재만조선인 작가들에 의한 조선어로 된 문학 활동(김조규들의 『재만조선인시집』 등), ③ 재만조선인 작가들에 의한 일본어로 된 문학 활동(이마무라 에이지[今村榮治]의 「동행자」 등), ④ 재일조선인들의 일본어 문학(장혁주의 『개간(開墾)』 등) 등 네 가지로 분류할 수 있다고 지적한다.[6] 여기서 주목할 수 있는 것은 조선인 작가들의 작품이라도 ③이나 ④처럼 만주와 관련된 일본어 작품이 존재한다는 점인데, 양적으로는 ①이 굉장히 많았던 것은 말할 것도 없다. 이와 같이 많은 작품들이 있는 가운데 본고에서 특히 이기영이나 한설야의 작품을 검토하고자 하는 것은 작가가 활동하는 장소나 미디어의 장소로서의 만주가 아니라,

---

5) 山室信一, 앞의 책, 36~42면.

6) 川村湊, 『文学から見る「満洲」─「五族協和」の夢と現実』, 吉川弘文館, 1998, 110~113면. 그리고 가와무라가 여기서 ②로 분류하고 있는 작품이나 작가에 대해서는 오양호 『한국문학과 간도』, 문예출판사, 1988나 채훈, 『일제감정기 재만한국문학 연구』, 깊은샘, 1990처럼 당시 만주에 거주하면서 현지의 신문 미디어나 단행본 간행을 통해서 조선어로 된 창작물을 발표하고 있던 작가들에 관한 선구적인 정리와 자료 소개가 있다. 그리고 당시 만주에서 일본어로 창작하고 있었던 일본 작가에 대해서는 가와무라의 이 책 이외에 岡田英樹, 『文学にみる「満洲国」の位相』, 研文出版, 2000도 있다. 오카다의 이 책은 당시 만주국 내에서 문학이 어떤 이데올로기 장치로서 작동됐는지를 자세히 검토하고 있다. 그가 여기서 지적하는 만주 내부의 일본인(일본어) 문단에서 대련(大連)파와 신경(新京)파의 대립이 있었다는 사실도 흥미롭다.

당시 식민지 조선의 문단의 중심지였던 경성(지금의 서울)에서 활동하고 있었던 그들의 작품이, 바로 프롤레타리아 문학의 작가가 쓴 작품이었기 때문에 뜻밖에도 여러 가지 문제를 품고 있기 때문이다. 이것은 다음 절 이후에 구체적으로 검토하도록 한다.

그리고 또 한 가지, 루이즈 영이 주장·지적하고 있는 '재발명된 농본주의'라는 개념에 대해서 설명해 보자. 종래의 제국 연구나 만주 연구는 '오족협화'나 '왕도락토'와 같은 건국이념에 관한 검토를 비롯해서 '국가'의 사업으로서의 제국을 위로부터 검토만 해 왔는데, 사회가 어떻게 아래로부터 제국 건설과 관련되어 있었는지에 대해서는 그다지 깊게 추구해 오지 않았다. 루이즈 영의 『일본의 총동원 제국－만주와 전시 제국주의의 문화』는 그러나 제국을 만드는 원동력으로서의 사회(시스템)를 묘사했다는 의미에서 획기적인 연구였다.[7] 그는 이 책의 제7장(일본어판에서는 제6장) 「재발명된 농본주의(reinventing agrarianism)」에서 만주국의 정책이 기본적으로 농본주의적 제국주의(agrarian imperialism)의 색채를 강하게 띠면서도 그것이 다음의 몇 가지 점에서 그때까지 일본에서 주장된 농본주의의 사상이나 주장과는 성격을 달리하고 있었다는 점을 지적하고 있다.

우선 첫 번째로 만주 식민 캠페인은 이민과 농촌개혁운동이 결합된 것이었다는 점이다. 19세기 말에서 20세기 초에 걸쳐서 전개된 일본의 이민 운동(홋카이도[北海道] 개척을 비롯한 농업 이민)은 단지 식민지 제국의 건설을 목적으로 하고 있었다. 그것이 1932년의 만주국의 건설 이후의 이민 캠페인에서는 처음으로 '일본의 농업을 구한다'라는 방향성이 선명해졌다. 1932년의 만주 식민 논쟁에서는 도쿄제국대학의 야나이하라 다다오[矢内原忠雄]들이 중국인 농민과의 경쟁이 격렬하기 때문에 만주에 대해서 일본인 농민이 매력을 느끼는 적극적인 요인이 없다는 이유로

---

7) 加藤陽子, 「訳者あとがき」, 『総動員帝国－満洲と戦時帝国主義の文化』(L・ヤング), 岩波書店, 2001, 348면.

반대 입장을 취한 데에 반해, 가토 간지[加藤完治]들은 정부의 강력한 지원과 보호가 있으면 그것이 가능하다면서 찬성 입장을 취했다. 당초에 정부 지원은 그다지 많지 않았지만, 1936년쯤으로부터 상황이 경이적으로 바뀌어서 정부 지원을 얻을 수 있게 되면서 피폐한 일본의 농촌을 구하는 해결책으로서 식민이 추진되게 되었던 것이다.[8] 두 번째로 만주국에서는 제국이 이성 달성을 위한 공간으로 보이게 되었다는 점이다. 원래 일본의 농본주의는 농촌과 도시가 대립되고 소작인과 지주가 대립되는 것이 전제가 되고 있었다. 그 사상의 근저에는 대자본이나 자본주의, 정부 시책에 대한 적의가 흐르고 있었는데 자립적인 농촌 공동체를 지키려는 것이 종래의 농본주의 사상이었다. 그런데 만주국에서의 농본주의는 제국이라는 문맥을 도입함으로써 국가주의적인 이데올로기로 변모해서, 종래의 농본주의 사상의 전제가 되고 있었던 도시와 농촌의 대립, 소작인과 지주의 대립이라는 축을 상당히 애매하게 만들었다.[9] 그리고 세 번째로서는 농본주의와 사회공학적인 사상이 결합되면서 계급차이나 소작제도의 문제 등이 일어나지 않는 사회 정책상의 아이디어가 생각되기 시작했다는 점이다. 이것은 구체적으로는 농지를 계획적으로 배치함으로써 종래의 지주—소작인의 관계를 변혁해서(토지개혁) 자작농을 양성하면서 검소함과 절약의 중요성, 공동체 의식 등을 민중에게 교화하는 것을 생각하게 되었다.[10] 그리고 네 번째로 이러한 시책의 결과로서 농본주의자들까지도 자본주의 근대를 반—유토피아적인 개념이 아니라 유토피아적인 개념으로 생각하게 된 점이 종래의 농본주의와 결정적으로 다른 점이었다.[11]

루이즈 영이 지적한 만주 농본주의의 성질에 대해서는 대일본제국의

8) L・ヤング, 앞의 책, pp.200~201.
9) L・ヤング, 앞의 책, pp.210~211.
10) L・ヤング, 앞의 책, pp.216~218.
11) L・ヤング, 앞의 책, p.218.

식민지였던 조선과 그 대일본제국의 괴뢰국가였던 만주국의 관계에서도 그대로 같은 이야기를 할 수 있다. 그러한 사상 내지 이데올로기는 어떤 때에는 농민문학의 작품의 주제로서 그려져서 고취되었다. 그러나 특히 식민지 조선의 농촌의 현상과 그것을 서사화한 문학 작품에 대해서 생각할 경우에는, 그것은 루이즈 영이 주장하는 '재발명된 농본주의'의 사상을 그대로 재현하거나 고취한 것이 아니었고, 좀 더 복잡한 구조를 가진 서사로서 제시되었다고 할 수 있다. 그 점에 대해서는 다음 절 이후에서 구체적으로 작품을 검토할 때 다시 설명하도록 한다.

식민지 조선에서 농민문학의 맹아기, 특히 프롤레타리아 농민문학의 확립이 주장된 1930년대 초에 문학 작품이 농민이나 농촌을 소재로 했을 때에는 지주와 소작인 사이의 갈등 문제, 그리고 거기에다가 농촌에 진출해서 농촌 문화를 침식하는 도시 문화나 자본의 문제를 주된 주제로 삼았다. 그러한 농민문학의 주제가 점차 변질해 나간 데에는 만주국 건국과 그 이후의 역사가 크게 기인하고 있다. 그리고 특히 문학에 한해서 말한다면 1930년대 후반에 들어서면 이미 농민문학은 농촌에서 지주와 갈등을 일으켜서 고민하거나 혹은 단지 전원 풍경에 안주하는 농민이나 소작농을 그리는 것이 아니라, 항상 고생하면서 개척하는 농민을 주인공으로 삼아 그 고생 때문에 스스로의 인생을 개척해서 인격을 개조해 나가는 인물을 그리게 되어 있었다.

농민문학의 이러한 변질을 농민문학으로부터 '개척문학'으로의 변질이라고 우선 여기서 부르기로 한다. 다만 여기서 한 가지 확인해 두어야 할 것은 농민문학의 이러한 변질이 단지 문학 그 자체의 변화나 문단 유행의 변화가 아니라 그 배후에 언론 통제의 일환으로서 농민문학의 조직화의 영향이 있었다는 점이다. 프롤레타리아 문학 단체인 KAPF의 서기장을 맡은 바 있었고 1935년의 조직 해체 이후에도 평론 활동을 하고 있었던 임화는 1940년의 시점에서 일본 내지의 농민문학 조직화 문제를 언급하고 있는데, 그는 여기서 미묘하게 애매한 표현으로 국민적인 문학이 자각될 때에는 늘 농민문학이 문제화된다면서, 일본에서의 농민문학간화회(農民文学懇話会)의 결성(1938)이나 그 모임을 통한 『흙의 문학 작품 연감[土の文学作品年鑑]』의 간행(1939)을 소개하고 있다.[12] 그리고 임화는 같은 글에서 시마기 겐사쿠[島木健作]의 『생활의 탐구[生活の探求]』(1937)를 언급하면서 시마기가 작품 속에서 "청년의 시련의 장소"로서 농촌을 선택했다고 지적하는 것을 잊지 않고 있다. 귀농을 통해서 삶의 방법을 찾는 지식인의 내면의 갈등을 그린 이 작품은 직접적으로 전향의 문제를 취급한 것은 아니다. 그런데 이 작품이 그 당시에 일종의 전향문학으로 간주된 것은 자신의 과거를 적극적으로 청산하려는 지식인의 내면을 크게 초점화했기 때문이다. 그리고 시마기의 경우에서도 이러한 정신주의나 금욕주의가 그의 기행문집 『만주기행(満洲紀行)』(1940)에서 크게 꽃을 피웠다는 사실도 흥미롭다. 이것은 농촌의 문제를 계속 고민하고 있었던 시마기에게 있어서 결코 우연의 일치는 아니었을 것이다.

일본 내지의 문학 단체의 조직화에 관한 이야기를 좀 더 하기로 한다. 임화가 소개한 농민문학간화회(農民文学懇話会)란 당시 아리마[有馬] 농상의 주도하에서 조직된 단체인데, 이러한 단체에서 와다 덴[和田伝](1900~1985)의 국책문학 『오히나타마을[大日向村]』(1939)과 같은 대표작이 나오게 된다. 일본 나가노[長野] 산골의 농촌으로부터 만주로 집단 이민하는 농민들의 비애 어린 이야기를 쓴 장편소설이다. 그리고 이 모임에 이어 1939년에는 대륙개척문예간화회(大陸開拓文芸懇話会)가 조직되어 역시 작품집 『개척 지대-대륙개척소설집(開拓地帯-大陸開拓小説集)』(1939)을 간행했다. 여기서 활동한 후쿠다 기요토[福田清人](1904~1995)는 2차대전 후에 일본아동문학회나 일본근대문학관의 설립 멤버가 되는 사람인데, 이 시기에 간행한 그의 평론집 『대륙개척과 문학(大陸開拓と文学)』(만주이주협회, 1942)에서 그는 전쟁 전의 일본의 저명한 시인·동화 작가인 미야자와

12) 임화, 「일본 농민문학의 동향-특히 「土의 文学」을 중심으로」, 『인문평론』, 1940.1.

겐지[宮沢賢治]의 농민예술론을 인용하면서 "농민을 잊고 지방을 잊고 국민을 잊은 일본 근대문학"을 비판해서 만주에서 극기(克己)의 정신을 기르는 문학을 만들어야 할 것을 강조하고 있다.[13] 그리고 일본 내지 뿐만 아니라 만주 현지에서도 1941년에는 여러 단체들이 통합되면서 만주예문연맹(滿洲芸文聯盟)이 발족했는데, 여기에는 야마다 세이자부로[山田清三郎]를 비롯한 일본의 구-프롤레타리아 문학자가 조직을 만드는 데에 가담하고 있다.[14]

이상에서 본 문학 단체는 모두 마찬가지로 일본이나 만주의 농촌을 무대로 한 개척문학, 금욕주의의 문학을 강조한 문학의 제도들이다. 이러한 환경 하에서 인간과 농업, 자연과의 관계나 맥락을 찾는 작업은, 단순히 농촌의 전원 풍경이나 인간들 사이의 갈등을 그리는 것 이상의 행위가 된다. 그 밖에도 식민지 조선과 문학, 그리고 농민문학의 변질을 둘러싸고 지적해야 할 사항들은 몇 가지가 있는데,[15] 논의가 복잡해지

---

13) 川村湊, 『異郷の昭和文学－「満州」と近代日本』, 岩波書店(新書), 1980, 40~45면.

14) 尾崎秀樹, 「「滿洲国」における文学の種々相」, 『旧植民地文学の研究』, 勁草書房, 1971, 111~116면.

15) 본론의 취지에서는 약간 빗나가지만 이와 관련해서 검토해야 할 사항으로서 다음 몇 가지를 들 수 있다. ① 青木洪, 『耕す人々の群』(1941); 張赫宙, 『開墾』(1943) 등, 조선인 작가가 일본어로 소설을 써서 일본 내지에서 발표하고 화제를 모은 일군의 농민문학/개척문학의 작품들이 있다. 青木洪의 작품은 1942년 제4회 아리마상[有馬賞, 구·농민문학상]을 수상했다. 이 '아리마'란 물론 농민문학 간담회의 결성을 주도한 농림대신의 이름을 딴 것이다. ② 조선인 작가의 일본어 창작을 더욱 추진하기 위해서 1939년에 창설된 조선문예상은 제1회(1940)에서 이광수가 단편집 『무명』으로, 제2회(1941)에서 이태준이 단편집 『복덕방』으로 수상했는데, 이들은 모두 일본어로 번역한 인물이 별도로 존재했다. 제3회 수상자에 대해서는 확실한 정보가 없는데, 제4회(1943)는 이무영의 장편 『청와의 집[青瓦の家]』(1943)으로, 이것은 이무영 자신이 직접 일본어로 쓴 것이다. 그는 이 작품 이전에도 조선의 농민이나 농촌을 즐겨 쓰고 있었는데, 예술상 수상 이후에도 일본어 단편집 『열정의 글[情熱の書]』(1944)에서도 역시 총후의 농촌을 주제로 썼다. 참고로 말하면 이무영은 해방 후의 한국에서도 농민문학의 작가로서 활동했다. ③ 위의 두 가지보다 시기적으로는 이전에 일어난 사항으로 약간 위상을 달리하는 대목이지만, 미국의 여류 작가의 펄 벅(Pearl Sydenstricker Buck, 1892~1973)이 중국의 농촌을 주제로 쓴 『대지(*The Good Earth*)』로 1938년 노벨문학상을 수상한 사실도 이 시기의 일본이나 조선의 문학자에게 큰 충격을 준 것 같다. 임화도 분명히 중

기 때문에 여기서는 바로 본론에 들어갈까 한다. 조선의 구-프롤레타리아 문학의 작가들은 만주를 무대로 어떠한 작품을 쓴 것일까?

3. '협화'의 서사와 '재발명된 농본주의'

1) 이기영의 장편 『대지의 아들』(1939~1940)

이 논문의 첫머리에서 언급한 장편 『고향』의 작가 이기영은 식민지 시대 조선의 프롤레타리아 문학 운동에서 특히 농민이나 농촌을 소재로 한 작품을 많이 발표하면서 명실 공히 그 당시 작가로서의 명성을 얻었을 뿐만 아니라, 1945년 해방 이후에 재빨리 북한으로 건너가 북한의 문예 정책에서 가장 중요한 위치에 있으면서 요직을 역임한 사람이다. 1945년의 해방 이전에 1940년대의 전반에는 서울 근교의 농촌에 칩거하고 있었다는 사실이 그의 몇 가지 약력에서 강조되고 있는데, 한국의 이기영 연구자인 이상경의 연구에 따르면 그가 서울을 떠나 강원도 어느 농촌에 거처를 옮긴 것은 1944년 3월말의 일로 상당히 전황이 악화된 후의 일이었다.[16] 그리고 그는 1940년대 전반만 해도 조선어로 쓴 창작집을 중심으로 단행본을 7권이나 간행했다.[17] 이러한 이기영도 역

국의 농촌에 있는 중국인을 묘사했는데 그것이 세계 문학의 전형성을 동시에 보여주고 있다는 점에 놀라움을 감추지 못하고 있다(임화, 「『대지』의 세계성-노벨상 작가 '펄벅'에 대하여」, 『조선일보』, 1938.11.17~20). 참고로 『대지』의 일본어 번역자의 니이이타루[新居格](1888~1951)는 신문기자 출신의 평론가이지만 임화가 일본의 농민문학의 동향을 평론에서 소개했을 때(앞의 각주 12) 참조) 그 발언을 자주 참조하고 있던 인물이기도 하다.

16) 이상경, 『이기영-시대와 문학』, 풀빛, 1994, 453면.

17) 일곱 권의 단행본은 다음과 같다. 『인간수업』(영창서관, 1941), 『어머니』(영창서관,

시 만주에 관여하고 있는데, 그것은 역시 그때까지 농민문학의 작가로서 활동해 온 자부심이 그대로 투영되고 있었다고 말할 수 있다.

기록에 따르면 그는 1939년 8월 18일부터 2주 동안 만주 지방을 시찰하고 있는데,[18] 그 직후에 쓴 것이 평론 「만주와 농민문학」(『인문평론』, 1939.11)과 장편소설 『대지의 아들』(『조선일보』, 1939.10.12~1940.6.1)이다. 이 평론을 보면 이기영은 우선 만주 대륙의 자연, 광대무변(廣大無邊)의 대지에 대해서 감탄을 감추지 않고 있다. 그리고 만주인은 밭농사만 하고 논 경작은 하지 않았기 때문에 저습지대(低濕地帶)는 방치 상태였던 것을 지적하면서, "만주사변전(滿洲事変前)까지의 만주황야(滿洲荒野)에 개척(開拓)된 수전(水田)은 백년 간(百年間) 이주동포(移住同胞)의 혈투(血闘) 전사(前史)를 그려온 비장(悲壮)한 기록(記録)"이고, 이 땅에 흥망한 '고구려(高句麗)의 후예(後裔)'가 논 개척사의 막을 연다고 조선인 농민들이 이 땅에 이주하고 활약하는 것을 칭찬하고 있다.[19] 그리고 스스로에게 타이르듯이 농민문학의 사명을 다음과 같이 말하는 것이다.

> 滿洲의 農村開発은 壮大한 自然과의 闘争中에서 偉大한 創造性(水田開拓)을 띄여 있고, 그만큼 그것은 将来의 農民文学을 開拓함에 있어서도 偉大한 素材와 情熱을 提供할 줄 안다.[20]

1941), 『봄』(대동출판사, 1942), 『생활의 윤리』(성문당, 1942), 『동천홍』(조선출판사, 1943), 『광산촌』(성문당, 1944), 『처녀지』(삼중당서점, 1944). 이 시기에 조선어 창작집을 이렇게 왕성하게 출판할 수 있었던 것을 놓고 三枝寿勝은 친일 행위의 혐의를 지적하고 있다(三枝寿勝, 『「韓国文学を味わう」報告書』, 国際交流基金アジアセンター, 1997, 94~95면). 그가 끝까지 창씨개명을 하지 않았거나 일본어로 창작하지도 않았다는 사실들과 그가 이 시기에 이만큼 많은 단행본을 조선어로 출판할 수 있었던 사실의 정합성에 대해서는 향후의 연구가 기다려진다.

18) 이상경, 앞의 책, 243~244면.

19) 이기영, 「만주와 농민문학」, 『인문평론』, 1939.11, 20~21면.

20) 위의 글, 22면.

이기영은 이 평론에서 만주에서 조선인 농민과 중국인 농민이 잘 공존하고 있는 사실을 주의 깊게 강조하면서 조선인 농민이 이 땅에서 피땀을 흘리면서 논 개척에 종사하는 것을 칭찬하고 있다. 1931년의 만보산사건의 경위를 보더라도 알 수 있듯이, 조선인 농민은 당시에서도 물론 일본의 군이나 경찰의 비호 하에 있었다. 실제로 만주를 '시찰'한 이기영 자신도 그것은 충분히 알고 있었을 것이다. 그럼에도 불구하고 그를 하여금 이 땅의 조선인 농민을 격려・고무시키고 있는 것은, "번복무상(翻覆無常)한 국가(国家)의 흥망(興亡)이 인민(人民)의 생활(生活)을 근저(根底)로부터 파괴(破壊)시킨 까닭으로 말하자면 왕화불급(王化不及)의 호지(胡地)"였다고 이 만주라는 지역에 대해서 일방적인 우월 의식을 보여주면서, 또 한편에서는 이 만주에 유입되는 조선인 농민이 고향에서 땅을 빼앗겨서 쫓겨난 유랑의 백성이라는 피해자 의식을 이기영 스스로가 같은 민족, 동포로서 공유하고 있기 때문이다. 그러니까 이러한 사태를 문학으로 재현할 필요가 생겼을 경우, 그것은 루이즈 영이 지적하는 '재발명된 농본주의' 그 자체일 수 없다. 요컨대 조선인 농민은 현실에서도 픽션에서도 조선에서 땅을 쫓겨날 때에는 총독부의 토지조사나 동양척식주식회사(東洋拓殖株式会社)의 땅 매수 등, 이른바 일본의 식민지 정책의 희생자이다. 서사화의 범위가 여기까지라면 이것은 영이 지적하는 ('재발명된' 것이 아닌) 종래형의 농본주의를 고수함으로써 대립・갈등형의 서사구조를 지키면서 저항적인 민족주의를 계속 제시하기가 가능하다. 그러나 그 무대가 만주로 옮겨지면 적어도 픽션의 수준에서는 현지 중국인 농민과의 마찰・갈등을 계속하면서 이상적인 공동체 건설이라는 유토피아니즘의 체현자로서 그려지게 되는 것이다. 만주에 건너간 그러한 조선인의 주체를 정립시키고 있는 것은 고향에서 땅을 빼앗긴 희생자로서의 기억이다. 그것이 그들로 하여금 만주 황야의 역경에도 견딜 만하는 인내력을 만들어내고 있는 것이다. 만주에서의 조선인 농민들의 노고나 고생이 해방 후 한국에서도 때로는 애환으로 가득 찬 이야기로서 민족주의적으로 재생산되는 것은 이 때문이다. 만주라는 공간, '만주국'이라는 실체야말로 식민지의 조선인에게 '식민지적 무의식'과 '식민주의적 의식'이 동일하게 실현되는 장소였다는 지적은 이러한 경우에도 타당하다.[21] '식민지적 무의식'이 두만강을 건너감으로써 '식민주의적 의식'으로 바뀐다. 이러한 주체 의식의 아이러니컬한 질적 변화는 민족주의의 저항성이 제국의 논리 하에서 순치되어 가는(to be domesticated) 과정이기도 한 것이다.

장편소설 『대지의 아들』은 이처럼 조선에서 땅을 쫓겨 만주 개양둔(開陽屯) 농장에 이주해 온 황건오가 친구인 석룡이와 아들 덕성이와 함께 중국인들의 압박이나 갈등에 지지 않고 농장을 개척해 나간다는 작품이다. 이 개양둔이라는 장소는 김시중이라는 노인이 만인과 유혈의 싸움 끝에 수로를 열어서 논으로 만든 땅으로, 현재에도 일상적으로 마적이나 만주인 관리들이 조선인 농민들을 괴롭히고 있다. 만주사변 이후에 이 땅에 들어온 강주사와 홍승구는 둘 다 사정이 있어서 조선에 있을 수 없게 되면서 만주까지 흘러온 사람들이다. 주인공 황건오는 어렵게 공부한 끝에 도쿄로 유학 갈 기회도 생겼는데, 모친 혼자를 남겨두고 가게 되기에 이것을 단념해서 만주에 이주해서 농업에 종사하고 있다. 그리고 농장 생활이 궤도에 올랐기 때문에 친구인 석룡이를 조선에서 불러와 같이 개척의 동지로서 땀을 흘린다. 황건오의 아들 덕성이와 석룡이의 딸 귀순이는 약혼하고 있었지만, 부락장 홍승구의 아들 환식이가 역시 귀순이에게 관심을 보여주고 있었고, 어떤 마적 사건이 계기가 되면서 덕성이와의 약혼을 해소한 귀순이와 약혼해 버린다(그런데 귀순이는 덕성이를 계속 사모하고 있다). 어느 가뭄이 심한 해에 강이 바싹 말라 버리는데 황건오는 그것이 상류 마을 사람들이 강의 흐름을 막고 있기 때문이라는 것을 발견한다. 상류 마을 사람들과 대화를 나눈 후에 건오의 마을

21) 김철, 「몰락하는 신생(新生)-'만주'의 꿈과 『농군』의 오독(誤讀)」, 『'국민'이라는 노예-한국 문학의 기억과 망각』, 삼인, 2005, 111면.

과 상류 마을은 합병된다. 추수가 끝나고 마을도 합병돼서 환식이와 귀순이의 혼례 준비가 시작되어 드디어 결혼식 날을 맞이한다. 그런데 그 날 새벽녘에 귀순이는 마을을 떠나 덕성이가 있는 심양으로 향한다. 귀순이의 갑작스런 가출에 마을 사람들도 놀라지만, 마을의 어른들도 덕성이와 귀순이의 의지가 강한 것을 인정하는 데서 이야기는 막을 내린다. 이러한 개척촌 안팎에서 일어난 인간관계 이외에도 작품에서는 간도의 여러 도시의 경기가 밀수로 유지되고 있음을 암시하는 등, 상당히 긴박한 정세도 이야기 여기저기에 삽입돼 있어서 황건오를 중심으로 맺어지는 인간관계가 다름 아닌 만주라는 긴장으로 가득 찬 땅에서 이루어져 있음을 강조하고 있다.

작품 구성에서 중요한 것은 덕성이와 귀순이, 환식이라는 세 사람 사이의 삼각관계와 마적의 습격, 수로 싸움이라는 두 가지 사건이다. 남녀의 삼각관계는 이야기의 가치 지향을 드러내는 가장 통속적인 장치로서 작동되는데, 삼각관계라는 인간관계 그 자체가, 그리고 그것이 작품 중에서 다하는 기능도 둘 다 통속적이다라는 것은, 이 작품의 경우 미묘한 기능을 다한다. 그것은 다름이 아니라 이 삼각관계의 통속성 때문에 작품 속에서 전개되고 있는 사건이 그때까지 조선어의 소설이나 이야기로 그려져 온, 아주 친근감이 있는 일상 풍경의 연장선상에서 파악할 수 있게 된다는 점이다. 바꿔서 말한다면 이 통속성 때문에 조선에서의 일상 공간의 연장·확장으로서 이 개척농장 개양둔이 그 위치를 확보하게 되는 것이다. 이것은 물론 조선어로 쓰인 이 작품을 조선어로 읽는 조선인 독자들에게 자신들의 이야기로서 받아들이게 하는 최대의 장치가 된다.

그리고 이 작품에서 하나 더 중요한 것은 마적의 습격, 수로 싸움이라는 두 가지 사건이다. 이들 사건이 작품 중에서 가지는 기능에는 크게 나눠서 두 가지 문제성이 있다. 그 하나는 이경훈도 지적하듯이 '근대 / 전근대'='서양 / 동양'이라는 이분법을 근거로 성립한 '일본 / 조선'

이라는 이분법이 이미 의미를 가지지 못하고 만주인을 토착민이나 야만인으로 그리거나, 조선인 농민이 가져오는 논농사의 생산력(기술)을 문명이라고 하고 있는 점이다.22) 이것은 식민지 조선에서 스스로를 피해자로 정립해서 받아들이고 있었던 '일본=문명 / 조선=미개'라는 도식을 역전시켜서 만주인에게 스스로를 문명의 사자로 그리고 있다. 어쩌면 이것은 당시 만주에서의 조선인 농민의 사고방식의 전형을 그린 것이었을지도 모른다. 다만 그것은 이 작품 중에서 반성적으로 그려지는 것이 아니라 분명히 긍정적으로, 무비판적으로 또 때로는 애환 어린 이야기로 그려져 있는 것이다.

그리고 또 하나의 문제점으로서 이 두 가지 사건의 성격에 관한 것이 있다. 이 점에 대해 이상경은 대체로 다음과 같이 말하고 있다.

> 이 두 가지 사건은 개척촌 외부로부터 덮여 오는 것으로 개척촌 내부의 모순으로 일어난 것은 아니다. 이 경우 개양둔 농장의 구성원 전체의 이해관계가 문제가 되는 것이고 농장 내부에서의 개인 사이나 계급 간의 소유관계나 이해관계는 배경으로 밀려나고 있다. 그리고 농장 내부의 지주와 소작농 사이의 갈등이나 생산관계의 문제는 부분적으로만 암시되어 있을 뿐이다.23)

이상경의 이 지적은 이기영의 이 작품의 특징을 잘 알아맞추고 있다. 다만 이 작품의 이러한 특징은 이기영이 이렇게밖에 작품을 쓸 수 없었다는 한계를 드러내는 것이 아니라 그가 만주의 현실을 그만큼 여실히 그린 결과인 것이다. 그것은 앞에서 언급했듯이 루이즈 영이 만주의 농

---

22) 이경훈, 「만주와 친일 로맨티시즘」, 『오빠의 탄생－한국 근대문학의 풍속사』, 문학과지성사, 2003, 292~296면. 이경훈의 이 논문은 직접 만주를 무대로 한 것이 아니더라도 식민지 조선에서 창작된 소설 중에 만주와 관련된 사항이 많이 인용되고 다루어지고 있고 대중의 상상력 속에 만주라는 공간이 얼마나 뿌리를 내리고 있는지를 자세하게 논하고 있다.
23) 이상경, 앞의 책, 290면.

본주의에 대해서 지적한 내용—즉, 그것이 단지 이상적인 공동체로서의 농촌을 지키려는 것이 아니라 농촌 자체의 개혁 운동과 연동되고 종래의 계급 관계를 가능한 한 무화하려는 '재발명된 농본주의'이라는 점을 상기해도 충분히 이해할 수 있다. 요컨대 이 소설에서 농장 내부의 생산관계의 모순이 그려져 있지 않거나, 혹은 소유관계나 이해관계의 모순이 배경화되고 있는 것은, 작가 이기영이 만주의 현실을 잘 그리지 않은 것이 아니라 그것을 충분히 잘 그린 것의 결과라고 할 수 있는 것이다. 그리고 이렇게 예전과는 이질적인 사태가 식민지 조선과 다른 공간에서 일어나고 있다는 것을 통속적인 남녀의 삼각관계를 동원하면서 일상의 연장선상에서 그것이 충분히 일어날 수 있다는 개연성을 보여주고 있다는 점에서, 이 작품은 만주 유토피아니즘을 지극히 충실히 전달하는 보고서로서의 특징도 충분히 갖추고 있는 것이다.

마지막으로 이 소설의 특징으로 지적해 두고 싶은 것은 주인공 황건오의 성격 조형이다. 소설의 거의 서두에 해당되는 부분이지만 황건오는 가령 다음과 같이 묘사되고 있다.

> 어느 틈에 안해가 들어와서 그들이 궤짝 속과 선반을 뒤지는데 참견하는 말이었다.
>
> "그럼 누가 들어갈 사람이 따루 있는 줄 아나."
>
> 건오는 언제와 같이 무뚝뚝한 말투로 내부친다. 본래 태생이 그런데다가 만주로 오더니만 성미가 더 무디여진 것 같다. 안해는 그것이 늘 조그만 불만이었다.
>
> (…중략…)
>
> 그러나 그들은 서로들 꾀만 피었지 하나도 진심으로 제일처럼 일하는 사람은 없었다. 그럴 때에도 건오는 힘드는 일을 자진해서 대들어 한다. 그는 그들이 서로 "네가 해라—나는 싫다."
>
> 하고 떠미는 것을 보면 그 꼴이 당장 보기 싫어서

"이 사람들아, 그렇게 떠들 것 뭐 있는가! 아무나 손 가까이 있는 사람이 했으면 고만이지."
하고 그 일을 스쳐 빼어가 버린다. 그러면 싸우던 사람들은 제풀에 멀쑥해져서 물러서고 다른 사람들도 내심으로는 건오의 건장한 체력과 희생심을 부러워하며 칭찬했다.

(…중략…)

물론 그렇다! 건오는 여직 한번도 자기를 잘났다고 자긍해 본 적이 없다. 그렇다고 그는 자기를 못났다고는 생각하고 싶지는 않았다. 왜 그러냐면 제왈 잘났다는 사람도 별수 없이 보이기 때문이다. 아니 그보다도 그는 고향에서 보통학교를 겨우 졸업한 것 뿐 아닌가. 그러면 그런 자신이나 그나마도 못 배운 무식한 농군들이 죽으면 썩을 몸을 아껴서 저 할 일을 남한테만 미루고 안 하려드는 것이야말로 옳지 못하고 못난 짓이라 할 것이다. 이런 고지식한 성미를 가진 건오는 그래서 언제나 묵묵히 자기의 맡은 일을 꾸준히 하여 왔고 또한 남들이 싫다고 쳐 내던지는 일까지 가로 맡아서 하기를 좋아하였다.

그래서 입빠른 사람들은 그를 일복을 많이 탄 사람이라고 조소하였지만 그가 듣는 데서는 감히 그런 말을 누구도 못하였다.

그것은 그가 그런 말을 들으면 성을 낼까 무서워서만 아니었다. 워낙 매사에 점잖게 구는 그의 인품을 누구나 감히 누를 수가 없었기 때문이었다.

안해는 그 동안에 아침상을 차려다 놓았다. 그는 남편이 기어코 군복을 입은 것을 보고

"저러니까 황소 소리를 듣지, 당신두 참……"
하고 숫제 웃어 버렸다. 덕성이 남매와 모친이 밥을 먹다가 그 말을 듣고 따라 웃었다.[24)]

이와 같이 그려져 있는 황건오는 가령 이기영이 장편 『고향』에서 주

24) 이기영, 『대지의 아들』 연재 중 「황소 3」에서. 『조선일보』, 1939.10.23; 『한국근대장편소설대계』 14, 태학사, 12~13면.

인공으로 설정한 청년 지식인 김희준의 성격과는 상당히 그 성질을 달리하고 있다. 김희준이 농촌 계몽을 위해서 힘을 쓰는 청년 지식인이라면 황건오는 그러한 계몽의 열정보다 고상한 정신과 육체적인 능력을 갖춘 농민이다. 이것은 단지 청년 지식인과 농민의 차이에서 오는 것이라기보다는 만주를 무대로 한 개척민 소설에서 어떤 종류의 금욕주의를 주인공의 성격 조형을 통해서 강조한 결과라고 생각된다. 이 점에 대해서는 다음에 다른 작품을 논할 때에 한 번 더 자세히 설명하기로 한다.

2) 한설야의 일본어 장편 『대륙』(1939)

식민지 시대의 프롤레타리아 문학의 작품 중에 노동소설의 대표작으로 들 수 있는 단편 「과도기」(1929)와 장편 『황혼』(1936)의 작자 한설야는 1930년대 후반에 농민소설 『탁류』 3부작을 발표하고 있다. 「홍수」(1936), 「부역」(1937), 「산촌」(1938)이 바로 그것인데, 이것들은 다 한설야의 고향인 함경도의 농촌을 무대로 하고 있고, 등장인물인 이 지방의 농민들의 말에는 이 지역 출신의 작가만이 가능한 풍부한 방언의 사용까지 인정할 수 있다.25) 이 한설야가 만주를 무대로 개척문학의 작품을, 그것도 일본어로 발표하고 있다.26) 경성에서 발행되고 있던 주간 일본어 신문

---

25) 양문규, 「일제하 한설야 소설의 농촌, 농민의 형상화」, 『한설야 문학의 재인식』, 소명출판, 2000, 136~143면.

26) 소설의 문체로서 충분히 읽을 수 있는 일본어 능력을 한설야가 어디서 어떻게 익혔는지에 대해서는 그리 정확한 정보가 없다. 일본에서의 체류 경력과 일본어 능력은 반드시 상관관계에 있는 것은 아니지만, 참고로 작가 자신의 회고에 따르면 그는 1921년부터 1923년 9월까지 일본에 체류하면서 니혼대학 사학과에 재학했는데, 관동대지진 때문에 조선으로 돌아왔다고 한다. 기존 연구나 한설야의 연보에 있는 사실은 거의 작가 본인의 이 말을 근거로 하고 있다. 그런데 호테이 도시히로의 연구에 따르면 이 시기 니혼대학의 학적보나 관동대지진 때 조선으로 돌아온 도쿄 유학생들의 명부 등에는 그의 이름을 찾을 수 없다고 한다. 호테이 도시히로, 「등단 이전의 한병도」, 『한설야 문학의 재인식』, 소명출판, 2000, 49~52면.

『국민신보(国民新報)』에 1939년 6월 4일부터 9월 24일까지 연재된 중편소설 『대륙(大陸)』이 바로 그것이다(이 작품의 줄거리에 관해서는 논문 말미에 있는 「부기」를 참조할 것).[27]

이 중편소설은 만주 산골의 이민촌에서 농지 개척이나 금광 발굴에 종사하는 일본인 오오야마 히로시[大山博]가 현지에서 개척에 협력하는 만주인 유력자의 딸 마리[瑪麗]와 만나서, 삼각관계나 민족의 차이로 인한 차별, 밀정의 지시로 일어난 마적단의 습격·납치사건 등 여러 장애물을 극복하고 마지막에 두 사람이 장래를 약속한다는 내용이다. 주인공격의 등장인물 두 명은 남자가 일본인, 여자가 만주인으로 설정되어 있는데, 만주 개척촌에서 오오야마와 행동을 함께 하는 하야시 가즈오[林一夫]는 아버지 때부터 이 땅에서 살고 있고 만주를 제2의 고향이라고 생각하고 있고, 특히 아버지는 Y시(용정시?)에 조선인 학교를 만들어서 하야시 자신도 그 학교를 졸업했다고 하고 있기 때문에, 소설 중에서는 더 이상은 밝혀지지 않지만 이 하야시는 조선인 임일부(林一夫)임을 알 수 있다. 아버지가 조선인을 위한 교육 사업에 전념했는데 아들인 자신이 개척 사업에 매진하고 있다는 것을, 하야시 스스로는 오오야마에 다음과 같이 설명해서 들려준다.

> 그런데 내가 보기엔 교육사업보다 먼저 생업이지. 말하자면 생업을 줘야 하는 거야. 하여튼 그 당시는 자본주의 전성시대였으니까 모든 방면에서 일일이

27) 『대륙』이 신문에 연재 됐을 때에는 매번 굉장히 큰 삽화(윤희순, 박성규가 그린 그림)도 게재되고 있다. 그리고 이 일본어 소설 『대륙』은 최근에 한국어로 번역-간행되면서 김재용·김미란·노혜경 편, 『식민주의와 비협력의 저항-일제 말 전시기 일본어 소설선』 2, 역락, 2003에 수록되어 있다. 이 소설을 연재한 일본어 신문 『국민신보(國民新報』는 1939년 4월 3일에 주간 신문으로 창간되면서 1942년 8월 30일까지 발행되었다. 원본·마이크로필름 둘 다 한국의 국립중앙도서관에 소장되고 있다. 『대륙』 이외에 연재된 소설 작품으로서는 장혁주의 장편 『처녀의 윤리[処女の倫理]』(1939.4.3~8.13)나 이효석의 장편 『초록색의 탑[緑の塔]』(1940.1.7~4.28) 등이 있다. 참고로 창간호의 일면을 장식한 기사는 미나미 지로[南次郎] 총독과 윤치호의 대담 「내선일체를 중심으로 반도 통치의 개신을 말한다[内鮮一体を中心に半島統治の改新を語る]」이다.

개선과 향상이 주장된 셈인데, 오날날처럼 절박한 시대에는 글보다도 우선 빵이 중요해.[28)]

오오야마 히로시와 공동으로 개척사업을 추진하는 조선인 하야시는, 그러나 더 이상 이야기 전면에 나오지 않는다. 그리고 이 작품 전체에서 조선인이나 조선인 마을이 이야기의 핵심 부분에 관련되는 일도 그리 많지 않다. 작품 앞부분에서 만주인 마적의 습격 장면이 나오는데, 습격되는 것은 언제나 조선인 마을이고 어느 조선인 마을에도 반드시 인접돼 있는 중국인 마을에는 마적의 습격이 일체 없다든지, 마적에 대한 역습을 시도할 때 그 잔당이 조선인으로 분장해서 조선인 마을에 잠복한다는 등의 기술은 분명히 실제로 만주를 취재하지 않으면 알 수 없는 사실들이다. 그러나 이러한 묘사나 이야기도 만주라는 땅의 살벌한 환경을 설명하고 있는 뿐, 그것이 이야기 전면에 나오지는 않는다. 요컨대 이 작품에서 조선인이나 조선인 개척촌 등, 조선적인 것은 배경에 밀려나고 있다. 이것은 무엇을 의미하는 것일까? 이것은 단지 일본인 독자를 상정한 일본어 소설이었기 때문일까?

소설에서는 이야기가 약간 진행되면서 도쿄여자의전[東京女子医專]을 나온 오오야마의 약혼자 유키코[雪子]가 오오야마와 마리 사이를 깨뜨리고 그 마리가 편지를 남겨두고 오오야마 곁을 떠나 버리는 장면이 나온다. 그 편지에는 다음과 같은 내용이 적혀 있다.

당신이 나에게 보여주신 마음 속에 나는 오직 사랑만을 읽었을까요? 거기에 진정으로 대륙의 아들로서의 더 크고 넓은 마음을 읽어내서는 안 되는 것일까

28) 한설야, 「처녀지」(『대륙』 제1회), 『국민신보』, 1939.6.4. 한국어 번역은 앞의 번역서를 참고로 해서 필자가 직접 했다(이하 같음). 원문은 다음과 같다. "しかし、僕に云はせると、教育事業より先づ生業だね、つまり生業を与へることだね、何分、あの当時は資本主義華やかなりし時代だから、あらゆる方面に亘って些細なことまでに改善と向上が叫ばれた訳だが、当節のような切端詰った時には文字よりも先づパンだ".

> 요? 당신의 그 자세가 대륙의 운명을 시사하는 하나의 희미한 빛이라는 것을 나는 평생 잊지 않을 것입니다. / 그것으로 충분합니다. 그것으로 우리의 사랑은 완성된 거나 마찬가지입니다. / 우리의 사랑의 미완성은 더 큰 무엇의 형태에 의해서 완성될 날이 올 거라고 나는 굳게 믿고 있습니다.[29)]

작가 한설야가 작품 중의 등장인물인 만주인 여성 마리를 하여금 여기서 말하게 하고 있는 것은 만주에서의 '민족협화'의 이념이다. 두 사람의 사랑이 미완성이라도 그것은 앞으로 다가올 장래의 "더 큰 무엇의 형태"에 의해서 완성된다고 마리는 말한다. 앞에서 언급한 조선인이나 조선인 개척촌의 배경화의 문제도 그렇고 마리의 이 메시지도 그렇지만, (그리고 여기서는 예시하지 않았지만, 그 후 납치된 오오야마의 아버지나 오오야마 자신을 구출하기 위해서 마리가 분주하는 것도) 이들 이야기에서 공통되는 것은 각자가 있는 곳에서 스스로 해야 할 일을 다 해야 한다는 것이다. 그리고 여기서 그 '각자'란 만주국을 구성하는 각 민족을 말한다. 각 민족이 서로 힘을 내면서 대동단결하는 하나의 지극히 구체적인 예를, 한설야는 역시 이기영의 작품과 마찬가지로 남녀의 삼각관계라는 굉장히 통속적인 인간관계를 이야기 속에 도입하면서 제시하고 있는 것이다.

이 '민족협화'의 사상과 마찬가지로 이 작품에서 강조되는 것은 만주라는 땅이나 환경이 인간의 성격을 개조해 주는 공간이라는 점이다. 마리에 대해서 끊임없이 질투의 공격 자세만 보여주고 있었던 오오야마의 약혼자 유키코는 마리의 헌신적인 태도에 감동해서 납치범으로부터 구출되고 구사일생을 얻은 오오야마의 병상으로 마리를 부를 정도로

---

29) 한설야, 「실종」(『대륙』 제11회), 『국민신보』, 1939.8.13. 원문은 다음과 같다. "あなたが妾にお示し下さいました心情の中に妾は唯愛のみを読んだでせうか。そこに、真に大陸の子としての、もっと大きい広い心を汲んではならないのでせうか、あなたのその気構へが大陸の運命を示唆する一つの蛍光たることを妾は終生忘れないでありませう。/ それでいいのです。それで妾達の愛は完成されたも同然ですわ。/ 妾達の愛の未完成は、もっと大きな何かの形に依って完成される日があると、妾は堅く信じているのです."

마음의 여유를 가질 수 있게 된다. 그리고 이번에는 유키코 자신이 "무엇인가 대륙을 위해서 도움이 되는 인간이 될 거야. 마리와 함께 행복하게 지내라"라는 편지를 남겨놓고 오오야마 곁을 떠난다. 이러한 유키코의 변화를 보고 오오야마와 하야시는 다음과 같은 대화를 나눈다.

> "아니, 내가 말하는 것은 그것뿐이 아니야. 그것보다도 만주에 온지 반 년도 안 되는 사이에 사람이 완전히 변해 버린 거야. 질투나 제멋대로의 성격이나— 그런 유한 계급 집안의 불순한 것들만 가지고 있으면…… 그것을 스스로 의식했는지, 스스로 씻어 버린 것 같애. 어쨌든 고마운 이야기야"(오오야마).
>
> "그렇게 보는 것에는 약간 너의 감상(感傷)도 있기는 있겠지만 말야, 하하하. 그런데 역시 능력이 있는 사람이야. 물에다가 미지근한 물을 탄 듯한 어중간한 사람보다도 질투도 하고 제멋대로 굴기도 하고 말야. 바로 그런 사람이 마지막에는 성격적으로 이기는 거야. 나는 늘 생각하는데 일본의 여성들은 너무나 약하고 너무나 아름다워. 그것은 말하자면 패배의 아름다움이야"(하야시).
>
> (…중략…)
>
> "유키코 씨뿐이 아닌데, 원래 대륙이 우리들에게 고마운 것은 내가 볼 때 꼭 지리적인 위치가 좋다는 것뿐이 아니야. 그것보다 나는 오히려 일본인의 성격 개조에서 새로운 토대나 시험장으로서 대륙을 예찬하고 싶어. 예찬이라기보다 당당하게 생활하고 싶지. 확실히 시대는 새로운 성격을 요구하고 있어. 우리는 여기에 오면 어디에 있는 것보다 일본인의 성격을 확실히 목격하는데, 잘 생각해 보면 큰 개조를 필요로 하는 나머지 호흡이 작고 그리는 선이 너무 가늘어"(오오야마).[30]

---

30) 한설야, 「대륙의 등불[陸の灯] 2」(『대륙』 제17회, 마지막회), 『국민신보』, 1939.9.24. 원문은 다음과 같다. "いや、僕の云ふのはそればかりぢやない。それよりか、満洲に来て半年足らずの間に、人間がスッカリ変って了ったんだよ。嫉妬や我が儘や－そんな有閑家庭の不純物ばかりを持っていたら (…中略…) そんなことを自分でも意識したのか、自ら洗ひ浄めて了ったやうな気がするんだね、兎に角有りがたい話だよ"(大山) / "その見方には、幾分君の感傷性もあることはあるだろうが、ハッハッハ、しかし矢張り取柄のある

만주라는 장소가 이렇게 '극기(克己)'의 장소, 인간 개조의 유토피아처럼 묘사되는 것은 앞에서 이기영이 장편 『대지의 아들』에서 주인공인 황건오를 지극히 금욕적인 성격을 지닌 농민으로 묘사한 것과 일맥상통한다. 엄격한 자연이나 환경 속에서 열심히 농장 개척에 전념하는 금욕적인 인간은 그 작업을 통해서 스스로를 개조해 나가는 계기를 잡는다. 그리고 만주의 엄격한 환경은 단순이 농민을 금욕적으로 만드는 게 아니라 원래 행동이나 인간관계에서 문제가 있거나 사회에 적응하지 못한 사람들까지도 긍정적인 인물로 만들어 나가는 것이다. 이것은 루이즈 영이 만주에서의 '재발명된 농본주의'를 설명하는 데서 언급했듯이 만주라는 공간이 계급이나 민족 등, 모든 인간관계를 사회공학적인 관점에서 개혁해 나가는 의사 유토피아였다는 사실과 표리일체의 관계에 있다. 그러한 인간상을 제시하는 데 문학만큼 유용한 미디어는 없다(그리고 여기서도 역시 서사구조가 통속적이라는 점은 지극히 중요하다). 한설야가 이 소설을 발표한 『국민신보』라는 매체는 단순한 일본어 신문이 아니라 당시 일본 및 조선총독부의 시책이나 전쟁 수행을 위한 모든 사상 선전을 하고 있던 매체이다. 그러니까 한설야가 이러한 소설을 일본어로 써서 발표한 배경에는 일종의 위장 전향적인 이유도 있었으리라고 우선 추측할 수도 있다. 그러나 그러한 위장을 위해서 한설야가 준비한 민족협화와 인간개조의 서사는 너무 훌륭하게도 당시 만주와 식민지 조선의 관계를 예시했고, 사람들에게 만주 유토피아니즘을 고취하는 장치로서 작동됐다고 말할 수는 없을까 한다.

人間だな。水に微温湯を割ったやうな、煮え切らない人間より、嫉妬もあり我が儘もあり、そんな人間が結局は性格的に勝つんだよ。何時も僕は思ふのだが、日本の女性は余りに弱過ぎ美し過ぎる。それは、云はば敗北の美だ"(林) / (…中略…) / "雪子さんばかりぢやないが、土台大陸が我々にとって有りがたいと云ふのは、僕に云はせると、強ち地の利ばかりぢやない。それより僕は寧ろ、日本人の性格改造における新しい土台として、道場として、大陸を礼賛したいね、礼賛と云ふより体当りで生活したいもんだね。確に時代は新しい性格を要求する。我々は、此処に来ると、何処におけるより日本人と云ふものをハッキリ見るんだが、たしかに大改造を必要とするあまりに、呼吸が小さく線が細すぎる"(大山).

3) 이기영의 장편 『처녀지』(1944)

다시 이기영 이야기를 한다. 식민지 조선의 프롤레타리아 농민문학의 대표적인 작가인 그의 작가로서의 경력은 지금 여기서 돌이켜 보면 만주와 관계되는 담론이 1930년대 식민지 조선에 침투하는 과정과 어느 정도 보조를 맞추고 있었던 것처럼 생각된다. 대표적 장편 『고향』을 『조선일보』에 연재한 것이 1933년 11월 15일부터 1934년 9월 21일의 일인데, 이것이 한성도서에서 단행본으로 나오는 것은 그것보다 약간 늦어서 상권이 1936년 10월에, 하권이 1937년 1월에 각각 나왔다. 그리고 만주에 시찰 여행을 간 것이 1939년 8월의 일로, 1939년 11월에는 평론 「만주와 농민문학」을 『인문평론』지에 발표했고, 같은 시기인 1939년 10월 12일부터 1940년 6월 1일까지는 앞에서 본 것처럼 장편 『대지의 아들』을 역시 『조선일보』에서 연재하고 있다. 물론 이기영은 그 이전에도 실로 많은 소설 작품이나 평론을 발표했는데, 농민문학의 작가를 자부한 그에 어울리게 작가 자신에게 만주에 관한 일련의 사건은 간과할 수 없는 무엇이었던 것 같다.

이기영은 1940년대에 들어선 이후에도 계속해서 많은 소설 작품을 조선어로 발표한다.[31] 그러한 그의 해방 전 마지막 작품이 된 것이, 역시 만주를 무대로 한 장편 『처녀지』 상·하(삼중당서점, 1944)이다.[32] 이 장편은 신문 등에 연재된 것이 아니라 바로 직접 단행본으로 간행된 것 같다. 그래서 작품의 집필 시기가 언제쯤인지 알 수 없는데, 전작 『광산촌』의 신문 연재 기간(『매일신보』, 1943.9.23~11.2)을 염두에 두고 그 이후에 썼다고 생각하면 1943년의 말쯤부터 1944년의 봄쯤에 집필된 것으로 추정할 수 있다.[33] 만주의 개척촌에서 의료 봉사를 하면서 농사개량과

---

31) 그 작품 리스트에 관해서는 본고 각주 17)을 참조할 것.

32) 이 책의 판권 표시를 보니까 저작 겸 발행자가 임화로 되어 있다.

33) 芹川哲世, 「李箕永の長篇『処女地』論」, 『大谷森繁博士古稀記念朝鮮文学論叢』(刊行

농경법을 연구해서 모범적인 농장을 개발하려는 남표라는 청년을 주인공으로 한 이 장편소설은, 경성의 의학전문학교 시절에 남표의 연인이었고 그 후에 헤어졌는데 그를 계속 잊지 못하고 만주까지 따라온 이선주라는 여자와, 만주 병원에서 남표와 함께 간호사로서 근무하면서 그를 사모하는 신경아라는 여자의 삼각관계를 중심으로 전개된다. 그리고 마지막으로 굳센 의지를 가진 의사 남표가 페스트에 걸려 죽음을 맞이하는 데서 막을 내린다. 남녀의 삼각관계를 작품 속에서 설정하고 있는 통속성에 대해서는 이 작품에서도 몇 가지 논의가 있는데,[34] 앞에서 검토한 이기영의 장편 『대지의 아들』이나 한설야의 중편 『대륙』과 마찬가지로 그 통속성 자체가 독자로 하여금 동질적인 공간의 연속성을 느끼게 하는 기능을 다한다는 점에서, 이런 작품의 경우에 이러한 통속성은 지극히 특수한 역할을 다했다고 생각할 수 있다.

작품의 무대가 되는 정안둔(正安屯)이라는 개척촌은 역시 그 옛날에 조선인 농민이 이 땅에 이주해서 주변의 중국인 농민들과 충돌을 일으키면서 개척해 온 논 농장으로 설정되어 있다. 농민을 문화적으로 향상시키기 위해서 농한기를 이용해서 청년 남녀의 야학을 지도하거나 남표가 부인야학회에서 보건의학이나 선천의학, 유전우생학이나 단종법 등을 강연하는 대목은, 같은 작가의 장편 『고향』의 주인공 김희준이 원터마을의 개혁·계몽에 건 열정을 방불케 한다. 그 야학에서의 강연내용의 전문성이나 만주인 농가를 묘사할 때의 구체성 등은, 작가 이기영이 만주에서 얼마나 치밀하게 취재·연구하고 있었는지를 보여주는 부분이다. 이와 같이 이 작품에서는 주인공 남표의 언동의 내용을 비롯해서 소재의 하나하나가 매우 구체적으로 그려져 있기 때문에 독자로서

委員会 編), 白帝社, 2002, 178면.

34) 가령 芹川哲世는 그 남녀의 삼각관계가 이 작품의 경우 주인공의 행동이나 뜻을 방해하는 게 아니라 오히려 그것을 관철시키는 기능을 담당하고 있다는 점에서 그것이 단순한 통속성이라고 보기는 어렵다고 지적하고 있다. 芹川哲世, 앞의 글, 188면.

도 그러한 부분을 천착하게 되는데, 아마 문학 작품으로서 문제삼아야 하는 점은 그러한 소재나 내용 자체가 아니라,[35] 남표의 성격이 지극히 금욕적으로 조형되고 있는 부분일 것이다. 작품의 마지막 부분에서 남표가 이제 더 이상 자신을 받아들이지 않을 것을 깨달은 이선주는 자살하고 만다. 그리고 어떤 사건에서 남표를 밀고한 만용이가 페스트에 걸렸는데 남표는 스스로의 위험을 무릅쓰고 이 지역에서 유일한 의사로서 최선의 노력을 기울인다. 그 보람이 있어서 만용이는 회복되는데, 반대로 위험을 무릅쓴 남표 자신이 다음에 페스트에 걸려 버린다. 이 지역에서 의사는 남표 하나뿐이고 자신을 고치는 의사는 없다. 다음은 자신이 페스트에 걸린 것을 남표가 자각하는 장면과, 마지막에 자신의 의료 봉사의 후계자인 일성이에게 유언을 남기는 장면이다. 조금 길지만 이하에 인용해 본다.

> 이튿날 새벽에 남표는 더 동정을 볼 것 없이 결심한 바를 실행하였다. 그는 일성이를 식혀서 피병사로 옮길 간단한 기구를 참기게 하였다.
>
> 일성이는 그 말을 듣자 눈물이 비 오듯 하여 남표를 붙들고 운다.
>
> "선생님 어디로 가십니까? 여기 그대로 계셔도 좋지 않으셔요."
>
> "아니다…… 전염병이란 그렇지 않다. 의사라두 전염이 된 바에는 피병사에

35) 예를 들어 이선옥은 남표의 발언으로 '왕도락토'와 같은 만주국의 건국이념이 주장되어 있거나, 야학 강연에서 유전우생학 등의 "제국주의의 출산 통제 논리"를 선전하는 내용이 포함되어 있는 점을 들고 작품이나 작가가 그러한 논리에 동화하고 있다고 지적하고 있는데 이것은 좀 더 신중하게 해석해야 할 것이다(이선옥, 「우생학과 제국주의의 성정치 – 채만식의 『여인전기』와 이기영의 『처녀지』」, 『친일문학의 내적 논리』(김재용 외편), 역락, 2003, 280면). 분명히 이 작품에서 남표는 긍정적인 인물로 그려져 있지만, 그 인물의 발언이나 강연 내용을 작가나 작품의 메시지 자체로 받아들이는 것은 비약이라 할 수 있다. 여기서 지적되고 있는 남표의 발언이나 강연의 구체적인 내용은 당시 만주에서 의사로서 의료 봉사에 종사하고 있던 인물을 문학적으로 형상화하기 위해서 필요불가결했던 소재에 지나지 않는다. 그것이 현실의 그것과 근접해 있으면 있을수록 남표라는 인물의 조형은 박진감을 가지게 되는 것이고, 작품 중에서 그가 놓여 있는 역경이 현실과 근접한 것으로 독자 눈앞에서 전개되는 것이다.

가야 할 것 아니다…… 내 걱정은 말고 너는 병원이나 그 동안 잘 보아다구…… 그리고 내가 그리로 간 뒤에는 네 나와서 잠깐씩 들여다보지 다른 사람들은 아여 못 오게 하여다구.”

남표는 이와 같이 간곡히 타일렀다. 그는 어제 저녁에 이 말을 하고 싶었으되 그들이 만류하고 못 가게 할까 봐 그만둬 있었던 것이다.

그래 그는 지금 아무도 모르게 가만히 옮기려 한 것이다. 아직 날은 밝지 않았다. 마을 사람들이 기침을 하기 전에 옮긴다면 누구 하나 알 사람이 없을 것 아닌가.

남표는 주사기구와 약품까지도 무엇 무엇을 가져오라 해서 쓸 소용대로 짐을 참겨 놓은 뒤에

“자— 우선 먼저 피병사로 다려다다구…… 혼자는 갈 수가 없으니 부축해 주어야겠다. 마을 사람이 일어나기 전에 어서 가자.”

하고 그는 일성이를 재촉하였다.

“네……”

일성이는 주먹으로 눈물을 씻으며 남표의 옆으로 섰다. 남표는 일성이의 어깨를 집고 간신히 일어났다. 그는 거의 왼몸을 실리다시피 일성이에게 몸을 의지하고 한 걸음씩 무거운 발을 떼 놓았다.

(…중략…)

그러나 그도 어쩐지 마음 속으로는 비참한 생각이 없지 않았다. 깟딱하면 이번에 죽지 않을까 하는 염려도 있었다.

하긴 죽음이 두려운 것은 아니었다. 그는 지금 죽어도 별로 여한이 없었다. 오히려 다른 사람에게 전염을 시키지 않고 자기가 감염된 것을 다행히 알았다. 그것은 마을의 전체를 위해서도 그러하고 의사의 도리로도 떳떳하지 않을까 한다.

다만 한 가지 가석한 일이 있다면 그것은 자기의 목적한 사업이 첫걸음을 떼여 놓자마자 중도에 꺾이는 그 뿐이다. 그는 좀 더 연구를 해서 의학으로나마 사계의 공헌을 해서 조그만치라도 후세에 끼침이 있기를 바랐는데 지금 죽

어 버린다면 아무것도 아닐 것이 자기를 위해서 한심한 일이었다.—그는 장차 에 마을이 발전해서 큰 농장이 개척되고 전기가 들어올 때는 세균연구실을 지어 놓고 세균을 전공할 계획이었다.36)

일성아—난 암만해도 이번에 못 일어날 것 같다. 그러나 불행히 내가 죽더라도 아여 서러하지 말고 넌 공부를 힘써 해서 일후에 훌륭한 의사가 되여다구……// 하긴 너와 좀 더 같이 있지 못하고 지금 죽는 것은 유감된 일이다만은 그만 해도 너는 공부를 힘써 하면 독학으로도 훌륭히 성공할 줄 안다…… 그러니 너 나의 병원을 맡어가 나의 후계자로서 내가 못한 사업을 마저 해다구…… 나의 소원은 오직 그뿐이다…… 네가 그렇게만 해 준다면 나는 지금 죽어두 기뻐겠다…….37)

스스로가 죽음을 맞이하는 마지막 장면에서도 그 개척촌의 의료 봉사나 농업지도 사업을 생각하는 남표는 완강한 의지로 무장한 만주 개척의 '영웅'이다. 의료 봉사로 오지에 들어간 의사가 스스로 그 땅의 병에 걸려 죽어 가는 모습은 그 '영웅'성을 한층 더 높이는 요소이기도 하다. 이 금욕주의는 만주 개척에 관한 다른 작품에도 볼 수 있었듯이 계급 차이나 민족 차이를 무화해 가는, 이 만주 땅에서 새롭게 재발명된 농본주의를 지탱하는 인물상에서 중요한 요소이다. 그리고 이 작품을 보면 알 수 있듯이, 주인공 남표는 처음부터 이렇게 숭고한 의지로 무장하고 있었던 것은 아니다. 스스로도 서울의 의전을 집안 사정으로 중퇴하고 만주에 흘러와서 모르피네 중독에 걸린 적도 있었다. 그럼에도 불구하고 자신의 경생 · 재생을 위해서 만주 개척촌에 몸을 던져 의료 봉사나 농업 지도에 매진하는 남표의 이야기는, 만주라는 장소 · 공간에서 '영웅'이 어떻게 만들어지는지를 잘 보여주는 전형을 제시했다고 할

36) 이기영, 『처녀지』 하, 삼중당서점, 1944, 718~720면.
37) 이기영, 『처녀지』 하, 삼중당서점, 1944, 725면.

수 있다. 그리고 당연하게도 작가 이기영이 이 소설을 통해서 제시하고 있는 긍정적인 인물상은, 더 이상 이미 무엇에 대해서도 저항적인 의미를 가지지 않게 되면서, 성격적으로는 몹시 세고 강한 의지를 가지고는 있어도 오로지 제국의 논리에 부합하는, 그러한 인물상이다. 여기서 만약에 주인공 남표의 성격 조형에서 무엇인가 민족주의적인 것이 있었다면, 그것은 제국에 순치된 민족주의였다고 말해야 할 것이다.

4. '만주'를 바라보는 지정학적 상상력–결론에 대신하여

본고에서 지금까지 몇 번이나 인용해 온 임화는, 여기서 검토해 온 문학 작품이 발표되고 있었던 1940년 당시에 농촌이나 어장, 광산, 공장 등, 생산의 현장을 무대로 하고 노동의 과정을 밝힘으로써 개개인의 사회적인 관계를 발견해야 한다는, 이른바 '생산문학론'을 주장하고 있었다.[38] 임화에 따르면 현실이란 생산과 소비의 통일물인 동시에, 생산은 소비의 원천이다. 지금까지 소설은 인간이 소비하는 장면(이 공간을 임화는 '시정(市井)'이라고 불렀다)에 집착한 나머지 작가가 세계관이나 통일된 세계상을 잃고 있었는데, 생산소설로 이러한 세계관이나 세계상은 회복될 수 있다고 한다. 임화의 이러한 주장은 1930년대 후반에 내성화되고 밀실화된 식민지 조선의 소설의 자폐적 성격을 어떻게든 극복하려고 하기 위한 것이었다. 거기에는 과거의 프롤레타리아 문학의 평론가에 어울리게 계급적인 세계관이나 시각을 되찾으려는 의도마저 엿보인다. 그러나 본고의 검토에서도 알 수 있듯이 임화가 주장하는 '생산의 현장'

38) 임화, 「생산소설론–극히 조잡한 각서」, 『인문평론』, 1940.4.

자체가 제국의 총동원 체제 안에 포섭되었고 거기서 선전되는 금욕주의도 제국이 요구하는 이상적인 인간상이고 보면, 임화가 여기서 회복해야 한다고 주장한 세계관이나 세계상도 제국의 총동원 체제를 깨뜨리고 외부에 뛰쳐나가는 성격의 논의는 아니었다고 할 수 있을 것이다.

게다가 제국 일본의 식민지 조선과 인접한 지역이었던 '만주'39)에서는 한층 더 그 제국의 총동원 체제의 논리가 노골적인 형태로, 그때까지 없었던 사회공학적이고 개량적인 형태로, 아니면 지극히 '좌익적'인 형태로, 마치 계급이나 민족을 초월하는 듯한 사상으로 제시되면서 실제 정책으로서 실시되었고, 문화 표상을 형성해 나가는 담론으로서도 널리 유포된 것이다.

그러니까 본고에서 검토한 문학 작품도 그 '친일성'만을 검토하는 것만으로는 작품의 진정한 문제성을 전혀 밝힐 수 없을 것이다. 특히 식민지 조선과 농민, 그리고 만주를 연결하는 것은 역사적 현실의 문제로서도 서사의 문제로서도 지극히 해결하기 어려운 과제를 당시 지식인들에게 던져주고 있었다. 그러한 상황을 작품화한 구-프롤레타리아 문학의 작가들도, 그들이 얼마나 그것을 자각하고 있었는지 아닌지에 상관없이, 새로운 사태의 발생에 직면하고 있었던 것이다. 그들이 만주 농촌의 현실을 통해서 발견하고 있었던 것은 자본주의적인 생산관계 하에 있는 농민과 그 생산관계를 철폐한다는 사회주의적인 세계관 아래

---

39) 본고에서는 직접 검토 대상으로 삼지 못했지만, Andre Schmid가 지적하듯이 조선에서 압록강-두만강 국경의 '저편'을 상상하는 방법은 역사적으로 다양한 변천을 거쳐 왔다. 그것은 근대에 들어서면서 조선의 국민 의식의 형성에도 미묘하게 영향을 주었고 당시의 지식인들도 그 논의에서 여러 의견들을 제출했다. 본고와 관련해서 말한다면 그러한 '정신적 지도'는 1910년에 한일합방에 의해서 조선이 대일본제국으로의 편입된 사실과 1933년의 만주국의 성립으로 더 큰 영향을 받으면서 그 후에 이르고 있다고 할 수 있을 것이다. 이 점에 대해서는 Andre Schmid, *Korea Between Empires* 1895~1919, Columbia U.P., 2002 중에 특히 6. Peninsular Boundaries와 7. Beyond the Peninsula를 참조할 것. 이번에는 Schmid가 지적하는 이러한 논의가 여기서의 논의와 어떤 연관성이 있는지에 대해서는 검토할 수 없었다. 훗날을 기해 꼭 논해 볼까 한다.

에 있는 농민이, 실은 둘 다 땅의 노예였다는 것이고, 그 땅의 주인이 되는 농민상이 만주의 제국 이데올로기에서 찬양되고 있었다는 사태인 것이다.[40] 게다가 그들은 이야기 내용에 있어서 그 이전의 프롤레타리아 농민문학과 마찬가지로, 그러나 무대만은 조선에서 만주로 옮기면서, 만주에서의 조선인 농민이나 지식인의 지극히 어려운 상황을 일상적인 것으로서 묘사해서, 그것을 등장인물로 하여금 극복하게 하려고 했고, 실제로 행복한 형태로든 불행한 형태로든지 간에 그것을 극복하는데 성공했다. 문학 작품에서의 계급관계나 생산관계의 이러한 극복은 과거의 프롤레타리아 문학의 전매특허였는데, 그 극복이 제국에 의해서 찬양되는 사태를 맞이해서 그들은 얼마나 그 통합의 논리를 자각하고 있었을까?—그것은 꼭 분명하지는 않은데, 여기서 적어도 말할 수 있는 것은 계급이나 민족의 차이가 국가주의에 의해서 위장적으로 무화되어 가는 현실에 직면하면서 그들이 취한 태도가, 조선이 식민지로부터 해방된 이후에도 그들의 거취에 음으로 양으로 영향을 끼쳐 갔다는 사실이 아닐까 생각하는 것이다.

부기 : 한설야, 『대륙』(1939) 줄거리

—한설야의 이 작품은 본고 각주 27)에서도 밝혔듯이 한국어로 번역되어 있는데, 워낙 잘 알려져 있지 않은 작품이어서 여기에 줄거리를 적어 놓도록 한다.

> 오오야마 히로시[大山博]와 하야시 가즈오[林一夫]와 이달(李達)은 만주국 어느 산골의 이민촌에서 농지개척이나 금광개발에 종사하고 있었다. 그 사업은 오오야마의 약혼자로 도쿄여자의전[東京女子医専]을 나온 유키코[雪子]와 그 아버지의 지원에 힘입은 바가 컸는데, 한편에서 만주국 군부의 우리옌밍[呉連

40) 정종현, 「근대문학에 나타난 '만주' 표상—'만주국' 건국 이후의 소설을 중심으로」, 『한국문학연구』 제28집, 동국대 한국문학연구소, 2005.6, 241면 각주 22).

明]이나 민간 협력자인 차오지우[趙輯伍]의 의리적인 지원에 힘입은 바도 적지 않다. 차오의 딸 마리[瑪麗]는 일본에서 여대를 나온 재원으로 오오야마의 소개로 유키코의 숙부인 고토[後藤]의 회사에 취직하는데, 점점 오오야마와 사랑하는 사이가 된다. 그리고 고토 사장도 그녀에게 관심을 보여주는데 오오야마의 아버지 겐지[嚴二]와 유키코는 히로시와 마리의 관계를 깨뜨리려고 여러 획책을 해서 심각한 말썽 끝에 마리는 자기희생을 결심하고 행방을 감춘다.

마리가 떠난 것을 알게 된 오오야마는 그녀를 찾아 집을 나가는데, 오오야마의 아버지는 두 명이 틀림없이 같이 도피했다고 생각해서 한편에서 아들 명의로 예금되어 있던 사업 자금이 사용될 우려도 있다면서 예금처인 용정(龍井)으로 간다. 그런데 아버지는 거기서 마적에게 납치되어 버린다. 마리에 관한 아무런 정보도 얻지 못하고 귀가한 히로시는 아버지 소식을 듣자 몸값을 조달하고 아버지를 구출하러 용정으로 간다. 신경에서 오오야마는 뜻밖에도 역 앞에서 마리와 만나는데, 유키코가 옆에 있었기 때문에 그녀는 거처도 알리지 않고 그저 가 버린다. 오오야마는 서둘러 이민촌에 가서 여러 경로를 통해 아버지를 구출하려고 시도하는데, 거기서 히로시도 아버지와 같이 역시 인질의 몸이 되고 만다.

마리는 오오야마 곁을 떠난 후에 신경의 오리엔탈클럽이라는 댄스홀에 몸을 두고 있었다. 여기 마담인 레우우루[柳誤落]는 장학량(張学良) 계열의 밀정으로 오오야마의 아버지와 아들이 마적에게 잡혔다고 듣자, 오오야마의 친형인 오오야마 대위(그는 관동군 신경 공략의 주인공이었다)까지 생포해서 의용군에게 넘기기를 음모하면서 항일운동으로 위장해서 몸값의 일부를 받아내기 위한 책략에 열중하고 있었다.

뜻밖에도 그 움직임의 사정을 알게 된 마리는 혼자서 용정으로 가서 열심히 자기 아버지를 설득해서 옛날부터 친했던 마적의 두목으로 이번 납치사건의 주모자였던 왕콰이톈[王快腿]을 설득함으로써 오오야마들은 겨우 구출된다. 옛날에 사랑하는 사이였다가 헤어진 마리는 오오야마를 아직 사랑하고 있었지만, 약혼자 유키코의 존재 때문에 애증 섞인 감정을 품고 있었다. 그런데 오오야마의 마음에는 마리밖에 없었다.

구출된 히로시는 인질을 되찾으러 온 마적단에 다시 습격당하면서 치명상을 입었는데 구사일생을 얻어서 토우타오카오[頭道溝]의 병원으로 옮겨진다. 오랫동안 사이가 좋지 않았던 유키코도 문병을 왔다. 그 유키코가 알려줌으로써 마리도 문병을 온다. 과잉보호로 성장해서 오오야마와의 파혼에 관해서도 끊임없이 마리에게 질투의 감정 밖에 보여주지 않았던 유키코는 이번 사건으로 마리의 헌신적인 자세에 감동해서 겨우 남에게 자신의 마음을 열게 되면서 오오야마의 병상에도 마리를 부를 수 있는 마음의 여유까지 가질 수 있게 된 것이다. 유키코는 오오야마에게 쓴 편지 중에서 뭔가 대륙을 위해서 도움이 되는 인간이 되겠다, 마리와 같이 행복하게 살라는 말을 남기고 오오야마 곁을 떠난다. 오야마는 마리와 장래를 약속해서 또 동료들과 대화하면서 이민촌에 새로 건설되는 병원을 유키코에게 맡기기를 제안한다.

제2부

세계 · 제국 · 로컬 – 문화의 위계와 네트워크

제국 일본과 번역(없는) 정치*

루쉰 · 룽잉쭝 · 김사량, '아큐(阿Q)'적 삶과 주권

황호덕

1. "흔들리는 손"—비어(秘語)와 정치

글이 인간으로부터 비밀을 앗아갔다고 이야기한 사람은 데리다였다. 그에 따르면 처음부터 비밀이란 말할 수 없는 것일 때, 말해지지 않았을 때만 비밀일 수 있다. 그것이 발설되는 순간 혹은 그것이 쓰인 순간 이미 비밀은 사라진다. 한편, "사람이 비밀이 없다는 것은 재산이 없는

* 이 글은「한국번역비평학회 2008년 봄철 학술대회—동양의 번역론과 서양 대작 번역의 사례들」(고려대, 2008.4.12)에서 발표된 원고에 기초하여 작성되었다.『대동문화연구』 제63집(2008.9)과 요크대학 아시아연구센타(York Centre for Asian Research)에서 개최된 'Behind the Lines-Culture in Late Colonial Korea'(2008.9.25) 심포지엄에서 각각 원고와 구두로 발표된 바 있는 글을『번역비평』 편집진의 양해를 얻어 여기에 다시 수록한다. 이 자리를 빌려 최초 발표의 질의문을 작성해주신 국민대 정선태 교수와 프랑스/퀘벡의 이중어 사례 및 1930년대 번역문화에 대해 토론 말씀을 해주신 고려대 조재룡 교수, 요크대학 심포지엄에서 토론을 해주신 토론토 대학의 자넷 풀(Janet Pool) 교수, 요크대학의 테오도르 구센(Theodore W. Goossen) 교수께 감사의 말씀을 전한다.

것처럼 가난하고 허전한 일"이라고 말한 사람은 이상이었다. 따라서 영혼의 풍요와 충만을 위해서라면 우리는 원리상 아무 것도 말해서는 안 된다. 그러나 흥미롭게도 이상의 비밀은 그것이 어김없이 '문(文)'의 형태로 밖에 제시될 수 없었다는 점에서, '비밀'이 아니라 그 누설, 즉 일종의 '고백'이었다. 말의 근본적 차원에서 이미 말해진 비밀이란 결코 비밀일 수 없다. 하지만 사적 진실과 허구적 양식화 사이에서 작업하는 문학, 즉 양식화된 고백은 공개된 장소를 향해 마치 '비밀'처럼 말하며 그래서 곧잘 법적 구속을 넘어 비의에 가득 찬 삶들을 우리에게 전하곤 한다. 문학이란 비밀과 공공성 사이의 비식별역에 자리잡은 사적=공적 미디어라고 할 수 있다. 따라서 우리가 한 문학가의 사적 언어와 공적 저술을 그것이 글의 형태를 가지는 한에서, 호혜적으로 취급하고 상호 참조하게 되는 것은 어쩌면 당연한 일일지도 모른다.

이와 같은 이야기를 하는 것은 한 통의 편지 때문이다. 여하튼 우리는 그것이 공개될 수 있는 가능성과 영원히 사라질 수 있는 가능성 사이에서, 곧잘 편지나 일기를 통해 '비밀'을 말하곤 하는데, 그런 까닭에 사적일 수밖에 없는 편지글 안에서 우리는 때때로 가장 내밀하고도 진심어린 이야기를 듣게 된다. 공적 영역을 향해 직접 발설할 수는 없었던 '억압된 말', 그러나 공적 우편을 통과해 겨우 도달한 '완전히 억압될 수 없었던 말'(즉, 공개 가능성 위에 기초된 비밀)을 통해, 그 시기의 사적 삶이 가진 공공성 전체를 사유해보는 일도 가능할지 모른다. 실제로 나는 다음의 편지글, 그러니까 식민지 조선의 한 작가가 제국 일본의 또 다른 식민지 작가에게 보낸 편지를 통해 그렇게 해보려 한다.

오늘 이 자리에 있는 우리에게 주어진 주제는 '동아시아에 있어서의 번역'이다. 그러나 내가 지금부터 이야기할 문제는 어떻게 번역하거나 번역되는지에 관한 문제는 아니다. 오히려 번역은 어떤 상황에서 권장되거나 금지 당하는지, 또 그 금지의 테두리 위에 머물며 어떻게 하나의 번역적 의식이 스스로의 잠재성을 보존하는지가 이 글이 해명하려는 문제이다. 공개되지 않았을 수도 있었을 한 통의 편지가 돌연 일본의 한 대만문학 연구자에 의해 비밀의 봉인을 뜯고 우리 앞에 던져져 있다. 이 한 통의 편지로부터 나의 이야기는 시작된다.

오늘 아침, 보내주신 편지 감사히 잘 받았습니다. 아득히 먼 저마다의 땅에서 태어나 똑같이 남의 말[よその言葉]로 글을 쓰고 있기에, 귀형과 새로이 벗이 될 수 있었던 것이 무엇보다 기쁜 마음입니다. 소생은 소학교, 중학교 시절부터 대만이라는 곳이 좋았고, 또 소년적인 정열로 대만을 주목해온 사람입니다. 지금도 대만에 가보고 싶다는 마음만은 절실합니다. 형도 말씀하셨듯이, 남방의 꿈 많은 땅 대만은 우리들에게는 어쩌면 그리스와 같은 곳일지도 모르겠습니다. 거기로 떠나는 것, 그것은 어쩌면 로마로의 여행일지도 모르겠습니다. 그렇게까지도 생각해보곤 하는 것입니다. 그리고 또 무엇보다 형의 민족에 침잠해, 그 생활과 하나가 되어보고 싶다는 욕망도 있습니다. 올해나 해서, 여름쯤에라도 사할린에 다녀올지도 모르겠습니다. 거기에 가 있는 동포의 생활을 살펴보려고 생각하고 있습니다. 대만에도 많은 조선 사람들이 가 있다고 들었습니다. 언젠가는 꼭 한번 들려볼 작정입니다. 형도 여가를 내어서 조선에 와주십시오. 그렇지만 자랑할 만한 것은 지금의 조선은 아닙니다. 형의 지혜라면 모든 걸 보아주실테지요. 저희 나라[くに]도 예술의 나라[國]입니다.

혹 형도 대만출신의 시인 우셴후황[吳伸煌, 坤煌] 군을 아시는지요. 우(吳) 군과는 생각지도 않게 한 □□□□ 속에서 만났습니다만, 이목구비가 수려한 사람으로 퍽 인상 깊은 분이었습니다. 지난해 북경에 갔다가 천진(天津)으로 돌아올 때, 천진역의 플랫폼에서 우연히 마주쳤습니다. 그리고는 지금 이렇게 쓰고 있는 와중에 생각이 났습니다만, 소설을 쓰시고 계신 듯 느꼈습니다. 장원환[張文環]인가 하는 분은 더는 쓰고 계시지 않은 것인지요. 어딘가에서 읽은 듯한 생각이 드는데요. 형도 그렇겠지만, 모두들 문학에 관계된 일들로 이런저런 고민이 있으시리라 생각합니다. 전통이라는 것이겠지요. 이건 어떻게도 할 수 없는 것이겠지요. 자신에게 □□한 것, 자신의 피에 흐르고 있는 전통적인 정신이라는 것은 어찌할 수 없는 것이겠지요. 그렇게 말해놓고 나면, 결국 소중한 것이겠지요. 그걸 의식적으로라도 거부해서는 안 된다, 그걸 충실하게 살리면서, 새로운 자신의 문학을 굳건히 세워야만 할 테지요. 저 또한 통절히 느끼고 있는 것입니다. 역시 귀형은 대만인의 문학을 하고 있고, 또 해야만 할 것이며, 저는 조선인의 문학을 하고 있고, 또 해야 한다고 생각하는 것입니다. 당연한 것 같지만, 진정 소중한 것이겠지요. 귀형의 「초저녁달[宵月]」을 읽고, 저는 매우 강한 친밀함을 느꼈습니다. 역시 귀형이 있는 곳도, 제가 있는 곳도 현실적으로는 똑같은 것만 같아서 전율[慄然]하였습니다. 물론 그 작품은 현실폭로적인 것이 아니라, 매우 있을 법한 일을 쓰려고 하신 작품이었습니다. 그러나 저는 그 속에서 귀형의 흔들리고 있는 손을 본 듯 했습니다. 어쩌면 저의 독단일지도 모릅니다. 어쩌면 감상일지도 모릅니다. 부디 용서해주십시오. 용서해 주십시오.

귀형은 저 모순이라던가, 그런 것을 쓰는 작가를 어떻게 생각하시는지요. 그렇게 훌륭한 작가는 아닐 런지도 모릅니다만, 분명 좋은 작가인 듯합니다. 루쉰[魯迅]은 제가 좋아하는 분입니다. 그는 위대하였습니다. 귀형이야말로 대만의 루쉰으로서 자신을 쌓아 올려 주십시오. 아니 그렇게 말해서는 실례일지도 모르겠습니다. 다만, 루쉰과 같은 범문학적인 일을 해 달라는 정도의 의미인 것입니다. 저도 되도록 좋은 작품을 쓰려고 합니다. 초조해하지 않으며 건실히 해 나갈 작정입니다. 나중에라도 시간이 나면 또 편지합시다. 형도 거리낌 없이 척척 작업해 주십시오. 서로 격려하며 도와 나갑시다. 「빛 속으로」에 대한 형의 비평은 매우 적절했다고 생각합니다. 저도 언젠가는 그 작품을 개정할 수 있는 때가 오기를 진심으로 기다리고 있는 중입니다. 좋아하는 작품은 아닙니다. 역시 내지인을 향한[内地人向き] 작품입니다. 저도 잘 알고 있습니다. 그것을 너무도 잘 알고 있는 까닭에 두려운 것입니다(2월 8일).[1]

1) 이 편지는 텐리대학[天理大學]의 시모무라 사쿠지로[下村作次郎] 교수가 룽잉쭝의 허락을 얻어 복사한 김사량의 편지를 번역한 것이다. 발굴 자료의 사본을 제공해준 시모무라 교수께 감사한다. 인용의 편의를 위해 해당 편지를 인용한 사모무라 교수의 연구서를 부기해둔다. 下村作次郎, 『文学で読む台湾』, 田畑書店, 1994, 210~212면. '内地人向き'는 직역하면 '내지인을 향한 것'이 되지만, 사전적으로는 '내지인용'이라고 번

김사량은 룽잉쭝[龍瑛宗]을 향해, 또 그 이전의 루쉰을 염두에 두며 이렇게 썼다. (당신의) "흔들리는 손"을 본 듯하다고. 우선, 피에 흐르는 전통과 '남의 말' 사이에서 흔들리고 있는 이 손을 기억해두기로 하자. 또 김사량은 스스로에 대해 이렇게 말하고도 있다. 내지인을 향해 쓴다는 것이 소름끼치도록 두렵습니다. 이 두려움 역시 기억해두기로 하자. 왜냐하면 이 두 개의 이미지는 어떻게 주권 권력이 번역을 권장하는 한편 살해하는지, 또 번역적 의식은 어떻게 계속 그 자신의 경계 위에 머물며 스스로의 잠재성을 지탱해나가는지를 해명해가는 한에서, 계속 우리들의 머릿속에 남아 있을 이미지가 될 것이기 때문이다.

일국의 경계 내부에 존재하는 모든 번역적 재현을 봉쇄하는 주권적 결정에 대항해 일국 내에 존재하는 모든 분절 지점들 위에 서고, 다시금 국가의 경계 위에서 계속 번역적 의식의 잠재성을 유지하려 했던 한 작가. 그는 왜 저 자연 상태에 가까운 해방지구를 향해 탈출할 수밖에 없었는가.

2. 제국문단의 두 문우(文友) ― 연옥에서 보낸 한철

김사량과 룽잉쭝. 그들은 어떻게 만날 수 있었던 것일까. "귀형이 있는 곳도, 제가 있는 곳도 현실적으로는 똑같은 것만 같아서 전율[慄然]하였"다고 적는 이 친밀감은 어디서 기인하는 것일까. 단순히 친밀권에서의 개인적 체험과 공감 때문인 것일까, 아니면 일본 제국의 통치역을 사는 외지인들의 공공권의 경험 때문일까. 이 공감은, 그러니까 번역 없

역된다. 맥락에 따라 두 가지 의미로 사용했다. '□□'는 미해독 부분이다.

이 제국문단의 언어[國語]이자 남의 말[よその言葉]로 작업하는 두 문우 간의 문제인 것일까, 아니면 조선과 대만이라는 컨텍스트 안에 이미 내재하는 번역가능성에서 기인하는 것일까. 이 친밀감과 공감의 근원을 우선 추적해 보자.

1) 시간–방언은 번역될 수 있는가

김사량의 「빛 속으로[光の中に]」가 『문예수도(文藝首都)』에 발표된 것은 1939년 10월이었고, 이 작품으로 그가 아쿠타가와상 후보에 오른 것이 1940년 2월이었다. 식민지 출신 작가로는 최초로 아쿠타가와상 수상식에 참석한 그의 손에는 어쩌면 「빛 속으로」가 재수록된 『문예춘추』가 들려 있었을지도 모른다. 한편 룽잉쭝의 「초저녁달[宵月]」이 같은 잡지 『문예수도』에 발표된 것은 1940년 7월호였다. 그러고 보면 필시, 김사량의 편지에 적힌 2월 8일이란 1941년의 어느 하루였을 것이다.

이 해, 이 날짜가 갖는 의미는 생각보다 의미심장한 것일 수 있다. 우선 김사량이 아쿠타가와상 후보에 오른 1940년과 함께, 1941년이라는 시간은 우리에게 조선문학의 운명과 관련된 허다한 사실들을 또한 떠올리게 하는데, 왜냐하면 1941년 2월 8일이라는 시간은 1940년 8월에 있었던 조선일보 및 동아일보의 폐간에서 1941년 4월에 행해진 한글문예지 통폐합에 이르는 기간, 그러니까 『문장』과 『인문평론』의 폐간으로 대변되는 『국민문학』(1941.11) 전야의 시간을 뜻하기 때문이다.

1937년 중일전쟁의 발발과 함께 이어진 일련의 전시체제의 구성은 1938년의 '육군특별지원병제도'의 공포(1938.2)와 '제3차조선교육령' 발포(1938.3), 국가총동원령(1938.4)을 통해 본격화되는데, 이러한 움직임은 1941년 3월부터 행해진 사상범 예방구금규칙과 태평양전쟁 발발 후인 1942년 5월 8일 일본각의에서 결의된 조선인에 대한 징병제 시행에 이르러 절정에 다다른다. 천황과 병사의 언어[2]가 공론장을 재패해가는 이 시간 위에서 바로 그 언어(일본어)를 통해 두 식민지 작가는 조선인과 대만인의 문학을 말하고 있었던 것이다.

한편 1940년을 전후한 시간은 식민본국의 수도—그러니까 도쿄라는 '문예수도'에 일종의 조선 붐과 같은 현상이 연출된 시기이기도 했다.[3] 장혁주가 극본을 쓰고 도쿄 신쿄[新協]극단에 의해 공연된 〈슌코우텐[春香傳]〉(1938.10.25・10.27)을 기점으로 하여, 내지의 문예잡지는 조선문학 특집과 기사들을 봇물처럼 쏟아내고 있었다. 마해송이 기쿠치 간[菊池寬]의 도움을 얻어 발행하고 있던 『모던니혼[モダン日本]』은 1939년 11월 '임시대증간 조선판'을 발행하여 적잖은 성공을 거두었는데, 여기에는 제1회 조선문학상[4]을 수상하게 될 이광수의 『무명』이 김사량의 번역으로 게재되기도 했다. 마해송이 집필했을 것으로 생각되는, 「편집후기」는 당시의 상황을 요약적으로 적시하고 있어 흥미롭다.

> 모던니혼 10주년 기념 증간 '조선판'은 오늘날 조선반도가 군사적, 경제적, 문화적으로 대륙과 연결되는 기반으로서 그 중요성이 주창되면서 조선에 대한 인식이 절대적인 것이 되고, 식자들은 논외로 하고 전 국민의 애국적 관심이 팽배한 때에 간행되었다. 이는 시국에 걸맞는 절호의 것으로서, 조선총독부를 비롯하여 조선명사가 찬동, 전국적인 지지성원은 그야말로 국민운동의 하나로서 나타난 바이다. 그 요망에 답하여 본사는 전원이 하나가 되어 결사적인 노

2) 당시의 일본어론[國語論]을 천황의 언어, 병사의 언어라는 측면에서 파악한 연구로는 安田敏朗, 『植民地のなかの「国語学」』, 三元社, 1998(2003)을 참고할 수 있다.

3) 1940년 전후의 조선 붐에 대한 간명한 이해를 위해서는 渡辺一民, 『他者として朝鮮』, 岩波書店, 2003과 中根隆行, 「地方としての朝鮮、上京する作家」, 『'朝鮮'表象の文化誌』, 新潮社, 2004를 참조할 수 있다.

4) '조선예술상'은 "우리나라 문화를 위해 조선 내에서 행해진 각 방면의 예술활동을 표창하는 것을 그 목적"으로 하여 기쿠치 간의 자금제공에 의해 1940년 3월 모던니혼사 사무국에서 처음 시상되었다. 어떤 의미에서 "우리나라 문화를 위해 조선 내에서 행해진" 예술을 표창한다는 목적 표지는 제국과 그 적들이라는 분절을 앞세움으로써, 내지 대 반도의 구별을 은폐하는 과정의 일부이기도 했다.

력을 해나갔으며, 드디어 예상한 것 이상으로 훌륭한 성과를 거두어내었다. 이는 독자 여러분의 성원에 힘입은 것으로 마음으로부터 감사드린다.[5)]

1940년 3월 김사량의 「빛 속으로」가 아쿠타가와상 후보로 『문예춘추』에 전재된 시간을 전후로 하여 이광수의 『가실(嘉實)』, 『유정』, 『사랑』이 한꺼번에 일본어로 번역되어 서점가를 장식한다. 그 외에도 『조선 대표소설집』, 『조선문학선집』 전 3권이 출판되어 일본(어)문단 내에서 조선문학에 대한 정전화작업이 수행되었으며, 김소운의 조선시집 『젖빛의 구름[乳色の雲]』(1940.5)이 나온 것도 이때였다. 1940년 7월에 구성된 제2차 고노에 후미마로[近衛文麿] 내각이 기본국책요강(基本國策要綱)에 기초해 모든 정당정치를 해소하며 시작한 대정익찬회(大政翼贊會)는 문화부 주요 사업 중 하나로 '지방문학육성'이라는 과제를 제시하고 있었다. 여기서의 지방은 '외지'를 포함하는 것이었고, 그에 대한 관심은 일차적으로 '번역열'의 비등을 통해 나타났다.

1940년 4월 하야시 후사오[林房雄]가 『문예춘추』에서 되물은 질문이 쉽사리 이해되는 것도 이 순간이다. 과연 "합방 삼십년이 지난 오늘날, 조선문학과 작가들이 내지 지식인 계급에 의해, 거의 전적으로 간과되고 잊혀지고 있었던 사실은 지금 새삼 생각해봐도 불가사의하다." 그러니까 제국의 경계가 밀어 올려지면서, 생겨난 지극히 "정상적인 대륙열 속에서 그 어떤 문학적 결과가 태어날 것임에 틀림없다는 것은 누구나 예상할 수 있는 바인데, 그렇게 하여 이미 나타나기 시작한 조금의 뜻밖의 결과 중 하나가, 만주문학에 이어 조선문학이 내지 일본인의 관심을 끌기 시작했다는 사실이었다." 그러나 '대륙'의 문학에 대한 이러한 관심(interest)은 많은 번역이 그러하듯 무목적적이고 심미적 판단에 의한 것은 당연히 아니었다. 이 관심은 이해관계(interest)의 소산이었고, 따라서

5) 「編集後記」, 『モダン日本』(朝鮮版), 1939.11. 이 호의 성공으로 모던니혼사는 이듬해 5월에 다시금 조선판을 발행하기에 이른다.

번역 붐의 "불가사의함"은 조선인 작가들에게는 결코 불가사의한 일도 아니었다. 임화의 다음의 언급은 좋은 답이 된다.

> 조선문학을 급작스러히 밝은 서광 앞으로 끌어내인 것은 역시 동경문단의 새로운 환경이다. 물론 그것은 시국이다. 시국이 비로서 일본문학 앞에 지나와 만주와 그리고 조선이라는 새 영역을 전개시켰다. 이른바 대륙에의 관심이다. 만주 더구나 조선은 새삼스레이 시국이 전개한 새로운 영역에 속하지 아니 할지 모르나 그러나 지나라는 것이 일본의 앞에 출현하면서 만주 그 중에서도 조선이라는 것의 객관적 위치가 선명히 드러나고 그 중요성이 새삼스럽게 인식된 것도 역시 사실이다. 다시 말하면 단순한 국내의 특수한 일 지방으로서가 아니라 지나사변이라는 돌연한 대사변을 통하여 대륙이라는 것의 한 부분 혹은 그것과 연결된 중요지점으로서 각개의 지역이 전혀 선연한 樣姿를 呈하고 일본문학의 전면에 출현한 것이다. 다시 말하자면 시국이라는 추상적인 것이 일본문학의 새로운 환경이 아니라 그 실은 대륙이라는 광대한 영역이 일본문학의 새로운 현실이 된 것이다. 주체적으로는 또한 일본민족의 새로운 환경으로서 대륙의 제민족이 등장한 것이다.[6]

다시 말해 이 번역 붐이란 결코 "동경문단이 조선문학을 똑바로 평가하기 시작한 결과라든가 혹은 그 간에 조선문학의 수준이 향상된 결과"가 아니라는 것이다. 문학 내적 과정이 없다 할 수 없으나, 기본적으로 이 조선 붐을 불러일으킨 것은 일본민족의 새로운 환경으로서의 '대륙'이다. 그렇다는 것은 이 새로운 환경이 장기화할 때, 혹은 새로운 환경의 통합이 가속화할 때 이 번역 붐이 전혀 다른 방식으로 전화할 수 있

---

6) 임화, 「동경문단과 조선문학」, 『인문평론』 제9호, 1940.1, 40~41면. 지방문학화 논의를 전유하며 "지방적으로 개화한 근대문학의 일종"으로서의 조선문학의 독자성 / 보편성을 주장하는 임화의 논의에 대해서는 서은주, 「일본문학의 언표화와 식민지 문학의 내면」, 『상허학보』 제22집, 2007을 참조.

음을 암시한다. 조선문학 번역 붐에 관한 다음의 통계[7]를 보자.

연도	1939	1940	1941	1942	1943	1944	1945	계
일본에서 발표된 일본어 소설	10	26	31	20	18	3	2	110
조선에서 발표된 일본어 소설	10	7	16	46	50	54	19	202
소계	20	33	47	66	68	57	21	312
번역 소설	4	42	16	2	1	0	0	63

이 표에서 알 수 있듯이, 1940년은 내지에 있어 "뜻 밖"의 조선 붐에 의해 번역이 대량 생산된 해이다. 그러나 이러한 조선문학 번역 붐은 1941년 이후에 급격히 수그러들고 있으며, 1942년 이후에는 거의 사라지다시피하고 있다. 그에 비해 직접 일본어(=國語)로 씌어져 내지에 발표된 작품은 급격한 증가세를 보여준다. 보다 구체적으로 보자면 내지에서 조선작가의 작품이 발표된 빈도는 1941년에 그 정점에 이르고, 이후 1942년부터는 급격히 줄어드는 모습을 보여주고 있다. 반면 조선에서 발표된 일본어 소설은 1942년 이후 급증세를 보여주고 있는데 이는『국민문학』 창간 이후의 조선문단의 '국어화'로 인한 결과이다. 단적으로 말해 이 표는 1940년과 1941년 사이의 기간이 이른바, 외지 민족어 문학의 일본어문단화, 조선문학의 지방문학화가 급속도로 진행된 시기였음을 보여준다.

그러나 이러한 과정은 이해(理解)와 번역의 과정이었다기보다는 일종의 포섭의 과정이었던 것으로 보인다. 그도 그럴 것이 1941년 말에 이

7) 윤대석,「1940년대 한국문학에서의 번역」,『현대소설연구』 제17집, 한국현대소설학회, 2002, 318면. 이 표는 호테이 도시히로의「일제 말기 일본어 소설 연구」, 서울대 석사논문, 1996과 大村益夫・布袋敏博,『朝鮮文學關係日本語文獻目錄』, 綠蔭書房, 1997을 기본 자료로 하여 윤대석이 작성한 것임. 호테이 도시히로에 따르면 1939년에서 1945년 8월 15일까지 적어도 202편의 일본어 소설이 조선인에 의해 발표되었다. 이중 이석훈이 24편, 정인택이 19편, 이무영이 14편으로 가장 많은 작품 수를 보여주고 있다. 布袋敏博,「李無影の「青瓦の家」について(解說)」,『(朝鮮藝術賞第四回受賞作品)青瓦の家』(李無影 作, 白川豊 監修, 日本植民地文學精選集 011(영인본)), ゆまに書房, 2000.

르면 『신쵸』 등의 지방파의 소설 특집에 조선문학이 만주문학, 대만문학, 오사카문학, 큐슈문학과 나란히 이름을 올리는 등 조선문단 자체가 제국문단의 '내부'로 급격히 포섭되는 양상이 뚜렷해진다.[8] 그런 와중에서 여타의 문예지를 통폐합하며 창간된 『국민문학』(1941.11)이 소위 '국어전용'을 택하면서 조선문학은 언어적 자율성을 완전히 상실해가는 모습을 보여주고 있었다.[9] 다시 말해, 이 표는 조선문학 번역 붐이라는 것이 결국 일본어문단화, 지방문학화의 전단계였음을 명징하게 나타내주고 있다. 그도 그럴 것이 다음과 같은 논의가 이상할 것이 없는 시간을 그들은 살고 있었기 때문이다.

> 국어는 국가적 견지에서 비롯되는 특수한 가치적 언어이고, 일본어는 그러한 가치의식을 떠나서는 조선어, 그 외 모든 언어와 동등한 위치를 가지는 언어적 대상에 불과한 것이다. 따라서 국어와 일본어는 어떤 경우에는 그 내포를 달리할 수 있다. 방언은 표준어보다 열등하지 않고, 혹은 그 이상으로 연구적 가치가 있는 언어적 대상이고, 또 누구도 자기 방언에 모어로서의 그리움을 느낄 것이다. 그러나 국가적 견지는 이러한 방언을 가능한 없애려고 노력한다. 여기에 표준어 교육, 국어교육의 우위가 나타나는 것이다. 국어는 실로 일본국가의, 또 일본국민의 언어를 의미하는 것이다. 국가적 견지에서 비롯되는 방언에 대한 국어의 가치는 곧 조선어에 대한 국어의 우위를 의미하는 것이다. 방언과 조선어에 대하여 국어의 우위를 인정하지 않으면 안 되는 것은 그 근본으로 소급하면 근대의 국가형태에 기초한 것이라고 하지 않으면 안 된다. 여기

8) 김사량의 소설 「며느리[嫁]」가 소위 '지방파' 문학 중 조선문학의 대표로서 게재된 『신쵸[新潮]』 1941년 12월호 「지방파의 소설」 특집은 조선문학의 고쿠고[國語]문단화=지방문학화의 전형적 사례 중 하나이다.

9) "주지하다시피, 『국민문학』은 연 4회 국어판, 8회 언문판이라는 새로운 방식으로 당시의 정세에 대처하여 온 것인데, 이는 과도기적 체제에 불과하며, 모든 면을 국어로 편집한다는 것은 당초부터 예상되어 온 바였다. 그 시기를 결정한 것은 징병제 실시 준비에 수반된 당국 및 총력연맹의 국어보급운동이다". 崔載瑞, 「國語雜誌への轉換」, 『국민문학(國民文學)』, 1942,5・6(合併號).

에서 우리들은 또한 대동아 공영권에서 일본어의 우위라는 것을 생각할 단서가 열리는 것이다.[10]

'국어'의 가치라는 관점에서 보아, 조선어와 일본어의 관계는 방언과 표준어의 관계이다(더구나 이 방언은 국어=국민이라는 가치에 의해 인위적 해소를 기다리는 방언이다). 어떻게 할 것인가. 조선인들로서는 제국이 구사하는 논리-가르침에 배치되는 것을 이야기할 수 있는 상황은 아니었다. 가능한 것은 오직 일종의 '오해'의 방법을 통해서 가르침 자체를 달리 전유(專有, appropriation)하는 길 뿐이었다.

예컨대 '조선어방언론'을 받아, "내지에서도 사쓰마 사람이나 도호쿠 사람이 만나 제각각 태어난 땅의 방언으로 말하면, 조금도 이야기가 통하지 않지 않는가. 이 사람들은 따로이 표준어를 가지고 있어, 이를 통해 이야기를 나누는 것이다. 그렇다면 반도인과 내지인 사이에도 마찬가지로, 서로 표준어를 쓰면 이야기가 통하니까, 조선어를 하나의 방언으로서 반도 및 반도인 사이에 남겨 두어도 되지 않겠습니까"[11]라고 말하는 '의도적 오해=전유' 방식은 당대의 전형적인 화법이라 해야 할 것이다.

이러한 화법이 중요한 것은 이를 통해 원래의 가르침 혹은 주장 자체가 일종의 아포리아에 부딪치기 때문이다. 예컨대 위의 조선유학생의 질문에, 일본인 교수는 이렇게 대답하고 있다. "국어의 방언은 그 배후에 있는 감정과 사상이 모두 정신생활을 공통으로 하고 있다. 진정한 일본국민이라고 하는 신념으로부터 보자면, 역시 조선어를 그만두고,

---

10) 時枝誠記, 「朝鮮における国語政策および国語教育の将来」, 『日本語』 第二巻 八號, 1942, 60면.

11) 笹月清美, 「國語・國家・國民」, 『文學』 第8卷 9號, 1940, 102~103면. "'반도출신의 신(申) 군(君)'이 저자를 찾아와 총독부의 조선어 폐지 정책에 대해 한 이야기." 식민지 국어학 및 조선어방언론에 대한 자세한 분석은 安田敏朗, 『植民地のなかの「国語学」』, 三元社, 1998(2003)을 참조.

국어만을 쓰지 않으면 안 된다.” 본래 ‘조선어방언론’은 조선에 대한 호혜적 취급과 고쿠고의 우위를 주장하기 위해 구성된 것이다. 따라서 조선어가 방언이라면 여타의 방언과 ‘병렬적’인 위치에 놓이는 까닭에, 그것이 일종의 화용론 상의 ‘현실’인 한에서 표준어라는 요청과 함께 공존 가능해야 한다. 그러나 오직 조선어만을 분절해 소멸대상으로 말하는 순간, 이미 조선을 호혜적으로 다룬다는 ‘조선방언론’의 취지는 무색해지고 만다. 내지와 외지의 통합을 기도하는 언설이 다시 그 분절을 확정하는 순간, ‘조선방언론’은 고쿠고 전용의 다른 이름임이 폭로되게 된다.[12)]

그런 의미에서 지방문학화, 일본어문단화의 징후에 대응해 조선문학이란 “세계문학이 지방적으로 개화한 근대문학의 일종”이라고 주장하는 임화의 논점은 의미심장하다.[13)] 왜냐하면 그에게 지방성은 세계성의 특수한 개화방식이었고, 또한 언어적 자율성을 포함한 것이었기 때문이다. 임화에 따르면 (내지에 번역된 외지 문학은) “각각 그 민족문학의 전통 위에서의 현대의 것이 아니고 또 일본현대문학의 식민지적 출장소도 아닌 세계문학이 이 이십세기라는 시대에 지방적으로 개화(開花)한 근대문학의 일종이라는 것을 똑똑히 말할 수가 있다.”[14)] 세계성 혹은 근대문학이

---

12) 물론 황현산의 지적처럼 문학어 혹은 사상의 말로서의 조선어는 일종의 방언 상태에 존재했는지 모른다. “식민지 시대의 한국어는 근대적이건 전근대적이건 간에 학문과 드잡이한 경험이 짧고, 섬세하고 복잡한 사고의 표현에 훈련이 부족한 상태에서 민족방언으로서의 그 특수성을 아직 크게 떨쳐버리지 못한 상태였다. 게다가 그것은 한 국가의 공용어가 아니었다.” 황현산, 「모국어와 시간의 깊이」, 『현대한국문학 100년－20세기를 어떻게 볼 것인가』(유종호 외편), 민음사, 1999, 260면. 그러나 여기에 일본어를 ‘국어’ 혹은 표준어로 명확히 기입하는 순간 사태는 전혀 다른 방향으로 전화해 버리는 것도 사실이다.

13) 이러한 주장 자체는 가와카미 데쓰타로[河上徹太郎]가 『文學界』 후기에 적은 내용이다. 그러니까 이러한 전유 방식 자체가 문제가 된다. 김사량 역시 가와카미의 독후감을 인용하며 조선(어)문학의 세계문학에의 공헌 가능성과 세계문학 및 일본문학의 풍부화, 다양화에의 역할을 강변하고 있다. 金史良, 「朝鮮文化通信」, 『現地報告』, 文藝春秋社, 1940年 9月號; 『金史良全集』 Ⅳ, 河出書房新社, 1973, 28면.

14) 임화, 「동경문단과 조선문학」, 『인문평론』 제9호, 1940.1, 49면.

라는 전체를 설정하는 한에서, 모든 문학은 지방문학의 일종이며, 또 그것이 근대문학인 한 다시 세계성의 일부라는 임화의 주장은 결코 범범한 일반론이 아니었다. 왜냐하면 그의 논리는 '외지의 지방화'를 기획하는 '제국'이라는 주체와 그 이해를 괄호 안에 넣는 것으로, '지방' 담론에 대한 특별한 전유(專有) 방식의 일종이었기 때문이다. 조선문학을 설명하기 위해 별반 강조도 없이 제시된 가와카미 데쓰타로의 '지방'-'세계'의 연결이, 임화에게 와서는 민족과 세계 사이에 그 어떤 권위나 중개자도 설정하지 않는 논의로 전화되게 된다. 심지어, 1941년 12월 진주만 공습을 기화로 국민문학적 열기가 비등점에 달한 순간에조차, "논리적으로 보면 도쿄가 중앙이 아니라도 상관없다. 어디까지나 지방이 모여서 하나의 중앙이 되는 것이다. 반드시 도쿄가 중앙인 것은 아니다"[15]라는 식의 논리는 '국어문학(國語文學)=국민문학(國民文學)' 내부로부터도 터져 나오고 있었다.

그러니까 어떤 의미에서 '언어를 의식한다'는 생각 자체가 지방문학화=일본어문단화 기획과는 배치되는 것이었다.[16] 임화의 이야기를 꺼내는 이유는 다름 아닌 김사량의 생각이 이와 유사한 것이었기 때문이다.

> 우리들이 근심해야할 것은 어쩌면 이천만 이상의 인간이 일분간에도 한 사람에 수백 마디씩 쓰지 않으면 안 될 조선어가 사라지리라는 것과 같은 걱정이 아니다. 오히려 진정 우리는 문학의 생장을 위하여 진지하게 반성하고 자각하고 근심해야할 것이다. 이천만 조선인이 살아있는 동안은, 역시 그들을 상대로 하여 그들이 읽을 수 있는 문장으로 써야한다는 것은 너무도 당연한 것이 아닌가. 우리의 근심은, 그것을 긍정하는 것에서부터 시작된다. 어쨌든 나는 지금부터 번역그룹이라는 것을 제창하려 한다. 이는 조선문학의 고전이나 현대작품에

---

15) 金鍾漢, 「新しい半島文壇の構想」(座談會), 『綠旗』, 1942.4.
16) 임화의 언어론에 대해서는 와타나베 나오키, 「임화의 언어론」, 『국어국문학』 제138권, 2004를 참조.

그치지 않고, 적어도 도쿄문단이나 또는 세계문단에 맞설 수 있는 걸작을, 지금부터 그룹이라거나 잘된 협회라도 좋으니 여하튼 어떤 하나의 조직을 만들어 번역하고 발표하자는 것이다. 조선의 작가에게는 불가능한 상담을 들고 나와 일본어로 써라라고 말하는 것은 부당하다. 그 대신 조선어문학을 번역할 수 있는 조직을 만들어 도쿄문단이나 세계문단과의 교류를 꾀하며, 조선문학의 현상이나 조선문학이 진정 조선의 말로 쓰여지지 않으면 안 되는 까닭을 고시(告示)해야만 한다.[17]

이천만 조선인을 위해서도, 또 감각과 감정을 다루는 예술이 갖는 언어 문제 때문에라도, "내지어로는 쓸 수 없다", "경성제국대학 조선문학부 출신으로라도 번역회를 조직해 고전을 번역하고, 도쿄에 주재하는 문화인들이 힘을 합해 현대문학을 번역해 나가야 하는 것이다". '언문'으로 쓰면 독자가 줄 테고 또 조선어 자체가 종래에는 사라질 것이니 '국어'(=일본어)로 쓰는 편이 낫다는 생각들[18]에 맞서, 김사량은 국어를 내지어로, 언문을 정음/민족어[19]로 재규정하며 조선어문학의 역할을 거듭 강조하고 있다.

왜 모두 내지어로 쓰라는 것이 '불가능한 상담'일 수밖에 없는가. 첫째, 민족어의 존속은 역사발전이 증명한다. 둘째, 조선의 실정에 비추어 조선어 쓰기의 비애국성을 말하는 논리는 부당하다. 왜냐하면 내선일체의 이념 실현을 위해서도 조선인의 대다수가 읽지 못하는 내지어로 써서는 곤란하기 때문이다. 셋째, 조선문학은 조선작가가 조선어로 쓸 때에만 성립하며, 이미 그러한 일만으로도 조선의 역량은 벅차다. 다섯째

17) 金史良, 「朝鮮文學風月錄」, 『文藝首都』, 1939.6; 『金史良全集』 Ⅳ, 河出書房新社, 1973, 15면.
18) 대표적인 것으로 張赫宙, 「朝鮮の知識人に訴ふ」, 『文藝』, 1937.2와 「朝鮮文學の将来」(座談會, 장혁주, 유진오, 하야시 후사오 출석), 『文學界』, 1939.1의 하야시 후사오의 발언을 참조.
19) 민족어의 존속에 대한 김사량의 확신에 대하여, 金史良, 「朝鮮文化通信」, 『現地報告』, 文藝春秋社, 1940.9; 『金史良全集』 Ⅳ, 河出書房新社, 1973, 26면.

내지어로 쓰는 순간 이미 조선사회나 환경에서 촉발된 동기와 감정은 일본적 감정과 감각의 화를 입게 된다. 조선어와 일본어 창작을 같이 해온 경험을 통해 볼 때, 내지어로 쓰게 되는 순간 "자신이 쓴 것임에도 불구하고 액조틱한 것으로서 눈멀기 쉽다." 마지막으로 가장 근본적인 동시에 현실적인 문제로, 내지어로 쓴다 할지라도 실제로는 내지어로 예술적 형상이 가능한 사람은 거의 몇 사람에 불과한 것이 실정이다.[20] 그는 계속 '과도기'와 '번역'을 주장하며 내지어와 민족어 사이에 선다. 제국 혹은 당국의 문법을 습득한 위에서 발화하는 김사량의 말들은 이와 같이 제국의 언설장 자체를 흔들며 소위 중심언설 내부에 균열을 일으킨다. 그리고 그러한 발화방식은 "대동아공영권이라는 침략의 기치를 서양근대에 대항하는 연대감으로 받아들이는" 분위기가 팽배했던 문학의 세계에서 겨우 가능한 입점이었다.[21]

여기서 다시금 최초의 편지로 돌아가 보자. 그러니까, 왜 하필 2월 8일이어야만 했을까. 2월 8일이라는 날짜는 왠지, 그러니까 우연만이라고는 할 수 없는 힘으로 1919년 2월 8일에 있었던 도쿄 유학생들의 독립선언(과 그것을 기초한 이광수라는 이름)을 떠올리게 한다. 더구나 이 편지에서 쓰인 바에 따르면, 일본어로 쓰는 순간 혹은 "내지인을 향한[內地人向き, 내지인용]" 작품이 구성되는 순간의 김사량이 그 반사물로서 내내 "(조선인을 포함한) 외지인" 혹은 "조선어로 쓴 조선문학"이라는 존재를 의식하

20) 金史良, 「朝鮮文化通信」, 『現地報告』, 文藝春秋社, 1940年 9月號; 『金史良全集』 Ⅳ, 河出書房新社, 1973, 26~27면.

21) 김달수(金達壽)는 당시를 회고하며, 확실히 다케우치 요시미[竹內好]가 「근대의 초극」에서 말한 바 있는 그러한 이상이 김사량을 받아들인 일본문학의 세계에서는 일부 존재했던 것으로 생각된다고 말하고 있다. 그 스스로가 조선문학 번역 붐이나 『모던니혼』 조선판을 통해 스스로 민족의식에 눈떴다는 것이다. 흥미로운 것은 그가 이러한 조선 붐이 프롤레타리아 문학 붕괴 후 폐색상황에 빠진 일본문학이 일종의 저항불가능한 상황에서 조선이나 조선문학을 끌고 나온 것 같다고 보고 있는 점이다. 「金史良特輯－民族と文學」(座談会), 『文芸』(金時鐘・金達壽・安岡章太郎), 1971.5, 202면. 그의 이러한 언급은 제국일본의 문학과 제국일본의 통치 자체를 과잉동일시할 수 없음을 암시한다는 점에서 시사적이다.

고 있음을 암시한다. 그렇다는 것은 “역시 내지인을 향한[內地人向き] 작품입니다. 저도 잘 알고 있습니다. 그것을 너무도 잘 알고 있는 까닭에 두려운 것입니다”라는 진술의 의미에 대한 중요한 단서를 준다. 우선 김사량은 이 편지를 쓰기 몇 달 전(1940.9) “내지어로 쓰는 순간 이미 조선 사회나 환경에서 촉발된 동기와 감정은 일본적 감정과 감각의 화를 입게 된다”고 썼다.[22] 조선인의 감각이나 감정은 그 표현과 ‘불가리적(不可離的)’으로 연결되어 있다. 따라서 예컨대 슬픔이나 욕과 같은 감정 혹은 직관의 표현은 매우 에둘러서 밖에 번역될 수 없다. 다시 말해 김사량에 따르면, 언어 선택은 결코 중립적인 것일 수 없으며, 언어에 의해 동기와 감정 자체가 굴절되게 된다는 것이다.[23] 따라서 그가 번역 그룹을 제안하며 한 다음과 같은 발언은 ‘어떻게 조선인의 문학을 할 것인가’라는 룽잉쭝에게 건넨 다짐과도 연결된다. “나만 해도 번역하면서 조선어의 뉘앙스나 격률이나 어감 등을 되도록 살리려 공부해야하지 않을까 생각하는 것이다”.

왜 그는 계속 번역이라는 기구 혹은 번역적 재현의 순간에 집착하는가. 조선어의 뉘앙스와 격률·어감 등을 살리고 유지한다는 것의 정치

22) 金史良, 앞의 글, 27면.

23) ‘내선일체’의 이념을 전파하기 위해서라도 조선어를 써야한다거나, 제국문화, 세계문화의 다양성을 위해서는 조선어문학을 남겨둔 채 번역을 통해 통합을 꾀하는 편이 옳다고 하는 그의 생각은 그 이후에도 지속적으로 견지된다. 그는 언설장 자체를 구성하는 대정익찬회 문화 ‘당국자’에게 이러한 생각을 피력하여, ‘과도기’ 또는 ‘현실’의 사정상 합당한 방안이라는 답을 얻어내기도 한다. 예컨대, 「朝鮮文化問題에對해서－翼贊會文化部長 岸田·金史良 兩氏의 對談－本社 主催」, 『朝光』, 1941년 4월호. 또 「천마」의 등장인물 이명식(임화와 스스로를 중첩시켜 모델화한 것으로 이야기 된다)의 다음과 같은 언급도 그런 견지에서 이해 가능하다. “조선어는 분명히 규슈의 방언이나 도호쿠 지방의 사투리와는 다르오. 물론 나는 그렇다고 내지어로 쓰는 걸 반대하는 것은 아니올시다. 적어도 언어 쇼비니스트는 아니외다. 쓸 수 있는 사람은 우리들의 생활과 마음, 예술을 널리 전하기 위해 크게 일해 줘야 하오. 그리고 내지어로 쓰는 게 흡족치 않은 사람, 실제로 쓸 수 없는 사람의 예술을 위해서는 이해심 있는 내지 문화인의 지지와 후원 아래, 매 해 번역기관이라도 마련하여 소개하도록 노력하는 것이 좋겠습니다. 내지어가 아니면 붓을 꺾어야 한다는 일파의 언설과 같은 건 너무도 언어도단입니다.” 金史良, 「天馬」, 『文藝春秋』 1940.6; 『金史良全集』 Ⅰ, 河出書房新社, 1973, 78면.

적 의미는 무엇인가. 만약 공론장의 신문과 소설이 국민국가라는 공동체를 상상 가능하도록 했다면, 어떤 의미에서 조선문학은 민족국가가 없는 상태에서 민족 혹은 국가를 '상상'케 하는 역할을 수행하여왔다고 할 수 있을 것이다. 식민지 조선의 거개의 신문잡지가 내내 '일본'이라는 통치역 자체를 언어적 차원에서 지워버린 채, '조선문학'과 '조선어'를 자명한 것으로 실체화해온 것이 사실이라고 할 때, 여기서 조선어와 조선문학의 존재는 그 자체로 국가 효과를 불러일으켜 왔다고 할 수 있다.[24] 지역(region), 식민지, 지방(local)이 애매하게 착종하는 이름으로서 조선(문학)이 발화될 때, 또 그 반대편에 위치하는 여타의 외국(문학)이 언급될 때 분명히 그 언명들은 조선을 하나의 국가로 상상하고 전제하는 효과들을 불러일으킨다.

> 외국문학 수입에는 국어의 발달이 동반할뿐더러 모어연구가 필요하게 된다. 번역문학이란 것을 생각해 보면 그 결과로서 번역은 여러 가지 부수적 효과를 볼 수 있는 것이다. 어느 나라를 막론하고 번역시기라는 것이 있는 것이요 그것이 어느 정도까지 발달된 때에 비로소 그 문학 범위가 넓어질뿐더러 세계적 비평안으로서 문학을 논하게 된다. 따라서 국어가 발달되고 창작 범위도 훨씬 넓어질 것이다. '가갸날'과 번역—이러한 문제도 상당히 중요성을 가졌다.[25]

위와 같은 아무렇지도 않은 진술 이면에는, 조선과 여타의 외국문학

---

24) 여기에 대해서는 김윤식, 「체험으로서의 한국근대문학사론」, 『한국근대문학연구방법입문』, 서울대 출판부, 1999를 참조. 민족어로 이루어진 "소설의 구조"와 "국민국가의 인식구조"가 같다는 베네딕트 앤더슨의 입론을 급진화시켜 김윤식은 '국민국가=문학'라는 등식을 만들어내며, 이를 통해 식민지 문학에 일종의 (유사)'국민국가'적 의미를 부여한다.

25) 정인섭, 「'가갸날'과 외국문학 연구」, 『동아일보』, 1927.3.19. 해외문학파의 번역론과 조선어 창달에의 관심에 대해서는 김병철, 『한국근대번역문학사연구』, 을유문화사, 1975(1998), 476~508면. 서은주, 「번역과 문학 장(場)의 내셔날리티—해외문학파를 중심으로」, 『한국근대문학의 형성과 문학 장의 재발견』(민족문학사연구소 편), 소명출판, 2004.

을 '번역 가능한 두 단위'로 보고 해당 언어가 속한 공동체를 병렬된 ('국가적') 실체로서 상정하는 상호 형상화(schema of configuration)의 도식이 자리 잡고 있다.[26] 이미 외국어를 전제하는 순간 국어=조선어라는 등식이 가정되게 되며, 외국문학을 '번역'하는 순간 조선어와 여기에 대응하는 공동체는 그 대응물로서 상호 형상화되는 것이다.

주지하다시피, 번역은 의미와 말의 등가성이라는 전제, 상호 형상화의 도식을 통해 하나의 언어와 다른 언어가 완전한 형태로 이미 존재하는 듯 가정하며, 그렇게 어떤 지역과 정체성을 자연화한다. 번역 과정 자체가 서로가 서로를 본질적인 경계·실체로서 확정해주는 역할을 하게 된다는 것이다. 번역이 전제하는 단일언어적 동질성이 근대 네이션의 형상을 창출한 요소 중 하나라면, 조선어와 외국문학－그러나 조선문학과 일본문학이라는 도식을 극히 회피하는 한에서 구성된－의 분절은 '국가 효과', '정체성의 확정'에 중요한 기능을 하게 된다. 단적으로 말해 텍사스 사투리로 된 소설을 경상도 사투리로 번역하는 일이란, 조선과 미국이라는 이항대립적 형상 없이는 상상하기조차 힘들기 때문이다. 전라도 하급 계급의 사투리를 내지어로 옮기는 일은 쉽지 않을뿐더러, 그 자체로 언어 이면의 이질적 주체들을 상기시킨다. 따라서 조선문학이라는 전제와 그 외부의 외국문학이라는 참조항의 설정은 표준어의 유무와는 관계없이 이미 표준적 언어로서의 조선어와 동질적이고 배타적인 집단으로서의 조선을 상정케 한다. 원기표, 발신자에게 추정적인 언어공동체의 대표자 지위를 부여하고, 그렇게 함으로써 번역어, 수신자에 언어공동체의 대표 지위를 부여하는 번역 제도는 필연적으로 그 사회 내부를 동질언어적인 것이자 균질적인 집단으로 형상화하게 된다는 점에서 매우 정치적인 효과를 가진다.

---

26) 상호 형상화의 도식에 대해서는 Sakai Naoki, *Translation and Subjectivity*, Minesota Univ., 1997. 이 책의 한국어본이 나와 있다. 사카이 나오키, 후지이시 다케시 역, 『번역과 주체』, 이산, 2005.

특정한 정치체 내부에서 일어나는 번역도 사정은 그리 다르지 않을지 모른다. 자신을 타자들과 연관시킴으로써 발신자의 언어와 수신자의 언어 모두에 공동체적 지위를 부여하는 제도가 바로 번역이기 때문이다. 등가와 대응이라는 번역 기준이 작동되는 순간 해석은 곧바로 행위화한다. 파롤과 파롤의 등가 교환은 즉시 두 개의 언어 체계라는 잠재성을 구성케 한다. 따라서, 번역이 비록 제국 내부에서의 '통합'을 그 목적으로 내세운다 할지라도, 번역은 언제나 이질언어적 분할 자체를 보존하는 '기능'을 수행한다고 해야 할 것이다. 다시 말해, 1940년을 전후한 고쿠고화, 지방문단화의 열기 속에서 번역 위에 계속 머물 것을 주장하는 일 자체가, 번역을 고쿠고화의 과정의 일부로서 혹은 상호 형상화 효과를 파기하는 기획으로서 구획하는 제국 문화, 당국의 의도에 배치되는 일이 되는 것이다. 조선어를 국어의 방언으로 위상화하려는 시간에, 번역기구의 창설을 주장하는 일이 가진 함의는 생각보다 단순치 않다. 방언의 위치에 번역을 설정하는 한 그 방언은 방언이기를 멈추고 하나의 언어공동체를 상정하게 한다. 번역의 제도화란 결국 분절 자체의 제도화에 다름 아니기 때문이다. 이 점에 대해 좀 더 이야기해 보자.

번역이란 텍스트의 옮겨 적기와 독해가 모두 그러하듯이, 차이를 산출한다. 해석된 주제 및 이와 관계된 등기(register) 사이의 구분이 이를 확증한다. 이 차이가 어떻게 처리될 것인가에 따라, 의미가 실현된다. 그 차이를 문지방 공간(liminal space)이라 명명해 볼 경우, 이 문지방 공간은 주제와 등기 어느 쪽에도 속하지 않으면서, 해석 그 자체에 의해 열리는 것으로 주제와 등기 양자를 서로 분리시키는 공간으로 기능한다. 해석에 의해 발생하는 이 문지방 공간은 필연적으로 번역에 대한 저항을 잉태한다.27) 적과 동지를 구분하는 정치적인 것이 장악한 시기, 이러한 문지방은 그 자체로 동질화된 공간을 방해하는 요소로 간주될 수 있으며,

27) Wolfgan Iser, *The Range of Interpretation*, Columbia Univ. Press, 2000, pp.4~5.

실제로 그러했다. 왜냐하면 단일하게 해석될 수 있는 메시지를 기도하는 캠페인 국가는 스스로가 산출한 바로 그 공간을 좁히려는 시도를 끊임없이 감행하기 때문이다. 그러니까 1942년 10월 1일을 기점으로 한 조선어학회 대검거, 언설장에서의 조선어의 급격한 퇴출은 무엇을 말하는가. 조선어 자체, 조선어의 표준어화 및 일국화화 효과를 발생시키는 (번역 및 언어 정리와 같은) 모든 장치・시도가 금제의 대상에 놓이게 된 것에 다름 아니지 않을까.[28] 그렇다고 해서 공론장으로부터 조선어가 곧바로 사라진 것은 아니었으나, 조선어는 조선어만을 아는 사람들에게 시국의 과제를 깨우치는 '동원'을 위한 하위 언어로 한정된 한에서만, 그 사용을 허락받게 된다.

앞서 말했듯이, 그것이 지역방언이든 사회방언이든 방언이란 그것이 한 사회 전체의 관계성 속에 존재하는 한에서, 거의 번역불가능한 언어이다.[29] 특히 한 집단 내부의 관계와 위치에 따른 언어적 배치의 고려는 그 자체로 번역의 효과로서의 조선의 '고유한 정체성' 재현 이외에, 하나의 언어 공동체 및 정치체 내부에 존재하는 수많은 계급적・성적 분할과 결절들을 재현하도록 한다.[30] 그리고 그렇게 하면 할수록, 언어들 사이의 잡종화는 오직 단일언어적 법권력의 틀 밖, 즉 예외상태의

28) 조선어학회 사건의 전말에 대해서는 황호덕, 「엽서의 제국, 제국의 공사(公私) 개념과 언어편제-조선어학회사건 재독(再讀)」, 『한국현대문학회 2008년 하계 국제학술대회 자료집』, 2007.8.24를 참조.

29) 이러한 문제는 일본어 창작 이후에도 잔존하게 되는데, 왜냐하면 그 언어가 모국어가 아닌 한 일본어 창작 자체가 일종의 번역가능성 앞에 서는 일이 되기 때문이다. 예컨대 다음의 언급을 보라. "「푸른 기와집」(일본어소설)을 쓰며 가장 곤혹스러웠던 것은 역시 언어였다. 지문은 어떻게든 쓸 수 있었지만, 도무지 회화가 되지 않았다. 여인네의 말과 하녀의 말이 뒤엉켜서 신문사 사람으로부터 주의를 받기도 했다. (…중략…) 습관상 항상 조선어가 먼저 나오기 때문에 열중하여 쓰고 있을 때는 언문으로 한 행 쓰고는 밤중에 킥킥 웃은 적도 있다." 李無影, 「釜山日報 靑瓦の家」, 『大東亞』, 1943.3, 150면.

30) 김사량의 사회방언 및 지역 방언 형상화에 대해서는 황호덕, 「國語와 朝鮮語 사이, 內鮮語의 존재론-일제 말의 언어정치학, 현영섭과 김사량의 경우」, 『대동문화연구』 제58집, 2007을 참조.

헐벗은 삶을 통해 그 모습을 드러내게 된다. 예컨대, 「빛 속으로」보다 「천마」가 더 뛰어난 작품이라는 야스오카 쇼타로[安岡章太郎]의 평가를 보라.

> 「빛 속으로」는 문학으로서 매우 순수한 작품이지만. 그러나 구체적으로 말하자면 「빛 속으로」는 일본어가 다소 망가져 있는 데가 있고, 그 점이 신경이 쓰인다. 고치고 싶어지기 때문이다. 「천마」에는 일본어는 망가져 있는 곳이 훨씬 많다. 대개 조선인이 거기에 있고, 또 말하고 있는 것처럼 들리는 곳도 있다. 그러나 서울의 거리를 배경으로 하고 있기에 그게 전부 살아난다. 그렇게 보자면 폭넓은 혼돈을 나타내는 게 「천마」에는 있는 것이다.[31]

"하루오는 내지인임다[春雄は内地人テす]"[32] 또는 "포쿠데스요. 포쿠 변소, 변소에 가구 싶어요"[33]와 같은 방식으로 또, 일본어와 조선어 사이의 착종과 교대를 노출하는 김사량의 방법들. 그 속에서 계속 이질적인 것, 배제를 통해 포섭되는 것으로 남는 이 잉여들. 오해를 무릅쓰고 다소 거칠게 말해본다면, 김사량의 문학은 번역이 사라져가는 공간, 즉 조선어와 일본어의 분할이 고쿠고와 비언어의 분할로 옮겨 가는 시간에 발생한 재현불가능성의 공간들을 가로지르고 있는데, 이 고쿠고와 '방언', 언어와 비언어 사이의 비식별역이야말로 김사량이라는 일본어 작가가 일본어 안에서나마 주권적 힘을 보존하고 있었던 장소였다. 왜냐하면 국어화(=일본어화) 이후에도 계속 남는 잉여—예외상태에서의 벌거

---

31) 「金史良特輯—民族と文學」, 『文芸』, 1971.5, 214면.

32) 金史良, 『光の中に』, 講談社文庫, 1999, 44면. 잘못된 일본어를 옮기기 위해 '~임다'라고 번역했다.

33) 김사량, 「留置場에서 만난 사나이」, 『文章』, 1942.2, 29면. 두 강조 모두, 김사량의 것으로, 본래는 윗점을 통해 표현되어 있다. 이 소설은 1942년 4월 김사량의 제2 소설집에 번역되어 실렸으며 그 과정에서 「Q伯爵」으로 제호가 바뀌었다. 金史良, 『故鄕』, 甲鳥書林, 1942.4.

벗은 삶의 존재 방식을 바로 그 예외적 순간에 계속 머물며 깨어진 언어로 보여주고 있기 때문이다.

2) 만남-소수자문학의 탄생, 장혁주 혹은 룽잉쭝과 김사량의 촉매

양쿠이[楊逵], 뤼허뤄[呂赫若], 룽잉쭝[龍瑛宗] 등의 대만인 작가들이 일본의 '내지'에 등장하기 시작한 것은 1930년대의 일이었다. 그 중 가장 먼저 '내지' 문단에 등장한 것은 양쿠이로, 「신문배달부」(1934)[34]라는 작품을 통해서였다. 이 작품은 본래 『대만신민보(臺灣新民報)』에 연재되었으나, 도중 게재금지처분을 받아 '전편(前篇)'으로 중단된 것을 그 스스로가 일본의 프로문학 잡지 『문학평론(文藝評論)』에 투고하여 입선제이석(제1석은 공석)에 당선된 것이다. 물론 전편이 게재되었다. 흥미로운 것은 다음의 독후감과 같이 이러한 과정이 장혁주의 일본문단 등단(『개조(改造)』, 1932.4)과 밀접하게 관련되어 있다는 사실이다. 다음의 독자편지는 암시적이다.

> 각고에 각고를 거듭하여 조선보다 1년 늦게 우리 대만의 작가도 일본문단에 진출했다. 「문평(文評)」(『文學評論』)에서 우리의 벗 양쿠이 군의 이름을 보았을 때, 실로 환희로 가슴이 벅찼습니다. 일본문단에 진출하기 위해 우리들은 열심히 경쟁하였다. 이윽고 양쿠이 군이 앞에 나섰다. 우리들은 우선 대만문학의 새로운 발전을 축하한다. 물론 우리들 대만인이 일본의 작가들에게 인정받았다고 하여 만족하는 것은 아니다. 「신문배달부」가 미숙한 신작품이라는 것은 부정할 수 없다. 창작필법의 유치함 때문에 도저히 조선의 장혁주와 비교할 수는 없지만, 장혁주의 작품은 양쿠이와 같은 식민지의 역사적 현실의 생생함이

34) 이 작품의 한국어 번역이 나와 있다. 송승석 편, 『식민주의, 저항에서 협력으로-일제 말 타이완 일본어 소설선』, 역락, 2006.

다루어져 있지 않다. 이 점에서 이 「신문배달부」의 가치가 인정되는 것이다. 우리들은 이 섬의 모습을 프롤레타리아의 눈으로 관찰하고 보다 깊이 파고 들어 높은 수준의 예술작품을 구현하지 않으면 안된다. 우리는 일본의 프로 작가가 앞으로도 따뜻한 손으로 식민지 문학을 육성하고, 지도해주기를 진심으로 희망하는 바이다.35)

장혁주가 「아귀도(餓鬼道)」라는 작품으로 『개조』 제5회 현상입상작으로 뽑힌 것이 1932년 4월이고 보면, 위의 글에는 약간의 오식도 없지 않다. 다만, 중요한 것은 양쿠이의 경우가 보여주듯 식민지인의 내지문단에의 관심은 외지의 검열이 내지에 비해 심했다는 사실, "식민지의 역사적 현실의 생생함"을 내지인들에게 알리기 위한 의도 등으로 촉발되었다는 점이다. 무엇보다 장혁주의 등장이 대만문학의 내지 '진출'에 큰 자극제가 되었다는 것만은 이 글을 통해서도 추측 가능하다. 더구나 이들의 작품은 『산령(山靈)－조선대만단편소설집(朝鮮臺灣短篇小說集)』(1935)이나 『약소민족소설선(弱小民族小說選)』(1936) 등을 통해 곧바로 중국어로 번역되었으며, 특히 장혁주와 양쿠이의 작품이 수록된 『산령(山靈)』은 당시를 대표하는 중국 작가 중 한 사람인 후펑[胡風]의 번역으로 출판되기도 했다.36)

흥미로운 것은 룽잉쭝의 등단(「파파야가 있는 마을[パパイヤのある町]」) 역시 1937년 4월 『개조』를 통해서였다는 사실이다. 이후 룽잉쭝은 주로 『문예수도(文藝首都)』에 소설, 수필, 평론을 발표하게 되는데, 주지하다시피 이 잡지는 김사량의 주요 활동 무대였다. 두 사람을 문우로 만들어 준 『문예수도』에 김사량을 소개한 사람은 장혁주였는데, 주간이었던 야스타카 도쿠조[保高德藏]의 회고에 따르면 당시의 김사량은 장혁주의 소

35) 讀者投稿, 「植民地文學を指導せよ!」, 『文學評論』, 1934.11.

36) 번역의 자세한 과정과 수록 작품에 대해서는 下村作次郎, 『文学で読む台湾』, 田畑書店, 1994, 210~212면.

개장을 들고 그를 찾아온 것으로 되어 있다.[37]

다시 편지로 돌아가 본다면, 거기서 우리는 어쨌든 두 개의 순환을 발견할 수 있다. 우선 장혁주의 도쿄문단 등단을 기점으로 생겨난 소수자 일본어문학이 조선-대만-중국을 잇는 고리로서 작용한 측면이 있었다는 것, 둘째 소수자 문학에 의해 촉발된 공감이 공동의 정전으로서 루쉰의 『아큐정전』을 향하고 있었다는 것이 바로 그것이다. 예컨대 이광수의 「만영감의 죽음[萬爺の死]」은 1936년 『개조(改造)』 8월호에 실렸는데, 그는 스스로의 작품에 대해 이렇게 쓰고 있다. "조선의 아귀(阿鬼)를 그리고 싶었다. (…중략…) 일생은 루쉰[魯迅]의 아귀(阿鬼)와 닮은 곳이 있고 인생의 표본으로서 대단히 재미있는 인물이다."[38] 그만큼 루쉰의 문학이 (반)식민지 상태의 "인생의 표준"이었던 셈이다. 말하자면 루쉰이 열어놓은 바로 그 지평 아래에서, 외지의 문학 혹은 외지인의 일본어문학의 번역가능성이 생겨났던 것이다. 실제로 룽잉쭝은 『문예수도』 1940년 11월호에 「두 개의 「광인일기」」라는 작품을 발표하고 있으며, 루쉰 서거 10주년에 즈음하여 「중국 근대문학의 시조-루쉰 서세(逝世) 십주년 기념일에 즈음하여」(『中華日報』, 1946)를 발표하기도 했다. 그렇다면 도대체 김사량은 왜 룽잉쭝에게 대만의 루쉰이 되어 달라고 썼던 것일까. 루쉰에 대한 그 자신의 독해는 어떤 것이었을까. 이 두 개의 흔들리는 손은 왜 그렇게 루쉰이라는 이름을 사이에 두고 흔들리고 있었던 것일까.

---

37) 안우식, 심원섭 역, 『김사량평전』, 문학과지성사, 2000, 123면. 장혁주와 김사량의 관계에 대해서는, 이 책의 곳곳에 제시되어 있다. 또한, 이 둘 사이의 차이를 '과장'하는 과잉구별을 통해 탈식민적 자기 정체성을 구성하는 문학사적 틀에 대한 비판으로 김철, 「두 개의 거울-민족 담론의 자화상 그리기 장혁주와 김사량을 중심으로」, 『상허학보』 제17집, 상허학회, 2006을 참조할 수 있다.

38) 이광수, 「成造記」, 『李光洙全集』 제8권, 삼중당, 1971; 『三千里』, 1936.1. 鬼의 웨이드식 발음은 'Quei'이며, 이로부터 '阿鬼'와 '阿Q'의 동일성을 해명한 논고들이 있다. 丸尾常喜, 『魯迅-「人」「鬼」の葛藤』, 岩波書店, 1993을 참조. 「만영감의 죽음」의 한국어 번역이 출간되어 있다. 김윤식, 『이광수의 일어 창작 및 산문선』, 역락, 2007.

3. 「아Q정전」과 「Q백작」—루쉰과 조선문학

1) 물음—왕백작은 왜 Q백작이 되었는가

글의 초입에 인용한 편지가 붙여진 날짜를 대략 1941년 2월 8일 정도로 추측해볼 수 있다고 할 때, 우리는 이 시기에 발표된 김사량의 단편 「유치장에서 만난 사나이」(『문장』, 1941.2)를 떠올리지 않을 수 없다. 그는 일본어 소설집 『고향(故郷)』을 출간(1942.4)하며 이 소설의 제목을 「Q백작」(1942.4)으로 변경하는데, 바로 그 사이에 룽잉쭝과의 서신교환이 위치한다. 『문장』 1941년 2월호의 인쇄납본일이 1월로 되어 있고, 발행일이 2월1일임을 볼 때,[39] 룽잉쭝에게 보낸 편지는 「유치장에서 만난 사나이」를 쓴 얼마 후에 부쳐졌을 가능성이 크다. 이 편지에서 루쉰이 언급되고 있다는 것과 김사량의 소설 창작은 어떤 관련이 있는 것일까.

우선 룽잉쭝이 김사량이 활동하던 『문예수도』(1940.11)에 루쉰에 대한 글 「두 개의 「광인일기」」를 발표한 것은 「유치장에서 만난 사나이」의 창작보다 시기적으로 앞서 있다. 따라서 김사량이 이 글에 촉발되어 소설을 구상했을 가능성도 있고, 혹은 이미 소설을 쓴 시점에서 룽잉쭝과의 서신 교환을 통해 자신의 그린 인간상을 '아Q적(阿Q的) 인간(人間)'으로 재인식하였을 가능성도 있다. 루쉰을 "범문학적인" 인물이자 전통의 모순과 격투한 대작가로 평가하고 있던 김사량에게 있어, 이러한 제목 변경은 단순한 일만은 아니다. 연작을 염두에 두고 달린 "기일(其一), 왕백작(王伯爵)"이라는 기표가 'Q백작'라는 기호로 변환되는 과정 자체에 이미 두 텍스트간의 친연성이 암시되어 있는 것은 아닐까. "루쉰[魯迅]은 제가 좋아하는 분입니다. 그는 위대하였습니다. 귀형이야말로 대만

39) 『文章』 제3권 제2호, 462면.

의 루쉰으로서 자신을 쌓아 올려 주십시오"라는 주문과 "귀형은 대만인의 문학을 하고 있고, 또 해야만 할 것이며, 저는 조선인의 문학을 하고 있고, 또 해야 한다"는 당위를 겹쳐 읽을 때, 결국 「Q백작」의 작가 김사량은 어떤 의미에서 조선의 루쉰을 머릿 속에 그려본 것인지도 모를 노릇이 아닌가.

그 실상이나 정황이 분명치 않은 대로, 김사량의 「Q백작」과 「아Q정전」의 관계에 대해서는 한 두 차례 주목된 적이 있다.[40] 그 이유는 제목의 연관성이나 루쉰과 아Q라는 이름의 크기 때문이기도 하지만, 구체적 해석 차원에서는 전집 월보에 실린 다케우치 미노루[竹内實]의 독후감에서 기인한 점도 없지 않은 듯하다. 과연 다케우치는 "루쉰을 읽어본 적이 있는 독자라면 틀림없이 Q백작과의 관계와 대비하며 음미하게 될 걸작"[41]이라 평하고 있는 것이다. 특기할 것은 중국 최초의 루쉰 전집인 『노신전집(魯迅全集)』(전20권, 노신선생기념위원회 편, 상해 : 노신전집출판사, 1938) 이 출간되기 1년 앞서, 그러니까 루쉰의 사망을 전후한 1936~1937년 사이에 이미 일본에서 루쉰 전집이 간행되었다는 사실이다.[42] 그도 그럴

---

40) 신채호, 이광수, 이육사, 김사량, 김산, 김학철 등이 루쉰을 스스로의 문학의 참조점 혹은 원점으로 직간접적으로 언급하고 있다. 여기에 대해서는 김시준, 「노신과 한국인」, 『현대중국문학』(현대중국문학회 편), 1997과 김윤식, 『한일문학의 관련양상』, 일지사, 1974를 참조. 예컨대 김윤식은 김석범(「萬德幽靈奇譚」) 등의 재일문학을 김사량의 영향과 「아큐정전」의 계보 속에서 약술한다(위의 책, 150면). 이광수와 김사량의 사례를 통한 보다 종합적 연구로는 임명신의 「한국 근대정신사 속의 魯迅—李光洙, 金史良 그리고 魯迅」(『중국현대문학』 제30집, 한국중국현대문학회, 2004)이 있다. 다만 이 논문이 양자 사이의 관련을 주로 사료적·내용적 측면에서 연결짓고 있기에, 제국 문학 내의 루쉰 읽기를 새삼 논하는 일이 불필요하지는 않으리라 생각한다. 참고로 위 글에는 인용상의 몇 가지 오식이 있다. 김사량의 「유치장에서 만난 사나이」가 발표된 시점은 '1939년 2월'이 아니라 1941년 2월이다. 앞서 말했듯, 이 기간에 룽잉쭝과 루쉰 이해를 포함한 서신 교환이 있었다는 점에서 이 사실은 중요하다. 루쉰의 문학을 의식한 근거로 제시된 다케우치 마코토[竹内實]의 글이 실린 월보도 전집 첫 번째 월보가 아니라 네 번째 월보이다.

41) 竹内實, 「恐れの対象としての金史良」, 『附錄月報』 4(『金史良全集』), 河出書房新社, 1974.

42) 패전 이전에 간행된 일본에서의 루쉰 문학 번역은 대체로 다음과 같다. 『世界ユーモ

것이, 개조사는 일찍부터 상해의 우치야마서점[內山書店]을 거쳐 루쉰과 접촉하고 있었고, 『개조』에 루쉰의 원고가 몇 차례 실리기도 한 사정이 있었던 것이다. 필시 이러한 루쉰에 대한 관심은 김사량이나 룽잉쭝에게도 전염되었음에 틀림없다. 이들 사이의 편지가 그 한 증거가 될 수는 없을까. 더구나 루쉰은 이미 그 당대에 각종 언어로 번역된[43] 조선에서도 추도문이 적잖은 크기로 일간지를 장식할 정도로 알려진 대문호이자 사상가였다.[44] 한편 룽잉쭝으로서는 루쉰 전집을 포함해 자신이 등단한 『개조』의 출간물들에 주목하지 않을 수 없었을 것이다.

그러나 일본에서 루쉰 전집 출간이 곧바로 일종의 '공감'이나 '강한 친밀감'을 뜻하는 것은 물론 아니다. 예컨대 다음의 고바야시 히데오[小林秀雄]의 언급이 그렇다.

ア全集－第12巻 支那篇』,改造社, 1932.8; 『魯迅全集』, 井上紅梅譯, 改造社, 1932.11; 『支那小説史』, 増田渉訳, サイレン社, 1935(→『支那小説史』, 天正堂, 1938.6→『支那小説史』 上・下, 岩波文庫, 1941~1942). 『大魯迅全集』 全7巻, 改造社, 1936.4~1937.8(第1巻 : 小説集 / 井上紅梅 外訳. 第2巻 : 散文詩・回憶記・歴史小説 / 鹿地亘 外訳. 第3~5巻 : 随筆・雑感集(1~3) / 鹿地亘訳. 第6巻 : 文学史研究 / 増田渉, 松枝茂夫訳. 第7巻 : 書簡・日記附年譜・伝記 / 小田嶽夫, 鹿地亘訳) 그 외 魯迅 外著, 増田渉 外訳, 『随筆集－現代支那文学全集』 10, 東成社, 1940.8; 吉川幸次郎譯, 『唐宋傳奇集』(魯迅編), 弘文堂書房, 1942.9. 위에서 볼 수 있듯이 1930년대 중반에 이미 두 차례 이상, '전집'의 이름을 한 출간 작업이 이루어졌음을 알 수 있다. 루쉰이 1936년 10월 19일 사망했음을 생각할 때, 두 번째의 전집은 이미 루쉰의 생전에 기획되어 발간되기 시작했다. 당대의 아시아문학에 대한 비교적 낮은 관심에 비추어, 루쉰에 대한 정전화 작업이 이미 전전 일본에서 거의 완성되었다는 사실은 극히 이례적이다.

43) 「아Q정전」은 발표 후 얼마 후인 1926년 5~6월 로맹 롤랑의 추천으로 『유럽』지에 프랑스어로 번역되기도 했다. 주정(朱正), 홍윤기 역, 『루쉰평전』, 북폴리오, 2004, 150면.

44) 혁명문인 이육사의 다음의 추도문이 그러한 경우이다. 이육사, 「魯迅追悼文」, 『조선일보』, 1936.10.23. 이 추도문에서 이육사는 양구안[楊銓]의 장례식(1932.6.20)에서 루쉰을 만나 악수한 일화를 소개하며 그의 죽음을 애석해하고 있는데, 양구안은 좌익작가연맹(1932) 인사로 창조사와의 혁명문학 논쟁으로도 유명한 작가다. 한일의 루쉰 이해에 대한 에세이로 김윤식, 「루쉰의 옛 집, 후지노 선생, 콜비츠 판화」, 『동양정신과의 감각적 만남』, 고려대 출판부, 1997. 한편 이육사는 루쉰의 소설 『고향』의 번역자이기도 하다. 『新朝鮮』, 1934.10.

일본인이 지나인(支那人)을 새롭게 이해하지 않으면 안 될 커다란 필요에 닥쳐 있는 오늘, 지나의 민족성을 새로운 표현으로 쌓아올린 충실한 근대문학이라는 것을 지나가 아예 갖고 있지 않다는 사실은 뜻하지 않은 장애가 되어 나타나고 있음을 우리는 깨닫지 않을 수 없다. (…중략…) 겨우 루쉰이란 사람이 아마도 좁게나마 깊이 중국인의 폐부에 이르렀음을 우리들에게 친숙한 표현으로 보여주었다. 하지만 베이징 거리에서 阿Q의 얼굴을 찾아내기란 하얼빈 거리에서 무슈긴을 마주치는 것보다 내게는 어려웠다.[45]

기본적으로 중국문학에 대한 이해는 '문학적 관심'도 작가에 대한 관심도 아닌 패권 지역(민)에 대한 관심, 즉 중국(민족성)에 대한 관심 그것이었다. 그런 의미에서 '아쉬운 대로' 루쉰의 아큐가 참고가 된 것이다(만약 랭보나 모차르트라면 결코 고바야시는 '민족성'을 전면에 내세워 이야기하지 않았을 것이다). 이러한 평가를 비슷한 시기에 발화된 다음과 같은 마오쩌뚱의 언급과 비교해 보면 그 낙차가 훨씬 분명해 진다. "중국에서 루쉰의 가치는, 나의 견해로는 중국제일의 성인으로 간주하여야 한다고 생각합니다. 공자는 봉건사회의 성인이고 루쉰은 신중국의 성인입니다"(「산베이공학[陝北公學]」에서의 강연, 1938).[46] 고바야시가 루쉰에게서 아Q라는 중국인 일반의 형상을 본 반면, 마오는 "루쉰의 뼈는 가장 단단하여, 그에게는 노예로서의 얼굴과 아첨꾼의 태도가 추호도 없었다. 이는 식민지 혹은 반식민지 인민이 지녀야할 가장 고귀한 성격이다"[47]라고 적었다. 루쉰의 광인과 아Q에서 전형을 보느냐, 아니면 그 전형이 제시한 '과제'를 보느냐에 따라, 또 루쉰을 그러한 전형에 얼마나 겹쳐 읽느냐에 따라서, 나아가 그 겹침을 하나의 끝 간 데 없는 회의주의로 보느냐

45) 小林秀雄, 「滿州の印象」, 『小林秀雄全集』(第7巻－歷史と文學), 筑摩書房, 1978, 13~14면.
46) 쑨위, 김영문·이시활 역, 『루쉰과 저우쭈어런』, 소명출판, 2005, 482면에서 재인용.
47) 毛澤東, 「新民主主義論」, 『毛澤東選集』 第2巻(제2판), 人民出版社, 1991.6, 698면. 쑨위, 앞의 책, 482면으로부터의 재인용.

자기 극복에의 열정으로 보느냐에 따라 평가는 달라질 수 있었다.

그렇다고 할 때, 문제는 다시 번역 혹은 이와 같은 차이가 발생하는 문지방 공간(liminal space)이라 할 수 있을 것인데, 이는 아래와 같은 질문으로 환원될 수 있을지 모른다. 왜 김사량은 자신의 소설을 스스로 번역하는 과정에서 「아Q정전」을 연상케 하는 제목을 달고 있는가, 또 그것이 루쉰의 「아Q정전」에 대한 '어떤 해석'을 보여주는가 어떤가. 더하여, 과연 번역의 과정에서 어떤 내용상의 변화가 생겨났는가. 만약 커다란 변화 없이 개제가 이루어졌다면 이유는 무엇일까.

왕백작을 Q백작으로 옮기는 과정에서, 그는 어쩌면 왕백작과 아Q를 유사한 인물로서 인지했을 가능성이 크다. 그러니까, 이 번역의 과정은 일본에서의 루쉰의 번역 과정을 다시금 문제화하는 한에서, 제국 일본 내 제 민족(혹은 지식인)이 그들 스스로(의 과제)를 어떻게 인식했는지를 암시해 준다. 그 과정에서 김사량이라는 번역적 의식이 섰던 위치나 식민지와 제국 사이의 번역의 메커니즘이 일부 드러날 수도 있을 것이다. 단적으로 말해, 김사량은 아Q를 민중 일반이 아니라, 식민과 혁명이 명멸하는 순간에 존재하는 지식인의 위치, 혹은(어떤 의미에서 정체성(停滯性)이기도 한) 전통과 그 거짓된 극복 과정에 대한 은유로서 읽은 듯 느껴진다. 어째서 그러한가.

2) 번역—단일언어의 제국, 피식민자는 말할 수 있는가

이야기를 전하는 '나'는 부산발 신경행 급행열차 식당칸에 앉아 각각 광고쟁이, 축산회사원, 신문기자를 하고 있는 세 사람의 대학 동창과 이야기를 나누고 있다. 화제가 기진하였을 즈음, 도쿄지국에 근무하는 신문기자인 화자(김사량 자신이 『조선일보』 도쿄지국에 근무한 적이 있다)[48]는 왕백작(조선어판)=Q백작(일본어판)의 이야기를 꺼낸다. 기자는 Q백작을 도쿄의 유치장에서 처음으로 만났다. 기괴한 일본어 발음으로 당당함과 비굴함을 오가는 Q백작은 일종의 정신분열과 같은 상태에 있는데, 자칭 아나키스트인 그는 사상범 검거가 있을 때마다 스스로 혐의를 만들어 유치장을 오는 것으로 되어 있다. 모 지방의 도지사이자 백작인 사람의 아들로 알려진 그는 왕백작(조선어판)=Q백작(일본어판)으로 불리며, 어쨌든 그렇게 대접을 받는데, 유치장에서 그는 일종의 '죠우렌[常連, 단골]'으로 통한다. 스스로가 만든 혐의에 의한 체포와 증거불충분으로 인한 석방을 반복하고 있었던 것이다.

"누구에게나 싹싹하게 구는" 반면, "허풍을 떨며 사람들을 유쾌하게 하는" 희극적 성격의 캐릭터인 Q백작은 부정확한 발음, '아나키즘' 사상가라는 허풍, 비굴한 요구 등을 통해 극히 왜곡되고 희화화된 채 등장한다. 그 후, 기자는 그를 "만주광야로 이주하는 이민군"들이 탄 열차 속에서 다시 보게 되는데, 기자에 따르면 그는 종종 이민열차를 타고는 남부여대의 처참함과 이별의 울음에 통곡하는 것으로 되어 있다. 기자를 만난 Q백작은 대뜸 "도쿄의 동지"라고 일본어로 말하다가는, 또 통곡을 그치고는 "나두 통곡을 하고 싶어요. 큰 소리를 지르며 통곡을 하고 싶어 나는 울기를 좋아하는 거야 울기를. 그래서 나는 늘 이 이민열차에 오르군 하겠지"라며 조선어로 떠들어 댄다. "광열적(狂熱的)인 사내가 빠지곤 하는 절망적인 고독감"으로 인해, 그는 기자에게 자신에게 복수하려 한다고 소리친다. 이민열차를 타고 함께 울며 국경까지 갔다가, 다시

48) 정종, 「천재작가 '김사량'을 말한다」, 『일본사상』 제5호, 한국일본사상사학회, 2003의 연표 및 작품목록을 참조. 여기에 따르면 그는 1939년 4월 5일 조선일보사로부터 연락을 받고 서울로 가 학예부 기자가 된 후, 6월 도쿄제국대학 대학원 입학과 함께 도쿄지국 기자로 도일한 것으로 되어 있다(301~302면). 「留置場에서 만난 사나이」와 「Q伯爵」으로부터의 인용은 일본어본과 조선어본을 때에 따라 병용하였다. 김사량, 「留置場에서 만난 사나이」, 『문장』, 1941.2; 金史良, 「Q伯爵」, 『金史良全集』 II, 河出書房新社, 1973. 이 소설 창작의 이면에는 어쩌면 이광수라는 이름이 자리하고 있는지 모른다. 왜냐하면 이 소설을 쓰기 1년 전 김사량은 『모던니혼』 조선판에 감옥을 무대로 한 인간군상을 그린 이광수의 「무명」을 번역한 적이 있기 때문이다.

돌아오기를 반복하는 Q백작. Q백작이 광기의 절정에 이르러 쓰러졌을 때, 기자는 대전에서 호남선을 갈아타야 했던 사정으로 내리고 마는데, 내내 기자는 Q백작의 안위가 걱정되어 양심의 가책을 받았다고 말한다.

흥미로운 것은 기자가 그 이후에도 그를 몇 번이고 만난 것만 같은 생각이 든다며 지목하는 순간들이다. 강원도 산골에 홍수가 났을 때, 뗏목에 탄 서너 사람과 함께 '단말마의 소리를 내며' 떠내려가던 양복쟁이-홍수에 휩쓸려간 서울의 한 젊은 목재상인이 Q백작과 닮았었다. 종로에서 동대문으로 가는 전차를 탔을 때, 본 경방단원(警防團員) 속에서 Q백작과 닮은 뒷모습을 보았다. 이야기를 듣던 나는 "과연"하며, 다음과 같이 말한다. "그럴게야, 꼭 그게 Q백작임에 틀림없을게야. 그는 전쟁이 벌어져 기뻐할 걸. 왜 그런고 하면 지금의 우리나라는 현실적인 괴로움은 있지. 그러나 일정한 방향을 향하여 거국일치의 체제로 매진에 매진을 거듭하고 있으니 말일세. 그는 인제는 생활의 목표와 의의를 얻어 메었는지두 모르지. 경방단반장쯤 넉넉히 지냄즉 한 걸." 소설은 그러나 "그러나 그 뒤 또 어떤 날……" 하는 대화를 통해 그 결말을 열어 놓은 채 끝이 난다.

미묘하게 Q백작=왕백작의 환청을 듣도록 유도된 이 소설에서, Q백작의 변신과 목소리의 바뀜은 식민지 조선에 있어 매우 의미심장할 수밖에 없는 순간들을 구성한다. 미결수의 혀놀림이 이상한 일본어에서, 이민열차의 조선어 '통곡'으로, 다시 홍수에 떠내려가는 목재상의 있는 "힘을 다해 부르는 소리"로, 종국에는 경방단 반장의 훈시하는 목소리로 옮아가는 이 변화에 주목해 보자. 조선어본을 기준으로 왕백작=Q백작의 말과 목소리를 옮겨보면 아래와 같다. 확인 가능한 한에서, 조선어 대화문인지 일본어 대화문인지를 괄호 안의 표지를 통해 구별하며 인용해 보겠다.

① 미결수로서의 Q백작 : "포쿠데스요. 포쿠. 변소, 변소에 가고 싶어요"(일본

어 : 비굴) "하이 하잇"(일본어판에서는 군대식 목소리라는 지문이 첨가되어 있다) "실수없이 하게나 뚱구래미가 있으면…… 잘 부탁만하면 모치떡 사먹을 수가 있다네"(조선어 : '꺼리는 듯한 낮으막한 조선말'에서 '비굴한 동정의 웃음'으로) "응 고맙네……"(불명 : '가늘고 숨이 괴로움'), "나는 죠-렌(常連 : 단골이라는 뜻-인용자)이어서 머"(불명 : '뻐기는 듯 히죽 웃더니') "나야 아마 송국(送局)일걸"(불명 : '기운 없는 목소리면서도 어쩐지 내심 득의양양') "나? 헤헤헤 그게야 누구보구 말할 수 있난 헤헤헤 / 그런데 아나키스트란 무언가?"(불명 : '공허한 눈을 헤번득이며 목구멍이 메인듯한 목소리로') "에헤헤 에헤 내가 그것이라우 바로 그것이야 / 이미 결국 나는 아나키스도란 말이야. 무슨 일이 나기만 하면 턱하고 부뜰려 오거던"(불명 : '엉뚱하게 큰 소래', '선전'), "우마꾸 야레요오"(일본어 : '목이 갈한듯한 큰 고함').

② 이민열차에서의 Q백작 : "동경의 동지!"(일본어 : '술기운 때문에 이전보다 더욱 혀가 돌아가지 않는 국어를 쓴다') "그런데 여보게 동경의 동지. 나는 자자자네가 송국될 때 근심하였다네. 아주 크게 걱정을 했었다네. 저겂이 처음이어서 금시에 헤타바루 하지나 않을까 하구 응"(일본어 : '마냥 떠들어 대는 것') "이게 무슨 소리야! / 그러면 그렇지 그러면 그렇지"(일본어 : '공포에 쌓인 것처럼 손발을 부둘부둘 떨'며 '아주 미치기라도 한 사람 모양') "나도 통곡을 하고 싶어요 큰 소리를 지르며 통곡을 하고 싶어. 나는 울기를 좋아하는 거야 울기를 / 그래서 나는 늘 이 이민열차에 오르군 하겠지"(조선어 : '광열적인 사내'의 '절망적인 고독감'), "네 네놈은…… 날보구 복수를 하려는 게지"(불명 : '비명과 같은 소리') "나는 아아 지금 당장 내 자신으로부터도 복수를 받고 있는 터이야. 목줄을 졸라매우고 있는 터이야. 희망두 없구 즐거움도 없구 슬픔도 없구 그리고 또 목적조차 없구…… 아아 나는 이 이민열차에 탓을 때만이 행복인 걸 어떻거나? 나는 그들과 같이 울 수가 있구 부르지즐 수가 있어"(불명 : '괴로운 소리를 내며 신음') "이눔 날 드러 가만 있으라구"('팔을 휘저으며 고함').

조선어본이든 일본어본이든 이 소설에는 내내 '조선말로', '국어로'와 같은 언어 표지가 대화문 사이에 지문으로 들어와 있다. 내지에서의 조선어와 조선에서의 내지어가 대화들에 마구 섞여든다. 그렇다면 이는 감옥이나 재일(在日)과 같은 이중언어(2개언어병용, diglosia)의 상황 때문일까? 반드시 그렇지는 않은 것이 이 언어의 계속적인 교체 자체가 왕백작=Q백작의 성격을 보여주고 있기 때문이다. Q백작은 복종의 언어와 제스처, 강한 반발의 언어와 민족어를 교대로 사용하는데, 그 사용 자체는 비의식적인 것처럼 표현되어 있다.

두 판본에서 눈에 띄는 차이는 조선어 본에서는 단어 및 문장의 수준에서 드러나는 디글로시아적 현상이, 일본어본에서는 '조선어'로 말함을 고시한 이후에는 단어 수준에서는 드러나지 않는다는 것이다. 디글로시아 자체가 조선 혹은 조선인에게만 일어나는 종속의 표지임을 소설의 에크리튀르 자체가 보여주고 있는 것이다. 오히려, 어떤 의미에서 Q백작이나 '기자'와 같은 2개언어상용자의 언어 간 코드 전환(code-switching)은 언어통합이 급속히 진행되어 코드와 코드가 뒤섞이는 사회배경에서 발달하며, 그 자체로 민족언어집단을 식별해 주는 자동적인 부호가 될 수 있다.[49]

조선어와 일본어 사이에 존재하는 언어만이 문제가 아니다. 실제로 Q백작의 언어는 번역불가능한 비언어적 표지로 가득 차 있으며, 이 자체가 일본어와 조선어의 분할을 국어와 방언 혹은 언어(=인간)와 언어 아닌 것(=인간 아닌 것)의 분할로 재분할하는 시도가 파생시키는 효과를 명징하게 드러내고 있다. 크레올화된 Q백작의 말은 거의 대부분의 경우, "부르짖음[叫び]과 같이", "비명(悲鳴)과 같은 것으로", "괴롭게 신음[苦しさうに呻く]"하는 것으로, "통곡(痛哭)이나 아비규환(叫喚)의 목소리"처럼, "목구멍이 메인 듯한 목소리[喉にからみつく樣な声]"로서 밖에 제시될

---

49) I. F. Hamers · M. H. A. Blanc, 이혜란 외역, 『2개언어상용과 그 이론』, 한국문화사, 1995, 220면.

수 없다. 단적으로 말해, Q백작의 언어는 언어와 비언어 사이에 존재한다. 아니 그 사이에서 예외상태의 언어 자체를 시험하고 있는 것이다. 그 방법은 희화화를 통해 나타나는데, 따라서 작가는 계속 진지한 것(제국 언설)과 이탈적인 것(미치광이의 비명) 사이에 자리를 잡을 수 있게 된다. 김사량은 Q백작을 통해, 통곡하는 조선어, 조르는 내선어(內鮮語), 공포와 규율의 일본어, 언어를 초과한 비명을 동시에 보여주며, 그런 분할들을 Q백작의 '광열'과 '병' 안에 새겨 넣음으로써 수많은 경계의 순간을 표시하게 된다.

이러한 이야기를 하는 것은, 이처럼 (자칭) 아나키스트에서 경방단반장까지 포괄하는 Q백작의 변신이 Q라는 하나의 기표에 수렴되어 있는 다양한 전형성을 보여주고 있다는 점에서, 분명 익명성을 통해 전체 중국을 환기시키는 「아Q정전」의 방법[50]과 닮아 있음을 말하기 위해서이다.

전통과 대결하기 위해, 중국 전체를 노예로 간주하는 과격성, 그러니까 바보나 미치광이와 같은 표현으로밖에 전통파괴자의 이미지를 말할 수 없는 루쉰의 고민은, 민중만이 노예가 아니라는 '신경착란'을 느끼면서 "자신도 또한 그들(가짜 혁명－인용자)의 노예인 것이 아닐까" 의심하는 수준에까지 이른다.[51] 조금 그 맥락을 달리하지만 바보나 미치광이, 벌레, 이교도의 모습을 통해 제국 언설을 그 문법의 경계에서 내파할 수밖에 없었던 김사량의 번민 역시 바로 이러한 전통과 (피)지배의 문제를 동시에 육화시키는 것에 있었다 할 것이다.[52] "그들을 맞이하면서

---

50) 루쉰 스스로가 말하고 있는 바 "아Q의 형상은 이미 내 마음 깊은 곳에서 몇 년 동안 자리 잡고 있었던 것 같다". 그 형상은 일종의 "국민성에 대한 그의 오랜 연구"와 관련된 듯 보이는데, 그는 이 소설의 러시아어 번역본 서문에서 이 소설을 통해 "현대적인 우리나라 인민의 영혼을 써내고" 싶었다고 말하고 있다. 또 「보류를 다시 말하며 再談保留」에서는 "「아Q정전」을 통해 우리 국민의 대체적인 약점을 폭로하고 싶었다"고도 쓰고 있다. 주정(朱正), 홍윤기 역, 『루쉰평전』, 북폴리오, 2004, 143면.

51) 히야마 히사오[檜山久雄], 정선태 역, 『동양적 근대의 창출』(『魯迅と漱石』), 소명출판, 2000, 167면.

52) "당시 일본에 거주하던 우리 조선인의 민족적 행동과 사랑은 외양상으로는 이와 같

기뻐 날뛰는 지기미의 모습은 석양을 업고 하늘을 향해 기도를 올리는 이슬람교도처럼 아름다웠다"[53]고 할 때, 이 벌레는 어쨌든 전통을 업은 채, 제국의 경계에 서 있게 된다. 번역적 과정이 폐색되어가는 상황 속에서, 번역적 의식을 견지하며 전통에 집착한다는 것, 그것도 전통의 부정적 형상에 집착한다는 것은 어쨌든 그것을 완전히 부정하는 '개조'의 방법보다 훨씬 강력한 이미지로 (조선인이라는) 존재의 현전과 (언어에의) 요청을 결합시킨다. 조선은 부정적인 형상 안에서는 언제나 오롯이 그 존재를 강변하며, 그것이 부정적인 한에서 이 전통은 부정되어야할 과제들을 분명히 한다. 「기자림」과 「벌레」가 그렇고, 「천마」와 「빛 속으로」가 그렇다.

물론 반식민지와 식민지의 차이만큼이나, 「아Q정전」과 「Q백작」 사이에는 커다란 차이들이 존재한다. "「아Q정전」을 통해 우리 국민의 대체적인 약점을 폭로하고 싶었다"고 할 때, 이 폭로는 우선적으로 중국(인)을 전제한다. 그러나 일본어로 작업하는 번역적 의식에게 이 폭로는 "내지인을 향한/내지인용"의 방법이 되는 까닭에, 조선의 존재확인과 함께 자기모멸의 감정 및 원시성의 재확인이라는 결과를 초래하게 된다. "역시 내지인을 향한[内地人向き] 작품입니다. 저도 잘 알고 있습니다. 그것을 너무도 잘 알고 있는 까닭에 두려운 것입니다"라는 언급은 그러한 자각에서 나온 발언일 터이다.

풍자 대상에서 지식인 주체와 그 범주에 포함된 자신을 빼어주지 않는 정신. 계속 문지방 공간에 위치하는 정신은 이처럼 풍자대상과 저자를 분절하지 말라고 말하고 있다. 그리고 바로 이 점이야말로 '아Q적인 것'이다. 흔히 김사량의 소설은 사소설적 경향과 엑조티즘적 로칼 칼라를 제시하는 고발의 경향을 가진 것으로 이야기되어 왔다.[54] 그런데 문

이(「虫」=「지기미」) '기괴'한 방식을 빌리지 않고서는 밖으로 표출될 수 없었다. 아니 그렇게 쓸 수밖에 없었다"(김달수). 안우식, 앞의 책, 151면.

53) 金史良, 「虫」, 『金史良全集』 II, 河出書房新社, 1973, 22면.

제는 이 둘을 분리시켜 부정적인 속성을 특정한 (지식인) 인물에게 투사하는 순간 발생한다. 그도 그럴 것이, 「천마」 속의 부정적이고 분열적인 기생적 지식인상인 겐류[玄龍]으로부터 김사량을 분리함으로써만 '민족작가 김사량'이 탄생할 수 있기 때문이다. 하지만 다음과 같은 김사량에 대한 회고와 묘사들은 그의 고발이 인민으로부터의 지식인의 분리나 지식인으로부터의 스스로의 분리와는 거리가 먼 것임을 반증해 준다. '아큐적인 중국인' 전체를 폭로하는 루쉰의 방법처럼, 김사량에게는 극복대상과 극복주체가 일치했던 것 같다.

> 그의 작품의 핵을 이루는 휴머니즘. 궁핍하고 약한 자들에의 깊은 애정, 그것들과 그의 자기자랑[自慢話] 사이에는 어떤 관련이 있는 것일까. 어떤 심리에 의해 둘은 이어져 있는 것일까. (…중략…) 일본인은 결코 그런 경우(무산자운동을 하거나 했던 경우—인용자) 자신의 가문에 대한 자랑이나 큰 부자라는 자랑은 하지 않는 것이다. 우리들은 김사량 안에 있는 그런 모순이 이상하게 생각되어 웃음을 터뜨린 것인데, 그는 우리들이 그의 이야기를 신용하지 않아서 웃은 것이라고 오해해서 초조해 하는 기색으로 손짓까지 섞어 강변하고 있었던 것이다. 결혼 후에는 더하여 새신부 집안 자랑이 늘어났다. 그렇게 큰 부자, 명문가인 김사량의 집보다 오히려 몇 배나 좋은 가문, 자산가의 딸이라는 것이다. 무엇보다 부인 당자에 대해서는 별로 그런 자랑을 하지 않았다. 그런 점을 보면 그의 성벽(性癖)은 필시 조선민족의 공통성일지도 모르겠다. (…중략…) 김사량의 그 즈음의 자랑에는 고개를 절로 흔들 수밖에 없었다. "조선에서는 집안이 윗 클라스면 미국유학. 중간 클라스면 일본유학. 그 밑이면 자국에서 교육을 받는데, 그래서 어머니도 아내도 미국에서 교육을 받았다." 당시 최승희라는 조선

54) 김사량에 대한 논의의 진폭에 대하여, 김철, 「두 개의 거울—민족 담론의 자화상 그리기 장혁주와 김사량을 중심으로」, 『상허학보』 제17집, 상허학회, 2006을 참조. 다만 이 논문은 김사량과 장혁주의 근원에 잠재한 식민지적 자아와 해방 후의 '오독'을 강조한 나머지, 신체제기의 이 둘의 행보를 과잉동일시하는 측면이 없지 않다.

의 무희가 굉장히 인기였는데, 그는 최승희의 「검무[劍の舞]」의 선생은 자신이라고 했다. (…중략…) "나도 광주사건이 없었다면 미국에 갔을 것이다"라며, 일본유학이 조금은 불만인 모양이었다. 그의 인간적 매력, 풍부한 재능과는 달리 그의 뽐내기는 너무 길었던 게 내게는 불가해하게 느껴졌다. 한데, 앞서의 이회성 씨가 이렇게 대답해 주었다. 결론적으로 '그건 그의 애국적 심정 때문이 아닐까요'라는 취지의 이야기였다. 과연 딱 맞는 이야기이다. 나는 20여년 만에 겨우 그 불가사의가 풀려 마음이 가벼워졌던 기억이 있다.[55]

김사량에 대한 이러한 묘사는 물론 일본인 나름의 편견이 깊이 개입되어 있는 것이라고 해야 할지 모른다.[56] 다만 그러한 내지인들의 시선을 포함하여 중요한 것은 사실의 여부보다는, 김사량을 포함한 조선인들이 자신을 둘러싼 컨텍스트가 0이 되는 순간 위와 같은 성격으로 전화하게 될 가능성을 대체로 갖고 있었을 것이라는 사실이다.

어떤 의미에서, 김사량이 마치 고백하듯 「빛 속으로」는 "멈추려해도 멈출 수 없는 기분에 쫓기듯 쓴 작품의 하나였지만 「천마」 역시도 내가 썼다기보다는, 오히려 씌어졌다고 하는 편이 낫겠다는 생각이 든다. 이 작품 속에서 나는 주인공과 그것을 따르는 또 한사람의 나, 이 삼파전 속에서 피투성이로 격투를 벌인 듯한 느낌이 들었다"[57]고 썼을 때, 그 말은 일단 문자 그대로 받아들여져야 한다. 그가 위치해 있던 계층 구조, 공론장이 아니라 자신을 둘러싼 배경을 상실한 공간에서, 오직 그 배경은 자신의 '말'에 의존할 수밖에 없다. 따라서 그 순간, 과잉 호소와 이해받을 수 없음에서 오는 침묵은 마치 신호등처럼 깜박이며 교대할 수

---

55) 保高みさ子, 「金史良の愛国心」, 『文芸』, 1971.5, 229면. 야스타카 미사코는 야스타카 도쿠조[保高德藏]의 부인임.

56) 상황과 사람에 따라 바뀌는 김사량의 조울증에 가까운 밝음과 우울, 다변과 침묵(여기에 대해서는 안우식의 앞의 책을 참조)은 식민자에게 어필하려는 피식민지 지식인에게 흔히 나타나는 현상일 수 있다.

57) 金史良, 「跋文」(光に中に), 『金史良全集』 Ⅳ, 河出書房新社, 1973, 67면.

밖에 없는 것인지도 모른다. 내지인에 가까이 가기 위해 온갖 악행을 일삼으면서도 조선을 위해 복숭아나무 십자가를 지는 겐류의 모순된 의식이나 이민열차에 타고 목 놓아 울고 신음하는 Q백작의 모습, 남(南)과 미나미[南] 사이에서 갈등하는 「빛 속으로」의 '나'는 피식민자의 특성을 분유(分有)해 가진 각각의 개별적 양상이라고 해야 할 것이다. 그들 각자는 그들이 전체적 일관성을 보여주고 있지 못하다는 바로 그 이유로 인해, 식민자의 특성을 분유해 가진 단수이면서 복수인 존재들이다.

"사소설 속에 민족의 비통한 운명을 풍부하게 짜넣은 작품"(사토 하루오[佐藤春夫]의 아쿠타가와상 심사평, 『文藝春秋』, 1940.3)이라는 평가 역시 그런 한에서 이해 가능해질지 모른다. 조선인 출신 일본어 작가로 존재하는 한 그는 민족 감정, 민족 신경 위에 놓이게 되며, 따라서 그는 언제나 스스로 '조선'이라는 전체를 함께 짜넣는 번역가가 되지 않으면 안 되었다. 마치 루쉰 주위의 허다한 지식인들이 루쉰을 찾아와 혹 '아Q'의 모델은 자기가 아니냐고 물었듯이, 또 그렇게 루쉰 자신이 스스로 '아Q'의 일부가 아닌가 하는 신경착란에 시달렸듯이, 김사량의 주인공들은 김사량이 분유한 조선/전통/사(私)와 구별될 수 없다. 바로 그러한 식별불가능성이야말로 하나의 가능성이었다고 이야기하는 편이 옳지 않을까.

더구나 루쉰의 문학과 달리 이들 일본어로 쓰인 또 다른 아Q의 형상들은 그 기능이 사뭇 달랐다. 왜냐하면, 그 자체로 이들의 형상은 정체되고 분열된 야만적 피식민자(the savage colonized)의 형상을 제국의 식민자들에게 각인시키는 기능을 수행할 수도 있었기 때문이다. 김사량의 의식이 야마다 하루오와 미나미 선생의 접점에 스스로를 놓는 태도에도 불구하고, "내지인용" 발화라는 자의식에서 자유로울 수 없었던 것도 이 때문일 것이다. 그도 그럴 것이 아Q적인 것의 직시 다음에는 '막다른 길'도 있었던 까닭이다. 김사량이 아Q적인 것과 비판적 자아의 식별불가능한 지점들에서 선택한 길과는 다른 종류의 길이 바로 이 1941년의 언저리에는 가로 놓여 있었다. 예컨대 이광수의 '전향'은 「만영감의 죽음」과 「무명」이 묘파한 아Q적 인간상들과 결별 및 제국 (국민) 문학으로의 진입에 다름 아니었기 때문이다.[58]

4. 예외상태, 예외적 삶—예와 예외

조선어와 국어를 왕복하며 말하지만 어느 쪽도 발음의 규율이나 조리를 가지고 있지 못하다는 것. 한 문장 안에서 조선어와 일본어를 코드 스위칭 해가며 말한다는 것. 이것이 갖는 의미는 오직 번역불가능성—번역이 금지된 곳에서 오롯이 살아난다.

적잖은 경우 지배집단은 분리와 배제를 통한 통치를 수행하기 위해 소수민족 언어의 유지를 결정한다. 여기서 문화 및 언어의 경계는 곧 계층의 경계가 된다. 그들은 '분리'되어 통치된다. 좀 더 빈번한 경우에 있어, 다수민족은 소수민족에게 자신의 언어를 유일한 '법권리의 언어'로 부과하여 동화정책을 실시한다. 한 개체로 살아남기 위해서 소수집단의 구성원들은 결국 합법적 언어를 배워야한다. 아무리 개인이 2개언어상용자로 남을지라도, 그는 그 발화방식에 있어 지배집단을 향해 상향적으로 결합될 것이다. 그런데 지배집단은 그들의 권리를 인정하는 순간에조차 단지 집단 전체가 아니라 언어적 기준에 의거해 '개인' 권리만을 인정한다(다수집단에의 개인적 진입(passing)). 평등이란 그것이 어떤 것을 표방하든, '민족적' 내지는 다른 특성과는 무관한데, 왜냐하면 여기서의 평등이란 개개인에 대한 동등한 권리이지 결코 집합적으로 간주되는 집단에 대한 동등한 권리가 아니기 때문이다.

58) 여기에 대해서는 황호덕, 「변비와 설사, 전향의 생정치—『無明』의 이광수, 식민지(감옥)의 구멍들」, 『상허학보』 제16집, 2006.2를 참조.

이렇게 되면 소수집단의 구성원들은 그들의 지위가 불법적이며 오직 일치된 단체행동만이 자신의 위치를 향상시킬 수 있다고 믿게 되는데, 이러한 인식이 진전해감에 따라 그들은 주변화(marginalization)라는 모험을 무릅쓰고 자치, 분리, 민족자결을 요구하며 경계 내에 머물거나, 이주를 요구하게 된다.[59)]

1941년을 즈음한 상황은 한동안 조선의 지식계급 사회에 존재했던 이중언어적 상황을 완전히 종식시킬 것을 요구하고 있었다. 이 같은 상황에서 "같은 발화 혹은 대화에서 2개 이상의 언어를 교체하여 사용"하는 코드 전환의 순간을 표시한다는 것은 그 자체로 국어화 및 지방문단화에 의해 배제된 공간을 제시해주는 일일 수 있었다. 특히, 국어와 방언, 아니 언어와 비언어라는 새롭고 폭력적[60)]인 분절 사이에 존재하는 내선어(內鮮語)와 비언어적 화용을 끊임없이 고쿠고의 영역 안에 남기는 일 자체는 일종의 '단일문화권으로의 기입을 거부하는 번역' 행위로 정의내릴 수 있을지 모른다.

누가 Q백작인가. 소설 안에서 이미 그러하듯, 누구나 Q백작일 수 있고, 또 아닐 수 있다. 중요한 것은 모든 예외적 순간, 그러나 조선 아니(허다한) 조선인에게는 이미 상례화된 삶 속에서 얼굴을 드러내는 Q백작의 비명이 발화되는 순간 안에서 계속 머무는 것이다.

주권권력의 언어인 일본어에 포섭되어 있는 한편, 계속 그 언어 밖으로 튕겨져 나오는 이러한 순간들을 "벌레[虫]", "소돼지", "이슬람교도"와 같은 말로 표현하는 순간, 김사량은 고쿠고로 대변되는 주권적 힘의 경

---

59) I. F. Hamers · M. H. A. Blanc, 이혜란 외역, 『2개언어상용과 그 이론』, 한국문화사, 1995, 227~228면.

60) 이 폭력은 그것이 실현하는 현재적 삶의 부인이라는 측면에서 뿐 아니라, 수단 그 자체로서도 폭력적이다. 그것이 비록 고쿠고 안에서일지라도 조선어의 등재 자체가 불온하다. 왜냐하면 이러한 분절이 그 자체로 이전과는 다른 방위 개념과 국민 개념을 통해, 법정립적 폭력(lawmaking violence)의 순간을 나타내기 때문이다. 발터 벤야민, 진태원 역, 「폭력의 비판을 위하여」, 『법의 힘』(자크 데리다), 문학과지성사, 2004 참조.

계에 머물면서, 예외상태의 삶과 (비)언어의 영역 위에 스스로의 힘을 놓게 된다. 조선어는 여기서 아직 잠재성으로 남아 있고 그런 한에서 재현 혹은 대표(represention)될 수는 없지만, 한편으로 고쿠고의 경계를 넘어가는 순간들이 제시(presentation)되는 한에서 일종의 비잠재성－즉 현실성으로 전개될 역능을 갖게 된다. 매끄러운 일본어의 공간에 홈을 만들고, 일본어의 파롤들을 초과하는 '랑그'의 체계를 상상하게 하는 김사량의 방법은 역설적인 말이지만, 그 자체로 주권적이다. 왜냐하면 주권 권력이란 외부와 내부, 자연과 예외, 퓌시스와 노모스의 구분 불가능성 그 자체이고, 통합됨이 없이 이 비식별역에 계속 머무는 한에서 그 결정은 외부를 상상하고 또 다른 법정립을 상정하는 주권적 행위이기 때문이다.[61)]

조선어의 비언어화에 따른 대규모적인 예외의 출현은 어떻게 일본어의 틀 안에서나마 이 예외상태를 제시할 수 있을 것인가의 문제를 야기시켰다. 왜냐하면 조선 전체는 완전히 제국일본의 내부이지만, 조선인 중 어떤 경우의 예를 들더라도 그는 완전한 국민일 수 없었기 때문이다.

골상학과 민족성과 기질과 풍토와 애국심 등등의 분할들에 의해, 계속 발생하는 차이를 상기할 때, 또 그 차이를 캠페인과 명령을 통해 통합하는 정치적 장치를 생각할 때, 남는 가능성 중 하나는 그러한 경계들 위에 머물면서 그 경계 자체를 애매한 것으로 만드는 일, 또 곧바로 현재적 분할 자체를 보여주는 일일 수 있었다. 테두리 짓기(ex-ceptio)의 원리 자체를 보여주는 것.

주권적 결정에 의해 조선어가 공론장에서 추방되어 갈 때, 즉 벌거벗은 삶이 대량으로 발생하는 한편 이 현상이 그 자체로 재현의 위기 속에 놓이게 될 때, 김사량은 바로 그 언어와 비언어－일본어와 일본어 아닌 것이 착종하는 지점들 위에 자리를 잡음으로써 번역적 의식을 보

61) 이 절에서 제시된 개념군에 대해서는 조르조 아감벤, 박진우 역, 『호모 사케르－주권 권력과 벌거벗은 생명』, 새물결, 2008(Giorgio Agamben, *Homo Sacer－Il potere sovrano e la nuda vita*, Torino : Einaudi, 1995)을 참조.

존한다. 이 비식별역 위에서 그 경계를 질문하는 주체는 조선어와 조선인이라는 것을 계속 의식하면서, 언어(國語)와 비언어(國語 아닌 것)라는 제국의 주권적 힘에 의해 설정된 테두리를 맹목적으로 질문한다. 제국의 주권에 의해 조선어의 영역이 잉여의 영역으로 간주된다 하더라도, 바로 그러한 잉여가 발설하는 조선어 자체가 재현 불가능성에 놓이는 순간에조차, 벌거벗은 삶이 탱천하는 한에서 언어는 계속 이 예외적 삶을 향해 미끄러져 들어감으로써 스스로의 잠재성을 유지한다. 이렇게 말할 수는 없을까. 그는 고쿠고와 조선어(방언), 언어와 언어 아닌 것의 비식별역, 예외적 상황 안에 계속 남아 있음으로써, 조선의 분리 / 독립이라는 잠재성을 비잠재성(현실성)의 영역으로 옮겨갈 뇌관을 계속 보유했다고.

대만 작가 룽잉쭝에게 보낸 편지를 통해 김사량은 루쉰의 「아Q정전(阿Q正傳)」으로 대변되는 '아큐적 인간'의 형상에 대해 이야기한다. 그는 식민지문학의 과제를 '피에 흐르는 전통적 정신'을 끌어안으며 '새로운 자신의 문학'을 건설하는 행위로 이해했으며, 똑같이 '남의 말[よその言葉]'로 작업하며 이 과제와 싸워나가는 룽잉쭝의 작품에 깊은 공감을 느꼈다. 김사량은 룽잉쭝의 소설에서 '흔들리는 손'을 본다. 이는 '내지인을 향한 문학'과 '조선(혹은 대만의) 문학' 사이에서 민족(어)의 잠재성을 보존하려는 그의 노력과도 깊이 관련된 문제였다. 예컨대 「아Q정전(阿Q正傳)」을 의식하며 쓰인 「유치장에서 만난 사나이」와 그 번역인 「Q백작(Q伯爵)」을 통해 그는 조선어 안에는 일본어의 흔적을, 일본어 안에는 조선어의 흔적을 깊이 남김으로써 민족과 국가 사이의 이중적 구속을 표현했다. 이러한 그의 방법은 특히 하층민을 다룬 서사에서 두드러지는데, 필자는 이를 문지방 공간에서 조선(어)의 잠재성을 보존하는 주권적 운동으로 설명했다. 왜냐하면 그의 문학은 제국일본 안에 미만해 있는 '정체되고 분열된 야만적 피식민자'의 형상을 전유하는 한편, 조선어와 조선인의 존재를 계속 '잊을 수 없는 타자'로서 의식하도록 하는 방법을 취하고 있기 때문이다.

「천마(天馬)」의 겐류[玄龍]나 「Q백작(Q伯爵)」의 형상이 의미하는 바는 무엇인가. 김사량은 지식인과 하층민, 계몽자와 야만인의 분할이 무력화되는 (반)식민지의 '아큐적 삶'을 묘파함으로써, 국민화 과업을 통해 계몽적 지위를 유지하려는 전향자들에 맞섰던 것으로 보인다. 고쿠고[國語]와 조선어, 내지어와 조선어의 분할이 언어와 비언어의 분할을 통해 상례와 예외의 상황으로 조직되고 있는 상황에서, 그는 지식인과 하층민의 분할을 지우고 하나하나의 조선인을 '벌레, 소돼지, 이슬람교도, 광인'으로 묘사하려 했다. 모든 예외를 국민화의 열기 속에 상례화시키는 기획 '위에' 서서, 조선어의 비언어화에 따른 대규모적인 예외상태의 출현을 묘사하는 김사량의 작업은 주권적이다. 왜냐하면 거기서 그는 제국과 그 외부의 결정을 제국 안의 본원적 분할을 다시 개시함으로써 해체시키고 있기 때문이다.

요컨대 일본어를 통해 지속적으로 조선어 / 예외적 삶으로 미끄러져 들어가며, 그가 택한 것은 '남의 말' 안에 조선어를 보존하고 예외의 상례성을 드러내는 일—즉, '통합불가능한 타자'로서의 조선(어)의 잠재성을 유지하는 일이었다. 국어로 말하는 국민화의 기획 속에서 제국의 경계는 통치권과 그 외부 사이에 그어진다. 그러나 국어 안에 조선어를 보존하는 한에서, 또 광인의 크레올이 정치와 뒤엉키는 비식별역 속에서 이 경계는 제국 내부에서, 그리고 한 사람의 인간 안에서 다시 그어질 수밖에 없다. 만약 상례와 예외를 결정하는 것이 주권자라면, 역설적이지만 일본어 작품(상례) 안에서 조선(어)라는 예외적 순간을 계속 지정하는 행위는 충분히 주권적인 것이라 해야 할 것이다. 그러나 이처럼 경계 위에 머물며 계속 예외의 순간을 드러내는 그의 방법은 1942년 말을 기점으로 더 이상 실현 불가능한 것이 되었으며 그의 문학은 『태백산맥(太白山脈)』을 기점으로 점점 유토피아적 비전과 갈등이 해소된 진공의 상태를 향해 가게 된다. 이에 대한 해명을 차후의 과제로 삼고자 한다.

당대의 정치적·언어적·계급적 분절들을 보여주기 위해 다소간 논의를 에둘러 전개해 온 것이 아닌가도 생각된다. 무엇보다 룽잉쭝과 루쉰/김사량과의 '관련'을 텍스트 자체의 분석을 통해 충분히 언급하고 증명하지 못한 점이 아쉽지만, 마지막으로 김사량과 룽잉쭝의 해방 다음의 후일담으로 글을 마무리할까 한다. 그들은 어떻게 되었으며, 무엇을 썼는가, 혹은 쓸 수 없었는가. 룽잉쭝은 제2차세계대전 종결 후 약간의 기간 동안 글을 썼다. 그러나 국민당정부가 대만을 점령했고, 국민당은 곧 국민 정체성 강화와 일본식민지 잔상 불식이라는 기치를 걸고 일본어 뿐 아니라 대만어[福建語方言]마저 공론장에서 추방했다. 많은 작가들이 이에 대해 지지의 입장을 밝혔다. 이러한 엄격한 언어 정책 속에서 일본어만을 유일한 문학어로 가지고 있던 룽잉쭝은 "정치적으로 강제된 새로운 모어에 대해 침묵"[62]하는 길을 택했다. 룽잉쭝의 절필과 그에 이은 수십 년 간의 공용어[北京語] 공부에도 불구하고 그는 한 두 편의 '중국표준어' 작품을 남긴 채 영원히 문단 외부의 사람이 된다. 김사량의 낙오와 죽음에 대해서 말한다는 것은 그의 '흔들리는 손'을 떠올리는 일만큼이나 마음 무거운 일이다. 일본과 조선 사이에서, 중국공산당과 제국일본 사이에서, 또 남한과 북한 사이에서 오직 번역적 의식으로 존재했던 김사량은, 그렇게 해서 영원히 번역의 장소, 예외적 삶으로 남아 있다.

62) 식민지 대만의 일본어 문학과 그 이후에 대해서, Faye Yuan Kleeman, *Under an Imperial Sun*, Univ. of Hawaii Press, 2003.

일그러진 동심*

김사량의 「빛 속으로」와 조이 코가와의 『오바상』에 그려진 인종차별의 문제

테드 구센(Ted Goossen)
이주연 역

1. 재교육된 제국문학—어린이라는 타자 혹은 나

이 책에 기고한 다른 학자들의 경륜과 배경에 비해 한참이나 뒤지는 분야, 그러니까 내게는 아직 생소한 분야에 대한 글을 쓰려고 앉아있자니 좀 두려운 마음이 앞선다. 사실 나의 전공은 근대 일본문학으로써, 토론토의 요크대학에서 학생들을 다년 간 가르쳐 왔고 근년에 들어서는 도쿄대학에도 적을 두게 되었다. 내가 대학원생이었던 1970년대 일본문학의 학문적 훈련은 '가와바타 야스나리', '다니자키 준이치로', '시가 나오야' 같은 작가들의 작품을 읽는 것에 치중되어 있었는데, 이중 '시가 나오야'는 내 박사논문의 주제이기도 하였다. 그러나, 위에 열거한 세 작가 모두 일본의 식민지정책이 진행되던 시기에 작품을 발표했

* 이 지면을 빌어, 내게 많은 도움과 가르침을 주신 김응교 교수님과 와타나베 나오키 교수님께 특별한 감사를 드리고 싶다

음에도 불구하고 나의 교수님들은 그 시기에 대해 특별한 강조를 하지도 않았고, 또한 고백하건대 나 또한 그 당시 내 자신이 공부하고 있던 작품들의 성격이 일본의 제국주의에 의해 어떠한 영향을 받아 형성되었을 지에 대해 알려고 하는 노력을 충분히 기울이지도 못했다.

그렇다고 해서 이런 사실들만이 내 지식의 결핍에 기여한 것만은 아니다. 제2차 세계대전에 관해 토론을 할 때조차도 관심의 초점은 항상 진주만 공격이 있었던 1941년부터 전쟁이 끝난 1945년까지에 맞추어져 있었고, 일본이 중국에서 일으킨 전쟁이라든지 일본의 조선 합병 등의 문제 등에는 아주 미미한 관심만 주어졌을 뿐이었다. 수업 중에 던지는 학생들의 질문은 '왜 일본의 지식인들은 군국주의의 부상에 대항하여 보다 적극적인 비평을 펼치지 않았는가', 혹은 '미국은 히로시마와 나가사키에 투하한 원자폭탄을 과연 그 어떤 다른 백인 국가에도 떨어뜨렸을 수 있었을 것인가', 뭐 그런 것들이었다. 이런 제한된 시각의 결과로써, 한국의 식민지 상황, 좀 더 확대해서 말하자면, 일본의 식민지 정책이 아시아에, 그리고 일본 자체 내에 어떤 영향을 주었는가에 대한 문제들은 거의 다루어지지 않은 채 넘어갔다. 따라서 18~19세기의 유럽문화는 유럽제국주의를 고려하지 않고는 제대로 이해할 수 없듯이(사실 아직도 많은 학자들이 외면하고 싶어 하는 주제이긴 하지만) 내 세대의 일본문학 학자들은 근대 일본문학을 일본제국주의와 분리시킬 수 없다는 사실을 인식하고 난 뒤 우리 자신들을 '재교육' 시켜야만 했다.

위에 언급한 문제들에 대한 나의 지식은 아마도 충분히 채워질 수는 없을 테지만, 나는 김응교 교수, 그리고 와타나베 나오키 교수와 같은 학자들 덕분에 이 분야에 처음으로 발을 들여놓을 수 있었다. 좀 더 구체적으로 말하자면, 이분들을 통해서 『국민문학』에 일본어로 발표된 여러 한국작가들의 작품들을 읽게 된 것이다. 이것은 정말 눈이 휘둥그레질 정도의 경험이었다. 이 소설들 중 특히 나의 관심을 끈 것은 김사량의 작품들이었는데, 그는 뛰어난 상상력과 강렬한 이미지로 그가 살았던 시대의 아픈 모순들, 그리고 굴복하지 않는 인간의 정신성을 보여주고 있었다.

그 후, 나는 그의 작품 속에 나오는 어린아이의 이미지, 또한 그가 글을 쓸 당시 발표된 다른 많은 작가들의 작품 속에 나오는 어린아이들의 이미지에도 큰 관심을 가져왔다. 이러한 연유로, 이 글에서는 김사량의 작품 「빛 속으로」에 등장하는 어린아이와 캐나다에서 애독되고 있는 작품 중의 하나인 조이 코가와(Joy Kogawa)의 『오바상(*Obasan*)』에 나오는 어린아이에 초점을 두고 이 두 작품을 비교 분석 하려한다. 어린이를 주요인물로 등장시키는 것은 캐나다의 "에스닉 문학(ethnic literature)" 혹은 "이민문학(immigrant literature)" 장르에서 자주 다루어지는 테마이기도 하다. 참고로, 작가 조이 코가와는 캐나다의 인종차별주의로 인해 깊은 상처를 받은 일본계 출신의 캐나다 작가이다.

그리 놀라울 일도 아니지만, 세계 어느 곳에서든 어린아이들의 이야기를 다룬 소설이나 영화들은 특별한 관심을 받는다. 우리는 이 세상의 제반 문제들을 어른들의 탓으로 돌려 버릴 수는 있으나, 어린아이들이 등장하는 이야기를 읽으며 그 아이들에게 어떤 사회적 책임을 묻는다는 것은 거의 불가능하다. 예를 들어, 빈민가에서 사는 사람들의 삶은 우리에게 고개를 돌려버리고 싶은 마음이 들게 하지만, 그 사람들이 아이들일 경우(올리버 트위스트라든지 아니면 최근에 상영된 영화, 〈슬럼독 밀리어네어〉에 나오는 아이들과 젊은이들)에는 상황이 달라진다. 게다가 우리도 한때는 아이였던 시절이 있었기 때문에 이런 작품들에 나오는 아이들의 이야기에 곧바로 공감을 느끼게 된다. 그 추억이 지금은 비록 희미하다 해도 어린 시절에 경험했던 강렬한 감정들, 그리고 어리기 때문에 기복이 심했던 그 감정들을 기억하고 있는 것이다.

또 한 가지, 어린아이들을 중심으로 한 이야기가 강한 흡인력과 매력으로 다가오는 이유 중의 하나는, 그 정체가 잘 보이지는 않지만 현재의 삶을 집요하게 지배하고 있는 과거의 역사에 관계되기 때문이다. 나이가 들어갈수록, 우리는 우리의 부모들과 우리가 현재 살고 있는 이 세상을 좀 더 잘 알고 싶어 하는 자신을 발견하게 된다. 혹은, 어른들의 어렸을 적 이미지를 상상하며 그들의 성장과정에 끼쳤을 배경을 생각해 봄으로써 인간성에 대한 희망을 놓치지 않으려 노력하는 때도 있을 것이다. 이렇듯, 아이들에 대한 이야기들은 "나"와 "타자"라는 동전 한 개의 양면 같은 우리 자신을 발견하도록 도와준다. 많은 경우에 있어서, 그 이야기들은 여러 가지 의미 있는 방식으로 이 두 가지 측면, 즉 개인적인 면과 인류학적인 면을 동시에 보여준다. 그 "타자"라는 것을 유년기에서 찾게 될 때, 통상 우리는 그것이 지금 현재의 자기 자신과 무척 비슷하다는 것을 깨닫게 된다. 말하자면, 어린아이들이 우리 자신을 볼 수 있도록 이끌어 주는 것이다.

2. 복자(伏字)들의 이면, '어둠 속으로' – 김사량의 「빛 속으로」

이 글에서 비교하려는 두 작품은 김사량(1914~1950)이 1939년 발표한 「빛속으로」와 1935년 밴쿠버에서 출생한 조이 코가와가 1981년 영문으로 출판한 장편, 『오바상』이다. 언뜻 보아서는 이 두 작품과 각 작가의 출생배경이 무척 다른 것 같지만 좀 더 깊이 들여다보면, 사회적 불화가 들끓었던 시기에 발생한 '인종의 차이'라는 문제를 다루고 있는 것, 그리고 그로 인해 상처받은 어린아이들을 그리고 있다는 것에서 서로 유사한 점이 많다고 생각된다. 이 두 작품은 현재에도 읽혀지고 있는데, 나는 일본의 "고단샤(講談社)"에서 출판된 김사량 단편집에 수록된 「빛속으로」와, 캐나다와 미국의 청소년들에게 숨겨졌던 북미역사의 단상을 가르치기 위한 목적으로 사용되는 고등학교 및 대학 교재용 단행본으로 출판된 『오바상』을 참고로 하였다.

「빛 속으로」는 야마다 하루오[山田春雄]라는 여덟 살 가량의 아이를 중심으로 이야기가 전개된다. 이 하루오에게서는 도무지 아이다운 매력을 찾아볼 수가 없다. 하루오가 입고 있는 옷은 늘 헤져있고 더러우며, 또래의 아이들에게서 따돌림을 받으면서도 자기보다 약하거나 덩치가 작은 아이들을 곧잘 못살게 굴고, 특히 조선인에게 인종차별적 모욕을 주는 것을 즐긴다. 하루오는 작중화자, 그러니까, 지역사회센터에 소속된 학교의 선생이 조선인일 것이라는 의심이 들자, 그 선생이 방과 후 어떤 사람들과 어울리는지 알아내기 위해 집요한 추적을 벌인다. 마침내 그 선생이 조선인이라는 것을 밝혀내는 하루오. 그 선생은 자기방어의 일환으로(학생들은 그를 일본인으로 생각하여 그의 성씨인 "남" 대신 "미나미" 선생으로 호칭하고 있다) 외톨이인 하루오와 친해지려 노력하는 도중, 하루오에게도 조선인의 피가 흐르고 있다는 사실을 알게 된다.

하루오의 부모는 하루오보다 한층 더 초라한 사람들이다. 완전히 우연이지만, 남선생은 예전에 하루오의 아버지 야마다 한베이[半兵衛]와 같은 감옥방 안에서 두 달 동안 함께 생활한 적이 있다. 부전자전이라고 하루오의 아버지 역시 조선인을 괴롭히는 것을 재미로 삼는 불쾌한 사나이다. 그러나 한베이의 어머니는 조선인이고 그의 아내 역시 조선인이다. 남선생이 왜 감옥에 갔어야 했는지에 대해 자세한 설명은 없지만(이것은 김사량의 이야기에 줄곧 맴돌면서도 답해지지 않는 질문이다) 우리는 아마도, 일본이 조선에 가하는 압박에 대해 비판적인 조선인에 대한 일본 당국의 불신과 의심에서 비롯된 것이라는 것을 짐작할 수 있다. 반면에, 한베이는 조직범죄의 테두리 안에서 사는 사람들에게서 쉽게 발견되는 상습적 범죄자의 유형으로써, 다른 죄수자들에게까지 악명이 높다. 한베이와 같은 방에서 생활해야 했던 남선생은 그의 입냄새가 너무나 고약해서 함께 잠을 자는 것조차도 거의 고문처럼 느끼는데, 남선생은 그 냄새의 원인은 한베이가 매독에 걸렸기 때문이라고 짐작한다. 한베이는 어떤 날은 마치 친구를 대하듯 남선생에게 친근하게 다가와 조선인과 관계된 자신의 배경에 대해 이야기를 하다가도, 다음날은 언제 그랬냐는 듯이 본래의 난폭한 모습으로 돌아가 남선생을 괴롭힌다. 한마디로 말해서 그는 아주 불쾌감을 주는 사디스트의 전형인 것이다.

꼬마 하루오의 불쌍한 어머니 테이준(한국이름 정순(貞順))은 건달 같은 한베이의 완벽한 희생물이다. 아무런 저항도 하지 않고 순종하는 정순은 한베이가 휘두른 칼에 의해 얼굴에 심한 상처를 입었으면서도 아이를 데리고 한국으로 도망가라는 친구들의 조언을 (마치 마조히스트처럼) 귀담아 듣지 않는다. 그럼 한베이는 왜 그런 끔찍한 폭력을 자신의 아내에게 휘둘렀는가? 그것은 그가 또 다른 범죄를 저질러 감옥에 가 있는 동안, 그녀가 나이 지긋한 조선인 여성과 친하게 지냈다는 이유에서였다. 남선생은 하루오와 정순을 평범한 어머니와 아들처럼 지내도록 설득해 보겠다는 희망으로, 남편은커녕, 하루오조차도 아직 들여다보지 않은 그녀의 병실을 찾아간다. 남선생의 설득에 진지하게 반응하는 대신, 정순은 오히려 남선생에게 하루오에게서 관심을 떼 달라고 부탁한다. 정순은 하루오의 어머니인 자기 자신조차도 아이와 더욱 친밀한 관계를 가져야 한다는 생각을 하지 않는다. 그녀의 남편이 원하듯, 하루오가 자신이나 남선생과 같은 조선인이 아닌 내지인들과 함께 사는 방법을 배워야 한다고 생각하는 것이다. 한편, 남편이 자신에게 결코 지울 수 없는 물리적 상처를 주었음에도, 정순은 오히려 그 상처로 인해 자신의 결혼생활이 더욱 안정적이 되었으리라 믿는다. 왜냐하면, 그 상처 때문에라도 남편은 자신을 다른 남자에게 쉽게 팔아버리지 못할 것이라고 생각하기 때문이다. 남선생은 도저히 이러한 하루오의 어머니를 설득할 도리가 없다고 판단하고 병원문을 나서다가, 남선생의 방에서 훔친 담배가루 소량을 손에 쥐고 병원을 들어서는 하루오를 발견한다. 남선생은 나중에서야 알게 되지만, 하루오는 예전에 어머니가 아버지에게 맞아 피를 흘릴 때 담배가루로 상처를 치료했던 것을 기억하고 어머니를 위해 그걸 훔친 것이었다.

한 가지 흥미로운 사실은, 바로 이 대목, "한베이에게 얻어맞아[半兵衛からなぐられ?]"가 검열로 인해 삭제된 듯 아홉 개의 "X"자로 대치되었다는 것이다. 연약한 조선인 아내에게 지속적인 폭력을 일삼는 일본인 남성의 잔인한 이미지는 일본인 검열자들을 당혹시켰을 것이고, 결국에는 좀 더 '부드럽게' 그 이미지를 다듬어야 한다고 느꼈을 것이다. 그러나 공교롭게도 이 의도된 검열의(검열당국은 아마 미처 예상하지 못했을 것이다) 흔적은 이 작품에서 상징적으로 구성된 한베이와 그의 아내 사이의 사도마조히즘(가학/피학성 변태)적인 결혼관계, 그리고 일본이 조선인에게 가한 잔인한 폭력의 실상을 더욱 분명하게 드러내는 결과를 초래하고 말았다. 한걸음 더 나아가 분석하자면, 지극히 전형적인 일본인의 이름인 "야마다 한베이"의 어머니가 조선인이라는 사실은 대부분의 일본문화의 뿌리가 한국이라는 것을 연상케 한다는 점에서 많은 일본인들에게 거북함을 느끼게 하는 것이다. 상징적인 차원에서 볼 때, 일본인들의 한국에 대한 좋지 못한 감정은 자신들의 원형을 거부하는, 그러니까 한베이의 세대에서 하루오의 세대로 이어져 내려오면서 보이는 자기혐오증의 일종이라고 볼 수 있다.

사실 검열을 담당하는 사람들은 자신들이 읽고 있는 작품에 내포된 깊은 의미를 제대로 발견하지 못하는 '능력 없는 심판'과 같다. 이것은 전전(戰前)과 전쟁 수행 당시의 일본인 검열자들뿐만 아니라, 전쟁 후 미군정의 SCAP(Supreme Commander of Allied Powers) 검열자들에게서도 자주 발견되었던 일로써, 그들은 작품의 진의를 아주 쉽게 놓쳐버리곤 했다. 전쟁 중과 전쟁 직후, 일본인 작가들과 영화감독들이 자신들과 사상이 비슷한 관객이나 독자들에게는 쉽게 이해될 수 있지만 검열자들에게는 쉽게 보이지 않는 메시지를 "암호화"시켜 중요한 부분에 삽입했던 경우가 있었다. 결국엔 출판정지를 당한 다니자키의 소설, *The Makioka Sisters*(일본어제목『세설(細雪)』)과 오즈 야스지로의 전후영화, 〈Record of a Tenement

Gentleman〉(일본어제목 〈장옥신사록(長屋紳士録)〉)이 대표적인 경우이다. 어쨌든, 남선생이 왜 감옥생활을 해야 했는가의 이유가 밝혀지지 않은 이유는, 잘 알려져 있지 않은 작가들, 특히나 그 작가가 조선인인 경우에는 검열이 더욱 강력하게 행해졌다는 것은 물론, 불온한 내용이 발견될 경우 그들에게 내려지는 형벌의 무게가 한층 무거웠다는 것을 증명하고 있다. 다시 말하자면, 김사량은 「빛 속으로」에서 일본제국주의의 영향이라든지 일선(日鮮)관계에 관한 비평을 반영시키는데 있어서 세심한 주의를 기울여야 했던 것이다.

앞에서도 언급했지만, 나는 식민지 당시의 한일관계에 대한 전문가가 아니다. 그러므로 내가 지금 이 글에서 분석하고 있는 내용은 단지 나의 추측을 기반으로 한 것이다. 그러나 「빛 속으로」의 처음에서 다섯 번째 장, 그리고 맨 마지막 부분을 보면, 이 부분들이 어떻게든 코드화되어 있다는 것, 김사량이 검열에 걸리지 않고 작품을 출판하려 노력한 의도, 또한 잘못하면 곤경에 처할지도 모르는 상황을 최대한 피하려한 의도가 보이고 있다는 것을 지적하지 않을 수 없다. 지적한 부분들은 남선생처럼 "성공한" 대학생이든, 하루오처럼 빈곤에 허덕이는 어린아이든지 간에, 일본인들로부터 고통스럽고 지속적인 차별을 받는 조선인을 분명하게 묘사한 다른 대목들과는 확실히 다르다. 이러한 묘사 대신에, 다섯 번째 장에서는 남선생과 하루오가 모던화된 도쿄시내의 거리를 생기 있게 걷고 있는 모습, 마쓰자카야[松坂屋] 백화점에서 카레와 아이스크림을 먹고 나서 남선생이 사준 새 셔츠를 백화점에서 나오기 바쁘게 입어보는 하루오, 그리고 아름다운 저녁시간을 즐기고 있는 연인들과 가족들에 둘러싸여 공원과 시노바즈연못[不忍の池]가를 걷고 있는 그 둘의 모습 등이 그려지고 있다. 하루오는 애초에 생각한 것처럼 동물원에 가는 대신, 자신을 다정하게 대해주는 남선생과 함께 보트를 타러 가야겠다고 결심한다.

어둡고 고통스러운 전체적 분위기와는 다르게 위에 언급한 부분들은 지나칠 정도로 밝고 긍정적이다. 과연 그러한 풍요로운 근대성과 화기애애하게 느껴지는 가족들의 분위기가 바로 그전까지 묘사된 빈곤과 차별 등의 모든 문제들을 완벽하게 해소하는 하나의 해답이 될 수 있을 것인가? 아니면, 김사량은 상당히 비판적이고 파괴성이 짙은 내용을 유교적인 도덕성으로 포장해 눈가림을 하려했던 것일까? 그리고 마지막으로, 이 긍정적인 결말이 작가 자신에게 닥쳐올지도 모르는 재난을 피해보려는 의도에서 나왔다면, 이로 인해서 이 작품의 앞부분에서 보이는 음울하고 심란한 암시성의 의미는 어떻게 끝까지 유지될 수 있을까?

예상하건대, 일본제국의 '빛나는 약속'을 믿고 있는 사람의 눈에는 경쾌한 발걸음을 옮기고 있는 하루오와 남선생을 맞이할 시노바즈 연못의 모습이 그들 앞에 다가올 밝은 미래를 상징한다고 느낄 것이다. 그러나 그 독자가 좀 더 회의적인 태도를 가지고 있는 사람이라면, 이 부분이 의심스러울 수도 있을 것이다. 돌로 만들어진 연못의 난간에 줄을 선 채 자기 차례를 기다리고 있는 사람들과, 곧 연못에서 보트놀이를 즐길 하루오와 남선생의 이미지에는 상당히 극(劇)적인 요소가 반영되어 있다. 때는 저녁 무렵이고, 짙어드는 어둠은 마치 안개처럼 수면 위로 엷게 퍼져 나간다. 둘이서 연못을 향해 절반쯤 걸어갔을 때, 하루오는 남선생에게 이렇게 이야기한다. "선생님, 난 선생님 이름을 알고 있어요[先生、僕は先生の名前を知っているよう]". 남선생은 수줍게 웃으며, "그래? 한번 말해보렴"이라고 대꾸한다. 하루오는 "남선생님이라고 하죠?[南なん先生でしょう?]"라고 대답하며 자신이 입고 있던 헌 셔츠를 남선생을 향해 던져놓고 보트장을 향해 달려가기 시작한다. 이 장면은 하루오가 남선생에게서 받은 새 셔츠를 입듯, 두 사람 모두 새로운 정체성을 자연스럽게 '입게' 되는 해방적인 순간이다. 그런데, 김사량의 단편은 조선에서 창씨개명 정책이 실시되던 1939년에 출판되었다. 이런 점에서 볼 때, 「빛 속으로」에서의 이 극적인 장면은 곧 뒤따르게 될 "긍정적이고 새로운 미래"를 위해 제시된 창씨개명이라는 순진하기 이를 데

없는 내선융화 선전으로 인해 그 비통함과 쓰라림이 더욱 강조되고 있을 뿐이다. 다시 말해서, 회의적인 사고를 가진 독자에겐 행복한 결말인 듯 보이는 이 마지막 장면이 결국은 곧 다가올 또 하나의 비극의 전주곡으로 느껴졌을지도 모른다.

철망에 가두어진 동물들을 보러가는 대신 보트놀이를 가자고 결심하는 하루오에게서도 위에 언급한 것처럼 유사한 의미를 읽어낼 수 있다. 반식민지 투쟁을 벌인 결과였을 가능성이 크지만, 어쨌든 감옥에 갇혀 하루오의 아버지와 수감생활을 했던 남선생에게 있어 보트놀이는 아마도 더 뜻 깊은 대안이었을 수도 있다. 도쿄시내에서도 가장 아름다운 장소 중의 하나인 곳, 게다가 남선생이 적을 둔 도쿄제국대학과도 가까운 거리에 있는 시노바즈 연못의 정경은, 줄줄이 냄새나는 철망 안에 갇혀있는 동물들의 모습과는 비교할 수 없는 곳이다. 그러나 그들이 보트장 계단을 내려가기 시작할 때 어둠은 안개처럼 수면위로 젖어들기 시작한다. 남선생과 하루오가 보트를 타게 될 즈음이면 어느새 밤이 될 것이다. 그러므로 이들의 보트장 나들이는 밝고 행복한 미래가 아닌, 음울하고 끝을 알 수 없는 곳으로의 여행인 것이다.

3. 일본계 '캐네디안'–조이 코가와의 『오바상』

이 이야기가 끝나고 나서 그 후의 하루오는 과연 어떤 어른으로 성장하게 될 것인가? 하루오가 꿈꾸듯, 어느 어두운 무대에서 춤을 추는 무용가가 될까? 아니면, 빈곤과 차별의 경험으로 인해 끝내 상처받고 일그러진 인간이 될 것인가? 조이 코가와의 작품 『오바상』의 주인공 '나오미'는 우리에게 파괴된 동심이 어떻게 한 인간의 삶에 영향을 주는지에 대해 하나의 흥미로운 시각을 보여준다. 부끄러움 많고 소극적인 성격의 나오미는 진주만 공격이 시작된 1941년 12월 7일 당시 다섯 살이었다. 「빛 속으로」의 하루오보다 다섯 살 가량 어린 셈이다. 두 아이 모두 노골적인 증오 표현의 대상은 아닐지라도, 사회로부터 의심의 시선을 받는 소수민족의 일원이다. 이 아이들은 그들로서는 이해하지 못할, 그리고 통제할 수도 없는 많은 일들을 전쟁 시기에 경험하게 된다. 이러한 열악한 환경 안에서, 약자인 하루오가 자신보다 더 연약한 아이들을 괴롭히는 것을 생존의 전략으로 택했다면, 나오미는 "더러운 일본인"이라는 모욕적인 손가락질에 마치 조개가 등껍질을 닫아버리듯 침묵으로 응수한다. 그러나 이 두 가지 방법 모두 긍정적인 결과를 가져오지 않는다. 하루오는 자기 인생에서 가장 절실히 필요한 어머니에게서 등을 돌리도록 강요당하고 나오미의 심리상태는 현실과 격리되기 시작한다. 나오미가 비현실의 세계를 헤매는 동안 그녀의 아버지는 병원에서 사망하는데, 그토록 사랑하던 아버지의 죽음을 인정하는 데만 수년이 걸린다.

『오바상』은 이미 30대 중반이 된 나오미가 등장하는 것으로 시작된다. 태평양 전쟁이 시작된 직후, 캐나다 정부가 대부분의 일본인들에게 가한 강제수용, 강제이주, 억류 등의 기억으로 인해, 나오미는 치유될 수 없는 그 아픈 경험에서 기인한 듯 고독하고 격리된 생활을 한다. 미국에 살고 있던 일본인들도 유사한 고통을 겪었지만 캐나다에 있는 일본인들의 경우에는 몇 가지 점에서 한층 더 가혹한 경험을 감수해야 했다. 예를 들어 그들은 전쟁이 끝난 후 4년이 지나도록 캐나다 서해안(밴쿠버와 그 주변) 지역으로 돌아가지 못했으며 강제 압수당한 가옥이라든지 어선 등의 재산을 캐나다 정부로부터 영원히 돌려받지 못했다. 사실 소설 『오바상』은 재산환수 문제라든지, 인권침해에 대한 캐나다 정부로부터의 정식 사과 요구 등, 일본계 캐나다인들이 벌이고 있던 여러 가지 운동들에 성공적인 힘을 실어주었다. 『오바상』은 어느 날 갑자기 모든 일본계 캐나다인들이 한데 모아져 불결하고 열악한 수용소 안에 단체 감금되고, 그 후 이미 '유령의 마을'이 되어버린 산골의 폐광촌으로 끌려가 감금당해 생활해야했던 사실들을 서술하고 있다. 그 당시 단 한 사람의 일본인도 스파이 활동을 했다든지 국가반역죄로 처벌을 당한 사실이 없었음에도 불구하고 이 모든 일들은 영장발부도 없이 시행되었다. 캐나다 연방경찰 RCMP(Royal Canadian Mounted Police)는 처음부터 강제수용은 불필요하다는 입장이었지만, 정치적 압력, 특히 브리티시 콜럼비아주의 반(反)아시아적 성향이 강한 토박이 지역정치가들로부터의 압력으로 인해 강제 이주, 수용 등의 정책을 수행하기에 이른다.

「빛 속으로」와 『오바상』은 두 가지 형태의 인종차별, 즉 하나는 일본인들이 다른 민족에게 가한 차별, 또 하나는 일본인 그들 자신에게 가해진 차별의 형태를 보여주고 있다는 것에서 하나의 좋은 비교연구가 될 수 있다. 일본 내의 한국인들과는 다르게, 캐나다에 사는 일본인들은 주류사회를 구성하는 백인들과는 그 겉모습부터 확연히 구별되었다. 하지만 1940년대에 이르면 하루오의 가족처럼 빈곤에 시달리는 일본계 캐나다인들의 수는 지극히 적었다. 그들은 비록 인종차별이라는 장애가 있었긴 해도(예를 들면 브리티시 콜럼비아주에 있는 대학들은 그들의 입학을 허용하지 않았다) 경제적으로는 어느 정도 자리를 잡아, 강제수용이 있기 직전까지만 해도 가족들의 부양 및 그들의 공동체 사회를 독립적으로 이끌어 나갈 자력이 있었던 것이다. 하루오의 가족생활이 지옥 같았던 것에 비해 나오미는 일본의 진주만 공격 직후, 어머니가 할머니를 만나러 일본에 가기 직전까지도 가족생활은 마치 천국 같았다고 기억한다. 나오미는 그녀의 부모가 일본인 공동체 사회 안에서 존경받는 사람들이었기 때문에 가정배경으로 인한 모욕을 받을 일도 없었다. 단 한 가지, 자신의 입으로 도저히 말할 수 없는 치욕적인 경험이 있다면, 그녀의 옆집에 사는 중년의 백인남자에게서 지속적인 성적 학대를 받았다는 것이다. 그 백인남자는 마치 장난감을 다루듯이 나오미의 몸을 희롱했다. 바로 이 성적 학대 때문에 나오미는 어머니의 실종을 자신의 탓으로 돌린다. 이것은 어린아이들의 상식 안에서만 이해되는 것으로써, 하루오가 사회적 압력과 어딘가에 소속되고 싶다는 욕망으로 인해 자신의 어머니를 거부했다면, 나오미는 나가사키에 떨어진 원자폭탄으로 인해 사망한 어머니의 죽음(나오미는 성인이 되어서야 실종되었다고 믿었던 어머니의 죽음을 확인하게 된다)을 자신의 부정한 행위와 성적 욕망(나오미는 자진해서 그 남자의 무릎에 앉아 그가 자신의 몸을 만지는 동안 성적 쾌락을 느낀다)에서 비롯되었다고 생각하는 것이다.

「빛 속으로」와 『오바상』은 서로 다른 방법으로 정체성에 대한 문제를 다루고 있다. 남선생과 하루오에게 있어 조선인으로서의 정체성 문제는 그들의 이름에 잘 반영되어 있다. 김사량 작품에서의 남선생이 '미나미' 선생이 되듯, 그들의 이름은 일본인으로서 '행세'하고 싶다는 위험스럽고도 유혹적인 가능성, 그리고 원한다면 그들 개인 스스로는 순응을 통해 일본인사회에 완전히 융화되어 살수 있다는 가능성을 안고 있는 것이다. 조이 코가와의 등장인물들은 그와는 정반대로, 자신들을 '일본인'으로 차별하여 바라보는 불공정한 백인사회의 시각에 대항하여 자신들도 다른 모든 사람들처럼 '캐나다인'이라는 사실을 끊임없이 환기시켜야 한다. 바로 이 지점에서 조이 코가와는 어린 나오미를 익사직전에서 구해내는 '러프 록크 빌'이라는 이름을 가진 캐나다의 토착 "인디언"을 등장시킨다. 이 사나이와 친해진 나오미와 여타의 일본계 아이들은 그를 통해, 백인들 역시도 자신들과 마찬가지로 이민자라는 사실을 알게 된다. 다시 말해 재(在) 캐나다 일본인들은 비록 겉모습은 백인들과 다르지만 결국 캐나다인인 것이다. 이것은 겉모습은 비슷할지언정 본질적으로는 일본인들과 다르다는 것을 절대로 잊어버리지 말아야 하는 재일 한국인들과는 사정이 다르다. 재일 한국인들은 사회와 분리되어 있는 자신들을 방어하는 법, 그리고 그 사회에 대항하여 싸우는 방법을 반드시 배워야 하는 것이다.

4. 인종의 침묵, 인간의 목소리–어린이, 위대한 생존자들

캐나다 이민사의 산물이기도 하겠지만(이들 한국인과 일본인들은–역자), 비록 문화적으로 연결되어 있긴 하지만 쓰라린 식민주의의 역사로 인해 서로 분리되어 살아가는데, 이 두 소수민족들은 인종과 국가에 대한 대조적이고 모순적인 시선들 안에 둘러싸여 서로를 이해하는데 어려움을 겪는다. 『오바상』이 일어로 번역되어 출간되었을 때, 이 책의 제목은 『失われた祖國(잃어버린 조국)』으로 붙여졌는데, 이것은 조이 코가와가 의도했던 바와는 극히 거리가 먼 것이다. 작품의 등장인물은 '조국'인 일본에 소속되는 것을 상상하는 '일본인'이 아닌 '캐나다인'이다. 눈에 뻔히 보이는 의도이지만, 아마도 이 책의 번역자는 (출판사의 의도였을 가능성이 더 크지만) 일본인은 언제 어디에서 태어났든 일본인일 수밖에 없다는 믿음을 독자들에게 부추기면 이 일본어판이 잘 팔리리라 계산했을 것이다. 이것을 약간 돌려 생각해보면, 이 삽화 자체가 "새로운 세계"에 살고 있는 우리들에게, "구세계"의 여러 공동사회를 서로 분리시키는 인종적, 역사적 뿌리를 가진 적의라든지 증오감의 깊이라는 것은 참으로 이해하기 어려운 문제라는 것을 여실히 보여주는 것이기도 하다. 예를 들어, 캐나다인들은 그들 자신이 야기한 실패는 아주 편리하게 잊어버린 채, 이렇게 질문할 수 있을 것이다. '우리는 (캐나다는) 수많은 소수그룹들을 전체사회에 융화시킬 수 있는데, 왜 유럽 국가들은 북아프리카나 터키출신 이민자들을 받아들이고 융화시킬 수 없는가?'라고. 그리고 혹자는 '한국인들은 식민지 시기가 끝난 지 60년이 지났는데도 왜 과거는 과거로써 흘러가게 내버려두지 못하는가?'라고. 이러한 질문들은 양자 간 대화의 가능성을 차단해 버린다.

그러나 동시에, 사람들의 역사와 인종에 대한 견해가 어떻게 다르든지 간에 편견은 편견이기 때문에 '하루오와 나오미 같은 아이들이 그 편견으로 인해 받은 상처는 근본적으로 똑같은 것'이라고 주장하는 이도 있을 수 있다. 만약 하루오와 나오미가 살아있다면 지금쯤 70대가 되어있을 것이고, 그들이 받은 상처는 그들 자신의 아이들과 손주들에게도 어느 정도 해로운 영향을 끼칠 수 있으리라는 사실을 우리는 알고 있다. 다시 말해 저녁 무렵의 잔잔한 시노바즈 연못가를 산책하면서 남선생과 하루오는 아주 잠깐 동안의 안식을 가질 수 있겠지만, 보트놀이를 끝내고 돌아가야 할 각자의 집에는 늘 그렇듯 고통스러운 현실만이 그들을 기다리고 있을 뿐이다. 한국인의 이름을 아무런 편견 없이 들을 수 있는 마음의 자세는 하루아침에 만들어지는 것이 아니다. 그러므로 일본이나 캐나다(혹은 한국 내에서도)에서 인종차별과 맞서 싸우는 일은 과거와 미래 모두를 아우르는 프로젝트인 것이다. 인종차별의 문제는 마치 원자로에서 누출된 방사능과 같아서, 그 악영향이 지독히도 오래 지속된다. 캐나다의 예를 들자면, 어떤 하나의 인종차별 문제를 해결하자마자 지역학교라든지 커뮤니티센터 같은 곳에서 또 다른 문제가 발생하는 것을 볼 수 있다.

그러나, 하루오가 남선생의 이름을 부르듯 본래의 이름을 그대로 부르게 된다는 것은 상처의 회복을 위해 나아가는 중요한 첫걸음이다. 바로 이런 면에서 어린아이들의 이미지는 아주 특별한 것이다. 어린아이들은 이 부정이 가득한 사회를 바로 우리 자신들처럼 살아가야 할지도 모르지만, 동시에 그들은 우리보다 더 나은 삶을 꾸려나갈 수 있는 능력을 가지고 있다. 어린아이들은 위대한 생존자이기에 우리에겐 훌륭한 선생들인 것이다. 김사량의 남선생은 고등교육을 받았으며 마음씨가 선량한 사람이지만, 마치 미로 안에서 길을 잃은 쥐처럼 인종문제라는 숲 속에 갇혀있다. 하루오는 비록 남선생과 비슷한 처지에 놓여있기는 하지만, 남선생이 그 숲으로부터 헤어 나오도록 이끌어준다. 이와 유사하게, 조이 코가와의 나오미는 인종차별과 성적 학대로 인해 잃어버렸던 '목소리'를 되살려냄으로써 캐나다인과 미국인들을 향해 부당했던 과거의 역사를 바로잡을 것을 역설한다. 문학 속에 등장하는 아이들이 가진 힘, 세상을 변화시킬 수 있는 그 힘이 생생하게 반영된 조이 코가와의 '목소리'는, 캐나다 정부로부터 공식적 사과를 받아내기 위해 일본계 캐나다인들이 조직하고 진행했던 그 어떤 투쟁의 목소리들보다 더욱 크고 넓게 퍼졌다.

제국, 민족, 그리고 소수자 작가*

식민지 사소설과 식민지인 재현 난제

권나영
정재원 역

1. 머리말

식민지 작가들이 제국 언어로 쓴 문학은 제국의 입장에서는 불편할 수밖에 없는 식민지와 본국 사이의 "접촉 지역"[1])에서 출현했으며, 해방

* 원래 영어로 쓴 논문 "Empire, Nation, and Minor Writer : 'Colonized I-Novel' and the Conundrum of Representing the Colonized"을 훌륭하게 번역해 주신 정재원 선생님께 이 자리를 빌려 감사의 뜻을 전하고 싶다. 이 논문의 한국어 단행본 출판을 기획하고, 일본어 원문 번역에 대한 자문에 흔쾌히 응해주신 와타나베 나오키 선생님께도 감사드린다. 이 논문은 2001년부터 일본, 한국, 미국에서 여러 차례 부분적으로 발표한 것을 정리한 결과다. 그 사이에 수없이 많은 분들의 지적과 도움을 받았다. 특히 메이지 학원에서 개최된 Asian Studies Conference in Japan(2007)의 패널 "Cultural Politics of Language and Subjectivity from Colonial Korea : Failed Encounters in the Japanese Empire"에 함께 발표자로 참가했던 미하라 요시아키, 황호덕, 이영재 선생님들, 그리고 토론자로 기꺼이 참석해 주신 사카이 나오키 선생님께 감사의 마음을 표현하고 싶다. 남은 오류는 물론 내 몫이다.

1) 유럽여행기에 대해 요약하면서 메리 루이즈 프랫은 이제는 널리 사용되고 있는 이 용어를 언어학으로부터 차용하여 만들어 냈다 프랫은 "접촉지역"을 "주로 식민주의,

이후의 문학사에서도 계속해서 불안정한 위치를 차지하고 있다. 예를 들어 일본 제국에서 식민지 조선인들이 쓴 일본어 저작들은 해방 이후 일본과 한국의 문학 담론에서 계속해서 주변부를 맴돌고 있다. 해방 이후 한국의 민족주의 서사는 이 저작들이 등장한 시기를 새롭게 등장한 민족국가의 기준에 따라 '암흑기'로 명명하고 불문에 부쳤다. 그리고 애국적인 작가들이라면 그 '암흑기'에 제국의 검열제도와 황민화 정책에 맞서 붓을 꺾고 침묵을 지켜야만 했다는 사후적(事後的)인 기준을 적용하여 이 저작들에 친일문학이라는 표찰을 붙여서 민족문학사에서 대부분 추방해 버렸다. 이 저작들은 최근에 이르러서야 재고의 대상이 되었다. 그러나 이 재고 역시 그 저작들이 보여주는 보다 복잡한 뉘앙스를 외면한 채 이 텍스트들로부터 민족국가를 위한 '저항'과 '협력'의 흔적을 추적하려는 해방 이후의 민족주의적 열망에 지배되고 있다.

일본에서 이 저작들은 제국의 대아시아 정책이 식민지 작가들을 본국 중심의 화려한 조명 속으로 유인했던 출발점에서부터 제국이 갑작스럽게 붕괴되었을 때 제국의 실패가 남긴 유물이라는 이유로 회피하게 된 전후 시기까지 제국의 경계선상에서만 머물러 왔다. 이 텍스트들에 대한 비평적인 관심은 뒤늦게 출현하기는 했지만 '재일 조선문학'을 둘러싼 공동체와 담론에 눈에 띄게 집중되었으며 재일 조선문학은 이른바 일본 문학 담론의 그늘진 주변부로 좌천되었다.

이 글에서 나는 한국과 일본 문학사의 논쟁적인 경계들이 한 식민지 조선 작가와 그의 일본어 저작에 집중되었던 계기를 검토하고자 한다. 식민지 작가 김사량(1914~1950?)과 그의 일본어 텍스트가 감행한 "제국의 중심으로 진입하는 여행"(voyage in)[2]은 제국의 경계를 가로 지르면서 그

노예제도 혹은 그 이후 현대의 전 지구적인 삶의 과정에서와 같이 지배와 피지배라는 극도의 비대칭적인 관계들에서 이질적인 문화들이 서로 만나고 충돌하고 투쟁하는 사회적 공간들"로 정의한다. 그녀의 저서는 유럽중심적인 지구촌 의식의 형성을 고찰하고 비판하고 있다. Mary Louise Pratt, *Imperial Eyes-Travel Writing and Transculturation*, London · New York : Rutledge, 1992, p.2.

와 그의 비평가들 모두에게 깊은 불안을 야기했다. '경계를 횡단한' 작가와 텍스트는 제국과 식민지 사이의 어디인가를 맴돌면서 식민지 시기에서든 해방 이후의 시기에서든 어느 한 쪽에 명확하게 귀속되지 않는다. 나는 그 경계선상에 있는 작가와 텍스트가 '재현 난제'[3]의 짐을 지고 있었으며 그들이 겪었던 난제가 전지구적 제국의 맥락에서 식민지인을 재현하는 도전에 대한 통찰을 제시하고 있다고 주장하고자 한다.

제국의 정전 텍스트들과 달리 식민지 조선인 작가에 의한 '식민지인의 재현'은 그 생산의 맥락에서부터 식민지의 (그리고 해방 이후의) 경계선을 가로지르는 소비의 맥락에 이르기까지 그 메타텍스트적인 차원에서 뿐만 아니라 텍스트적인 차원에서도 그 자체의 본질인 제국적 풍경을 회피하는 사치를 누려보지 못했다. 모든 층위에서 이 텍스트들은 제국의

---

2) 에드워드 사이드는 "제국의 중심으로 진입하는 여행"(voyage in)을 다음과 같이 묘사하고 있다. "(그것은—인용자) 강력한 침범으로서, 식민지나 주변 지역 출신의 지식인들이 제국의 언어로 쓴 저작이다". *Culture and Imperialism*, New York : Vintage Books, 1993, Chapter 3 : "Voyage in and the Emergence of Opposition", pp.239~261 참조. 사이드는 주변부로부터 생산되는 제국주의에 대한 저항과 적대라는 계기들에 주목한다. 나는 식민지의 상호작용에 나타나는 확실한 저항적 혹은 적대적인 감정이 아니라 넓은 범위의 복잡한 정서적 반응에 주목하고 있지만, 제국의 논리를 비판하기 위해 이 반응들을 적대적인 것으로 읽고자 하는 독법에 대해서도 여지를 두고자 한다.

3) 나는 문화적 불공평함의 맥락으로 번역했을 때 "재현(representation)"의 정의에서 나타나는 다양한 의미들을 환기시키고 싶다. 그 의미들은 표현(expression), 수행(performance), 진열(display), 동등(equivalence), 재생산(reproduction) 등이다. "재현하다(to represent)"에 대한 옥스퍼드 영어 사전(재판, 1989)의 몇몇 정의들은 내게 타자와의 만남이라는 관점에서 재고해 볼 수 있는 출발점을 제공하기도 했다. 재현하다. 1. 존재하게 하다. 특히 (자기 자신 혹은 다른 사람)을 어떤 사람에게 소개하다 혹은 어떤 사람 앞에 나타나게 하다. 2. 머릿속에 분명하고 뚜렷하게 떠올리도록 하다. 특히 (다른 사람)에게 묘사를 통해서 혹은 (자기 자신)에게 상상하는 행위를 통해서 4.a. 보여주다, 전시하다, 눈앞에 진열하다; 보이게 하다 현시하다. 7.a. (어떤 사람 혹은 사물)을 대표하다 혹은 대신하다; (사물)의 형상 혹은 이미지로 나타내다. 또한 개인적 주체성으로. 대체물을 이용해서 표시하다. 7.c. 동등하게 만들다. 상응하게 하다. 대치하다. 8.a. 어떤 관점 혹은 어떤 목적을 위해서 (다른 사람)으로 그 자리를 대신하게 하다 혹은 채우다; (어떤 사람 혹은 육체)가 차지하는 능력이나 수용력을 대체하게 하다; 위임된 권리를 통해서 (다른 사람)을 위해 활동하다. 9.a. (어떤 계급이나 그 비슷한 것)의 표본 혹은 사례 역할을 하다. 9.c. (어떤 집단)의 대표로서 활동하다.

아이러니와 모순을 고통스럽게 구현한다. 제국과의 조우라는 폭력의 역사에 깊이 각인된 식민지 혹은 소수자 주체의[4] 재현 난제는 에드워드 사이드가 통렬하게 지적했듯이 "인간적 노고의 모델 혹은 재현"[5]으로서 심각하게 받아들여진 적이 없다. 나는 이미 다른 글에서 이 문제에 대해 더 상세히 다룬 바 있다.[6] 이 글에서 나는 불편한 경계 침범과 대면할 때마다 더 뚜렷한 경계를 그리고자 하는 바로 그 끈질긴 욕망과 제국과 민족 국가의 경계에서 다시 반복되고 여전히 현재 진행 중인 포함/배제의 논리를 고찰하기 위해서 식민지 작가가 제국 언어로 쓴 텍스트와 그 텍스트의 배제가 낳은 작가, 텍스트, 비평가의 불안에 초점을 두고자 한다.

---

4) 나는 "소수자(minor)" 개념을 들뢰즈 가타리의 "소수자 문학" 논의에서 빌려왔다. "소수자 문학"(minor literature)은 소수자 작가가 다수자의 언어로 다수자의 맥락에서 쓴 문학을 말한다. 소수자 문학은 배제되는 입장에서 쓴 문학이며 그 입장이 소수자 문학에 탈영토화율을 부여한다. 다른 말로 하면 소수자 문학은 혁명적인 잠재력이 있다. 이 용어들은 매우 훌륭하지만 더 넓은 시간과 공간에 걸친 경험에 폭넓게 적용되려면 제한된 맥락에서 공식화된 용어 정의를 다소 자의적으로 "번역할" 필요가 있다. 이 글에서 소수자 문학은 어떤 언어를 사용했던지 상관없이 불공평한 권력 관계라는 다수자의 맥락에서 주변화된 작가에 의해 생산된 문학으로 정의된다. 이 장에서 나는 식민지 시기로부터 식민지 이후의 시기에 이르기까지 불공평한 지구적 맥락에서, "식민지"와 "제3 세계"의 주체성들이 처해 있는 곤경이 그 구체적인 경험에서는 차이가 있다고 하더라도 연속성을 보여주고 있다는 사실을 논하기 위해서 이 용어 "소수자"를 전유할 것이다. 에드워드 사이드가 "Representing the Colonized－Anthropology's Interlocuter"(*Critical Inquiry* 15(2), Winter, 1989, pp.205~225; reprinted in Edward Said, *Reflections on Exile and Other Essays*, Cambridge : Harvard University Press, 2000, pp.293~316)에서 "식민지"와 "제3 세계" 주체성들이 같은 의미로 간주되게 되었다는 논의한 부분을 참조하라. 들뢰즈와 가타리가 제안한 다른 중요한 논점들도 있지만 특히 "소수자", "소수자 문학'과 같은 용어들은 다양한 실제 경험들이 '번역 불가능한데도' 불구하고 그 경험들을 함께 나눌 수 있게 해주는 언어, 그리고 그 차이들을 가로질러서 대화를 시작할 출발점을 우리에게 제공해 준다. Gilles Deleuze · Felix Guattari, *Kafka－toward a Minor Literature*, trans. Dana Polan(Minneapolis : University of Minnessota Press, 1986)에서 특히 3장 참조.

5) Edward Said, op. cit., p.315.

6) "재현 난제"의 의미에 대한 보다 상세한 설명은 Nayoung Aimee Kwon, "Translated Encounters and the Japanese Empire-Colonial Korea and the Literature of Exile", Ph. D. diss., UCLA, 2007 참조.

2. '식민지 사소설'–김사량과 아쿠타가와 문학상

1940년 겨울 평양, 김사량은 그가 일본어로 쓴 단편소설 「빛 속으로」가 일본의 아쿠타가와 문학상 수상후보가 되었다는 소식을 알리는 전보를 받는다. 그는 도쿄에서 열리는 시상식에 참석하기 위해서 그의 고향 평양으로부터의 긴 여행을 위해 남행 열차에 오른다. 그 여행은 그에게 일본 문단의 조명을 받는 "데뷔"를 의미한다. 김사량의 「어머니에게 보내는 편지」에서 드러나 있듯이 그 나들이는 의미심장하게도 어지럽게 뒤섞인 정신적 불안으로 가득하다.

> 사랑하는 어머님, (…중략…) 그 살을 에는 듯한 2월 찬 바람이 황량하게 부는 평양 역전에서 감기 기운이 있는 제 몸이나 여행목적지 등 이런저런 걱정을 하시면서 "어서 타거라, 어서 타거라" 하고 재촉하셔서 올라 탄 오전 급행 '노조미[のぞみ, 희망–인용자]' (…중략…) 저는 기차의 격렬한 움직임에 몸을 맡기고 이런저런 생각이 많았습니다. 이제부터 조금이라도 도쿄에서 무엇이든 글을 쓸 수 있게 될지도 모른다는 생각을 하면 무서운 기분이 들었습니다. (…중략…) 저는 현해탄을 건너는 삼등칸 연락선에서 점점 열이 나서, 시모노세키에서 출발하는 기차에서는 거의 쓰러질 정도였습니다. 그렇지만 저는 그렇다, 이제부터는 반드시 진실한 것을 쓰지 않으면 안 된다고 자신에게 몇 번이고 다짐했습니다.[7]

---

7) 金史良, 「母への手紙」, 『金史良全集』 Ⅳ(金史良全集編集委員会), 河出書房, 1973, 104면. 김사량은 「어머니에게 보내는 편지」는 일본어로 썼고 이 글은 1940년 『文芸』으로 출간되었다. 이 글은 "어머니"에게 직접 읽을 수 있도록 번역을 맡길 것을 당부하면서 끝맺고 있다. 김사량과 "모어(母語, mother tongue)" 그리고 그의 글쓰기 행위 사이의 간격은 번역이라는 매개를 통해서만 어머니와 서신을 교환할 수 있다는 사실뿐만 아니라 사적인 것과 공적인 것(개인적인 것과 정치적인 것) 사이의 경계가 결정적이지 못하다는 사실을 잘 보여 주고 있으며 두 가지 언어를 사용하는 식민지 작가의 고통스러운 난제의 징후이기도 하다. 김사량이 그 자신의 "모어이면서 낯선 언어((m)other

김사량은 왜 본국의 일류 문학상 최종 후보가 된 데 대해서 두려움을 느꼈던 것일까? 그는 왜 "진실"을 재현해야 한다는 압박을 느끼면서 동시에 그 기준에 부응할 수 없을 것이라고 스스로 인식했던 것일까? 이 '삼등' 식민지 작가의 신체는 독감뿐만 아니라 제국의 문단에 감염되기 직전에 있다. 뿐만 아니라 그는 식민지 신민(臣民)으로서 본국(本國)의 문단을 감염시키기 직전에 있다. 한 식민지 신민이 오열과 불안에 시달리며 제국의 중심으로 향하는 이 순간, 감염 직전에 있는 그의 신체를 우리는 어떻게 해석해야 할까?

독자는 기억의 몽타주로 채색되어 있으며 감정이 북받치는 듯한 이 긴 편지를 읽으면서 흥분과 긴장에서부터, 불안, 심지어 공포에 이르기까지 어지럽게 뒤섞이는 감정의 복잡함에 놀라게 된다. "삼등칸"의 식민지 신민이 제국의 중심에 이르는 문학적 여정이라는 경험을 추적하려면 반드시 이 정서적 반응이 보이는 양가성에 주목할 필요가 있는 것 같다. 주지하다시피 이때는 바로 일본이 본국과 식민지, 본국인과 식민지인의 일상생활을 모두 전쟁을 위해 동원하면서 중국으로 제국주의적 팽창을 기도하던 시기였다. 식민지 조선을 전쟁 기계로 동원하기 위해 제국의 정책은 차이화에서 '황민화'(皇民化)를 위한 동화로 변화하고 있었다. 식민지 조선에서 황민화는 '내선일체'(內鮮一體)라는 표어로 대변되었다.[8)]

---

tongue)"인 조선어에 대해 불편함을 느끼고 있었다는 사실은 어떤 조선 작가에게 보낸 사적인 서신에서 자신의 한국어 소설 「낙조」에 대해 쓰는 부분에서도 고통스럽게 그리고 분명하게 나타나 있다. "아직 日本말도 서툴고 또 부끄러우나마 朝鮮말도 서툴어, 或時 읽어주셧는지는 몰으나 朝光 連載 「落照」에서 말 때문에 애를 쓰고 잇읍니다. 되도록 朝鮮文으로, 좋은 作品을 쓰게 된다면 나의 希望 그에 더함이 없습니다." 김사량이 최정희에게 보낸 사적인 서신(김영식, 『작고문인 48인 육필 서한집－파인 김동환 100주년 기념』, 민연, 2001, 120~121면).

8) '내선일체'(內鮮一體)는 당시 총독이었던 미나미 지로가 심장, 살, 피를 뒤섞는다는 소름끼치는 메타포를 사용하면서 소개했던 표어이다. "손을 잡았다가도 다시 놓을 수 있다. 물과 기름을 섞어도 형식적으로 뒤섞일 뿐 아무 소용이 없을 것이다. 형식, 마음, 피, 살이 모두 하나가 되어야 한다." 南次郎, 『国民精神総動員朝鮮連盟役員総会席上総

이와 같은 정치적 상황과 상관없이 본국의 대중매체에서는 식민지라는 이국을 탐욕스럽게 소비하려는 강박으로서 '조선 붐'[朝鮮 ブーム]이라는 새로운 대중적 유행이 막 들끓고 있었다.[9] 문학의 영역에서 이 유행은 일본어로 쓴 글이든 일본어로 번역된 글이든 식민지 작가들의 작품에 대해서 비평가와 대중이 주목하기 시작했다는 것을 의미했다. 제국의 언어를 사용하는 조선작가들이 제국의 문단에서 점점 주목의 대상이 되면서 식민지 언어로 된 저작의 문학 시장은 급속하게 붕괴되었다. 제국 언어인 일본어는 제국 전역을 균질화하는 '국어'(國語)로 약호화되었고, 국가가 없는 조선어는 주변적인 지위로 좌천되었으며, 결국 식민지 자체 내에서도 공공의 영역에서뿐만 아니라 사적인 영역에서도 조선어 사용은 가혹한 검열의 대상이 되었다.[10]

아쿠타가와 문학상은 오늘날의 일본에서도 야심만만한 작가들만이 수상할 수 있는 가장 독보적인 일류 문학상이다. 아쿠타가와상은 이후에 문학의 거장이 된 수상자들의 계보를 자랑하며, 근대 일본 문학의 정전을 생산한 공로에 있어서는 논쟁의 여지가 없다. 여기서 나는 이 상이 설립되는 계기에 있어서 그리고 근대 일본 문학 정전의 경계를 성립시키는 데 있어서 식민지 작가들이 수행한 특수한 역할을 강조하고 싶다.

督挨拶』, 1939.5.30.

9) '조선 붐'[朝鮮 ブーム]은 팽창하고 있던 제국 전역에 걸쳐 제국이 식민지 자산에 대해 보여준 제국적 페티시즘이라는 더 큰 현상의 일부분이다. 특히 만주사변 이후 조선이 일본 제국에서 새로운 역할을 차지하게 되면서 부쩍 높아진 소비자들의 조선에 대한 관심은 도쿄 니혼바시 다카시야마 백화점에서 1938년 7월 19일에서 8월 7일에 걸쳐 개최된 "애국조선박람회(愛國朝鮮博覽會)"라는 화려한 식민지 모형 전시에서 뚜렷하게 나타난다. 당시 신문보도는 화려한 한복을 차려 입은 점원들의 친절한 안내와 함께 한국 음식, 여행, 투자와 발전 기회를 망라하는 모든 면이 모형으로 전시될 행사에 대해 소개하면서 일본인들에게 식민지 조선에 대해 관심을 가지라고 촉구하고 있다. "애국조선박람회"에 대한 보다 상세한 보도내용은 『京城日報』 1938년 7월 19일자 참조.

10) 당시 조선에 대한 식민지 언어 정책에 대해서는 임종국, 『친일문학론』 참조. 일본제국 전역에 걸친 정책에 대한 비교 연구로는 イ・ヨンスク, 『「国語」という思想―近代日本の言語認識』(東京 : 岩波書店, 1996) 중에서 특히 조선의 경우에 대해 서술한 부분 11장과 12장 참조.

비평가 가와무라 미나토는 이미 아쿠타가와문학상이 창립되는 과정에 있어서 일본 제국의 기획이 차지하는 중요성을 지적한 바 있다. 그러나 그 문학상에 대해 논의하면서 가와무라는 식민지 신민과 구별되는 '일본' 작가들에 의한 식민지 재현에만 관심을 두고 있으며, 식민지 작가들의 문학 생산이 근대 일본문학 정전의 형성에 있어서 결정적인 역할을 했다는 사실을 놓치고 있다. 바로 일본 문단이 식민지 작가들의 저작을 은연중에 배제함으로써 사실은 근대 일본문학 정전의 경계가 분명해졌던 것이다.11)

아쿠타가와상은 일본에서 가장 중요한 문학잡지인 『문예춘추』에 의해 1935년에 창립되었다. 심사위원들은 당대의 가장 뛰어난 작가들과 비평가들이었다. 그들 중에는 가와바타 야스나리(1899~1972), 구메 마사오(1891~1952), 사토 하루오(1892~1962), 요코미쓰 리이치(1898~1947) 등이 있다. 아쿠타가와상은 일 년에 두 번씩 수상되었으며 최종 심사에 오른 후보들은 수상식에 초대되었다. 수상자는 화려한 팡파레 속에서 공표되었고 수상작은 『문예춘추 아쿠타가와상 특집』으로 출판되었다.

『문예춘추』의 편집자이며 심사위원이었던 구메 마사오의 심사평에 따르면 1940년 3월의 경합은 특히 흥미로웠던 것 같다. "이번 아쿠타가와상 후보작품은 근래에 보기 드문 걸작 (…중략…) 심사위원을 만족시키는 것, 오랜만에 만끽할 수 있었다."12) 후보작과 나란히 출판된 심사위원들의 심사평을 보면 그들은 여러 후보작들이 뛰어난 작품 수준을 보여주고 있다는 단순한 이유보다는 더 복잡한 어떤 이유 때문에 수상작 선정에 고심해야 했던 것으로 보인다.13)

---

11) 가와무라의 관심은 '일본' 작가들과 '일본문학'에 한정되어 있으며 심지어 제국의 경계가 변화하는 맥락에서도 그들의 자기동일성을 가정하는 데 있어서 조금도 망설임이 없다. 나의 연구는 본국의 중심과 주변적 식민지 어디에서든 민족과 민족에 대한 서술에 자기동일성이 있다는 그 같은 가정에 질문을 던지는 데 목적을 두고 있다. 川村湊, 『満州崩壊－大東亜文学と作家達』(東京 : 文藝春秋, 1997), 140~150면.

12) 『芥川賞全集』 vol.2, 文藝春秋, 1982~2002, 394면.

각각의 심사위원들은 김사량과 수상자 사무카와 고타로 사이에서 최종적인 선택을 내리기가 어렵다고 인식하고 있었으며 모두 심사평에서 김사량에 대해 특별하게 언급하고 있다. 그들은 그 선택안이 마침내 사무카와와 나란히 김사량에게도 상을 주거나 혹은 김사량에 대해 최종 후보자로서 특별한 언급을 해주거나 하는 것으로 좁혀졌다고 설명했다. 구메 마사오에 따르면 "두 사람에게 동시에 수상하지는 않기로 결정했기" 때문에 결국 김사량은 차석에 머무는 것으로 결정되었다.[14)]

이 심사평들에서 주목할 만한 사실은 그들이 모두 김사량의 텍스트에서 '조선 문제'를 인식하고 그 '시기적절성'에 대해 관심을 보이고 있다는 것이다. 가와바타 야스나리는 심지어 "작가가 조선인이기 때문에 추천하고 싶다[作家が朝鮮人であるために推薦したい]"라고 쓰고 있다.[15)] 아쿠타가와 수상후보작이 된 것만으로도 사실 그 작가나 작품이 제국의 문단에 동화되었다는 의미가 있는데도 불구하고, 심사위원들은 텍스트와 작가가 식민지의 이국적인 특성을 보여준다고 규정함으로써 그들을 타자로서 차이화하고 있다. 이를 통해 일본 문단의 문턱에서 식민지 텍스트를 대면하게 된 비평가들의 양가성이 드러난다. 제국의 정책은 식민지 작가들에게 일본 문단에 편입될 것을 요청했지만 본국에서는 그들의 텍스트들이 이제 막 형성되고 있었던 근대 일본 문학의 '순수성'을 더럽힐지도 모른다는 깊은 불안을 느끼고 있었다.

몇몇 심사위원들은 이처럼 작가와 텍스트의 주요 소재가 보여주는 민족적 정체성에 대해 주목하면서 결국은 김사량을 선택하지 않은 데 대한 깊은 "후회"를 강조하고 있다. 이와 같은 동정적인 표현들은 심사평 전반에서 나타나는 그 반복적이고 집단적인 본성에 있어서 주목할

13) 『文藝春秋』 18(4), 1940.3, 348~356면.

14) 두 사람이 동시에 수상한 전례가 있는데도 불구하고 왜 그렇게 결정했는지에 대해서는 설명하지 않고 있다. 『文藝春秋』 18(4), 1940.8, 350면.

15) 위의 책.

만하다. 그들은 모두 최종결정을 묘사하기 위해서 공통적으로 "선외"(選外)라는 말을 사용하고 있다. 수상식 자체가 본국의 비평가들이 식민지 작가를 포함시키면서 동시에 배제하는 양가적인 제스처로서 사과를 공식화하고 있는 것이다.

김사량은 자신이 수상자가 아니라는 사실을 깨닫고 연회장 주변좌석에 자리를 잡지만, 주최 측에서는 수상자와 함께 조명을 받도록 그의 좌석을 옮겨주기까지 한다. 김사량에 의하면, 심사위원이었던 기쿠치 간은 자신이 강하게 반대했기 때문에 김사량이 수상하지 못하게 되었지만 수상식에서 수상자와 김사량이 나란히 앉아 있는 것을 보니 "무엇이든 해 주고 싶은 기분[何かやりたい気持]"이 든다는 유머러스한 연설로 김사량을 "격려"했다고 한다.16)

이와 같은 사과의 표현들은 심사위원들이 김사량의 텍스트를 함량미달로 평가하는 데 의견이 일치했던 것 같기 때문에 과장되어 있고 부적절한 것처럼 보인다. 사실 그 텍스트가 수상후보작이 된 이유는 "부족한 점[足りぬところ]"을 느끼면서도 바로 "작가가 조선인이기 때문에 추천하고 싶은 인정[作家が朝鮮人であるために推薦したい人情]" 운운하는 가와바타 야스나리의 말이나 "이처럼 놀라운 재능을 지닌 작가가 조선에서 나왔다는 데 사실에 기분 좋았다"는 다키 고사쿠의 언급 등이 잘 말해주고 있다.17) 이 심사평들은 모두 양면적이며 김사량을 동정하는 척 하면서 무슨 큰 은혜나 베푸는 것처럼 생색을 내는 비평들이다. 본국의 비평가들은 작품이 명백히 "부족한 점"이 있는데도 불구하고 식민지 작가를 인정해줌으로써 식민지 조선문학이 보여주는 일반적인 후진성과 비교해서 근대 일본의 문학적 감수성이 선천적인 우수성을 지녔다고 주장할 수 있게 된다.

이처럼 조선문학에 대해서뿐만 아니라 식민지 문학 일반에 대해 가

---

16) 金史良, 「母への手紙」, 『金史良全集』 Ⅳ, 河出書房, 1973 참조.

17) 『文藝春秋』 18(4), 1940.8, 350면.

차 없이 평가하는 태도는 그 당시 일본 문단 어디에서나 발견할 수 있다. 예를 들어 평론가 이타가키 나오코는 『사변 이후의 문학』 중 「식민지 문학 —조선과 만주 작가들의 출현」이라는 장에서 조선문학을 일본어로 번역해서 소개하는 잡지 『문예』 조선문학 특집에 대해 쓰면서 김사량과 아쿠타가와상에 대해 다음과 같이 분명하게 언급하고 있다.

> 이렇다 할만한 작품도 없는 데 여기서 특별히 자세하게 늘어놓는 것은 그렇게 함으로써 현재 조선문학이 어떠한지 암시하고 싶기 때문이다. (…중략…) 삽화 등을 써서 사생적(寫生的)으로 조선인의 일단을 알려주고 있는 종류의 작품이다. 어떤 깊이 있는, 혹은 새로운 관점, 극히 개성적이라고 할 만한 것도 발견되지 않는다. (…중략…) 이러한 사정에 있어서 김사량 씨 한 사람만 좀 다르다. 그에게는 단순한 현실묘사 이상의 무엇이 있다. 다른 작가들에게는 없는 뜨거운 내면성, 근대적인 착안점이 있는 것이다. 신인 중에서는 김사량 씨가 가장 눈에 띄고 내게는 몹시 흥미로운 작가이다. (…중략…) 그에게는 조선 민족의 여러 특성과 운명에 대한 강한 응시가 있다. 그러므로 그가 선택한 제재도 그 선에서 이어지는 어두운 것뿐이다. 작품도 무엇이라고 말하기 어려운 일종의 음울한 효과를 나타내고 있다.18)

이타가키는 식민지 신민이 근대적 주관성을 성취하려면 집단적 주관성으로 보완되어야만 한다는 식으로 좀 더 초점이 분명한 용어를 통해

---

18) 板垣直子, 「事変下の文学」, 第一書房, 1941; 長谷川泉監修, 『近代文芸評論叢書』 vol.22, 日本図書センター, 1992, 127~128면. 이타가키의 "보충"은 만주문학의 발전에 나타나는 결함에 대한 가차 없는 일반화로 이어진다(게다가 이타가키는 만주 문학작품들을 일본어 번역으로 읽었다). 그녀는 만주문학의 작품과 김사량의 작품을 비교하면서 다음과 같이 쓰고 있다. "김사량 씨의 작품은 비상하게도 일본적인 레벨에 가깝다. 조선과 만주의 문학을 평균해서 비교한다면, 전자의 쪽(조선문학)이 **이제 겨우 하루 더 어른**[まだ一日だけ大人]이라고 할 수 있다. 이제는 조선문학이 어떻게 되어 가고 있는가 하는 사정보다는, 조선문학을 넓은 시야에서 조망하고 그 미숙함을 **꾸짖어 줄**[たたく] 필요가 있다고 생각한다"(130)(첨언과 강조는 인용자).

아쿠타가와상 심사위원들의 심사평을 다시 반복한다. 여기서도 역시 김사량에게 다른 열등한 조선 작가들의 '예외적인 대표자'라는 모순적인 역할을 수행하라고 요청하고 있다. 이처럼 조선문학은 일반적으로 열등하다는 가차 없는 전제가 조선인이 쓴 작품이면 일본어로 쓰거나 일본어로 번역한 작품들도 무조건 조선문학의 대표적인 텍스트로 간주하는 잘못된 인식에서 비롯되고 있다는 점은 중요하다. 이처럼 이타가키는 조선문학의 열등한 상태에 대해 전문가다운 자족적인 입장을 보여줌으로써 본국인의 거만함을 드러내면서, 조선 작가들이 본국인의 기호와 소비에 맞게 본국인의 언어로 이른바 '대표적'이면서 동시에 이국적인 텍스트들을 쓰라는 요청을 받고 있다는 맥락을 제대로 이해하지 못하고 있다는 사실을 보여주고 있다.

김사량은 이 모든 일들의 중심에서 자신의 입장을 어떻게 인식하고 있었을까? 아쿠타가와상 심사위원들이 그의 텍스트를 읽는 방식에 대해 김사량이 불안해하고 있었다는 사실을 검토하기 위해 「어머니에게 보내는 편지」를 계속해서 읽어보자. 수상후보자로 선정되었다는 사실을 알리는 신문광고를 상기시키면서 그는 다음과 같이 쓰고 있다.

> 제 소설의 광고 아래에는 사토 하루오라는 작가의 비평으로서, "사소설 안에 민족의 비통한 운명을 한껏 직조해 넣은 작품"이라는 식의 문구가 테두리 속에 들어가 있었습니다.
>
> "이렇게 해도 될까? 이렇게 해도 될까?"
>
> 원래 제 자신의 작품인데도 「빛 속으로」에는 어떻게 해도 시원해지지 않는 무엇인가가 있었습니다. 거짓말이다, 여전히 자신은 거짓말을 늘어놓고 있다고, 쓰고 있을 때에조차 저는 제 자신에게 말했던 것입니다.[19]

---

19) 金史良, 「母への手紙」, 『金史良全集』 Ⅳ, 河出書房, 1973 참조.

여기서 작가가 스스로 "거짓말"이라고 생각하는 자신의 작품으로부터 분리되는 데서 느끼는 불안은 "진실"을 재현해야 한다는 압박감과 연관되어 있다. 이처럼 "진실"해야 한다는 부담을 느끼면서도 작가가 스스로 그렇게 할 수 없을 것이라고 인식하는 태도는 식민지 작가들이 보여주는 재현 난제의 핵심이다. 여기서 볼 수 있듯이 이 압박감에는 내면화된 자기비판을 비롯하여 다양한 원인이 있는 것 같다. 작가의 난제를 이해하기 위해서 무엇이 그와 같은 불안을 유발했는지 좀 더 자세히 검토해 보자. 본국의 비평가 사토 하루오가 「빛 속으로」를 전 민족의 비극적 운명을 포함한 '사소설'로 규정한 데 대해서 김사량은 회의를 보여주고 있다. 이 진술이 지닌 중요성을 이해하려면 먼저 사소설이라는 장르에 대해 검토해야 할 것 같다.

일본 문학사에서 '사소설'은 가장 본질적인 근대 일본 문학 형식으로 간주된다. 통상적인 사소설 개념에 따르면 사소설은 1인칭 시점의 소설로서 본질적으로 고백적인 경우가 많고 작가의 사생활에 대한 진실을 폭로하는 일본 "고유의" 특수하고 우월한 문학 형식이다. 토미 스즈키는 이와 같은 사소설 개념은 허구를 통한 실재의 매개로서만 인식되는 서구 소설의 "열등하고", "허구적인" 본질에 대비시키기 위해서 일종의 메타 담론을 통해서 만들어진 것이라고 주장한다.[20] 일본의 사소설 담론은 서구 근대 문학의 영향이 침투해오는 데 대한 불안 때문에 일종의 방어벽이 필요했다는 맥락에서 발전했다.

서구 근대성의 그늘에서 출현했던 사소설 담론에 내포된 이데올로기적인 함축은 그 담론을 식민지 텍스트에 적용했을 때 또 다른 차원의 복잡성을 보여준다. 사토 하루오는 김사량의 소설을 "전 민족의 운명을 집약한 사소설"이라고 묘사함으로써 김사량의 텍스트가 보여주는 낯설음을 (나의 용어로 표현하자면) 일종의 '식민지 사소설'다운 것으로 규정한

20) Tomi Suzuki, *Narrating the Self-Fictions of Japanese Modernity*, Stanford University Press, 1995.

다. 사소설 담론에 따르면 '나'는 그 내면성과 진실성으로 근대 일본의 주체성의 보고(寶庫)라고 할만하다. 그러나 사토 하루오의 심사평은 '나'가 식민지 텍스트에 적용되었을 때는 자율적인 근대 주체가 될 수 없다는 사실을 시사하고 있다. '식민지인인 나'는 집단적인 '나' 혹은 '나'가 '대표'해야만 하는 민족공동체인 '우리'에 의해 보완되어야 한다. 김사량의 텍스트는 전 식민지를 일본문화의 정수인 사소설로 구현했다는 점에서 칭송되고 있다. 그러나 결국 '식민지 사소설'은 '사소설'의 일종이지만, 사소설 자체는 아니다.[21)]

심사위원들은 조선인의 집단정신의 재현으로서 「빛 속으로」를 해석함으로써 김사량을 일본문학의 영역에 포함시킨다. 사실 이와 같은 심사평의 아이러니는 본국의 비평적 평가와는 본질적으로 다른 이 소설 자체를 꼼꼼히 읽어볼 때 잘 드러난다. 「빛 속으로」는 당시 본국에서 자주 언급되던 이른바 "조선문제(朝鮮問題)"[22)]에 대한 소설이 아니며 통일된 집단인 조선 민족에 대한 소설도 아니다. 이 소설은 도쿄의 빈민가에 사는 인물들로서 조선인과 일본인의 결혼으로 태어난 아이와 조선인 선생에 대한 이야기이며, 그 두 사람은 모두 일본인으로서 '행세하려고' 애쓴다. 또한 내게 이 소설의 "나"는 하나로 응집된 민족적 전체의 통일된 상징이라기보다는 복수적(複數的)이고 파편화되어 있고 분

21) 여기서 나는 호미 바바가 『문화의 위치(*Location of Culture*)』에서 사용한 수사적 제스처를 환기시키고자 한다. 그 책에서 바바는 제국이 식민지인들을 "백인이지만 , 확실한 백인은 아니다"라고 칭함으로써 동화시키려고 하는 모순적인 논리를 비판하고 있다. 동화의 불공평한 맥락에서 동화는 언제나 제국적인 위계질서 속에서 식민지인들을 차별할 수 있는 차이의 잉여를 필요로 한다.

22) 당시 일본 담론에서는 "조선문제(朝鮮問題)"라는 표상을 통해서 식민지 조선의 문제가 지속적으로 다뤄지고 있었다. 앙드레 슈미드는 메이지 시기부터 이른 바 "조선문제"가 일본의 담론에서 매우 중요한 위치를 차지했음에도 불구하고 식민지 시기 이후 일본의 역사 담론에서는 사라져 버렸다는 점을 지적하면서 이를 또 하나의 '조선문제'로 바라보고 있다. Andre Schmid, "Colonialism and the 'Korea Problem' in the Historiography of Modern Japan-A Review Article", *The Journal of Asian Studies* Vol.59 No.4, 2000.11, pp.951~976.

열적인 "나"로 보인다. 소설의 각 인물들은 정신과 육체가 모두 산산이 부서진 것으로 진단될 만하며, 자기혐오와 자기부정을 드러내는 상처받은 자아로서 위기를 겪고 있다.[23] 이렇게 읽어 보면 "나"는 사토 하루오나 다른 심사위원들이 간주했던 것처럼 식민지의 신화적 전체성을 재현하는 통일된 집단적 상징과는 거리가 멀다.[24] 이 소설은 아쿠타가와상 심사위원들이 말했던 것처럼 특수한 '조선 문제'를 대변하는 소설이 아니라 제국의 불공평한 모순이라는 보다 일반적인 '제국 문제'에 대한 소설이다.

또 다른 측면에서 볼 때 사소설 담론은 사소설이라는 장르를 정치적 불순함에 더럽혀지지 않은 본질적으로 '순수한' '예술을 위한 예술' 형식으로 만들어 낸다. 그러나 '식민지 사소설'은 이 이른바 '순수성'의 흉내도 낼 수 없는 것이며 언제나 이미 정치화된 집단적 경험에 대한 것으로서만 논의된다. 식민지 작가에게 개인적인 것은 언제나 정치적인 것이며, 그 혹은 그녀는 반드시 (부재하는) 민족 전체와 모든 식민지 동포

23) 소설의 해설에 대해서는 Nayoung Aimee Kwon, "Translated Encounters and the Japanese Empire-Colonial Korea and the Literature of Exile", Ph. D. diss., UCLA, 2007 참조.

24) 나는 여기서 내가 김사량의 텍스트가 '사소설'인지 아닌지 혹은 김사량의 텍스트가 '일본 사소설'의 관습을 따르고 있는지 아닌지를 규정하는 데 목적이 있는 것이 아니라는 점을 강조하고 싶다. 장르로서 '사소설'의 정의와 관습은 일종의 사소설 담론에 의해 구성되어 왔으며 사실상 토미 스즈키에 의해 해체되었다. 토미 스즈키는 다른 모든 장르 정의와 마찬가지로 '사소설'은 완결되지 않은 분류이며 무엇이 실제로 사소설인지에 대해서보다는 무엇이 사소설이 아닌지에 대해서 더 잘 알려준다는 사실을 보여주었다. 사소설 담론 자체가 서구 노블(novel)의 대립개념으로서 사소설을 정의하려는 맥락에서 제기 되었다. 다른 말로 하면 사소설 담론은 사소설의 장르적 특성을 독립적으로 규정하기 보다는 언제나 사소설을 서구의 노블이 아닌 장르, 즉 노블과 전적으로 대립되며 일본에서만 산출 가능한 특수한 "일본적인" 장르로서만 정의하려고 했던 것이다. 여기서 내게 흥미로운 점은 이 사소설 범주들이 식민지 맥락에서 어떻게 번역되는가라는 의미이다. 앞으로 이와 같은 식민화(혼성화)와 번역의 맥락에서 제기되는 식민지 사소설과 그에 대한 문제들에 대한 보다 일반적인 연구와 토론은 필요하다. 제국 형식들의 식민화와 혼성화(creolization)는 다른 기회에 탐구되어야 할 것이다. 예를 들어 박태원, 이태준, 이상과 같은 작가들은 이처럼 긴장감 넘치는 지점들을 탐색할 만한 풍부한 텍스트들을 제공해주고 있다.

들을 대표해야만 한다.

이와 같은 독법은 이제는 자주 인용되는 프레데릭 제임슨의 언명을 상기시킨다. "모든 제3세계의 텍스트들은 필연적으로 (…중략…) 민족의 알레고리들이다 (…중략…) 여기서 개인적인 이야기와 개인적인 경험에 대한 서술은 궁극적으로 집단성 그 자체의 경험에 대한 모든 수고스러운 서술을 포함할 수밖에 없다."[25] 제임슨이 아쿠타가와상 심사위원들이 식민지 텍스트를 마주했을 때처럼 자신이 동정적인 독자의 입장에서 있다고 밝히면서 '제3세계 텍스트'를 '칭찬하고 긍정적으로 평가'[26] 할 때 그의 글에서는 기이하게도 아쿠타가와상 심사위원들의 심사평이 고스란히 반복되고 있다.[27]

제임슨의 주장은 이미 다른 비평가들의 적절한 비판을 받은 바 있지만 나는 여기서 다시 한 번 상기해 보고자 한다.[28] 동양/서양과 식민지/식민지 이후의 구분을 넘어 비평 생산에서 동일한 논리들이 반복되고 있는 사실을 보여 주고 싶기 때문이다. 그렇게 함으로써 나는 본국 비평가들이 다양하고 불균등한 공간적 시간적 맥락에서 식민지 혹은 제3세계 텍스트를 마주할 때마다 지속적으로 반복해서 근시안적인 편애를 보여주고 있다는 점을 지적하고 싶다.[29] 본국 비평가들은 이 소수자 텍스

25) Frederic Jameson, "Third-World Literature in the era of Multinational Capitalism", *Social Text* 0 : 15, autumn, 1986, pp.65~88.

26) Ibid, p.77.

27) 본국 비평가들의 동정은 소수자 작가가 바라는 바가 아닐 것이다. 프란츠 파농은 다음과 같이 쓰고 있다. "검둥이를 숭배하는 사람은 증오하는 사람만큼이나 '병들어' 있을 뿐이다." Franz Fanon, *Black Skin*, White Masks, p.8. 왜냐하면 그는 의지하고 정의하면서 사랑의 대상과 증오의 대상으로서 인종적 차이에 대한 범주가 있다고 가정하고 있기 때문이다.

28) 가장 잘 알려진 비판으로는 Aijaz Ahmad, "Jameson's Retoric of Otherness and the National Allegory", *In Theory-Classes, Nations, Literature*, London : Verso, 1992.

29) 여기서 내가 앞서 사용한 "소수자 문학" 개념을 제시한 들뢰즈와 가타리 역시 소수자 문학이 필연적으로 정치적이고 집단적인 본성을 지녔다고 말하면서 제임슨과 동일한 전제를 보여주고 있다는 점을 지적할 필요가 있다. 이 글을 쓰면서 내가 그들의 이론에 주목하는 이유는 그들이 소수자 작가에 의한 다수자 언어의 전유라는 행위에서

트들에 대하여 자신이 점하고 있는 특권적인 입장이 억압적일 수 있다는 사실을 고려할 줄 모른다. 소수자의 텍스트가 아쿠타가와상 심사위원들이나 '제1세계' 비평가들이 주장하는 것처럼 민족의 알레고리로서만 해석되는 것은 그들이 이 텍스트들과 조우할 때 이렇게밖에 읽지 않기 때문이다.

소수자 작가는 식민주의로부터 식민지 시기 이후 초국가적인 지구적 자본주의에 걸친 불균등한 제국의 맥락에 있어서 자신이 속한 집단의 범위에서 그리고 생산과 수용의 층위에서 중층적인 문화적 재현의 짐을 지고 있다. 제임슨과 아쿠타가와상 심사위원들의 독해를 병치시킴으로써 나는 비평가들이 소수자 텍스트의 '특수성'을 가차 없이 일반화하도록 부추기는 '보편성'이라는 입장, 사회적으로 생산된 자족적 입장에 머물고 있다는 사실을 보여주고자 한다. 이와 같은 독법을 텍스트에 적용하는 제한된 전제들이 징후적으로 드러내고 있는 것은 바로 권력의 불균형이다. 권력의 불균형이 식민지 시기부터 식민지 이후의 시기에 이르기까지 지속되고 있는 비평가들의 입장뿐만 아니라 그 모든 전제들이 보여주는 불안을 야기시켜온 것이다.

3. 「빛 속으로」—제국의 파편화된 정체성들

김사량은 「빛 속으로」를 본국의 문학 제도 내에서 소비될 수 있도록

작용하는 뚜렷한 권력의 역동성을 드러내고 있기 때문이다. 일반적으로 들뢰즈와 가타리의 개념화는 맥락의 다수성에서 나오는 차이와 유사성 가운데서 소수자 문학 행위가 지닌 특성에 대하여 논의하기 시작할 때 사용할 만한 공통 언어를 제공한다는 점에서 일종의 출발점으로서 유용하다. 앞서 지적했듯이 이러한 특성들은 포괄적인 장르 정의에 의해서는 절대 고수되기 어렵다는 사실을 상기해야 한다.

제국의 언어로 썼다.[30] 위에서 볼 수 있듯이, 이 소설을 그 생산과 소비의 환경에서 보면 제국 안에서의 화합이라는 제국적인 표어, 그리고 특히 조선의 일본에의 동화에 대한 구현으로서 독해하기 쉽다.[31] 그러나 텍스트를 보다 자세히 검토해 보면 제국의 이데올로기에 대조되는 독해도 가능하다. 이와 같은 독해가 가능한 것은 누군가 주장하는 것처럼 텍스트가 제국에 굴복하거나 대항하는 의식적인 행위를 통해 생산되었기 때문은 아니다.[32] 그것은 바로 텍스트가 본국에 (그리고 나중에는 해방된 식민지에) 편입되는 폭력적인 과정에 반하는 것으로 읽혀지는 데 대한 불안과 정체성의 파편화를 보여주고 있기 때문이다.

일본 제국이 그 공식적인 식민지를 넘어서 확장되어 가면서 제국의 정책이 차이화와 동화 사이에서 동요하고 있을 때, 이와 같은 변화는 문화적인 영역에도 반영되었다. 이렇게 환경이 불안한 문학 시장에서 식민지 작가들은 일본문학의 지역적인 틈새로서 일본어로 글을 씀으로써 제국의 소비에 자신들의 저작을 동화시켜야 함과 동시에 식민지가 된 조국에 대한 이국적이고 '진실한' 설명을 통해 차이화를 꾀해야 하는 이중고 속에 있었다. 이와 같은 전환적인 시기는 본국의 문학 제도의 관점에서 볼 때는 식민지들로부터 침투해오는 기묘한 일본어 저작들의 목록을 만들고 그 저작들을 명명하고 식민지에 대한 지식으로 통제해야 하는 시기였다. 제국의 정체성들과 위계를 붕괴시키거나 위협하지 않도록 낯설음은 친숙함이 되어야만 했다.

위에서 나는 김사량의 소설이 '식민지 사소설'로서 아쿠타가와상의 수상후보가 되었을 때 그 소설에 대한 본국의 비평적 평가가 보여주는 동화와 차이화의 이중적 제스처가 감추고 있는 양가성과 두 가지 언어

30) 『文芸首都』 7 : 10, 1939.10, 2~29면. 괄호 안에 있는 면수와 함께 텍스트 속에 인용된 부분.

31) 위의 각주8) 참조.

32) 김사량 텍스트를 협력과 저항의 이분법에 따라 해석한 최근 연구로는 김재용, 『협력과 저항-일제 말 사회와 문학』, 소명출판, 2004, 11~13 · 241~260면.

를 사용하는 작가 자신의 복잡한 반응에 대해 차례로 검토했다. 그렇다면 이와 같은 이중적이고 갈등적인 요구 속에서 생산된 문학적 텍스트가 식민지적인 조우에 대해 깊은 불안을 구현하고 있는 것은 전혀 놀라운 일이 아니다. 1인칭 화자를 포함하여 「빛 속으로」에 등장하는 각각의 인물들은 모두 육체적 정신적 파편화를 보여준다. 그 인물들은 서술자 '나'의 통일성과 '사소설'이라는 장르적 범주화에 대한 의문을 불러일으킬 뿐만 아니라 정체성 자체의 자기동일성에 대한 의혹을 제기하고 있다.

본국의 비평가들이 주장한 것과 달리 그 텍스트는 명확하게 '사소설' 장르로 규정하기 어려운 모호성을 드러낸다. 텍스트는 (예를 들어 서술하는/서술되는 그리고 식민화하는/식민화되는) 주체성들을 조화시키지 못하고 있으며, 형식 층위와 서사 내용에서 각각 심각한 분열을 드러내고 있다. 텍스트는 (문화적) 재현이라는 난제에 대한 제스처이며 제국의 불균등한 맥락에 동화되어야 하는 식민지 주체들이 지닌 불만의 제스처이다.

4. 두 식민지 작가들의 양가적 서신교환

김사량과 또 다른 식민지 대만의 작가 룽잉쭝(1911~1999)의 만남에 대해 간단히 살펴보자. 그들의 조우는 제국의 광대한 거리를 넘어 식민지 작가들이 공유하고 있는 곤경에 대한 불안을 드러낸다. 이 가상의 (그들은 개인적으로 만난 적이 없다) 만남은 룽잉쭝이 「빛 속으로」에 대한 비평을 편지로 보낸 데 대한 답장으로 김사량이 쓴 편지에서 엿볼 수 있다.[33]

33) 룽잉쭝이 사적으로 수집한 편지 중 일부. 下村作次郎, 『文学で読む台湾－支配者・言語・作家たち』, 東京 : 田畑書店, 1994, 210~212면. 여기서부터 출처는 괄호 안에 면수

룽잉쭝은 자신의 일본어 단편 「초저녁달」을 같은 잡지에 출판한 뒤 편지를 썼는데 김사량은 그에게 보답하고 싶었던 것 같다.[34)]

> 아침에 편지를 받고 무척 감사했습니다. 우리는 멀리 떨어진 장소에서 태어났지만, 남의 언어로 글을 쓰고 있는 우리의 글쓰기 환경 덕분에 새로운 친구가 되었습니다. 무엇보다 이 점에서 기쁩니다(210).

언뜻 보기에도 편지라는 매개를 통한 두 식민지 작가들의 만남은 두 사람 모두 제국의 언어를 사용하고 있고 일본의 문단에 등단했다는 점에서 제국이 만들어낸 국제적 유동성 덕분에 가능했다. 그러나 다음에서 명백하게 볼 수 있듯이 이 편지는 식민화 덕분에 가능했던 기회에 대해 매우 아이러니한 반응을 보여준다.

> 당신의 소설 「초저녁달」을 읽으면서 저는 그 소설이 매우 마음에 와 닿았습니다. 저는 당신이 살고 있는 지역 환경에 대한 사실적인 묘사에 전율합니다. 제가 살고 있는 지역도 그렇게 다르지 않습니다. 물론 그 소설은 어쨌든 현재 상황에 대한 폭로는 아니었고 알고 보면 사실적인 톤으로 쓰여졌습니다. 그러나 당신의 작품에서 저는 당신의 떨리는 손을 느꼈습니다. 아무래도 제가 주제넘거나 감상적인가 봅니다. 그렇다면 저를 비난하시겠죠! 비난해 주십시오!(211).

이렇게 편지는 먼 식민지의 동료작가에게 깊이 공감하면서 팽창하는 제국의 식민지 작가들이 제국으로부터 배제되는 곤경을 함께 겪고 있다는 사실과 더불어 연대 의식에 대한 열망을 드러낸다. 글쓰기 행위가 주는 고통스러움은 김사량이 떨리는 손이라든가 그들의 환경이 닮았다는 사실을 인식했을 때 그의 몸을 관통한 전율을 환기시키는 대목에서

로만 표기.

34) 『文芸首都』, 1940.7.

잘 나타나고 있다. 김사량이 본국에서 활동하는 식민지 출신 작가라는 불분명한 입장에 대해 불안해하고 있었다는 사실은 "비난해 달라"는 피학적인 호소에서도 감지된다. 이렇게 양가적으로 기쁨과 감상이 뒤엉킨 서한을 보면 김사량은 본국 문단에서의 성공에 대한 축하보다는 불안 속에서 두 영혼이 만나게 되었다는 사실에 더 감동받은 것이 분명하다. 김사량이 그들 사이의 유사성을 인식하면서도 그 자신의 제한된 관점으로 그들의 이질적인 경험을 동일한 것으로 간주하지 않으려고 한다는 점 또한 중요하다.35)

룽잉쭝에게 서로 독려하고 지지함으로써 연대의식으로 함께 하기를 요청한 뒤에 김사량은 「빛 속으로」에 대한 룽잉쭝의 비평에 대해서 쓰고 있다.

> 「빛 속으로」에 대한 당신의 비평은 물론 옳습니다. 저는 전심을 다해 이 소설을 개작할 수 있게 되기를 기다리고 있습니다. 저 스스로 좋아하는 작품이 아닙니다. 이 소설은 일본의 독자를 위해 쓴 것입니다. 저는 그 점을 잘 알고 있습니다. 제가 이 점을 너무 잘 알고 있기 때문에 겁이 날 정도 입니다(211~212).

이 대목에서 김사량이 스스로 불만을 느끼고 있다는 사실을 수긍하고 있을 뿐만 아니라 부분적으로는 제국 전역에 걸친 명예를 얻게 해준 그 소설을 부인하고 있다는 점이 흥미롭다. 그는 일본 독자의 주목을 바라고 썼다는 점에 대해 자의식적으로 후회하고 있으며 두려움을 느낄 정도로 그 사실에 대해 몹시 괴로워하고 있다.36) 그는 의도된 청중

---

35) 그밖에, 다른 문맥에 있는 식민지 주체들이 공유하는 그리고 공유하지 않는 곤경에 대해 잊지 않는 것이 중요하다. 식민지 시기 대만 제국 문학의 형성과 그에 대한 식민지 후기의 반응들에 대한 분석으로는 Leo Ching, *Becoming 'Japanese'-Colonial Taiwan and the Politics of Identity Formation*, Berkeley : University of California Press, 2001. 그리고 Leo Ching, "Give me Japan and Nothing Else!-Postcoloniality, Identity, and the Traces of colonialism", *South Atlantic Quarterly* 99(4), 2000, 763~788면.

과 외적인 환경 때문에 스스로 만족할 만한 소설을 쓸 수 없었다는 사실을 시사하기도 한다.

이와 같은 서신의 상호교환에서 바로 식민지 상황의 아이러니가 전면으로 드러난다. 제국이 중국으로 팽창해나가고 있을 때 그 위계에 따라 그들을 식민지 신민이라는 지위로 좌천시킨 바로 그 맥락에서 이 두 작가들은 공간적이고 언어적인 거리를 횡단하여 서로에 대한 인식과 우정을 문학을 통해 서로 교환하면서 조우하고 있는 것이다.

5. 식민지 조선문학—제국의 '지방'문학

1940년 겨울, 1931년 발발한 만주사변 이후 한창 진행되던 전쟁은 1937년 중국 침략으로 절정에 이른다. 이 시기는 일본과 일본의 식민지에서 일상생활의 모든 방면에 침투하고 있었던 '총력전'의 시기다. 전선에서, 남성들은 군인들로 여성들은 '위안부'로 동원되었다. 가정에서, 여성들은 아들딸을 '성전(聖戰)'에 바친 '군국의 어머니'로서 일상적인

36) 『빛 속으로』라는 제목의 첫 단편집의 후기에서도 유사한 불안이 감지된다. 그 글에서 그는 자신의 글쓰기 환경에 대해서 다음과 같이 묘사하고 있다. "나는 「빛 속으로」를 쓰고 점차 세상에 대해서도 알게 되었다. 막 대학을 졸업한 봄, 경성에 머물던 때였다. 하숙집의 작은 온돌방에서 묘하게 긴장된 흥분의 와중에서 단숨에 썼다. 멈추려고 해도 멈출 수 없는 기분으로 쫓기듯이 썼던 것 중의 하나인데, 「천마(天馬)」도 역시 내가 썼다고 하기보다 오히려 누가 쓰게 해서 쓴 것 같은 기분이 있다. 이 작품 가운데서 나는 주인공과 그를 쫓는 또 한 사람의 자신과 삼파전으로 피투성이가 되어 격투한 느낌이다. 글쓰기 초년생이라고 할까 (…중략…) 그렇게 쓰면서 각각의 작품 내용을 생각해 보면 현실의 무거운 고통에 눌려서 나의 마음은 언제나 명암 속을 헤엄치고, 긍정과 부정의 사이를 헤쳐 나아가면서 언제나 희미하기만 한 빛을 구하려고 아득바득하고 있다. 빛 속으로 빨리 나가고 싶다. 그것이 나의 희망이다. 하지만 빛을 간청하기 위해서, 나는 혹은 아직 어둠 속에 몸을 웅크리고 눈을 빛내고 있지 않으면 안 되는 것인지도 모른다." 『光の中に』, 小山書店, 1940, 346면.

소비습관 면에서도 희생해야 했다.[37] 일본과 식민지의 문화계 인사들, 특히 작가들은 전쟁의 선전도구로 동원되었다.[38]

일본문단의 조명을 받고 있던 김사량에게 쏟아졌던 관심은 전쟁 중이었던 제국이라는 더 큰 맥락에서 고찰될 필요가 있다. 식민지의 조선어 저작에 대한 검열이 이루어지면서 동시에 본국은 식민지 주체들에 대한 일본어 저작에 대해 주목하기 시작한다. 주요 잡지와 신문의 '조선문학 특집'이 본국에서 갑작스럽게 등장했다. 예를 들면, 『문예』(1940.7), 『조간 아사히』(1941.5), 『모던니혼』(1939.11・1940.2)의 조선 특집호 두 권 등이 있다. 또한 조선어 문학 텍스트들을 일본어로 번역하는 엄청난 수고가 뒤따랐다. 이와 같은 조선문학에 대한 특별한 관심은 앞서 언급한 '조선 붐'의 일부였고 조선 작가들은 본국의 소비열기에 부응하기 위하여 민족의 '대표자'가 되거나 토착민 정보제공자가 되어야 했다.[39] 1940년에는 일본어로 활동하는 식민지 작가들을 인정해주기 위해서 '조선예술상'이 "아국(我國-인용자)문화를 위하여 조선 내에 있어서 행하여진 각 방면의 예술활동을 표창"하는 것을 목적으로 창설되었고, 첫 번째 수상자로 다름 아닌 '근대 조선문학의 아버지'인 이광수가 선출되기도 했다.[40] 이처럼 식민지 작가 김사량이 제국의 문턱인 일본문단에 진입하는 아쿠타가와상 수상후보가 되었다는 사실은 당시 제국이 감행한 전적으로 새로운 차원의 동원이라는 것이 어떤 것이었는지 잘 보여주고 있다.

아쿠타가와상 비평가들이 심사평에서 보여준 '모호한 표현'을 보면 한편으로는 제국의 정전 장르로 분류하기에는 "부족한 점"이 눈에 띄는데도 불구하고 식민지 작품과 작가를 포함시켜 준다는 점에서 너그럽

---

37) 전쟁 동원에 수반된 정신적 열기에 대해서는 Donald Keene, "Japanese Writers and the Great East Asia War", *Journal of Asian Studies* 23(2), 1964.2, pp.209~225.

38) 김재용, 앞의 책, 282면.

39) 김윤식, 『한일 근대문학의 관련양상 신론』, 서울대 출판부, 2001, 70면.

40) 위의 책, 72면.

게 보이지만 그것은 오로지 포함되는 즉시 민족적 타자성이라는 틈새로 좌천시키기 위한 것이었다. 그들의 모호한 표현은 동화와 차이화, 황민화 사이에 있었던 불안정한 식민지의 제국주의 정책과도 일치한다. 식민지 소수자 작가들과 텍스트들이 보여주는 비천한(abject) 입장은 식민지 문학을 통합하려는 욕망과 일본 제국문학이 오염되는 데 대한 두려움이 공존하던 문단의 불안을 드러낸다.

줄리아 크리스테바의 설명에 따르면, 비천한 것(the abject)은 무의식에 근원을 두고 있으며 심리적이고 육체적인 존재로 배어 나온다.[41] 이것은 정체성과 언어 형성과정에서 필요불가결한 부분이며 그 과정 후에 발생하게 될 의미와 질서를 위해서는 경계들이 반드시 필요하다. 차이를 구분함으로써 질서가 만들어지고 유지된다.[42]

사회적인 차원에서 비천한 사람은 "배신자, 거짓말쟁이, 범죄자, 강간범, 살인자" 등이다.[43] 어떤 차원에서든 비천한 것은 "배제를 통해 존속

41) 크리스테바의 이론은 라캉의 거울 단계(6~18개월)와 연관된다. 이 시기에는 정체성의 감각이 처음으로 형성되며 (아버지로 대표되는) 상징적 법이 부과되면서 언어를 습득한다. 상징적 법은 (어머니로 대표되는) 아기가 그 때까지 누리고 있었던 조화로운 세계를 단절시킨다. (어머니에게서 떨어지지 않으려고 하는 욕망에 대한) 최초의 억압은 궁극적으로 언어와 욕망에 대한 상실감과 연관되는데, 라캉과 달리 크리스테바는 어머니를 거부하는/쫓아내는 주체(아기)의 운동은 그 억압 이전부터 발생한다고 주장한다. 이 모든 일들은 무의식의 차원에서 발생한다고 추정되며 어머니의 비천함은 사실 아기에 의해 참을 수 없는 것으로 지각된 자아의 한 측면이다. 아기는 자신을 안전하게 만드는 만큼 숨 막히게 만드는 것을 거부해야 하기 때문에 그 행위는 양가적이고 갈등적이다. 물리적 육체에 관계된 비천한 것은 안쪽도 바깥쪽도 아닌 공간/구멍을 포함한다. 젖, 피, 오줌, 똥과 같이 나오는 육체적인 액체와 배설물들은 "경계가 지워진 세계의 붕괴 즉 소멸"을 의미하기 때문에 모두 혐오감을 유발한다. 시체는 삶과 죽음 사이의 궁극적인 경계를 건넜기 때문에 두 번째로 비천한 것으로 간주된다. (음식에 대한 금기, 화장실 에티켓에서 장례 의식에 이르는) 사회 질서를 유지하는 정교한 의식들은 그와 같은 경계들이 삶의 필수적인 국면들인데도 불구하고 그에 대한 보편적인 혐오를 드러낸다. Julia Kristeva, *Powers of Horror-An Essay on Abjection*, New York : Columbia University Press, 1982.

42) Mary Douglas, *Purity and Danger-an Analysis of the Concepts of Pollution and Taboo*, Boston : Ark Paperbacks, 1966, p.94.

43) Kristeva, op. cit., p.4.

한다."[44] 따라서 비천한 것은 상상된 경계나 실재 경계 어느 쪽에도 속하지 않는다. 그러나 비천한 것은 자아의 내부에 완전히 포함되지도 않지만 그렇다고 자아의 외부에 존재하는 것도 아니라는 점에서 "주체도 아니고 대상도 아니다". 그것은 이름을 붙이고 통제할 수 있는 "타자"도 아니다. 사회적인 맥락에서 비천한 것은 참을 수 없는 것이며 반드시 "추방되어야" 한다. 그러나 비천한 것은 법(모든 절대적인 권위)의 빈틈을 드러내기 위해서 끈질기게 존속한다. 법은 부질없이 제의나 희생과 같은 수단을 통해서 "변칙적인 것, 이상한 것, 부자연스러운 것"을 제거하려고 시도한다.[45] 그러나 비천한 것은 무엇보다도 "모호성" 그 자체이며 따라서 순화되는 것을 거부한다.[46]

자신이 일본 문단과 식민지 문단 사이의 식민지 작가로서 불안정한 길을 가고 있다는 데 대한 김사량의 자각은 「조선문화통신」이라는 비평적 에세이에 잘 나타난다.[47] 이 글에서 그는 식민지의 맥락에서 다양한 독자들 틈에 끼어 있는 비천한 입장의 딜레마를 직접적으로 언급한다(사실 제국과 식민지 독자들을 위해 일본어로 쓴 이 에세이 자체가 이 딜레마에 대한 일종의 수행적 행위이다).[48] 김사량은 조선어 문화 생산에 대한 제국의 검열 정책과 일본어로 글을 쓰는 식민지 작가들의 요구에 대응하기 위

44) Ibid, p.17.
45) Douglas, op. cit., p.94.
46) Kristeva, op. cit., p.4・17.
47) 金史良, 『金史良全集』 Ⅳ, 河出書房, 1973, 21~34면.
48) 이 글은 원래 일본에서 일본어로 출판되었다가 나중에 「조선문학과 언어문제(朝鮮文学と言語問題)」로 제목만 바꾼 채 원래 일본어로 썼던 그대로 식민지 조선의 대중잡지 『삼천리』에 다시 게재되었다. 이 출판 사례는 제국의 언어가 특권적인 지위를 누리고 있었던 식민지의 언어상황을 적나라하게 보여준다. 제목을 새로 붙이는 행위는 표면적으로는 조선의 독자들을 의식하고 배려하기 위한 것처럼 보이지만 본국과 식민지라는 언어 공간의 차별성을 무의식적으로 각인시키고 있다. 또한 새로운 제목은 식민지 조선의 맥락에서 발생할 수 있는 복잡한 소통의 문제들이 단순히 "언어 문제"에서 비롯되고 있는 것처럼 바꾸어 놓는다. 그러나 동시에 이 사례는 제국 안에 또 다른 소통의 실패가 무수히 존재한다는 사실을 상징적으로 드러내고 있다. 金史良, 「朝鮮文学と言語問題」, 『三千里』, 1941.6, 85~87면.

해서 이 에세이를 썼다. 김사량은 조선문화의 이익뿐만 아니라 일본 문화를 위해서, 심지어 세계 문화를 위해서도 조선인이 조선어로 작품을 창작하도록 반드시 허용해야 하는 이유를 조심스럽게 설명한다. 여기에서 김사량의 기초적인 동기는 조선어가 말살되지 않고 보존되도록 하는 데 있다. 하지만 그가 국수주의적 문화 비교에서 전제하고 있듯이 한 문화가 다른 문화에게 일방적으로 '영향'을 미친다고 보지 않고 모든 문화가 서로 문화의 흐름에 대해 부채를 지고 있다고 주장하고 있다는 점도 중요하다. 김사량은 외관상으로는 만족할 줄 모르는 것처럼 보이는 본국의 조선 문화상품 수요에 부응하기 위해서 공식적인 번역 기구가 필요하다고 제안하기도 한다.

이처럼 민감한 정치적인 환경에서 김사량은 식민지 조선의 가변적인 문화 영역에 대해 보다 복합적으로 이해할 필요가 있다고 주장한다. 이 글은 다양하고 서로 적대하는 이해관계를 타협시키려는 데서 발군의 솜씨를 보인다. 그는 조선인들은 일본어로만 글을 써야 한다고 요구하는 일본 제국주의자들, 일본어로 작품을 쓰라는 제국의 요청을 수용한 작가는 모두 반역자로 고발할 정도로 확고하게 조선어를 보호하고자 했던 조선 민족주의자들, 그리고 그 틈 사이에서 두 언어를 모두 쓰고 있던 자신과 같은 작가들, 더 정확하게 표현하면 이 논쟁의 최전선에 있었던 비천한 작가들의 이해관계 사이에서 타협점을 이끌어 내려고 시도한다.

> 본질적인 의미에서 생각해 보면, 역시 조선문학은 조선인 작가들이 조선어로 쓰는 것으로 (…중략…) 우선 성립되어야 함이 분명하다. 그러나 그런 어려운 논의야 어찌 되었든, 작가 쪽의 실제적인 입장에서 생각해 보면, 조선 작가들이 내지어(内地語)로 쓰는 경우에는 이런저런 혼란과 불편이 (…중략…) 정열의 몫 (…중략…) 을 가져올 두려움이 충분히 있다. 우선 조선문학계의 현재 상황에 대해 숨김없이 털어놓자면, 조선인 독자들에게 읽혀지기 위해 자신의 말

로 좋은 작품을 쓰는 것이 고작이고 조선문학을 번성하게 하고자 하는 열정이 앞서서 내지어로 쓰는 기분이라는 여유를 갖지 못하고 있다. 이것은 무엇보다 강한 주관적 이유이기는 하지만, 그렇기 때문에 밥 먹고 살기 어려운 조선문 창작을 그만두고 내지어로 쓰라고 하는 구호도 그다지 영향력을 갖지 못할 법하다(27).

김사량은 본국의 문학 영역으로부터의 요구와 제국의 엄격한 검열에 대응하여 조선인 작가들에게 일본어로만 쓰라고 하는 요구가 현실적이지 못하다고 설명하고 있다. 그는 일본어로 글을 쓸 수 있거나 앞으로 쓰려고 결심한 사람들이 겪게 되는 곤경을 다음과 같은 맥락에서 묘사한다.

나는 이런저런 불편을 감수하며 내지어로 글을 쓰고 있거나 앞으로 글을 쓰려고 생각하는 사람들의 입장까지도 반드시 이해해야 한다고 생각한다. 어째서 그러한가? 왜냐하면 작가들이 일본어로 글을 쓰게 하려면, 그들 자신의 언어와 (식민지−인용자) 독자를 포기하는 엄청난 희생을 각오하게 하려면, 우리는 무엇보다 그들에게 예민한 정신적 동기가 반드시 필요하다는 사실을 깨달아야 한다(29).

김사량은 조선 작가들에게 일본어로 작품 활동을 하라는 요구가 얼마나 엄청난 (그리고 비현실적이기도 한) 부담인지에 대해 논의한다. 이어서 그는 이 요청에 응하기로 한 작가들에게 그들의 선택은 모어와 모국의 독자를 상실하게 된다는 점에서 본질적으로 우울한 행위이며, "엄청난 희생"이라고 주장한다. 한 작가에게 그 모든 것을 포기하도록 하는 동기들은 무엇인가?

폭넓은 일본 독자들에게 조선의 문화, 생활방식 그리고 정서를 알리고자 하는 동기, 혹은 또 다른 의미에서, 여러 문화들 사이의 매개자가 되는 영광을 얻기 위해서 조선의 문화를 일본, 아시아, 그리고 전 세계로 확산시키고자 하는 동기, 이러한 것들이 동기가 될 수 있을 것이다. 물론 다른 어떤 것보다도 이 시대가 요청하고 있다. 그리고 이러한 것들이 아마도 일본 문단이 조선 작가들을 요구하는 이유일 것이다(29).

김사량은 제국의 언어로 글쓰기를 하는 행위가 식민지 작가에게 있어서 철저히 희생적인 행위라고 규정한 후에, 작가가 그와 같은 선택을 하는 데 동기가 될 수 있는 몇 가지 이유들을 제시하고 있다. 이 에세이 전반에 걸쳐서, 제국과 식민지의 조우라는 상황 때문에 자신을 희생할 수 있고 매개자의 역할을 할 수 있는 몇몇 작가들에게는 일본어 작품 활동이 필수적으로 되어버렸다는 사실이 명백하게 드러난다. 김사량은 식민지 작가들에게 요구된 매개자 또는 '토착민 정보제공자'의 역할을 이상화하고 있지 않다. 이는 본국의 비평가들이 그의 소설 「천마(天馬)」(1940)를 오독한 데 대해서 그가 한탄할 때 특히 명확해진다. 본국의 비평가들은 작가를 비롯하여 식민지의 모든 이언어사용(二言語使用) 작가들과 소설의 주인공을 각각 개별적인 식민지 주체들로 구별할 수 없을 정도로 한데 결합시켜 이해함으로써 그의 소설을 오독했다. 그러나 이와 같은 오독에도 불구하고, 문화적, 정치적, 그리고 경제적 분야 등 모든 분야에서 재현이 불공평해지는 제국의 맥락에서 소통하기 위해서 끊임없이 노력한다는 점이 중요하다. 이 에세이에서 김사량은 이 역할이 모든 식민지 작가들에게 강요되어야 할 것은 아니라고 분명하게 말하고 있다. 이 역할은 언어적 능력이 있고 그와 같은 희생을 감내하고자 하는 욕구가 있는 몇몇의 선택된 (혹은 스스로 선택한) 작가들이 떠맡아야 한다. 김사량은 (자신을 포함한) 몇 명의 '희생양'을 제물로 바쳐서 제국의 검열로부터 조선어를 구하기 위하여 정치적인 환경과 타협하려고 애쓰는 것처럼 보인다.

작가에게 본국(그리고 전 세계)을 위해 식민지에 대한 '진실한 설명'을 제시해야 한다는 굴레는 이처럼 희생적인 행위이기도 하지만 다양한 요구를 지닌 많은 사람들의 시선을 감당해야 한다는 점에서 부담스러운 짐이자 양가적인 행위일 수밖에 없다. 작가가 의식적으로 일본의 독자들에게 말을 건네기로 결정할 때조차, 재현되어야만 하는 식민지인(그리고 그가 말을 건네야만 하는 식민지의 독자)이 원혼처럼 소수자 작가를 사로잡는다. 종종 모순되는 두 가지 요구 사이에서 식민지 소수자 작가는 자기 자신의 시선에 따라 양가적인 자기 감시 역시 감당해야 한다. 이처럼 다양한 독자층 때문에 글쓰기 주체와 그의 서사는 일대일 대응관계를 맺지 못하게 된다. 동포의 역경에 대해 이야기하려는 내면화된 민족의 요구와 제국의 소비를 위해 이국적이면서 '진실한' 변형을 바라는 일본 독자의 요구 사이에 갇힘으로써, 글쓰기 주체와 그가 말을 건네는 독자 사이에 일종의 신경증이 발생한다.

이와 같은 독자의 문제, 과연 누구를 위해 그/그녀는 글을 쓰는가라는 문제는 소수자 작가가 겪는 재현 난제의 핵심이다. 식민지인 소수자 작가는 서로 대립되는 여러 방향들로 끌려 다니게 된다. 먼저 이국적인 정서를 통한 '차이화'와 '진정한 조선다움'을 요청하는 모순된 요구가 있다. 동시에 공동체적인 경험을 '재현'하라는 요청이 있고 이러한 요청을 수락하는 데 대해 작가 자신이 느끼는 불안이 함께 다툼을 벌인다. 여기에 명작을 탄생시키고자 하는 작가 자신의 개인적인 욕망이 뒤섞인다. 이런 현상은 식민지 시기로부터 해방 이후의 시기에 이르기까지 어떤 다수자의 맥락에서든 소수자 작가들이 공유하고 있고 오늘날에도 경험하고 있는 딜레마이기도 하다.

식민지 동포의 대표로서 식민지의 지식인들이 경험하는 곤경은 인류학적으로 보면 두 가지 문화 사이의 배반적인 통역자인 토착민 정보제공자(native informant)의 입장에 비유될 수 있다.[49] 김사량과 다른 이언어사용 작가들이 경험한 독자의 문제는 '어떤 목적에서 일본어로 글을 쓰는

가?'라는 질문과도 뒤얽히게 된다. 이언어사용 작가들에 대한 마녀 사냥 분위기가 팽배했던 해방기, 이와 같은 맥락에서 이 작가들의 비천한 입장이 더욱 극대화되었던 시기에 김사량 자신이 변론한 바에 따르면, 그는 장기적으로 '두 걸음 전진하기 위해 한 걸음 후퇴하는 것'과 유사하게 일본어를 '도구'로서 간주했던 듯하다.[50] 김사량은 해방 이후의 시기에 판단할 때 그 자신에게는 식민지 작가에게 '애국적인' 선택으로서 요구되던 침묵 속으로 침잠하는 것보다 검열에 대면하여 일본어를 통해서라도 계속해서 글을 쓰는 것이 필요했다고 말한다. 예를 들어, 해방된 남한에서 『친일문학론』이라는 폭로성 저작을 쓴 임종국과 전후 일본에서 '제2세대' 재일 한국인 작가로서 활동했던 김달수는 모두 식민지 상황의 작가들에게는 단지 세 가지 선택만 주어졌다고 말하고 있다. 그 세 가지 선택이란 독자들과 관계를 끊고 침묵의 저항으로 침잠하는 것, 은밀하게 조선어로 작품 활동을 해서 전복적으로 저항하는 것, 또는 식민지의 압력에 굴복해서 '반역자'가 되어 일본어로 글을 쓰는 것이었다. 이렇게 뒤늦게 지혜로워진 '민족주의자'들의 평가에 나타나는 '저항과 협력'의 논리가 얼마나 문제적이고 이분법적이며 근시안적 인지에 대해 제대로 분석하자면 여기서 상당히 긴 논의가 필요할 것이다. 그러나 내가 여기에서 강조하고 싶은 사실은 김사량이 이렇게 자신에게 서로 대립하는 기대들이 주어졌을 때 그 사이에 선 자신의 미묘하고 위험한 입장에 대해 불안을 느끼고 있었다는 점이다.

해방 이후의 시기에 자신의 일본어 글쓰기에 대한 변론을 요청받았

49) 나는 종족학에서 사용되는 용어를 사용하고 있으며 스피박이 그 문제적인 개념을 "인간이라는 명칭에서 축출하는 위협적인 표지로 사용되기 위한 이름"으로서, 따라서 지배담론들로부터의 누락이라는 지점으로서 전유하는 데 동의한다. Gayatri Chakravorty Spivak, *A Critique of Postcolonial Reason-Toward of a History of the Vanishing Present*, Cambridge : Harvard University Press, 1999, p.6.

50) 「문학사의 자기비판 좌담회」, 『인민예술』 2, 1946.10, 39~48면. 걸출한 시인이자 문학비평가 임화 역시 일본어를 "도구"로 간주했다. 「言葉の認識」, 『京城日報』, 1939.8.16~19.

을 때, 김사량은 자신은 조선의 식민지 상황에 대해 전 세계에 알릴 수 있는 기회, 다른 말로 하면 보다 폭넓은 독자를 위해 조선의 대표자가 되고자 했다고 말한다. 그는 자신을 방어하기 위해서 처음에는 전 지구적인 차원에서 독자를 만나기 위해 중국을 거쳐 미국으로 가서 영어로 글을 쓰는 코스모폴리탄이 되고 싶은 욕망이 있었지만 결국 일본을 선택할 수밖에 없었다고 주장한다.[51] 종족적 민족주의의 요구와 지구적 코스모폴리타니즘의 욕망 사이에서 소수자 작가가 어떻게 타협하는가의 문제를 좀 더 파헤치려면 이 글에서 허용된 것보다 더 상세한 논의가 필요할 것이다. 나아가 식민지 시기로부터 해방 이후의 시기에 이르기까지 김사량에게 그와 같이 복잡한 재현의 짐을 지웠던 외적인 압력(시대 요구)으로부터 그 자신의 내적인 욕망을 분리해 내는 것도 어렵다.

헤겔의 대립구조에서 볼 수 있듯이 주인의 도구가 주인의 집을 파괴하는 데 사용될 수 있을지 그리고 어떻게 파괴할 수 있는지에 대한 의문이 있다. 이와 같은 의문은 자신들을 인정해 준 그 체계를 비판하는 도구로서 사용하려고 한 식민지 주체들의 일본어 저작들이 이들의 주체성을 동화시키거나 차별화시키려는 식민주의자들에게 이용당할 만큼 취약한 경우에 발생한다. 김사량은 식민지의 현상유지에 도전하고 주인의 도구가 헤게모니 권력에 저항하는 도구로 바뀔 기회를 엿보면서 그람시의 의미에서 유기적인 지식인이 되고자 노력했다.[52] 그러나 그는 더욱 심화된 지배, 차이화, 그리고 차별을 위해 이국적인 '자기 민족지학적(self-ethnographic)' 설명을 제공하는 도구로서 식민주의자들에게 동원되고 이용

51) 安宇植, 『評伝金史良』, 岩波書店, 1972.

52) 그람시는 지식인의 두 가지 유형에 대해 논의한 바 있다. 그 두 유형은 현상 유지를 지속시키려고 하는 유형과 현상 유지에 도전하려는 유형이다. 특히 그가 "유기적인 지식인"이라고 부른 지식인들은 주변화되고 배제되는 곤경을 극복하기 위한 새로운 집단행동을 통해 반(反)문화적 생산을 위해 일한다. Antonio Gramsci, *Selections from the Prison Notebooks*, ed. and trans. Quintin Hoare · Geoffrey Nowell Smith, New York : International Publishers, 1971, pp.5~14.

당하는 위험한 상황에 빠져 있기도 했다. 동시에 김사량은 해방 이후 새롭게 등장한 민족국가로부터 '친일파'로 고발당하게 될 상황이었다.

식민지 시기에 김사량의 일본어 저작에 대한 본국의 인식이 어떠했는지는 그가 아쿠타가와상의 수상후보가 되었던 것으로 예증될 수 있지만 부재하는 민족국가의 예외적인 '대표자'가 되라는 불가능하고 위협적인 요청으로도 잘 알 수 있다. 심사위원단의 이중적 심사평은 일본문단에서 차지하는 김사량 개인의 비천한 입장뿐만 아니라 일본 본국의 문학에 대해서 '지방문학'(地方文學)인 조선문학의 주변적 위치, 그리고 일본 제국 내에서 식민지 조선의 입장을 보여준다. 해방 이후 민족문학을 대표하게 된 애국적 작가들이 자기 변론을 하라고 김사량을 호출하면서 해방 이전의 일본 제국과 동일한 포함과 배제의 논리를 공식화했다는 사실은 아이러니컬하다.

6. 맺음말

이 글에서 나는 조선문단과 일본 문단을 "가로지르는" 식민지 작가 김사량의 경계적 위치, 그리고 제국의 불안정한 경계와 제국의 해체에 따라서 변화하는 수요와 독자층을 위한 재현이라는 난제를 검토했다. 나는 김사량이 아쿠타가와 문학상 후보가 되었던 사실에 초점을 두고자 했다. 김사량은 수상후보가 됨으로써 식민지 작가가 느끼는 불안뿐만 아니라 식민지와 본국 사이의 경계가 뒤흔들리면서 본국과 식민지의 비평가들이 느끼게 된 불안으로 더욱 가속화된 동화와 차이화 사이에 위치했다. 조선과 일본의 경계선에 서게 된 김사량의 불안은 식민지 시기뿐만 아니라 새로운 민족문학의 출범하게 되었을 때 제국 언어로 된 저작에 대해 변론하라고 요구받았던 식민지 이후의 시기에도 배제의 논리를 고찰하는 데 있어서 중요하다.53)

식민지 시기에서 해방 이후의 시기까지, 생산의 현장에서 소비의 현장에 이르기까지, 고정된 장소와 자기동일적 정체성의 의미를 찾으려는 깊은 갈망은 현재에도 진행 중이다. 이 갈망이 지닌 중요성은 외관상으로는 적대적인 제국, 민족, 작가의 정책들, 그리고 경계 형성이라는 끈질기게 사라지지 않는 유산을 가로질러서 반복되고 있는 포함/배제의 논리를 탐문할 수 있는 길을 우리 앞에 열어놓고 있다.

---

53) 1945년 이후의 일본에서 아쿠타가와상의 주목을 받았던 소수자 작가들의 다른 흐름을 검토할 필요가 있다. 특히 1960년대 후기에서 1980년대에 이르는 시기는 "전후"시기가 끝나고 미국의 신제국주의라는 새로운 지구적 세계 질서 속에서 일본 경제가 성장하기 시작했던 시점이다. 소수자(소수집단) 작가들을 편입시키면서 동시에 일본 민족 문학의 "영원한" 정전으로부터는 구별하는 "유행" 사조의 흥망성쇠가 갖는 역사적 중요성은 식민지 시기에서 식민지 이후의 시기에 걸쳐 나타나는 (불)연속성을 통해 조심스럽게 검토되어야 한다. 아쿠타가와 문학상을 받은 소수집단 작가와 작품들에는 오시로 다쓰히로, 「칵테일 파티」(1967); 리 가이세이, 「다듬이질 하는 여자」(1971); 히가시 미네오, 「오키나와에서 온 소년」(1971); 나카가미 겐지, 「곶」(1975); 그리고 이양지의 「유희」(1988)가 있다. 재일조선인 작가 긴 가쿠에는 수상을 하지는 못했지만 이 시기 동안 네 차례(1973, 1974, 1976, 1978)에 걸쳐 최종후보가 되었다는 점에서 여기서 거론될 만하다. 식민지 시기에 김사량에 겪어야만 했던 양가적인 경험은 식민지 이후의 시대에도 다시 기묘하게 반복되고 있는 것처럼 보인다. 전후 일본 문단이 소수자 작가들을 어떻게 소비했는가라는 문제는 미국의 지역적 지배라는 맥락에서 (내적이고 외적인) 아시아 타자들에 대해 일본 정부 정책이 느끼는 불안과 함께 검토되어야 한다. 예를 들어서 한일협정(1965) 이후 십여 년에 걸쳐 한국인들을 북한으로 "귀향"하도록 했던 "본국송환운동"이나 미 점령하의 오키나와에서의 "일본으로의 귀환" 운동이 결국 오키나와의 병합으로 마감하는 과정에서 보여준 복잡한 문제들은 우리들에게 시대정신의 정치적 무의식이 무엇인지 일깨워준다. 그러나 그 소설들과 작가들은 이와 같은 국가의 공식적인 서사들에 단순히 "반응"하기보다는 훨씬 더 많은 일들을 했으며 개인적인 차원에서부터 정치적인 차원에 이르기까지 다양한 차원에서 이루어지는 더욱 복잡한 해석을 요구하고 있다는 사실에 주목해야 한다.

제3부
시학, 정치, 자본—국민문학의 이념과 시장

일제 말 조선인이 쓴 일본어 시의 전개과정*

김응교

1. '국민문학'과 일본어 시

1) '국민문학'의 탄생

1941년 『국민문학』이 나오기 전, 여러 문예 잡지들이 있었으나 거의 단명했고, 40년대 벽두에서 한국문학의 맥을 이은 잡지는 『문장』과 『인문평론』이 있었다. 월간 『문장』(1939.2~1942.4)은 김연만이 창간하고 편집

* 이 글 제2장은 2008년 9월 25일 캐나다 토론토에 있는 요크대학에서 열린 학술대회 'Representations of Japan's Total War Mobilization in Late Colonial Korea'에서 영문 "A study of Japanese Poems Written by Koreans in the Late Colonial Korea"으로 발표했던 내용이다. 당시 테드 구센 교수(Ted Goossen, 요크대학)와 와타나베 나오키 교수[渡辺直木, 무사시대학]의 질문을 받았고, 이후 수정하고 제3장을 보충하여 2009년 2월 13일에 연세대학교에서 열린 제3회 한국 언어·문학·문화 국제학술대회에서 다시 발표하고, 이경훈 교수(연세대)와 토론을 통해 수정한 글이다. 지적해주신 분들께 깊이 감사드린다.

발행했으나, 1940년 5월호를 끝으로 이후 이태준이 편집 발행했다. 시, 소설 등 작품 위주로 편집된 『문장』은 우리 고전작품을 거의 매호마다 소개하고 있고, 국어학 분야의 논문도 실려 있다. 최재서가 편집 발행한 『인문평론』(1939.10~1941.4) 역시 월간지였으나 1939년에 3권, 1940년에 10권, 1941년에 3권을 내고 일제에 의해 강제 폐간되었다. 『인문평론』은 시나 소설에 비해 평론이 많이 실려 있으며, 해외문학사조나 문학이론, 모던용어, 연극, 영화, 미술 등 서구지향적이다. 그런데 당시 잡지는 예술적인 내용만을 담을 수는 없었다. 이 시기의 문학은 박영희의 말대로 "일본정신의 예술화"(「전쟁과 조선문학」, 『인문평론』 창간호)라는 친일정신이 강요되었다. 정치성이 거의 없는 작품 내용과는 전혀 다른 친일적인 권두언이나 평론을 볼 때, 잡지를 발간하기 위해 얼마나 어려웠을지 추측된다.

휴간을 거듭하던 두 잡지는 결국 폐간되고, 20여 종의 잡지가 통폐합되어 1941년 11월에 『국민문학』이 탄생한다. 이 잡지가 출판되고 한 달 후인 1941년 12월 8일 진주만 공격으로 태평양전쟁이 시작된다. 『국민문학』 창간호에서 편집인인 평론가 최재서는 '국민문학'이 나아가야 할 길을 단적으로 제시한다.

> 유럽의 전통에 뿌리박은 이른바 근대문학의 한 연장(延長)으로서가 아니라, 일본정신에 의하여 통일된 동서(東西) 문화 종합을 터전으로, 새롭게 비약하려는 **일본 국민의 이상을 담은 대표적인 문학**으로서, 금후의 동양을 이끌고 나갈 사명을 띠고 있는 것이다.[1](강조는 인용자)

'일본 국민의 이상'을 담은 문학이 동양을 이끌어 가도록 해야 한다는 이 말은 이후 일제 말의 정언(正言)이 되었다. 물론 이전에도 일본 국

1) 崔載瑞, 「國民文學の要件」, 『國民文學』 創刊號, 1941.11.

가주의에 협력하는 문학은 다양하게 일컬어졌다. 가령 중일전쟁을 전후하여 애국문학, 총후문학으로 불리었고, 1940년대 이후 태평양전쟁 시기에 잡지 제목인 『국민문학』은 문학의 한 장르인 '국민문학'으로 일반적으로 불리게 되었고, 태평양전쟁 말기의 급변하는 상황에서는 '결전문학'이라고도 일컬어졌다.

일본 파시즘을 옹호하는 문학을 위해서 『국민문학』은 물론 친일잡지 『신시대』, 『춘추』, 그리고 『대동아』로 제호를 바꾼 『삼천리』 등도 일본어창작을 주장했다. 이 논문은 바로 '국민문학'이 탄생한 1941년 11월의 1년 전인 1939년부터 전쟁이 끝나는 1945년 8월까지, 일제 말 파시즘 시대를 살았던 조선 시인들의 일어시의 경향을 살펴보려 한다.

2) 1939~1945, 일본어 시

한국 근대문학에서 일본어와 문학작품과의 관계를 논한 것은 1940년대가 처음이 아니다. 이미 1910년대 주요한 시인부터 일본어 시는 발표되어 왔다. 1910년대 주요한의 일본어 시 「五月雨の朝」(『文芸雑誌』, 1916), 「夜、寢る時」(『現代詩歌』, 1917), 「嵐」(『現代詩歌』, 1918), 그리고 1920년대 정지용의 일본어 시 「かつふえ・ふらんす」(『近代風景』, 1926), 「海」(『近代風景』, 1927) 외 김병호, 김희명 등, 그리고 1930년대 이상의 시 「空腹」(『朝鮮の建築』, 1931), 「線に關する覺書 1」(『朝鮮の建築』, 1931) 외 류용하, 엄성파, 주영보, 박승걸, 장수철, 박남수 등이 많은 일본어 시를 발표했었다. 일본어 시의 목록[2]을 보면 식민지 시절 조선인이 쓴 일본어 시는 지속적으로 창작되어 왔음을 확인할 수 있다.

---

2) 大村益夫, 『近代朝鮮文学日本語作品集』 1・2(布袋敏博 編輯), 緑蔭書房, 2001・2004, 일본어 시 목록은 2008, 489~502면. 이 책을 토대로 佐川亜紀, 『在日コリアン詩選集』, 土曜美術出版販売, 2005를 발간했다.

필자가 1939년부터의 일본어 시에 주목하는 이유는 첫째, 이때부터 '국어'(國語)란 바로 일본어를 의미했기 때문이다. 둘째, 『동양지광』, 『국민문학』, 『총동원』(이후 『국민총력』으로 개칭) 등의 일본어 잡지와 신문이 창간되고, 여기에 일본어 작품이 게재된다. 셋째, 이 무렵부터 체제 협력적인 작품이 서서히 등장하기 때문이다. 넷째, 이러한 배경을 토대로 본격적으로 조선시가 김종한, 김소운에 의해 번역 소개되는 시기이기 때문이다. 다섯째, 이 시기는 1930년대와 해방기 문학사를 잇는 중요한 시기이다. 많은 작품이 일본어로 쓰여졌다고 해서 '암흑기'(송민호[3])라고 규정하고 외면할 수는 없다. 오히려 그 암흑기의 '신체제'(김윤식) 시기에 조선의 시인들이 어떻게 시 창작을 했었는가를 살펴보는 것은 의미 깊은 일이다.

이 시기의 일본어 작품에 대한 연구는 이미 많은 성과가 있어 왔다. 세 가지 중요한 성과를 소개하자면 다음과 같다. 먼저 오오무라 마스오[大村益夫]와 호테이 도시히로[布袋敏博] 편집의 『근대 조선문학 일본어 작품집(近代朝鮮文学日本語作品集)』(주 2) 참조) 1회 전 6권이 2001년에 출판되면서, 기본적인 서지학적 목록이 소개되고, 원본 연구가 가능해졌다. 이 작품집은 36개의 잡지, 신문 등을 조사하여, 조선인이 발표한 모든 일본어 작품을 담고 있는데, 그중 시 장르는 4권과 6권에 편집되어 있다. 다만 작품 선택에 편자들이 생각하는 '작품의 질'에 따라 선택되었기에, 실리지 않은 시도 있다. 그러나 이것은 이후의 연구자들이 발굴해서 평가해야 할 문제이고, 기본적인 자료는 이 작품집에 모두 수록되어 있다고 할 수 있겠다.

이후 박경수[4]의 연구는 재일한국인의 일본어 시와 친일문제를 폭넓고 깊게 다루고 있다. 이 논문은 자세히 알려지지 않은 주영섭, 박승걸,

3) 송민호, 『일제 말 암흑기 문학 연구』, 새문사, 1991.
4) 박경수, 「일제 말기 재일한국인의 일어시와 친일문제」, 『배달말』 32호, 경상대 배달말학회, 2003.

김이옥, 조향의 일본어 시를 꼼꼼히 분석한 의미 있는 글이다. 그런데 제목은 '일제 말'이라 했지만 상당부분 1930년대 작품 분석에 치중하는 작가론적인 고찰을 하고 있다. 심원섭[5]의 연구는 이제까지 따로 연구되어 발표되었던 김종한과 김소운의 번역작업을 확연히 비교하여, 조선적인 것의 추구(김종한)와 비애적인 재창작 번역(김소운)의 특징을 잘 드러내고 있다.

이러한 연구성과를 토대로 필자가 관심을 가지려 하는 것은 두 가지다. 첫째, 일본어 시가 전쟁 상황에서 어떠한 세계관을 갖고 있는지 가장 큰 변화를 연도별로 살펴보려 한다. 둘째, 일본어 시의 연도별 발표량을 조사하여, 그 분포 상황을 분석해 보려 한다. 따라서 일제 말 조선인이 쓴 일본어 시를 분석하는 이 글에서 주목하려는 것은 작가별 혹은 주제별 분석이 아니다. 이 글에서 그 개별적인 시인과 작품 분석을 세세히 깊이 있게 논하지는 못한다.

그 연구를 위한 전 단계의 연구로, 태평양전쟁 전개과정에 따라, 조선시인이 어떻게, 어느 정도 일본어 시를 발표했는지를 살펴보려 한다.

2. 일본어 '국민시'의 전개과정

> 과거 1개년 동안 일본 시단 최대 수확은 국민시의 창조라는 것이다. 때마침 반도에 있어서는 국민문학이 발달되었다. 그것은 국어관과 언문(諺文)관이라는 이중의 고뇌를 걸머지고 태어났다.[6]

5) 심원섭 「김종한과 김소운의 정지용 시 번역에 대하여 –『雪白集』(1943)과 『朝鮮詩集』(1943)을 중심으로」, 『한국논총』 제41집, 한국문학회, 2005.12.

6) "過去一ヶ年に於ける日本詩壇の最大の収穫は国民詩の創造と云うことであった". 寺本喜一, 「詩壇の一年; 半島詩壇の創成」, 『國民文學』, 1942.11, 20면.

'국민시'란, 첫째 '국민문학'의 정신, 곧 일본 정신에 충일한 시를 말한다. 이러한 시가 1940년대 무렵에 이루어졌으며 그것은 국책에 협력해야 한다. 둘째, 그 표기는 당시 국어였던 '일본어'여야 했다. 친일 '국민시'가 되기 위해 절대적인 것은 무엇보다도 당시 국어(國語)였던 일본어로 시를 써야 한다는 것이다. 가령 『국민문학』은 연 4회 일문판, 8회 한글판으로 발행하려다가 통권 제7호(1942년 5・6월 합병호)부터는 완전히 일본어판으로 발간했다.

지금부터 1940년대 식민지 말의 시 내용의 변이과정을 시대의 변화와 더불어 구체적으로 관찰해보려 한다. 따라서 전쟁 상황의 변천과정에 따라, 시 내용의 변이과정을 살펴보게 될 것이다. 소설이나 희곡과 달리, 즉흥적으로 창작할 수 있는 시 장르는 시대와 더불어 즉시 창작 발표가 가능했다. 바로 이러한 이유 때문에, 조선인의 일본어 '국민시'가 전개된 양상을 보면, 단순히 전쟁 상황의 변천을 보이고 있을 뿐이라는 생각이 들 수도 있겠다. 혹은 선택된 몇 편의 시와 전황(戰況)을 단순 대응시키고 있는 느낌도 받을 수 있다. 이것은 '국민시'의 창작 자체가 역사적 상황을 강력하게 따르고 있기 때문이기도 하다. 그 과정을 더욱 설득력 있게 논증하기 위해, 필자는 대표적인 시를 인용하고 되도록 많은 시를 제목만이라도 인용하려 한다.

논의를 통해 '국민시=친일시'라는 등식은 이해할 수 있다. 그런데 '국민・친일시=조선인의 일본어 시'라는 등식은 가능할까? 이민족의 정신과 언어를 택한다는 것은 민족의 상실을 의미하는 것일까? 일본어 '국민시'란 이미 정서적인 굴절이 작용된 변종(變種)일까? 물론 대부분이 그럴 수 있으나, 또한 그렇지 않다는 것도 확인하게 될 것이다.

1) 남태평양에서의 승리 찬양—승리기(1941.12~1942.6)

1938년 세계 공황과 국제정세의 혼미 속에서 일본은 그 탈출구로 남진(南進) 즉 동남아시아를 선택한다. '대동아 신질서' 건설을 추구하면서, 1940년 9월 프랑스령인 인도차이나 반도 북부를, 이어 남부까지 점령했다. 1942년 5월까지 필리핀, 미얀마, 태국, 베트남, 말레이시아, 인도네시아를 파죽지세로 점령했다. 이렇게 1941년 12월 8일 개전부터, 1942년 6월 미드웨이 해전의 패전에 이르기까지는 일본군의 승리 시기였다. 이 시기의 문단은 마치 태평양 전 지역을 금방 점령할 것 같은 무드에 젖어 있다. 1942년 2월호 『국민문학』 표지에는 "태평양전쟁 특집호"라고 큰 활자로 써 있다. 그리고 '대동아전쟁의 시'라는 기획 아래, 일본인 3인 한국인 2인(정지용 · 김용제)의 시가 실려 있기도 하다.

아래 세 편의 시는 이러한 흐름을 잘 드러낸다. 싱가포르니 자바니 인도니 하는 남방의 지명이 나오는 이 시들을 단지 남방 정서를 드러낸 낭만적인 시로 읽을 수도 있다. 그저 남쪽 섬나라 민족의 부락 축제에 참가하여 흥겨워 하는 풍경으로 볼 수도 있다. 그러나 세 편의 시는 일본군의 초기 승전을 예고 찬양하는 시다.

> 자바의 아가씨들이여
> 손에 손을 잡으면 새날이 밝아온다
> 아시아에 아침이 온다
> 토토 탐탐
> 탐탐 토토탐
> (…중략…)
> 박자를 맞춥시다 박자를 맞춥시다
> 인도의 코끼리 아저씨 앞에서
> 고비사막의 기다란 목을 가진 낙타 앞에서

(…중략…)

말레이 바다에 봉화가 오르면

캄차카에서 마라톤이 시작된다

손에 손을 이어잡고

발로 박자를 잘 맞춰서

(…중략…)

아시아가 밝아오면

세계도 밝아진다

토토 탐탐

탐탐 토토탐

—주요한, 「손에 손을」,7) 『국민문학』(1941.11)

자바, 우랄, 바이칼, 인도, 고비사막, 말레이 해, 캄차카 반도까지 "손에 손을 잡고" 나아가 '아시아 평화'를 이룩하자는 '대동아공영권'에 관한 시다. "토토 탐탐 / 탐탐 토토탐[トトタメタム / タムタムトトタム]"라고 마치 작은 북을 두드리는 후렴을 넣어 진취적인 분위기를 띠고 있다. 1941년 12월 진주만 공격 이전에 일본은 이미 중국과 인도네시아 반도를 점령하고 있었던 상황을 담고 있는 이 시는 김용제와 함께 가장 많은 친일시를 남긴 주요한(朱曜翰, 1900~1979)의 소품이다.

1941년 12월 8일 진주만 공격을 찬양하여, "새로운 역사의 첫 페이지에 / 명기하라 / 12월 8일 / 아세아 붉은 태양이 세계를 비추려 떠오른 날도 / 폭탄의 세례와 프로펠러의 선률 속에 / 새로운 시대"(「명기하라 12월 8

7) "ジヤバの娘御よ / 手に手を取れば夜が明ける / アジアの夜が明ける / トトタメタム / タムタムトトタム / (…中略…) / 拍子を取りませ－拍子をとりませ－ / 印度の象さん前足で / ゴビのラクダ君長首で / (…中略…) / マレーの海に烽火が上つたら / カムチャッカでマラソンが初まる / 手に手を連ねて / 足拍子宜しく / (…中略…) / アジヤが明ければ / 世界も明ける / トトタメタム / タムタムトトタム". 「手に手を」, 『國民文學』, 1941.11.22~23면.

일」, 『신시대』, 1942.1)라고 썼던 주요한은 국가주의를 찬양하는 시인들에게 주는 제4회 조선예술상 문학상을 수상했다. 일본정신의 표상인 '팔굉일우'(八紘一宇)를 변형하여 스스로 마쓰무라 고이치[松村紘一]라고 창씨개명 했던 그는 여러 친일 단체에 가담해 징병제를 선전하는 등 전쟁에 적극 협력했다. 그리고 해방 후 국회위원이 되었고, 4·19혁명 이후 상공부장관 등을 했다.

1942년 2월 8일 싱가포르가 일본군에게 함락 당했다. 영국군은 패퇴를 거듭해 결국 야마시타 도모유키에게 무조건 항복한다. 이때 이광수는 싱가포르 점령을 소재로 시를 발표한다.

아내가 우네,
내가 우네,
외치는 만세소리도 덜덜 떨렸다.
아내는 달려가, 병들어 누운 아들을 일으켜
"싱가포르를 함락했어"라고 알렸다.

싱가포르 전투에서
돌아가신 영령(英靈)이여
다치신 용사(勇士)여,
잘도 싸워 이겼으니,
경(卿)들의 피는 만대에 살리라
(…중략…)
아시아 십억의 마음은 열렸다.

—이광수, 「싱가폴 함락되다」,[8] 『신시대』(1942.3)

---

8) "妻泣けり、/我泣けり、/叫ぶ万歳の聲もおろおろなりき。/妻は走りて、病みて寝ぬる子を起こし/「シンガポール落ちぬ」と告げにき//シンカポールの戦いに/死せる英霊よ/傷ける勇士よ/よくぞ　戦ひで勝ちし/卿等の血は萬代に生きむ/(…中略…)/

싱가포르가 일본군에게 함락되었다는 소식은 이광수에게 자기의 신념이 옳다는 것을 다시 확인시켜 주었을 것이다. 일본군이 싱가포르를 함락시킨 그 다음 달에 이광수는 이 시를 발표했다. 전쟁에 나가서 그 기쁨을 누리지 못하는 아들에게 아내는 승리를 전한다. 그리고 그 아들의 이미지는 "싱가포르 전투에서 / 돌아가신 영령"과 겹쳐진다. 일본어로 '영령'(英靈)이라는 단어는 곧 야스쿠니 신사에 모셔지는 영웅을 떠올리게 한다. 이러한 시각을 가졌던 이광수는 "천황의 신민이며, 일본은 나의 조국이다. 나는 생명을 바쳐 이 조국을 수호할 것이다"라며 조선인은 당연히 참전하는 영광을 누려야 한다[9]고 역설했다.

싱가포르를 점령했다는 소식은 태평양 전쟁을 승리로 이끌 수 있다는 '전승의 자신감'에 넘치게 했다. 이광수가 싱가포르를 함락시킨 정세에 감격했듯이, 당시 거의 많은 시인들이 싱가포르의 점령을 찬양한다. 노천명은 "아세아의 세기적인 여명이 왔다 / 영미의 독아에서 일본군은 신가파(新嘉坡)도 빼앗고야 말았다"(「싱가폴 함락」, 『매일신보』, 1942.2.19)고 노래한다. 김동환은 "물러가라 쫓아내라 포악미영웅 / 백여년을 아편 위에 영화 누리는 / 거만스런 홍콩 충돌 몰아내듯이 / 마래(말레이지아) 市(하와이)와 인도 총독 몰아 내치자"(「미영장송곡」, 『매일신보』, 1942.1.13)고 노래했다.

일본어 시가 아니고 한글로 발표되었지만 이찬은 아시아 곳곳에서 전승의 깃발을 날리는 당시를 하나의 축제로 가장 구체적으로 묘사하고 있다.

> 전승(戰勝)의 깃발 나부끼는 다양한 하늘을 나의 날이 풍선처럼 부풀어 올라
>
> 놓아다오 놓아다오
> 내 진정 날고 오너라 날고 오너라

アジア十億の胸はあきぬ". 「シガポール落つ」, 『新時代』, 1942.3.

9) 李光洙, 「兵役と国語と朝鮮人」, 『新時代』, 1942.5.

불타는 적도 무르녹는 야자수 그늘 올리브 코코아 바나나 파인애플 훈훈한 향기에 쌓인

그것은 자바라도 좋다 하와이라도 좋다
그곳은 호주라도 좋다 말레이지아라도 좋다

나는 장군도 싫다 총독도 싫다
나는 다만 지극히 너와 친할 수 있는 한 개 레트랑제(l'etrager, 이방인)로 족하나니

깜둥이 나의 여인아
어서 너의 키타를 들어

미친듯 정열에 뛰는 손끝이여 우는듯 우는듯 다감한
음률이여

들려다오 마음껏 해방된 네 종족의
참으로 참으로 그 기쁜 그 노래를

오, 오랜 인고에 헝클어진 네 머리칼을 쓰다듬으며 쓰다듬으며
나도 아이처럼 즐거워 보련다 이웃 잔칫날처럼 즐거워 보련다

—이찬, 「어서 너의 키타를 들어」 전문, 『조광』(1942.6)

이 시에서, 전승(1연), 해방(8연)이라는 단어가 직접적인 정치성을 표상하고 있다. '전승의 깃발'이란 개전과 동시에 필리핀, 싱가포르, 인도네시아를 점령하고 1942년 5월까지 미얀마를 점령하고 인도까지 진군해 나가던 그 '전승'을 말한다. '해방된 네 민족'이란, 대동아전쟁을 백인식

민주의에 대항하는 인종주의 전쟁이었다는 전쟁론에 따라, 일본군이 남방섬의 민족들을 해방시켰다는 의미다.

이 시를 쓴 이찬은 1910년 함경남도에서 태어나, 1930년대 프롤레타리아 문학운동을 하고 감옥에도 간힌다. 이후 "좌절된 프롤레타리아 운동에 절망하고 먹고 살아야 할 생계 문제에 봉착해 절망과 도피를 경험"한 그는 1940년대 이후 친일시 「송출진학도」(送出陳學徒) 등을 발표하면서, '아오바 가오리[青葉薫]'라는 이름으로 친일작품을 발표[10]한다.

2) 내선일체와 징병제 강화-패전기(1942.6~1944.6)

1942년 6월 일본군은 미드웨이 해전에서 패배하고, 1942년 8월 미군은 솔로몬 제도의 과달카나 섬에 상륙한 미군에 의해 1943년 2월 일본군은 2만 명의 사상자를 내고 섬에서 철퇴한다. 이 시기부터 1944년 7월 일본군의 마리아나 제도 포기와 도조 히데키[東條英機] 내각의 총사직까지 일본군은 패전의 패전을 거듭했다.

연합군은 1943년 중엽에 일본 본토 침공을 위한 작전을 짰다. 지상과 공중에서 동시에 이루어졌던 라바울 포위는 1943년 10월과 11월에 시작되었다. 미군은 1944년 1월 2일 뉴기니 섬의 휴언 반도에 있는 사이도르를 점령하여, 그곳에 공군 기지를 세웠다. 일본군은 새로운 방어계획을 서둘러 마련했고, 마리아나 제도와 캐롤라인 제도 및 뉴기니 섬 서부에 남아 있는 1,055대의 항공기와 해군의 협동작전을 계획했다. 그러나 1944년 봄에 일본 공군력은 더 파괴되었고, 게다가 3월 31일에는

10) 김응교, 『이찬과 한국 근대문학』, 소명출판, 2007, 103~165면. 해방이 되자 함경도로 돌아간 그는 북한의 제2국가(國歌)라고 하는 〈김일성 장군의 노래〉를 지었다. 이 시와 열성적인 사회주의 건설 참여 덕택에 그는 친일시를 썼지만 북한에서 이른바 '김일성 면죄부'를 받고 북한에 두 명밖에 없는 '혁명 시인'이 되어, 1974년 사망 후 북한의 애국열사릉에 묻혔다.

이 방어계획의 제안자인 고가 미네이치[古賀峯一] 제독과 그의 참모가 비행기 추락으로 죽었다.

이러한 시기에 필요한 것은 사상적으로는 일본정신의 강화, 현실적으로는 지원병의 확대가 절실했다. 천황주의를 담은 시인은 김용제는 가장 많은 분량의 일본어 친일시를 남겼다.

천황의 기원이 시작된 것은
지금으로부터 2천6백3년 전
경사로운 빛발 빛나는 2월에
신하인 나는 새로이 기도 드리옵니다

새롭게 기도드리는 이 아침
흰 구름에 마음을 씻고
전쟁의 천지 아득한데
일어서서 바라보는 아시아의 들판

—김용제, 「어동정(御東征)」, 『녹기(錄旗)』(1943.2)

일본 프롤레타리아 작가동맹 출신인 좌익시인에서, '천황의 신하'임을 자부하는 극우시인으로 변모한 김용제에게 새로운 국가는 '천황을 중심으로' 하는 국가였다. 천황제를 중심으로 한 '내선일체'는 중일전쟁(1937~1938) 발발로부터 태평양 전쟁 기간에 이르기까지 조선 지배를 향한 최고 이념이었다. 천황에 대한 김용제의 충성은 구체적으로 징병제 찬양으로 이어진다.

지원한 바다에 마유의 도장을 찍으면 된다
아— 싸움과 건설의 지금 세상에는
남자로 태어나 또 나이 젊은 행복이여

물에서 태어나 또 나이 젊은 행복이여
물에서 살고 물에 잠겨죽은 행복이여
물에서 살고 물에 잠겨죽은 생명과 시체
7개의 바다로 환회의 축배도 마시라

—김용제, 「바다가 맑아서」, 『신시대』(1943.6)

이 시에서는 해전(海戰)에 참여한 지원병들을 위로하고 있다. 그리고 그들의 죽음까지도 "환희의 축배를 마시라"며 찬양하고 있다.

김용제가 내적 일관성을 갖고 친일을 행했듯이, 이광수는 역시 논리적 판단에 따라 신념을 갖고 친일을 선택한 경우다. 천황에 대한 이광수의 태도는 김용제를 버금간다. "일본인의 충(忠)에 대한 감정은 한자의 충(忠)자만으로는 설명할 수 없는 것이니 도리어 유태인의 여호와에 대한 충에 접할 것이다. 일본인은 내가 향유한 모든 행복을 천황께서 받은 것으로 생각한다. 내 토지도 천황의 것이오, 내 가옥도 천황의 것이오, 내 자녀도 천황의 것이오, 내 몸도 생명도 천황의 것이라고 생각한다. (…중략…) 천황은 살아계신 하느님이신 때문이다. (…중략…) 내게 있는 모든 것은 다 천황께서 주신 것으로 따라서 언제든지 천황께 바칠 것으로 깨달아야 한다. 이것이 마음의 신체제의 초석이다"(이광수, 『매일신보』, 1940.9.5~12). 이광수에게 천황은 인생의 목적이었다. 이를 위해 '내게 있는 모든 것을 천황에 바치는 것이', '신체제의 초석'이라고 이광수는 생각했고, 그 구체적인 실천은 결전기에 목숨 바쳐 군인으로 자원입대하는 것이었다.

특별지원병이라 부르시도다.
의무의 유무(有無)를 논하리,
이 사정 저 형편 궁리하리,
제만사(除萬事) 제잡담(除雜談)하고

나서라 조선의 학도여

그대들의 나섬은
그대들의 충의(忠義), 가문의 영예,
삼천만 조선인의 생광(生光)이오, 생로(生路),
1억 국민의 기쁨과 감사.

남아 한번 세상 나,
이런 호기(好氣) 또 있던가,
일생일사(一生一死)는 저마다 다 있는 것,
위국충절은 그대만의 행운

—이광수, 「조선의 학도여」, 『每日新報』(1943.11.5)

이때 전쟁을 위해 가장 필요했던 것은 병사였다. 이미 일본은 1942년 5월 조선의 청년들을 동원하기 위하여 1944년부터 징병제를 실시하기로 결의했다. 그해 10월 징병 적령자에 대한 일제 신고가 있었고, 적령자의 96%인 25만8천여 명이 신고 되었고, 결국 1944년 4월 징병제가 실시되었다. 바로 이 시기에 이광수는 '특별지원병'이 되는 것은 '가문의 영예'이고, '살아 있는 영광[生光]'이며, '살아있는 길[生路]'이라고 강권한다. 소설가 장혁주도 징병제를 찬양하며, "조선에 지원병제가 실시되고 뒤따라 징병제가 실시된 것이다. 반가웠다. 가슴이 설레이도록 기뻤다"(「岩本志願兵」, 『每日新報』, 1943.8)고 했다.

이광수의 일본어 시는 서구적 근대나 문명개화 또는 나아가 구시대적 봉건질서에 대한 일정한 반성과 초극을 견지하려 '근대의 초극'이라는 맥과 함께 하고 있다. '근대의 초극'이라는 관념어보다 그것이 목표한 세계와 이데올로기가 무엇인지에 대한 성찰이 없다면, '근대의 초극'에 게재된 파시즘의 논리를 지나치게 될 것이다.

이 시기에 빼놓을 수 없는 일본어 시는 김종한 일본어 번역시집 『설백집(雪白集)』(1943)과 김소운의 일본어 번역시집 『조선시집(朝鮮詩集)』(1943)이다.[11] 김종한의 번역은 정지용과 백석을 중심으로 한 작업으로, 그것은 나아가 '조선적인 것을 수호'[12]하려는 은근한 밑힘을 보여주고 있기도 하다. 반면 김소운은 평이한 수준의 한국시를 '훌륭한 일본시'로 재창작하고 있지만, 이에 비해 김종한은 다소 서툴지 모르나, 조선적인 것을 그대로 살려내려는 의지를 일본어 시 번역을 통해 보여주고 있다. 김종한의 번역을 읽으면, 조선인이 쓴 일본어 시는 모두 대동아체제에 협력한다고 생각하는 고정관념이 해체되어 버린다.

3) 죽은 자에 대한 송가—대공습기(1944.6~1945.8)

태평양에서의 일본군 보급로가 길어지면서 미군의 승리가 이어졌다. 1944년 6월 15일 미국 해병 2개 사단이 마리아나 제도의 사이판 섬에 상륙하자, 3만 명의 일본군 수비대는 격렬하게 저항했다. 일본군은 지하 동굴에 숨어 격렬하게 저항했다. 7월 7일의 옥쇄(玉碎) 작전은 제2차 세계대전 중에 일어난 옥쇄 반격 가운데 가장 규모가 큰 것이었다. 사이판을 잃은 것은 일본에 커다란 재앙이었다.

이 소식을 듣고 도조 히데키 총리를 비롯한 내각 전체가 사임했다. 마리아나 제도를 잃은 것은 곧 패전을 의미했다. 미국 전략가들은 사이판 함락을 '태평양 전쟁의 전환점'이라고 불렀다. 일본 본토 폭격을 위해 개발한 B-29 대형폭격기의 기지를 사이판 섬에 세울 수 있었기 때문

11) 두 가지 일본어 번역 시집의 지향성과 의미를 분석한 심원섭, 「김종한과 김소운의 정지용 시 번역에 대하여—『雪白集』(1943)과 『朝鮮詩集』(1943)을 중심으로」, 『한국논총』 제41집, 한국문학회, 2005.12를 참조 바란다.

12) 大村益夫, 「金鐘漢について」, 『朝鮮近代文学と日本』, 緑蔭書房, 2003.

이다. 1944년 11월 24일 사이판 섬에서 발진한 100대의 B-29 폭격기가 처음으로 도쿄를 폭격했다. '도쿄대공습'은 이렇게 시작되었다. 1945년 초부터는 오랫동안 지속시켜 왔던 중국에서도 차차 세력이 축소되고, 4월부터 오키나와에 미군이 상륙[13]한다.

이렇게 1944년 6월 마리아나의 패배에서 1945년 8월까지가 '대공습기'라고 한다. 이 시기에 서정주의 시는 일본 파시즘의 종말을 장례하고 있다.

얼굴에 붉은 홍조를 띠우고
"갔다가 오겠습니다"
웃으며 가드니
새와 같은 비행기가 날아서 가드니
아우야 너는 다시 돌아오진 않는다

마쓰이 히데오!
그대는 우리의 오장 우리의 자랑,
그대는 조선 경기도 개성사람
인씨(印氏)의 둘째아들 스물 한 살 먹은 사내

마쓰이 히데오!
그대는 우리의 가미가제 특별공격대원
귀국대원

귀국대원의 푸른 영혼은
살아서 벌써 우리게로 왔느니
우리 숨쉬는 이 나라의 하늘 위에

---

13) 김응교, 「폭력의 기억, 오키나와 문학－오에 겐자부로, 하이타니 겐지로, 메도루마 슌」, 『외국문학연구』 32호, 한국외대 외국문학연구소, 2008.11.30.

조용히 조용히 돌아왔느니

우리의 동포들이 밤과 낮으로
정성껏 만들어 보낸 비행기 한 채에
그대, 몸을 실어 날았다간 내리는 곳
소리 있어 벌이는 고흔 꽃처럼
오히려 기쁜 몸짓 하며 내리는 곳
쪼각쪼각 부서지는 산더미 같은 미국 군함!

수백 척의 비행기와
대포와 폭발탄과
머리털이 샛노란 벌레 같은 병정을 싣고
우리의 땅과 목숨을 뺏으러 온
원수 영미의 항공모함을

그대
몸뚱이로 내려져서 깨었는가?
깨뜨리며 깨뜨리며 자네도 깨졌는가—

장하도다
우리의 육군항공 오장(伍長) 마쓰이 히데오여
너로 하여 향기로운 삼천리의 산천이여
한결 더 짙푸르는 우리의 하늘이여

—서정주, 「松井五長 頌歌」, 『每日新報』(1944.12.9)

이처럼 전쟁말기에는 전쟁영웅으로서 '죽은 자'를 노래하는 송가들이 많다. 특히 조선인 징용병이 이 시의 주인공이라는 사실이 인상 깊다. 서정주가 노래했던 마쓰이 히데오라는 병사는 이광수도 「적함대(敵艦隊) 찾았노라—신병(神兵) 송정오장(松井伍長)을 노래함」(『신시대』, 1944.12)에서 노래했었다. 이외에도 여러 시인이 마쓰이 히데오에 관해 시를 발표했다.

시에서 개성 인씨의 아들로 등장하는 마쓰이 오장은 1924년 개성에서 태어나 본명이 인재웅(印在雄, 당시 23세)으로, 소년 비행병 13기생으로 야스쿠니[靖國] 부대 하사관[伍長]이 되어, 1944년 향년 20세 11월 29일 필리핀 레이테만에서 전사하고, 전사 후 2계급 특진(소위)된 것으로 알려졌었다. 조선인 지원병이 가미가제 특공대원으로 자원하여 미국 함대를 공격하다가 전사한 것으로 알려지자 일제는 '일기일함(一機一艦)의 필살행'을 행한 영웅으로 이 사실을 대대적으로 선전했다. 『매일신보』는 「마쓰이 오장을 따르자」는 사설을 게재했으며 조선총독부는 '마쓰이 정신[松井精神]을 드높이기 위한 사업'을 그의 고향인 개성에서 시작했다. 그런데 해방이 되자 죽었다던 그가 살아서 돌아온 것이다.

> 재작년 11월 24일 소위 特別攻擊隊員으로서 전사하였다던 송정오장(松井伍長=本名 印在雄, 23세, 開城出身)이 생존하야 방금 인천 팔미도에 머물고 있는데 오는 10日 아침 미국포로수송선으로 수송되어 인천에 상륙하게 되었다. 버젓이 살아 있는 사람을 죽었다고 허위보도하야 세인의 이목을 속인 것만으로 미루어 보드라도 제국주의 일본의 천박한 선전정책이 얼마나 가증한가를 알 수 있다. 그런데 동 군의 양친은 아들을 만나려고 지금 인천 율목동(栗木洞)에 체류하고 있는데 그 부친은 다음과 같이 말한다.
>
> "전사하였다는 통지가 있어서 장례까지 지냈는데 일본육군성에서 채권으로 3천500원을 보내고 기타 부의금으로 약 2만원이 모여서 정말 죽은 줄 알았더니 하와이에서 포로가 되어 미국 군함을 타고 인천에 입항한다는 소식이 있어 여기 와서 기다리고 있는 중입니다."[14]

'마쓰이 오장'의 생환 소식이 전해지자 개성의 가족들은 그를 맞이했을 것이다. 그러나 그를 소재로 하여 그의 죽음을 찬양하는 시를 발표했던 서정주, 이광수, 모윤숙은 악몽 같은 허무함을 경험했을 것이다.

서정주는 이 시 외에도 「무제—사이판섬에서 전원 전사한 영령을 맞이하여」(『국민문학』, 1944.8)를 발표하기도 했다. 서정주의 친일 행위는 감성적이었다. 그는 시집 『팔할이 바람』(1988)에 수록된 시 「종천순일파(從天順日派)」에서, 일제 강점기에 자신이 친일행위를 한 것은 일본의 패망을 상상하지 못한 탓에 일본의 장기지배 속에서 호구연명할 길을 마련키 위해 어쩔 수 없이 한 행위였다고 했다. 그러면서 그는 자신의 친일행적을 "이조 사람들이 그들의 백자에다 하늘을 담아 배우듯이 하늘의 그 무한포용을 배우고 살려 했을 뿐"이라고 했다. 그러면서 자신을 '친일파'나 '부일(附日)파'라고 부르는 것에 이의를 제기하면서 스스로를 '종천순일파(從天順日派)'로 칭하였다. '다쓰시로 시즈오[達城靜雄]'라는 창씨명으로 『국민문학』과 『국민시가』의 편집 일을 맡았던 그의 친일작품은 시, 수필, 단편소설, 르포 등 11편에 이른다.

3. 전쟁과정과 관련 없는 '조선적인 일본어 시'

이제까지 전황에 따라, '국민시'가 마치 대응하듯이 변화되고 있는 과정을 살펴보았다. 그런데 조선인이 일본어로 썼다고 해서, 모두 전쟁을 찬양했던 것은 아니다. 우리는 식민지 정책을 분석할 때, 식민지 시대를 일목요연하게 설명할 수 있다는 착각 혹은 설명해야 한다는 의무

14) 「전사했다든 松井伍長 살아서 十日 仁川 入港」, 『자유신문』, 1946.1.10.

에 빠져들기도 한다. 마치 식민지라는 지나간 시대가 정교하게 완벽하게 짜인 구성물로 생각하곤 한다. 필자 또한 식민지 말기의 시적 변이 상황을 논리정연하게 '재구성할 수 있다' 혹은 '해야 한다'는 욕구 속에 빠져 드는 과정을 체험했다. 그런데 분명히 철저한 식민지 문예정책이 있었으나, 그와 다른 다양한 '분열'이 있었다는 것도 중요하다.

신체제에 협력하는 조선인의 일본어 시가 가장 집중적으로 발표되었던 시기에, 일본어로 오히려 조선민족의 서정을 노래했던 시인들이 있었다. 가령, 김이옥(金二玉, 1918~1945; 창씨명 荒野耕作)의 경우가 그렇다.

①

해녀야!
휘파람을 불어라
파도가 삼켜버리는 애절한 휘파람을
해녀야!
바가지를 안아라
주인을 품지 않은 텅빈 가슴에
생활을 의지하는 차가운 바가지를

—「해녀 2」에서

②

이여도, 이여도는
내 고향의 장단소리언만
그 근원을 더듬어 보면
슬픈 인생이 있다
(…중략…)
이여도, 이여도가
어딘지는 모르나

예로부터 전해오는 이여도를 노래하며
쌀을 찧고 보리를 때리며 이여도에서 사노라

—「이여도」에서

1918년에 제주시 이도동에서 태어나는 그는 일본으로 유학하여 노동하면서 시를 발표하고, 1940년대 초에 미간행 시집 『흐르는 정서』를 남겼다. 이 시집에는 47편의 시가 실려 있고, 「해녀」 연작시, 「노스탈자」, 「방고애부」 등은 이국에서 고향을 그리워하는 제주인의 정서가 표현되어 있다. 일본에서 활동하며 일본어 시를 남긴 그는 1945년 젊은 나이에 사망[15]한 것으로 알려져 있다. ①에서 '바가지'라는 상징은 큰 의미를 갖고 있다. 속을 긁어낸 텅빈 바가지에서 해녀들은 해산물과 꿈을 담아낸다. ②에서 시인은 제주도민에게 한의 상징인 '이여도'를 노래하면서 제주도 공동체의 아픔을 노래한다.

그런데 김이옥이 노래했던 '조선적인 것'은, 당시 오히려 일본 제국이 장려했던 '지방성에의 정립'을 정립하고 확인하고 강화하는 것이 아닌가 하는 질문도 가능하다. 가령, 곧 서술하겠으나 시인 김종한의 조선어시 번역도 한편으로는 '지방성의 정립 강화'와 관계가 없다고는 할 수 없다. 또한 이광수나 이찬 등이 조선어로 '국민시'를 씀으로써 조선민족을 일본 제국의 국민으로 설득했던 일과 상통한다. 일본어로 쓰인 '조선적인 것'과 조선어로 쓰인 '친일적'인 것은 서로 협력하며 제국의 내부를 이루었던 시대[16]였다.

37편이 발굴되어 있는 김이옥의 일본어 시는 전혀 정치적인 색이 없다. 필자가 보기에 일본어로 쓰인 '조선적인 것'이 일제가 행하는 식민지 지배의 너비를 강화하는 예가 될 수 있다는 것을 수긍한다. 이는 거의 모든

15) 편집부, 「향토시인 故 김이옥 君을 추도하며」, 『新生』 2권 1호, 1946.1; 김영화, 『제주문학, 1900~1949』, 제주대 탐라문화연구소, 1995, 54면 참조.

16) 이 지적은 2009년 2월 13일 연세대학교에서 열린 제3회 한국 언어·문학·문화 국제학술대회에서 이경훈 교수가 한 질문이다.

매체를 일본어로 쓰게 하면서도, 『매일신보』는 조선어로 쓰게 용인했던 식민지 지배술과 비슷하다. 그런데 한편 김이옥의 작품 자체를 볼 때, 전쟁을 찬양하거나 식민지 지배를 인정하는 '내적 일관성'이 나타나지 않는 것이 분명하다. 오히려 '애절한 휘파람'(①)이니 '슬픈 인생'(②)을 통해 아름다운 풍속 속의 애절한 해녀의 삶을 그려내고 있을 뿐이다. 이러한 김이옥의 일본어 시는 1970년대 재일 조선인 시인 종추월을 연상케 한다.

에헤이요~
에히헤이요
내가 일본에 왔을 때는
돌투성이 자갈밭이었다
무너뜨린 산의 흙을
뼈가 짓눌리도록 손수레에 실어
나루고 나르고 또 날라
내가 만든
내 밭이다
에헤이요~
그건 열아홉 때였다.

—종추월, 「술멍석」[17]에서

재일조선인 2세 시인인 종추월(宗秋月, 1949~)은 오사카 이카이노[猪飼野]를 중심으로 한 독특한 시를 발표하고 있다. 양복봉제, 세일즈, 포장마차, 샌달 수공 등 다양한 일을 전전하면서 작은 스낵을 경영했다는 그녀는 『종추월 시집(宗秋月詩集)』(編集工房ノア, 1971), 『이카이노・여자・사

17) "エヘイヨー / エイヘイエ / 僕が日本に来た頃は / 石ころだらけの河原だったさ / 切り崩した山土を / モッコで運び骨にめりこむ土運び / 運び運び運び込み / 僕が作った / 僕の田さ / エヘイヨー / あれは十九の歳だったぁさ."

랑 · 노래－종추월시집(猪飼野 · 女 · 愛 · うた－宗秋月詩集)』(プレーンセンター, 1984) 등을 냈다. 그녀의 시는 어머니의 신세타령, 아버지의 잔소리 등으로 표현되어, 일본 시단에 작은 충격을 주었다. 제주도 사투리와 오사카 사투리로 시를 쓰는 그녀의 언어는 표준적인 일본어가 아니라, 재일조선인 집단부락지인 이카이노에서 쓰는 말이다. 그녀는 한국어도 일본어도 아닌 전혀 새로운 언어를 탄생시켰던 것이다. 종추월의 시에는 어김없이 제주도 민요가 오사카 사투리를 타고 개입된다. 그리고 시를 읽는 독자에게 육체적인 움직임을 자극하고, 시와 함께 재일 여성들의 고통과 차별을 공감하게 한다. 이러한 종추월의 모습을 거꾸로 김이옥의 시에는 만나는 것이다.

일본어로 시를 썼다고 모두 친일협의로 모는 것은 위험하다는 것을 김이옥과 종추월의 작품이 반증한다. 해방 후 재일 디아스포라 시의 경우도 마찬가지다. 조총련의 문예동(=문학예술동맹)[18]에서는 일본어로 시를 쓰는 김시종, 양석일, 종추월 등을 심하게 비판했는데, 이들은 일본어를 통해 오히려 일본어적 문법을 파괴하면서, 마이노리티의 인권 문제를 노래 혹은 투쟁[19]하고 있다.

4. 일본어 시의 연도별 작품 분포－『근대 조선문학 일본어작품집』과 『국민문학』의 경우

앞서 말했듯이, 일본어 시는 1910년대 주요한의 작품부터 줄곧 있어 왔고, 1939년 이후 '신체제 암흑기'야말로 일본어 시는 핵심적인 시기에

---

18) 문예동에 대해서는 김응교, 「재일조선인 조선어 시전문지 『종소리』 연구」, 『현대문학의 연구』 34집, 한국문학연구학회, 2008.2.29를 참고 바란다.

19) 梁石日, 「在日朝鮮人文学の現状」, 『アジア的身體』, 青峰社, 1990.

해당된다. 이제 그 시기에 문헌 서지에 따라, 연도별 작품 분포를 살펴보려 한다. 그런데 이런 작업을 하기에 여러 가지 어려움이 있다. 무엇보다도 모든 자료가 확인되지 않은 상태에서, 그 전모를 파악하는 것이 가능한가 하는 물음이다. 또한 창씨개명을 통해 일본명으로 시를 발표하는 조선인이 있어, 작가 이름만 보고 조선인인지 일본인인지 구별하기 어려운 점도 있다.

첫째, 연도별 발표상황에 대한 연구자료는 오오무라 마스오[大村益夫]와 호테이 도시히로[布袋敏博] 편집의 『근대조선문학 일본어작품집(近代朝鮮文学日本語作品集)』와 잡지 『국민문학』으로 한정했다. 『근대조선문학 일본어작품집』에는 당시 모든 시집은 아니지만 16개 정도의 중요시집에 실린 조선인의 일본어 시를 싣고 있다. 물론 국내와 일본에서 발표된 일본어 시를 분리할 수도 있겠다. 그리고 실제로는 당연히 이보다 훨씬 작품이 많다. 그렇지만, 이번 연구에서는 두 가지 자료에만 근거로 삼으려 한다.

둘째, 잡지에 발표된 일본어 시만을 분석대상으로 삼았고, 국내에 발표된 주요한의 일본어 시집이나 일본에서 간행된 시집 등은 참고 자료로만 삼았다. 가령, 1944년 4월 25일 제5회 조선예술상문학상 수상시집 『손에 손을[手に手を]』(박문서관, 1943.7)은 일본의 '와카[和歌]' 형식으로 쓰인 이 시집은 '우리들 황국신민', '소집되는 아들들', '승리의 보(譜)', '송가' 등 4장으로 구성된 19편의 일문시가 수록되어 있다. 단행본에 시가 실리기 전에 잡지에 발표되는 경우가 있기도 하지만, 아래 도표는 잡지에 실린 시를 위주로 한다는 것을 다시 밝힌다.

『국민문학』 자료의 발표 분포를 살펴보고, 이후 『일본어작품집』에 실린 시의 분포량을 살펴보는 이 연구는 충분히 만족할 수 없다는 한계를 지닌다. 다만 중요한 잡지와 신문에, 중요한 시인들이 어느 정도 일본어 시를 발표했는지는 확인할 수는 있을 것이다.

	창작시			번역시	합계	주요 일본어 창작·번역 시집
	『국민문학』	『일본어작품집』				
		4권	6권			
1939년		10	4	1	15	
1940년		2	2	5	9	
1941년	11월 창간 3편	8	7		18	
1942년	1월 3편 2월 2편 4월 1편 5,6월 1편 7월 2편 11월 1편 12월 1편	15	28	1	55	김종한, 『たらちねのうた』; 김용제, 『亞細亞詩集』(1942.12.18)
1943년	2월 1편 6월 3편 8월 1편 10월 1편 11월 1편	22	23		52	김용제, 『敍事詩御東征』(1943.5.30); 주요한 일본어 시집, 『手に手を』(1943.7) 19편의 일본어 시; 김종한 역시집, 『雪白集』(역시 23편, 자작시 6편); 김소운 역시집, 『朝鮮詩集』(98편)
1944년	1월 1편 2월 2편 4월 1편 7월 1편 10월 1편	21			27	김용제, 『報道詩帖』(1944.6.10)
1945년		1			1	
합계	27편	143편		7편	177편	

첫째, 1939년부터 1941년까지는 그렇게 많은 작품이 발표되지 않는다는 것을 확인할 수 있다. 1941년 12월 8일 진주만 사건과 함께 태평양 전쟁이 발발하면서, 1942년 조선인의 일본어 시 창작은 전년도에 비해 3배 정도 증가한다. 이러한 현상은 시 장르에서만 일어난 것이 아니라. 호테이 도시히로의 일제 말 일본어 소설 연구에 대한 보고에 의하면, "한국에서 1942년에는 (일본어 소설이－인용자) 전년의 3배가 되며, 이 해를 고비로 일본과 한국의 작품 수가 역전되었다는 사실, 또 조국문인보국회의 발족 이후 작품의 시국색이 더 강화되었다"[20]는 배경은 소설에만 해당되

20) 호테이 도시히로, 「일제 말기 일본어 소설 연구」, 서울대 석사논문, 1996, 119면. 한국에서 발표된 일본어 창작소설의 경우, 1939년 10편, 1940년 7편, 1941년 16편이었던 것이, 1942년 45편, 1943년 49편, 1944년 53편이다.

는 것이 아니고, 시 장르에도 영향을 미쳤던 것이다.

셋째, 전쟁승리기에 많은 작품이 생산된다. 이광수, 김용제, 김종한의 일본어 시가 주목된다. 그러나 김종한의 시를 단순히 대동아체제 수호를 위한 시로 분석할 수는 없을 것이다.

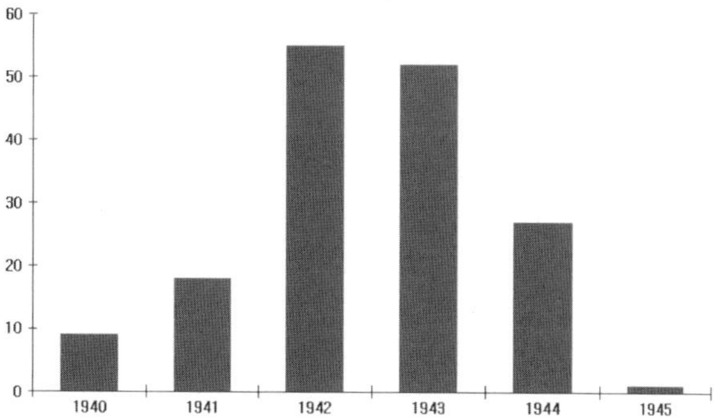

식민지 말 조선인의 일본어 시 발표 수

둘째, 1942년 번역하면서 엄청난 수의 작품이 생산된다. 조선시의 일본어 번역은 이 암흑기에 의미 깊은 성과였다고 생각된다. 번역시의 경우는 김종한과 김소운에 의해 1943년 단행본으로 출판되었지만, 이 도표는 잡지에 실린 창작시와 번역시를 위주로 하기 때문에 단행본에 실린 합계에 넣지 않았다. 그렇지만, 1943년에 두 사람의 번역시집으로 인해, 한국 근대시가 일본어로 소개된 것은 의미가 깊다고 할 수 있겠다.

넷째, 1945년에 들어 급격히 일본어 시 발표량이 줄어드는 것은 비단 시뿐만 아니라, 일본어 소설도 그 발표가 줄어들었다. 그리고 1944년 53편이 발표되었던 일본어 소설이 1945년 10편으로 급격히 줄어드는 것(호테이 도시히로 논문, 18면)은, 시 장르에서도 마찬가지다. 또한 대공습기의 인쇄소 시설 파괴와 물량 부족에도 문제가 있을 것이다.

5. 일본어 시의 소멸과 재탄생—결론

첫째, 1941년 12월 전쟁이 발발하고 전쟁승리기인 1942년 6월에 이르기까지, 전쟁 승리를 찬양하는 가장 많은 시가 발표된 것을 확인했다. 그리고 패전기를 거쳐 본토 대공습 과정에 이르면, 일본어 시가 급격히 감소되는 현상을 보았다.

지금까지 1940년대 일본어 시의 변이과정을 전황의 변화와 더불어 살펴보았으나, 평면적인 논의를 넘어섰다고 말하기 어렵다. 보다 복합적인 요소들이 서로 얽히고 섞여 있기 때문이다. 그렇지만 그 시기에 가장 핵심이 되는 소재나 주제는 지적했다고 생각한다.

둘째, 일본어로 시를 썼지만, 묘하게 '조선적인 것을 사수'하는 모습을 보여준 김이옥이나 김종한의 경우는 특이하게 보아야 할 것이다. 이제까지 일본어로 쓰인 친일시, 조선어로 쓰인 친일시, 그리고 이에 반하는 조선어로 쓰인 저항시 등으로 나뉘었던 갈래는 김이옥과 김종한이 있어 좀 더 미세하게 분류되어야 한다. 김이옥은 일본어로 시를 쓰되 전쟁과 다른 해녀의 삶을 시에 담았다. 김종한은 조선의 근대시들을 일본어로 번역하여, 번역을 통해 조선문학의 존재를 암시시켰다.

일본어를 통해 오히려 조선적인 것을 찾으려 했던 김종한의 역설적인 시도, 그리고 이국에서 고향인 제주도를 절절하게 그려낸 김이옥 시인의 시는 그것이 과연 당시 강조하던 '지방주의'와 관계하고 있는지 정치하게 연구되어야 할 것이다. 김이옥이나 김종한의 시도는 이육사처럼 적극적인 저항의 의미를 내포하고 있지는 않지만, 1940년대 일제 말 파시즘에 대한 '협력과 저항' 사이에서 길항(拮抗)하는 모습을 보여준다. 최재서가 주창한 지방주의 이론의 충실한 수행자였던 김종한의 시 역시 결국은 황국신민의 시로 귀결된다고 하지만, 김종한의 지방주의는 당시의 지방주의와 다른 면이 있었다. 김종한의 일본어 시는 '한글시=

저항=절대선/일본어 시=친일=절대악'이라는 이분법을 해체하는 미묘한 대목이 있다. 이들의 의식은 해방 후 일본어로 시를 발표하고 있는 허남기, 강순, 김시종, 종추월 시인 같은 재일 디아스포라 시인들에 의해 재탄생했다. 가령, 강순은 한국현대시의 일본어 번역을 통해 한국문학의 존재를 알리고 있으며, 김시종과 종추월은 일본어의 문법을 파괴하는 새로운 시도로, 파괴된 일본어를 통해 일본적 체계를 전복(顚覆) 시키는 실험[21]을 하고 있다.

그러나 이 글은 아직 여러 한계를 갖고 있다. 논의 대상 작품이 국내와 일본에서 발표된 작품이 혼재되어 있는데, 국내와 일본에서 발표된 일본어 시를 모두 포괄한다면, 현재의 논의는 지나치게 지엽적인 내용만 다루는 셈이다. 이후 보다 세세한 논의를 확대해 보려 한다.

파시즘에 대한 조선 시인들의 이중적 삶과 작품은 비단 1940년대 일제 말 친일과 저항의 논리는 한국적 상황에만 한정되는 것이 아니라, 파시즘을 경험했던 전 인류의 경험으로 보아야 할 것이다. 분명 일본어 시는 한국 근현대문학사에 불행한 흔적을 남겼다. 그러나 일본어 시만을 보아서 이 시기를 절맥(絶脈)의 역사로 보아서는 안 된다. 이 상처의 문학사에서 미세한 의미를 찾을 볼 때, 1940년대 일제 말 조선인의 일본어 시는 역설적인 의미를 갖는다.

---

21) 김응교, 「재일 디아스포라 시인 계보, 1945~1979－허남기, 강순, 김시종 시인」, 영남대 인문과학연구소, 『인문연구』 55집, 2008.12.

김종한(金鍾漢)의 전향(轉向) 과정에 대하여

심원섭

1. 서론

최재서와 더불어 암흑기에 활약한 2대 평론가로 불리는 김종한은, 주로 친일문인 혹은 '신지방주의론'의 평론가로서 알려져 있다고 생각된다.[1] 그러나 친일문학 활동기 이전의 김종한이, 발레리류의 '순수시론'

1) 김종한에 대한 기왕의 이미지는 세 가지 정도로 요약 가능하지 않은가 생각된다. 임종국에서 시작된 친일문인으로서의 이미지, 두 번째는 조건부 대일협력론인 '신지방주의론'의 평론가로서의 이미지, 세 번째 시대적 한계 내에서 민족주의적인 저항을 시도한 시인으로서의 이미지이다. 첫째 유형은 임종국, 『친일문학론』, 평화출판사, 1979. 둘째 유형은 윤대석, 「국민문학의 신지방주의론」, 『한국 근대문학과 일본』(사에구사 도시카쓰 외), 소명출판, 2003; 정종현, 「식민지 후반기 한국문학에 나타난 동양론 연구」, 동국대 박사논문, 2005; 박수연, 「친일시의 계보」, 『제1회 식민주의와 문학 국제심포지움－일제하의 동북아문학』, 민족문학연구소, 2005.10.14~15. 셋째 유형은 大村益夫, 「金鐘漢について」, 『旗田巍先生朝鮮歴史論集』 下, 1979.3; 藤石貴代, 「金鐘漢論」, 『九州大學東洋史論集』 17, 1989.1 참조.

을 신봉해 왔으며, 문학의 형상성을 최우선하는 한편 우주적인 사상을 압축적 양식 속에 담는 것을 추구하는 문학관을 소지하고 있었다는 사실이 최근의 연구로 분명해졌다.[2] 또 1939년 이후 국내에 시 및 평론을 활발하게 발표하던 그가 1940년 말 경에 전향을 했다는 가능성을 제기하는 논거들 역시도 최근 제시되었다.[3]

이런 현상은 친일문인, 즉 전향 후의 이미지 중심으로 거론되어 온 김종한상(像) 외에 김종한의 또 다른 부분이 규명되어야 할 필요성이 연구사에 대두되고 있는 것이라고 본다. 김종한 역시도 자신의 독자적인 문학적 입장을 갖고 있었으며, 시국의 추이 속에서 그 나름의 진통 과정을 거쳐 대일 협력의 길에 들어선 문인이라는 점, 즉 '전향 문인'의 한 명이었다는 점이 분명해지고 있기 때문이다.[4]

그의 '전향' 과정은 전향 시기나 환경, 스타일 등의 면에서 국내의 전향 문인들과는 상당히 다른 면모를 갖고 있으며, 시국의 흐름에 대한 부분적인 저항 논리도 갖고 있는 등 그만의 독특한 논리를 갖고 있다는

---

2) 심원섭, 「김종한의 일본유학 체험과 '순수시'의 시론」, 『한국문학논총』 50집, 2008.12 참조.

3) 박수연은 김종한의 「살구꽃처럼」을 친일시로 보고 이 작품의 발표시기인 1940년 11월을 전향시기로 본 바 있다. 박수연, 「친일시의 계보」, 『제1회 식민주의와 문학 국제심포지움-일제하의 동북아문학』, 민족문학연구소, 2005.10.14~15, 4면. 그러나 이 작품은 실제로는 1940년 6월에 창작된 것이다. 그러므로 박수연이 「살구꽃처럼」을 전향의 근거로 삼았다면, 그 전향 시기를 1940년 6월 혹은 그 이전으로 규정해야 했을 것이다. 본고는 「살구꽃처럼」을 친일시로 보는 견해에 동의하지 않을 뿐만 아니라, 그 시기 역시도 적어도 반년 이후로 보는 관점을 취한다. 한편 심원섭은, 사토 하루오에의 편지 내용 및 관련 평론들을 근거로 김종한의 전향 모색기를 1940년 말부터 1941년 사이일 것으로 추정한 바 있다. 심원섭, 「김종한과 사토 하루오」, 『배달말』 43집, 2008.12, 282면 참조.

4) 김종한의 전향의 유형적 특성은, 엄밀한 의미에서는 전향 후의 김종한의 활동상에 대한 전체적 검토가 끝난 후에야 보다 정확한 규정이 가능할 것이다. 전향 직후까지만 다루는 본고에서는, 일단 김종한의 전향 유형의 큰 범주를 "자유주의적, 민주주의적 입장을 취한 개인 혹은 집단이 반체제적 입장을 억압하는 입장이나 국가주의적, 군국주의적 반동체제를 지배하는 입장으로 태도를 변경하는 것"으로 규정해두고자 한다. 이 유형분류의 근거는 田中浩, 「轉向」, 「Yahoo百科事典Beta」, http://100.yahoo.co.jp/%E8%BB%A2%E5%90%91 참조(검색일 : 2009.3.6).

것이 필자의 가설이다. 본고에서는 이런 점에 주목하면서 전향 전의 김종한상을 간략히 정리하고 그가 전향에 이르게 되는 과정을 구체적으로 고찰하여, 김종한 연구사에서 결락되어 있다고 생각되는 부분을 보완하는 역할을 시도해보고자 한다. 김종한의 작품과 관련된 모든 인용은 『김종한전집』에 의거하기로 한다.[5)]

2. 전향 전의 김종한

1937년 도일(渡日)하기 전까지의 김종한은, 민요시인이자 작품의 예술적 형상성을 최우선하는 평론 활동을 펴던 김억을 사숙하는 한편, 고향 민속 및 전통 여성의 애환의 세계를 주로 그린 민요시를 시단에 연속적으로 발표하면서 조선문단에 자신의 존재를 상당 정도 각인시켜놓은 상태였다.[6)] 1937년 도일 후부터 그가 니혼대학을 졸업하던 1939년 전후까지의 문학적 체험은, 문학적 형상성을 중시하는 그의 민요시 시대의 문학관을 기반으로 하여, 1930년대 일본에서 유행한 서구문학 체험이 축적되는 형태를 이루고 있다.[7)] 졸업 후 2년여가 지날 무렵부터 '전향'과 관련된 그의 고민이 모습을 드러낸다고 판단되는 점을 고려해서, 대학

5) 藤石貴代・大村益夫・沈元燮・布袋敏博 편, 『金鍾漢全集』, 綠蔭書房, 2005. 이 책은 이후 『전집』으로 표기한다.

6) 김종한은 1935~1936년 『조선일보』, 『동아일보』, 『별건곤』 등의 신춘문예나 현상문예에 민요시가 연속적 당선된 적이 있다. 유명세에 편승하여, 그가 발표한 평론 「藝術民謠 存在論—그 時代性과 土俗性에 關하야」(『朝鮮日報』, 1937.2.20~24)는 김사엽의 반론을 야기한 바도 있다. 이를 포함한 김종한의 국내 문학 수업시대에 관한 구체적 논의는 심원섭, 「김종한의 초기문학 수업 시대」, 『한국문학논총』 46집, 2007.8 참조.

7) 당시 김종한은 발레리 및 프랑스 상징주의자들과 건축가 부르노 타우트, 독일 시인 호프만스탈에 경도되어 있었다. 관련사항은 심원섭, 「김종한의 일본유학체험과 '순수시'의 시론」, 『한국문학논총』 50집, 2009.12 참조.

시절의 그의 문학체험의 요목을 확인할 수 있는 자료를 짧게 인용해두고 싶다.

> 우리는 (…중략…) 멀리 『神曲』으로부터 『유리씨즈』까지의 명작을 연구햇스며 테-누의 『예술철학』을 독하고 바레리-의 『시학서설』을 논하얏던 것입니다. (…중략…) 때로는 초현실파 야수파를 발하야 예술관의 영역을 넓히기도 하고 또는 도쓰토에프스키를 끄집어내여 사색의 기피를 닥기도 하얏습니다. / 그러나 지금은 12월 (…중략…) 졸업! 그것은 우리에게는 너무나 무서운 단어외다. 아무리 훌륭한 바레리-론도 취직선전에서는 하등의 효과를 못가지기 때문입니다.8)

김종한과 당시 유학생들이 닦아가고 있었던 문학적 토양이 서양 고전 중심의 백과전서적인 것이었음과 동시에 발레리에 대한 관심이 강했다는 점이 확인된다. 김종한이 이렇게 천진한 문학도적 체험을 겪었던 시기는 1937~1938년의 일이다.

1938년 말이라는 시기는, 1931년의 만주사변과 1936년의 2・26사건, 중국의 국공합작의 뒤를 이어 1937년 발발한 '사변' 즉 중일전쟁이 확대되어가던 해다. 일본 문단에 국한해서 말한다면, 그것은 본격 전쟁 문학시대로 돌입해가는 시기, 즉 대부분의 문인, 지식인들이 군부의 전략적 방침을 이론적으로 합리화하는 전선(戰線)에 서는 것을 강요당하는 시대에 들어선다는 것을 의미한다. 이미 1938년은 그가 사숙했던 사토 하루오[佐藤春夫]를 포함한 문단 거물 및 중진들이 군부의 종용 하에 중일전쟁 전선에 동원되었던 시대였기도 하다.9)

한편 당시는, 내발적인 문학 기류 면에서는, 이식적인 서구문학을 거

8) 김종한, 「卒業을 앞둔 藝術의 殿堂」, 『朝鮮日報』, 1938.12.26.
9) 井村君江, 「評傳 佐藤春夫」, 『佐藤春夫』(新潮日本文學アルバム), 新潮社, 1997.9, 69면; 호쇼 마사오 외, 고재석 역, 『일본현대문학사』, 문학과지성사, 1998.3.2, 217면.

부하고 일본의 고전 속에서 일본문학의 아이덴티티를 찾는 한편 전쟁을 낭만적 정신으로 미화한 '일본낭만파'와 이에 영합한 대중문화가, 전쟁문학을 문학 내적인 논리로도 뒷받침해가고 있었던 시대이기도 했다.[10] 이러한 전쟁기의 한가운데에서 김종한 등은 발레리와 서구 고전문학을 향유하는 천진난만한 대학시대의 마지막을 보내고 있었던 것이다. "아무리 훌륭한 발레리론도 취직 전선에서는 하등의 힘을 못가"졌다는 그의 추억담은, 실은 이러한 거대한 폭력 시대 속에서 유럽문학 중심의 문학체험을 갖고 있었던 '자유주의자 순수문학도'들이 처해야 했던 운명, 그리고 이런 문학적 풍토 속에서 성장했던 김종한이 장차 감당해야 했던 운명을 암시하고 있기도 하다.

한편 이 시기 김종한에게 있어서 발레리 등 서구문학 체험은 문학도의 일시적인 낭만적 체험에 그치는, 그런 종류의 체험은 아니었다는 점도 강조해 두고 싶다. 그가 니혼대학을 졸업하던 즈음부터 국내 문단에 연속적으로 발표한 평론들의 일부를 인용해 둔다.

> 산문이 될 수없는 '그러한 관념'을 가진 부분이 시가 된다. 거기서 시문학의 獨自性과 自律性이 분화되는 것이다. (…중략…) 부루우노.타우트博士는 (…중략…) "一東洋藝術의 特質의 하나는, 藝術觀이나 世界觀을 적은 對象 중에 宇宙的인 精神으로서 感受하는 곳이었다." (…중략…) **참의 시는 항상 적은 형태를 갖추게 되는 것이다.**[11](강조는 인용자)

> **詩에 있어서는 내용이 형태에 內屬히는 것이므로 언어 자체의 미를 떠나서는 여하한 시상도 사상도 공허한 개념에 불과할 것입니다.** (…중략…) 임화가 아니라 아인스타인의 사상이라도 사상 자체는 직접으로는 시와 관련상을 가질 수 없는 것입니다. (…중략…) 어즈버 「最高의瞬間」에의 지향과 염원을 가지지 못

10) 尾育生, 『戦争詩論 1910~1945』, 平凡社, 2006.7, 100면 참조.
11) 김종한, 「나의 作詩 設計圖」, 『文章』, 1939.9.

한 감정이란 것이 얼마나 저급한 것인가를 우리는 절실히 깨달아야 할것입니다. 그것은 「시적 법열」이나 「神에의 일치」나 「氣運生動」이나 또는 「無邪念」, 「眞性」 등의 용어로 번역하야도 좋습니다. / 순수시의 이론도 쉽게 말하면 寒山詩의 서문인 「凡讀我詩者, 心中須護淨」에 가미한 것에 불과할 것입니다.[12](강조는 인용자)

위의 글들은 1938년 발표된 최재서의 「시단 총평」에 대한 반론의 성격을 띤 글로서, 특히 임화의 '사상시'를 비판하는 한편 정지용의 시를 극대적으로 옹호하는 논리가 그 기반으로 되어 있는 글들이다.[13] 이 점을 염두에 놓고 위의 글들 속에서 그가 강조한 내용을 다시 요약해 본다.

－내용에 대한 형태의 우위성

－언어미와 시문학의 독자성 및 자율성에 대한 중시

－문학적 형상성을 갖추지 못한 사상시의 배격

－최고의 시=짧은 양식 속에 우주적인 정신을 압축해놓은 시

－최고의 시=순수시=종교적 수행의 최고단계와 동일한 시적 법열의 소산

이상이 '전향'기를 맞이하기 이전 김종한이 갖고 있었던 문학관의 핵심에 해당하는 부분이다.

12) 김종한, 「詩文學의 正道」, 『文章』, 1939.10; 『전집』, 388~389면.

13) 최재서의 시단 총평 내용 및 관련 상세 사항은 심원섭, 앞의 글, 제4장 참조.

3. '이상적 시'와 현실의 문제

시에 대한 김종한 나름의 이상이 드러나 있다고도 할 수 있는 위의 기록들 속에는 하나 빠져 있는 것이 있다. 김종한이 '이상적 예술'로 생각하고 있었던 세계와, 그 세계를 둘러싸고 있는 '사변' 이후의 폭력적 현실, 이 문제에 대한 생각이 그것이다. 말하자면, 인간이 도달할 수 있는 최상의 정신적 경지를 구현해낸다는 그의 '이상적인 시'와 그러한 시의 구현을 가로막는 '폭력적 현실'과의 관계를 어떻게 정의해야 할 것인가 하는 문제가 그것이다.

이것은 김종한의 이후의 정신사를 살피는 면에 있어서 매우 중요한 부분이다. 김종한에게 있어서의 전향은 후자, 즉 폭력적 현실의 힘이 전자, 즉 '이상적 시'를 구현하고자 하는 의지를 압도할 때에 발생하는 현상이었던 것으로 보이는 데가 있기 때문이다. 그는 윗글의 마지막 부분에서 이 문제를 다음과 같이 간단하게 정의한다.

> 고뇌 자체가 가치가 있는 것이 아닙니다. 그 고뇌를 어떻게 수리하며 예술성에까지 승화시키는가, 하는 곳에 문학의 본령이 있는 것입니다.[14]

시국적인 상황을 고려한다면, 젊은 김종한은 이 문제에 대해 너무 쉽게 발언한 듯한 느낌이 있다. 왜냐하면 "예술성에까지 승화시"킬 수 있는 창작의 여건이 상실되었을 경우, 즉 '고뇌' 자체도 허용되지 않는 문학적 환경에서는 어떻게 할 것인가, 하는 문제가 빠져 있기 때문이다. 그는 '예술적 승화'만 가능하다면, 이런 문제까지도 극복이 가능하다고 보았던 것일까? 극복이 불가능한 것은 아닐 터이지만, 그것을 위해서는

---

14) 김종한, 「詩文學의 正道」, 『文章』, 1939.10; 『전집』, 389면.

예술가 개인의 영웅적인 용기나 능력이 필요할 것임은 물론이다. 김종한은 이 난제에 대한 추가적 발언을 담대하게 계속해 간다. 그 논리가 정점에 오른 것이 다음 해에 발표된 「시단시평」이다.

> 現實의 重壓이란 詩人에게는 感動의 色彩를 의미하는 차라리 행복스런 創作動機의 조건이 될 수도 있는 것이다. / 現實의 貧困에서 출발한 夢現의 세계가 超現實主義였다면, 현실의 多彩에서 출발하는 우리에게는 좀 더 화려한 시의 만개를 기대해도 좋을 것이다…… / 어느 세기인들 괴롭지 않았으랴. 모든 문화사의 저류를 이루고 있는 것은 눈물뿐인 것이다. (…중략…) 이러한 시대에 살면서도 시대의 결빙을 깨트리고 사내닯을 미소를 보혀줄수 있는 건강한 南方的 성격을 가진 시인은 없는가. 그러한 표정을 가진 시인을 가르켜 나는 第一級의 시인이라고 한다. / 多樣性을 내포한 一樣性, 苦惱를 내포한 微笑, 그리하야 시인들은 하로바삐 감성의 원시인을 탈피하지 않으려는가.[15]

이 글은 1940년 10월 시단에 대한 김종한의 시평 내용인데, 위에서는, "현실의 중압", "괴로운 세기", "시대의 결빙" 등의 용어가 본격적으로 등장한다. 이전까지의 그의 글에서는 볼 수 없었던 이 경향은, 김종한이 "현실의 중압감"에 대한 감각, 즉 시국에 대한 감각을 전보다 더 실감적으로 느끼고 있었음을 보여주는 증거라 볼 수 있다고 생각된다. 일단 위의 논리를 요약해보면 다음과 같다.

> 현실의 중압=행복스런 창작 조건
> 현실의 다채로움=화려한 시의 만개를 기대할 수 있는 조건
> 1급 시인=시대의 결빙을 깨뜨리고 사내다운 미소를 보여주는 건강한 남방적 시인

---

15) 김종한, 「詩壇時評」, 『文章』, 1940.11; 『전집』, 412면.

1급의 시=다양성을 내포한 일원성, 고뇌를 내포한 미소

「시문학(詩文學)의 정도(正道)」(『문장(文章)』, 1939.10)에 제시했던 "고뇌"와 "문학적 형상화"의 관계 논의를 발전 확대화시킨 논리다. 그는 시대가 어려울수록 역설적으로 좋은 작품이 나올 수 있다는 논리를 집요하게 확대해가면서 현실 속에서도 그러한 작품의 출현을 기다린다고 공표하고 있다. 시국의 추이에 맞서는 젊은 시인・평론가 김종한의 패기를 어느 정도 엿볼 수 있다고 생각된다. 또 이것은 시단을 향한 것인 동시에 시인인 자신을 향한 것이기도 한 발언으로서의 의미가 있다고 볼 수 있겠다. 어쨌든 김종한은 다음 해에 이르러 드디어 자신의 대망론에 부합하는 작품을 찾아낸다.

「雪岳賦」를 읽으면서 새삼스럽게 느낀 바지만 朴斗鎭처럼 안심하고 읽을수 있는 新人은 없을 것이다. 絶望을 健康化하는 特異한 手法은 인간적 크기에서 오는 것일가. 이 커다란 시상을 에스프리 모데르느(근대정신)의 교양으로 일차 세탁해 주었으면 좀 더 넓은 공감층을 획득하련만은.[16)]

그가 예찬한 박두진의 「설악부(雪岳賦)」의 일부를 본다.

나는 눈을 감어본다. 순간—번ㅅ득 永遠이 어린다. (…중략…) 인간들! 지금 이땅우에서 서로 아우성치는 數많은 人間들—인간들이 그래도 滅하지 않고 오래 世代를이어 살어갈것을 생각한다.

우리族屬도 이어 자꾸 나며 죽으며 滅하지않고 오래 오래 이땅에서 살어갈 것을 생각한다.

---

16) 김종한, 「詩壇時評」, 『文章』, 1941.1, 144면; 『전집』, 413면.

언제 이런 雪岳까지 왼통 꽃동산 꽃동산이되어 우리가 모두 서로 노래치며 날뛰며 진정 하로 和暢하게 살어볼날이 그립다. 그립다.[17]

박두진의 이 「설악부(雪岳賦)」 속에는, 김종한도 이야기한 바, 현실의 중압상이 적극적으로 다뤄져 있다고 보아도 좋을 것이다. 물론 박두진은 그 중압의 원인을 특별히 지목하지는 않았다. 이것은 물론 검열을 피하기 위한 고육지책일 수도 있지만, 그가 갖고 있는 기독교적 현실관—현실 세계에서 인간이 겪는 고통과 상호 폭력은 불가피한 것이라는—내지 종말관과도 관련이 있을 것이다.

김종한이 1940년대 시단을 총평한 위의 「시단시평」 속에서, 그가 과거 호의적으로 평가해 온 이용악, 오장환, 유치환에게 비판을 가하면서까지 높은 평가를 내린 시인이 이 박두진이다. 그에 대한 김종한의 호평은, 그의 지론, 즉 고난 속에서 좋은 시가 태어난다는 주장을 실증하는 예문을 발견했다는 자기 성취감과 관련이 있다고 할 수밖에 없다. 김종한은 그가 "절망을 건강화하는 수법"을 갖고 있다고 하고, 그것이 "인간적 크기에서 오는 것", "커다른 시상"이라고 했다. 다소 구두선(口頭禪)적인 냄새를 풍기는 선(禪)취미를 갖고 있었을 뿐, 박두진이 갖고 있었던 사상과 거리가 먼 세계 속을 살고 있었던 김종한에게 있어, 이런 반응은 당연한 것이었을지 모른다.[18] 이런 바람을 갖고 있었던 그가, 『문장(文章)』 1940년 1월호에 발표되었던 이육사의 '고뇌'의 시 「절정(絶頂)」, 동년 7월 『인문평론』에 발표되었던 「교목(喬木)」을 못 보았거나 혹

17) 박두진, 「雪岳賦」, 『文章』, 1940.11, 6~8연; 『전집』, 105면.

18) 김종한은 「詩文學의 正道」(『文章』, 1939.10)에서 "순수시의 이론도 쉽게 말하면 寒山詩의 서문인 「凡讀我詩者, 心中須護淨」에 가미한 것에 불과할 것입니다"라고 쓴 바 있다. 주 11) 본문 참조. 불교 수행 시에 정통한 것 같은 논조를 쓰고 있지만, 그의 寒山詩에 대한 지식은 사실은 급조된 것이다. 그가 寒山詩를 읽은 것은 길어야 이 글을 쓰기 불과 2,3개월 전이었다. 그는 동반 여행을 거절했다는 '그녀'로부터 1939년 7월 『寒山詩』(岩波文庫)를 선물 받은 직후 위의 글을 썼다. K記者, 「詩人が語った新しさについて」, 『婦人画報』, 1939.8, 175면; 『전집』, 383면 참조.

은 지나쳐버린 것은 대단히 불가사의한 일이다.

이렇게 "시대의 결빙을 깨뜨리는 건강한" 시인을 찾던 김종한, 고뇌야말로 좋은 시 창작을 위한 최상의 조건이라고 주장하던 김종한, 그 자신의 창작은 어떠했던가. 그도 실은 박두진이 「설악부」를 발표한 『문장』 11월호에 시를 이미 한편 발표한 상태였다. 창작일자가 이 해 6월로 되어 있는 문제작 「살구꽃처럼」이 그것이다.

4. 유린되어 가는 청춘의 애가(哀歌)－전쟁시 「살구꽃처럼」

「살구꽃처럼」의 전문을 본다.

살구꽃처럼
살구꽃처럼
電光 뉴쓰대에 하늘거리는
戰爭은 살구꽃처럼 滿發했소

音樂이 血液처럼 흐르는 이밤,
살구꽃처럼
살구꽃처럼 흩날리는 落下傘部隊
落花ㄴ들 꽃이 아니랴
쓸어 무삼하리오

음악이 血液처럼 흐르는 이밤.

청제비처럼 날아오르는 총알에
맛받이로 正中線을 얻어맞고
살구꽃처럼, 불을 吐하며
살구꽃처럼 떨어져가는 융커機

음악은 血液처럼 흐르는데,

달무리같은
달무리같은 나의 青春과
마지노線과의 관련 말슴이죠?
제발 그것만은 묻지말아주세요

音樂은 혈액처럼 흘려 흘려,
고향 집에서 편지가 왔소
全州白紙 속에 하늘거리는
살구꽃은
살구꽃은 戰爭처럼 滿發햇소

音樂이 血液처럼 흐르는 이밤,

살구꽃처럼 차라리 웃으려오
音樂이 血液처럼 흐르는 이밤,

살구꽃처럼 차라리 웃으려오
음악이 血液처럼 흐르는 이밤
戰爭처럼
戰爭처럼 살구꽃이 滿發햇소 (六月 三日)[19]

'시대의 결빙을 깨뜨리는 건강한 시' 대망론을 펼친 김종한이 쓰고 있었던 시는 '전쟁시'였다. 전쟁시는 김종한의 시력(詩歷) 속에서는 처음으로 등장하는 장르이며, 1년여 뒤부터는 본격적으로 그가 창작에 나서게 되는 장르다. 그런 의미에서라면 이 장르 선택 자체 속에 이미 '시대의 결빙'이나 그의 전향의 전조가 드러나 있다고 할 수 있을지도 모른다. 그러나 이 작품이 친일적 내용의 작품이라고 단정하는 것은 무리다.

이 작품에 "흩날리는 낙하산 부대"나 격추되는 "융커機"의 모습이 등장하는 것으로 보아 김종한이 소재를 '전광 뉴스대'나 홍보용 영화 속에서 얻었을 가능성이 있다. 그 외에 이 작품은 전쟁을 소재로 하고 있으면서도 그것을 최대한 미적인 이미지로 치환하여 표현하려는 시적 의장이 특징적이다.

이 작품의 비유의 중심축은 전장(戰場)과 "만발한 살구꽃"이다. 그리고 이 비유를 청각적으로 뒷받침하고 있는 구가 "음악은 혈액처럼 흐르는데"이다. 이 삼자(三者)의 비유적 뭉치가 각 연마다 새로운 보조 비유를 추가해가면서 작품의 끝까지 흐르고 있다. 조지훈의 「낙화(落花)」에 그 연원이 있을 법한 "落花ㄴ들 꽃이 아니랴/쓸어 무삼하리오"라든가, 지용에게서 따왔을 법한 "청제비처럼 날아오르는 총알에"와 같은 인유(引喩)적 구들도 이런 시적 의장에 포함된다. 말하자면 이 작품은 전쟁이 갖고 있는 부정적 속성과 살구꽃으로 대표되는 미적·평화적 이미지를 병치시켜가는 방법으로 쓰인 것임을 알 수 있다.

이 작품이 김종한의 전향을 알리는 작품이라는 견해가 있다는 것은 이미 소개한 바 있다.[20] 필자의 견해는 다르다. 근거는 다음과 같다.

첫째, 위 작품은 전쟁을 소재로 한 '전쟁시'임에는 틀림이 없으나, '친일시'라는 증거는 없다. 일본의 전쟁 이념에 동의를 표하는 내용이

19) 김종한, 「살구꽃처럼」, 『文章』, 1940.11, 98~101면; 『전집』, 88~91면.
20) 박수연, 「친일시의 계보」, 『제1회 식민주의와 문학 국제심포지움－일제하의 동북아 문학』, 민족문학연구소, 2005.10.14~15, 4면.

없기 때문이다. 더구나 추락하고 있는 전투기명으로 사용되고 있는 "융커機"는 일본의 동맹국인 독일 전투기일 가능성이 높다.[21)]

두 번째, 이 작품은 전쟁 자체를 옹호하고 있지도 않다. 이 작품은 전쟁 장면을 미적인 장면과 병치시켜 보여주는 시적 의장을 갖고 있긴 하지만, 이것이 전쟁을 예찬하고 있는 내용이라는 증거는 없다. 오히려 전쟁을 바라보는 화자의 주된 정서는 비애(悲哀)다. '원하지 않으나 벌어지고 만 비극'을 바라보는 청춘의 비애감이라 할 만한 것이 이 작품의 저변을 흐르는 시인의 생각이라고 생각된다.

그에 대한 명료한 표현이 6연에 제시되어 있다. "달무리같은 / 달무리 같은 나의 靑春과 / 마지노線과의 관련 말슴이죠? / 제발 그것만은 묻지 말아주세요"에서 "달무리 같은 나의 청춘"이란 무엇인가. 이것은 김종한이 자신의 인생을, 말하자면 '저물어가는 희미한 것'으로 보았다는 의미다. 전쟁이라는 극한적 시국 상황 속에서, 인간으로서의 또는 청춘으로서의 정상적인 욕구 실현의 기회를 상실해버린, 혹은 그런 꿈을 포기해야 하는 청년 지식인의 비애 혹은 절망감이라 할 만한 것이 이 구절에 역력히 나타나 있다고 생각된다.

그런 화자의 생각이 시편의 마지막에 짧게 요약되어 있다. 마지막 두 연 속에 두 번 반복되어 있는 "살구꽃처럼 차라리 웃으려오"가 그것이다. 이 표현에 의하면, 살구꽃이라는 존재는, "차라리 웃"는 존재다. "차라리 웃"는다는 행위 이면에는 '우느니'가 자리하고 있다. 벌어져서는 안 되나 결국 벌어지고 만 불가항력적인 전쟁, 이 절망이 확약된 상황 속에서 시인은 "차라리 웃으려" 한다는 서글픈 기지를 발휘하고 있는

21) "융커기"라는 기명은 직접 확인이 불가능했으나, 1930년대 중반 독일에서 개발 중이던 전투기에 장착했던 독일제 엔진명에 "융커스"라는 명칭이 나온다. 이것이 아니더라도 융커가 '귀족'을 의미하는 독일어이니, "융커기"가 독일전투기를 의미하는 명칭임에는 틀림이 없다고 생각된다. "융커스"라는 엔진명과 관련된 기록은, 첫사랑, 「(전투기) 메서슈미트 Bf109(독일 : BFW)」, http://blog.naver.com/2geonchang/100024411629(검색일 : 2009.12.20).

것이다. '벌어지고 만 전쟁'에 대한 절망감에서 우러나오는 고소(苦笑), 이것은 김종한 자신의 시론을 빌면 "고뇌를 내포한 미소"의 세계다.

결론적으로 말해서, '전쟁 속에서 유린되어 가는 청춘에 대한 애가(哀歌)' 이것을 필자는 이 작품의 실질적인 주제라고 보고 싶다. 그런 의미에서 이 작품은 오히려 반(反)전쟁적인 이면적 주제를 갖고 있는 작품으로서, 대부분 구호적인 친일시 일색인 당시의 전쟁시 속에서 오히려 빛나는 데가 있는 작품이라고 생각된다.

김종한이 이 작품을 쓴 동기는 쉽게 추측이 가능하다. 자신이 대망해온 바, "시대의 결빙을 깨뜨리고 사내다운 미소를 보여주는 건강한 남방적 시인", "다양성을 내포한 일원성, 고뇌를 내포한 미소를 지닌 1급의 시", 이것을 실천하기 위한 방편의 하나가 바로 이 「살구꽃처럼」이었다고 생각된다. 아마도 "사내다운 건강한 미소를 보여주는 남방적 시"라는 그의 첫째 대망(待望)을 충족시켜준 것은, 그가 상찬한 박두진의 「설악부」였을 것이다. 그러나 두 번째의 항목, "다양성을 내포한 일원성, 고뇌를 내포한 미소를 지닌 1급의 시"의 영예는 아마도 자신의 「살구꽃」으로서 실천이 가능하리라고 그는 내심 기대하고 있었던 것이 아닐까. 일찍이 정지용이 일찍이 김종한의 시 속에서 "비애를 기지로 포장하는 기술"[22]을 읽어낸 적이 있기도 하지만, 김종한은 자신의 시론을 이 작품을 통하여 어느 정도 실천해내는 데 성공했다고 보고 싶다.

---

22) 정지용, 「詩選後」, 『文章』, 1939.8, 62면.

5. 최초의 '사실수리론'과 '신지방주의론'

1940년 11월 「살구꽃처럼」을 발표하고, 1941년 1월 "시대의 결빙을 깨뜨릴" 시를 대망한다는 기원을 공표한 「시단시평」을 발표한 김종한은, 같은 해 1월 『삼천리(三千里)』에 「조선 문화의 기본자세」라는 평문을 발표한다. 김종한이 국내에 발표한 평문 중에서는 최초로 일본어로 쓰인 글이기도 하다. 1941년 1월 발표작인 이 글이 쓰인 것은 1940년 말일 터인데, 이 속에는, 시국을 바라보는 김종한의 태도 속에 이전까지와는 다른 변화가 왔음을 확인할 수 있는 부분이 있다.

> 작금처럼 문학은 문화로, 문화는 정치로 이행한 시대에는 어쩔 수 없이 칭찬받는 문학, 이라는 것이 나타난다. 비평씨는 의식하면서도(도망가면서도) 우선 칭찬부터 해둔다. 칭찬을 받아도 기분이 나쁘다. / 사변 이래 날로 앙양되고 있는, 조선문학에 대한 내지 문단의 관심도 그런 것일 것이다. 문화백년지계라고는 생각되지 않는다. 저널리즘이 발작적으로 이광수나 고정 등을 선전해 본 것이니, 엄숙한 문화재의 축적에 무엇을 기여할 수 있을 것일까. 허나 시대가 그것을 요구하는 것이라면, 어쩔 수 없을 것이다. 지금은 그런 시대다. 아마 이걸로 이야기는 끝난 것이 아닐까.[23]

김종한이 여기서 밝히고 있는 내용은 간단하다. '개인의 문학 행위'가 불가능한 시대가 도래했다는 것이다. '시대의 결빙을 깨뜨릴 수 있는 문학', 즉 '정치를 극복할 수 있는 예술의 가능성', "시대의 중압이 차라리 행복스러운 창작의 조건"이라고 주장해 온 것이 김종한의 이전까지의 비평 논리였다면, 여기서는 시국의 절대 우위성을 인정하는 김

23) 김종한, 「朝鮮文化の基本姿勢」, 『三千里』, 1941.1, 61면; 『전집』, 415면. 원문은 일본어.

종한의 태도를 확인할 수 있다. 그 김종한의 심정이 윗글의 마지막에 자리하고 있다. "시대가 그것을 요구하는 것이라면 어쩔 수 없을 것이다. 지금은 그런 시대다. 아마 이걸로 이야기는 끝난 것이 아닐까"라는 대목이 그것이다.

비록 일본 문단의 조선 작품 선고(選考) 안목을 비판하는 문맥에서 나온 말이지만, 김종한은 역시 이곳에서 처음으로 문학에 대한 정치의 절대 우위성에 대해 언급하고 있다. 이것이 김종한이 도달한 1940년 말의 모습이다. 그는 이 시기를 즈음하여, 예술가의 의지적 능력의 위에 존재하는 외부적 힘, 즉 시국의 압도적인 힘을 공식적으로 인정하기 시작했다고 보아도 좋을 것이다.

그러나 김종한의 이러한 '사실수리론'이 체념이나 시국에 대한 굴종적 태도에서 우러나온 것이라고 하기는 시기상조다. 김종한다운 독설적 태도가 이 논조에 같이 동반되어 있기 때문이다. 우선 그는 1939년과 1940년에 성행한 조선문학 작품의 일본 소개 현상이 "저널리즘의 발작"에 불과하다고 일축하고 있다. 당시 일본에서 일고 있었던 조선문학 붐이 대동아공영권 이념의 실천을 위한 시국적 방편이었다는 사실을 고려한다면,[24] 김종한의 이 말은 이러한 시국의 흐름을 비꼬는 발언임을 알 수가 있다. 그리고 그는, 후일 본격화되는 그의 조건부 대일 협력론인 '신지방주의론'의 초기 형태를 이곳에서 제시한다.

> 단 이 경우, 우리가 잊어서는 안 되는 것은 이것이 과도기라는 것이다. 즉 작금, 東京을 중심으로 행해지고 있는 문화의 中央集權的인 동향은, 단순한 명일의 문화에의 준비운동에 지나지 않는다는 것이다. / 이 中央集權的인, 새로운 文化의 준비운동이 끝나면, 順序로서 필히 地方分權的 文化의 萌芽하는 시대가 올 것이라고, 나는 생각하고 있다. 즉 朝鮮에는 朝鮮다운 것, 만주에는 滿洲다운

24) 심원섭, 「일본에 대한 소개 현황과 특성」, 『통일한국의 문화진로와 세계화 방안 연구』(설성경 · 김영민 · 최유찬 · 양문규 · 심원섭 편), 새미, 2002.1, 407면 참조.

문화가, 新體制의 서치라이트 중에서, 스스로 사명과 위치를 발견하여, 새로운 自律獨으로 향한 자세를 취해야할 날이 올 것이라고 생각한다.

김종한은 도쿄에서 유행하던 조선문학 붐을, "문화의 중앙집권적인 동향"이라는 한 마디로 일축하고 있다. 이것은 한·중 작가들에게 일본어 창작이 권유되고 있었던 당시 상황을 고려할 때,[25] 조선문학 붐을 둘러싼 시국의 핵심을 김종한이 꿰뚫고 있었음을 보여주는 증거라 보아도 좋을 것이다. 문제는 다음이다. 김종한은 이 "중앙집권적인 동향"이 "과도기"여서 필히 "지방분권적인 문화"가 도래하는 시기가 오리라고 선언하고 있다. 이 이하 내용은 후일 그의 친일문학론의 대명사처럼 된 '신지방주의론'의 초기 형태임이 분명하다.

일본에서도 이런 논리가 나온 적이 있는가는 추가 조사가 필요할 터이나, 일단 논조로 보아서는 이것이 김종한의 독자적인 판단처럼 느껴지는 바가 있다.[26] 어쨌든 이것은 당시의 신체제 문학이 지향하는 흐름에 대해 김종한이 건 일종의 '브레이크'에 다름 아니라고 생각하고 싶다. 여기서 김종한은 이전까지 주장해 오던 '문학의 정치 극복 가능성'론을 접고, 시국의 우위, 정치의 우위를 인정하는 대신, 문화의 주도권

25) 1939년 1월『文學界』좌담회「朝鮮文学の将来」에서 일본 측 참석자인 林房雄, 秋田雨作는 동석한 조선작가들을 향해 일본어로 창작을 하라는 발언을 한 적이 있다. 1940년 2월에는 '외부의 종용'에 의해 쓰인 흔적이 역력한 장혁주의「朝鮮の知識人に訴ふ」에도 같은 요지의 발언이 보인다. 任展慧,「朝鮮側からみた日本文壇の朝鮮ブーム」,『海峡』, 1984.3, 12면.

26) 혹 일본 측에서 이런 주장이 나왔을 가능성이 있다 하더라도, 신지방주의론이 내포하고 있는 정치적 함의까지 수용할 가능성이 없음은 당연하다고 보는 것이 옳겠다. 다음과 같은 일부 예를 제시할 수 있다. 좌담회「新しい半島文學の構想 座談會」에서 일본측 참석자 다나카 히데미쓰는, 김종한이 제기한 신지방주의론에 대해 이런 발언을 한 바 있다. "그런 면은 괜찮아요. 하지만 그걸 정치적으로 말씀하신다면 반대에요. 역시 중앙집권 쪽이 좋겠죠." 신지방주의의 논리를 수용해 들이는 일본 측의 마지노선이 이런 식으로 표출되고 있음을 알 수 있다.「新しい半島文學の構想 座談會」,『綠旗』, 1942.4;『전집』, 558면 참조.

까지 도쿄 중심으로 빼앗기지는 않겠다는 일종의 오기를 부리고 있는 것으로 볼 수 있지 않나 생각된다.

> 오랜만에 회사일로 조선에 돌아오니 일부 작가들이 No more-never more! 같은 표정을 짓고 있는 걸 보고 슬펐다. / 조금만 더 있으면, 조선문화의 自律해 마땅한, 基本姿勢 같은 것도, 분명해질 날이 올 것이다. 그리고 새로운 문화에의 희망도 信頼도 태어날 것이다. / (그 시대에는 小生도 귀국할 계획이다. 값싼 잡지 기자 생활을 오래 하면 인간이 망가질 것 같아서, 경성에 돌아오면 닭꼬치집이라도 개업하고 시를 쓸 계획이다.)[27]

시국의 압도적 힘을 인정한 김종한이었지만, 그는 글의 마지막 부분에서, 조선 작가들의 절망적 포즈를 확인한다. 문제는 그 이후다. 그는 여전히 희망적인 논리를 편다. 그의 희망의 근거는 앞에서도 확인한 바 그의 '신지방주의론'에 있다. 그러나 그는 이것으로, 시국이 빼앗아간 조선문학의 생명이 보상을 받을 수 있으리라고 기대하고 있었던 것일까. 절망적인 시국의 흐름 속에서 이러한 전향(前向)적 정서를 유지할 수 있었던 김종한의 사고방식은 앞으로도 더 세밀하게 검토되어야 할 필요성이 있을 것이다.

어쨌든 희망적인 '여건'이 마련될 때, 김종한은 귀국하여 전업 시인으로 살겠다고 공언했지만, 이것은 사실과 다르다. 그는 1년여 뒤인 1942년 초에 귀국하는데, 그의 귀국은 '선술집 시인'으로서의 귀국이 아니라, 『국민문학』 편집자로서의 '금의환향'적인 귀국이었다. 이 1년 남짓한 기간의 그의 마지막 일본 체류 경험의 배후에는, 그가 스승으로 섬기고 있었다고 공언한 바 있는 일본의 국민 시인 사토 하루오[佐藤春夫]와의 특별한 관계가 있다. "전쟁이라는 것을 처음 겪는 터라 아직 개

27) 위의 「朝鮮文化の基本姿勢」, 『전집』, 416면.

심까지는 못하고 있었던" 상태로서 시국 문제에 어떻게 대처해야 할 것인가 하는 문제로 고민하고 있었던 그에게 "배수진을 치고 시국에 임하라"는 가르침을 준 사토 하루오와의 사제관계가 그것이다. 그는 사토 하루오의 이 조언을 듣고 "구원이라도 받은 느낌"이었다고 후일 쓴 바 있다. 그의 '전향 결심'에는 이 사토 하루오와의 만남 역시도 적지 않은 영향을 미쳤을 것으로 추정된다.[28)]

이렇게 하여 귀국한 그는, 후일 한국문학사에서 김종한이라는 이름의 대명사처럼 된 '신지방주의론의 전도사'로서 활약하게 된다. 그러나 그 '신지방주의론의 전도사' 역할이라는 것은, 전면적인 문단활동을 전개한다는 전제 하에서만 가능한 일이다. 1942년부터 전면적 문단 활동에 참가한다는 것이 무엇을 의미하는가에 대해서는 언급할 필요가 없겠다. 그것은 시국에의 전면적 협조 포즈 없이는 불가능한 행동이기 때문이다. '부분적 저항을 위해서 전면적으로 투항을 한다'는 모순 속에 그는 발을 들여놓게 되는 것이다.

6. 전향 이후, 김종한의 전향 스타일

이후 김종한은 『문장(文章)』 1941년 4월호에 두 번째 전쟁시 「항공애가(航空哀歌)」를 발표한다. 이 작품은 시국색이 강화된 느낌은 있으나, 역시 전작 「살구꽃처럼」처럼 '전쟁 속에서 유린당하는 청춘의 애가'로서의 특징이 강하게 남아 있다. 그런 의미에서 '친일시'라는 평가와 더불

28) 인용문 내용은 김종한, 「佐藤春夫へ」, 『國民文學』, 1942.4; 『전집』, 436~437면 참조. 기타 전향 결심 즈음의 김종한과 사토 하루오와의 관계에 대한 구체적 논의는 심원섭, 「김종한과 사토 하루오[佐藤春夫]」, 『배달말』 43집, 2008.12, 280~284면 참조.

어 이 작품을 사장시키고 싶지 않은, 김종한의 시국시만이 갖고 있는 독특한 분위기가 짙게 남아 있다. 이 작품의 '친일성'에 대한 직접적 평가를 미루고 보면, 이 이후의 그의 행보는 다음과 같다.

그는 이해 즉 1941년 말까지는 잠시 소강상태를 유지하다가, 1942년 초 귀국한 후 2월부터 『국민문학』의 공동 편집진이 된다. 7월부터는 창씨명 月田茂를 사용한다.[29] 1942년 1월에는 "내선일체에 헌신하고 있는 한 명의 문화인의 운명의 인과의 아름다움과 슬픔을 노래"한 「원정(園丁)」을, 3월에 명백한 시국시인 「춘복(春服)」과 문제 평론 「一枝の倫理」를, 4월에는 "대동아의 건설에 참여하는 반도인의 풍모와 감격을 벽화화하려" 한 시국시 「합창(合唱)에 대하여」, 자신의 전향 경위와 신지방주의론의 골자를 밝힌 서간문 「佐藤春夫先生へ」, 좌담회 「新しい半島文學の構想」 등 문제평론을 잇따라 발표한다. 이렇게 하여 그 후 2년 뒤 급성 폐렴으로 사망할 때까지 시국 문단의 한가운데에서 좌충우돌을 벌이는 그의 '전향' 후의 인생행로가 본격화되는 것이다.[30]

그가 귀국을 하게 되는 1942년 초부터는, 김종한은 '전향자'로서의 모습을 분명히 보여주고 있다고 해도 무방하다고 생각된다. 1942년 1월에 쓰인 그의 일본어 수필 한 편을 본다.

> 저 스스로도 일본에는 미가 없다, 동양은 야만적이다. 라고 자기비하를 하고 있었던 것입니다. 생각해 보면 무서운 생각이 들 정도입니다. / 그리고 전쟁이 터졌지요. 파리의 유행도 미국 영화도 안 들어왔을 뿐만 아니라, (…중략…) 이러니 그때까지 서양에 의존하고 있었던 미학자나 의장가들은 꼼짝할 수가 없게 되었죠. / 그러자 예의 브루노 타우트가 유행하기 시작했습니다. 즉 서양인에 의해 '일본미의 재발견'이 행해지는 바보스러운 현상이 일어난 것입니다. 말하자면

29) 김종한, 「金東煥抒情詩集 海棠花」, 『國民文學』, 1942.7, 115면; 『전집』, 448면 참조.
30) 시 「園丁」과 「合唱에 대하여」에 대한 설명 내용은 김종한, 「新しい史詩の創造」, 『國民文學』, 1942.8; 『전집』, 452면.

과도기인 셈이죠. 그는 그의 저서 『일본의 영혼』에서 도코노마를 상찬하고 다도에 경도합니다. 과연 감사한 일이었습니다. 동시에 그것은 일본인의 "자기의 미에 대한 자신감 결여"를 노출하는 효과밖에는 주지 않았습니다. / 이것은 중요한 일입니다. 자유주의라는 것은 쉽게 말하자면 "자신의 훌륭함에 대해 자신감을 갖지 못하도록" 영미가 일본인에게 뒤집어씌운 사상이었던 것입니다. / 그러나 전쟁은 일본인에게 본연의 자신감을 부여했습니다. 이때부터 일본인의 미의식(아름다워지고 싶은 마음)이 동아를 풍미하고 세계의 미학과 유행을 지도하는 시대가 되었습니다.[31]

부인용 잡지에 발표한 글답게, 김종한의 당시 생각이 알기 쉽고 체계적으로 제시되어 있다. '전향'한 김종한이 대외적으로 사용하기 시작한 논리의 골자가 간단명료하게 제시되어 있다고도 볼 수 있다. 동시에 그것은 자신의 과거의 문학 활동 내용을 부정하는 내용이기도 하다.

우선 그는 영미 문화의 우월성을 부정한다. 그리고 자신이 2년 여 전 발표한 「나의 작시(作詩) 설계도(設計圖)」(1939) 속에서 그토록 찬양했던 브루노 타우트, '짧은 형식 속에 우주적인 주제를 담'아야 한다는 명제를 제공해준 '일본미의 전도사' 브루노 타우트마저도 부정한다.[32] 마지막으로 영미적 '자유주의'를 부정한다. 이 영미적 '자유주의'를 부정한다는 것은 그의 대학시절의 문학 수업 내용 전부를 부정하는 것이나 마찬가지이며, "시대의 결빙을 깨뜨리는" 건강한 문학을 대망한다는 자신의 1년 전의 시론을 전적으로 부정하는 것이기도 하다. 그리고 그가 달려간 곳이 '세계를 영도해가는 일본의 문화'론이며 그것을 수행하기 위한 방편으로서 행해지는 일본의 대(對) 세계 전쟁이다.

이즈음에 이르면 김종한이라는 문인 개인의 사고방식은, 후일 그의 문단활동의 대명사가 된 '신지방주의론'을 빼고는 그 대부분이 자취를

31) 김종한, 「美しくありたい心」, 『新女性』, 1942.1 27면; 『전집』, 419면. 원문은 일본어.
32) 주 10) 내용 참조.

감춘다. 국내 평단 데뷔기인 1939년부터 1940년대 초기까지 때로는 신랄하게 때로는 순진한 논조로 "시대의 결빙"에 맞설 '순수'하고 '건강'한 문학의 출현을 대망했던 신세대 시론가 김종한의 모습은 그 자취를 감추는 것이다. 이 글 속에서 김종한이 펴고 있는 논리는, 총동원체제 속에서 '국민'이 소유해야 했던 국책의 논리이며, 일본 문단과 사상계의 엘리트들이 총동원되어 만들어낸 '근대의 초극논리'의 가정판(家庭版)에 다름 아니다. 그런 의미에서 이 글 속에 나타난 김종한의 '전향'은 거의 완벽에 가까운 모습을 갖춘 것이었다고 해도 될 것이다.

그러나 이렇게 '완벽'한 김종한의 시국에의 협력 포즈는, 그것이 전향자라면 누구나 이야기할 수 있는 '집단'의 목소리로 표출되어 있다는 점도 이 지점에서 주목되어야 할 필요가 있을 것이다. 바꿔 말하자면, 이러한 집단적 인격으로서의 '전향' 포즈는, 문인 김종한의 내면에서의 동조가 수반되지 않은 것일 가능성이 있기 때문이다. 그러므로, 김종한이 은닉해 놓은, 혹은 은닉해 놓을 수밖에 없었던 개인적 목소리의 존재를 충분히 상정할 수 있다. 조심스럽게 타진해 본다면, 그가 은닉해놓은 개인적 목소리가, 시국이 허용할 수 있는 한도 내에서 반(半)타협적 논리로 표출되어 나온 것이, 그의 이후 활동의 중심이론이 되는 '신지방주의론'이 아니었겠는가 하는 것이 필자의 가설이다. 이 문제에 대한 본격 논의는 다음의 고찰 과제로 남기기로 하고, 지금까지 고찰해 온 바 김종한의 전향 과정이 갖고 있는 특성을 요약적으로 정리해 보면 다음과 같은 형태가 되지 않겠는가 생각된다.

첫째, 그의 전향은 일본 체류 시절에 이뤄졌다. 발레리 류의 '순수시'론과 브루노 타우트 등의 일본문화론에 입각하여 조선시단의 개조를 외치던 그의 야심찬 평론활동은, 그가 대학 졸업 후 『부인화보』 기자로 일하던 1939년 봄부터 1941년 말까지 일본에서 씌어져 국내로 보내지는 방식으로 발표된 것들이다. 김종한의 '전향' 모색은, 이 일본 체류기의 말기, 김종한의 직접적인 증언을 빌자면, 1941년 9월 '해양문화사'로 전직하면서 "내선문학에 기여하는 잡지를 기획하던" 즈음, 그리고 같은 시기 그의 스승 사토 하루오[佐藤春夫]로부터 "배수진을 치고 시국에 임하라"는 조언을 들었을 때 그 절정기를 맞이하고 있었던 것으로 보인다.[33)]

두 번째 그는 이 시기 국내 문인들이 겪어야 했던 직접적이고 신변적인 집단폭력에 노출된 적이 없다. 그 시기에 그는, 비록 총동원체제가 무르익어 가던 일본사회 속에서였다고는 하나, 대학에서 자유주의적 교육과 서구문학의 세례를 듬뿍 받으며 생활하는 '특혜'를 누렸던 인물이다. 그 특혜가 '자유주의적 사고방식'으로 충만한 그의 야심찬 '신세대적 시론'들을 만들어낸 자양분으로 작용하고 있었음은 두말할 필요도 없다. 그런 그가 전향을 결심해야 했던 이유가 있었다면 그 이유는 다음과 같이 추측이 가능하다고 할 것이다. 우선은 압도적인 시국의 영향, 두 번째는 국내 귀환을 앞두고 있었던 그의 개인적 야심이다. 첫 번째 '시국의 영향'에 관해서라면 다음과 같은 일본 측 기술을 인용해두는 것이 좋을 것 같다.

> 마르크스주의자뿐만 아니라 개인주의와 자유주의도 위험 사상으로 간주되었으며, 서구의 모든 사상을 버리고 국체의 본의로 되돌아오지 않으면 안 된다는 거국적인 사상개조의 시대가 도래하였다. 그러나 여기서 주의해야 할 점은, 이것이 단지 위의 강요 때문이라고 말하기만은 어렵다는 점이다. 하야시 후사오나 시마키 겐사쿠를 비롯한 마르크스주의에서 전향한 작가들과 마르스주의와 일정한 한계를 가졌던 자유주의자, 개인주의자들까지 스스로 그런 사상 개조에 의한 전향의 완성을 목표로 삼게 된 것이다.[34)]

발레리를 신봉하는 자유주의자 김종한은, 원래 마르크스주의에 대한 생리적인 거부감을 갖고 있었던 인물이다.[35)] 그런 의미에서 그의 전향

33) 주 28) 내용 참조.
34) 호쇼 마사오 외, 고재석 역, 『일본현대문학사』, 문학과지성사, 1998.3, 214면.

의 사상적 패턴을 '자유주의자로부터의 전향'이라고 규정하는 방법도 있을 수 있을 것이다. 그러나 당시는 개인이 지니고 있었던 사상의 질이 문제가 되는 것이 아니라, 시국에 동참하지 않거나 소극적 자세를 취하는 것 자체가 문제되는 분위기였다. 이 거국적·총체적 전향의 분위기 속에서 김종한도 시대적 흐름 속에 동참했다고 보는 것이 자연스러울 것이다.

두 번째는 국내에의 성공적 귀환을 꿈꾸던 것으로 보이는 그의 개인적 욕구 문제다. 그는 신세대 논쟁이 진행 중이었던 1939년경부터 순수문학을 주장하는 도발적인 비평문들을 국내 문단에 계속적으로 발표하며 문단의 화제를 불러일으켰던 인물이다.[36] 그의 비판대상 속에 당대 최고의 평론가 최재서가 포함되어 있었던 것은 물론이다. 이런 그의 도발적 비평 활동의 근원에 국내 문단에의 데뷔 욕구가 은닉되어 있었을 가능성이 있다는 것은 그의 연령이나 경력을 볼 때 자연스러운 일일 것이다. 이런 그가 '신지방주의론'을 펴나가기 시작하던 시기와 최재서가 그를 『국민문학』 편집자로 발탁한 시기는 순차적으로 일치한다. 그는, 그와 동세대를 이루었던 국내파 신세대 대부분이 신체제의에 동참을 거부하고 붓을 꺾기 시작하던 그 시대에,[37] 당시 문예지로서는 최고의 '활동무대'였던 『국민문학』 편집자라는 명예와 더불어 국내로 '금의환향'하는 것이다. 이것이 후일 '친일문인 김종한상(像)'의 직접적 시발이 되는 것이었음은 두말할 필요도 없다.

35) "충실한 맑스의 제자들은 위대한 속물인 맑스의 배설물을 시적 이념으로 오신하고 시의 예술성을 선전비라에까지 低落시켜버렸습니다". 김종한, 「詩壇改造論」, 『朝光』, 1940.3; 『전집』, 404면 참조.

36) 당시 평단의 신세대론의 추이와 김종한 등 신인세대가 그 속에서 자리하고 있었던 위치 등에 대해서는, 김윤식, 『한국현대문학비평사』, 서울대 출판부, 1999.1, 197~205면 참조.

37) 위의 책, 205면.

7. 결론

김종한은 민요시인으로 출발했다. 일본 유학시대에는 서양 고전에 대한 섭렵과 더불어, 시작(詩作) 과정을 종교적 수행과정과 유사한 것으로 간주했던 발레리류의 순수시론 및 프랑스 상징주의, 우주적 사상을 압축적 형식으로 표현하는 미적 이상을 제시한 브루노 타우트 등의 예술관을 자신의 것으로 받아들였다. 대학 졸업 후 2년 여 일본에 거주하면서 그가 국내에 발표했던 시론들 속에는 그의 이러한 예술적 이상(理想)이 잘 요약되어 있다.

한편 시국의 추이와 더불어, 그의 이상(理想)주의적 시론들은, '현실의 중압과 다채로움이 행복한 창작의 조건'이며, '시대의 결빙을 깨뜨리는 건강한 시', '다양성을 내포한 일원성, 고뇌를 내포한 미소'를 지닌 시를 대망한다는 논리로 종합·집결된다. 그는 1941년 1월, 박두진의 「설악부(雪岳賦)」 속에서 자신의 시론의 정당성을 확인하는 한편, 자작시 「살구꽃처럼」(1940.11)을 통해 자신의 시론을 현실화하려 했던 것으로 생각된다. 전향 직전, 김종한이 도달했던 '민족주의적 시인'으로서의 최상의 문학적 단계가 이 지점이었던 것으로 판단된다.

이후 1941년 1월 그는 '사실수리론'적 입장과 더불어 자신의 '신지방주의론'의 골자를 최초로 제시한 글을 발표한다. 시국의 힘의 우위성을 인정하는 한편, 시국에 의해 희생당한 조선문학의 존재가치의 일부를 '신지방주의론'으로 보상받을 수 있다는 논리를 편 「조선 문화의 기본자세」가 그것이다. 이후 그는 4월 두 번째 전쟁시 「항공애가(航空哀歌)」를 발표한 후, 소강상태를 갖다가 1942년 초 『국민문학』 편집자로서 귀국한다. 이 당시부터 그는, 자유주의자, 영미문학 애호가였던 자신의 과거를 부정하고 '근대의 초극' 논리를 펴는 전형적인 전향 문인으로서의 모습을 본격적으로 보여준다. 그 첫 문장이 「美しくありたい心」(1942.1)이다.

김종한의 '전향'은 1939년 대학 졸업 후, 일본에서 부인화보사 기자를 거쳐 해양문화사에 재직 중이던 시기, 그리고 그의 스승 사토 하루오로부터 "배수진을 치고 시국에 임하라"는 조언을 들었던 1941년 가을 즈음에 준비되었던 것으로 판단된다. 그리고 『국민문학』의 편집자가 되어 귀국하는 1942년 초부터는 적극적으로 전향자로서의 문단활동에 나선 것으로 판단된다.

이상의 경과를 볼 때 그의 전향은, 1930년대 국내에 장기 거주하던 문인들이 겪어야 했던 전향과는 다소 다른 방식으로 이뤄졌음이 발견된다. 그는 국내에서의 전향이 일단락되었던 1930년대 말엽 및 1940년대 초엽까지도 일본에서 학창 및 직장 생활을 영위하면서, '영미(英美)적'이고 '자유주의적인 문학'의 분위기를 늦게까지 누릴 수 있었던 인물이다. 이 시기 그가 국내에 발표했던 그의 야심찬 '신세대적 시론'들의 이면에는, 이러한 특수한 이유가 있다. 그랬던 그가 뒤늦게 전향의 대열에 참여하게 된 데에는 다음의 두 가지 정도의 이유를 제시할 수 있다고 생각된다. 사회주의자, 민족주의, 자유주의자를 막론하고 일본 국민 전체의 전향이 강요되던 일본 사회 내의 총동원적인 전향의 분위기, 두 번째는 전향을 해서라도 국내에서 본격적으로 활동하면서 자신의 문학관과 반(反)시국적 이론을 펼치고 싶었던 그의 개인적 욕망의 문제가 그것이다. 이 두 번째 욕망의 문제의 핵심에 그의 '신지방주의론', 그리고 '시국문학이라도 예술적 형상성을 확보해야 한다'고 주장했던 그의 독특한 시국문학관이 자리하고 있다고 판단된다.

필자 나름의 가설이지만, 김종한은 그 자유주의적이고 분방한 문학적 체질로 보아, '충실한' 전향이 가능한 그런 유형의 인물은 아니었다고 판단하고 싶다. 1942년 이후, 즉 '친일문인'으로서의 그의 활동 내역을 면밀히 보면, 그가 '전향'과정에서 부정했던, 혹은 부정할 수밖에 없었던 '자유주의', '영미'적 요소가, 지속적으로 머리를 내밀고 있기 때문이다. 그가 '구호적인 시국문학'을 내내 비판했던 태도 속에도 그 면모가 드러나 있다고 생각된다. 그 한편에, 전향자 김종한의, 시국에 대한 부분적 저항 방책이자 심리적 자기 보상책이라고 부르고 싶은 '신지방주의론'이 자리하고 있다고 생각된다. 이 점에 대한 정밀한 고찰을 후일의 연구 과제로 삼고 싶다.

일제시대 마해송의 행적과 일본잡지*

기쿠치 간, 『모던니혼』, 조선예술상을 중심으로

곽형덕

1. 시작하며

20세기 초, 조선의 많은 청년들이 신지식을 배우기 위해 현해탄을 건너 도쿄로 향했다. 마해송(馬海松)[1] 또한 그런 흐름 속에 1921년 일본제

* 본 논문은 『현대문학의 연구』(2008.6)에 게재됐던 논문이다. 학술지에 게재했을 때와 달리 참고문헌 등을 한국어를 우선적으로 노출시켜서 재작성하였고, 내용을 보충하였는데 특히 기쿠치 간에 관한 부분이 추가됐음을 밝혀둔다. 일본어의 한국어표기도 한국어 음대로 읽어도 무리가 없는 한자는 그대로 옮기되, 그렇지 않은 것은 원음대로 옮겨서 되도록 독자가 이해하기 쉽도록 작성하였다. 참고 및 인용 문건은 일본어와 한국어 문건이 섞여 있는데, 일본어 문건인 것이 쉽게 판별이 힘든 것에 한해 각주에 '일본어'라고 표시해 두었다. 또한, 본고의 모든 번역은 필자에 의한 것이다.

1) 마해송(馬海松, 1905~1966)은 한국에서는 동화작가, 수필가로 널리 알려져 있으나, 일본에서는 당대 일본 문단의 거장이었던 기쿠치 간[菊池寛]과의 관계로 유명하다. 즉, 기쿠치 간이 만든 문예춘추사의 사원으로서, 또한 그 후 기쿠치 간의 인가 하에 『모던니혼[モダン日本]』사의 사장이 되면서 일본에서도 그 이름이 알려지게 되었다. 식민지 출신의 조선청년을 등용해서 잡지사 사장 자리까지 오르게 한 기쿠치 간과 마해송의

국의 중심 도쿄로 향해 갔다. 마해송은 1910년대에 도일한 이광수나 김동인의 바로 뒤를 이어 도일하게 된 셈이다. 하지만 이 둘과는 달리 마해송은 일본에서 장기간 체류(1921~1945)하게 된다. 하지만 25년에 가까운 마해송의 체일 기간은 한국문학사 가운데 검증되지 않은 영역으로 남겨져 있었던 것이 사실이다. 이는 한국아동문학사에서 마해송이 차지하고 있는 비중을 고려해 볼 때 반드시 짚고 넘어가야 할 문제임에 틀림없다.

마해송의 체일 시기를 회고하는 글들을 보면 '작가 마해송'보다는 '출판인 마해송' 쪽에 더 큰 비중이 놓여 있다고 볼 수 있다. 이는 마해송의 직업이 체일 시기에 '편집인'을 거쳐 '잡지사 사장'에 올랐기 때문에 벌어진 현상이다. 일본에서 마해송은 『문예춘추(文藝春秋)』 및 『모던니혼[モダン日本]』에서의 행적을 중심으로 평가되어 왔다. 이와는 달리 한국에서 마해송은 아동문학가라는 범주 안에서 평가가 이루어져 온 것이 사실이다.2) 물론 이러한 현상은 마해송이 표면적으로 일본에서는 출판인으로서 그리고 한국에서는 아동문학작가로서 활동했기 때문에 생겨난 현상이다. 그로 인해 '출판인·마해송'과 '아동문학작가·마해송'은 개별적인 차원에서 논의되어 왔다. 그러나 마해송은 1921년 도일 이후 어느 한 길을 걸었다고는 볼 수 없는 인물이다.3) 마해송의 이력

관계는 그런 의미에서 검토를 요한다. 마해송은 일본에서 활약한 조선인 작가들 중에서 매우 독특한 이력을 가진 인물이다. 실제로 한국 근대문학사를 통틀어 보아도 마해송처럼 일본의 문예지에서 편집인으로 활동한 인물은 찾아보기 힘들다. 해방 이후 한국사회에서, 마해송이 일제강점기에 내지(일본)의 잡지사 사장이었다는 레테르는 줄곧 따라다녔다. 하지만 그 명성과는 반대로 당시의 마해송을 객관적인 자료에 기초해 연구한 논문은 찾아보기 힘든 것이 실정이다.

2) 2007년 4월 한일비교문화연구센터에서 『모던니혼』 창간호(조선판)의 영인본 및 번역본이 한국에서 출판되면서 출판인 마해송의 면모를 조금이나마 살펴 볼 수 있는 기회가 마련되었다. 한일비교문화연구센터, 『일본 잡지 모던니혼과 조선 1939』(완역), 어문학사, 2007.

3) 마해송은 도일 이후 아동문학가로서의 삶과 출판인으로서의 길을 동시에 걸어 나갔다. 그런 의미에서 2005년에 마해송의 아들인 마종기에 의해 『아버지 마해송』(정우사)이 출판된 것은 마해송 이해를 위해 매우 의미 있는 일이라고 할 수 있다.

가운데서도 1924년 문예춘추사에 입사한 이후, 1932년부터 『모던니혼』[4]을 경영하게 된 것은 마해송의 체일 시기는 물론이고 마해송이라는 한 개인을 전체적으로 파악하기 위해 빼놓을 수 없는 부분이다.

필자는 이러한 마해송의 체일 시기를 조명하기 위해서 우선 기쿠치 간[菊池寬][5]이라는 존재를 매우 비중 있게 다루었다. 기쿠치 간은 마해송과 일본 문단 및 출판계와의 관계를 논할 때 빼놓을 수 없는 존재이다. 마해송 자신이 쓰고 있는 것처럼 기쿠치 간은 그의 은사였으며, '문예춘추사'에서는 사원과 사장이라는 관계에 있었다.[6] 이미 알려진 두 사람의 위상을 일부러 쓰는 이유는 한국에서 1945년 이후 논의 되었던 마해송론에서 그런 맥락이 제거된 것이 두드러지기 때문이다.

본고에서는 마해송의 체일 시기를 니혼대학에서의 족적, 문예춘추에서의 활동상, 모던니혼사에서의 행적, 그리고 기쿠치 간과의 관계를 중심으로 종합적으로 재구성해 보았다. 이는 그동안 오해와 짐작 가운데 놓여 있던 마해송의 이력에 대한 전면적인 수정과 이해를 위한 첫 걸음이라 할 수 있겠다.

---

4) 『모던니혼』은 기쿠치 간의 '문예춘추사'에서 1930년 10월에 창간한 잡지로 동사로부터 독립하여 1932년 1월 '모던니혼사'에서 간행되었다. 그 후 1943년 1월호부터 1945년 1월까지 '신태양(新太陽)'으로 잡지명이 바뀌었으며, 1946년 2월부터 1950년 4월까지 『모던니혼』이라는 타이틀로 재발행되었다. 자세한 사항은 현재 조사 중이다. 일본 국회도서관[日本國會圖書館], 『모던니혼[モダン日本]』, 마이크로필름 자료 참조.

5) 기쿠치 간(1988~1948)은 소설가, 극작가, 출판인으로 '신사조파' 작가로 분류된다. 1924년 '문예춘추'를 창간하여, 근대 일본을 대표하는 문예잡지로 성장시켰다. 그는 문학자의 사회적 위치의 향상과 복지에 관심이 높았다. 절친했던 친구를 기념하여, 1935년 '아쿠타가와상[芥川賞]'과 '나오키상[直木賞]'을 만들었다. 이처럼 단순히 작가활동에 멈추지 않고, 출판 및 사회적 활동에서도 눈부신 성과를 보인 점이 일본 문단에서 최고의 위치를 차지할 수 있었던 원동력이 되었을 것이다. 기쿠치 간은 당시 조선문단에도 상당한 영향력을 행사하고 있었으며, 조선에도 두 차례 왕래하였다. 하지만 패전 이후 태평양전쟁 시기의 국책적인 활동으로 인해 공직에서 추방되었다.

6) 마해송, 「기쿠치 간과 나」, 『고향산수』, 범우사, 1977.8.

2. 출판인 마해송 X 아동작가 마해송

마해송은 한일양국에서 매우 다른 모습으로 대중에게 인식되고 있다. 마해송은 일본에서 기쿠치 간 및 『문예춘추』와 관련되어 거론되는 경우가 대부분이라 할 수 있다. 일본에서 마해송에 대한 관심은 기쿠치 간의 재평가 작업 속에서 자연스럽게 나타났다. 기쿠치 간은 작가로서뿐만이 아니라 문예춘추사를 설립(1923)한 이후에는 출판인으로서도 일본 문단의 거물로 군림했던 인물이다. 하지만, 일본이 패전한 이후 국책적인 언동 및 행동으로 인해 공직에서 추방되었고, 그 후 문학적 평가에서도 '통속작가'라는 낙인이 찍혀서 좀처럼 빛을 볼 수 없었다. 하지만 최근 일본에서 기쿠치 간 연구가 활성화 되고 있다. 이는 일본근대문학연구의 관심이 당대 문단을 형성한 '미디어 연구'로 옮겨가는 과정에서 문예춘추를 창설한 기쿠치 간이 자연스레 재조명을 받기에 이르렀다고 할 수 있다. 또한 1990년대 이후 일본에서 포스트콜로니얼리즘이 문학연구의 한 방법론으로 도입되면서, 일제 말 일본 문단의 거두였던 기쿠치 간이라는 존재가 부각될 수밖에 없었다고 할 수 있다.[7)]

이러한 기쿠치 간의 부활은 텔레비전 드라마의 흥행에서부터 시작됐다. 2002년 후지 텔레비전 계열에서 오후 1시 30분부터 4월에서 6월까지 방영된 『진주부인(眞珠夫人)』[8)]이 이례적인 높은 시청률을 기록한 것을 시작으로 이노세 나오키[猪瀬直木]가 『마음의 왕국[こころの王国]』[9)]을

7) 1920~1945년대의 일본 문단을 논할 때 『문예춘추(文藝春秋)』는 빼놓을 수 없는 문예지다. 『문예춘추』 재조명 작업 속에서 기쿠치 간은 자연히 부상되었다.

8) 기쿠치 간의 신문연재 소설(『도쿄일일신문[東京日日新聞]』, 『오사카매일신문[大阪毎日新聞]』, 1920.6.9.~10.1)을 드라마화한 것(한국에도 양경미 역으로 『진주부인』 상·하, 이가서, 2005.8이 번역 출간되었다).

9) 『문학계(文學界)』에 2002년 4월부터 연재. 이노세 나오키[猪瀬直木]는 사토 미도리코[佐藤碧子]의 『인간 기쿠치 간[人間・菊池寛]』(개정판), 신풍사(新風社), 2003.9.25 해설에서, 「마음의 왕국[こころの王国]」을 연재한 것은 그런 붐을 타고 시작한 것이 아니라

연재한 것도 그 흐름에 일조 하였다. 신조(新潮) 문고판『진주부인』이 약 1개월 만에 10만 부가 넘게 팔려 나갈 정도의 인기를 얻게 된 점도 크게 작용하였다.[10] 이러한 과정을 통해 과거 '대중'과 그 누구보다도 가까웠던 문학가 기쿠치 간은 일본의 대중 곁으로 돌아오게 되었다. 마해송 또한 기쿠치 간 재평가 작업 속에서 일본대중에게 다시 그 이름이 알려지는 계기가 마련되었다.『마음의 왕국』에서의 '신비한 미청년',『인간 · 기쿠치 간』에서의 '미남자'는 바로 마해송이다.

하지만 이러한 에세이는 흥미를 불러일으킬 수는 있겠지만, 마해송을 정확히 이해하기 위한 자료로 볼 수 없다. 일본에서 마해송과 관련된 논문이라고 부를 수 있는 것은 단 두 편 정도에 불과했고, 학술대회 등에서 마해송은 기쿠치 간을 언급하면서 부수적으로 언급되는 정도에 그치고 있다.[11] 하지만 이 두 편도 마해송의 '모던니혼'에서의 행적에 국한되어 있음을 확인할 수 있다.

한편 한국에서는 일본과는 달리 마해송 평가는 '동화작가 마해송'에 초점이 맞춰져 있음을 알 수 있었다. 국회도서관에서 조사해 본 결과(2007.1), 마해송을 주제로 쓴 학위논문이 24편(석사논문 20편, 박사논문 4편)이 작성되었다. 그 이외에도 학술지에 20편 이상의 논문이 등재되어 있다. 그 가운데 학위논문은 1970년대에 1편, 1980년대에 2편, 1990년대에 2편, 2000년대에 17편이 집필된 것을 볼 때, 대부분이 1990년대 이후의 것임을 알 수 있다. 위 논문들의 공통된 오류는 마해송이『문예춘추』의 편집장을 했다는 것이다. 하지만 이미 일본의 연구자들에 의해 그 오류

고 쓰고 있다(신풍사판은 신조사판(新潮社版),『인간 기쿠치 간[人間・菊池寛]』(1961.3)의 개정판이다).

10) 사토 미도리코, 앞의 책, 310면.

11) 가와무라 미나토[川村湊],「마해송과『모던니혼』[馬海松と『モダン日本』]」,『'대중'의 등장—히어로와 독자의 20~30년대('大衆'の登場ーヒーローと読者の20~30年代)』, 임팩트출판사[インパクト出版会], 1998.1. (나)모리아이 다카시[盛合尊至],「마해송과 모던니혼[馬海松と『モダン日本』]」,『국제문화연구(國際文化硏究)』5, 1998.

1924년 무렵, 문예춘추사 초창기의 멤버. 앞 열 정면으로 왼쪽이 마해송, 그 뒤가 기쿠치 간, 그리고 앞 열 맨 오른쪽이 요코미쓰 리이치이다(『문예춘추30년사고(文藝春秋三十五年史稿)』, 문예춘추사, 1959.4).

가 지적되었다.

또한, 마해송은 일본에서 생활한 1921년에서 1945년까지 24년 동안 출판인으로서만이 아니라 아동문학작가로 활동한 인물이다. 마해송이 동화작품을 쓴 것을 대략적으로 정리해 보면 실제 그가 출판인으로 활동하던 시기와 겹치는 것을 알 수 있다.[12]

한편, 기쿠치 간이 "창작가라는 것은 별도로 하고, 편집자로서 문예춘추사에서 키워낸 사람으로서 마(馬) 군(君)은 정말로 우수한 한 사람임에 틀림없다"라고 말하는 부분은 주목을 요한다.[13] 즉, 기쿠치 간도 마해송이 동화작가라는 것을 인지하고 있었다는 것이다. 이러한 시기에

12) 「바위나라와 아기별」(『샛별』, 1923); 1924년 색동회 가입; 「장님과 코끼리」(『어린이』, 1925.12); 「두꺼비의 배」(『신소년』, 1926.3.); 『해송동화집』(개벽사, 1934). 김자연, 「제9회 아동문학연구발표대회 자료집 : 한국아동문학의 재조명－마해송론 : 마해송작품의 풍자성」, 『한국아동문학학회』 11, 2005, 10~12면 참조.

13) 기쿠치 간, 「추소잡담(秋宵雜談)」, 『모던니혼』 特大號, 1934.10.

주목을 요하는 마해송의 작품은 「토끼와 원숭이」이다.[14] 이 작품은 일본의 조선침략을 우화한 것이다.

모리아이 다카시에 따르면 마해송은 일본인 친구가 아주 많았다고 한다.[15] 작가 후지사와 다케오[藤沢桓夫][16]는 작품 「새싹[芽]」[17]에서 마해송을 모델로 하고 있음은 이러한 교우관계를 뒷받침 하고 있는 것으로 보인다. 필자가 해당 작품을 분석해 본 결과 마해송의 작품 「토끼와 원숭이」와 똑같은 내용이 「새싹[芽]」에 그대로 실려 있음을 확인하였다. 「토끼와 원숭이」가 『어린이』에 1931년 8월부터 연재되었으므로 마해송이 사석에서 후지사와 등에게 작품의 내용을 말했을 가능성이 높다. 「새싹[芽]」의 내용은 비참한 생활을 보내는 조선인 노동자들의 생활, 그리고 그 가운데서도 어린이 노동자들의 비참한 삶을 그리고 있다. 작품의 마지막에서는 아이들에게 우에노 동물원을 구경시켜 주지만, 일본인들의 따가운 시선을 받고 30분도 되지 않아 동물원을 나오게 된다. 그리고 몰려간 찻집 안의 모습을 그리면서 후지사와는 다음과 같이 쓰고 있다.

> '무신(無新)'의 지국 일이나 노총(勞總)의 리포터 일을 하고 있는 면화로 된 옷을 입은 키가 작은 율공(栗公)이라는 별명으로 불리는 청년이, 아이들이 졸라대서, 자작한—오늘 동물원에 있는 동안 생각해낸 동화를 말해주게 되었다. 그는, 동화를 잘 지어냈기 때문에 아이들은 항상 졸라대는 것이었다. "자 시작한다. 제목은 토끼와 원숭이……."[18]

---

14) 『어린이』에 1931년 8월부터 연재, 1933년에 다시 연재하다가 원고를 압수당함.

15) 모리아이 다카시[盛合尊至], 「마해송과 『모던니혼』」, 『국제문화연구(國際文化研究)』 5, 1998, 112면.

16) 후지사와 다케오(1904~1989). 소설가. 오사카에서 태어나 도쿄제국대학 졸업. 요코미쓰 리이치와 가와바타 야스나리에게 인정받아 신인으로 각광을 받는다. 그 후 프롤레타리아 작가계열에 합류하나 건강을 해쳐서 1933년 이후 오사카에서 요양생활을 보낸다.

17) 『개조(改造)』, 1931.3.

이는 실제 마해송의 「토끼와 원숭이」와 똑같은 내용으로 되어있다. 마해송이 이 시기에 프롤레타리아 계열의 작가 후지사와와 친하게 지냈다는 것은 매우 흥미로운 사실이다.

한편, 마해송의 일본 내 행적에 대해서는 친교가 있었던 요시유키 쥰노스케[吉行淳之介][19]의 회상록에 귀향하기까지의 과정이 매우 짤막하지만 잘 정리되어 있다.

> 신태양사(新太陽社)는 지금은 없으나, 당시 「모던니혼」이라는 월간지를 발행하였고, 사운(社運)이 융성한 출판사였다. 「모던니혼」은 쇼와[昭和] 초년기에 문예춘추사에서 발행했던 잡지였으나, 얼마후 사원이었던 마해송 씨가 잡지를 인수해서 독립해서, 계속해서 발행했다. 도회적이고 유니크한 잡지로, 나도 소년시절에 남몰래 애독했던 기억이 난다. 마해송 씨는 전쟁중에 한국에 돌아갔고, 당시 사장대리를 하던 마키노 에이지[牧野英二] 씨(마키노 신이치[牧野信一]의 동생)이 맡고 있었다.[20]

요시유키의 글에도 잘 나타나 있듯이 마해송은 일본에서는 아동문학 작가가 아닌 출판인으로 각인되어 있으며, 그것은 현재에도 변함없는 사실이다.

---

18) 후지사와의 「새싹[芽]」의 작품 내용은 김사량의 일본어소설 「빛 속으로」(『문예수도』, 1939.10)와도 일정부분 비슷한 부분이 있다. 특히 어린이들을 데리고 우에노 동물원으로 소풍을 가는 장면 등은 당시 도쿄제국대학 '세틀먼트운동'과도 관련지어 생각해 볼 수 있는 부분이다.

19) 요시유키 쥰노스케(1924~1994)는 일본의 소설가이며, 소설가보다는 대담이나 수필의 대가로 알려져 있다.

20) 요시유키 쥰노스케, 『내 문학방랑[私の文学放浪]』, 고단샤[講談社], 1965.

3. 마해송과 니혼대학

마해송이 일본에 건너간 것은 1921년, 그의 나이 16세 때였다.[21] 그 이전을 살펴보면, 마해송은 1916년 3년 과정의 불교중학교, 1년 과정의 야간 개성공립간이상업학교를 졸업했고, 그 후 서울로 상경하여 경성중학교를 들어가지만 중퇴한 후, 보성고등보통학교에 전학하여 3학년 재학 중에 몇 번의 동맹휴학사건으로 중퇴하고 도일하게 된다.[22]

1921년 마해송은 자신이 니혼대학에 들어갔다고 「기쿠치 간과 나」에 적고 있다. 그 후 1924년에는 두 번째로 도일하여, 문예춘추사에 입사해 편집장이 되었다는 것이 지금까지의 일반적인 정설이었다. 여기까지의 기술은 다소 차이는 있지만 각종 논문 및 에세이 그리고 사전류 등에서 볼 수 있는 공통되는 부분이다. 물론 전술한 것처럼 1924년에 편집장이 되었다는 것은 사실이 아니다.

다만 여기서 의문이 드는 점은 1921년(16세)에 니혼대학에 들어갔다는 기록이다. 정확히 말하면 '니혼대학 예술과'에 들어갔다는 것인데 이 또한 사전 및 논문들의 공통된 기록이다. 물론, '니혼대학 예술과에 입학' 했다는 기록이 본과생이 되었다는 것인지 아니면 청강생이 되었다는 것인지 세세하게 기록되어 있지 않지만, '입학'으로 정의하고 있기 때문에 본과에 들어갔다고 밝히고 있음과 다름없다고 생각된다. 그렇다고 봤을 때, 과연 16세의 마해송이 바로 니혼대학 본과생이 될 수 있었겠냐는 문제가 제기된다. 왜냐하면, 마해송처럼 동맹휴학사건을 일으키고 도일한 김사량(金史良)과 비교해 봤을 때, 석연치 않은 부분이 있기 때문이다.

---

21) 일반적으로 만 나이로 마해송의 나이가 기재되어 있는 경우가 많기 때문에, 혼란을 피하기 위해 만 나이로 표시한다.

22) 우정임, 『마해송 동화연구－저항의식을 중심으로』, 단국대 석사논문, 2005, 10면. 본고에서는 마해송의 연애 및 결혼, 그리고 가족 관계 등은 생략함을 밝혀둔다. 이는 이미 각종 논문에 소상하게 밝혀져 있다.

김사량이 도일한 것은 1932년, 만으로 18세 때였다. 김사량은 평양고등보통학교(고등보통학교는 5년제) 5년생이었다.[23] 1932년 도일에 성공한 김사량은 1933년 구제사가고등학교[舊制佐賀高等學校] 1년생으로 입학하게 된다. 그때 김사량의 나이는 19세였다.[24] 이러한 김사량과 비교해 봤을 때, 10년이라는 시간적 간극이 있다 해도, 마해송이 니혼대학에 겨우 16세에 정규생으로 입학했다는 것은 설득력이 떨어진다.

우선 당시의 니혼대학을 살펴 볼 필요가 있다. 니혼대학은, 1920년 3월 6일, 대학령에 의해 대학설립인가신청을 문부대신에게 제출하여, 1920년 4월 15일, 대학령에 의해 니혼대학설립을 허가받았다.[25] 마해송이 입학했다고 하는 '니혼대학 예술학과'를 살펴보면, 1921년부터 '니혼대학 법문학부'안에 '미학과'가 개설된 것이 예술학과의 시작이었으며, 신제(新制) 대학제도시행과 함께 니혼대학 예술학부로서 발족되었다. 그러므로 만약에 마해송이 니혼대학에 들어갔다고 한다면, 정확하게는 '니혼대학 법문학부'안의 '미학과'에 들어갔다고 할 수 있겠다.[26] 좀 더 자세히 미학과를 살펴보면, 당시 입학금은 5엔이었고, 수업료는 1개월에 88엔, 대학예과는 77엔이었음을 알 수 있다.[27] 미학과는 1921년 4월에 설립되어, 1924년에 제1회 미학과 선과의 졸업생을 배출하였고, 그 다음해 3월에 학부 제1회 졸업생 3명을 배출했지만, 그때는 문학예술전공이라고 불렀음을 알 수 있다.[28]

---

23) 시라카와 유타카[白川豊], 「사가고등학교 시절의 김사량」, 『김사량 작품과 연구』 1(김재용 · 곽형덕 편), 역락, 2008.10, 329면.

24) 김사량, 「현해탄밀항(玄界灘密航)」, 『김사량전집(金史良全集)』 Ⅳ, 가와데서방신사[河出書房新社], 1973.4.

25) 『니혼대학백년사연표(日本大學百年史年表)』, 니혼대학, 1989.10.4.

26) 『니혼대학100년(日本大學100年)』, 니혼대학, 1989.10.4.

27) 1921년 당시 영화관입장료가 30전, 영일사전이 2엔 정도였다(『가격사연표 메이지, 다이쇼, 쇼와[値段史年表 明治 · 大正 · 昭和]』, 주간아사히[週刊朝日], 1988.6).

28) 니혼대학 예술학부 오십년사 간행위원회, 『니혼대학 예술학부 오십년사(日本大學藝術學部五十年史)』, 1972.11, 20~24면.

다만, 1921년 연표에는, '1921년 3월 28일, 법학부 내에 미학부 설치' 라고 적혀있다.29) 그렇다고 한다면, '니혼대학 예술학과'에 들어갔다고 하는 것도 반드시 오류라고 할 수만은 없을 것 같다. 하지만 근본적인 문제는 마해송의 대학입학 시기가 너무나도 이르다는 점이다. 또한, 마해송이 언제 니혼대학을 졸업했는지는 찾아 볼 수 없다.

필자가 니혼대학에 문의 한 결과 다음과 같은 회답을 받을 수 있었다.

> 조사해본 결과, 본 학부의 졸업관계서류에는 도중에 퇴학을 했거나, 청강생을 했거나 등의 정규 재적생 이외의 이름은 기재되어 있지 않으며, 또한, 당시의 학적부에 관한 서류는 산일되어 있는 부분도 있어서, 마해송(본명 마상규) 씨의 재적을 확인할 수 없었습니다.
>
> ―니혼대학 예술학부 교무과의 회답문, 2007.2.14

이와 더불어, 이상의 정황으로 봤을 때, 마해송은 청강생 자격으로 당시 니혼대학에 통학했다고 보는 편이 타당하다고 여겨진다. 이노세 나오키도 필자와 비슷한 견해를 밝히고 있다.30)

마해송이 당시 16세에 불과했다는 사실과 10년이라는 차가 나지만 마해송과 같은 경위를 통해 일본에 건너온 김사량이 19세에 다시 고등학교에 들어갔다는 점 등을 미루어볼 때, 니혼대학의 정규생이였다는 설은 설득력이 없어 보인다. 그리고 니혼대학에서 받은 회신에서 보듯 당시에는 청강생을 비롯해서 많은 학생이 니혼대학을 출입하고 있었기

---

29) 위의 책 28, 11면(예술학부의 전신, 학생모집에서는, 니혼대학 예술과 대학이라는 명칭을 사용).

30) 이노세 나오키[猪瀬直木]의 『마음의 왕국―기쿠치 간과 문예춘추의 탄생[こころの王国―菊池寛と文藝春秋の誕生]』, 문예춘추, 2004, 211면을 보면 다음과 같은 구절이 나온다. "16세에 일본에 온 마해송 씨가, 청강생으로 니혼대학에 다녔다는 것은 어제 요코하마에서 들어서 알고 있어요. 선생(기쿠치 간―인용자)이 니혼대학에서 영문학 강의를 하나 담당하고 있었다는 것은, 지금 처음 알았어요. 마해송 씨는 『진주부인』으로 장안의 화제가 된 선생의 명성에 끌려서, 강의를 들었던 겁니다."

때문에, 청강생 자격으로 마해송이 니혼대학에 들어가는 것은 그리 어렵지 않았을 것으로 보인다.

4. 마해송과 기쿠치 간

도입부에서 밝혔던 것처럼, 마해송의 일본체류를 말할 때 빼놓을 수 없는 인물은 다름 아닌 기쿠치 간이다. 기쿠치 간은 쇼와[昭和]기 일본 문단에서 최고의 자리를 차지하고 있던 작가이며, 문예춘추사의 사장이었다.

이번 장에서는 마해송과 기쿠치 간과의 관련에 대해서 자료를 검토해나가면서, 두 사람의 관계를 정리해 보도록 하겠다. 우선, 마해송이 쓴 기록을 찾아보면 「기쿠치 간과 나」, 「명명(命名)」[31]에서 기쿠치 간에 대해서 언급하고 있다. 전술한 것처럼 마해송이 기쿠치 간과 처음으로 만난 것은 1921년이었다. 마해송은 당시 1921년에 니혼대학에서 기쿠치 간의 강의를 실제 듣고, 강의실에서 실제 기쿠치 간과 대면했을 가능성도 배제할 수 없다. 마해송은 수필 「기쿠치 간과 나」에서 다음과 같이 쓰고 있다.

> 내 나이 열여섯부터 일본 대학에서 그의 강의를 듣고 열아홉 때부터 내내 그의 문하에서 신세지고 일하고 배워온 은사 기쿠지 캉 씨와 헤어진 것은 1945년 1월 29일이었다.
>
> —『고향산수』, 90면.

31) 『고향산수』, 범우사, 1977.8.30.

마해송은 1921년(16세)에 니혼대학 예술학과에 입학하여 기쿠치 간의 강의를 들었다고 한다. 즉, 마해송은 기쿠치 간을 '니혼대학 예술학과'에서 사제지간으로 만났다는 것이다. 하지만 1921년을 한정해서 볼 때, 이 인용문에서 확인되는 사실은, 단지 '니혼대학에서 기쿠치 간의 강의를 들었다'는 사실 뿐이다. 왜냐하면, 마해송이 1921년부터 기쿠치 간의 제자가 되었다고 이 문장을 독해하는 것은 불가능하기 때문이다. 오히려, 이 문장은 마해송이 19세부터 기쿠치 간의 제자가 되었다고 독해할 수 있다. 그렇다고 해도 한 가지 확인해야 하는 것은 기쿠치 간이 실제로 니혼대학에서 강의를 했느냐의 여부이다. 기쿠치 간의 전기류를 찾아봐도 그러한 기록은 보이지 않는다.[32] 그래서 필자가 직접 니혼대학에 문의한 결과, 다음의 회답을 받을 수 있었다.

> 기쿠치 간 씨가 강의를 했다는 기록은 확인할 수 있었습니다. 『니혼대학 예술학부 오십년사』에 나와 있듯이 기쿠치 간 씨는 1921년부터 니혼대학 미학과에서 극문학을 가르쳤습니다. 다만, 기쿠지 간 씨가 언제까지 강의를 했는지는 확인할 수 없었습니다. 그 후 1932년 교수진에는 기쿠치 간 씨의 이름은 보이지 않습니다.
>
> ―니혼대학 예술학부 교무과의 회답문, 2007.2.14

니혼대학의 회답으로 알 수 있는 것은 실제로 마해송이 기쿠치 간과 사제지간으로 만났다는 것이다. 이로서 마해송이 당시 니혼대학 미학과에서 극문학을 가르치던 기쿠치 간의 수업에 실제로 들어갔었음을 확인할 수 있게 된 것이다.

그 후, 마해송은 1924년 문예춘추사에 입사하였고, 1945년 1월 29일 기쿠치 간과 헤어져 한국으로 돌아오게 된다. 그 후 마해송은 1948년 3

---

32) 『신조 일본문학앨범 39－기쿠치 간[新潮日本文學アルバム39－菊池寛]』, 신조사(新潮社), 1994.1.14.

월 기쿠치 간의 타계했다는 소식을 라디오에서 들었다고 한다.[33] 마해송의 에세이 「명명」에는 기쿠치 간과의 관계가 매우 잘 그려져 있다.[34]

モダン日本の馬氏結婚

『요미우리신문』 마해송 결혼식 보도 기사 (1937.11.5, 석간 2면).

한편 마해송은 결혼식을 기쿠치 간의 저택에서 올렸다. 이는 두 사람의 관계를 매우 잘 드러내 주는 일화이다. 마해송과 박외선[35]의 결혼식에 대해서는 『요미우리신문[讀賣新聞]』은 다음과 같이 전하고 있다.

> '모던니혼의 마해송 씨 결혼'
>
> 잡지 모던니혼의 사장 마해송 씨(33세)와 반도의 무희 박외선 양(23세)과의 결혼식이 4일 오전 11시 도시마구[豊島區]의 조시가야[雜司ヶ谷]에 있는 기쿠치 간 씨의 저택에서 올려졌다. 신부는 조선 경상남도 마산부(馬山府) 박상근(朴相勤) 씨의 장녀로 조선무용계에 데뷔한 신진 무용가이다.[36]

결혼에 대해서는, 『한국·조선 아동문학 평론집』에 다음과 같은 기록이 있다.

---

33) 마해송, 「기쿠치 간과 나」, 『고향산수』, 1977.8.30, 39~40면.

34) 그 후에 나는 결혼했다. 은사(기쿠치 간－인용자) 댁에서 은사의 주례로 식을 올렸다. (…중략…) 3년 후에 딸을 낳았다. 패전 전년 3월 29일. 유가하라[湯河原]란 온천장에서 3개월을 피난해서 해산한 것이다. (…중략…) 나는 곧 은사에게 전화를 걸었다. (…중략…) 한 시간 후에 전화로 이름을 받았다. '진주(眞珠)의 주(珠)자와 자네 이름에서 한 자 따서 주해(珠海)라고 생각해봤는데……. 일본말로는 좋은 이름이 되는데 조선 이름으로도 이름이 될까?' (…중략…) 그의 출세의 대작, 동경과 대판의 매일신문에 연재되어 일세를 풍미했던 장편소설 『진주부인(眞珠夫人)』에서 한 자를 딴 것을 생각했기 때문이었다. 그 후 60일이 지난 날 가족은 모두 귀국하였다. 주해는 중학생, 스승은 이미 없다. 위의 책, 38~40면.

35) 박외선(朴外仙)은 마해송 보다 열 살 아래였으며, 당시 무용가였다.

36) 『요미우리신문』, 1937.11.5, 석간 2면. 사진에서 두 사람은 서양식 웨딩드레스를 입고 있다.

1937년 2월 22일이었다. (…중략…) 나는 초대면인 그녀에게 살짝 음악계의 초대권을 건네줬다. (…중략…) 그날 밤 내 옆자리에 그녀가 나타났다. 그리하여 나는 그녀를 꼬셔서 무도회의 화려한 존재를 낚아챘다는 것이 될지도 모르겠다. 드디어 그해(1937년－인용자) 11월 13일에 기쿠치 간의 주례로 결혼식을 올렸다.[37)]

두 개의 기록을 비교해 볼 때, 눈에 띄는 것은 결혼식 일시가 다르다는 점이다. 한편 우정임은, '해송은 1937년(33세) 11월 4일 열 살 아래인 무용가 박외선을 만나 결혼을 하게 된다'라고 하고 있다.[38)] 이렇게 보면 우정임의 기록은 『요미우리신문』의 기록과 일치함을 알 수 있다.

다음으로 문제가 되는 것은 마해송이 기쿠치 간의 저택을 언제 방문했냐 하는 것이다. 이에 대해서는 우선 사토 미도리와 이노세 나오키의 에세이를 검토 보면, 사토 미도리의 회상에서는, '조시가야[雑司ヶ谷]'라는 지명과, 'T 군'이라는 인물이 등장한다.[39)] 이노세 나오키의 『마음의 왕국』에서는, 다른 자료에서 거의 볼 수 없는 '2회 방문'에 대해서 적혀 있다.[40)] 정리해 보면, 16세에 일본으로 건너간 마해송이 그 다음해인

37) 원문은 박외선, 「그의 일기장」(『주부생활』, 1970.4) 日本資料에서 번역한 것이므로 원문과 다를 수 있음.

38) 우정임, 『마해송 동화연구－저항의식을 중심으로』, 단국대 석사논문, 2005.

39) "마해송 씨는, 회사를 그만두게 되는 건가요", "그 정도로 난 화내고 있지 않아요. 마 군은 재능 있는 사내요. 한 번 싫은 것은 죽어도 싫어하는 성격이죠. 『모던니혼』을 하면 좋은 일이요. 마 군은, 조선에서 태어났어요. 열일곱 살에 내가 있는 곳으로 누군가가 데려왔어요. T 군이었던가." 사토 미도리코[佐藤碧子], 『인간 기쿠치 간[人間・菊池寛]』(개정판), 신풍사(新風社), 2003.9.25, 45면.

40) "마(馬) 군(君)은, 17살 때 아는 사람의 소개로 나를 찾아왔었죠. 조선반도출신이었죠. 그리고 나서 일단 조선으로 돌아가고 나서 2년 후에 다시 한 번 찾아왔어요. 그리고 나서 계속 함께 있는 거죠. 재능이 있는 사내라서, 폐병을 앓을 때는 2년 정도 치바현[千葉県]과 나가노현[長野県]에서 요양을 시켰어요. 이제 다 나았는데도, 이번 여름에는 무단결근을 하고는 이전에 요양했던 후지미다카하라[富士見高原]에 3주간이나 피서를 하러 가버렸지 뭡니까". 이노세 나오키[猪瀬直木], 『마음의 왕국－기쿠치 간과 문예춘추의 탄생[こころの王国－菊池寛と文藝春秋の誕生]』, 문예춘추, 2004, 44면. "일본에 온 사정은 아무튼 알았습니다. 그런데 어떤 계기로 선생님 밑에서 일을 하게 된 것인지

1922년에 기쿠치 간을 처음으로 방문하고 그 후, 1924년에 두 번째 방문을 했을 때 문예춘추사의 사원이 됐다는 것이다. 일반적인 상식으로 봤을 때 '2회 방문'이 보다 현실성이 있는 것처럼 보인다.

한편 위 두 에세이의 자료의 정확도에 대해서는 재고의 여지가 상당히 있는 것이 사실이다. 그중에서 보다 신뢰할 수 있다고 여겨지는 사토 미도리의 회상록도 그 기록을 전부 신뢰하기는 힘들다. 왜냐하면, 마해송과 기쿠치 간이 만난 것은 1922년이며, 사토 미도리가 『인간・기쿠치 간』을 처음으로 펴낸 것은 1961년으로 40년이라는 시간차가 존재하기 때문이다.[41]

한편 1973년 김용성은 「마해송」[42]에서, "2번째 도일은, 1924년의 일이었다. 첫째 날은 주장섭(奏長燮)의 하숙집에서 보낸 그(마해송—인용자)는 다음 날은 기쿠치 간을 찾아갔다. 하녀가 건네준 얼마간의 돈을 받지 않아서 기쿠치 간의 마음에 든 해송은, 바로 문예춘추사에 입사하여 초대 편집장이라는 직책을 맡았다"[43]라고 쓰고 있다. 이미 지적한 초대 편집장이라는 것의 오류는 차치하고서, 이 기록은 상기한 두 개의 에세이와 겹치는 부분이 있으므로 주목을 요한다.

한편 이와 관련해서 마해송의 부인인 박외선은 1967년 1월 『주부생활』에 결혼식 직후에 기쿠치 간을 찾아갔을 때의 일을 적고 있다.

> 조선청년이 왔다기에 기쿠치 선생은 전에도 간혹 있던 일이라, 돈을 식모에게 주어 현관으로 내보냈던 것입니다. (…중략…) "선생님, 조선 청년이 돈을 땅에 집어 던지고 사람대우가 이게 뭐냐고 성을 내고 있어요." 식모의 이 같은

묻지 않았습니다", "조시가야에 있는 선생님 댁으로 찾아갔습니다. 들어가서는 무슨 말을 했는지, 잘 기억이 안 날 정도로 정신없이 말을 했습니다." 위의 책, 189면.

41) 한편 이노세 나오키는 『마음의 왕국』을 집필하기 위해 2년에 걸쳐 사토 미도리를 청취・조사했다고 한다.

42) 나카무라 오사무[仲村修] 편, 『한국 조선 아동문학 평론집(韓國・朝鮮兒童文學評論集)』, 명석서점(明石書店), 1997.

43) 중역으로 원문과 다소 다를 수 있음을 밝혀둔다.

말을 들은 기쿠치 선생은 "거 이상한 사람이구나!" 하고, 부인하고 의논한 후 응접실에 안내를 했다는 것이었습니다.[44]

이로써 조금 확실해 지는 것은, 즉, 마해송 자신이 「기쿠치 간과 나」에서 쓰고 있는 것처럼, 열여섯부터 니혼대학에서 그의 강의를 듣고 거기서 기쿠치 간과 직접 교제를 시작했다고 하기보다는, 위 자료에서 알 수 있듯이 마해송이 두 차례에 걸쳐 누군가에서 소개를 받고 기쿠치 간의 집을 찾아가면서, 문예춘추사의 사원이 됐다고 보는 편이 설득력이 있어 보인다.

그러면 여기서 두 사람의 관계를 정리해 볼 필요가 있다. 1924년 당시 마해송은 19세의 젊은 나이였다. 그런 마해송이 당시 기쿠치 간에게 과연 어떤 존재로 비춰졌을까? 당시 기쿠치 간은 유행작가로 일본 문단에서 그 지위를 확고히 굳히고 있었다. 그러한 기쿠치 간의 입장에서 본다면 마해송은 비교가 되지 않을 정도로 미약한 존재였다고 보는 편이 객관적인 사실이다. 그러므로 마해송이 문예춘추사의 사원이 되고, 『모던니혼』의 사장이 되었다는 것은 마해송 본인의 실력도 있었겠지만 기쿠치 간의 후원이 있었기에 가능했다고 할 수 있다. 그러므로 모든 결정권을 쥐고 있던 기쿠치 간이 마해송의 뒤에 있었다는 사실을 간과해서는 안 될 것으로 보인다.

기쿠치 간은 「반자서전(半自敍傳)」[45]에서, 자신이 매우 가난한 가정에서 태어나서 유년시절 돈이 없어 교과서를 사지 못해 친구의 교과서를 손으로 필사해서 쓰는 등 매우 곤궁한 모습이었다고 적고 있다. 그래서 후일 작가가 된 후에 기쿠치 간은 "생활제일, 예술제이(生活第一, 藝術第二)"[46]라는 유명한 경구를 만들기에 이른다. 또한, 기쿠치 간은 교토제

---

44) 마종기, 『아버지 마해송』, 정우사, 2005, 47면.
45) 『문예춘추』, 1928.5.~1929.12 연재.
46) 「문예작품의 내용적가치(文藝作品の內容的價値)」, 『신조』, 1922.7.

국대학(京都帝國大學) 문학부(文學部) 영문과(英文科) 선과(選科)에 1912년 입학하여, 1916년 졸업논문으로 「영국 및 아일랜드의 근대극」을 제출하고 있다.[47] 기쿠치 간은 이처럼 아일랜드에 관심을 갖고 있었다. 또한 자신이 유년시절에 가난을 겪었기 때문에 어려운 사람을 돕는 것을 주저하지 않았다는 것은, 마해송과 기쿠치 간 사이의 관계를 풀 수 있는 중요한 부분으로 볼 수 있다.

이러한 기쿠치 간의 성격은 1935년 설정한 '아쿠타가와상[芥川賞]'과 '나오키상[直木賞]'을 보더라도 알 수 있는 부분이다. 또한 그가 『중외일보(中外日報)』에 발표한 기사를 보면, 다음과 같이 쓰고 있다.

> 나는 무엇보다도 재능을 존중한다. 나는 이 젊은 재능 있는 시인의 예술적 성장을 있는 힘을 다해 돕자고, 그것이 내 일생 동안 가장 의미 있는 일이 될지도 모르겠다. 타인으로 인해 사는 것은 그 무엇보다도 강한 삶의 방법의 하나다.[48]

1914년은 기쿠치 간의 20대 중반기에 해당되는 시기이며, 이처럼 빠른 시기에 타인의 재능을 키우는 것이 자신의 삶의 의미라고 말하는 것에서 이미 『문예춘추』 왕국 탄생의 비밀을 엿볼 수 있다. 이러한 기쿠치 간의 행적을 살펴볼 때 마해송과의 인연은 필연적인 면이 없지 않다.

---

47) 『일본 근대문학 대사전(日本近代文學大辭典)』(일본근대문학관 잡지・신문), 462~463면.
48) 『중외일보(中外日報)』, 1914.4.12.

5. 마해송과 『문예춘추』

마해송의 체일 시기를 밝히는 작업에서 빼놓을 수 없는 것은 문예춘추사에서의 행적이다. 마해송의 행적을 검토하기 전에 우선 『문예춘추』가 어떤 잡지였는지 알아볼 필요가 있다.

『문예춘추』는 1923년 창간된 이래 '발행 편집 겸 인쇄 기쿠치 간'[49] 체제로 발행된 문예지이다. 기쿠치 간은 창간호의 편집후기에, "처음부터, 변덕스러운 마음으로 출판한 잡지라서, 아무런 정견도 없다"고 단언하고 있듯이 아마추어적 생각으로 만든 잡지였음을 알 수 있다. 또한, 1923년부터 1924년까지는 판매부수가 3,000부에서 22,000부 정도의 문예지였다.[50] 물론, 이 시기에 마해송이 편집장일 가능성은 없다. 그 당시는 '발행 및 편집 겸 인쇄'를 기쿠치 간 혼자서 다하던(1인 3역) 시기였기 때문이다. 사실관계로만 보자면, 당시 마해송은 19세의 어린 나이였으며, 사원으로서도 경험이 미천하여, 제대로 된 편집 일을 맡지도 못했던 것으로 보인다. 『문예춘추』 1925년 신년 특별 부록호에 실려 있는, 마해송의 「구게누마행[鵠沼行]」이라는 에세이를 보면 그 모습을 알 수 있다.[51]

> 자네, 잠깐 구게누마[鵠沼][52]에 다녀와 주지 않겠나. 구메[久米][53] 씨의 원고를 받으러' (…중략…) 나는 깜짝 놀랐다. 정말로 놀라지 않을 수 없었다. 구게누

49) 『문예춘추』 창간호, 1923.1 참조.

50) 나가미네 시게토시[永嶺重敏], 『모던도시의 독서공간[モダン都市の讀書空間]』, 일본에디터스쿨출판부(日本エディタースクール出版部), 2001.3, 98~99면(문예춘추의 발매부수는 1926년도 10만 부를 돌파했고, 1930년도에 20~30만 부를 꾸준히 유지하였다).

51) 해당호의 『문예춘추(文藝春秋)』도 역시 '기쿠치 간 편집'이었다.

52) 일본 가나가와현[神奈川県] 후지사와시[藤沢市]에 위치해 있으며 별장지로 유명하다.

53) 구메 마사오[久米正雄] 소설가, 극작가. 도쿄대학 영문과 졸업 기쿠치 간, 아쿠타가와 류노스케[芥川龍之介]와는 절친한 친구사이였으며 나쓰메 소세키[夏目漱石]의 제자였다. 신문 연재소설 등으로 1920년대 인기작가의 반열에 올랐다. 김사량이 가마쿠라경찰서에 구금되었을 때(1941.12), 석방(釋放)에 힘쓴 문인 중의 한 명이다(1891~1952).

> 마에 후지사와역[藤澤驛]을 거쳐서 가다니! 가마쿠라행[鎌倉行]의 전차를 타고 가다니! 정말로 의외였다. 특히, "만약에 원고가 완성되어 있지 않으면, 바로 써달라고 부탁하고, 에노시마[江の島]라도 구경한 후에, 다시 가보는 것이 좋을 거네"라고 말했을 때는 더더욱. 그렇다면 구게누마라는 곳은 에노시마 근처가 아닌가, 가마쿠라 해안이지 않은가라고 생각하자 나는 참을 수 없을 만큼 기뻐지고, 참을 수 없을 정도로 그리워졌다. (…중략…) 이것은 실로 선생으로부터 부여받은 첫 임무였다.54)

문예춘추시절의 마해송 맨 위 가운데 그림이 기쿠치 간이며, 그 왼쪽 두 번째가 마해송(「社中日記」, 『文藝春秋』, 1930.1).

이 에세이에서 알 수 있듯이 당시 19세였던 마해송의 순박하다고까지 보이는 모습이 매우 적나라하게 표현되어 있다. 한편 구게누마에 간 마해송은 구메 마사오가 머물고 있던 히가시야 여관[東屋旅館]에 찾아간다. 하지만 구메 마사오가 도쿄에 가야겠다며 동행을 권하자 그것을 거스르지 못한다. 여기서 알 수 있는 것은 1925년의 당시의 마해송은 '편집장'은커녕 입사한지 얼마 되지 않은 평사원에 지나지 않았다는 것이다. 마해송은 자신의 입장 때문에 그렇게 가보고 싶었던 에노시마 근처에는 가보지도 못하고 구메 마사오가 하자는 대로 순순히 도쿄로 돌아갔던 것이다. 그러므로 1924년부터 마해송이 『문예춘추』의 편집장 및 선전부장이 되었다고 하는 것은 명백한 오류임을 알 수 있다. 사토 미도리는 『인간 · 기쿠치 간』에서, 마해송이 기쿠치 간의 비서가 되고 약 반년이 지났을 때 광고부장이 아니라 『모던니혼』의 사장이 되고 싶다

54) 「구게누마행[鵠沼行]」은 가와무라 미나토의 「마해송과 『모던니혼』(馬海松と『モダン日本』)」에서 이미 논하고 있음을 밝혀둔다.

는 내용을 기쿠치 간에게 전해달라고 했다는 부분이 나온다. 이와 관련해서 기쿠치 간은 다음과 같이 말하고 있다.

> 마(馬) 군(君)은 병으로 쉬고 있을 때 자신의 일이 없어졌답니다. 돌아와서는 광고부장을 하겠냐고 하자 하겠다고 하는 거예요. 그래서 사오일 전에 고요칸[紅葉館]에서, 광고부장 취임 피로연을 한 거예요. 그건 사적인 것이 아니라 회사 차원에서의 대외적인 일이예요. 그러고 나서 광고부장은 싫다고 말하는 것이 아닙니까.[55]

위 인용은 마해송의 말을 사토 미도리가 기쿠치 간에게 전하고 난 후의 에피소드에 해당된다. 『문예춘추』 관련 자료를 조사해 보아도 마해송이 선전부장을 했다는 기록은 남아있지 않다. 또한, 시기적으로도 마해송이 후지미[富士見]에서 요양을 마치고 복귀한 것은 1930년이라고 추정되며, 사토 미도리[佐藤碧子]가 기쿠치 간의 비서가 된 것은, 1930년 4월부터이다.[56] 마해송은 1924년부터 1928년까지 문예춘추사에서 근무하며 편집일을 하다가 1928년부터 병으로 인해 휴직하였고, 1930년에 요양을 마치고 돌아와서 사토 미도리와 만났다고 할 수 있겠다.

한편 마해송은 문예춘추사에 들어가서 2년째 되는 해인 1925년에(20살)에 다음과 같은 기사를 쓰고 있다.[57]

---

55) 사토 미도리코[佐藤碧子], 『인간 기쿠치 간[人間・菊池寛]』(개정판), 신풍사(新風社), 2003.9.25, 45면.

56) 마해송은 1928년 병으로 인해 휴직을 하지 않을 수 없었다. 기록에 따르면 그는 후나가타해안[舟形海岸]에서 4개월여를 보내고, 후지미 요양소에서 11개월을 보냈다고 한다. 나카무라 오사무[仲村修] 편, 앞의 책, 446면.

57) 「'지상방송실' 민족 대 민족('地上放送室' 民族對民族)」, 『요미우리신문[讀賣新聞]』, 1925.9.29, 조간 4면. 처음으로 소개 되는 자료이므로, 전문을 번역해 본다(덧붙여서 문예춘추사에서 발행하던 『수첩(手帖)』, 1927년 7월호에 마해송은 「만월대(滿月臺)」라는 짧은 에세이를 발표하고 있다).

'지상방송실' 민족 대 민족

두 달 전, 개조(改造)였던가. 모씨(某氏)가, "자네의 선조는, 조선인 같은데"라고 하면, 누구라도 화를 낼 것이며 "자네 선조는, 아이누라면서"라고 말하면, 누구라도 정색을 하지 않을 수 없을 것이다―라고, 쓰고 있는데 확실한 문장은 기억하고 있지 않지만, 그런 의미의 글을 예로 들고 있었다. 그리고 이 두 민족은 가장 싫은 추잡한 인종으로 선발되었다고 생각된다. 싫은 민족이기에 화를 내고 정색을 하게 된다면, 그 미움을 받는 민족 아이누, 또한 조선 민족에게 "자네 선조는 일본인 같구만"이라고 말하면 사람들은 과연 뭐라고 대답을 할 것인가. "아, 그건 너무 황공하다"라고 감사를 할 것인가? 화를 내거나, 정색을 하는 것보다 더하게, 주먹을 꽉 쥘지도 모른다. 즉, 이는 어느 민족에게도 같은 것이다. 초월된 범인간적인 사랑 이외에, 민족 간에서 애정은 사랑이 아니며, 존경이 아니다. 그런 것에는 다만 증오와 경멸이 있을 뿐이다. 그 어떤 민족에게도 그것은 동등하게 추잡한 것이며, 싫은 것이다. 적어도, 민족 국가 등의 관념이 뼛속까지 사라지지 않는 한 영원히 말이다.

위 기사는 마해송이 도일 한 이후에도 조선인이라는 민족적 자긍심을 견지하고 있었음을 보여주고 있다. 이는 후일, 일본의 조선침략을 우화한 「토끼와 원숭이」(『어린이』, 1931년 8월부터 연재)로 이어지는 마해송의 사상적 경향의 한 부분이다. 다만 이는 『모던니혼』지에서의 행적과 함께 종합적으로 고찰해야 할 부분이다.

6. 마해송과 『모던니혼』

기쿠치 간은 『모던니혼』 창간호(1930.10) 기념사에서 '현대일본'을 표현하기 위하여 '생활, 실제과학, 오락, 취미'를 중심으로 '흥미본위 잡지'를 만드는 것이 목적이라고 쓰고 있다.[58] 실제 기쿠치 간이 선언하고 있는 그대로 1930년대 '모던니혼'은 '패션', '여성의 결혼문제', '풍속' 등을 중심으로, '소설' 및 '전쟁특집' 등으로 꾸려져 있다.[59] 『모던니혼』의 창간에서부터 폐간까지를 마해송 및 조선과의 관련에 한정해서 연대기적으로 정리해보면 다음과 같다.

1930년 10월, 『모던니혼』(문예춘추사 발행) 창간.[60]

1932년 1월, 경영난 등의 이유로 문예춘추사에서 독립된 형태로 모던니혼사에서 출간 시작(마해송 사장 취임).[61]

1943년 1월~1945년 1월, 신태양(新太陽, 신태양사 발행)으로 제호 변경.

1946년 2월~1950년 4월, 『모던니혼』(신태양사 발행)으로 제호 변경. 이후 폐간.[62]

위에서 보듯이 『모던니혼』은 문예춘추사, 모던니혼사, 신태양사로 옮겨가며 발행되었다. 그 기간으로 따지면 이십년에 이른다. 마해송은 1945년에 조선으로 귀국하였으므로, 그가 잡지 발행에 관여한 기간은 대략 13년 정도에 해당된다.

이를 좀 더 세부적으로 정리해 보면 다음과 같다.

---

58) 「모던니혼에 대해서[モダン日本に就いて]」, 『모던니혼』 창간호, 문예춘추사, 1930.10, 1면.

59) 특히, 눈에 띄는 것은 지나특집(支那特輯, 지나는 중국을 아시아의 주변부로 위치시키기 위해 일본이 만든 차별용어)이 거의 매호마다 있다는 것이다. 1930년대부터 본격화된 일제의 중국침략과 이는 그 궤를 같이 하고 있다.

60) 『모던니혼』은, 1930년 10월에 10월호를 시작으로 문예춘추사로부터 창간되었다. 이때의 편집담당은, 오오구사 미노루[大草實], 니시무라 신이치[西村 普一]였다. (…중략…) 그에 앞서 1930년 6월에 『모던니혼』 창간을 위한 특별편집회의를 마루코엔[丸子園]에서 열었다. 『문예춘추사 30년 사고』, 문예춘추사, 1961, 141면.

61) 가와무라 미나토가 『모던니혼』이 문예춘추사에서 분리 독립된 것이 1932년 8월호부터라고 하고 있지만 이는 오류이다. 가와무라 미나토, 앞의 책, 120면.

62) 이에 대한 자세한 사항은 현재 조사 중이다. 다만, 『모던니혼』은 현재 각 대학도서관에도 소장되어 있지 않으며, 가나가와[神奈川]근대문학관, 일본근대문학관, 일본국회도서관 등의 자료를 합쳐도 결본이 있을 만큼 매우 구하기 힘든 자료이다(일본국회도서관, 『모던니혼』, 마이크로필름 자료).

1932년 1월, 마해송『모던니혼』경영 시작.63)

1939년 11월,『모던니혼』(임시 대증간) 1차 조선판 발행(정확하게는 10월 17일 발매).64)

1940년 4월,『모던니혼』(특대호)에 제1회 조선예술상 수상자 이광수(140~43면).

1940년 8월,『모던니혼』(임시 대증간) 2차 조선판 발행.

1941년 5월,『모던니혼』제2회 조선예술상 문학부분 수상자 이태준(150~51면).

1942년 4월,『모던니혼』제3회 조선예술상 수상자 없음(64면).

1943년 1월호부터『신태양사(新太陽社)』로 잡지명 변경.

1943년 11월,『싸우는 조선 특집・징병제도 실시기념(新太陽ー戦う朝鮮特集・徵兵制度実施記念)』호 발행.65)

1950년 폐간.

이를 통해『모던니혼』은 마해송의 경영을 시작하게 되면서『모던니

---

63) 문예춘추사,『문예춘추 70년사』, 1991.12, 388면(같은 자료의 화보에는 1940년 10월에 창간되어 1931년 12월까지 문예춘추사에서 발행하고 그 후 마해송의 '모던니혼사'에 경영을 맡김이라고 되어있다).

64) 마해송은「임시증간 '조선판'에 대해서[臨時增刊 '朝鮮版'について]」(『모던니혼』, 1939.12)라는 편집후기에서 "임시증간 '조선판'은 예정대로 10월 17일 발매되었다. 오늘(19일) 이미 도쿄 시내에는, 거의 매진이 된 것으로 보이며 (…중략…) 경성은 오늘 드디어 발매되었다. (…중략…) 이 책 한 권을 만들기 위해, 나는 정말 반년을 다 썼다고 해도 좋을 만큼, 실제 편집에 들어가서도 3개월이나 걸렸다. 한 권의 잡지를 만들기 위해 이 정도의 노력을 들인 것은, 잡지 생활 16년, 경험한 적이 없으며 들어 본 적도 없다. 그 정도의 가치가 있는 것인지 어떤지 아직 나로서는 알 수 없다"라고 '조선판' 간행에 따른 소감을 적고 있다(본고에서는 편의를 위해 1939년 발행된 '조선판'을 1차로, 1940년 발행된 것을 2차로 표시한다).

65) 이 호에는 김사량의 에세이「날파람[ナルパラム]」도 실려 있다. 김사량은 1939년 11월『모던니혼』(임시 대증간) 조선판에 번역자로 참여하여 이광수의 소설「무명(無明)」을 번역하였으며, 평론「조선의 작가를 말한다[朝鮮の作家を語る]」를 썼다. 김사량은 이 '조선판'에 참여한 이후 문예춘추사에서 제정하는 아쿠타가와상 후보에 올랐다(1940.3). 그 후 김사량은 문예춘추사 및 관련 잡지에 글을 수차례 게재한다. 김사량은 '조선판'에 참여하게 되면서 문예춘추 편집자들과 자연스레 얼굴을 익히게 되었을 가능성은 높아 보인다. 그런 흐름 한복판에 마해송이 있었을 것이라는 추측은 억측만은 아닐 것이다.

혼』(조선판) 발행 및 조선예술상을 제정하게 됨을 알 수 있다. 『모던니혼』을 조사해본 결과 1932년 2월호의 편집란에서 마해송의 이름을 확인 할 수 있다.[66]

발행 겸 인쇄 겸 편집인 마상규(發行兼印刷兼編輯人 馬湘圭)

도쿄시 고우지쵸 우치사이와이 정 1-3 오사카빌딩 4층 문예춘추사내(東京市麹町区内幸町 1-3 大阪ビル四階文藝春秋社内)[67]

발행소 : 모던니혼사(發行所 : モダン日本社)

발매처 : 문예춘추사(發賣處 : 文藝春秋社)

인쇄소 : 일청인쇄주식회사(印刷所 : 日清印刷株式會社)

개정정가 : 금십오전(改正定價 : 金十五錢)

『모던니혼』의 편집란을 잘 살펴보면 편집인이 계속해서 바뀌는 것을 알 수 있다. 마해송이 분명인 마상규로 이름이 올라 있는 시기는 1932년 2월뿐이었음을 확인할 수 있었다.

마해송의 『모던니혼』에서의 행적을 검토하기 전에, 우선 모던니혼사와 문예춘추사의 관계를 살펴볼 필요가 있다. 마해송이 『모던니혼』의 사장에 오른 정황에는 당시 문예춘추사의 사내 변화와 관계가 있어 보인다. 당시 『모던니혼』은 좀처럼 팔리지 않아서 사내에서도 골칫거리였다고 한다. 『모던니혼』을 발간하게 된 데에는 1940년 7월부터 『문예춘추』의 하기(夏期) 임시증간호로 『올요미모노[オール讀物]』가 발행되었다.

---

66) 필자가 확인한 1932년부터 1942년까지의 『모던니혼』 편집란에서 마해송이 발행 겸 인쇄 겸 편집인으로 이름이 나와 있는 것은 1932년 초기밖에 없었다. 그리고 '발행소 : 모던니혼사, 발매처 : 문예춘추사'가 바뀌는 것은 필자가 확인한 바에 의하면 1939년이다. 인쇄소의 경우도 1937년 자료에 의하면 '대일본인쇄주식회사'로 바뀐다. 한편 발행되는 주소지는 확인한 바에 의하면 1934년부터 '오사카빌딩 신관 8층'으로 바뀐다. 다만, 파본 및 결본이 있었기 때문에 보다 자세한 것은 별고를 기하도록 하겠다.

67) 이 주소는 1932년도의 『문예춘추』 발행소와 일치한다.

이 잡지는 예상을 뛰어넘는 판매고를 올리게 되면서 1931년 4월부터 월간으로 발행되기에 이른다.[68]

『문예춘추』가 문학 및 사회문화적인 이슈를 다루는 정론지였다면, 『올요미모노』는 통속적인 소재를 다룬 문예지, 『모던니혼』은 문예지적인 성격에서 벗어나 종합오락을 추구한 대중오락잡지였음을 알 수 있다. 한편, 마해송이 『모던니혼』을 맡게 되는 1932년에는 문예춘추사에 일대 개혁의 바람이 불던 시기였다. 1932년 4월 사사키 모사쿠[佐々木茂索]가 전무이사로 취임하게 되면서, 사내의 모든 것은 일원화되었다.[69]

한편, 이 시기에 발행한 『연극신조(演劇新潮)』, 『영화시대(映畵時代)』, 『부인살롱[婦人サロン]』, 『모던니혼』 등은 모두 적자를 면치 못하였고, 각 지당 오백엔 정도의 적자를 기록했다고 한다.[70] 이를 통해 알 수 있는 것은 당시 문예춘추사에서 『모던니혼』은 골칫거리였다는 것이다. 그런 『모던니혼』을 기쿠치 간이 마해송에게 맡겼다는 것은 신뢰감을 잘 드러낸 부분이라 할 수 있겠다. 기쿠치 간은 이러한 저간의 사정을 다음과 같이 밝히고 있다.

> 모던니혼은 마해송 군이 하고 나서부터, 상당히 좋은 성과를 내고 있다. 마해송은 조선인이지만, 두뇌가 명민한 분투가(奮鬪家)이다. 조선인도 도쿄에서 두각을 나타내는 자가 열 명에서 스무 명 정도 있어도 좋겠다고 생각해왔지만, 박춘금(朴春琴)이라는 대의원(代議士)이나, 마라톤 선수 이외에 좀처럼 찾아 볼 수 없음을 유감으로 생각해왔다. 그런 의미에서도 꼭 우리 마해송 군의 후원을

---

68) 마해송의 부인인 박외선은 "지금도 나오고 있는 『올요미모노』는 주인이 『문예춘추』의 임시증간호로 고안해서 간행한 것인데 그것이 잘 팔려 그대로 독립된 잡지로 오늘까지 나오고 있는 것입니다"라고 적고 있다. 마종기, 『아버지 마해송』, 정우사, 2005, 49면.

69) 한편, 이 시기는 1931년의 만주사변을 시작으로 하여 일본 내에서도 언론통제에 대한 위기감이 고조돼 가던 시기였다.

70) 1935년 당시 연필 한 자루에 3~5전, 1933년 당시 학생교복이 1엔 50십전이었다. 「가격사연표 메이지 · 다이쇼 · 쇼와[値段史年表 明治 · 大正 · 昭和]」, 『주간아사히[週刊朝日]』, 1988.6.

절실히 부탁해 둔다.[71]

한편, 마해송은 뛰어난 수완으로 기쿠치 간의 기대에 응답하여 『모던니혼』을 정상적인 궤도에 올려놓는다. 『모던니혼』의 이러한 성공적인 운영을 기쿠치 간은 다음과 같이 마해송을 평가하고 있다.

> 모던니혼이라는 이름은 분명히 내가 붙인 이름이라고 생각한다. 하지만 그 내용이 정말로 모던니혼처럼 된 것은, 마해송이 운영하고 나서부터이다. 문예춘추에서 경영할 때는 큰 적자였던 것을 마해송이 맡으면서 돈도 없이 시작하고 나서 어느새 3년 정도 쯤 될 것인가. 지금은 적자를 벗어나서, 상당하다고 할 만큼 운영하고 있는 것은 마해송이 편집자로서 수완을 발휘하고 있기 때문이다. (…중략…) 잡지경영자로서, 또한 편집자로서 정말로 역량을 발휘하기 시작한 것은 모던니혼을 하고 나서부터이다. 창작가라는 것은 별도로 하고, 편집자로서 문예춘추사에서 키워낸 사람으로 마(馬) 군(君)은 정말로 우수한 한 인재임에 틀림없다.[72]

1932년과 1934년에 쓰인 위 인용을 보면 기쿠치 간이 얼마나 마해송을 아꼈는지를 잘 알 수 있다. 마해송과 기쿠치 간의 이러한 인간적 신뢰 관계는 개인적인 레벨(마해송의 가정사)에서부터 공적인 레벨(잡지사 경영)에까지 매우 폭넓게 나타나고 있다.

지금까지 살펴본 대로 마해송은 문예춘추사에서 재정상의 이유로 폐간될 위기에 처한 잡지사를 정상궤도로 올려놓아 기쿠치 간의 기대에 부응했음을 알 수 있다. 하지만, 명목상 '모던니혼'이 독립된 잡지사이기는 했지만 '문예춘추사'와 여전히 매우 깊은 관계를 맺고 있었던 점을 봤을 때 완전 독립을 했다고 보기 힘든 측면이 많다. 이러한 모던니

71) 기쿠치 간, 「편집후기」, 『문예춘추』, 1932.9.
72) 기쿠치 간, 「추소잡담(秋宵雜談)」, 『모던니혼』(특대호), 1934.10.

혼과 문예춘추사의 관계는 후일 『모던니혼』(조선판) 및 '조선예술상 제정'에도 '기쿠치 간'의 힘을 빌리는 것으로 나타나게 된다.

7. 마해송과 『모던니혼』(조선판) 및 '조선예술상'

『모던니혼』(조선판)의 1차 발행은 1939년 11월, 2차 발행은 1940년 8월이었다. 매우 흥미로운 사실은 『모던니혼』과 『모던니혼』(조선판)의 표지의 유사성이다. 전술한 것처럼 이 시기의 『모던니혼』의 표지는 여성이 주로 등장하며, '조선판'에도 2차례 모두 여성이 등장한다. 하지만 같은 여성이 등장한다고 하여도 일본의 여성과 조선의 여성은 매우 다른 모습으로 '표상'되어 있다.[73] 한 가지 주목해야 할 점은 이 시기는 일본 내 문예지들의 '조선붐'이 일고 있던 시기였다는 것이다.[74]

조금 더 자세히 살펴보자면 1차 발행된 『모던니혼』(조선판)에서는 '내선일체'와 조선의 풍속 및 생활상에 관한 에세이, 그리고 '조선의 전설 및 문학작품'이 매우 상세하게 354면에 걸쳐 빼곡하게 채워져 있다. 이러한 조선판의 성격을 1차 '조선판'의 편집후기에서는 다음과 같은 편

---

73) 『모던니혼』 조선판에 등장하는 여성이 기생을 연상시키는 여성(조선여성)이 한복차림을 하고 조선을 연상시키는 기와지붕이 보이는 뜰에 앉아있는(2차 조선판) 것과는 달리 『모던니혼』 표지에 등장하는 여성은 서양식 정장 차림에 매우 당당한 신여성이 대부분이라는 점이다. 같은 잡지의 이 같은 상반된 여성상은 (식민지 종주국 여성의 당당함과 종속국 조선 여성의 앉아있는 혹은 반쯤 누워있는 자세) 식민과 피식민의 관계를 잘 드러내고 있다.

74) 『문학안내(文學案內)』(조선현대작가특집편성, 1937.2)를 시작으로, 『문예』(조선특집호, 1940.7), 『주간아사히[週刊朝日]』(반도작가 신인집 편성, 1941.5.18) 등 이외에도 '조선특집'이 각 잡지에 편성된 것을 확인할 수 있다. 『모던니혼』(조선판)이 그 가운데 위치하고 있었음은 주목을 요한다. 그 가운데서도 일본잡지가 통째로 조선판으로 꾸며진 것은 『모던니혼』(조선판)이 처음이기 때문이다.

왼쪽, 『모던니혼』 표지(1940.10); 오른쪽, 『모던니혼』(임시대증간) 2차 조선판 표지(1940.8).

집방침 및 소감을 밝히고 있다.

> 모던니혼 10주년 기념 임시증간 '조선판'은, 지금 조선반도가 군사적, 경제적, 문화적으로 대륙을 잇는 발판으로서, 그 중요성이 강조되어 조선에 대한 인식이 절대적으로 되어, 식자(識者)는 말할 것도 없이, 전국민의 애족적 관심이 팽배(澎湃)해져 갈 때, 이번 간행은 시국에 적합한 절호의 것.[75]

이러한 과정 뒤에 기쿠치 간이 있었음은 매우 중요한 의미를 갖는다. 기쿠치 간은 『모던니혼』(조선판) 및 '조선예술상' 발행에서 매우 큰 역할을

75) 『모던니혼』(조선판), 1939.11, 354면.

하였으며, 마해송은 '조선판' 발행을 위해 기쿠치 간의 힘을 빌리고 있다. 그러므로 모던니혼사의 기획 및 움직임 뒤에 기쿠치 간의 행적을 살펴볼 필요가 있다. 기쿠치 간이 "사변(事變) 중에 국가로부터 부여받은 일은 뭐든지 하겠다"고 한 점 그리고 솔선수범해서 '문예후방운동'을 기획하고 일본의 제국주의 전쟁을 지지한 점은 간과 할 수 없는 대목이다.[76]

한편, 1939년은 용지 제한이 강화되어, 1939년 11월에는 신문 및 잡지가 정리통합(제1차)되어 일본 내에서 5백여 건이 넘는 통합이 이뤄졌던 시기였다.[77] 이러한 시기에 『모던니혼』 조선판이 30만 부가 팔렸다고 하는 것은 과장된 감도 없지 않지만,[78] 『모던니혼』에서 제정한 '조선예술상'도 사실상 기쿠치 간의 후원 하에 이루어졌다고 보아도 무방할 것이다.

기쿠치 간은 당시의 상황을,

> 모던니혼의 마해송 군으로부터 부탁받은 조선예술상의 자금을 조달하기로 하였다. 제1회 수상자는 조선의 일류작가 이광수 씨에게 수여하게 되었다. 이 사람은 조선인이 일본 성씨를 칭할 수 있게 됐을 때, 바로 가야마 미쓰로(香山光郎)라고 개명을 했다고 한다. 3월 중에 도쿄에 오게 하여, 일본문단에 소개할 생각이다. (1940년 3월)[79]이라고 밝히고 있다. 또한, 1940년 8월에 간행된 『모던니혼』(임시증간호) 조선판을 보면 흥미로운 박스기사가 실려 있다.

76) 『문예춘추사 60년의 행적[文藝春秋60年の歩み]』, 문예춘추사, 1982.1, 100면.
77) 위의 책, 101면.
78) 『일본 잡지 모던니혼과 조선 1939』(완역)의 역자들이 『모던니혼』이 30만 부가 팔려나갔다고 하는데, 당시에는 『문예춘추』도 29만8천 부 정도가 팔리던 시기였다. 엄격한 용지 제한이 가해지던 시기에 『모던니혼』이 30만 부가 발행될 수 있었을까 하는 의문이 든다. 한편, 마종기는 『아버지 마해송』(정우사, 2005, 252~253면)에서 "한 달에 60만 부 이상을 발행하던 청년 오락잡지 『모던니혼』"이라고 말하고 있지만 이는 신빙성이 없어 보인다. 나가미네 시게토시[永嶺重敏], 『모던도시의 독서공간[モダン都市の讀書空間]』, 일본에디터스쿨출판부(日本エディタースクール出版部), 2001.3, 98~99면 참조. 한편, 당시의 잡지를 정리해 놓은 각종 사전류에도 모던니혼은 등재되어 있지 않다. 하세가와 이즈미[長谷川泉], 『근대문학 잡지사전(近代文学雑誌事典)』, 지문당(至文堂), 1966.1.
79) 기쿠치 간, 『이야기의 쓰레기통[話の屑籠]』, 후지야서방[不二屋書房], 1934.8.

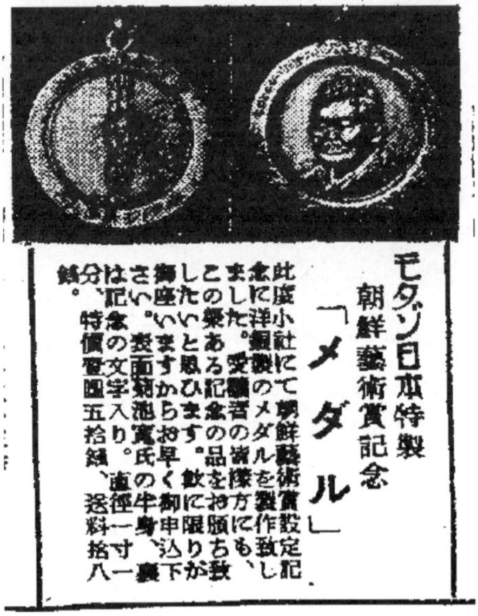

기쿠치 간의 흉상이 새겨진 조선예술상기념 메달 (『모던니혼』(조선판), 1940.8, 336면).

> 모던니혼특제 조선예술상기념 '메달'
>
> 이번에 당사에서는 조선예술상 제정을 기념하기 위해 양은제(洋銀製)의 메달을 제작하였습니다. 애독자 여러분께서도 이 명예로운 기념품을 소장하시길 바랍니다. 수량에 제한이 있으니 되도록 빨리 신청해주시기 바랍니다. 표면에는 기쿠치 간 씨의 반신과 뒷면에는 기념 문자가 들어 있습니다.[80]

『모던니혼』에서 제정한 상에 기쿠치 간의 메달을 기념품으로 제정한 것은 마해송에게 기쿠치 간이 어떠한 존재였는지를 상징적으로 보여주고 있는 것으로 보인다.

한편, 기쿠치 간은 '조선예술상'의 자금 마련 및 식민당국과의 협력을 위해 조선에 방문했을 때, 미나미 지로[南次郎] 총독과 만나 협력을 요청한다.[81] 이러한 기쿠치 간의 움직임을 통해서도 『모던니혼』(조선판) 및 '조선예술상'의 목적이 어디에 있었는지를 짐작할 수 있을 것이다. 즉, 당시는 내지문단이 외지문단을 통합을 내세운 1930년대 후반이후 그 정책이 적극적으로 시행되던 시기였으며, 그러한 흐름 속에 『모던니혼』(조선판) 및 '조선예술상'이 위치하고 있음은 주목을 요한다.

---

80) 『모던니혼』(조선판), 1940.8, 336면.

81) 기쿠치 간은 「조선잡감(朝鮮隨感)」(『모던니혼』(조선판), 1940.8, 72면)에서 "어제, 미나미 총독을 뵐 기회가 있었으므로, 조선예술상 장려를 고려해주실 것을 부탁해 두었다"라고 적고 있다. 한편, 이를 보다 자세히 적고 있는 기록에서는 "조선지방 강연중에 기쿠치 간 씨 일행은 6일(8월-인용자) 미나미 총독과의 환영 오찬회에 초대를 받았으며, 석상에서 기쿠치 간 씨의 제안에 의해, 총독부의 손으로 반도 예술상을 설정해 문예, 미술, 영화 3부분에 나눠서 우수작품을 칭양(稱揚)하기로 함"이라고 하고 있다. 『문예연감(文藝年鑑)』, 1940.12.

8. 끝내며

본고에서는 마해송이 일본에 건너가서 재적했다는 니혼대학에서의 행적을 정리하는 것을 시작으로, 기쿠치 간과의 관계 그리고 『문예춘추』, 『모던니혼』에서의 행적을 살펴보았다. 이러한 조사를 바탕으로 선행논문 및 각종자료 등에 산재해 있는 마해송의 체일 시기와 관련된 오류를 지적할 수 있었다.

마해송의 체일 시기를 기초자료에 입각해 정리하는 작업은 아동문학가로서의 마해송 상을 보다 풍부하게 할 수 있는 단초가 될 것으로 믿는다. 또한 이는 마해송 개인의 문제가 아닌 일제강점기 조선문단과 일본 문단의 관계를 밝히는 작업으로까지 확대될 수 있는 문제를 내포하고 있다.

문예춘추사 및 모던니혼사에서의 마해송의 행적을 살펴보는 과정에서, 마해송이 조선문단과 일본 문단을 잇는 중개자 역할을 했음을 알 수 있었다. 마해송의 뒤에 당시 일본 문단 최고 실력자 기쿠치 간이 있었음은 시사하는 바가 크다고 하겠다. 이는 마해송이 기쿠치 간과의 상호 협력하에 '『모던니혼』'(조선판)을 출판하고 '조선예술상'을 창설한 것에 잘 드러나 있다.[82]

앞으로 이러한 기초적인 작업을 바탕으로 마해송의 체일 시기의 행적 및 마해송의 작가로서의 위상을 식민지 문제와 접목하여 전체적으로 평가하는 작업이 요구된다 하겠다. 이러한 문제는 일본과 식민지 조선 간의 당대 '대중문화' 비교연구로 발전할 수 있는 중요한 문제를 내

82) '『모던니혼』(조선판)'은 1939년 11월호, 1940년 8월호로 2회에 걸쳐 출간되었다. '조선예술상(朝鮮藝術賞)'은 제1회 수상자가 1940년 4월 특대호 『모던니혼』, 2회 수상자는 1941년 5월호에 발표되었다. 3회 수상자는 1942년 4월호 『모던니혼』에 수상자 없음으로 발표되었다.

포하고 있다고 할 수 있겠다. 이는 한국근대문학사 및 아동문학사의 중요한 문제임에 틀림없다.

출판신체제의 성립과 조선문단의 사정*

이종호

> 이미 조선문학은 이천칠백만 조선인만의 문학은 아닙니다. 일억 국민, 아니 대동아민족 십억을 위한 문학입니다. 이것은 확실히 약속드립니다.[1)]

1. 전시체제기, 판권지(版權紙)의 전언

1940년 7월 22일에 출범한 제2차 고노에[近衛] 내각은 그해 8월 1일 「기본국책요강(基本國策要綱)」[2)]을 발표하면서 '신체제(新體制)' 수립이라는

---

* 이 글은 '국제한국문학/문화학회(INAKOS)' 주최의 학술대회 '자본의 순환과 뉴미디어 테크놀로지의 역학관계－한국 근대문학의 트랜스내셔널리티(transnationality)'(연세대, 2008.11.15)에서 발표된 원고에 기초하여 작성되어, 『사이間SAI』 제6호(2009.5)에 발표되었다. 이 자리를 빌려 학술대회 발표에서 토론문을 작성해주신 서승희 선생님께 감사의 말씀을 전한다.

1) 崔載瑞, 「大東亞意識の目覺め－第二回 大東亞文學者大會より還りて」, 『國民文學』, 1943.10, 140면.

2) 「基本國策要綱」(昭和十五年八月一日 閣議決定), 『國防國家の綱領』(企劃院研究會), 新紀元社, 1941, 18~20면 참고. "세계는 지금 역사적 일대전환의 시기를 맞이하여 수개의 國家群의 생성 발전을 기조로 하는 새로운 정치경제문화의 創成을 보여, 皇國 또한 유사 이래의 大試練에 직면하여 이번 가을에 진정으로 肇國의 大精神에 기초한 皇國의 國是를 완수시키려면, 세계사적 발전의 필연적 동향을 파악하여 庶政百般에 걸쳐

국책의 목표를 선포한다. 고노에 내각은 이 「기본국책요강」을 통해서, 과거와는 상이한 새로운 세계 질서의 출현을 알리는 한편, 그에 대응하여 제국 일본이 구축해야 할 국가상을 제시한다. 다시 말해 당시 세계 질서는 "수개의 국가군(國家群)의 생성, 발전"으로 재편되고 있었고, 이에 제국 일본은 "국방국가체제(國防國家體制)의 완성"을 통해서 "대동아(大東亞)의 신질서(新秩序)를 건설"하고자 했던 것이다. 그리고 이 건설에는 필연적으로 전 부문에 걸친 내부적 재편성과 동원이 요구되었는데, 그와 관련한 주요한 방침들이 「기본국책요강」에 제시되었다. 이와 같은 광역국가(블록국가)의 구축은 한층 확장되고 변용된 형태의 주권의 출현을 의미하는 것이었고, 그 내부는 '실질적 포섭'이라고 할 만한 정도의 재편성이 요청되었다.

그리하여 내지(內地) 일본을 정점으로 하여 조선, 대만, 만주, 중국 등을 아우르는 정치・경제・사회・문화적 블록의 형성, 그리고 이를 근간으로 하여 대동아공영권이라는 새로운 체제의 구축이라는 청사진이 제시되었다. 이러한 체제 변용에 대한 지향은 일국적 체제 중심의 근대국민국가의 주권과도 그 양상을 달리하고, 이것의 확장 형태인 제국주의적 주권과 구별되었다. 말하자면 「기본국책요강」은 기존의 제국주의적 질서에서 그와는 다른 질서로 이행하는 징후들을 드러내는 정책이라고 할 수 있을 것이다. 하나의 지향이고 청사진이기는 했지만, 여기에서는 대동아공영권이라는 거대한 규모의 단일한 시장이 예견되고 있으며, 그에 조응하여 각종 부문들과 영역들(금융, 산업, 무역, 교통, 국토개발, 생산 등)이 전면적으로 재편성되어 새로운 역할들을 부여받았다. 물론 이 단일하고 매끄러운 시장의 형성은 내지 일본을 정점으로 하는 위계화된 질

빠르게 근본적 쇄신을 가해 萬難을 물리쳐 國防國家體制의 완성에 매진함으로써 바로 지금 긴요한 要務에 따라, 기본 국책의 大綱을 다음과 같이 策定한다"라고 하며, 그 "根本方針"을 "皇國의 國是 八紘을 一宇로 하는 肇國의 大精神에 기초한 세계평화의 확립을 초래함에 있어, 근본적으로 우선 皇國을 핵심으로 하는 日滿支의 강고한 통합을 근간으로 하는 大東亞의 新秩序를 건설함에 있다"고 하였다.

서를 그 기반으로 하고 있다는 사실 역시도 간과해서는 안 된다. 그러니까 대동아공영권의 형성 그 자체가 지역적 위계화나 구획을 소멸시키는 것은 아니었다. 그러한 위계화와 구획으로부터 새로운 질서가 생성되고 있었으며, 나아가 새로운 질서에 의해 그러한 위계화와 구획 역시 새로운 역할을 부여 받아 재배치되어 가고 있던 상황이었다.

이와 같은 '전환기'에 조선문학을 거론하는 데 빼놓을 수 없는 두 권의 단행본이 1943년 4월, 도쿄와 경성에서 각각 발행된다. 도쿄에서 발행된 것은 조선문인협회가 편집한 『조선국민문학집(朝鮮國民文學集)』이고, 경성에서 발행된 것은 『국민문학(國民文學)』의 주간인 최재서의 평론집 『전환기의 조선문학(轉換期の朝鮮文學)』이었다. 이 두 단행본의 발행지는 물리적으로는 상당히 떨어져 있었지만, 발행과정과 그 내용에 있어서는 밀접한 연관을 맺고 있었다. 『조선국민문학집』은 조선문인협회의 최종 결산물[3]이라고도 할 수 있는데, 조선문인협회의 발기인이었던 최재서가 이 선집의 작품선정에 관여했을 것으로 추정[4]된다. 좀 더 구체적으로 살펴보면, 조선문인협회에서는 1941년 11월 현상소설을 모집하는데, 이 모집규정을 『국민문학』 창간호(1941.11)에 게재하고 그 당선작을 1942년 4월호에 심사평과 더불어 게재[5]하였다. 기성, 신인을 불문한 현상공모였고, "고도국방국가건설에 매진하는 현시국(現時局)에 처하여, 건전한 국민생활의 발랄한 태세(態勢)를 제재로 함은 물론이고, 가능한 한 광범위한 생활에 착안하여, 표면적 효과를 성과로 하기보다 위대한 국민정신이 작품 전체 속에 스며든 순문학적인 것을 요한다"[6]고 그 취

---

3) 조선문인협회는 이 『조선국민문학집』 발행(1943.4.15)을 끝으로 발전적 해소를 거쳐 朝鮮俳句作家協會, 朝鮮川柳協會, 國民詩歌聯盟과 함께 1943년 4월 17일 조선문인보국회(朝鮮文人報國會)로 재편된다. 임종국, 『친일문학론』(1966), 민족문제연구소, 2005년 증보판 3쇄, 146면 참고.

4) 白川豊, 「『朝鮮国民文学集』について(解説)」, 『朝鮮国民文学集－日本植民地文学精選集[朝鮮編]』 1, ゆまに書房, 2000, 1면.

5) 朝鮮文人協會記, 「文人協會懸賞小說－選者の感想」, 『國民文學』, 1942.4, 84～85면.

6) 「朝鮮文人協會 懸象小說募集規定」, 『國民文學』 창간호, 1941.11, 153면.

지를 밝히고 있다. 이는 신체제운동을 문학이라는 매개를 통해 구현하고자 한 것이었다. 다시 말해, 『조선국민문학집』과 『전환기의 조선문학』은 일본 내지와 식민지 조선 등 전 영역에서 전방위적으로 추진되었던 신체제운동의 문학적 구현물이었다.

『조선국민문학집』은 그 편집 주체가 조선문인협회, 즉 조선인이었고, 창작 언어가 일본어였다는 점에서, 그리고 도쿄에 있는 일본 출판사를 통해서 출판되었다는 점에서 주목을 요한다. 이 당시 조선문학은 내지 일본에서 활발하게 출판되거나 잡지에 게재되었다.[7] 선집류만 놓고 보더라도 신건(申建)이 번역하고 편집한 『조선소설대표작집(朝鮮小說代表作集)』(教材社, 1940),[8] 장혁주 대표편집의 『조선문학선집(朝鮮文學選集)』(赤塚書房, 1940) 3권[9]의 두 종류의 문학선집이 일본에서 간행되기도 하였다. 그러나 이 선집류는 어디까지나 번역이라는 매개과정을 통해, 조선문학을 내지에 '소개'하는 수준에 머물렀다. 따라서 조선문학 및 문단은 여전히 수동적 위치에 머물러 있었고, 그 실질적 동력은 일본출판자본에 한정

7) 김사량의 「光の中に」가 1940년 『文藝春秋』 3월호에 아쿠타가와상 후보작으로 게재되고, 1939년 11월에 잡지 『モダン日本』은 '임시증대호 조선판'을 간행하여 문화, 사회의 모든 영역에 걸쳐서 조선을 소개하고 1940년 8월에는 두 번째 조선판을 출판하기도 한다. 1940년 3월에는 이광수의 『가실』, 『유정』, 『사랑』이 일본어로 번역되어 출간되고, 김소운의 『朝鮮詩集 乳色の雲』이 간행되었다. 문예잡지에서는 『文學界』에 韓植 의 「朝鮮文學の最近の動向」(5월호), 『文藝』에 임화의 「朝鮮文學通信」(6월호)과 「現代朝鮮文學の環境」(7월호)이 각각 게재되었다. 渡邊一民, 『'他者'として朝鮮』, 岩波書店, 2003, 80~81면 참고.

8) 이 선집에는 「少年行」(김남천), 「苗木」(이기영), 「豚」(이효석), 「滄浪亭記」(유진오), 「童話」(채만식), 「崔老人傳抄錄」(박태원), 「軍鷄」(안회남), 「野ばら」(김동리), 「逆說」(최명익), 「赫い山」(김동인), 「見知らぬ女人」(이광수), 「つばさ(翼)」(이상), 「農軍」(이태준)의 13편이 번역되어 실렸다.

9) 일본인 秋田雨雀, 村山知義, 조선인 장혁주, 유진오 4인의 책임편집으로 대표편집은 장혁주가 맡았다. 제1권에는 「鴉」(이태준), 「金講師とT教授」(유진오), 「蕎麥の花の頃」(이효석), 「長山串」(강경애), 「秋」(유진오), 「無明」(이광수)의 6편; 제2권에는 「地脈」(최정희), 「距離」(박태원), 「姉の事件」(김남천), 「足指が似て居る」(김동인), 「摸索」(한설야)의 5편; 제3권에는 「謙虛」(안회남), 「自殺未遂」(염상섭), 「嵐」(이석훈), 「無窮一家」(김사량), 「心紋」(최명익)의 5편 등 모두 16편이 번역되어 실렸다.

되어 있었다. 그런데 『조선국민문학집』은 그와 같은 흐름과는 달리, 조선문단이라는 기획주체와 일본출판자본, 그리고 국가(일본어라는 언어와 국책이라는 주제의 부과)라는 세 벡터가 조우하여 생산된 것이었다. 요컨대 출판 및 문학, 문단을 둘러싸고 과거와는 상이한 환경과 제도가 창출되고 있었던 것이다.

이러한 환경과 제도의 구체적인 내용은 무엇이었을까? 앞서 언급한 신체제의 성립은 출판 및 문화제도적 측면을 현저하게 변화시키고, 그리하여 당시 조선의 문단과 문학에 상당한 영향을 주었을 것이다. 이러한 추론에 한 발 더 다가서기 위해 당시 출판 및 문학과 관련하여 가장 객관적이고도 물질적인 정보를 담고 있는 '판권지'를 실마리로 삼아 논의를 풀어나가 보자.

『朝鮮國民文學集』(東京, 1943.4)	『轉換期の朝鮮文學』(京城, 1943.4)
出文協承認 あ350316號	
昭和 十八年 四月 十日 印刷 昭和 十八年 四月 十五日 發行	昭和 十八年 四月 二十八日 印刷 昭和 十八年 四月 三十日 發行
朝鮮國民文學集 定價 二圓二拾錢	轉換期の朝鮮文學 定價 二圓五十錢 送料 二十一錢
編輯者 朝鮮文人協會 代表者 芳村香道	著者兼 發行者 崔載瑞 京城府 光化門通 二一〇
發行者 末次保 東京市 小石川區 春日町 一ノ一	
印刷者 櫻井久雄 東京市 京橋區 木挽町 一ノ一	印刷者 天山益進 京城府 太平通 一ノ三一 印刷所 毎日新報社 京城府 太平通 一ノ三一
發行所 東都書籍株式會社 文協會員 番號 一二〇五二六 東京市 小石川區 春日町 一ノ一 振替 東京 九三九〇番 電話 小石川 四, 一三一一五番	發行所 株式會社 人文社 京城府 光化門通 二一〇 振替 京城 二八六三三番 電話 光化門 二六四四番
配給元 日本出版配給株式會社 東京市 神田區 淡路町 二ノ九	配給元 日本出版配給株式會社 朝鮮支店 京城府 和泉町 二
東都書籍株式會社 京城 支店 京城府 長谷川町 九三 振替 京城 三四四三三番 支店 京城, 臺北, 新京, 北京	

두 판권지의 항목들 가운데 가장 먼저 눈에 들어오는 것은 『조선국민문학집』의 "出文協承認 あ350316號"와 "文協會員 番號 一二〇五二六"이다. 이것은 두 단행본의 차이이면서, 내지 일본과 외지 조선의 출판 조건과 상황의 차이를 말해주는 것이기도 하다. 이 짧은 두 구절로 추론해 볼 수 있는 것은, 내지 일본의 출판사는 '문협(文協)'의 회원으로 가입해 있었으며, 출판물은 그 문협의 승인 하에 출판을 할 수 있었다는 정도이다. 이것은 출판물의 '생산'과 관련한 항목이다. 이러한 차이에도 불구하고 다시 눈에 띄는 공통점은 '배급원(配給元)'이라는 항목이다. 이 두 판권지의 정보에 한정하자면 '일본출판배급주식회사(日本出版配給株式會社)'는 내지 일본과 조선 모두에서 출판물과 관련하여 제도적인 영향을 끼치고 있었음을 알 수 있다. 도쿄를 그 본점으로 하여 조선에까지 지점을 두는 출판배급주식회사, 즉 이는 출판물의 '유통'과 관련한 단서인데, 이전까지는 좀처럼 찾아보기 힘든 항목이다. 두 장의 판권지에 기록되어 있는 이 항목들은 당시의 출판의 생산과 유통을 둘러싼 제도와 환경이 변화하고 있었음을 암시해 준다. 그렇다면 이러한 출판의 생산과 유통의 제도적 변동 속에서 조선의 문인과 문단(조선문인협회와 최재서)은 무엇을 꿈꾸고 있었으며, 무엇을 말하고 싶어 했을까. 이 두 장의 판권지는 우리에게 무엇을 말해주고 있는 것일까.

2. 출판신체제의 성립—유통의 광역화와 생산의 지역화

1) 내지 일본에서의 출판신체제의 성립

『조선국민문학집』의 판권지에 기재되어 있는 '출문협(出文協)승인 あ350316호'와 '문협(文協) 회원번호 120526'의 '출문협'과 '문협'은 '일본

출판문화협회(日本出版文化協會)'를 지칭하는 것인데, 이 협회는 내지 일본에서 출판신체제(出版新體制)라는 정책 하에 결성되었다. 출판신체제의 성립은 출판물에 대한 전면적 통제를 의미했다. 이것은 기존의 사상 통제 방식인 검열을 넘어서는 정책이었는데, 용지 등과 같은 출판 관련 물품을 통제함으로써 더욱더 실질적이고 전면화된 통제 형식을 구축할 수 있었다. 즉 생산과정의 출판물을 검열하는 한정된 통제 방식에서, 출판물의 시작과 끝을 관리하는 총체적인 통제방식으로 전화한 것이었다. 당시 출판의 경향, 사상 검열 및 통제, 체제유지 등과 관련하여 다음과 같은 서술을 참고해 보자.

> 우리나라(日本-인용자)를 석권한 (a) **좌익사상 내지 그 운동에서, 출판이 행한 역할은 실로 막대했다.** 따라서 좌익에 대한 탄압의 강화는 당연히 출판에도 이르렀고, 출판에 대한 취체(取締)는 매년 강화되었다. 아울러 그것은 전면적이고 조직적인 출판통제와 같은 것이 아니고, 단지 검열적 입장에서의 소극적인 취체에 지나지 않는 것이었다.
>
> 사변의 발발과 그 유입은 국내 정세를 크게 변화시켜 (b) **고도국방국가의 건설이 필수적으로 요청되었다.** 출판도 역시 예외일 수 없었다. 아울러 사변 발발 당초, 일시적으로 위축된 출판은 그 추이에 걸맞은 (c) **미증유라고도 할 수 있는 팽창, 활황을 지나 비로소 극도로 상업적으로 되어 고도국방국가에 대한 방향에서는 오히려 일탈하는 경향이 두드러졌다.** (d) **검열의 강화나 예방적 조치로는 도저히 제어할 수가 없어, 출판기구의 근본적 개변이 요청됨에 이르렀다.**[10]

이 인용문은 중일전쟁 발발 이후 출판신체제 성립에 이르는 기간 동안의, 출판활동과 사상(지식)과의 관계, 출판자본 및 시장의 변동, 일본체제 변동, 검열과 같은 통제 행위의 변동의 필요성, 출판기구 개편(출판신

---

10) 「雜誌界一年史」, 『雜誌年鑑』(昭和16年版), 日本讀書新聞社, 1941, 7면(강조 및 기호 삽입은 인용자).

체제 도입)의 필요성을 압축적으로 보여준다. 즉 출판활동은 '지식 및 정보의 생산-유통-소비'의 최전선에 있는 것으로 인지되었으며, 사상적 탄압 및 통제는 출판물에 대한 통제로부터 출발하고 있었음을 보여준다(a). 게다가 중일전쟁의 발발을 통해 출판자본과 시장이 급속도로 성장·팽창함으로써, 출판자본은 국가의 통제권을 벗어나기 시작했으며(c), 따라서 자본과 시장을 통제하기 위해 국가의 개입이 요청되었던 것이다. 즉 중일전쟁 발발 이후, 전선이 계속 확대됨에 따라, 일본은 대동아공영권을 구축하기 위해 고도국방국가 건설이라는 체제변용을 꾀해야만 했고, 그리하여 사상적 통제와 아울러 시장 및 자본을 통제하는 방식으로 출판기구의 근본적 개편을 필요로 하게 되었다(d). 이와 같은 맥락에서 취해진 조치가 바로 '일본출판문화협회'로 대표되는 출판신체제의 성립이었다.

중일전쟁이 확대됨에 따라 물자 통제의 일환으로 출판활동에도 통제가 가해지기 시작했다. 통제는 두 측면에서 이루어졌는데, 하나는 사상통제를 위한 검열의 강화였고, 다른 하나는 출판 자재를 제한하는 것이었다. 1939년 8월 1일 상공성(商工省)에서는 최고 25%까지 공급을 제한하는, 잡지 용지의 사용 제한에 관한 성령(省令)을 공포하여 당일부터 시행하였다. 그리고 1940년 5월 17일에는 내각(內閣) 정보부(情報部)에 신문잡지용지통제위원회(新聞雜誌用紙統制委員會)[11]가 설치되면서 통제가 한층 강화되었다. 이러한 조치는 용지공급의 문제가 물질의 범주를 넘어서 물질과 정신의 범주로 확장되는 것을 의미했다. 즉 상공성 관할 하에 있던 용지 공급문제에, 정보부가 관여함으로써 그것에 정신적인 의미가 부가되었다. 이것만으로도 출판계에는 충격적인 일이었다.[12] 용지공급

11) "이 위원회는 내각서기관장을 위원장으로 기획원, 내각정보부(1941년 현재 정보국), 육해군, 내무, 상공, 문부, 외무, 척무 각 省의 관계관을 위원 및 간사(약 10명)로 구성하였다. 신문, 잡지(출판)의 사활이 걸린 용지의 지배권을 이 위원회가 장악하였다". 「雜誌界一年史」, 『雜誌年鑑』(昭和16年版), 日本讀書新聞社, 1941, 10면.

12) 河原功, 「戰前期の台湾における日本書籍の流通-三省堂を中心にして」, 『成蹊人文研

권을 장악하고 일원화한 일본 정부는 내무성(內務省)을 중심으로 출판신체제를 기획하였다. 제2차 고노에 내각 발족 직후인 8월 5일에 신문잡지용지통제위원회(新聞雜誌用紙統制委員會)는 기존의 출판조직인 도쿄출판협회(東京出版協會)와 일본잡지협회(日本雜誌協會)를 해산시켜 '출판문화협회(出版文化協會)'에 합류시키는 안을 결정하였고, 8월 하순에 일본잡지협회, 도쿄출판협회, 오사카도서출판업조합(大阪圖書出版業組合), 교토출판업조합(京都出版業組合), 공익단체잡지협회(公益團體雜誌協會), 중등교과서협의회(中等教科書協議會) 등 유력 단체들을 발전적으로 해소하여 12월 19일부로 '사단법인(社團法人) 일본출판문화협회(日本出版文化協會)'(약칭 '문협'(文協))가 창설[13]되었다.[14]

일본출판문화협회의 근본이념은 "출판문화의 향상에 의한 고도국방국가의 확립과 일본신문화건설(日本新文化建設)"[15]에 있었으며, 그 「창립취지서(創立趣旨書)」에서 시국에 협조하지 않는 출판물이 많음을 비판하면서, "국가의 전면적 신체제 확립의 요청에 바로 응해 출판계에 일대혁신을 가(加)하고, 전국의 출판사업 관계자가 일원적(一元的)인 출판사업신체제(出版事業新體制)의 아래에서 건전한 신일본문화건설(新日本文化建設)의 사명을 담당하는 임무로서 출판보국(出版報國)의 열매를 거두게 하"[16]는 데 그 의의가 있음을 밝히고 있다. 이와 같은 '문협'의 근본이념과 그 목적을 달성하기 위한 사업으로는 "① 관계 관청, 단체와의 연락, ② 출판업에 관한 개선 지도, ③ 출판용지 통제기관과의 연락 및 출판용지

究』 제5호, 1997.3, 35면 참고.

13) "출판신체제안의 작성 준비에는 내각정보부, 기획원, 육군, 해군, 상공, 내무, 문부 각 省의 관계 係官이 참여하였는데, 준비가 구체화되면서, 민간 및 관계자 측에서 준비위원으로 32명이 위촉되었다. 다시 출판문화협회창립위원회가 설치되어, 여기에는 민간 측 42명에 관청 측이 참가하여, 여러 번에 걸쳐 準備會를 진행한 후 일본출판문화협회의 발족을 보게 되었다". 「雜誌界一年史」, 앞의 책, 6면.

14) 「日本出版文化協會業績」, 『雜誌年鑑』(昭和17年版), 日本讀書新聞社, 1942, 116면 참고.

15) 小島新生 編, 『出版新體制の全貌』, 出版タイムス, 1941, 72면.

16) 田代金宣, 『出版新體制の話』, 日本電報通信社出版部, 1942, 17~18면.

의 할당 조정, ④ 출판물 배급 및 판매기관의 감독 지도, ⑤ 무익(無益) 출판물의 억제, ⑥ 우량 출판물의 장려 및 보급, ⑦ 도서관과의 연락 및 독서보급 시설의 장려, ⑧ 출판업자 및 종업원의 향상(向上) 시설(施設), ⑨ 수이출입(輸移出入) 출판물 및 번역 출판의 통제, ⑩ 출판문화 공로자의 표창, ⑪ 그 외 본회의 목적 달성을 위해 필요한 사업, ⑫ 목적 달성상 필요하다고 인정될 때 다른 관계자에게 출자"[17] 등을 그 「정관(定款)」에 명기하였다.

이러한 사업 방침을 바탕으로 하여, '문협'은 출판과 관련된 다양한 일들을 진행시켜 나갔다.[18] 먼저 가장 토대가 되는 작업으로 '출판용지 할당제'를 실시하였다. 이 제도는 출판부문별로 비율을 정하여 용지를 할당하는 '통상할당(通常割當)'과, 통지된 할당분을 모두 사용했을 경우, 회원의 신청을 받아 심의 후 용지를 공급하는 '특별할당(特別割當)'[19]으로 나누어져 있었다. 이러한 통상할당과 특별할당뿐만 아니라 회원 자신이 소유하고 있는 용지를 사용하더라도, 출판기획계(出版企劃屆)를 제출하여 심사를 받도록 하는 '출판기획계제(出版企劃屆制)'를 실행하였다. 이 기획서에는 상세한 내역뿐 아니라, 저자의 날인까지 요구되었다. '문협'은 이 기획서 제출을 통해 자기반성의 기회를 가지게 하였고, 그리하여 "기획계를 작성하는 것 자체가 통제의 커다란 거름망을 작동시키는 자선작용(自選作用)"이 되도록 하였다. 이러한 작업은 당시 '문협'과 출판신체제를 옹호하는 입장에서도 강조하고 있듯이, 문화의 "통제와 건설"을 병행하려는 의도였다. 그리고 '문협'은 정보국을 중심으로 내무성, 경시청과 공동으로 치안유지라는 관점에서 방침을 정하여 1941년 6월 말부터 연말까지 천 수백 종의 잡지를 개・폐간시켰다. 이렇게 잡

17) 위의 책, 207~208면.

18) 이하 아래 단락에서 서술하는 일본출판문화협회가 추진한 구체적인 사업들에 대한 내용은 「日本出版文化協會業績」, 『雜誌年鑑』(昭和17年版)을 참고하였다.

19) 특별할당의 결과는 매회 기관지를 통해서 회원들에게 발표하여 양성의 표준을 제시하였다. 「日本出版文化協會業績」, 『雜誌年鑑』(昭和17年版), 120면 참고.

지를 정리 통합하는 한편, 단행본에 대해서도 몇 가지 조치를 취하였다. 먼저 정보국, 내무성, 문부성과 협의하여 교육 관계 자습서, 참고서를 1942년도부터 모두 폐간하기로 결정하였고, 강의록(講義錄)도 개폐(改廢), 정리하였다. 번역 부문에는 그 내용을 심사한 후 출판여부를 결정하였으며, 번역물의 중복 출판을 피하는 한편, 전시(戰時)의 특성상 정보 획득을 위한 번역 판권을 확보하려 노력하였다. '문협'이 출판신체제를 지향하는 조직으로서 가장 중점을 둔 사업 중 하나는 '우량도서의 추천'이었는데, 출판, 배급 및 보급에 이르기까지 만전을 기하는 중점 사업 가운데 하나였다. 출판은 당시 모든 지식과 사상 및 정보의 물적 현실태이자 네트워크의 결과물이었으므로, '문협'은 다양한 문화 관계 단체들(대정익찬회 문화부, 일본편집자협회, 일본평론가협회, 일본문예중앙회, 전일본과학기술단체연합회)과 밀접한 관련을 맺고 교류하였다. '문협'의 법률적 지위는 민법상의 '사단법인'에 지나지 않았지만 실질적인 역할과 위상은 그것을 훨씬 넘어서는 것이었다. 즉 '문협'은 정보국의 지도 아래에서 출현하였고, '사상전의 탄환'인 용지의 공급관계로 인해 상공성의 긴밀한 지도 하에 있었으며, 내무성 검열과, 경시청, 문부성, 기획원, 육해군, 철도성, 체신성, 척무성, 후생성 등 다양한 국가기관과 관계를 맺고 있었던 관민협력(官民協力) 복합체였다.

'문협'은 일본의 출판관련 업체 모두를 총망라하는 단일조직으로, 앞에서 열거한 사업 범위에서 알 수 있듯이, '문협'을 통하지 않고서는 어떠한 단행본이나 잡지도 출판할 수 없었다. 그리고 다양한 국가기관 및 문화기관과의 네트워킹을 통해 문화영역의 총체 기관으로서 작동하였다. 그리하여 물리적인 '책' 그 자체뿐만 아니라 책을 둘러싼 비물질적인 문화와 사상의 영역까지 통제, 기획, 생산하는 권한을 지니고 있었다.

일본출판문화협회(日本出版文化協會)가 책을 비롯한 지식, 사상, 문화의 생산 영역을 총괄하고 있었다면, '일본출판배급주식회사(日本出版配給株式會社)'(약칭 '일배'(日配))는 그것의 유통 영역을 총괄하는 조직이었다. 앞에서 판권지를 통해 살펴보았듯이, 내지 일본을 총괄하는 본점과 조선을 담당하는 지점이 있었음을 알 수 있다. 즉 일본출판문화협회가 내지 일본 영역을 그 활동범위로 했다면, 일본출판배급주식회사는 내지 일본을 중심으로 하여 그 외부로 영역이 확장되어 있었음을 유추해 볼 수 있다. 일본출판배급주식회사에 대한 기존 연구는, 국내 연구에 한정해 보면, 조선 지점의 설립 시점과 그것을 통한 서적 유통의 규모를 간략하게 언급[20]하는 정도다.

이 일본출판배급주식회사의 출현은 '서적배급신체제(書籍配給新體制)'를 의미하는 것이었다. '일배'의 성립 이전에도 전국적으로 300여 개의 중개회사가 있었지만, 일본의 서적 중개업은 동경당(東京堂), 북륭관(北隆館), 대동관(大東館), 동해당(東海堂)의 4대 중개회사를 중심으로 운영되고 있었다. 특히 잡지 중개업은 많은 이윤을 남길 수 있었으므로, 이 4대 회사가 독점하고 있는 형편이었다.[21] 따라서 기득권을 쥐고 있던 민간 자본의 반발과 저항이 적지 않았던 것으로 보인다. 서적배급신체제와 관련하여 처음에는 ① 일원적 배급기구, ② 서적, 잡지별 이원적 배급기구, ③ 배급회사를 장합회사(帳合會社)로 하여, 그 아래에 도매(取次)업자를 대리점으로 하는 기구 등의 세 가지 안이 제출되었으나 일본 정부의 확고한 방침에 의해 일원적 배급기구로 정비되었다.[22] '일배'가 발족하게 되는 과정을 간단히 살펴보면, 당국에서 출판, 도매, 소매업자 중에

20) 백운관 · 부길만은 1942년 12월에 일본출판배급주식회사의 지점이 경성에 설치되었으며, 이 기구가 당시 조선의 549개 서점(총합서점 120개 포함)을 총망라하는 서적 공급권을 독점하였으며, 그 주요한 업무는 교과서 공급이었다고 서술하였다. 백운관 · 부길만, 『한국 출판문화 변천사—도서유통의 성립과 발전』, 타래, 1992, 111 · 119면 참고. 그리고 방효순은 백운관 · 부길만의 연구를 이어 받아, 1941~1942년 사이 일본출판배급주식회사를 통해 조선에 판매된 서적은 일본 전체 서적 총매상고의 약 3.5%로 당시 일본의 하나의 현(縣)에 해당하는 규모라고 밝히고 있다. 방효순, 「일제시대 민간 서적 발행활동의 구조적 특성에 관한 연구」, 이화여대 박사논문, 2001, 39면 참고.

21) 河原功, 앞의 글, 36면 참고.

22) 「配給界一年史」, 『雜誌年鑑』(昭和17年版), 150면 참고.

서 21명의 준비위원을 선출하여, 1940년 10월 9일과 24일 이틀 간 준비위원회를 개최, 배급신체제의 기초요강－모든 출판물의 일원적 배급통제기관으로서의 일본출판배급주식회사의 설립－을 심의하고 결정하였다. 서적의 유통 업무를 담당하고 있었던 모든 도매점을 동일한 회사로 합류시켜 일원화하고, 당국 및 '문협'의 지도 감독 하에 두고자 하였다. 준비위원회의 해산에 이어 창립위원이 선출되어 11월 7일, 29일에 두 번 창립위원회를 개최하여 배급회사의 창립을 준비하였다. 이후 1941년 발기인회가 구성되어 전국 230개의 중개회사를 통합하고 자본금 1천만 엔의 주식회사로 설립하여, 5월 5일 창립총회를 개최하였다.[23] 서적의 생산과 유통에 관한 신체제가 성립되어 감에 따라, 소매서점에서는 일본출판문화협회가 출판하고 '일배'가 배급하는 출판물만을 취급[24]하게 되었다.

앞서도 언급했지만, 가장 눈여겨 볼 점은 '일배'가 내지 일본에 한정되어 있지 않았다는 점이다. '일배'는 1941년 11월 25일부로 경성부(京城府)에 조선지점(朝鮮支店)을, 11월 29일부로 타이베이시[臺北市]에 대만지점(臺灣支店)을 설치할 취지를 발표하고, 조선지점 준비위원장으로서 스즈키 다사부로[鈴木多三郎]를, 대만지점 준비위원장으로서 오쿠무라 쿄호[奧村鄕輔]를 임명하였다.[25] 그리고 만주국의 서적배급을 담당하는 만배(滿配)와도 단일한 창구를 만들어 출판물을 유통시켰다.[26]

출판물을 둘러싼 신체제가 확립됨에 따라, 발행, 배급, 판매 및 용지할당에 있어서 하나의 통일된 흐름을 그려볼 수 있게 되었다. 그림 ①은 '출판물의 발행·배급·판매 및 용지할당 기구도'[27]를 나타내는 것

---

23) 「雜誌界一年史」, 『雜誌年鑑』(昭和16年版), 13면 참고.

24) "日配는 新刊書籍, 豫約全集, 雜誌는 물론, 書籍註文品, 教科書參考書, 日記 등 一切의 출판물을 취급한다". 「配給界一年史」, 앞의 책, 156면.

25) 「配給界一年史」, 앞의 책, 166면.

26) 위의 책, 167면 참고.

27) 「配給界一年史」, 『雜誌年鑑』(昭和17年版), 114면.

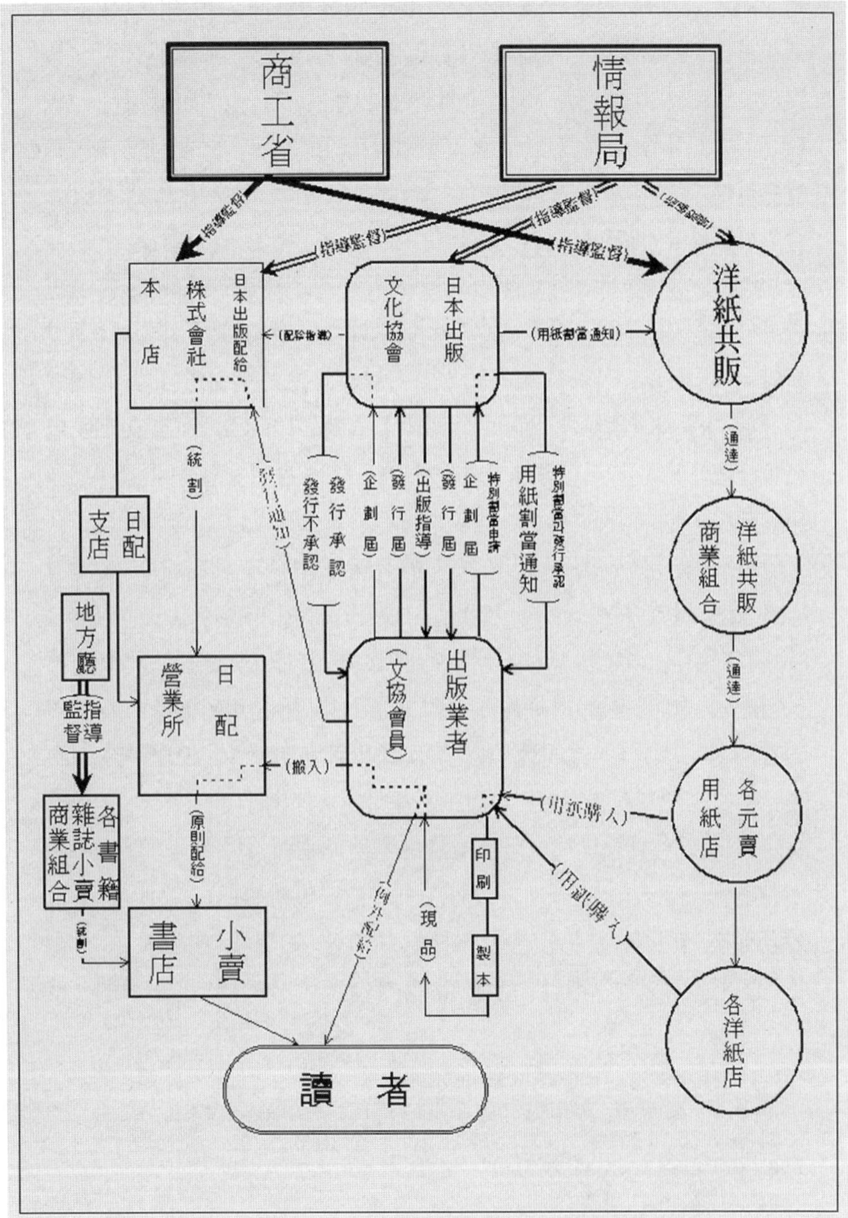

그림 ① 출판물의 발행・배급・판매 및 용지할당 기구도

으로 당시의 출판신체제가 어떻게 구축되어 작동하고 있었는지를 잘 보여준다. 정보국과 상공성이라는 국가기구가 최정점에 위치하여 지도·감독을 행하고, 일본출판문화협회라는 민간조직과 일본출판배급주식회사와 일본양지공판주식회사(日本洋紙共販株式會社)[28] 등의 자본이 서로 유기적이고 효율적으로 결합하여, 최종적으로 '책'이라는 정신적 구현물이 어떻게 독자의 손에 들어오게 되는지를 보여준다. 즉 독자의 손에 쥐어지는 '책'은, 그 이전의 책들과는 전혀 다른 조건에서 산출된 것으로, 국가기구와 민간조직, 출판자본 등이 출판신체제라는 융합 과정을 통해 만들어낸, '신체제'의 구현물이었던 것이다.

2) 식민지 조선에서의 출판통제 및 출판신체제로의 절합

최재서의 『전환기의 조선문학』과 조선문인협회의 『조선국민문학집』의 판권지를 비교해 보면, 출판 유통 영역에서는 내지 일본과 식민지 조선이 일원적 체제 안에 속해 있음을 알 수 있다. 하지만 출판 생산 영역과 관련해서는 조선에서 일본출판문화협회와 같은 역할을 하는 조직이 존재했는지, 있었다면 '문협'의 하부 조직으로 재편되었는지 등을 알려주는 단서는 없다. 그렇다면 유통 영역에서는 내지나 식민지 모두 일원적 흐름이 구축되었지만, 생산 영역에서는 식민지 조선과 내지 일본이 서로 다른 환경에 놓여 있었을 것이라 추론할 수 있을 것이다.

중일전쟁 이후 식민지 조선에서의 출판과 관련한 통제는 처음에는 조선총독부를 중심으로 하여 내지 출판신체제의 성립과는 다소 무관하게 진행된 것으로 보인다. 이 당시 내지 일본과 식민지 조선 사이에 출

28) 출판용지의 경우 전국판매통제기관으로서 일본양지공판주식회사가 1940년 11월 40일에 설립되었고, 인쇄업계도 그 재편성을 위해 일본인쇄공업조합연합회가 1940년 11월에 발족하였다. 河原功, 앞의 글, 36면 참고.

판 및 배급으로 문제가 발생한 것은 제3차 조선교육령의 개정과 관련되어 있었다. 제3차 조선교육령의 개정은 일본과 동일한 교육제도(內鮮共學)를 도입하는 것을 골자로 하고 있었으므로, 그리하여 소학교 교과서의 경우, 문부성에서 편찬한 것을 사용하도록 하였다.[29] 이렇게 되자 조선의 교과서 시장을 두고 조선의 서적업자와 내지 일본의 서적업자 간에 경쟁구도가 형성되었다. 도쿄, 오사카의 서적업자들은 조선의 모든 소학교에서 문부성지정교과서를 사용하도록 매우 강력하게 건의·주장하였고,[30] 이에 조선서적조합은 조선의 특수사정을 내세우며, 조선의 교과서를 국정교과서로 통일하는 안에 대하여 강력히 반대[31]하였다. 내지 일본의 서적업자들은 문부성 교과서의 사용을 통해 조선의 교과서 배급권을 장악하려 했고, 조선의 서적업자들은 '조선의 특수성'을 들어 조선총독부 편찬의 교과서를 사용할 것을 거듭 주장함으로써, 서적 배급의 이윤을 포기하지 않으려고 했다. 요컨대 이러한 분쟁은 내셔널리즘에 기반을 둔 대립이라기보다는, 내지와 식민지 간의 출판시장을 놓고 발생한 것이었다. 이와 같은 대립은 업자들뿐 아니라 정부 차원에서도 다소 유사한 형태로 발생하였다. 교과서 통일 문제에 대하여 이노우에[井上]총독부 편수관은 "조선의 특수사정상 교육령은 개정되었다 할지라도 즉시 문부성교과서를 그대로 쓸 수는 도저히 불가능한 일이다"[32]

29) 최유리, 『日帝 末期 植民地 支配政策研究』, 국학자료원, 1997, 59면 참고. "1938년 3월 15일에 공포된 소학교규정 중 제64조는 "소학교의 교과용도서는 문부성에서 저작권을 가진다"고 규정했다. 이 규정에 따르면 기존에 조선총독부에서 편찬한 모든 교과서를 폐기하고 오직 문부성 편찬의 교과서만 조선에서 사용할 수 있었다." 장신, 「조선총독부 학무국 편집과와 교과서 편찬」, 『역사문제연구』 제16호, 2006.10, 50면.

30) 「文部省 教科書 使用을 東京, 大阪業者가 策動」, 『동아일보』, 1938.11.19, 석간 2면.

31) "全조선서적조합원 一百여명이 궐기하야 (…중략…) 조선의 소학교 교과서를 국정교과서로 통일함은 조선의 특수사정을 무시할 뿐이라 배포하는 데도 절대 불가능한 일이라 하야 현상대로 하자고 만장결의 하고 이어 十七일 李晶來, 藤澤 씨 외 三四명의 대표자가 학무국 고미 학무과장을 방문하고 진정한 동시에 조선서적주식회사를 방문코 선처에 노력할 것을 요망." 「全朝鮮의 書籍業者가 蹶起 小學校의 教科書 統一을 反對」, 『동아일보』, 1938.11.19, 석간 2면.

32) 「特殊事情이 잇으므로 朝鮮 것을 使用하겟다」, 『동아일보』, 1938.11.19, 석간 2면.

라며, 제3차 조선교육령의 개정에도 불구하고 문부성 교과서 사용에 반대하였다. 당시 식민지 조선에서 조선총독부는 출판배급자본을 통제하려는 한편, 내지 일본 정부와 내지의 출판배급자본에 대해서는 '조선의 특수성'이라는 명목 하에 함께 대항하면서 결과적으로 공모관계를 유지하게 되었다. 그리고 당시 일본 서적업자들은 "현해탄을 넘어 조선에 오는 서적에 외지가격(外地價格)이라는 명목 하에 잡지와 보통 서적에 오(五)부 내지 일(一)할 이상의 특별가격을 첨부하야 판매"[33]하여 조선출판유통시장에서 부당이득을 취하고 있었다. 요컨대 당시 내지 일본과 식민지 조선 사이에는, 일본 정부와 조선총독부 간에, 그리고 내지 출판유통자본과 조선의 출판유통자본 간에 일정한 경쟁관계가 형성되었다.

조선총독부는 내지 일본 정부의 방침에 전반적으로 따르는 한편, 내지의 출판신체제 성립 이전에 독자적인 형태로 조선 내의 출판협회나 서적배급회사 설립을 추진해 나간 듯하다. 1940년 3월 16일, 잡지와 서적출판업자 10여 명이 모여, 삼천리사(三千里社) 김동환의 사회로 조선출판협회(朝鮮出版協會) 결성을 위한 발기인 총회를 개최하였다. 이 발기인 총회는 전시 하 출판업자의 국책에 부응, 용지의 합리적인 절약, 서적제(書籍祭)의 개최, 정가판매 장려, 내지와 조선의 출판업자의 단결 및 출판문화의 향상 등을 주요 사업으로 논의하는 한편, 앞으로 일본출판협회(日本出版協會)에 가맹할 것도 전망하였고, 총독부 관계 당국과 조선서적조합을 고문으로 추대하였다.[34] 발기인 총회 후 실질적인 출판협회의 발족은 1940년 5월 10일에 이루어졌다. 출판잡지업자 50여 명이 모여 조선출판협회를 조직하였으며, 발기 단체로는 삼천리사, 박문서관, 한성도서주식회사, 조광사, 인문사, 문장사, 영창서관, 일한서방(日韓書房), 오사카야서점(大阪屋書店) 등이 참가하였다.[35] 이 조선출판협회는 "국책

33) 「外地定價名目우로 雜誌價 五分를 引上」, 『동아일보』, 1938.11.19, 석간 2면.
34) 「出版協會를 結成」, 『동아일보』, 1940.3.19, 조간 2면; 「朝鮮出版協會 發起會 成立」, 『조선일보』, 1940.3.20, 2면.

에 협력하야 출판문화(出版文化)를 더욱 촉진하고저" 한다는 목적을 내세웠는데, 같은 해 11월 30일에 설립될 일본출판문화협회와 같이 출판용지 통제권 등의 권한을 지닌 단체는 아니었던 것 같다. 실질적인 권한은 크게 없고, 조선총독부에 협력하는 민간단체로서의 성격을 지녔던 듯하다.

식민지 조선의 독자적인 서적배급회사의 창립은 조선출판협회 결성보다 1년 정도 빠른 1939년 5월부터 조선총독부 경무국을 중심으로 논의되기 시작하였다. 경무국은 이 배급회사 설립을 통해 "검열의 합리화와 정가의 저렴을 도모하기 위해 내지 출판협회 서적상조합관계자와 조선 내 이 방면 관계자의 출자와 총독부 경무국의 지도 알선으로 이 회사를 설립"하고자 하였다. 그리하여 배급회사는 도쿄에 출장소를 설치하여 예비검열을 한 후, 조선으로의 이입 여부를 결정하는 등, 내지로부터 들여오는 모든 서적의 배급을 담당할 계획이었다. 경무국의 이러한 방침에 조선 내 중소서적상들은 극력반대를 하는 입장이었다.[36] 이후 얼마 지나지 않아 후루카와[古川]도서과장은 용지협정과 서적배급회사 창립 문제 등으로 도쿄 출장을 마치고 돌아와 "시국 기타 여러 가지 관계로 보아 신문 잡지 등을 이용할 필요가 점차 긴요 중대하여 오는 실정"으로 파악하여 용지배급량을 감소시키지는 않고 그 배정할당을 조정할 뜻을 밝히면서,[37] "서적배급회사(書籍配給會社)의 창립은 중간착취를 배제하고 외지정가(外地定價) 할증(割增) 판매(販賣) 등의 불합리(不合理)를 제(除)하고 조선색(朝鮮色)이 풍부한 출판물을 제공하는 동시에 합리적인 호개(好個)의 계획이라고" 주장하며 자본금 백만 원으로 회사를 창립하기로 결정하였다.[38] 이러한 조선의 독자적인 서적배급망의 구축

35) 「出版協會結成」, 『동아일보』, 1940.5.11, 석간 2면; 「朝鮮出版協會結成」, 『조선일보』, 1940.5.12, 2면.

36) 「書籍配給會社出現」, 『조선일보』, 1939.5.7, 2면.

37) 「"書籍配給을 許可制로"」, 『조선일보』, 1939.5.25, 2면(이 기사에서는 당시 "매년 내지로부터 이입되는 잡지 기타 서적이 약 오백만원 어치에 달"한다고 언급하기도 하였다).

에 대해서는, 앞서 언급한 조선 내 중소서적상들뿐만 아니라 도쿄의 4대 판매업자[39] 가운데 한 회사가 "맹렬히 반대"하는 입장을 표하기도[40] 하였다. 이후 서적배급회사는 총독부 경무당국을 중심으로 그 결성이 추진되었는데, 총독부는 1939년 7월 15일 조선서적배급회사의 창립 취지 설명회를 서적상 대표(22명 참석)를 대상으로 개최하여 그들의 적극적 협력을 이끌어 내었다. 그리하여 "회사는 자본금 백만 원으로 하고 총독부가 약 절반을 내고 이외에 조선 안에 있는 서적취급자와 판매업자 그리고 내지에 있는 잡지협회와 출판협회 및 큰 서적취급상이 주주(株主)가 될 터로, 본점은 경성에 두고 동경에 지사를 두고 대판과 부산에는 지점을 둘 터로, 내지와 조선에서 출판되는 신문을 제외한 잡지, 교과서, 단행본 등 일반출판물을 배급하"기로 하였다.[41] 그리하여 이 무렵에는 9월경에 배급회사가 설립될 것으로 예견되고 있었다. 그러나 상황은 원만하게 진행되지 않았다. 조선 서적업자들은 처음과는 달리 배급회사 설립에 찬성을 하였지만, 도쿄의 4대 배급회사가 지속적으로 반대하고 있었다. 앞서 언급했듯이 이 4대 배급(중개)회사는 내지 일본의 서적 유통 배급의 중심이었고, "동경에서 발행하는 각종 잡지를 조선, 만주, 대만 방면에 배급하는 특권", 즉 독점권을 지니고 있었기 때문에 쉽게 조선에서의 이윤을 포기하지 않으려고 하였다. 이와 같은 갈등 상황 및 이해관계 등으로 인해 배급회사는 해를 넘겨 1940년 봄에 창업하기로[42] 하였는데, 그것이 현실화되어 배급회사가 창립되었는지는 확인할 수 없다.[43]

---

38) 「書籍配給會社創立」, 『동아일보』, 1939.5.25, 조간 1면.

39) 이는 일본의 4대 중개회사 東京堂, 北隆館, 大東館, 東海堂을 가리키는 것으로 보인다.

40) 물론 이것은 조선의 독점적 서적배급망이 구축되면, 자연스레 이윤이 감소할 것에 대한 우려 때문이었을 것이다.

41) 「書籍配給會社 設立趣旨說明」, 『조선일보』, 1939.7.19, 2면.

42) 「朝鮮 內 千七百業者 贊成 傘下에 遂合流―」·「旣定方針대로 進行되는 中이다―總督府 古川圖書課長」, 『조선일보』, 1939.7.21, 2면.

43) 방효순은 이 배급회사가 실제 설립에는 이르지 못했던 것으로 보고 있다. 방효순,

이와 같이 내지 일본에서 본격적인 출판신체제 운동이 등장하기 이전부터 조선총독부는 자체적으로 출판 생산 영역과 유통 영역에서의 통제를 기획해 왔으며, 이는 내지의 출판배급자본과 일정한 마찰을 불러일으키기도 하였다. 중일전쟁 이후 조선총독부는 출판 영역에서, 향후 전개될 출판신체제와 유사한 정책들을 독자적으로 구상하였다. 그러나 이러한 구상이 눈에 보이는 성과를 거두지는 못한 것 같고, 조선출판협회나 조선서적배급회사가 서적의 생산과 유통에 관한 실질적인 권한을 쥐고 구체적인 사업들을 전개한 것은 아니었던 것 같다. 그럼에도 불구하고 이러한 조직적 정비와 통제는 결과적으로 내지 일본발(發) 출판신체제에 연착륙하면서 절합될 수 있는 토대를 창출하였다. 그리하여 대략 1941년 4월 이후에 조선에서도 '반도신체제운동'에 호응하기 위한 출판신체제제 확립에 관한 구체적 방침이 모색되었다.[44]

그러면서 출판물의 유통 영역에 대한 통제는 '일배'의 조선지점으로 단일화되었으며, 조선은 제국 일본 및 대동아공영권의 한 마디로서 절합되어갔다. 반면에 출판물의 생산 영역에 대한 통제기구로서 내지 일본의 일본출판문화협회와 같이 실질적 권한을 가진 관민협력기구의 출현을 식민지 조선에서는 찾아보기 힘들다. 정기간행물의 폐간 및 통합에는 항상 조선총독부 당국이 개입하고 있다. 예컨대 『인문평론』과 『문장』의 폐간에 이은 『국민문학』의 창간 등에 직접 개입하고 있는 총독부 당국의 움직임[45]에 비춰 볼 때, 생산 영역만큼은 식민지 조선의 독자적

앞의 글, 30면 참고.

44) 임종국, 앞의 책, 60면. 이와 관련하여 부언하자면, '조선출판문화협회(朝鮮出版文化協會)'는 1944년 11월경에 창립준비를 완료하여, 1945년 초에 창립총회가 개최되었다. 회장으로 조선총독부 정보과 아베[阿部] 과장, 전무이사로 김형찬(金亨燦), 이사로 조선인 5~6명이 선출되었는데, 이사 가운데 한 사람으로 최재서가 참여하였다. 金亨燦, 『証言 朝鮮人のみた戦前期出版界——編集者の回想』, 出版ニュース社, 1992, 343~352면 참고.

45) "그 중에서도 이태준 씨의 『문장』과 필자가 편집을 맡았던 『인문평론』에 의존하지 않으면 안 되었다. 그런데 그 두 개의 문예 잡지가 어쩔 수 없이 통합하게 되었던 것이

인 관리 체제 속에 놓여 있었던 것 같다. 따라서 출판신체제라는 메커니즘이 식민지 조선에 이르러 작동하는 방식은 유통 영역에 있어서는 내지 일본을 정점으로 하는 대동아공영권으로 급속도로 빨려 들어가 유기적으로 구성되어 작동하기 시작한 반면에, 생산 영역에 있어서는 조선총독부의 자체적 작동체제에 의해 통제 받는 형태로 남아 있었다고 볼 수 있다.[46] 이처럼, 출판신체제는 유통 영역을 확장하는 동시에 생산 영역을 지역적인 마디로 분절하여 관리・통제하였으므로, 조선의 문필가들은 언제든지 중앙이나 정점으로 진출할 수 있다는 환상을 품게 되었지만, 이 환상 역시 출판신체제의 메커니즘에 의해 적절히 통제될 수밖에 없었다. 그리하여 제국의 중심 혹은 세계에 대한 욕망과 지역적 통제의 현실 속에서 방황하는 수많은 영혼들이 양산되었다. 국가(및 자본)의 통제 규격에 맞게 가공된 출판 상품을 통해 어디든지 갈 수 있지만, 정작 생산자인 문필가는 언제나 지역적 관리나 통제로부터 자유로울 수 없는 상황, 그것이 출판신체제가 만들어낸 한 국면이었다.

다. 주동은 경무 당국으로 당면의 이유는 말할 것도 없이 용지 절약이었지만, 당국으로서는 이때 잡지 통제를 통해 조선문단의 혁신을 단번에 해결해 보려는 의도를 가졌으리라는 점은 쉽게 추측할 수 있다. 그 결과 탄생한 것이 오늘날의 『국민문학』이다". 崔載瑞, 「朝鮮文學の現段階」, 『國民文學』, 1942.8, 12면.

46) 참고로 대만의 출판신체제에 관해서는 다음과 같은 서술을 참고할 수 있다. "동일한 통제(출판 통제－인용자)는 내지의 일본출판협회 창설에 뒤진 1년 4개월 후에 대만에서도 이루어졌다. (…중략…) 1942년(쇼와 17) 4월 11일, 대만출판회의 창립총회가 타이베이시 공회당에서 회원 64명(14명 결석)출석 하에 개최되었다. 1942년 5월 1일, 日配의 대만지점(지점장 奧村鄕輔)이 설치되었다. 奧村鄕輔는 元취차 최대 회사인 東京堂에서 日配로 옮겨, 서부 판매과장을 거쳐 日配臺灣지점의 지점장으로 취임하였다. 그 日配臺灣지점 설치는 1942년 2월에 정보국, 척무국, 대만총독부, 내각인쇄국, 일본출판문화협회 日配 등의 관계자가 집합하여 의기투합한 결과 '일배대만지점설치요강'을 결정하고, 여러 수속을 거쳐 실현하게 되었다. 그 요강 중에 '이미 존재하는 도매업자의 통합'이 있어, 대만도 내지와 마찬가지로 서적잡지의 도매업자의 존재가 일체 승인되지 않게 되었고, 일배대만지점 이외는 누구도 서적잡지의 도매는 불가능했다. 일배대만지점은 내지출판물의 대만 이입 배급과 대만출판물의 배급을 일원적으로 취급하게 되었다." 河原功, 앞의 글, 37면.

3. 광역적 유통망의 최전선-『출판보급』과 『잡지연감』, 그리고 조선의 위치

출판신체제를 통해 구축된 유통망 속에서, 대동아공영권은 어떻게 표상되었던 것일까. 또한 조선은 어떠한 위치에 놓이게 되었던 것일까. 여기에서는 그러한 유통망을 문자언어로 구현하였던, '일배'의 기관지였던 『출판보급(出版普及)』과, 당시 잡지를 1년 단위로 총망라하고 있었던 『잡지연감(雜誌年鑑)』을 통해 이러한 문제들을 살펴보고자 한다.

일본독서신문사(日本讀書新聞社, 후신-協同出版社)는 1939년 5월, 1938년 12월 말을 기준으로 하는 1939년도 판 『잡지연감』을 발간한다. 다른 출판물과는 달리 잡지의 연감 발행이 없었던 것에 관해 사측은, 잡지가 "유통 변동이 가장 심해, 그 실체를 파악하는 일이 곤란했기 때문"이라고 하면서, 이 연감이 일본 최초의 잡지연감이라는 점에 의의를 부여하였다.[47] 일본독서신문사는 쇼와[昭和] 14년판에서 쇼와 17년판에 이르는 총 4권의 『잡지연감』을 발간[48]하였다. 이와 더불어 일본출판문화협회가 창립 후, 이 『잡지연감』을 감수(監修)했다는 사실도 언급해둔다.

이 연감의 주요한 내용은 '잡지목록'이라고 할 수 있는데, 시간에 경과함에 따라 그 구성이 점차 변동하였다는 점에 주목할 필요가 있다. 1939년판(昭和 14年版)에서 '잡지목록'은 '일반잡지목록(一般雜誌目錄)', '연감목록(年鑑目錄)', '주요외국잡지목록(主要外國雜誌目錄)'으로 나뉘어 있었

---

47) 「序にかへて」, 『雜誌年鑑』(昭和 14年版), 日本讀書新聞社, 1939, 1면.

48) 이와 짝을 이룬다고 할 수 있는 것이 『書籍年鑑』이었다. 쇼와 17년판만을 보면, 일본출판문화협회가 나서서 『書籍年鑑』과 『雜誌年鑑』의 監修를 맡았다. 쇼와 17년판 서적연감에서는 "쇼와 16년도 출판된 신간서적 목록을 중심으로 서적출판계一年史, 일본출판문화협회와 더불어 日配의 개요업적, 文協과 문부성의 추천도서목록, 16년도 예약배급 총목록을 시작으로 서지학관계문헌목록, 정보국관제와 더불어 출판관계 단체들의 규약일람, 출판관계법규, 발생소일람, 출판통계, 기타요람, 휘보를 실은 쇼와 16년도의 출판문화조감도서"로 "일반국민도 항상 곁에 둘만한 것으로 추천장려 하"였다. 『出版普及』, 1942.9.1, 12~13면.

다. 그 가운데 '일반잡지목록'은 내지 일본에서 발행된 잡지를 나열한 것으로, '유년(幼年)', '소년(少年)·소녀(小女)', '청년(青年)·수양(修養)' 등 모두 44개 세목으로 분류하여 260면에 걸쳐 작성하였다. 그런데 1940년판(昭和 15年版)에 와서는 '일반잡지목록'이 51개 세목으로 그 분류항목이 증가하는 한편, '만주국잡지목록'[49]항이 새로 추가된다. 이 '만주국잡지목록(滿洲國雜誌目錄)'은 당시 만주국내에서 발행되는 "방문잡지(邦文雜誌), 방만문잡지(邦滿文雜誌), 방만소문잡지(邦滿蘇文雜誌)" 모두를 수록한 것으로, 만주국정부 치안부(治安部)의 협력을 받아 작성한 것이었다. 연감에서는 이 목록을 게재하게 된 과정을 설명하면서, "일본이 동아의 지도자가 되어, 일본어가 동아문화의 건설자로서 활약하고 있는 때에, 전동아(全東亞)에 걸쳐 일본어잡지의 조사야말로 절대로 필요한 일"로 간주하여 '일본잡지연감(日本雜誌年鑑)'을 '동아잡지연감(東亞雜誌年鑑)'으로 비약시켜야만 한다고 강조한다. 그리고 향후, 그 다음 해 판에서 지나(支那)에서의 잡지 목록도 조사할 뜻을 내비치고 있다. 말하자면 이 만주국잡지목록의 수록은 당시의 '대동아문화의 건설'과 밀접한 관련을 지닌 것이었다.[50]

1941년판(昭和 16年版) 『잡지연감』에 오면 잡지목록은 '일반잡지목록', '조선잡지목록(朝鮮雜誌目錄)', '만주국(滿洲國)·관동주잡지목록(關東州雜誌目錄)'으로 다시 구성되어, 조선(朝鮮)과 관동주(關東州)의 잡지가 추가되었다. '조선잡지목록'의 경우 분류 세목에 따라 23세목의 251종의 잡지명, 판형, 창간연월, 내용, 발행소, 소재지 등으로 구성되었다. 그리고 '관동

49) '滿洲國雜誌目錄'은 '青年·修養'(2종), '婦人·家庭'(2종), '文藝'(4종), '短歌'(2종), '俳句·川柳'(3종), '映畵·演劇'(3종), '運動·旅行'(5종), '政治·社會'(23종), '軍事·航空'(3종), '法律'(4종), '經濟·産業'(41종), '社報'(24종), '工業·交通'(14종), '農業·開拓'(7종), '宗敎'(7종), '敎育'(17종), '歷史'(1종), '理科學'(2종), '醫學·衛生'(5종), '圖書'(2종), '기타'(3종)로 모두 21세목으로 분류하여 174종의 잡지명, 발행횟수, 간략한 내용, 발행소 등을 목록화하여 게재한 것이었다. 「滿洲國雜誌年鑑」, 『雜誌年鑑』(昭和 15年版), 日本讀書新聞社, 1940, 429~439면 참고.

50) 「序」, 『雜誌年鑑』(昭和 15年版), 日本讀書新聞社, 1940, 2면.

주잡지목록'의 경우 『新天地』, 『新東亞』, 『滿洲グラフ』 등 18종의 잡지명, 판형·매수, 내용개략(창간년월, 발행인, 편집자), 발행소, 주소(전화번호, 振替번호) 등이 게재되었다.[51)]

그 대상의 범위를 점진적으로 일본 내지에서 만주국, 관동주, 조선 등지로 확장해 오던 『잡지연감』은 '1942년판(昭和 17年版)'에 이르러, 내지 일본의 '일반잡지목록', '외지잡지목록(外地雜誌目錄-朝鮮, 臺灣, 樺太, 南洋, 關東州)', '만주국잡지목록(滿洲國雜誌目錄)', '몽강잡지목록(蒙疆雜誌目錄)', '대동아공영권잡지목록(大東亞共榮圈雜誌目錄-中支, 北支, 佛領印度支那, 泰國)'으로 그 영역을 대폭 확장하게 된다. 이것은 출판(미디어)의 대동아공영권이 가시적인 형태로 구체화된 것으로 보아도 좋을 것이다. 이러한 목록의 확장은 출판신체제의 성립으로 가능해진 것이었다. '일배'가 대동아공영권을 대상으로 하여 유통망을 확보함으로써, 출판과 관련한 구체적인 통계 지표들을 산출할 수 있게 되었다.[52)] 이러한 작업을 기초로 하여, 잡지 기사 목록을 '대동아건설참고자료(大東亞建設參考資料)'와 '구미정세참고자료(歐米情勢參考資料)'로 구분하여 목록화시키는 작업을 진행하였다.[53)] 이와 같은 목록화는 불규칙적으로 편재하던 잡지 기사 목록을 '대동아공영권 대(對) 서양(유럽과 아메리카)'라는 구도로 재구성하는 작업이었다. 즉 제국 일본의 내부적 균질성을 구축하는 작업과 그 외부 세계에 대한 경계와

51) 「朝鮮雜誌目錄」, 「滿洲國·關東州雜誌目錄」, 『雜誌年鑑』(昭和16年版), 1941, 337~369면 참고. '조선잡지목록'의 경우, 兒童(3종), 青年·修養(3종), 婦人·家庭(1종), 大衆·娛樂(2종, 『月刊野談』·『野談』), 文藝(27종, 『春秋』·『人文評論』 등), 美術·書道(1종), 映畵·演劇(1종, 『高麗映畵』), 趣味(1종, 『朝鮮競馬』), 旅行·運動(5종, 『觀光朝鮮』·『朝鮮列車時間表』 등), 政治·社會·軍事(30종, 『三千里』·『新時代』·『朝光』·『東洋之光』·『內鮮一體』 등), 法律(3종), 經濟·商業(48종), 工學·工業(20종), 交通·遞信(16종), 農業·山林(25종), 宗教(25종), 教育(13종), 語學(2종, 『諺文』·『正音』), 歷史·地理(2종), 理科學·數學(5종), 醫學·衛生(12종), 出版·讀書(1종), 기타(5종) 등으로 구성되었다.

52) 『雜誌年鑑』(昭和 17年版)에서는 「日本出版文化協會概要」와 더불어 「日本出版配給株式會社概要」를 주요 목차로 구성하여 서적배급의 1년사를 개괄하고, 「第八部 雜誌に關する諸統計」에서는 日配의 각종 통계 지표들을 이용하고 있다

53) 「第七部 大東亞建設並に歐米情勢參考資料」, 『雜誌年鑑』(昭和 17年版), 593~642면.

대결의식을 지적(혹은 학문적)으로 형상화하였고, 이를 통해 '확장된 상상의 공동체 구축'에 기여할 수 있었다. 그리고 내지, 조선, 대만, 관동주 등을 포괄하는 '전국주요도서관일람'을 게재하고, '학술문화단체 및 지방문화단체 일람', 대동아공영권에 걸친 '문화문예상요람(文化文藝賞要覽)'[54] 등을 정리한다. 그럼으로써 '확장된 상상의 공동체'에 대한 문화부문의 인프라가 어떻게 구체적으로 구축되어 가고 있는지 그 실감을 제공한다. 당시 출판을 둘러싼 영역은 단지 종이로 된 책을 제조[55]하는 범위를 넘어서(학문, 사상, 지식 등을 포괄하는) 문화를 촘촘하게 구축해 나가는 기반이자 첨병이었던 것이다.

요컨대 제국 일본은 출판신체제의 성립을 통해, 출판, 지식, 문화, 사상의 대동아공영권을 구축할 수 있었고, 그러한 과정과 결과물이 대동아공영권을 아우르는 '잡지목록'(『雜誌年鑑』, 昭和 17年版)이었다. '내지－외지－만주국－몽강－대동아공영권'에 걸친 잡지의 목록은 그것의 순차적 나열을 통해, 대동아공영권에 대해(단순한 구호나 장식어구 혹은 상상적 이미지를 넘어서는) 지적·사상적·문화적·문학적 회로를 구상할 수 있는 구체적 실감을 제공했다. 그리고 이러한 목록의 시작과 끝은(무의식적이고 관례적으로) 언제나 중심에서 변방으로 확장되는 순서를 취했고, 그리하여 내지(그중에서도 도쿄)는 항상 정점의 위치를 유지하면서 위계화된 공영권의 구도를 표상할 수 있었다. 또한 출판을 비롯한 이와 같은 각종 정보와 통계는 수평적으로 흘러가는 것이 아니라, 언제나 중심으로 소환되어 집약되었다가 위계화 구도로 조직되어 다시 변방으로 확산되는 선형적 흐름으로 나타났다. 가령 『잡지연감』을 손에 쥔 '경성'의 소매상이나 개인독자들은 대동아공영권에 대한 구상과 상상을 즐길 수 있었을 것이고, 그리하여 '경성'에 앉아서 대동아공영권 어디로든 갈 수 있

54) 여기에는 기쿠치 간[菊池寬]의 주도로 모던니혼사[モダン日本社]가 제정한 '조선예술상(朝鮮藝術賞)'을 비롯하여, 대만에서 만들어진 문예상 등도 포함되어 있다.
55) 참고로 언급해 두자면, 출판업은 업종 분류상 제조업에 속한다.

다는 상상력과 욕망에 취할 수 있었을 테지만 현실은 그렇게 녹록지 않았다. 주지하듯이 그 공간은 언제나 중심과 변방이라는 위계 내에서 지역적 구획에 의해 통제되고 있었다.

『잡지연감』이 '대동아공영권'의 출판문화의 인프라(및 표상)의 구축을 대동맥적인 형태로 보여준다면, '일배'의 기관지 『일배통신(日配通信)』(『출판보급(出版普及)』)은 광역화된 유통망의 점유를 한층 미시적인 형태로 제시한다.

일본출판배급주식회사는 설립 후 두 달이 채 지나지 않은 1941년 7월 15일부로 기관지 『일배통신』(매월 1일, 15일에 월 2회 발행) 창간호를 발행한다. 그것은 일반 독자보다는 소매업자들을 대상으로 한 것으로, '일배'와 소매업자 양자 일체(一體)의 성과를 거두기 위한 통신기관지로서의 성격을 지니고 있었다.[56] 그러다가 '일배'가 본격적으로 활동을 전개하기 시작하면서 단순한 통신연결을 위한 기관지에서 벗어나, '일배'의 주요 사업 중 하나였던 양서(良書) 보급의 추진력이 될 만한 내용으로 그 구성을 재정비하여 『출판보급(出版普及)』(제1권 6호, 1941.10.1)으로 제호를 변경하였다.[57]

『출판보급』은 호(號)당 40~50면 가량으로, 표지, 권두언 및 논설들, 문부성추천도서, 일본출판문화협회 추천도서, 신간도서분류목록, 문협의 용지특별할당 서적목록, 잡지안내, 업계시사, 분류별 잡지 소개, 예약배본목록, 중판・근간도서목록, 질의응답, 각종 통계자료(표삼), 매월 잡지배급예정표(표사) 등으로 구성되었고, 상황과 필요에 따라 다른 꼭지들이 첨가되었고, '일배'가 조직이나 제도 등과 관련하여 알릴 사항이 있으면 이를 통해 공지하였다.

'일배'의 『출판보급』은 그 표지의 도안에서부터 그 목적과 대상, 그리고 지향점을 명확하고 직접적으로 표현한다. 아래의 세 그림은 각각 창

---

56) 「配給界一年史」, 앞의 책, 159~160면 참조.

57) 「配給界一年史」, 앞의 책, 164면 참조.

그림 ②『日配通信』 창간호 (1941.07.15).

그림 ③『出版普及』 제호 변경호(1941.10.01).

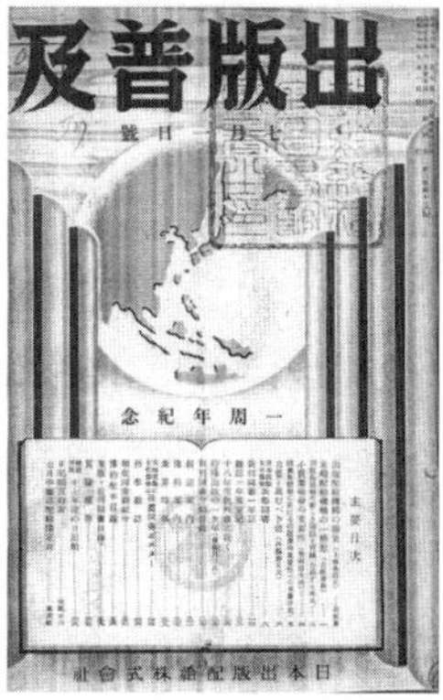

그림 ④『出版普及』 1주년 기념호(1942.07.01).

간호, 제호 변경호, 1주년 기념호 표지를 제시한 것이다. 표지는 상단에 제호를 크게 달고 시종일관 단색 컬러를 사용하고, 화려하지는 않지만 강렬한 느낌으로 디자인 되었다. 그리고 하단에 있는 책 이미지의 사각형 안에 목차를 배치함으로써 구체적인 정보가 신속하게 전달될 수 있도록 구성되어 있다. 앞서 언급한 꼭지들이 정형화되어 고정되었으므로 『출판보급』의 목차 구성은 단순 명료하다. 표지에서 시각적으로 가장 두드러지는 것은 대동아공영권을 나타내는 지도와 책을 의미하는 한자 '本'이다. 가운데 배치된 '책[本]'이 가야할 곳, 그리고 갈 수 있는 곳은 그려진 지도의 전역이고, 이는 제국 일본의 영향권이다. 이 공간에서의 유통배급망의 구축과 실현이 '일배'의 목적이자 구체적 사업이었다. 사실상 이 표지 도안이 '일배'와 『출판보급』의 시작과 끝이라고 해도 지나치지 않을 것이다. 창간 1주년을 맞이하면서, 표지는 그림 ④로 변화한다. 평면으로 구성되었던 대동아공영권의 권역은 지구 안에 위치하게 된다. 따라서 시각적으로 절대적 공간으로 상정되었던 대동아공영권의 권역이 지구(세계) 내의 상대화된 공간으로 재배치되며, 대동아공영권 너머의 공간이 새롭게 환기된다. 즉 내부와 외부라는 경계 관념이 부상함과 동시에 '일배'가 진출 할 수 있는, 혹은 해야만 하는 공간이 다시금 상정되는 것[58]이다. 그리하여 팽창 혹은 진출해야 할 공간이 그려지며, 그 공간은 책으로 형상화된 8개의 기둥으로 둘러싸인 세계로 형상화된다. 말하자면 이 표지들은 "출판물의 적정(適正), 원활(圓滑)한 배급을 도모함으로써, 일본문화건설(日本文化建設)과 국방국가확립(國防國家確立)에 이바지한다"[59]는 '일배'의 취지를 적절하게 형상화하고 있는 셈이다.

표지로 형상화된 '일배'의 지향점에 걸맞게, 제도적으로 "서적, 잡지 기타 출판물의 일원적 배급 및 이에 관한 사무"를 위한 서적배급망을 구축하는 작업은 긴요했다. '일배'가 처음 설립될 무렵에는 도쿄[東京] 본점과 오사카[大阪], 나고야[名古屋], 후쿠오카[福岡]에만 지점이 있었지만,[60] 1년 정도 경과한 후에는 지점이 조선의 경성과 대만의 타이베이로 확장[61]되었다. 이것은 "근본적인 대동맥을 통일"한 것으로 "'일배'의 제1차 포석"을 완료한 것이었다. 이러한 서적배급망의 조직화는 고도의 유기적 합리화를 기반으로 한 대동아공영권으로의 확장이었다. 그리하여 하부 소매점의 경우, 불필요한 경쟁을 없애고 철저한 분업화("고도의

58) 참고로 언급해 두면, 1942년 이 무렵 일본군의 군세는 절정에 달하고 있었다. 연전연승을 하던 일본군은, 태평양전쟁의 전환점이 되었던 미드웨이 해전(1942.6)에서 패배했지만, 그 패배로 영토를 상실하지는 않았다. 당시 일본은 동맹국 타이, 중국 동부, 만주, 필리핀, 프랑스령 인도차이나, 영국령 버마, 영국령 말레이 반도, 네덜란드령 동인도 제도를 점령하고 있었다. 존 키건(John Keegan), 류한수 역, 『2차세계대전사』, 청어람미디어, 2007, 418~422면 참조.

59) 「日本出版配給株式會社 規程類集－定款」, 『雜誌年鑑』(昭和 17年版), 169면.

60) 「當會社定款」, 『日配通信』, 1941.8.15, 4면 참고.

61) 이와 관련한 의의를 『出版普及』에서는 다음과 같이 표현하고 있다. "日配會社도 이제 제2년을 맞이하였다. 문제였던 조선지점도 다행히 회사의 신념이 통해, 소기의 성과를 거둘 수 있었는데, 이것에 대해서 감독관청과 출판문화협회의 협력에 깊은 감사를 드린다. 이 조선지점에다 준비 중인 대만지점의 설립을 더하면, 이것으로 日配의 제1차 포석이 대체로 완료되는 것이다. 착잡(錯雜)과 곡절이 극도에 달해 도저히 그 통일이 불가능해 보이던 서적배급 요강을 근본적인 대동맥으로 통일하여, 새로이 오사카, 규슈, 조선, 대만으로 특수 원호(援護) 루트를 완성한 것으로, 창업 반년의 성과로서는 상당하다고 생각한다." 大橋達雄, 日本出版配給株式會社 專務取締役, 「飛躍的前進」, 『出版普及』, 1942.1.1, 2면.

직능발휘")를 통해, "고도의 유기적인 조직을 형성하여, 소위 피라미드형의 지도, 통솔, 연계 아래에서 운영되어야만 하는 것"62)이었다. 이처럼 '일배'의 서적배급망 구축은 거점의 지점 설립과 미시적 소매점 조직에 초점이 맞추어졌다.

이와 같은 조직적 지향을 바탕으로 '일배'는 신간서적을 보급하는 한편, 양서(良書)의 보급63)에 주력했다. 『출판보급』에서는 매호에 서적을 각 부문별로 분류하여 그 목록을 제시하는 한편, 견본 서적을 각 소매점에 배급하여 실질적인 소비와 독서로 이어질 수 있도록 제도화하였다. 그리고 '잡지소개'란에서는 잡지의 표지사진과 간략한 소개와 아울러 정가를 게재하는 등의 정보(합병호, 휴간, 제호 변경 등)를 제공하여 소매점의 주문을 유도하였다. '신간도서분류목록'에서는 장혁주(張赫宙), 『춘향전(春香傳)』(新潮社, 1941.7.5);64) 김소운(金素雲) 편, 『조선민요시(朝鮮民謠詩)』(新潮社, 1941.7.5);65) 전동림(全東林), 『影を踏む人々』(文園社, 1941.8.1);66) 장혁주,

---

62) 大橋達雄, 앞의 글, 3면.

63) '일배'에게 있어서, '문부성 추천도서'와 '일본출판문화협회 추천도서'를 보급하는 일은 매우 중요한 사업 가운데 하나였다. 이를 구체적으로 실현하기 위해 『出版普及』에 그러한 추천도서의 표지사진과 개략적인 정보를 담는 한편, 이 추천도서가 게재된 포스터를 소매점에 보내기도 하였고, 소매점 매대에 추천도서 코너를 구축하기도 하였다. 이 추천도서의 경향성을 분석하는 작업은 (이런 표현이 가능할지는 모르겠지만) '포지티브한 검열연구'가 될 수도 있을 것이다. 즉 이전의 검열이 어떤 내용은 불가하다는 식의 '네거티브한 검열' 방식을 작동시켰다면, 이 무렵에 와서는 '추천도서'라는 명목으로 어떠한 내용이 장려할 만한 내용이라는 식으로 변화하기 때문이다. 이 당시 유행하던 용어로 말하자면 '통제와 건설' 모두를 성취하고자 한 전략이었다. 양서의 보급과 관련하여 '특별용지할당 도서 목록'을 게재한 것도 주목을 요한다. 앞서 '문협'의 용지할당제도에서 언급했듯이 특별용지할당은 용지할당이 끝난 후에, 심사를 거쳐 특별히 할당을 한 것이었다. 즉 이것은 당시 '양서는 이러하다'는 식의 규범을 보여주는 것이기도 하다. 실제로 이 목록을 게재한 것은 이를 통해 양서의 모범을 제시하는 것이라고 '문협'은 언급하기도 했다. 추천도서와 관련한 좀 더 발전된 연구와 논의는 다음 기회로 미루기로 한다.

64) 『日配通信』, 1941.8.1, 30면(A6판, 148頁, 30錢).

65) 『日配通信』, 1941.8.1, 30면(A6판, 161頁, 35錢).

66) 『日配通信』, 1941.9.1, 17면(B6판, 294頁, 1.70圓, 어린 아이들의 심리묘사를 표현한 신선한 이야기, 「影を踏む人」・「靜技の表情」 외 1편을 수록).

『白日の路』(南方書院, 1941.10.15);[67] 장혁주, 『綠の北國』(河出書房, 1941.11.20);[68] 장혁주, 『孤獨なる魂』(三崎書房, 1942.2.20);[69] 장혁주, 『和戰何れも辭せず』(大觀堂, 1942.2.20)[70] 등 당시 조선인 저자의 신간서적(단행본)들도 찾아 볼 수 있다. 그리고 최재서가 주간이었던 『국민문학』의 경우, 1942년 신년호가 표지 사진과 더불어 판형, 정가, 간략한 내용소개 등이 게재되어 『출판보급』에 실렸으며,[71] 5・6월 합병호 소식,[72] 9월호 휴간 소식,[73] 11월호 특가[74] 소식 등 출판 상의 변동 내용까지도 '잡지소식'란에 실렸다. 조선의 문학 관련 잡지뿐만 아니라 대만의 문예 관련 서적인 『문예대만(文藝臺灣)』,[75] 『대만예술(臺灣藝術)』,[76] 『민속대만(民俗臺灣)』[77] 등

67) 『出版普及』, 1941.11.1, 16면(B6판, 267頁, 1.6圓, 조선을 배경으로 주인공 佐太郎의 氣迫・애정, 조선 청년의 심정, 도쿄를 동경하는 女性을 묘사).

68) 『出版普及』, 1941.12.15, 19면(B6판, 360頁, 2圓, 인간 意慾의 갈등과 숭고한 정신 속에 진실을 탐구하고, 인생의 굴레를 묘사한 작품).

69) 『出版普及』, 1942.3.15, 21면(B6판, 326頁, 1.80圓, 아주 왜곡된 인생을 극복하는 주인공의 술회에, 業苦의 심정을 표사한 신작 장편).

70) 『出版普及』, 1942.4.15, 22면(B6판 458頁, 2.30圓, 조선정벌에서의 외교 교섭과 切支丹 문제의 경위에 取材하여 인간 小西行長을 그려냄).

71) "『國民文學』, 新年號(第二卷 第一號), A5, 266頁, 特價 八十錢, 每月一回一日發行, 京城 人文社 發行. 評論, 創作, 隨筆, 詩, 短歌, 時事評論等を揭載し, 年四回(一, 四, 七, 十月)を國文版に年八回(二, 三, 五, 六, 八, 九, 十一, 十二月)を諺文版として發刊せる半島に於ける文學誌". 『出版普及』, 1942.2.1, 15면, 표지사진 첨부.

72) 『出版普及』, 1942.7.15, 17면.

73) 『出版普及』, 1942.11.1, 7면.

74) 『出版普及』, 1942.12.1, 11면(참고로 언급해 두면, 『國民文學』 1942년 11월호는 1주년 결산호로 가격이 정가 70전에서 특가 80전으로 조정되었다).

75) "『文藝臺灣』, 7月號(제4권 제2호), A5, 76頁, 특가 45錢, 매월 1회 20일 발행, 文藝臺灣社 發行, 미술평론, 문화시보, 수필, 시가, 소설 등 문예 관계의 방면에 두루 걸쳐 작품을, 대만문학작가동인을 주체로서 게재, 대만 在住 작가 상호의 眞劍적인 태도를 표현하는 문예잡지이다. 本號는 第一回 文藝臺灣賞 발표특집호." 『出版普及』, 1942.7.15, 14면, 표지사진 첨부.

76) "『臺灣藝術』 제27호, B5, 46頁, 정가 30錢, 매월 1회 1일 발행, 대만의 풍지(風地)를 소개하고, 소설, 수필, 시가, 생활, 좌담회 등 문화적 작품을 게재하여, 예술문화의 발전 상황을 평론비판 혹은 공영권에 입각한 문화건설을 겨냥한 특집의 성격[色彩]을 지닌 문예잡지이다." 『出版普及』, 1942.8.1, 6면, 표지사진 첨부.

77) "『民俗臺灣』 6월호(제2권 제6호), A5, 48頁, 정가 35錢, 매월 1회 5일 발행, 동도서적

도 눈에 띈다. '목록'이라는 성격상 각 문학 관련 단행본과 잡지와 관련하여 정형화되고 필수적인 정보만을 전달하고 있지만, 이는 적지 않은 의미를 지닌다. 즉 이론상으로는 '일배'의 『출판보급』이라는 기관지를 통해, '일배'가 접속하고 있었던 대동아공영권의 모든 소매점에 내지 일본, 조선, 대만, 만주, 관동주, 지나 등의 단행본과 잡지가 배급 가능한 시스템이 구축되고 있었던 것이다. 따라서 이 『출판보급』은 당시 통제되고 일원화되어 가고 있었던, 책을 통한 지식・문화 네트워크의 최전선에 위치하고 있었던 셈이다. 그리고 그 최선전에 조선인 출신의 작가의 단행본과 당시 유일한 문학잡지 『국민문학』에 관한 정보가 실리고 있었다. 말하자면 이제 책은 (이론상으로는) 경성에서도 '일배'와 접속하기만 하면 대동아공영권 어디로든 갈 수 있게 되었던 것이다.

그리하여 『출판보급』 매호의 표삼에 자리 잡고 있었던 출판관련 각종 통계지표에서 '조선(대만 및 만주, 관동주)' 등은 일본의 홋카이도[北海道], 도쿄, 교토, 오사카, 나카사키[長崎] 등과 더불어 내지 일본의 행정 구역인 부현(府縣)의 범주로 분류된다. '전국(全國)'의 행정 구역으로 조선 등이 포함되어 기타 다른 지역과 나란히 놓이는 형세[78]는, 조선 등이 점유하는 위상을 반영하고 또한 생산해 낸다. 그리하여 '전국'의 하위 범주로 놓이게 되는 조선의 출판 시장 규모는 1941년 9월, 그리고 1942년 1월에 다음과 같이 계측[79]된다.

주식회사 발행. 대만본도 및 대만에 관계한 지방들의 민속자료를 수집 기록하여, 향토의 역사, 지지(地誌) 자연 등의 방면들의 연구, 탐구하여, 各地와의 연결에 의한 소개, 회원의 기고 자료도 기재하는 민속문화연구 풍속의 습속(習俗) 소개 잡지이다." 『出版普及』, 1942.8.1, 7면, 표지사진 첨부.

78) 이와 같은 분류를 편의상 그렇게 했다고 볼 수도 있겠지만, 그것이 계속 반복되어 등장하면서 하나의 관습처럼 굳어지고 있는 점 역시 간과할 수 없다. 통계표들 상에서 조선, 대만, 만주, 관동주 등의 통계지표는 항상 내지 일본의 부(府), 현(縣)과 비교・대조되면서, 그 위상이 동일하다는 관념을 생산해 내게 되는 것이다.

79) 이와 같은 통계지표를 산출할 수 있었다는 것은 '일배'가 내지를 비롯한 외지, 만주, 남방 등의 소매점들과 긴밀하게 네트워킹되고 있었다는 사실의 방증이다.

80) 『出版普及』, 1941.12.1・1942.9.15 참고('표삼'의 통계표들 가운데 주요 지역만 발췌

府縣名	全國에 대한 해당 府縣의 비율(%) 41년 9월				42년 1월
	書籍	雜誌	合計	人口	雜誌
北海道	2.3	4.3	3.2	3.1	4.3
東京	27.1	16.4	22.4	7.1	17.5
京都	3.4	3.4	2.8	3.1	2.7
大阪	6.1	8.6	7.1	4.6	7.9
兵庫	4.5	4.8	4.6	3.1	4.6
沖繩	0.1	0.1	0.1	0.6	0.1
朝鮮	3.4	4.6	3.9	22.0	4.7
臺灣	1.0	1.9	1.4	5.7	2.0
南洋	0.0	0.1	0.1	0.1	0.2
關東州	1.1	0.9	1.0	1.3	0.9
滿洲	7.1	5.9	6.6	·	5.7
支那	5.2	4.6	5.0	·	4.1

府縣別 書籍 雜誌 賣行 比較表[80)]

조선은 그 출판시장 규모로만 볼 때에는 일본 내지의 효고현[兵庫縣] 수준이었고, 단행본보다 잡지의 구매율이 전반적으로 높았다. 즉 이는 잡지를 통한 새로운 정보 취득에 민감했을 보여주는 것이기도 하다. 이 통계지표에서 잠재적으로 가장 중요한 항목은 인구수와 일본어 보급률일 것이다. 1941년 말, 조선에서 일본어 즉 국어(國語)를 이해하는 자는 3,972,094명으로 전체인구(23,913,063명)의 16.61% 정도에 지나지 않았다. 이와 비교하여 대만의 경우는 일본어 보급률이 1940년도에 이미 51%에 달하고 있었다.[81)] 즉 일본어 보급률의 경우 조선이 대만에 비해 3배 이

하여 재구성하였다).

81) 일본어 보급률은 기준 지표에 따라 다소간의 편차를 보여준다. 먼저 조선총독부가 편찬한 『朝鮮事情』(1942, 1943, 1944年版)의 「參考統計表－國語を解する朝鮮人」와 「昭和19年 帝國議會 說明資料－昭和十八末 現在に於ける朝鮮人國語普及狀況」(『日帝下 戰時體制期 政策史料叢書 第22卷 帝國議會 說明資料』, 한국학술정보(주), 2000, 134~144면)은 일본어 보급률에 관한 동일한 통계수치를 다음과 같이 제시한다. 이것은 '조금 이해하는 자[稍解し る得もの]'와 '보통회화를 무리 없이 할 수 있는 자[普通會話に差支なきもの]'를 합한 통계이다. 1939년 말(13.89%), 1940년 말(15.57%), 1941년 말(16.61%), 1942년 말(19.94%), 1943년 말(22.15%). 그리고 「昭和19年 帝國議會 說明資料－昭和十八末 現在に於ける朝鮮人國語普及狀況」에는 또 조선과 대만과의 일본어(국어) 보급상황에 관한 비교표를 제시하고 있다. 그 조사방법은 다음과 같았다. 대만에서는 매년 공학교

상이 낮았지만, 출판시장은 오히려 조선이 대만에 비해 2.8배가량 큰 규모였다. 일본어 보급률이 잠정적으로 상승할 것을 감안한다면, 조선의 출판시장은 잠재적으로 매우 매력적인 출판시장일 수 있었다. 내지 일본에서나 대만에서는 이미 출판시장이 포화 상태에 달하고 있었다고 보아도 무방하다면, 역으로 일본어 보급률이 상승 중인 조선이야말로 출판시장의 블루칩이었던 셈이다. 요컨대 점진적으로 성장하기만 한다면 도쿄에 버금가는 출판시장이 될 수 있었을 것이다.

그렇다면 이와 같이 잠재적 성장의 가능성이 높았던 조선 출판시장의 구조는 어떠했을까. 서적별 비율을 통해 살펴보면, 다음과 같이 조선에서는 1941년 9월 현재, 문예와 수험[82] 부문이 강세였다.

재학자 및 졸업자, 국어보급시설의 생도 및 수료자 수를 누계하여, 그해 인구대비 보급률을 산출하였으며, 조선에서는 대만에서와 마찬가지의 방법으로, 초등학교 및 간이학교 생도수와 졸업자, 국어강습회 수료자 수를 누계하여, 인구 대비 보급률을 산출하였다. 그 결과 각각의 일본어 보급률을 1940년도-대만(51%), 조선(15.9%); 1941년도-대만(57%), 조선(17.6%); 1942년도-조선(30.7%); 1943년도-조선(44.7%)로 제시하였다. 「昭和19年 帝國議會 說明資料-昭和十八末 現在に於ける朝鮮人國語普及狀況」에 관해서는 김윤식의 『비도 눈도 내리지 않는 시나가와역』(솔, 2005, 260~261면)을 참고할 수 있고, 『朝鮮事情』에 대해서는 박붕배의 『世界의 自國語敎育政策』(開文社, 1989, 64면)을 참고할 수 있다. 덧붙이자면, 서정곤 외, 『한국어가 사라진다면』(한겨레신문사, 2003, 49면)에서는 1945년 당시 한국과 대만의 일본어 보급률을 각각 27%, 85%로 제시하기도 한다.

82) 조선에서 특이한 것이 있다면 그것은 수험 서적이 상당한 비중을 차지하고 있었다는 사실이다. 이러한 현상은 홋카이도, 조선, 대만, 관동주 등에서 공통적으로 나타났는데, 이는 점령의 경험과 무관하지 않을 것이다. 여하튼 수험 부문과 같은 교육 및 입신출세적 경향이 강했다는 사실은 한편으로 '국가와 자본의 언어'에 쉽게 포섭될 수 있었음을, 그리하여 일본어 보급률 역시도 빠른 속도로 증가할 수 있음을 알려주는 지표가 되기도 할 것이다.

府縣名	理醫	農工	經濟	國家社會	哲學宗教	教育	地歷	語學文學	文藝	藝術	厚生	兒童	受驗
北海道	4	3	2	7	10	3	3	4	22	3	4	12	23
東京	4	5	4	7	9	2	6	7	24	2	5	10	15
京都	4	3	1	6	11	1	4	9	26	6	4	14	11
大阪	1	2	4	6	7	1	3	3	35	1	5	25	7
兵庫	3	2	1	4	16	7	3	4	25	2	6	12	15
沖繩	7	·	3	16	13	4	5	1	22	4	6	4	15
朝鮮	3	3	2	5	11	3	4	5	22	1	4	12	25
臺灣	3	4	2	12	7	6	3	7	18	2	3	13	20
南洋	3	20	3	3	2	24	13	4	13	2	4	·	9
關東州	4	3	5	5	5	1	3	6	29	1	5	5	28
滿洲	2	7	3	18	6	2	6	13	23	1	3	10	6
支那	2	5	6	14	6	1	7	17	28	2	5	4	3
總平均	4.0	4.3	2.4	9.0	10.1	2.6	3.9	6.3	23.5	2.5	4.6	11.4	15.4

書籍分類比率表

이 '서적분류비율표'[83]에 통해서 알 수 있는 것은, 당시 출판 시장에서는 문예 부문이 가장 큰 비율을 차지하고 있었다는 사실이다. 전시체제기에도 여전히 문예 부문은 주요한 읽을거리 중의 하나였고, 출판시장에서도 중요한 상품이었다. 그리고 이러한 경향은 조선에서도 유사하게 나타났다. 출판 시장 전체에서 문예 부문이 차지하는 비율이 4분의 1 가까이에 달하고 있었는데, 그렇다면 출판신체제에 의해 가장 큰 제도적 변동과 영향을 받은 것은 문예 부문이라고 해도 좋을 것이다. 따라서 당시 문학과 문단은 출판신체제의 제도적 변동과 영향력으로부터 자유로울 수 없었던 셈이다. 그것이 언설 상에서는 통상적으로 "용지가 부족해서"라는 식으로 발화되기 마련이었지만, 그 발화 너머에 자리하고 있는 제도적 변화는 당시 문학이나 문단의 행로나 사정에 강한 영향을 끼칠 수밖에 없었다. 조선의 문단만 하더라도, 일본어로 글을 쓰고 '일배'와 접속하기만 하면 대동아공영권 어디로나 자신의 글이 유통될

83) 이 표는 1941년 9월 한 달간 소매점들이 '일배'에 서적 주문한 책 수(冊數)로부터 산출한 것이다. 단위는 %(『出版普及』, 1941.12.15에 게재된 통계표에는 54개 지역의 자료로 구성되어있으나, 여기서는 주요 지역을 중심으로 일부만 게재하였다).

수 있다는 사실(가능성), 그 자체만으로도 조선문단 전체에 적지 않은 영향을 주었을 것이다. 자, 이제 이 무렵의 조선문학을 거론하는데 빼놓을 수 없는 두 권의 단행본을 시작으로 하여, 출판신체제 성립이라는 우회로를 거쳐 다시 문학(문단)이라는 주제어로 돌아왔다. 그렇다면 출판신체제 아래의, 조선문학과 문단은 어떠한 행보를 내딛게 되었을까.

4. 조선문단의 행로와 사정-그 일단면

1940년 8월, 도쿄발(發) 신체제구상(「기본국책요강」)은 지체 없이 경성(京城)에 도착하였다. 정책을 둘러싼 조선총독부의 관망과 냉담한 자세가 없었던 것은 아니지만, 『삼천리(三千里)』, 『조광(朝光)』 등의 잡지 1940년 9월호에서 '신체제' 문제를 다루[84]는 것을 시발로 하여, 미나미 지로[南次郎] 총독이 9월 5일 국민정신총동원조선연맹이 주최한 '전시국민생활강조기서식(戰時國民生活强調祈誓式)' 강연을 통해 '신체제'에 대한 공식적 입장을 밝히고,[85] 10월 16일 미나미 총독이 "반도신체제확립(半島新體制

84) 崔麟・朴興植・吳兢善, 「新政治體制와 近衛新內閣에 대한 朝鮮人 要望」, 『삼천리』 제12권 제8호, 1940.9; 「東亞新體制 樹立에 邁進, 近衛新內閣의 聲明」, 『삼천리』 제12권 제8호, 1940.9; 咸尙勳, 「近衛內閣의 新定策－國防國家 自主外交가 目標, 『조광』 제6권 제9호, 1940.9; 李健赫, 「近衛內閣의 財政經濟策」, 『조광』 제6권 제9호, 1940.9; 溫樂中, 「近衛內閣의 外交」, 『조광』 제6권 제9호, 1940.9.

85) 방기중은 조선총독부가 고노에 내각의 「기본국책요강」, '신체제'에 대한 불안감과 체제혁신 논리에 대한 거부감을 가지고 있었으며, 이에 대한 대응 마련에 상당히 부심하고 있었다고 파악한다. 즉 고노에 내각의 「기본국책요강」과 조선총독부의 병참기지화정책은 그 방향에 있어서 일정한 갈등 요인을 지니고 있었고, 그리하여 『삼천리』, 『조광』 등의 민간잡지보다도 조선총독부의 공식입장이 뒤늦게 발표되었다는 것이다. 이와 관련해서는 방기중, 「1940년 전후 조선총독부의 '신체제' 인식과 병참기지강화정책」, 『東方學志』 vol.138, 2007 참조.

確立)"을 위한 국민총력조선연맹(國民總力朝鮮聯盟) 조직과 관련한 성명[86]을 발표하면서 조선에서의 신체제 운동이 본격화되기 시작하였다.[87] 이에 발맞추어 각종 단체와 잡지들은 신체제운동에 부응하는 목소리를 내기 시작한다.

이러한 상황은 문학 부문에서도 예외가 아니었다. 가령, 최재서는 1940년 11월 조선문인협회 주최 '문예보국강연대(文藝報國講演隊)'[88]의 일원으로 참가하여 「신체제와 문학(新體制と文學)」[89]이라는 제목으로 연설을 행한다. 여기에서 최재서는 「기본국책요강」의 내용을 기조로 하여, 동아공영권의 확립을 위한 고도국방국가의 건설, 이를 위한 정치·경제·문화 및 국내 기구의 재편, 거기에서 발생한 신체제운동 등에 관해 서술한 뒤, "신체제 하에 있어서 문학의 임무"에 관하여 "요컨대 작가는 개인의식의 낡은 껍질을 벗어던지고 국민생활 속으로 뛰어들어 몸으로 국민 의식을 획득하는 것"이라는 논지를 전개한다. 이 글에서 신체제문학과 관련하여 누차 반복되는 것은 '개인주의의 청산'을 기반으로 한 '국민문학'의 창출이었다.

신체제 하의 문학을 둘러싸고, 이와 같은 '이념형'에 관한 논의들도 많았지만, 신체제 문학의 물적 토대를 어떻게 구축할 것인가도 역시 민

86) 南次郎, 「半島의 新體制와 國民總力聯盟」, 『삼천리』 제12권 제10호, 1940, 68~71면 참고.

87) 내지 일본은 신체제운동을 전개하기 위해 국민정신총동원운동을 대정익찬운동으로 변모시켰는데, 조선에서도 이에 조응하여 조선총독이 중심이 되어, 기존의 국민정신총동원운동을 조선에서의 신체제 확립을 위한 국민총력운동으로 전환시켰다. 조선에서의 신체제운동과 국민총력운동에 관해서는 최유리, 앞의 책, 123~177면; 전상숙, 「일제 군부파시즘체제와 '식민지 파시즘'」, 『東方學志』 vol.124, 2004, 629~637면을 참고.

88) 조선문인협회는 "40년 11월 17일부터 19일까지 3일간 京城日報社 귀빈실에서 創茂朝鮮軍보도과장 및 御手洗總力聯盟선전부장, 三橋경무국장과 鹽原학무국장 기타 山內중좌와 蒲소좌의 참석을 청하여 회원 25명을 4개반으로 편성, 銃後 사상운동을 위한 全鮮 순회강연회를 개최할 것을 협의한 후, 동년 11월 23일에 부대편성 및 일정을" 결정하여 시행하였다. 임종국, 앞의 책, 100~103면 참고.

89) 이 글은 최재서 평론집 『轉換期の朝鮮文學』, 人文社, 1943.4, 26~42면(노상래 역, 『전환기의 조선문학』, 영남대 출판부, 2006, 31~41면)에 수록되어 있다.

감한 주제였다. '신체제운동'이 국가를 정점으로 하는 극도로 고도화되고 합리화된 생산-분배(유통)-소비 시스템의 구축이었음을 감안할 때, '신체제 하의 문학'에서 근본적인 것은 문학을 둘러싼 제도와 정책에 대한 논의들이었다.

이와 같은 지점들을 고려할 때, 「신체제(新體制) 하(下)의 '조선문학(朝鮮文學)의 진로(進路)'」를 묻는 한 좌담회[90]에서는, 심도 깊은 논의라 하기는 힘들지만 조선문학자들의 자못 날카롭고 감각적인 지점들이 표출되었다. 이 좌담에서는 '신체제와 조선문학의 진로', '문화정책', '도쿄문단[東京文壇]과 제휴 또는 진출 문제', '문화방면에 대한 의견'들이 주요하게 제기되었다. 신체제문학의 주제, 제재, 문체들 역시 중요한 문제[91]였으나, 이와 관련해서도 도쿄문단이라는 환경을 고려하지 않으면 안 되는 형편이었다. 즉 조선문단은 본격적인 신체제가 구축되기 전부터 도쿄문단이라는 중심을 (무)의식적으로 고려해야만 하는 상황이었다. 다음으로 국민총력조선연맹의 문화부 설치, 문학상(상금제도)을 통한 작가 생산 등의 문제와 같은 문화정책 부문으로 논의가 이어진다.

이 좌담에서 가장 눈길을 끄는 것은 도쿄문단과의 제휴 및 진출의 문제이다. 김동환은 『문예(文藝)』지의 조선문학 특집, 『조선문학선집』 간행 등과 같은 당시 내지 일본에서의 '조선문학 붐'을 거론하며, 일본어로 번역되어 내지에서 출판된 이광수의 소설에 대한 내지 독자층의 반향을 묻기도 한다. 이광수는 당시 번역의 부실을 문제 삼고, 정인섭은 "출판업자의 편의"로 인해 좋은 작품이 번역되지 못하는 현실을 문제 삼아 번

---

90) 「新體制 下의 '朝鮮文學의 進路'」, 『삼천리』, 1940.12, 196~202면. 出席者 : 李光洙, 兪鎭午, 鄭寅燮, 朴英熙; 本社側 : 金東煥, 朴啓周, 崔貞熙.

91) "나는 新體制下의 朝鮮文學의 길은 첫째, 이번 新體制의 가장 큰 목적이 고도의 國防國家建設에 있느니 만치 文學作品도 國家意識을 깊으게 환기 고조하는 것이 되어야 할 것이며, 題材도 生産部門에서 일하는 勤勞民衆의 생활의 姿態와 心理의 部面을 널리 接觸하여야 할 것이며, 둘째, 문체는 알기 쉽고, 간결하고, 명랑하여서 애조를 띠었거나 陰影을 가진 것이 아닐 것. 이것이 爲先 생각나는 점들입니다."(이광수), 위의 글, 197면.

역을 통제하는 번역국(飜譯局)의 설치를 거론하기도 한다. 그리고 김동환은 "경성과 도쿄의 (…중략…) 두 곳 문학자(文學者)의 교류"를, 정인섭은 한술 더 떠 "동아작가회의(東亞作家會議)"를 제안하고, 유진오는 조선문학의 '해외진출'을 주장한다. 그리고 '용지부족과 출판진흥'이라는 구체적인 출판환경과 출판시장 등과 같은 당시 민감한 사안들이 논의되기도 하였다.

이와 같이 신체제 아래에서 조선문학의 공간은 내지 일본을 경유하여 대동아공영권으로 확장되고 있었으며, 출판시장 역시(그것이 번역이든 아니면 일본어로 직접 쓴 것이든 간에) 일본어라는 언어를 매개하여 조선이라는 지역적 경계를 벗어나고 있었다. 조선문학자의 시선, 그리고 문학의 물적 현현자인 출판업 관련 종사자의 시선도 이미 외부, 적어도 대동아공영권을 향해 열리고 있었다. 물론 이렇게 확장되는 문학의 환경과 시장은 또한 용지부족과 같은 또 다른 물리적 조건이나 제약으로부터 자유로울 수 없는 상황이었다.

신체제 하의 조선문학에서 신체제의 이념형을 형상화하는 것은 매우 중요한 과제로 다가왔다. 더불어 그러한 상황에서 보다 근본적이었던 것은 '경성이라는 장소에 한정된 조선문단(작가)'이(내지 일본, 만주, 지나를 거쳐 남방으로까지 확대되는) 대동아공영권이라는 공간을 상상할 수 있게 된 정신적 조건(확장된 상상의 공동체)과, 그것을 가능하게 하고 제약하는 조건이 조우하는 바로 그 지점에서 부상하고 몰락했던 '그 무엇'이었을 것이다.

최재서는 『국민문학』 1942년 2월호 좌담회 「대동아문화권의 구상」에서 다음과 같이 언급한다.

> 공영권에서 공통어로서의 일본어를 생각할 경우, 영어가 우선 상업어로서 세계에 보급되었던 것처럼 경제적인 기초 위에서 국어를 대동아공영권의 공통어로 삼는 것은 충분히 가능할 것입니다. 나아가 또 문학어, 학술어로서도 일

본어를 동아공영권 내의 공통어로 삼는 것을 생각해야 합니다. 영어와 독일어가 학술어로서 편리한 것은 그 중 하나라도 알고 있으면 어떤 나라의 저술이라도 번역으로 읽을 수 있기 때문입니다. 이제부터는 일본어로 서양의 여러 학술적인 것 혹은 문학작품을 번역하는 것이 일본어를 학술어로써 확립하는 데에 필요한 힘이 된다고 보는데, 어떻게 생각하십니까.92)

최재서는 대동아문화권을 구상함에 있어서, 가장 기초적인 문제인 언어에 관해 대동아공영권의 공통어로서의 일본어, 국어를 사유한다. 이러한 사유의 기저에는 일본어로 통일되기만 한다면, 대동아공영권은 물론, 세계적 위치에서 학술적, 문학적 유통과 위상의 재고가 가능하리라는 전제가 깔려 있다. 대동아문화권－국어, 공통어－일본어－문학 등으로 이어지는 일련의 흐름은 "고민의 종자" 조선어가 아닌 일본어를 선택하기만 하면 세계와 만날 수 있다는 감각에 기반을 두고 있다. 좀 극단적으로 말하는 것이 허락된다면, 최재서가 주간으로 있던 『국민문학』과 『전환기의 조선문학』은 이론적으로는 '일배'를 통해, 반도나 조선을 넘어서 공영권역과 나아가 세계와 대면할 수 있다는 감각을 지니고 있다고 해도 좋을 것이다.

최재서가 내지의 문학가들과 만난 『국민문학』의 또 다른 좌담회 「신반도문학에의 요망」의 서두에서 오가는 내용은 문학과 시장에 관한 것이다.

최재서 : 지금까지 조선문단에는, 2개의 언문신문을 중심으로 약 7~8종의 언문잡지와 그 밖에 15~16개소의 단행본 출판사가 있었습니다. 한편 문단인이라고 칭해지는 자는 유명, 무명을 합해서 대략 200인 정도로, 그 가운데 문학으로 밥을 먹을 수 있는 사람은 그것의 5分에 해당하는 10인 정도가 있을 것입니

92) 「座談會 大東亞文化圈の構想」, 『國民文學』, 1942.2, 52면.

다. 그 외는 모두 바깥에서 직업을 가지고 문학활동에 참가하는 사람들로, 상당히 활발하게 활동하고 있습니다. 그런데 최근 3~4년 동안 신문, 잡지가 정리되면서 활동 무대가 협소해지자 동시에 다른 직업으로 이동하는 문인도 나오기도 해서 언문문단이 대단히 쇠퇴했습니다. 그러나 다른 한편에서는 국어문단의 확립이 대단한 기세로 진척되고 있어서, 단지 지금은 다소 슬럼프상태를 보이고 있습니다만, 2~3년 안에 반드시 활기를 띠게 될 것입니다. 하지만 누가 뭐래도 용어의 문제는 심각해서 상당히 역량 있는 작가가 용어 때문에 흔들려 떨어집니다.

(…중략…)

菊池寬 : 나는 언문으로 문학을 한다는 것도, 하나의 적절한 일임에는 틀림없다고 해도, 어쨌든 독자를 모은다는 점에서 말한다면, 역시 국어로 쓰는 편이 결국 괜찮지 않을까 생각합니다. 게다가 조선의 독특한 맛을 확실히 드러내는 데는 언문이 편리하겠지만, 그러나 조선문학을 진흥시키는 데는, 역시 시장이 넓은 국어로 쓰는 것이 적절하지 않을까요.

최재서 : 대체로 그렇게 말하는 것이 오늘날 지배적입니다.[93]

최재서는 여기서 간접적인 방식으로 조선문단 혹은 문학시장의 축소가 진행되어 현재 규모가 많이 쇠퇴했으며, 최근에 이르러 일본어를 사용한 문학창작이 나름 성과를 드러내고 있다고 서술한다. 이에 기쿠치 간[菊池寬]은 "독자를 모은다는 점에서 (…중략…) 시장이 넓은 국어로 쓰는 것이 적절하지 않을까"라는 말로 응답한다. 즉 일본어로 창작할 때 내지 일본과 대동아공영권에 이르는 보다 많은 독자와 대면할 수 있다는 기대와 환경이 조성되고 있었던 것이다. 이와 같은 감각은 당시 출판신체제의 성립을 간과하고는 설명하기 쉽지 않을 것[94]이다.

---

93) 「座談會 新半島文學への要望」, 『國民文學』, 1943.3, 2~3면.

94) 물론 당시 조선문학자나 출판계의 복합적인 상황과 굴절된 반응을 출판신체제 성립만으로 설명할 수는 없을 것이다. 다만, 이를 당시 작동하고 있었던 다양한 힘들 가운데,

그럼에도 불구하고 여기에는 많은 함정들이 숨어 있고, 그것은 출판신체제에도 영향을 주었을 것이다. 일본어는 확장되면서 깨어지고 있었고, 중심과 변방으로서의 위계화는 한편으로 순수성의 위계화를 말해주는 것이기도 했다. 즉 '팔굉일우(八紘一宇)'되면서 사실상 '천양무궁(天壤無窮)'은 불가능해지기 시작했다. 바로 이 지점이 새로운 시간이 열릴 수 있는 그때가 아니었을까. 어쨌든 그와 같은 새로운 시간은, 열리기 전인 1945년 8월 15일에 끝이 난 듯하다. 그때부터는 근대 초기와는 또 다른 '제국-이후'의 새로운 국민국가의 시간이 도래하기 시작했다.

하나의 지점 내지는 한 국면으로 설정해 볼 수는 있을 것이다. 전시체제기 조선문학과 출판신체제와 관련한 좀 더 복합적이고 입체적인 분석은 이후의 과제로 남겨둔다.

제4부
미디어, 표상, 국민문화

프로파간다 영화에 나타난 젠더와 국가*

『사무라이의 딸』과 『망루의 결사대』를 중심으로

이주연

1. 들어가며

2008년 여름, 1930년대 만주를 무대로 한 영화, 〈좋은 놈, 나쁜 놈, 이상한 놈〉(감독 김지운)이 상영되었다. 단 8주 만에 7백만이라는 관객[1]을 끌어들인 이 영화는 제목부터 즉각 서지오 리오네의 〈서부의 무법자(The

* 이 논문은 2008년 9월 캐나다 요크대학의 York Centre for Asian Research에서 주관한 국제 심포지엄, 'Behind the Lines-Culture in Late Colonial Korea'에서 발표한 페이퍼에서 비롯되었다. 같은 해, 학술지 『사이間SAI』 제5호(2008.11)에 정리된 논문이 영문으로 게재되었으며, 약간의 수정, 편집을 거쳐 필자 자신이 번역한 한국어본을 이 지면에 소개함을 밝혀둔다. 이 논문이 완성되기까지 많은 분들의 도움을 받았다. 요크대학의 테드 구센(Ted Goossen) 교수님과 명지대의 이재명 교수님, 한양대의 김응교 교수님과 무사시대학의 와타나베 나오키 교수님, 도쿄대학의 이영재 선생님과 성균관대의 황호덕 교수님 등, 여러 가지 전문적인 도움 말씀은 물론 학문적 격려를 주신 이 모든 분들께 감사드린다.

1) www.koreanfilm.org.

good, the bad, and the ugly)〉(1966)를 떠올리게 하면서며, 우리에게는 지역적으로는 가까우나 감정적으로는 먼 만주를 "서부화"시키는데 일조했다. 사실, 필자가 상상하는 만주의 이미지 역시 서부영화에 나오는 대지처럼 황량하다. 그나마 짧은 역사적 지식마저 일제시대의 조선반도에 한정되어 있기에, 독립군의 주요 활동지였고 2백만이나 되는 한국인이 이주하여 살았던 척박한 땅, 등등 구체성이 없는 막막함으로 연상되는 곳이 만주이다. 태평양전쟁 당시 한국인 작가들에 쓰여진 좌담회나 견문기 같은 것을 보더라도 "개척지", "대륙", "농민들의 고투" 같은 단어들이 자주 등장하는데, 이러한 묘사들로 인해 만주라는 곳은 고단함이 배어 있는 황량한 곳이라는 인식을 하게 된 것 같다. 이러한 막연한 인식 안에서 상상해 볼 때, 독립군과 일본군, 강도와 "비적(匪賊)" 그리고 한국인 이주민과 중국인 토착민간의 관계가 얽히고설킨 일제시대의 만주는, 위에 언급한 한국영화에 그려진 것처럼 폭력과 무질서가 난무했던 그런 곳이었을지도 모른다.

물론 만주를 형상화시키는데 있어 서부 영화적인 요소를 가미한 것은 〈좋은 놈, 나쁜 놈, 이상한 놈〉이 처음은 아니다. 만주와 한반도의 국경을 배경으로 한 이마이 타다시[今井正](1912~1991) 감독의 〈망루의 결사대(望樓の決死隊)〉(1943)는 일찌감치 할리우드적인 요소를 가미하여 긴장감이 넘치는 서부극의 재미를 보여주었다. 또한 시기가 시기였던 만큼, 아놀드 팡크(Arnold Fanck, 1889~1974)와 이타미 만사쿠[伊丹万作](1900~1946)가 합작해서 만든 영화, 〈사무라이의 딸(Die Tochter des Samurai)〉(新しき土, 1937)에서도 만주가 비중 있게 그려지고 있다. 일제 말기에 만들어진 이 두 영화가 다루고 있는 문제는 물론 만주를 일본이 길들여야 할 그들의 땅이라고 설정하고 있는 것이지만, 또 한 가지 짚고 넘어가야 할 문제는 이 두 영화에서 보이는 국가와 젠더 문제이다.

일제 말기에는 국군주의에 동원시키려는 이데올로기에 의해 여성성이 형성되면서 노동하는 여성, 교육하는 여성, 애국하는 여성 등등 여성들의 적극적인 사회활동이 권장되었다. 이 시기에 요구된 여성성, 특히 군국주의적 모성의 강조는 강제적이었고 이념적이었다는 것은 재론할 필요도 없지만, 필자는 이 글에서 그 여성성을 형상화시킨 이데올로기적인 언어의 형성과정 문제를 다루려고 한다. 여기서 언어란, 텍스트의 의미를 구성하는 모든 문화적 환경과 경험, 즉 인식론적인 측면에서의 언어를 말한다. 일찍이 리타 펠스키가 지적했던 바이지만, 근대성은 그 발생과 발전과정이 남성성, 혹은 남성다움(masculinity)에 의해 주도되었고, 근대성에서 파생된 식민주의정책 역시 이러한 성격을 그대로 답습하여 여성들을 정치적인 활동에서 제외시키는 결과를 가져왔다.[2] 식민지 지배정책이 형성한 권력구조를 설명하고 있는 펠스키의 지적을 언어의 영역으로 확대시켜 해석하면, 문자, 이미지, 구호 등의 근대 텍스트는 언어를 젠더화시킴으로써 성의 차별화를 생산해 왔다고 할 수 있다. 전쟁 수행시기에 이르면 이 차별화가 극히 양극화된다. 이러한 현상은 여성의 모성과 생식기능을 강조함으로써 여성성을 문화적이 아닌 자연적인 것으로 규범화하는 동시에, 여성들의 사회공간을 국가에 종속된 가정으로 제한하는 결과를 초래한다. 〈사무라이의 딸〉과 〈망루의 결사대〉는 남성과 여성을 불문하고 개인의 욕망이 국가를 위해 희생되어야 하는 것으로 단정하고 있지만, 특히 여성성의 강조가 결국 남성성의 발현을 위해 표현되었다는 점에서는 공통점을 가진다 하겠다. 이 두 영화는 6년이라는 시간의 간격을 두고 만들어졌지만, 언어의 젠더화가 전쟁수행시기에 어떻게 형성되었는지, 또한 대동아 공영론과 맞물려 식민지 상황 하에서는 어떻게 전개되었는지 잘 보여준다는 점에서 의미심장한 '관계'를 가진다고 생각된다. 이 글에서는 이 두 영화의 제작과정과 영상적 배경, 플롯과 파시즘 체제의 관계, 그리고 여성성의 표상 등에 중점을 두고 만주의 상징성을 규명하고자 한다.

---

2) Rita Felski, *The Gender of Modernity*, Cambridge : Harvard University Press, 1996, p.14.

2. 저항과 굴복의 함수관계

〈사무라이의 딸〉은 제2차 중일전쟁이 발발하기 5개월 전 일본에서 상영되었다. 원제는 〈새로운 땅[新しき土]〉인데, 제목이 시사하고 있는 바처럼, 일본의 만주소유권을 정당화시키기 위한 의도가 뚜렷이 드러나는 '문화영화'이다. 황실과 정부의 주요인사가 대거 초대된 시사회 석상에서 영화의 공동감독인 아놀드 팡크는 독일과 일본의 영화적 협력관계에 대한 연설을 하였다. 실제로 이 영화는 두 개의 버전으로 만들어졌는데, 하나는 이타미 만사쿠가, 그리고 또 하나는 아놀드 팡크가 각각 감독을 맡았다. 그러나 시사회에서는 이타미가 불참한 가운데 이타미가 만든 버전이 상영되었고, 아이러니하게도 팡크는 자신이 만든 버전은 상영되지 않았음에도 불구하고 영화에 대한 소개를 하게 된다. 이타미의 불참은 전쟁이 끝난 후 파시즘 정부에 대한 (그의) 저항으로 해석되면서 그의 지식인으로서의 "양심적" 행동을 확인시켜주는 증거로서 거론되기도 했다.[3] 이타미는 팡크가 제안한 지극히 파시스트적이고 오리엔탈리스트의 시각이 명확한 이 영화의 협작(協作)에 대해 무척 고민을 했다고 전해지는데, "마지못해"[4] 정부의 프로파간다 영화제작에 협력했던 이타미를 둘러싼 이러한 소문들은 그를 광폭한 권력에 "굴복 할 수밖에 없었던 양심적 지식인"으로 보도록 한 요인 중의 하나라고 볼 수 있다.

3) 이와모토 겐지는 이타미의 이러한 행동들이 전쟁 직후 이타미를 양심적 지식인으로 "신격화"시키는데 일조했다고 설명하고 있다. 야마모토 나오키, 「風景の(再)発見」, 『日本映画とナショナリズム 1931~1945』, 森話, 2004, 63면.

4) 예를 들어, Peter B. High는 이타미가 다른 버전을 촬영하도록 하게 된 배경에는 이타미가 오리엔탈리즘적인 요소가 지나치게 과장된 팡크의 시나리오를 싫어했기 때문이라고 적고 있다. Peter B. High, *The Imperial Screen*, Madison : University of Wisconsin Press, 2003, pp.156~163.

사실, 이타미와 팡크 간의 갈등은 이타미의 전쟁이나 파시즘에 대한 저항에서 비롯되었다기보다는 이타미가 감독으로서 가진 창의성이 당시의 복잡한 경제, 정치 상황들에 의해 도전받았기 때문이었던 것으로 보인다. 어찌되었든 이러한 "협력자"들에 대한 동정적 시각은 이타미에게만 국한된 것은 아니다. 여러 편의 국책영화 제작에 협조한 이마이 타다시 또한 이런 경우에 속한다고 할 수 있는데, 특히나 『망루의 결사대』는 일본 황제에 대한 무궁한 충성과 만주국의 지배를 위해 한국인과 일본인의 내선일체를 강조하는 등, 너무도 명백히 전쟁 이데올로기를 선전했다는 점에 있어 이마이에게 양심의 가책을 안겨 준 영화이다. 이마이는 나중에, "학생시절 (좌파 활동 때문에) 체포되었을 때, 나는 전향각서를 썼다. 그리고 그 후 여러 영화를 제작하여 '전쟁협력자'라는 수식어를 달게 되었다. 나는 아직도 그 영화들을 만들게 된 것을 내 인생에 있어서 최대의 실수였다고 생각한다. 그 일은 내가 인간으로서 얼마나 나약한지를 가르쳐주었고 그로 인해 내 자신을 다시 신뢰할 수 있게 되기까지 오랜 시간이 걸렸다"라고 고백하고 있다.[5] 그는 마치 자신의 과거를 참회라도 하듯, 전쟁이 끝난 직후 사회주의 성향이 강한 영화들을 만들었다. 1946년에 감독한 〈민중의 적〉에서는 전쟁시기 노동자들의 정치적 의식을 강조하는 동시에 정부 관리들의 퇴폐성을 비판하였고, 1949년에 만들어진 〈푸른 산맥〉에서는 학원의 민주화 운동을 고무하고 있다. 어찌되었든 이마이가 〈망루의 결사대〉를 만들 당시 느꼈던 "양심적 가책"을 이 영화제작에 함께 참여했던 노토 세쓰오가 증언하고 있는걸 보면, 이마이는 개인적으로 국책영화 제작에 참여했던 일을 무척이나 후회했던 것 같다.[6]

---

5) Ibid, p.44.

6) 노토는 이마이의 영화제작에 참여했는데, 그는 『망루의 결사대』의 제작이 이마이의 양심에 "큰 상처를 남겼을 것"이라고 말하고 있다. 또한 노토는 이마이의 "좌파주의자 같은 인상–키가 크고 기름기가 끼어있는 두발"로 인해 일본경찰의 감시대상자였다고 적고 있다. 물론, 이러한 단순하고 피상적인 증언이 이마이를 양심적 지식인으로 지목

그러나 "전쟁협력자"라는 수식어로 한 개인에게 사회적 책임을 묻는 것은 전쟁을 둘러싼 권력체계를 이해하는 데 무리가 있다. 전향의 문제는, 이마이의 경우에서처럼 강제당한 경우가 있는가 하면, 자발적으로 참여한 경우도 있었으며, 설사 참여했다 하더라도 그들의 정치적 행동이 어떠한 영향을 끼쳤는가는 그리 쉽게 가늠할 수 있는 것이 아니기 때문이다. 한국의 경우도 지식인의 전쟁협조 문제는 심각히 다루어져야 할 사항인데, 특히 친일영화를 만든 영화인들에게 역사의 책임을 묻는 일은 당시의 시대상황을 좀 더 객관적으로 이해하기 위해서라면 그리 큰 도움이 되지 않는 일이라 생각한다. 그렇다고 해서 이마이와 이타미의 경우처럼 체계적인 검토 없이 막연히 그 과정을 동정의 시선으로 볼 수도 없다. 이러한 시각은 잠시나마 정신적 피해에 대한 만족을 가져다 줄지는 몰라도 선악의 이분법적인 논의 이상으로 발전하지 못한다. 민족적인 역사의식으로 친일영화인들의 반민족적 행위에 초점을 맞추어 "누구에게 책임이 있는가"를 묻기보다는, 로빈 우드가 그의 독일 파시즘 영화론에서 거론했듯이 "무엇에 책임이 있는가"를 묻는 것이 생산적일 것이다.[7)]

이마이와 이타미의 경우에 있어서도 제일 먼저 거론되어야 할 것은 일본이 전쟁수행에 자국민과 식민지인들을 동원시키기 위해 시각언어로 어떻게 국가의 이미지를 만들어 냈는가, 또한 일본의 대동아 공영론이 모순과 비일관성을 내포한 채 어떻게 식민지를 제국건설에 끌어넣었는가 하는 상황이라고 생각한다. 이 두 영화의 지역적인 배경은 만주이다. 그러나 만주라는 땅을 배경으로 설정한 것은, 전쟁수행 당시의 일본이 만주에 대한 소유권을 잃지 않으려 했다는 단순한 정치적 목적 이

하는 데는 무리가 있다고 본다. 노토 세쓰오[能登節雄], 『今井正全仕事』, 東銀座出版社, 1990, 319면.

7) Robin Wood, *Sexual Politics and Narrative Film—Hollywood and Beyond*, New York : Columbia University Press, 1998, p.26.

외에 더 큰 상징성을 가지고 있다. 땅은 보편적으로 여성성, 생식력, 순결함, 그리고 살아있는 모든 것들의 공급원 등으로 자주 표상되는데, 1940년대에 이르면 이러한 표상들은 '근대의 초극' 담론과 아주 밀접한 관계를 가지고 등장한다. 범박하게 말하자면, 근대의 초극 담론은 1942년 일본에서 진행된 포럼의 제목인데, 서양의 영향으로 인해 쇠퇴해버린 "일본정신"을 되찾기 위한 노력의 일환으로 지식인들이 대거 참여하였다. 다시 논의하겠지만, 결론부터 말하자면 근대 초극 담론의 형성은 도시와 농촌, 그리고 일본과 식민지 조선간의 경제적, 문화적 발전의 불균형이 극대화된 시기에, 그 불균형을 대동아 공영권이라는 이념으로 무마시키는 동시에 "일본정신"을 근대문명의 물질성을 극복하는 일본인 고유의 정신성으로 규정하여 자국민과 식민지인들을 전쟁수행에 동원하게 한 거대담론이었다. 이러한 지점에서 이 담론은 국가를 여성적인 언어를 사용하여 미화시켰고, 여성성으로 표상된 땅은 동아시아 전체의 문화적 원형, 그리고 국가에 종속된 가정 등의 의미를 포함한 하나의 통합적 개념으로 "방어해야 할" 가치로서 표현되었다.

3. 창조적 예술로서의 정치적 프로파간다와 언어의 문제

> 우리의 찬란하게 불타는 열정이 영원히 꺼지지 않기를. 이 불꽃 하나만이 창조적 예술인 정치적 프로파간다에 광명과 온기를 가져온다. 인민들 속에서 창조된 이 예술은 그들의 가슴으로 되돌아가야한다. 그러나 인민의 마음을 얻고 그 마음을 그 예술 안에 넣어 지키는 것이 더욱 요긴하다.
>
> —요제프 궤벨스, "Triumph of the Will" 중에서

> 영화는 가장 좋은 도구이다 (…중략…) 영화의 효과성은 쓰여지거나 말하여지는 것과는 비교가 되지 않는다. 영화언어는 사람들의 두뇌(마음—인용자)에 직접 전달된다. 그러므로 영화는 국운을 좌우한다.
>
> —마쓰오카 요스케, "세계극장계의 거장들" 중에서

궤벨스가 제창한 창조적 예술로서의 정치적 프로파간다는 사용가능한 모든 매체를 동원하여 군중을 통제하기 위한 도구로 이용되었다. 그중에서도 특히 그는 영화의 기능을 강조하였는데, 영화를 나치 시스템을 유지, 발전시키기 위한 이념적 도구로 보았기 때문이었다. 전쟁수행시기의 일본에 있어서도 "정치적 기계"로서의 영화의 효율성은 일본정부의 적극적인 개입으로 그 프로파간다 효과가 대거 시험되기에 이른다. 영화가 지닌 효용성을 국가적 목적으로 사용하려던 궤벨스와 마쓰오카는 언어를 도구적인 것으로 이해했다는 점에서도 일맥상통한다.

그러나 이 둘을 구분 짓는 것은 관중 혹은 관객의 성격이다. 궤벨스은 독일인만을 대상으로 한 데 비해, 마쓰오카는 자국민과 식민지인들 모두를 관중에 포함시켰다. 이것은 독일 프로파간다의 대상인 독일인이 분명하게 통일된 하나의 실체였다는 것이 아니었다는 사실에 기인하는데, 마쓰오카의 경우는 지역적 , 문화적(인) 성격이 다르고 이에 따라 경제적 정치적인 이해관계가 다른 동아시아의 관중을 하나의 공동체로 상상하여 정의한 뒤 이러한 발언을 했던 것이다. 일본 프로파간다 프로그램의 복잡성을 강조하기 위한 언급인 것이다. 이런 점에서 마쓰오카의 발언은 전쟁수행 당시의 '문화생산에 대한 목적론적 접근법'을 확인케 하는 동시에 일본제국이 전쟁수행에 필요한 군사, 노동력을 식민지로부터 가능한 신속하게 동원해야 했던 긴박한 사정을 반영하고 있다. 이러한 긴박한 상황 속에서 일본은 자국민과 식민지인들의 관심을 강하게 끌어당길 수 있는 상징, 동아시아의 문화를 대변하는 상징을 찾아 선전해야할 필요성이 있었다. 신체제를 깊게 숙고하게 할 시간은 없었다. 다만 사람들의 머릿속에 재빨리 "심어"넣어야 했던 것이다.

정치적 프로파간다를 창조적 예술로, 그리고 프로파간다 영화를 인민을 위한 예술로 정의하며, 인간의 언어를 "도구, 지렛대, 기계"로 사용했던 나치 전체주의는 아도르노와 호르크하이머에 의해 신랄한 공격을 받았다. 아도르노와 호르크하이머는 나치스에 의해 생산된 영화의 기계화된 표준화를 목격하면서, 이러한 언어의 기계화가 생산성의 향상이라는 미명 하에 인간의 정신을 노예화시키는 상황을 비판하였다.[8] 이들이 지적한 바와 같이 문화생산의 표준화를 마치 소비자의 요구에 부응하는 것이라고 자기 변호하는 자본주의자의 마케팅은, 소비자의 기호를 처음부터 미리 규정해 버림으로써 소비자의 권리를 박탈하고 있는 것이나 다름없다. 아도르노와 호르크하이머는 이러한 표준화는 유럽 계몽주의가 낳은 괴물, 다시 말해 자본주의의 팽창에서 기인한다고 보았다. 그들이 비판한 자본주의 속성은, 나치스가 "인민 / 군중(common people / folks)"을 인민의 의지와는 상관없이 정의하고 마치 인민을 존중하는 듯 선전했던 것과도 유사한데, 아도르노와 호르크하이머는 자본주의자들이 소비자의 권리를 박탈한 채 마치 소비자의 기호에 부응하는 것처럼 표준화를 정당화시킨 것 역시 결국 기본적으로 나치스의 메커니즘과 동일하다고 보았다. 또한 그들은 그 당시 미디어 매체에 대해 "영화와 라디오는 이제 더 이상 예술이라고 주장할 필요가 없다"고 하였다. "사실, 이 매체들은 사업체(business) 그 이상 그 이하도 아니며, 이들이 생산해내는 쓰레기들을 예술이라는 이데올로기로 정당화시키고 있을 뿐이다"라고 말하고 있는 것이다.[9] 부연하자면, '미학화된 정치'는 단 하나의 예술의 형태가 그 숭고(sublime)함으로 인하여 모든 사람들에게 미적

8) 아도르노와 호르크하이머는 프로파간다 역시 자본주의가 생산해낸 부산물로 보았다. 부연하자면 자본주의의 번창이 인성의 파괴를 동반하듯, 프로파간다 역시 이와 동일하게 간주되었다. Theodore W. Adorno · Max Horkheimer, *Dialectic of Enlightenment*, California : Stanford University Press, 2002, pp.212~213.

9) Ibid, p.95.

경험을 느끼게 한다는 억지스런 주장으로, 생산자의 이데올로기적인 의도를 숨기려 한다는 것이다.

'그림은 진실을 말해준다'라고 말하는 것은 시각매체가 지니고 있는 현혹적인 요소를 감안하지 않은 발언이다. 관객은 자신들이 '보고' 있는 현실적 상황을 '소비'하고 있는 것이지, 그 상황에 참여할 수가 없다. 물론, 관객을 단순히 소비자로만은 볼 수는 없다. 관객 개개인의 경험과 욕망에 따라 현실에 대한 이해와 해석은 달라질 수 있기 때문이다. 또한 그 '소비'로 인해 현실에 대한 인식 그 자체도 달라질 수 있다. 그러나 프로파간다 영화의 특징 중의 하나는 '보이는 것이 진실'이라는 환상을 심어주기 위한 것이라는 점이다. 이 점이 바로 마쓰오카가 중요하게 생각했던 '영화언어'의 기능이었다. 그렇다면 이 영화언어는 "인민의 마음을 얻기 위해서" 특정 소수가 아닌 이른바 일반대중에게 소통 가능한 것이어야 한다. 다시 말해서, 언어를 도구적인 목적으로 사용하려면 대중들에게 생소한 언어를 지양하고, 이미 친숙한 언어로 다가가야 한다는 것이다. 그렇기에 민요의 삽입이라든지 종교적이고 문화적인 전통성을 가미하는 것 등은 나치 정부와 일본제국이 만든 영화에서 나타나는 공통적 요소이다.

노스탤지어 지향의 언어는 현실의 세계가 심각히 도전받을 때 두드러지게 나타난다. 즉, 현실이 내적·외적인 요소로 인해 위협당할 때, 그에 대한 심리적 보상으로서 과거는 신화화된다. 레이 초우는 공유하는 장소와 공유하는 지식을 전통이나 문화의 원형으로 재구성하려는 욕망은 "문화의 위기"가 느껴질 때 출현한다고 보았는데, 이때 과거를 재구성하려는 욕망 자체를 "원시적 열정"이라고 정의했다.10) 초우의 분석은 사회구성원의 결집을 위해 과거를 "재발명"하는 사회적 상황을 설명한 것인데, 여기서 한 가지 짚고 넘어가고 싶은 문제는 문화라는 것은 언제나 '위기'에 놓여있기 마련이라는 것이다. 문화는 특정한 사회조

---

10) Rey Chow, *Primitive Passions*, New York : Columbia University Press, 1995, p.22.

건과 맞물려 전개된다. 사회적 조건이 항상 위기감을 내포하고 있는 만큼 문화 또한 위기적인 상황을 받아들이며 변증법적으로 전개된다.[11] 과거에 대한 향수를 원시적 열정-'원시'란 근대를 재구성하려는 욕망에 기인한 것으로 '근대적 열정'의 한 표현으로 보는 게 타당할 듯싶다-으로 보기보다는, 인간이 지니고 있는 열정이라는 고유의 성질 그 자체를 언어와 연결시켜 보도록 하자.

일찍이 루소는 인간의 열정을 언어의 근원이라고 보았다. '언어'로서의 열정이 사회 구성원의 결집을 가져오게 하는 가장 기본적 요소라고 생각했던 것이다.

> 인간은 이성보다 감성으로 먼저 반응한다. 인간이 (물질적인-인용자) 필요성에 의해 말하기를 시작했다고 하는데, 나는 아니라고 생각한다. 그 필요성이라는 것은 인간을 결속시키기 보다는 서로 분리시킨다. (…중략…) 인간의 열정만이 모든 인간을 결집시킬 수 있다.
>
> -Jean-Jacques Rousseau, *On the Origin of Language*

루소에게 있어 열정이란 기본적으로 '원시적'인 것이다. 즉, 인간의 고유한 심성으로서, 사라지지는 않지만 억압될 수 있는 것이라는 해석이다. 사실 루소는 언어 자체에 대해 많은 글을 남기지는 않았다. 비록 완고(完稿)는 아니지만, 위에 언급한 에세이는 루소가 언어에 대해 남긴 글 중 가장 대표적인 것이다. 중요한 것은 그 밖의 저서들에서도, 루소는 과학적 언어의 확산이 인성을 파괴한다고 비판했다는 사실이다. 루소는 열정이 인간의 감수성을 결정하는 토대라고 보았는데, 이 언어의 근원으로서의 열정에 대한 집착은 자연과 함께하는 전원적 사회를 이상

11) 이러한 견해는 일찍이 테리 이글턴이 *The Idea of Culture*(Blackwell, 2000)에서 피력한 바 있다. 이글턴은 문화를 정치적인 갈등으로 인해 생성, 전개된다고 보고 하나의 동떨어진 영역으로 보아서는 안 된다고 역설하고 있다.

화시켰다. 그리고 억압되었던 열정이 되살아날 수 있는 조건은 자연이라고 생각했던 것이다. 그의 에세이 "언어의 근원에 대하여"에서, 그는 쓰여진 언어－여기서는 계몽주의 텍스트를 말함－에 대해 부정적인 견해를 보이고 있는데, 이는 앞서 말한 아도르노와 호르크하이머 경우와 같이 이성에 중심을 두는 계몽주의 철학에 회의적이었기 때문이었다.

어쨌든, 여기서 중요한 또 한 가지의 사실은 루소가 문화와 자연을 대립적인 것으로 여겼다는 것인데, 타락한 문화를 정화시키기 위해 대립하여 배치된 자연이 여성적인 언어로 표현되고 있다는 것이다. 루소의 소설인 『줄리』에서도 보여지고 있듯이, 여성은 잃어버린 문화의 근원처럼 제시된다. 여성을 "물질주의의 팽창, 과학적 이성에 대한 맹신, 그리고 소외된 도시적 환경이 몰고 온 구속으로부터 구제해 줄 수 있는 피난처"[12]라고 표현하고 있는 것이다.

언어로 과거를 재구성하려는 욕망은 1930년대에 일본의 대표적 철학자 중의 한 사람인 구키 슈조[九鬼周造]에게서도 나타난다. 잘 알려져 있다시피 구키는, 유럽 철학을 공부했으며 그 중에서 현상학을 응용하여 일본문화의 원형으로서의 "이키[いき]"를 구체화시키고자 했다. 그의 에세이인 『이키의 구조[いきの構造]』에서 구키는 "우아하고, 고상하며 요염함"등의 성질을 포함한 "이키"를 일본문화의 고유함/특이성(particularity)을 대표하는 것으로 설명하고 있다. 에도시대의 게이샤에게서 나타나는 이러한 고유성을 일본인만이 공유하는 취향으로 규정지은 구키는 "이키"라는 것이 일본 이외의 어디에도 존재하지 않는 언어라고 단정 짓는다. 물론, 게이샤는 연구를 위한 대상, 즉 미학적으로만 존재할 뿐 그의 저서 어디에서도 여성의 주체성에 대한 언급은 없었다. 단언하자면, 구키는 일본인의 정체성을 민족주의적인 접근으로 정의하고자 했던 1930년대 일본의 엘리트 지식인 중 한 사람인 셈이다. 레슬리 핑쿠스가 지적

12) Rita Felski, op. cit., p.38.

했듯이, 구키는 미학적인 세계에서만 "이키"를 해석한 듯 보이지만, 그렇다고 해서 결코 이것이 구키가 정치적인 '생활'에서 물러나 있었다는 것을 뜻하지는 않는다. 핑쿠스는 구키가 '일본신민이 일본제국과 황제를 위해 희생할 각오를 해야 한다'는 내용의 에세이를 발표했던 사실을 제시하면서, 이런 점에서 볼 때 그의 "이키"에 대한 에세이는 미학화된 정치의 형태로 보아야 한다고 주장한다.[13] 구키의 이러한 일본문화에 대한 해석은 1942년의 "근대의 초극" 담론에서도 두드러지게 나타나고 있는데, 이 포럼의 참석자의 한 사람인 가메이 가쓰이치로[龜井勝一郞]는,

> 한 인간의 인생은 언어에 달려있다. 나는 언어의 근원적인 가치에 대해 노스텔지어를 느낀다. 말하자면, 마치 무희의 춤처럼 수많은 포즈와 수많은 형태의 그림자처럼 선연한 것이라고 할까 (…중략…) 요즈음 내가 느끼는 문제 중 가장 심각한 것은 언어를 대하는 인간의 감수성과 (그 감수성을 지키려는—인용자) 노력이 점점 쇠퇴하고 있다는 것이다.
>
> —가메이 가쓰이치로, 「심포지엄 페이퍼」, 1942

가메이는 서양문화와 과학이 일본인의 정신을 타락시켰다고 주장했다. 그는 일본인에게 있어 가장 큰 적은 인간의 감수성을 기계화시키는 서양문명이라고 하면서 언어를 남용하는 매체, 즉 영화나 라디오에 회의적인 태도를 보였다. 그렇다고 해서 서양 과학과 기술의 이점을 부정한 것은 아니지만, 그는 일본인 개개인에게 희생정신에 대해 깊이 명상할 것을 권고했다. 이 자기희생을 불사하는 순수한 열정이 어떤 구호보다도 일본정신을 방어하는 최대의 무기라고 생각한 것이다. 그렇다면 죽음과 파괴를 선동하고 있는 순수한 열정으로서의 언어가 영화에 어떻게 나타나고 있는가를 살펴보도록 하겠다.

---

13) Leslie Pincus, *Authenticating Culture in Imperial Japan*, Berkeley : University of California Press, 1996.

4. 언어의 근원과 여성-〈사무라이의 딸〉

국가를 위한 개인의 희생, 그리고 그것을 표현한 언어, 바로 이것이 전쟁수행 시기에 만들어진 국책영화[14]의 핵심적인 주제였다. 비록 영화의 통제는 1939년부터 본격적으로 강화되기 시작하지만, 이미 1930년대부터 일본영화계에서는 프로파간다적인 요소가 급속히 퍼지기 시작하고 있었다. 특히 만주를 묘사하는 일은 무척 민감한 문제였다. 일본은 만주국이 세워진 후, 일본 젊은이들에게 만주 이민을 장려하였기 때문에 국제사회의 부정적인 시각을 무마하기 위해 좀 더 긍정적으로 일본의 만주국 점령을 묘사할 필요가 있었다. 일본을 향한 국제사회의 인종차별적 시각이 섞인 비난은 일본의 만주점령 필요성을 역설하게 만들었는데, 하시모토 긴고로는 이러한 부정적인 견해에 대해 다음과 같이 피력했다.

> 우리가 이미 언급했듯이, 급증하는 자국 내의 인구문제를 해결하기 위해 우리가 선택해야 할 길은 오직 세 가지 뿐이다. 하나는 이민을 장려하는 것이고, 또 하나는 세계시장으로 진출하는 것이며, 마지막 하나는 영토를 확장하는 것이다. 첫 번째 길은 반-일본주의를 펼치고 있는 국가들에 의해 막혀버렸고, 두 번째 길은 여러 가지 상업조약, 그리고 관세 장벽으로 인해 방해를 받고 있다. 이렇게 두 가지 길이 막혀버린 상황에서 일본은 어떤 길을 선택해야 하는가? 그것은 당연히 마지막으로 남겨진 세 번째의 길을 선택하는 것이다. (…중

14) 국책영화(国策映画)라는 용어는 1938년부터 사용되기 시작했다. 그러나 1941년 이전까지는 정부의 정책을 선전, 찬양하는 영화를 지칭하는 것으로 광범위하게 사용되다가 1941년부터는 "일황을 향한 충성심을 골자로 한 영화, 그리고 외교관계, 군사, 교육, 산업, 공공위생 등에 걸친 정부의 구체적인 정책을 선전하는 영화"로 정의된다. 오늘날에 있어서 국책영화는 1941년부터 1945년까지 정부의 검열을 통과한 영화를 지칭하는 것으로 쓰여진다. 古川隆久,『戦時下の日本映画』, 東京, 古川弘文館, 2003, 4면.

략…) 이 지구상에 백인들이 개발하지 않은 땅 중 천연자원이 풍부한 곳이 아직 남아있다고 하자. 일본이 그곳에 가서 인류를 위하여 자원을 개발한다는 것은 바로 신의 뜻이 아닐까?

—하시모토 긴고로(1890~1957), 1938[15)]

1930년대의 만주는, 특히 젊은이들을 위한 기회의 땅으로 선전되었다. 만주국 이민협회는 일본 내의 젊은이들에게 이민을 종용하면서 "개척자 정신"을 강조하였다. 그러나 만주의 이미지는 이들에게 "열려있는" 땅이기도 하면서, 한편으로는 무수한 "위험"이 기다리고 있는 곳이었다. 생소한 지형과 기후 같은 것은 '만주의 무법자'인 비적과 중국인들에 비하면 그래도 덜 두려운 것이었다. 물론 중국인을 "위험한 야만인"으로 묘사하는 인종차별이 이때 새롭게 등장한 것은 아니다. 제1차 중일전쟁 중에도 일본인들은 미디어를 동원하여 자신들의 우수성을 내세우기 위해 중국인을 열등한 민족으로 깎아내리는 담론을 퍼트렸다. 그러나 만주사변 이후, 이러한 선입견은 중국인을 "길들여야 할" 민족으로 단정하며 더욱 광범위하게 퍼지게 되었고, 동시에 일본인의 만주 공략은 다시 한 번 그들 자신의 인종적 우수성을 입증하는 것으로 묘사되었다. 만주인을 "순박한" 일본인 이주민을 위협하는 "비적"[16)]으로 묘사하기 시작한 것도 이즈음이다.

비록 만주가 힘으로 길들여져야 할 거친 땅이라는 인식이 팽배해 있었으나, 이주민과 원주민 간의 관계 개선을 위해 부드러운 이미지를 만들어야 할 필요성이 있었다. 이런 의미에서 일본과 만주를 가족 관계로

15) Ivan Morris ed., *Japan 1931~1945—Militarism, Fascism, Japanism?*, Boston : D. C. Heath, 1963, p.64.

16) 일제는 1932년부터 중국 게릴라를 비적이라고 부르기 시작하였다. 루이스 영에 따르면, 비적은 당시 장쭤린 사령관의 명령에 호응하지 않은 군부대 대원들을 호칭하는 것이었는데, 1930년대 중반에 이르면서 항일 조선독립군 게릴라, 그리고 일본의 군사작전 및 이주에 협조하지 않고 대항하는 모든 집단들을, 일본은 비적이라고 지칭하였다고 한다.

해석하는, 이른바 "패밀리 시스템"이 도입되었다. 간단히 말하자면, 일본은 한 가정의 우두머리, 즉 부모로, 만주는 가정의 멤버, 즉 자식으로 보아, 이 둘 간의 서열을 자연스럽게 지정하는 한편 만주인과 조선 이주민들을 "일본화"시킬 의무를 부모의 도리라는 식으로 선전한 것이다. 여기서는 특히 여성들의 역할이 강조되었는데, 이는 여성을 오염되지 않은 일본의 정신으로 표현하는 동시에, 가족구성원을 결집시켜 황제 중심의 국가를 지원하는 중요한 역할을 하는 수행하는 국민으로 호명하였다. 이러한 상황 속에서 만들어진 〈사무라이의 딸〉은 영화 전체의 중심을 일본의 민족성에 두고 사무라이 정신과 신토[神道]의 언어를 기묘하게 섞으면서, 여성성을 전통과 병립시켜 배치하였다.

이 영화를 분석하기 이전에 잠시 왜 이 영화가 두 개의 버전으로 만들어졌는지에 대한 배경설명을 해보도록 하겠다. 독일과 일본의 협력은 1936년 두 국가가 반(反)코민테른에 서명하면서 시작되었다. 그러니까 이 영화는 협력국가 간의 결속의 상징으로 만들어진 최초의 영화이다. 피터 하이에 의하면, 이타미가 팡크와 함께 제작에 참여하는 것을 반대했기 때문에 이 두 사람은 각자 다른 시나리오를 가지고 영화를 찍었다고 한다.[17] 그런데 야마모토 나오키는 하이와는 전혀 다른 배경을 설명하고 있다. 야마모토에 따르면, 나치 정부에 의해 위탁을 받고 일본으로 건너간 팡크의 임무는 일본정부의 협력 아래 친(親)파시스트 성향의 영화를 제작하는 것이었다고 한다. 반면에 일본정부는, 외국인의 눈에 의해 일본의 이미지를 "객관적이고 과학적으로" 그려내어 국제사회에서 긍정적인 인정을 받기위한 발판으로 삼으려고 했다. 대충 이것이 "공식적"인 배경이었다.

그러나 이 프로젝트에 참여한 영화 관련 업자들은 다른 계산을 하고 있었다. 예를 들어, 요컨대 영화 배급회사의 사장이었던 가와키타 나가

17) Peter B. High, op. cit., p.159.

마사는 이 영화를 통해 일본영화의 수출시장을 해외로 넓혀 보려는 야심을 가지고 있었다. 이러한 이해타산 속에서 이타미의 영화는 일본어가 아닌 영어로 제작되었고, 팡크의 버전은 독일어로 제작되었다. 그렇다면 이타미와 팡크가 다른 시간에 — 상대방이 없는 시간에 — 제작에 참여했다는 것은 사실, 이타미가 팡크와 함께 일하기를 거절했기 때문이 아니라 영화언어 자체가 달랐기 때문이라는 이야기가 된다. 덧붙여 이타미의 시나리오도 팡크의 것과 대동소이했다는 것이다.[18)]

사진 ① 겔다에게 젓가락질을 가르쳐 주고 있는 미쓰코.

어찌되었든, 두 시나리오를 비교해 볼 때 두드러지는 차이점은 다음과 같다. 이타미는 영어로 작업을 했기 때문에 영국인 여성을 주요 인물 중의 하나로 설정했고, 팡크는 독일에서 함께 건너온 독일여성을 출연시켰다. 이타미는 지역적인 배경에 세심한 주의를 기울인 반면 팡크의 작품에서는 지역적 배경이 시나리오와는 상관없는 곳으로 설정되는 등 일관성이 없다는 지적을 받았다. 야마모토의 말을 덧붙이자면, 이타미의 버전이 처음부터 영어권 국가의 진출을 목적으로 하고 기획되었다는 것이다. 그리고 여기서 분석하고자 하는 작품은 팡크의 버전임을 미리 밝혀두고자 한다.

두 버전 모두에서 주인공 역할을 맡은 하라 세쓰코는 팡크에 의해 캐

18) 일본영화업자들의 해외진출의 필요성에 대한 논의는 1910년대부터 시작되었다. 이러한 논의는 잠시 수그러들었다가 1930년대에 이르러 다시 활발히 전개된다. Aaron Gerow, 「戦う観客」, 『現代思想』 vol.30 no.9, 2002.7, 141면.

스팅 되었다고 하는데, 이 작품에서는 일본과 독일 간의 외교관계에 있어 주요 인물인 부유한 아버지를 둔 외동딸, 미쓰코를 연기했다. 미쓰코는 데루오라는 약혼자가 있는데, 데루오는 미쓰코 아버지의 도움으로 독일로 유학을 가게 된다. 6년 간의 유학생활을 마치고 돌아오는 데루오, 그러나 그는 혼자가 아닌 독일인 여자친구와 나타나 미쓰코를 비롯한 여러 사람을 당혹하게 만든다. 그러나 데루오의 독일인 여자친구보다 주변 사람들을 더욱 걱정스럽게 만든 것은 그의 태도이다. 외국에서의 생활에 익숙해진 탓인지 데루오는 개인주의적인 성향을 강하게 드러낸다. 그는 가족들에 대한 의무감이라든지 책임감보다 한 개인으로서 자유로운 의사결정을 하고 행동하는 것이 당연하다고 여긴다. 그러나 독일에서 돌아온 직후, 데루오는 자신의 정체성에 대해 고민하기 시작한다. 아무리 서양적인 사고와 신념을 가졌다고는 해도 자신은 지금 일본에 있는 것이다. 그러니, 데루오가 가진 지극히 개인주의적인 태도는 가족/단체주의적인 행동을 우선시하는 일본에서(는) 도전을 받기 마련인 것이다. 이때 등장하는 것이 데루오의 여동생이다. 그녀는 데루오를 가부키 극장, 일본식 선술집, 노 극장 등으로 끌고 다니며 데루오의 일본인으로서의 정체성을 '회복'시키려 노력한다. 여동생으로 인해 자신의 문화적 뿌리를 재인식하기 시작하는 데루오는, 노 공연을 보던 중 "잘 이해하지는 못하겠지만 왠지 우리 조상들의 정신이 느껴져"라며 자신의 문화적 뿌리에 대해 친밀감을 느끼기 시작한다.

한편 미쓰코는 데루오의 여자친구, 겔다로 인해 곤혹스러워 하지만 겔다가 자기 아버지의 손님이기도 하므로 정성스럽게 접대한다. 겔다는 일본으로 온 후 데루오의 갈등을 목격하고, 일본에서는 자신이 설 곳이 없다는 것을 깨닫고 독일로 돌아갈 결심을 한다. 이런 와중, 미쓰코는 데루오를 잃었다는 슬픔을 이기지 못하고 자살을 결심하고, 화산에 몸을 던질 생각으로 자신이 데루오와의 결혼식에 입으려 했던 드레스를 들고 산으로 향한다. 이 사실을 안 데루오는 미쓰코를 찾기 위해 화산에 오르고 미쓰코가 화산에 몸을 던지기 직전, 극적으로 그녀를 발견하고 구해낸다. 겔다는 결국 독일로 떠나고, 미쓰코와 데루오는 다시 결합해 만주로 이주하여 새로운 삶을 꾸리게 된다. 이 둘 사이에 태어난 갓난아이를 데루오가 밭고랑에 누이는 것으로 이 영화는 막을 내린다.

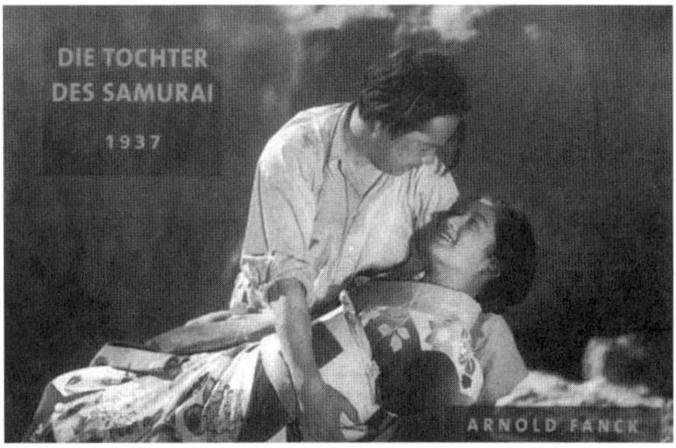

사진 ② 미쓰코와 재결합하는 데루오. 뒤의 배경은 화산이다.

팡크는 그 당시 등산을 소재로 한 산악 영화를 주로 찍었는데, 자연의 장엄함을 스크린에 담아내는 것으로 정평이 나있었다. 〈사무라이의 딸〉은 그의 장기(長技)가 잘 살아있는 작품이다. 그는 연기가 피어오르는 신비스러운 화산의 이미지와 기계화된 도시의 이미지를 대조적으로 계속 보여주고 있는데, 특히 서양과 일본을 이분법적으로 분명히 구분하기 위해 양복을 입은 데루오는 주로 도시에, 기모노를 입은 미쓰코는 목가적인 풍경에 노출시켰다. 영화가 거의 끝나갈 무렵 공학을 전공한 데루오를 미쓰코와 함께 새로운 대륙으로 이동시킨 것은 이와 같은 이분법적인 갈등을 극복하는 상징적 장면이라 할 수 있다. 왜냐하면 이는 줄곧 일본을 배경으로 했던 것에서 너무나 갑작스런 변화이기 때문이다. 이 마지막 장면에서 강조된 것은 물론 미쓰코를 이 대지의 "어머니"로 확인시킨 것에서 볼 수 있듯이, 일본의 만주소유권의 정당화이다.

이 영화의 줄거리는 거의 비슷했지만 두 버전의 타이틀은 서로 달랐다. 이타미는 〈新しき土－새로운 땅〉으로, 팡크는 〈Die Tochter des Samurai－사무라이의 딸〉로 정한 것이다. 팡크는 이 영화에서 신토이즘과 불교 건축물 등을 등장시켜 일본의 풍습이라든지 문화를 지나치게 과장시켰다. 전통에 대한 과장된 표현은 일본인 관객들에게조차도 생소한 느낌

을 주었는데, 당초 계획했던 “외국인의 눈에 그려진 객관적”인 일본의 모습이 정작 일본인들에게는 “비현실적”이고 “이상하게” 비춰졌다.[19] 아무튼, 그럼에도 불구하고 이 영화는 일본의 영화비평가들로부터 일본의 풍경과 건축물 등을 우수한 영상으로 표현했다고 호평을 받았다. 이와모토가 지적했듯이, 이 영화는 일본인들로 하여금 그들의 풍경을 “재발견”하게 하는 계기가 된 셈이다. 어떤 비평가들은, “팡크는 이타미보다 일본을 더욱 잘 이해하고 있다. 예술적인 완성도와 주제의 표현에 있어서 일본인이 외국인에게 패배당한 셈이다.”[20] 혹은 “팡크는 일본 풍습의 정제된 아름다움을 표현하는 데 공헌했다. 화려한 사진적 이미지는 마치 전통적인 서화에서 나타나는 흑백의 아름다움을 스크린에 번역해 놓은 것 같다”[21]라며 찬사를 아끼지 않았다. “일본 풍경의 아름다움”은 문자 그대로 독일어로 번역이 되었는데, 바로 이 부분이 오리엔탈리스트 미학과 맞물려 특이한 느낌을 주고 있다. 등장하는 거의 모든 인물이 독일어를 구사하며, 신토 승려마저도 유창한 독일어로 데루오에게 설교를 하고 있다. 예를 들어 자신의 문화적 정체성을 찾기 위해 방황하는 데루오에게 승려는 독일어로 다음과 같이 말한다.

> 눈에 보이지 않는다고 해서 사물을 부정하는 것은 어리석은 짓이다. (…중략…) 서양의 지식을 배울 필요는 분명히 있지만 그보다 더욱 중요한 것은 일본정신을 간직하는 것이다. 그림자 속에 숨겨진 것들의 존재를 느끼고 현실 안에서 그것들에 대해 깊이 사유하는 것, 이러한 과정들이 몇 천 년째 축적되어 있는 것이 간단히 말해 “신토”라 할 수 있다.

---

19) 곤 히데미, 『와세다 대학 신문』, 1937.3.1; 이와모토, 『日本映画とナショナリズム』, 森話, 2004, 63면에서 인용.
20) 이와모토, 『日本映画とナショナリズム』, 森話, 2004, 83면에서 인용(『중앙공론』 1937년 3월에서 인용).
21) 이와모토, 『日本映画とナショナリズム』, 森話, 2004, 86면에서 인용(『영화교육』 1937년 3월에서 인용).

전반적으로 이타미의 영화는 일본문화의 특수성을 분명히 살리지 못했다는 이유로 혹평을 받았다. 또한 이러한 연유로 해서 해외시장으로의 진출도 하지 못하게 된다. 팡크의 버전만은 일본과 독일 양국에서 성공적으로 상영되었으나,[22] 그 밖에 영국이나 프랑스 등지에서는 환영받지 못했다. 덧붙이면, 팡크의 영화는 독일과 일본 이외의 국가에서 '일본을 소재로 한 독일영화'라고 인식되었지 '독일어로 제작된 일본영화'로서 이해되지는 못했다. 중국에서 이 영화가 상영되었을 때는, 당연히 중국인들의 거센 항의가 있었다. 결론적으로 말해, 일본의 만주점령을 정당화시키는 영화였으니 중국인 관객들이 도저히 긍정적으로 받아들일 수는 없었던 것이다.

또 한 가지 이 영화에서 중요한 부분을 차지하는 것은 땅의 상징성이다. 농사꾼 아버지를 찾아온 데루오는 밭의 흙을 두 손으로 움켜잡아 자신의 코에 대고 냄새를 맡는다. 이 장면은 데루오와 아버지, 즉 세대간의 갈등이 해소되는 상징적인 장면이기도 하면서 동시에 일본인으로서의 데루오의 정체성이 회복되어가는 과정을 나타내는 장면이기도 하다. 데루오의 아버지는 아들에게 "좋은 흙이야, 그러나 너무 오래 되었어"라고 말하는데, 이는 인구증가에 비해 뒤떨어지는 곡물 생산성을 간접적으로 설명하는 것으로써 일본의 영토 확장이 불가피한 것임을 시사하고 있다.

미쓰코 또한 땅, 혹은 "근원"으로 묘사되고 있다. 그녀는 유복한 가정의 외동딸로(서) 서양과 동양의 문화를 균형 있게 소화하는 이상적인 여성의 본보기로 등장한다. 서양식 무용과 일본식 검도, 피아노와 고토 등을 배우는 미쓰코. 그러나 그녀의 아버지는 그 어떤 것보다도 사무라이

---

22) 독일에서는 6백만이라는 관객을 끌어들였다고 한다. 이 영화 이후로도 독일/일본 합작으로 만들어진 영화가 몇 편 더 나오게 되는데 이 영화들은 주로 독일로 수출되었다. 1931년부터 1945년 사이의 일본의 영화배급관련에 대해 Sharon Hayashi, *Traveling Film History-Language and Landscape in the Japanese Cinema 1931~1945*, *PhD dissertation*, Illinois : University of Chicago, 2003, pp.45~61을 참조할 것.

의 정신이 무엇보다 중요하다는 것을 그녀에게 일깨워 준다. 데루오와의 갈등으로 인해 괴로워하는 그녀는 '사무라이 같은' 극기정신으로 슬픔을 안으로 삼킨다. 이렇듯 슬픔을 안으로 삭이는 일본 여성의 '위험한' 정신성을, 미쓰코의 독일어 교사는 다음과 같이 말한다. "일본 여성은 분노를 가슴 깊숙이 숨기는 경향이 있다. 그런데 이 감정이 일단 극에 달하게 되면 마치 화산이 터지듯 폭발하게 된다. 폭발한 감정의 격렬함은 남자들의 그것과는 비교가 되지 않을 정도이다"(라고 말하고 있다). 미쓰코의 감정 상태를 반영하듯, 영화 속에서는 마치 폭발 직전인 듯한 화산의 용암이 끓어오르는 장면이 지속적으로 등장한다. 그런데 이러한 감정상태의 묘사보다 더욱 중요한 것은 이 화산과 비교・대치된 미쓰코는 데루오에게 있어 회복해야 할 '일본성'으로 상징화된다는 것이다. 이러한 점에서 미쓰코는 데루오에게 있어 정신성을 지키게 하는 힘의 원천이며 데루오를 한 가정에 (있어) 책임 있는 가장으로 위치시키는 역할을 하고 있다. 데루오가 미쓰코를 구하기 위해 산을 올라가는 과정은 다른 장면들에 비해 상당히 긴데, 마치 신성한 산에라도 오르는 듯 화산의 연기를 헤치고 미쓰코를 찾아가는 데루오의 모습은, 그가 도달해야 할 정신성 회복의 과정이기도 한 것이다.

5. 대동아 공영권 안에서의 자매애－〈망루의 결사대〉

대동아 공영권 이데올로기인 "일황 중심의 가족국가"의 개념은 일찍이 쇼와(1912~1926)시기부터 퍼지기 시작했다. 이 이데올로기의 기본적인 핵심은 동아시아를 하나의 경제, 문화, 정치블록으로 묶어 이 단결된 힘으로 서양의 세력에 맞서겠다는 것이다. 제2차 중일전쟁이 발발하면서 식민지에 가해진 문화관련 법령이 더욱 엄격해지고, 이 이데올로기의 선전은 더욱 가속화된다. 동아시아를 하나의 결집된 공동체로 이해시키는 것은 전쟁동원을 위한 필수 과정이었기 때문이다. 이에 이전까지 사용되었던 "조선영화" 혹은 "만주영화"들의 구분을 없애고 모두 "일본영화"로 지칭해야 한다는 논의가 진행되었다. 그렇다고 해서 "조선영화"라는 용어의 사용이 사라지지는 않았다. 왜냐면 내지와 외지를, 일본과 식민지를 구분하기 위해서는 반드시 필요한 용어였기 때문이다.

일본 내에서는 1939년에 일본 육군 정보부로부터 '일본 영화령'이 공포되고, 같은 해 조선에서는 조선영화회가 발족되어 영화인 등록제가 실시되어 등록하지 않은 영화인의 활동은 규제된다. 1940년에는 일본 영화령을 거의 그대로 본뜬 '조선영화령'이 8월부터 시행되었다. 시나리오는 사전검열하고 필름은 실사검열을 하였으며, 활동사진 검열 및 취체규칙을 내려 총독부의 주도 하에 영화인들의 활동, 영화의 제작 및 배급 등이 통제되었다. 하지만 이러한 상황 속에서도 조선에서 만들어진 영화에서는 '조선색'이 강조되었는데, 예컨대 조선의 의상, 가옥, 민요 등의 삽입은 조선만의 특수성을 표현한다는 이유로 권장되었다.

그렇다면, 일본의 정신을 표상하는 〈사무라이의 딸〉에서의 미쓰코는 이러한 조선의 상황에서 어떻게 이해될 수 있는가? 대동아 공영권 하에서 "공동체"로서의 조선은 식민지로서의 특수성을 내포한 가운데, 어떻게 "공동체"로서의 보편성을 내세울 수 있는가? 이러한 문제들이 복잡하게 얽혀있는 영화가 〈망루의 결사대〉이다. 조선과 일본의 합작으로 만들어진 이 영화에서는 〈사무라이의 딸〉에서 주인공 역을 맡은 하라 세쓰코가 주요 인물들 중의 하나로 등장한다. 이즈음 내선일체 이데올로기는 절정에 달하고, 특히 일본인과 조선인간의 협력 문제는 만주통치를 위해 중요한 사안이었기 때문에 '협조적인' 정신을 강조할 필요가 있었다. 예를 들어, 당시의 만주에 정착한 조선인에 대한 관심을 강하게 피력한 극우 민족주의 정치이론가였던 아라키 사다오(1877~1966)는 다음과 같이 말했다.

> 조선의 복지가 나날이 향상되고 있음이 참으로 감사한 일이다. 그러나 오랫동안 황국신민으로서, 그리고 우리의 동포로서 만주에서 살고 있는 조선인에 대한 문제는 아주 중요하다. 팔십만이라는 숫자에도 불구하고 이들에 대한 관심은 여태까지 부재했다. 이들의 재산과 목숨이 야만적인 중국인의 세력에 의해 위험에 처해 있다. (…중략…) 내지인과 조선인을 결속시키는 바탕은 극동의 평화이다. 그러므로 조선인들을 보호하는 일에 실패해서는 안 된다.[23)]

결국 만주에 평화와 안정을 가져다주기 위해서 일본인과 조선인의 협력이 필요하다는 것인데, 이 내용은 영화가 끝날 즈음 자막에 다시 한번 선명하게 부각된다. "만주국의 발전과 협력에 힘입어 변경의 치안은 안정되고 민중은 모두 안심하고 생활하기에 이르렀다. 그러나 오늘의 치안과 평화를 위해 변방 방위의 선봉대인 국경 경찰대가 바친 용기와 자기희생의 정신은 청사에 길이 빛나리라." 여기서 흥미로운 점은 이 영화는 1943년에 만들어졌으나 시대적 배경은 자막에 나오듯 1935년경이라는 것이다. 1935년경이라면 제2차 중일전쟁이 발발하기 전이고 만주국이 생긴지 3년 후이다. 이 영화의 시나리오나 원작이 1935년경에 쓰여졌는지 확인할 수는 없었다. 다만 미루어 짐작컨대, 조선인과 만주국의 지속적인 협력을 강조하기 위해서였을 수도 있고, 또한 중일전쟁이 진행되고 있는 시점에서조차 이 지역의 치안이 안정되어 있다는 것을 보여주기 위한 의도였을 수도 있다. 그러면, 이 영화의 줄거리를 대충 살펴보도록 하자.

영화의 배경은 만주와 한반도의 국경지대인 '란잔'이라는 곳이다. 기차가 달리는 평화로운 곡창지대에서 일하고 있는 조선인들의 모습을

---

23) Ivan Morris ed., op. cit., p.72.

비추는 것으로 영화는 시작된다. 그런데 이렇듯 평화로운 생활을 위협하는 것이 바로 "비적"이다. 비적은 국경수비대를 항상 긴장하게 만든다. 국경수비대의 대원들은 일본인과 조선인으로 구성되어있고, 자상하고 따뜻한 성품을 지닌 경찰서장 '다카즈'를 중심으로 단결되어 있다. 이곳에 새로 부임한 신참 '아사노'는 생소한 생활환경과 엄격한 수비대의 업무에 적응하지 못하고 갈등한다. 이러한 아사노를 따뜻하게 감싸는 동료 경찰들. 이들은 서서히 아사노의 제2의 가족이 되어간다. 한편, 조선인 경찰 중 한 사람인 '김 순사'는 비적에게 공격을 받아 숨지게 되며, 그에게 단 하나뿐인 혈육인 여동생 '영숙'은 주변사람들의 도움을 받아 서울로 의사수업을 받으러 떠난다. 어느덧 겨울방학을 맞아 영숙은 란잔으로 돌아오고, 때마침 비적 떼가 마을을 약탈하러 몰아쳐 들어온다. 비적과 경비대 간의 치열한 전투가 벌어지고 수세에 몰려 마을주민들마저 경비대초소로 피난을 한다. 총탄이 떨어져가고 대원들을 잃는 등 승산의 기회가 없다고 판단되자, 영숙과 다카즈의 부인을 비롯한 사람들은 비적에게 잡힐 바에야 스스로 목숨을 끊는 게 좋겠다고 판단하고 이를 준비한다. 그러나 일촉즉발의 상황에 일본 응원대가 도착하여 비적을 소탕하고 마을에는 다시 평화가 찾아온다.

이 영화의 절정 부분은 단연 비적과 경비대 간의 전투이다. 약 18분간이나 지속되는 전투과정은 무척이나 다이내믹하게 전개되는데, 여기서 특히 감독 이마이 타다시의 연출이 돋보인다. 이 장면을 김수용 감독은 이렇게 기억하고 있다. "경비대가 위기에 몰리면서 가족들은 자결할 피스톨을 손에 든다. 터지는 수류탄, 경비대 숙소의 박살나는 유리창, 벽에 박히는 총탄, 사살되는 게릴라 등 숨 막히는 장면이 빈틈없이 연출된다. (…중략…) 영화를 보고 나서 자칫 용감무쌍한 경비대의 승리에 박수를 보낼 뻔했다. 그러나 '게릴라가 정녕 마적 떼가 아니고 항일독립군이었다면'하고 생각하니 오싹하게 전율이 느껴졌다. 영화의 마력은 관객을 적과의 동침도 하게 만든다"라고 전하고 있다.[24] 서부극의

사진 ③ 기모노 차림의 하라 세쓰코와 한복차림의 조선인 여성.

재미를 가미한 이 장면에서는 비적들이 말을 탄 채 칼을 휘두르며, 아메리칸 인디언을 연상시키는 기름기 번들거리는 거무튀튀한 얼굴에 털로 만든 옷을 입고 있다. 말하자면 '야만적인' 중국인을 할리우드 영화에서 보이는 인디언처럼 경멸스러운 대상으로 표현한 것이다. 그런데, 김수용 감독의 감상에서도 볼 수 있듯 이 영화에서의 '비적'은 정체가 묘연하다. 영화 안에서는 김 순사가 "공산당 앞장이"에게 공격을 당했다고 하는가 하면, 전반적으로는 이들을 "마적"으로 그리고 있다. "마적"이든, "공산당 앞장이"든, 혹은 "게릴라"든 간에 이 모두가 일제의 만주지배에 있어 적이 될 수밖에 없는 존재들이고 보면, 항일 조선 독립군 게릴라도 이 속에 포함되어 있다는 이야기이고, 그런 점에서 김수용 감독이 느꼈던 "오싹함"은 어쩌면 당연한 것이었는지도 모른다.[25)]

그렇다면 이 모든 '적'들에 대항하는 일본인과 조선인의 협력은 어떻게 그려졌는가? 일단, 이 영화는 일본어로 만들어졌기 때문에 모든 등장인물이 일본어로 소통한다. 이 마을의 초등학교 교사인 조선인 '류 군'이 아이들의 일본어 발음을 고쳐주고 있는 장면과 경비대 초소 안에 걸린 '국문만 사용' 등의 표어는 일제의 식민지에서의 언어교육 강화를 잘 보여주고 있다. 이들의 국적을 구분 짓는 것은 다카즈의 부인, 하라 세

24) 강성률, 『친일영화』, 로크미디어, 2006, 74~75면에서 인용.

25) 중국과의 경계선 지역, 특히나 북동지역은 조선군 게릴라들의 항일 운동이 가장 활발한 곳이었다. Charles K. Armstrong, *The North Korean Revolution 1945~50*, Ithaca and London : Cornell University Press, 2003, pp.16~17.

쓰코의 기모노, 영숙의 한복 차림, 김상이 부르는 조선 노래, 이런 것들이다. 마치 문화의 특수성들이 대동아 공영권의 유지를 위하여 공평히 그려진 것 같지만, 이 속에는 일본인과 식민지인의 서열을 구분하는 경계가 있다. 말하자면, 조선 문화의 상이성은 일본문화의 우수성을 위해 존재해야 하는 것이다. 경찰서장과 그의 부인이 물론 상위에 있으며, 그 다음이 조선인 그리고 가장 하위에 있는 것이 중국인이다. 당시 만주국에서는 '오족협화'라는 이념 아래 일본인, 조선인, 만주인, 한족, 백계 러시아인들 간의 평화로운 공존이 선전되고 있었으나, 이 영화에서 보이는 것과 같이 중국인들의 이미지는 뚜렷한 선입견으로 덧칠되어 있다.

이 영화에 등장하는 중국인 여성은 일본여성(하라 세쓰코)과 조선여성(김신재)의 하위에 놓여있다. 나이로 봐도 가장 어리고, 나머지 두 여성의 보살핌을 받는 위치에 있는 것이다. 물론, 영숙으로 출연한 김신재에게 있어 하라는 모범적인 여성의 본보기이다. 영숙이 의사가 되기로 결심한 배경에는 하라가 마을사람들에게 베푸는 간단한 의술에 영향을 받았음직도 하다. 그러나 남편에 대한 무조건적인 복종, 마치 모든 사람들의 어머니처럼 자애로운 모습을 모이는 하라는 이 마을을 한 가족으로 묶는 존재이다. 영숙 역을 맡은 김신재는 조선영화계에서 당시 '명랑'하고 '귀여운' 국민여동생 같은 존재였고, 이 영화에서도 이러한 발랄한 '여동생'의 이미지를 연출하고 있다. 피붙이라고는 남아있지 않은 이곳은 고아인 영숙에게 있어 '고향'이나 다름없으며 하라처럼 최후의 순간에는 자결을 서슴지 않는 황국의 신민인 것이다. 게다가 김신재는 다른 여배우들과 달리 일본어를 유창하게 구사하였기 때문에 내선일체를 선전하는 데 효과적으로 이용될 수 있는 배우이기도 하였다. 당시 한창 인기 절정이던 여배우, 이향란(李香蘭)도 실은 일본인임에도 불구하고 중국인 여성으로 일본매체에 소개되었던 배후에도 이런 사정이 있었다. 중국에서 자란 이향란은 중국어와 일본어를 모두 유창하게 구사했다. 그녀를 중국인으로 알고 있던 일본관객들에게 있어, 그녀의 일본어 실력은 '중

사진 ④ 오빠의 무덤을 찾은 영숙, 부대원들이 울고 있는 영숙을 발견한다.

국인임에도 불구하고' 친근감을 느끼게 하는 결정적인 요소였다. 영화 안에서도 그녀는 〈지나의 밤(支那の夜)〉 등에서 보여 진 것과 같이 동양의 평화를 위해 분투하는 일본인의 굳은 의지와 친절함에 '감화'되어, '거친' 중국인으로부터 '길들여진' 황국의 신민으로 변신하는 역할 등을 맡았다.

〈망루의 결사대〉에 등장하는 여성들은 적극적이면서도 복종에 길들여진 군인과 같다. 하라에게 있어 남편은 가장이기도 하면서 '국가'이기도 한 것이다. 여성만의 영역을 표현하는 것은 고작 새해 첫날 떡국을 끓인다든가, 남자들에게 보이지 않게 눈물을 자주 흘린다는 것이다. 이 또한 여성성에 중심을 두었다기보다는 남성들의 감정을 간접적으로 표현하기 위한 장치인 것이며, 여성은 보호해야할 대지의 상징성 이외에는 설 자리가 없는 것이다. 예를 들어, 경찰서장 다카즈가 일본에서 어머니가 위독하다는 전보를 받자, 그의 부인은 다카즈에게 일본으로 어머니를 뵈러 가야 하지 않겠느냐고 한다. 그러자 다카즈는 "여기 올 때 이미 인사를 드렸어"라는 대답으로 거절한다. 나중에 어머니가 운명했다는 당연한 사실 앞에 눈물을 흘리는 사람은 정작 다카즈가 아닌 부인이다. 개인의 사사로운 일은 국가의 대의를 위해 잊어버려야 한다는 명분은 있지만, 다카즈가 인간적으로 겪는 감정을 직접적으로 표현할 수는 없다. 그는 일본제국을 위해 싸우는 군인이고 국가를 위해 자신을 희생하는 것을 기쁘게 생각하기 때문에 눈물을 흘려서는 안 되는 것이다. 이는 영숙이 자신의 오빠의 무덤 앞에서 눈물을 흘리는 것에서도 재연된다. 이 순간 무덤 앞을 지나가는 오빠의 친구들인 경비대 대원들의 감정이 영숙에게 이입되는데, 자신의 동료를 가족처럼 느꼈던 대원들의 인간적인 갈등과 고뇌를 간접적으로 표현한 것이라 본다.

6. 맺음말

전쟁수행 시기에 쏟아져 나온 많은 영화들이 동서양을 막론하고 어머니에 대한 향수성과 가족에 대한 애정을 소재로 다루고 있다. 1940년대의 미국영화들에서도 어머니로서의 여성을 자주 등장시키는데, 이러한 편중 현상은 어머니로서의 여성성 이외에, 여성의 성적 욕망이라든지, 개인주의적인 이념 등을 부정적인 것으로 분류한다. 이러한 분류는 전통과 대치되거나 전체주의의 이념에서 벗어난 행동을 한 여성에 대한 혐오로 표출되며, '모범적인' 여성과 '불량한' 여성을 명확히 구분토록 한다. 그렇다고 해서 여성의 모성성, 문화적 향수의 근원이 되는 여성이 이 시기에 갑자기 생성된 것은 아니다. 계몽주의 철학에 의해 정당화된 자본주의의 팽창, 그에 따른 인간성 상실에 대한 두려움은 앞서 살펴본 것처럼 루소에 의해 일찌감치 감지되었다. 이 글에서 잠시 언급한 그의 에세이는 언어문제에 집중되어 있지만, 사실 그의 언어에 대한 집착은 인간의 순수한 열정을 회복하는데 초점이 맞추어져 있다. 여기서 인간성 회복을 주도하는 여성의 역할은 매우 중요하다. 이런 면에서 '에밀'은 아동교육에 중심을 둔 것 같지만 실은 그 아동을 교육하는 어머니에 대한 중요성을 강조한 것이기도 하다. 인간성 상실에 대한 두려움은 모성에서 위안을 찾으려는 노력으로 나타나고, 여성성을 자연의 성질과 동일시하여 위기에 처한 문화와 대비되는 완전하고 순수한 것으로 보고자 했던 노력은 근대성이 진행되면서 언어를 젠더화시키는 결과를 낳았다. 물론, 이러한 현상은 여성성이라는 문제에 한해서 이해될 수는 없다. 남성성 표상의 문제도 동시에 다루어져야 할 문제이기도 하다.

일본의 전쟁수행 시기에 있어서 젠더화된 언어의 문제를 〈사무라이의 딸〉과 〈망루의 결사대〉를 통해 살펴보았다. 만주는 현실적으로 일제의 통치 하에서 길들여져야 할 땅으로 설정됨과 동시에 그 땅의 상징성을 여성성으로 연결시켰다. 이러한 상황에서 "근대의 초극" 담론은 기계적 사고와 물질문명에 타락한 문화의 위기의식을 강조하는 거대담론으로서, 해리 하루투니언이 지적한 바와 같이 도시와 농촌 간, 일본과 식민지 간의 불균형한 경제문제에서 사람들의 관심을 돌려놓고자 했던 노력의 일환이라고 볼 수 있다. 1930년대에 있어 "농촌은 방탕한 도시와 대비되는 안식처로써, 도시는 농촌을 피폐하게 만든 원인"[26] 등으로 자주 그려졌다. 이러한 상황 안에서 〈사무라이의 딸〉의 배경이 되는 일본의 전원 풍경에는 사회적인 문제는 철저히 가려져 있다. 전원적 풍경에 배치된 여성은 피폐해진 정신성－데루오가 보여주는 바와 같이－을 회복시켜줄 안식처인 동시에 문화적 근원의 상징이기도 하다.

대동아 공영권의 이데올로기가 절정에 달할 때 만들어진 〈망루의 결사대〉는 일본인과 조선인의 협력하여, 일체된 의식으로 만주를 지배한다는 것이 내용의 골자이다. 그러나 이 영화에서도 여성들은 가족국가주의를 대변이라도 하듯, 부락민들을 한 가족으로 뭉치게 하며 동시에

26) Harry Harootunian, *Overcome by Modernity*, New Jersey : Princeton University Press, 2000, p.28.

남성들의 감정을 간접적으로 표현하는 역할을 한다. 그러나 대동아 공영권과 오족협화 등의 이념들이 지향하고 있던 바와는 달리, 이 영화에서는 문화적 특수성을 살린다는 위장으로 조선인과 중국인을 타자화시키고 있다. 말하자면, 대동아 공영권이라는 이데올로기를 부인하고 있는 셈이다. 게다가 일본어로 제작되었지만 당시 조선에서 일본어를 구사할 수 있는 조선인은 전체 인구의 20% 정도밖에 되지 않았다. 들리기는 일본어로 들리지만, 읽히기로는 조선어로 읽힌다는 이 차이는, 묘사되기로는 '비적'이지만 실제로는 '독립군'일수도 있는 차이만큼이나 큰 것이다. 덧붙여 '에이슈쿠'라는 조선여성인 '영숙'이 일본제국을 위해 피스톨을 손에 쥔 순간은 대동아 공영권의 폭력성을 일본의 '정신성'이라는 이념으로 미화시키고 있는 순간이기도 한데, 이러한 정치화된 미학이야말로 '근대의 초극' 담론의 도저히 극복될 수 없는 모순인 것이다.

마쓰오카가 지적한대로 "영화는 국운을 좌우하는" 중요한 매체였기 때문에, 적과 동지를 가려내기 위해 시각적으로 확실한 구분, 또한 영화언어를 통해 관객을 '길들이는' 작업이 필요했다. 그런데, 〈사무라이의 딸〉을 보면서 그 전통적인 언어에 생소함을 느꼈던 일본인 관객들과 일본어로 제작된 〈망루의 결사대〉를 보면서 "섬뜩"했다고 고백하는 조선인 관객들에게 그 언어는 친숙하게 다가올 수 없었다. 이는 언어를 정화시킨다는 목적으로 그 언어를 기계화시킨 이데올로기 자체가 가지고 있는 모순이었기 때문이다. 과학기술과 지식의 도입으로 형성된 근대적 사회조직 통제와 그 전반적인 시스템의 구성은 근본적으로 서양의 영향에서 진행되었던 동시에 서양의 영향에서 '벗어나려는 노력'이라는 이름 하에 동일한 물리적 속성으로 식민지에서의 전쟁동원을 추진했다. 근대 초극 담론은 처음부터 비-논리성을 가진 채 진행되었던 것이다.

식민지 조선의 국민 연극 연구

조선연극문화협회의 활동을 중심으로

이재명

1. 문제의 제기

2008년을 맞은 한국은 새삼스럽게 친일 논란에 휩싸여 있다. 그것은 다음과 같은 구체적인 사건을 통해 두드러졌다. 현 대통령의 든든한 기반 역할을 하고 있는 '뉴 라이트' 진영이 친일파에 뿌리를 두고 있으며, 대안 국사 교과서에 일제 강점기를 긍정적으로 묘사하고 있으며, 친일 세력을 청산하지 않은 이승만을 건국의 아버지로 평가하려 하며 남한만의 단독 정부 수립 60주년을 강조하여 건국 60주년으로 미화하고 있다. 현재 한국에서 펼쳐지고 있는 좌우익 논란은 결국 친일 청산 세력 대 친일 옹호 세력의 대결로 요약된다.

필자 역시 이 논란에서 자유롭지 못하다. 필자는 한국학술진흥재단의 2003년도 연구 과제로 "해방전 공연연극과 상영시나리오 연구" 과제를 수행하면서, 작가와 작품의 친일 성향 여부를 확인시켜 줄 수 있는 희곡작품과 시나리오 수십 편을 발굴하여, 9권의 자료집과 1권의 연구서를 펴낸 바 있다. 이어서 정부기관인 친일반민족진상규명위원회의 연구 용역으로 보고서 "친일연극의 현황과 전개"를 2007년 여름에 제출한 바 있다. 또한 필자는 민간기관인 친일인명사전 편찬위원회의 일원으로, 2007년 여름에 발표된 친일인명사전 수록 대상자 선정 작업에서 연극, 영화, 예능 분야의 친일 인사 선정에 직·간접적으로 관여하였다. 필자의 최근 5년 이상의 작업은 결국 친일 연극 연구로 귀결되고 말았다. 그 과정에서 수많은 연극영화인들—극작가와 연출가, 배우와 가수, 무대장치가, 작곡가와 작사자, 극단 대표 및 행정가, 협회 간부, 시나리오 작가, 감독, 촬영감독 등의 작품과 자료를 접하게 되었다. 이들의 친일 행각은 천차만별인데, 크게 3유형으로 구분하면 다음과 같다.

① 자발적·적극적으로 지도적인 역할
② 소극적 생계형
③ 도피와 저항

이중에서 문제가 되는 것은 유형 ① 자발적·적극적으로 지도적인 역할을 한 인물(과 작품)일 것이다. 이들 친일 연극인은 조선총독부의 철저한 통제에 적극적으로 협조하였을 뿐만 아니라, 자발적으로 황국신민화와 조선인의 대동아전쟁 권유 등 일제의 파시즘 정책을 선전 선동하는 친일 행각을 펼쳐 나갔다. 그런 과정에서 이들은 헤게모니 쟁탈전을 벌이며 이권 다툼에 뛰어 들었으며, 전시 하 극심한 물자 부족난에도 '문화정신대'라는 미명 아래 남다른 특권을 누리기도 하였다.

본 논의에서는 조선연극문화협회의 조직 과정을 개략적으로 살피고 동 협회가 전개한 친일 연극의 구체적인 내용, 그중에서도 일본어 연극 강제 공연과 의욕적으로 펼친 이동연극의 실상을 살피겠다. 이를 통해서 조선총독부의 전시 하 문화 정책의 철저한 시행 과정과 그에 동조한 조선 연극인들의 적극적인 협조와 지원 양상의 일단을 확인할 수 있을 것이다.

2. 본론

1) 조선연극문화협회의 조직

태평양전쟁에 접어든 시기 식민지 조선에 가해진 연극 통제는 조선총독부를 통해 직접적으로 이루어졌다. 1942년 7월 조선총독부 정보과는 공연예술부문의 원활한 관리 통제를 위하여 조선연극협회와 조선연예협회로 양분된 공연예술단체를 통합하여 조선연극문화협회를 결성하게 하였다. 조선연극문화협회는 회원들을 황국신민으로서 수련하는 것을 기초로 하여 국민문화 진전에 필요한 연극과 연예의 기능 연마와 국민의식의 앙양과 일반문화수준 향상에 기여하는 것을 그 목적으로 설립되었다. 또한 조선연극문화협회는 주요 사업 방향을 다음 4가지 영역으로 설정하였다.

①회원의 국민적 연성(錬成)에 필요한 사업.

②연극 연예와 극작의 쇄신 향상에 필요한 사업.

③연극단체와 연예단체의 지도와 통제, 그리고 흥행 운영에 필요한 사업.

④앞서 제시한 사항 이외에 본회의 목적 달성상 필요한 사업.[1)]

---

1) 「朝鮮演劇文化協會規約」, 『朝鮮演劇文化協會資料』, 日本 早稲田大学校 坪内博士記念演劇博物館 소장자료, 1943. 『朝鮮演劇文化協會資料』는 프린트판 자료인 「朝鮮演劇文化協會規約」(昭和 17年 7月 26日 創立), 「朝鮮演劇文化協會概要」(昭和 18年 1月 10日 現在), 「事業經過報告書」(昭和 17年度)로 구성되어 있다. 이 자료는 경북대 김재석 교

조선연극문화협회의 초대 회장으로는 민간인 가라시마 다케시[辛島驍, 경성제대 교수]가 맡았으나, 2대 회장에는 조선총독부 정보과장 아베[阿部達一]가 직접 맡아 1945년 8월 조선이 해방될 때까지 협회를 이끌어 갔다. 조선연극문화협회의 실무를 담당한 전무이사는 早瀨十助가 맡았으며, 그 밑에 조선인 상무로 조선연극협회의 상무였던 김관수가 초대 상무를 맡았다. 이후 2대 상무에는 중앙극장 지배인 김상진이 맡았고, 3대 상무 대리에는 극작가 임선규가 잠시 담당하였으며, 3대 상무로는 보성전문 교수 김동석이 해방 직전까지 직책을 수행하였다. 일본인 관리의 실질적인 지도 아래 조선인의 직접적인 관리 체계가 마련되어, 전 조선 연극계를 지도하였다. 1943년 1월 당시 조선연극문화협회 가맹 공연예술단체는 모두 31개였으며, 특별회원 29명, 정회원 855명, 찬조회원 10명 총 894명이 소속되어 있었다. 하지만 협회 소속 극단과 회원의 수는 일정하지 않았는데, 그 이유는 협회의 자격 심사 때문이었다.

조선연극문화협회의 회원은 심사를 거쳐 자격을 얻을 수 있었다. 조선연극문화협회의 이전 단체인 조선연극협회에서는 1941년 4월 조직을 정비하는 차원에서 500여 회원들에게 회원자격시험을 치르게 하였다. 배우 경력 5년 이상만을 대상으로 '국민연극의 나아갈 길'이라는 논설 과목과 구두 질문과 연극대본 낭독 시험을 치르게 하였다. 그리하여 시험에 통과한 회원에게 회원증을 발부받아 활동하게 만듦으로써, 회원들의 활동을 통제하기 시작하였다. 이때 자격시험 심사위원으로는 경성제대 교수 가라시마[辛島驍, 이후 조선연극문화협회 초대 회장]와 조선군 보도부 촉탁 다카이[高井], 『매일신보』 학예부장 백철, 그리고 총력연맹 총무국장 등이 맡았다.[2] 조선 연극인들에 대한 자격시험은 1944년에 다시 시행되었다. 조선연극문화협회는 1944년 4월부터 회원의 자질을 향상시킨

수의 「국민연극 시기 「조선연극문화협회」 연구」, 『어문론총』 제40호, 2004.6에도 활용된 바 있다.

2) 서연호, 『식민지시대의 친일극 연구』, 태학사, 1997, 62~63면.

다는 명분으로 자격 심사를 강행하였다. 그리하여 전체 회원들을 대상으로 첫째 날은 필기시험을 치르게 하고, 둘째 날은 구두시험과 대본 낭독과 연기와 같은 기능시험을 치르도록 하였다. 필기시험은 '연극인의 마음가짐', '현지의 이동연극대에 보내는 편지', '나의 어머니'라는 제목 중 하나를 골라 논설문[3]을 쓰게 하였으며, 구두시험으로는 '造れ 送れ 勝て'와 같은 일어 문구 독해 능력을 시험하였다. 그 결과 최종합격자 322명, 가합격자 63명을 발표하였는데, 이 시험에서 탈락한 실격자는 무대 활동이 일체 정지되고 말았다. 극단원의 자격 상실로 인해 국민좌와 같은 일부 군소 극단은 해산할 수밖에 없었다. 이처럼 동 협회는 회원의 자격을 철저하게 감독함으로써 조선 연극인들을 협회와 총독부의 지도에 순응하게 만들었다.

조선연극문화협회는 총독부 정보과와 경무과의 지시에 의해 일부 단체를 통합·개편·해산시켰다. 전시 하 건전오락을 제공한다는 명분 아래 20여 개의 단체를 통합·개편·해산시켰다. 주로 창극단(6→3)과 서커스단(8→4), 악극단(3→1)이 통합되었으며, 세 극단이 해체되고, 두 극단이 하나로 통합되었다.

2) 조선연극문화협회의 주요 사업

조선연극문화협회가 펼친 주요사업 및 실천 사항은 다음과 같다.

① 국민총력조선연극문화협회연맹을 결성하여 애국반과 근로보국단의 결성활동

② 회원의 생활보장과 복리증진상의 시책으로서 공제회의 설치

3) 민족문제연구소 편, 『일제협력단체사전』의 「조선연극문화협회」 항에서는 '국민연극의 나아갈 길'이라는 주제로 논술시험을 치르게 하였다고 함. 민족문제연구소 편, 『일제협력단체사전』, 민족문제연구소, 2004, 736면.

③회원의 皇民化 促進과 國語 全解 常用의 철저

④國債의 구입과 저축의 勵行

⑤兵器基金 헌납과 慰問品의 납부

⑥移動劇團의 조직 운영 (제일대, 제이대)

⑦문화영화 '이동극단'의 제작

⑧극작가 및 연출가의 조성연구부의 설치

⑨상연 각본의 엄선과 상연기한 등의 勵行

⑩가맹단체의 만주 공연의 적정 원활화

⑪重目粗布와 洋針의 배급

⑫演劇 文庫의 설치 및 연극경연대회의 개최[4)]

위에서 열거한 협회의 사업들은 여러 성격의 사업들이 혼재되어 있는데, 그 실현 여부에 대해서도 많은 의문이 든다. 특히 민간협회로서 당연히 해야 할 사업인 '회원의 생활보장과 복리증진상의 시책으로서 공제회의 설치' 및 '연극문고(도서관)의 설치'가 제대로 시행되었는지는 확인할 길이 없다. 각 극단의 만주 순회공연을 조절하는 작업과, 무대 배경화와 무대세트 제작에 필요한 자재(천과 못 등)를 배급하는 활동은 각 극단의 생존과 관련이 있었으므로, 모든 극단은 협회의 지시를 따르지 않을 수가 없었다. 그러므로 그 밖의 대다수 사업—각 극단으로 하여금 애국반과 근로보국단을 결성하게 하고 활동시킨 일, 극단의 황민화 촉진 사업과 국어 전해 운동, 국채의 구입과 저축 권장, 무기구입 자금 헌납과 위문품 납부 등은 각 극단이 따르지 않을 수 없었던 강제 사항들이었다. 이밖에 조선연극문화협회에서는 1943년 연극계의 지도와 신연극문화의 건설을 위한다는 명분으로 연극 각본과 연출을 정화하겠다고 나섰다. 또한 지도적인 연극인들을 일본에 파견하여 성지를 참배케 하고,

4) 「朝鮮演劇文化協會槪要」, 『朝鮮演劇文化協會資料』, 日本 早稲田大学校 坪内博士記念演劇博物館 소장자료, 1943.

이어 내선극문화의 교류라는 명분으로 일본 연극인들과의 좌담회를 갖게 하였다. 조선연극문화협회 성지 참배단에는 안영일과 전창근, 김태진, 박영호, 김건, 김일영, 유장안 등이 포함되었다.[5)]

또한 1944년 4월 조선연극문화협회에서는 연극을 통한 징병 사상의 보급 철저를 위해 국민총력연맹 징병후원 사업부와 협력하여, 극작가들에게 징병을 권유하는 내용의 극작품을 쓰도록 강요하였다.[6)] 조선연극문화협회에서는 같은 해 6월 연극인총궐기운동과 미영격멸 전의앙양대회를 열었다.[7)] 대동아전쟁이 막바지에 이르게 되자, 조선연극문화협회에서는 원호사상의 연극화를 추진하였으며 그에 따라 군인원호가극을 공연하게 되었다.[8)] 구체적으로 예원좌에서는 〈청실홍실〉(박영호 작)을 군인원호 작품으로 상연한 바 있었다.[9)]

또한 조선총독부 경무과의 지도 명령에 따라 조선연극문화협회는 1943년 4월부터 부(府) 이상의 도시에 있어서 전체 공연의 삼분의 일 이상을 일어극으로 공연하게 하였다. 앞서 1941년 12월 조선연극협회에 보낸 통첩문에서 일본 작품의 공연을 지시한 바 있거니와, 구체적으로 그 지침을 따른 경우는 거의 없다시피 하였다. 하지만 조선연극문화협회의 연극의 각본과 연출을 정화하겠다는 방침에 따라 1943년경부터는 일본인의 작품 공연이 자주 눈에 띄게 되었다. 그뿐만 아니라 1막짜리 일어극 공연도 활성화되었는데, 제2회 연극경연대회를 비롯한 대부분의 공연에서는 반드시 1막짜리 일어극이 상연되었다. 또한 이 무렵 조선연극문화협회에서는 1943년 10월 일어극 연구부를 설치하여 일차적으로 연극용어의 일어화를 준비하도록 하였다.[10)] 이 당시 일어극은 일

5) 『경성일보』, 1943.5.11.

6) 『경성일보』, 1944.4.21.

7) 『매일신보』, 1943.6.20・23.

8) 『매일신보』, 1945.2.26・4.19.

9) 『매일신보』, 1945.5.29.

10) 牧山瑞求, 「國語劇の現狀」, 『國民文學』, 1944.5 참조('牧山瑞求'는 이서구의 창씨명).

본인의 것을 직접 들여다 공연하기도 하였지만, 조선인 극작가가 창작한 일어극도 양산되기 시작하였다.

또한 동 협회에서 펼친 많은 사업 중에서 가장 주목할 만한 사업으로는 3차례의 연극경연대회와 집체극 〈분노하는 아시아〉 공연을 들 수 있다.

1942년 9월부터 두 달 반 동안 치러진 제1회 연극경연대회에는 당시 대표적인 극단 현대극장, 고협, 아랑, 성군과 청춘좌가 참여하였다. 이 대회의 총 관객 수는 초대자를 포함하여 4만 5천여 명이었으며, 총수입은 49,459원 20전이었다.[11] 제1회 경연대회는 매일신보사에서 독자 우대권을 발행하며 방송협회에서 무대중계 방송을 하면서까지 대대적인 후원을 해 준 덕에 관객 동원에서 성공적인 결과를 거둘 수 있었다. 이 대회에서 작품상을 받은 유치진 작 〈대추나무〉는 만주 분촌 운동에 열의를 다하는 청년 주인공을 형상화함으로써, 일제의 정책을 충실히 작품화하였다.

제2회 연극경연대회는 1943년 9월부터 약 3달에 걸쳐 부민관에서 열렸다. 총독부 정보과에서는 일제의 정책을 가이드라인으로 제시하면서 노골적인 친체제 행사로 이끌어갔는데, '생산 확충과 징병제도 또는 육해군 지원병 제도를 그 내용으로 하고 일본 정신을 강조한 예술적 작품'[12]을 강요하였다. 또한 조선어극 경연 이외에 1막짜리 국어극(일본어극) 경연을 추가하여 일본어 공연을 강요하였다. 그뿐만 아니라 임선규의 〈꽃피는 나무〉에서 일본어 대사를 전체의 3/4 정도로 채울 정도로, 연극에서의 국어전해(國語全解)와 국어상용화(國語常用化)의 실천을 시도하였다.[13] 작품상을 받은 송영의 〈역사〉는 조-부-손에 걸친 3대의 내

---

11) 「事業經過報告書」, 『朝鮮演劇文化協會資料』, 日本 早稲田大学校 坪内博士記念演劇博物館 소장자료, 1943. 당시 관객 수가 6만여 명에 달한다는 기록(上田龍男, 「戰時下娛樂の再編成」, 『朝光』, 1943.1 참조)도 보이나, 협회의 공식적인 기록 4만 5천여 명이 더 신빙성이 있을 듯하다.

12) 『매일신보』, 1943.7.18.

13) 牧山瑞求, 앞의 글.

선일체 과정을 극화하였다.

1943년 11월에는 예정된 연극경연대회가 미루어진 대신,[14] 조선연극문화협회는 연극인 총궐기 예능제 〈분노하는 아시아〉를 성황리에 공연하였다. 유치진을 비롯한 극작가 6명이 공동창작하고, 안영일 외 3명이 공동연출한 이번 공연에는 황철(남배우)과 박영신(여배우), 김용환(가수), 신불출(만담가), 이동백(명창), 조택원(무용) 등 150여 명이 출연하였다. 영미의 아시아 침략을 규탄하면서, 대동아전쟁을 적극 수행할 것을 다짐하는 대서사시를 펼쳐 보였다. 이 공연에 대하여 당시 공동 연출자의 한 사람이었던 신고송은 이 공연의 의의를 다음과 같은 3가지로 꼽았다.

> 금회의 이번 행사는 세 가지 점에서 반도연극사상 새로운 기록을 남기게 되었다. 지금까지의 연극인 또는 극단은 서로 무언가의 행현(行懸)과 이해상반하는 무언가를 가지고 있었지만, 이것을 선명하게 씻어버리고, 모든 장애와 이해를 초월해서, 그저 국가목적을 위해 결집했다는 것이 그 하나이며; 반도에서 일류라고 불리는 전연극인을 한 곳으로 모아 하나의 무대 위에서 자련원숙(者練圓熟)한 연기를 경연시키는 이것이야말로 현란호화한 에마키[繪卷物, 그림두루마리]을 널리 떨친 것이 그 두 번째이고, 2일 간 4회의 공연에 일만 오천 명의 관객을 동원해, 미영에 대한 분노를 폭발시켜 감격을 주었던 것이, 그 세 번째이다.[15]

1945년 1월말부터 실시된 3회 연극경연대회[16]에는 이전 대회와는 달리, 여러 극장을 이용할 수 있게 하였고, 작가와 연출가 등이 여러 공연에 관계해도 상관하지 않았다. 그리하여 송영은 두 편의 희곡을 공연하였고, 안영일은 3편의 작품을 연이어 연출하였다. 또한 이번 공연에는

14) 연극계와 관련 있던 다카이[高井]의 간첩사건 때문에 연기된 듯하다.
15) 申鼓頌, 「怒りの亞細亞」, 『新時代』, 1944.11, 60면.
16) 연극경연의 심사위원 면면은 잘 알려져 있지 않은 편이다. 3회 연극경연의 경우, 조용만, 박영희, 김팔봉, 안석영, 유치진, 서항석, 안영일, 이서향, 이서구, 송영, 안종화 등 25명이 심사에 참여했다고 하는 기록이 있다. 『경성일보』, 1945.1.25.

검열 문제로 공연작품이 대체되는 사태가 발생하였는데, 박영호의 〈김옥균의 사〉는 1945년 2월 8일에 공연될 예정[17]이었지만 이틀 후 각본 검열 각하의 사유로 〈김옥균의 사〉를 공연 중지시키고 대신 박영호의 〈별의 합창〉으로 대체되었다는 기사[18]를 확인할 수 있었다. 〈별의 합창〉은 북 규슈지방의 탄광을 배경으로 증산에 헌신하는 주인공을 형상화하였으며, 일본인과 조선인 사이의 결혼 문제를 제기하며 내선일체를 극화하였다. 극작가 송영, 박영호, 임선규와 연출가 안영일, 나웅, 이서향은 3차례의 연극경연대회 동안 한 번도 빠짐없이 공연에 참가하였다.

3) 이동연극대 파견

이동연극이 본격적으로 시행된 것은 1941년경부터였다. 일제가 정책적으로 지원한 이동연극은 여러 기관에서 앞을 다투어 시행하였는데, 조선연극협회와 조선연예협회, 그리고 이들의 후신인 조선연극문화협회가 중심적인 역할을 하였다. 그뿐만 아니라 공연전문 기관 이외에 매일신보 전선위문연극단과 국민총력연맹 문화부의 이동연극대, 현대극장의 이동연극보국대, 각종 이동연예대 등이 우후죽순 격으로 결성되었다.

이동연극을 체계적으로 운용한 기관은 조선연극협회와 조선연예협회였다. 조선연극협회는 1941년 1월 조선연극협회 이사회에서 협회의 직영사업으로 이동극단을 조직하기로 결의하였으며, 이어서 감독관인 경무국장의 인가까지 바로 받았다.[19] 그리하여 협회에 가맹되지 못하여 해산당한 군소극단의 배우들을 수용하여 이동극단을 형성하였다. 1941년 6월 25일 단장 유장안을 비롯한 극단 편성을 완료한 이동극단 제1대

---

17) 『경성일보』, 1945.2.8.

18) 『경성일보』, 1945.2.10.

19) 김관수, 「이동연극대편성에 대하여」, 『삼천리』, 1941.3, 177면.

는 같은 해 8월 16일 동양극장에서 시연회를 갖고서, 9월 2일 강화도를 시작으로 지방 순회공연을 떠났다. 이 당시의 공연 레퍼토리는 김건의 〈지하의 악수〉(1막)와 〈청년 과학자〉(2막 4장)였다. 이동극단 제1대의 성공적인 출발을 확인한 조선연극협회에서는 곧 제2대의 편성을 준비하여, 1942년부터 활동을 시작하게 하였다.

조선연극문화협회 결성 이후에는 기존의 조선연극협회 소속 이동극단 제1대와 제2대를 통합하여 이동극단 제1대로, 그리고 조선연예협회 소속의 이동연예대를 이동극단 제2대로 개편하였다. 유장안을 비롯한 22명의 남녀 대원들로 구성된 이동극단 제1대는 벽지의 조선민중들에게 위안계몽에 힘썼다는 공로로 신태양사에서 수여하는 제4회 조선예술상을 받았다. 1943년 1월 10일경까지 이들의 활동 성과는 대체로 다음과 같다.

> 이동극단 제1대
> 1941년 9월 2일 활동 개시
> 1942년 7월 이전까지 공연 횟수 130개소, 156회 공연
> 1942년 7월 이후 1943년 1월 10일까지 공연 횟수 80개소, 103회 공연
> 총동원인원수 429,786명
>
> 이동극단 제2대
> 1942년 8월 25일 활동 개시 공연 횟수 74개소, 82회 공연
> 총동원인원수 142,084명

1943년 야마베[山部珉太郞]가 작성한 "현지보고―벽지에서 싸우는 연극"(『문화조선(文化朝鮮)』, 1943.8)은 이동극단 제1대의 구체적인 활동상을 소상하게 보고한 글이다. 여기에는 이동극단의 이동 방법, 하루 일과, 공연 레퍼토리 및 공연 순서 등이 상세히 보고되어 있다.

이동극단은 지방 순연에 이어 중앙 공연을 자주 갖기도 하였다. 그 대표적인 사례로 1943년 4월 17일 조선문인보국회 발대식 축하공연으로, 조선총독상을 받은 이동극단 제1대의 〈싸우는 시신(詩神)〉(김용제 원작, 안영일 연출)이 공연되었다.[20]

또한 1943년 12월 18일부터 4일간 이동극단의 공연으로서는 다소 파격적이라 할 만한 공연이 보총(寶塚)극장에서 이루어졌다. 이때 공연된 작품은 가미가제로 죽은 조선인 다케야마[武山]대위의 전기를 극화한 〈창공〉이었는데, 조선연극문화협회 직속 이동극단의 중앙 제1회 공연이라는 타이틀에 걸맞게 당대의 대표적인 연극인과 예술인들이 대거 공연에 가담하였다. 〈창공〉 공연에는 극작에 송영, 연출에 이서향, 의상에 김정환, 장치에 김일영, 무용에 김민자, 음악에 이면상, 그리고 효과에 이강복이 각각 참여하였다.

이동연극 공연작 중에서 중요한 작품들만 모아서 서울에서 공연하는 일도 있었다. 그 대표적인 행사가 1944년 12월 21일에 개최된 이동연극 예능대회였는데, 여기에서는 이부풍 작·연출 〈맹목홍〉과 조명암·김승구 공동작, 박춘명 연출의 〈勝利への道〉; 이익 작, 채정근 연출의 〈愉快な樂隊〉; 그리고 이서구 작, 서항석 연출의 〈봄의 역사〉가 각각 공연되었다.

1944년에 이르자, 조선연극문화협회와 총독부 정보과 예능동원본부에서는 산업전사의 위문을 목적으로 상설극장이 없는 농산어촌, 광산, 공장으로 순연할 이동극단과 위문대를 지도하여, 이동연극의 질적 향상과 양적 확충을 기획하여 왔다. 1944년 당시에는 협회 직속의 이동극단 1, 2대와 건설무대, 라마라 등은 정보과의 인가를 받아 활동 중이었다. 위의 네 단체 이외에 대중가요 가수와 악단을 중심으로 한 연예대, 혹은 위문대 다수가 정보과의 인가를 새로 받았다.[21] 또한 조선악극단에

20) 민족문제연구소 편, 『일제협력단체사전』, 민족문제연구소, 2004, 735면.

21) 김용환, 전수린, 이면상, 남인수 등의 가수와 작곡가들이 앞 다퉈 이동연예대를 만들

서는 두 달 동안 중북지 황군위문 공연을 다녀오기도 하였으며, 그 일을 자랑스럽게 기념하는 공연과 지방순연을 갖기도 하였다.[22)]

그밖에 1944년 6월에는 창극계의 결전체제를 다짐한다는 명분 아래 최초의 이동창극단이 출현하여, 증산촌을 순회한 바도 있었다.[23)] 만담가 신불출도 이동연예에 나섰는데, 이동예능 신불출반의 〈笑の配給會〉는 순회공연 후 제일극장에서 보고공연을 가졌다.[24)]

한편 1945년 3월 10일부터 6일간 "약진하는 이동연극전" 공연이 중앙극장에서 이루어졌는데, 공연 레퍼토리 등은 알려진 바 없다.[25)] 이처럼 해방이 되기 전까지 이동연극 활동은 전국 각지에서 활발하게 전개되었으며, 이들은 내선일체와 황민화 정책 등을 적극적으로 선전 선동하고 다녔다.

3. 결어

대동아전쟁을 수행하면서 조선인을 황국신민으로 만들기 위한 조선총독부의 선전 선동 정책에 식민지 조선의 연극인들은 이처럼 적극적으로 협력하였다. 이 과정에서 조선총독부 정보과와 경무과는 극단의 존립을 결정짓는 권한을 갖고 있었을 뿐만 아니라, 무대에 설 수 있는 회원의 자격을 엄격하게 관리함으로써 조선 연극인들을 친일의 길로 몰아갔다. 또한 연극을 통한 보국(報國)에 앞장 선 친일 연극인들은 그

어 산간벽지를 누비고 다녔다.

22) 「皇軍慰問回顧座談會」, 『新時代』, 1941.7, 192면.

23) 『매일신보』, 1944.6.8.

24) 『매일신보』, 1944.10.26.

25) 『매일신보』, 1945.3.6.

과정에서 다양한 수상과 특전, 막대한 수입이 보장받기도 하였다. 몇몇 지도적인 연극 인사들은 조선연극문화협회를 중심으로 한 헤게모니 쟁탈전을 벌이기도 하였다.

하지만 해방 이후 연극계의 친일 청산은 남북한 어디에서도 이루어지지 않았다. 좌익 주도의 남한 연극계에서는 좌익 청산에 나선 미군정과 이승만 정부의 도움을 받아 친일 연극인들이 다시 무대에서 활발하게 활동하기 시작하였다. 그들은 친미와 반공을 주장하면서, 월북한 연극인들을 '신파'라고 매도하였다. 북한 연극계는 소수 프롤레타리아 연극인들을 중심으로 활동을 시작하였지만, 80여 곳의 일본인 소유 극장을 국유화하고 그곳에서 활동할 연극인들을 서울에서 끌어들이면서 본격적으로 형성되었다. 출신 성분과 고향, 그리고 생활 보장 등의 이유로 월북한 연극인은 전체 남한 연극인의 80% 정도였으며, 이들은 친일 활동 여부와 상관없이 북한 연극계의 중심인물로 자리 잡았다. 북한 연극계에서도 친일 청산은 이루어지지 않았다. 오히려 선전 선동을 일삼는 작품 성향을 그대로 재활용하여, "미영 격멸"을 "미제와 이승만 타도"로 전환시켰을 뿐이다.

무법과 범법, 쿠데타 이후의 주먹들

1960년대 한국 액션영화의 두 계열

이영재

> 국가란 일정 영역의 내부에서 정당한 물리적 폭력행사의 독점을 (실효적으로) 요구하는 인간공동체이다.[1]

> 비행자(전과자)는 법의 바깥에 있는 것이 아니라, 이미 그 시작부터 법의 내부에, 법의 중심 그 자체에 위치해 있다.[2]

1. 영화와 법—'국가'들은 반복한다

몇 가지의 장면들로 구성된 이 글은 1960년대 등장한 일련의 폭력에 관한 영화들을 국가와 법의 형상이라는 관점에서 재구성하고자 하는 기획의 밑그림이다. '사건들' 직후에 만들어진 정창화의 〈노다지〉(1961)와 사건들의 질서화 이후에 등장한 김효천의 〈팔도사나이〉(1969)로 접근하기 위한 짧지 않은 우회가 있을 것이다.

---

1) マックス・ヴェーバー, 脇圭平 訳, 『職業としての政治』, 岩波書店, 1980, 9~10면; 막스 베버, 「직업으로서의 정치」, 『막스 베버 선집』(임영일・차명수・이상률 편), 까치, 1991, 208면(이 글은 최초에 일본어로 작성되었다. 확인 가능한 범위 내에서 한국어 번역의 서지와 해당 대목을 병기해둔다).

2) ミシェル・フーコー, 田村俶 訳, 『監獄の誕生』, 新潮社, 1977, 301면; 미셸 푸코, 오생근 역, 『감시와 처벌』, 나남출판, 1994.

국가와 법, 그리고 영화. 이는 몇 가지 전제들을 출발점으로 삼는다. 첫 번째, 이 순간은 후기 식민국가가 본격적 형태를 갖춘 시간이다. 분단의 고착화와 함께 절반의 국가 '대한민국'이 '국가'로서 내면화되기 시작한다. 이 순간 두 분단국가가 경쟁적으로 민족의 수사를 끌어안는 것은 거꾸로 그것을 끌어안음으로써만 (여전히 내전의 기억이 작용하는 한에서) 결코 자연화될 수 없는 두 국가를 자연화시킬 수 있기 때문이다. 남한의 경우 이 수사는 '반공'으로, 국가의 적과 국가의 내부를 형성한다. 이는 비아냥거림이 아니다. 말 그대로 반공은 '국시'일 수 있는데, 왜냐하면 민족과 함께 이 단어를 사용하지 않는 이상 이 국가의 내부는 공고해질 수 없기 때문이다. 두 번째, 영화 안에서 말하자면 이 순간은 국가의 자연화라는 과정 속에서 일국영화사가 드디어 성립하는 시간이기도 하다. 그런데 이 성립의 순간은 여전히 그 성립의 메커니즘을 기억할 수 있는 마지막 순간이기도 하다. 기억은 완성되는 순간 사라질 것이다.

한편 일종의 보족선으로 식민지 말기의 상황, 그리고 '조선영화'가 당면했던 문제를 염두에 두는 순간, 이 기획은 보다 명확히 보이는 점이 있다. 그것은 어떤 점에서 당연한 이야기일 수 있는데, 박정희로 대표되는 이 기획의 담당자들이 설정하고 있는 '근대화' 프로젝트는 거의 근사한 방식으로 태평양 전쟁 이후 제국 일본이 맞닥뜨린 문제설정과 상당부분 겹치기 때문이다. 전쟁을 수행하기 위한 일괄적인 시스템 사회로의 재구축,[3] 총력전 체제가 견지한 동일화 프로젝트의 문제[4]는 1960년의 시간에 반복된다.

그런 의미에서 1950년대 후반부터 시작된 영화산업의 성장을 바탕으로 한 1960년대, 이른바 '한국영화의 황금기'로 불리는 이 시기의 영화

3) 야마노우치 야스시는 총력전 체제에 의한 사회적 재편성을 문제 삼으며, 이 재편성 이야말로 '계급사회로부터 시스템 사회로의 이행'이라고 정의내리고 있다. 山之内靖, 「方法論的序説－総力戦とシステム統治」, 『総力戦と現代化』(山之内靖・ヴィクター・コシュマン・成田龍一 編), 柏書房, 1995.

4) ロジェ・カイヨワ, 内藤莞爾 訳, 『聖なるものの社会学』, ちくま文庫, 2000.

담론이 나에게 기이한 기시감을 불러일으키는 것은 우연이 아닌 듯하다. 기업화와 합리화에 대한 요구, 이에 대한 호응의 방식으로 이루어지는 군소 프로덕션의 통폐합, 보호육성과 통제의 영화법[5]으로 마무리되는 이 일련의 상황은 1930년대 말 조선영화가 당면했던 문제와 1940년대 이후의 전개상황과 겹쳐진다. 물론 이 겹침은 우연이 아니다. 양쪽 모두 확대되는 시장의 요구에 부응하기 위해서는 세계라는 동시대성의 감각[6] 속에서 세계 표준시에 걸맞은 '표준기술'의 달성과 원활한 재생산 구조의 확립이 요구되었으며, 무엇보다도 이 근대화 담론에 현실태를 보여준 것은 국가의 몫이었다. 즉, 이 두 시간대는 모두 국가와 영화의 전면적인 접속이 이루어진 순간인 것이다. 그런 의미에서 1962년에 제정된 '대한민국' 최초의 영화법이 조선영화령을 고스란히 반복하고 있는 것은 당연한 것일 게다.[7] 왜냐하면 이 두 시간대를 살아간 이들은 동일한 주체들이며, 같은 말이지만 국가와 영화의 접속은 일종의 반복이기 때문이다. 생산과 건설, 총동원의 기치가 다시금 반복되려는 순간 국가와 영화는 예의 그 '영화법'을 사회질서의 일부로서 끌어내고 반복한다. 그러나 이 두 번째가 고스란히 첫 번째와 같을 수는 없다. 연속을

5) 박지연, 「영화법 제정에서 제4차개정기까지의 영화정책」, 『한국영화정책사』(김동호 외편), 나남출판, 2005, 191~227면. 같은 책에서 1945년부터 1960년까지의 영화정책을 다루고 있는 이우석은 이 시기가 "1960년대뿐만 아니라 일본 식민지 시기와 비교"해서 "영화정책이 매우 부족한 시기"였다고 진단하며 영화정책의 일관성과 체계가 결여되어 있었다고 파악하고 있다. 이 진단은 제도의 차원에서 파악할 때 타당한 판단이라 할 수 있을 것이다. 그러나 총력전 체제 속의 식민지 말기와 1960년대를 겹쳐놓는 것은 연속성에 대한 과도한 경도에 빠져들 수 있다. 문제는 각각의 제도가 기인하는 지점, 그 지점에 있어서의 연속과 단절을 함께 고려해보는 일일 것이다.

6) 이를테면 1930년대 말 중일전쟁의 결과로 인한 식민지 조선의 세계와의 압착이라는 현상과 1960년대 후기 식민 분단국가 대한민국의 세계무대에의 재등장.

7) 조선영화령은 자문위원회 설치를 규정하고 있는 제19조를 제외하고, 기본적으로 일본영화법과 동일한 것이었다. 일본영화법은 각각 국가의 직접적인 통제와 조성이라는 두 가지 접근방식을 가지고 있었으며, 1962년의 대한민국 영화법 또한 이 맥락을 고스란히 유지하고 있다. 통제와 조성의 차원에서 본 일본영화법에 대해서는 다음을 참조. 加藤厚子, 『総動員体制と映画』, 新曜社, 2003.

가정하는 순간 빠져들기 쉬운 오류는 단절에 대한 과도한 경시일 것이다. 무엇보다도 이 시간은 하나의(혹은 두 개의) 사건에서 시작한다. 그것은 안을 형성할 것이고, 안이 형성되는 순간 비로소 바깥이 가능해진다. 이 글에서는 법(law)을 중심으로 무법(outlaw)과 범법(lawbreak)의 이야기를 다루게 될 것이다. 이 두 개념이 모두 법이라는 개념 위에 구축된 것이라면 그 법 자체의 성립부터 살펴보아야 할 것이다. 그러니까 어떻게 법은 성립되었는가?

2. 법도 가깝고 주먹도 가깝다—법학자 박정희의 주권권력

실제로 1960년은 어떤 기원이라고 할 만한 사건으로 시작되었다. 진짜 혁명이 있었고, 이어서 쿠데타가 있었다. 두 번째의 사건은 앞선 사건을 끊임없이 전유해 나감으로써 스스로의 정당성을 추인 받으려고 하였다. 쿠데타 세력은 자신들의 행위를 '혁명'으로 명명했다.[8)]

> 물론 군사혁명은 법실증주의의 견지에서 볼 때 현존 법질서에 대한 침범일지도 모른다. 그러나 그것은 법질서 이전에 있는 또 실지로는 현존 법질서의 기저에 있는 아무에게도 양보할 수 없는 국민의 기본권의 행사이며, 기본적 의무의 이행인 것이다.[9)]

8) 황병주, 「박정희 체제의 지배담론」, 한양대 박사논문, 2008, 86면. 5·16 세력들이 4·19를 전유하며, 혁명담론을 구축해나갈 때, 4·19 자체가 혁명이었는가 아니었는가의 문제는 별개의 사항이 될 것이다. 4·19부터 5·16까지를 연속적으로 파악해내려는 의지, 4·19를 혁명의 시작으로 5·16을 혁명의 끝으로 파악하고자 하는 이 담론구축을 황병주는 '지체된 정당화'를 정당화하는 사후적 추인의 문제로 파악하고 있다.
9) 박정희, 『지도자도—혁명과정에 처하여』, 국가재건최고회의, 1961, 27면.

쿠데타 직후 발간된 『지도자도』는 박정희 스스로가 이 쿠데타를 어떻게 인식하고 있었으며, 어떻게 인식되기를 바랐는가를 보여준다는 점에서 흥미로운 텍스트이다. 무엇보다 쿠데타의 주체들은 쿠데타라는 사건과 '현존하는' 법질서 사이의 모순을 스스로 해결해야 했다. '현존 법질서에 대한 침범'은 '법질서 이전에 있는 또 현존 법질서의 기저에 있는' 것으로 간주되는 '국민의 기본권'의 발로로서 이해되어야 하는 것이다. 잘 알려져 있다시피 박정희를 위시한 쿠데타의 주도세력들은 '혁명'의 언사를 잔뜩 끌어들였다. 이를테면 다음과 같은 진술을 보라.

> 무릇 혁명은 낡은 가치관과 낡은 질서를 부정하고 새로운 가치관 위에 새로운 질서를 확립하는 일입니다. 16세기 이래의 민주주의 혁명은 계급사회의 절대적 지배를 내용으로 한 절대주의를 부정하고 인본주의에 입각한 인민의 자유와 평등을 이념으로 한 새로운 질서 형성을 위한 투쟁이었고 그 투쟁의 결과 모든 사람은 정치 경제 사회의 모든 영역에 있어서 평등하고 자유스러운 권리가 있다는 가치관과 질서가 확립되었던 것입니다. (…중략…) 5·16혁명은 이와 같은 낡은 가치관 낡은 질서에 대한 부정이요, 새로운 가치관과 새 질서의 정립을 목적으로 한 자기방어적 민족운동임은 재론을 요치 않는 바입니다.[10)]

물론 이 혁명담론은 사후적 정당성의 확보를 위해서 불가결한 것이었다. 황병주의 탁월한 분석에 따르면 쿠데타 세력은 4·19와 5·16을 하나의 연속적 사건으로 구성해냄으로써, 즉 혁명의 시작으로서의 4·19와 그것의 완성으로서의 5·16이라는 담론을 구축함으로써 한편으로는 체제의 정당화를 기초짓고 다른 한편 4·19가 불러일으킨 광범위한 힘의 분출을 체제 내로 환원시키고자 하였다. 쿠데타를 혁명으로 전화시켜나간 이 담론구축에 주목하는 것은 어떻게 권력이 스스로를 정당화하는가

10) 박정희, 「사법부 독자성 발휘로 국민요청 부응하길」, 『사법행정』 Vol.3 No.11, 1962, 4면.

의 관점에서 보자면 여전히 중요한 분석이다(그리고 4·19를 기원으로 하는 힘들을 어떻게 지속적으로 체제 내부로 포섭해나갔는가를 파악하는 데에 있어서 또한 그러하다).

그러나 내가 여기에서 주목하고자 하는 것은 박정희 스스로가 언명하고 있는 저 혁명담론 그 자체이다. 이 혁명담론은 분명히 '권력의 정당화' 기제이지만, '법실증주의'와 '기본권'을 언급하고 있는 박정희의 언설은 언설 자체로만 보자면 쿠데타와 혁명의 구분이 무화되는 지점으로 향하고 (혹은 의도하고) 있기 때문이다. 즉 이 순간 문제가 되는 것은 권력의 두 계열이다. 구성하는 권력(constituting power)과 구성된 권력(constituted power), 혹은 벤야민의 어법을 따르자면 법을 정초하는 권력과 법을 유지하는 권력이 그것이다. 다시 말해 '법실증주의의 견지에서 볼 때 현존 법질서에 대한 침범'일지도 모르나 '법질서 이전에 있는 또 실지로는 현존 법질서의 기저에 있는 아무에게도 양보할 수 없는 국민의 기본권'의 발로라고 말하는 순간 그는 자신의 폭력이 바로 '법정립적 폭력'이라고 선고하고 있는 것이다.[11] 구성하는 권력(constituting power)이 제헌권력으로 번역되는 사정은 이미 이 그 원어가 그러하듯이 헌법(constitution)의 위치와 관계한다.[12] 실제로 제3공화국의 성립은 '제5차 헌법개정'과 함께 하였다.[13]

---

11) ヴァルター・ベンヤミン, 野村修 訳,『暴力批判論』, 岩波書店, 1994; 발터 벤야민, 최성만 역,「폭력비판을 위하여」,『발터 벤야민 선집』 5, 도서출판 길, 2008.

12) 한편 박정희의 언설은 대한민국 법원에서 얻은 다음과 같은 판결과 만나는 순간 결정하는 자로서의 주권자로서 인증된다. "국가를 보위하며 국민의 자유와 복리의 증진에 노력하여야 할 국가 원수인 동시에 행정의 수반이며 국가의 統師者인 대통령이 제반의 객관적 상황에 비추어서 그 재량으로 비상계엄을 선포함이 상당하다는 판단 밑에 이를 선포하였을 경우 그 행위는 고도의 정치적, 군사적 성격을 띠는 행위라고 할 것이어서 그 선포의 當, 不當을 판단할 권한과 같은 것은 헌법상 계엄의 해제요구권이 있는 국회만이 가지고 있다고 할 것이고, 그 선포가 당연무효라면 모르되 사법기관인 법원이 계엄선포의 요건의 구비여부나 선포의 당, 부당을 심사하는 것은 사법권의 내재적인 본질적 한계를 넘어서는 것이 되어 적절한 바가 못된다"(대법원판결, 1964.7.21). 김남진,「통치행위와 사법심사」,『사법행정』 Vol.30 No.5, 1989, 21면에서 재인용.

13) 이완범,「박정희 군사정부 '5차헌법개정' 과정의 권력구조 논의와 그 성격」,『한국정

법정립적 폭력과 법유지적 폭력이라는 두 개의 폭력에 대한 벤야민의 독해를 따라 읽자면 법정립적 폭력(제헌권력)은 법유지적 폭력으로 전환된다(물론 이것은 매우 부분적인 독해이다. 왜냐하면 벤야민의 『폭력비판론』은 두 개로 분절해서 읽어야 하는데, 법정립적 폭력과 법유지적 폭력의 위상관계의 제시가 그 전반부라면 후반부는 이 두 폭력의 악순환을 어떻게 중지시킬 것인가의 문제와 관련되어 있기 때문이다). 이 국가(대한민국)는 이 순간 이후로 강력하게 스스로를 구성해나가기 시작하는데, 이 국가가 그 어느 때보다도 강력히 내부를 동질화하고 그럼으로써 외부를 실제적으로 또한 상상적으로 지워나가기 시작하는 것은 추상적으로 이야기하자면 이 국가의 권력이 성립된 순간을 은폐하고자 하기 때문이다.[14] 그럼으로써 이 국가는 매우 적나라한 방식으로 폭력의 독점(더 정확히 말하자면 폭력의 권리에 대한 독점)을 수행해나간다.[15]

> 구성하는 권력과 구성되는 권력의 구별에 진정한 의미를 부여하고자 한다면, 반드시 그것들을 서로 다른 평면상에 놓아두어야 한다. 구성되는 제권력은, 국가의 내부에만 존재한다. 구성되는 권력은 이미 확립되어 있는 법질서로부

치학회보』, 2000.8.

14) 이 순간 박정희의 다음과 같은 말은 매우 의미심장하게 들린다. "법대로 하면 독재가 아니다. 개헌도 무엇도 법대로 하면 민주주의다. 사상, 이념보다 법이 중요하다. 선거도 법에 있으니까 해보는 것이다." 조갑제, 『내 무덤에 침을 뱉어라』 8권, 조선일보사, 2001, 27면. 박정희의 시대를 재구성하는 데 있어서 흔히 범하는 오류는 폭압적 정치상황으로 인해서 그의 법에 관한 언급을 거의 대부분 강제력(force)로 이해해버린다는 데에 있는 듯하다. 실제의 차원에서 이 인식은 정당한 것이지만, 그렇게 이해하는 순간에 이 시간은 근대 주권논리의 폭력성이 명백하게 드러나는 시간이 아니라 우리가 극복해야 할 '독특한' 폭력의 시대 정도로 분석되어버릴 가능성이 있다.

15) 그러나 벤야민은 이미 이 자연법적 전제를 뒤집고 있다. "자연법의 국가이론은 각 개인이 자기의 모든 폭력을 국가를 위해 포기함을 의미한다. 그러나 여기에는 (이를테면 스피노자가 그 신학-정치론 속에서 명백히 인정하고 있는 바처럼) 이와 같은 합리적 계약을 맺기 이전의 개인 그 자신이 사실로 소유하고 있는 임의의 폭력을 권리로서 행사할 수 있다는 전제가 이미 있는 것이다." ヴァルター・ベンヤミン, 野村修訳, 『暴力批判論』, 岩波書店, 1994, 30~31면.

터 분리될 수 없으며, 국가라는 틀을 필요로 한다. 그 틀 속에서 구성되는 권력은 국가라는 틀의 현실성을 외재화한다. 구성하는 권력은 반대로, 국가의 바깥에 스스로를 위치지운다. 구성하는 권력은 국가에 아무 것도 빚지지 않으며, 국가 없이 존재한다.[16]

법정립적 폭력이 벌어진 이 순간, 스스로 주권권력의 위임자를 자처하는 한 독재자가 출현한 이 순간에 두 개의 계열의 영화가 나타난다. 그것들은 각각 구성되는 권력과 구성하는 권력의 위상학에 상응하는 요건을 갖추고 있다. 이 영화들에 들어가기에 앞서, 이 거대한 폭력이 등장하기 직전 만들어진 한편의 영화에서 이야기를 시작해보자. 1960년에 만들어진 정창화[17]의 영화 〈노다지〉는 아직 회수되지 못한 마지막 폭력의 잔여물이거나 혹은 이 회수하는 권력에 대한 저항으로 보인다.

---

16) Georges Burdeau, *Traité de science politique*, t.IV, 1952; ジョルジョ・アガンベン, 高桑和巳 訳,『ホモ・サケル』, 以文社, 2003, 61~62면에서 재인용; 조르조 아감벤, 박진우 역, 『호모 사케르』, 새물결, 2008, 101~102면.

17) 정창화는 1954년 〈최후의 유혹〉으로 데뷔한 후 1960년대 한국 액션영화를 이끌 선구적 존재로 부상했다. 특히 1961년에 만든 〈지평선〉은 이후 등장할 대륙활극영화의 전범을 보여주는 작품이다. 그러나 정창화 자신은 1960년대 후반 대륙활극영화들이 양산될 당시 일련의 무협영화를 만들며 홍콩으로 활동거점을 옮겼다. 1972년 쇼브라더스와 안영영화사의 합작으로 만든 〈죽음의 다섯 손가락〉은 무협액션영화의 걸작으로 손꼽힌다. 임권택, 강대진, 정진우 등이 그의 연출부 출신이며, 임권택의 초기 '다찌마와리 영화' 들은 그의 영향력 하에서 만들어졌다고 할 수 있을 것이다. 타란티노가 사랑하는 감독이기도 한 정창화는 한국영화의 시네필적 지향과 맞물려 1990년대 후반부터 다시금 부활하였다. 2003년 부산국제영화제에서는 '한국액션영화의 전설, 정창화' 회고전이 개최되기도 하였다.

3. 내 건 내가 지킨다–〈노다지〉, 죄 없는 '살인의 추억'

한 남자가 산에서 내려온다. 사금을 찾아 20년 동안 산에 있었다는 이 남자의 형상은 그를 매우 눈에 띠는 존재로 만든다. 털이 듬성듬성한 동물 가죽을 두르고, 장총을 둘러매고 있는 그는 종종 사냥꾼으로 오해받기도 한다. 이 남자는 금을 훔치기 위해 호텔방으로 침입해 들어온 갱들을 총으로 물리치기도 한다. 즉, 이 도시는 그로부터 총을 회수해가지 못한다.

〈노다지〉가 기묘하게 비현실적으로 느껴지는 것은 두 가지 이유에서 기인한다.[18] 첫 번째 이 영화는 공간에 있어서 부산이라는 지명을 명시하고 있음에도 불구하고 이 공간에 담겨져 있는 시간을 매우 애매하게 만든다. 이 영화는 두 개의 시간대로 구성되어 있다. 20년 전 운칠이 사랑하는 여인을 빼앗기고 사랑 없는 결혼으로 인해 실의에 잠겨 산으로 들어간 시점과 사금왕이 되어 다시 도시로 돌아온 현재. 그런데 20년 전과 현재 사이에는 아무런 표상의 변화도 없어 보인다(심지어 20년 전과 똑같이 여자들은 철도변에서 석탄을 줍고 있다). 혹은 이렇게 물을 수 있을 것이다. 20년 전이라면 이 영화가 만들어진 연도를 염두에 두었을 때 식민지 시대가 배경이 되리라. 그렇다면 운칠이 최초에 당하는 배신이 '나쁜' 일본과 관계된 어떤 농간의 결과라는 설정도 가능했으리라. 그런데 이 모든 가능한 설정에 이 영화는 전혀 관심이 없다. 이유는 간단하다. 필요하지 않다고 생각했기 때문이다. 이 영화의 내러티브는 정말로

---

18) 물론 이는 이 영화가 일본영화를 무단으로 '베낀' 영화라는 데에서 기인할지도 모른다. 임권택은 이 영화의 원작자가 '임택'으로 되어 있는 사정을 "일본 시나리오를 그냥 한국말로 옮기는데 차마 이름을 통째로는 못 내겠어서"라고 전하고 있다. 임권택·정성일 대담, 『임권택이 임권택을 말하다』, 현실문화연구, 2003, 111~112면. 그러나 여기에서 주목하고 싶은 것은 이 영화가 '부산'이라는 지명을 명시하는 최소한의 '번안'에도 불구, 그 외의 어떤 시공간적 설정에도 관심이 없다는 점이다.

순수하게 자신의 것을 지킨다는 데에 집중해 있다.

도시로 내려온 운칠에게는 두 가지 목적이 있는데, 하나는 20년 전에 버린 딸 영옥(그녀는 '칼'을 들이대서 남의 것을 뺏는 '불량소녀'가 되어있다)을 찾는 일이고, 또 하나는 죽은 동료의 아들 동일을 찾는 일이다. 운칠은 이 둘에게 자신의 금덩어리를 반으로 나누어 줄 생각이다. 한편 이 영화의 내러티브는 운칠의 이야기와는 별도로 갱조직의 하부조직원인 영옥과 선원인 동일이 연인 사이로 발전되어 나간다는 설정을 한 축으로 하고 있다. 내러티브의 이 두 축은 이 영화가 '소유권'이라는 문제와 관련되어 있는 한 별개의 이야기가 아니다. 운칠이 영옥을 찾는 것은 상속을 위한 것이며, 소유의 영속이야말로 상속인 것이다(따라서 운칠은 반드시 상속자를 찾아야 한다). 그런데 영옥과 동일의 로맨스로 이 상속이 일어나는 순간에조차 금덩어리들은 나누어지지 않을 것이다(영옥과 동일은 결혼할 것이다). 따라서 마지막 장면에서 부당한 탈취자를 물리친 운칠과 영옥, 동일이 서로 어깨를 나란히 걷고 산을 내려오는 모습이 한 프레임으로 잡히는 것은 그야말로 두 서사의 유기적 조화, 더 나아가 완벽한 소유의 조건을 표상한다. 이 3인이 함께 있는 한, 운칠의 금은 쪼개어지지도 나눠지지도 않을 것이기 때문이다. 이 마지막 장면은 그야말로 완전한 금덩어리의 보존을 의미한다.

이 장면은 또한 이 영화의 비현실성을 설명하는데 열쇠를 쥐고 있는 장면이기도 하다. 그러니까 이 영화가 야기하는 비현실성의 두 번째 이유는 여기에 그 어떤 공권력의 흔적도 부재하고 있다는 데에서 기인한다. 이 장면을 조금 더 자세히 살펴보자.

운칠은 금덩어리를 방에 두고, 자신의 총으로 이를 지킨다. 그럼으로써 그는 자신의 목숨을 포함한 소유물에 대한 안전(security)을 '어딘가'에 위탁할 것을 거부한다. 사금과 지도가 도둑맞았을 때, 운칠은 경찰을 부르겠다는 호텔 지배인을 말린다. "잠깐!" 대신에 그는 자신이 직접 도둑들을 처단할 것을 결심한다. 운칠은 동일을 데리고 사금천으로 간다. 그들은 붙잡혀 있는 영옥을 구출하고 갱들을 처단한다. 이 마지막 장면에서 가장 극적인 순간은 영옥의 손에 들려있는 운칠의 총이 갱두목 황금돼지를 향해 발사될 때이다. 이 총은 본래 금에 대한 권리의 절반을 소유하고 있는 자, 동일의 아버지인 죽은 동료의 것이었다. 이 내력을 염두에 둔다면 황금돼지가 이 총에 의해 죽는다는 설정은 매우 정당해 보인다. 즉 부당한 탈취자와 정당한 소유주 사이의 싸움이 벌어지는 이 자리에 죽은 동료 또한 총의 형태로 가담하고 있는 셈이다. 탈취자를 죽임으로써 소유주(들)는 자신의 소유권을 지킨다.

아주 단순한 질문. 영옥이 동일의 아버지의 총으로 황금돼지를 죽일 때 이것은 살인인가? 물론 이는 명백한 타살행위이고, 따라서 이 물음은 우문이다. 그럼에도 불구하고 질문이 가능한 것은 이를 살인으로 볼 것인가, 말 것인가 사이에서 관객인 우리가 망설이게 되기 때문이다. 악인들이 처단당하고, 해피엔딩이 이루어지는 이 순간 활짝 웃는 운칠과 영옥, 동일의 얼굴이야말로 이 망설임의 근원이다. 그런데도 어떤 소심한 관객은 벌써부터 걱정스러울지 모른다. 산 밑으로 내려가는 순간 그들은 혹시 '법'의 이름으로 처단당하는 것이 아닐까? 그러니까 이 소심한 관객의 기우는 황금돼지의 처단을 '살인'으로 인지하는 데에서 기인한다. 어떤 점에서 이 관객의 기우는 타당한 것인데, 왜냐하면 이 장면은 개인들이 소유한 폭력에 대한 독점(더 정확히는 폭력의 권리에 대한 독점)으로 성립된 근대 법치국가라는 질서 안에서 보자면 불가능한 설정이다.[19)]

19) 그럼에도 불구하고 어떤 한 개인이 다른 개인을 법적으로 정당하게 죽일 수 있는 유일한 경우는 그 혹은 그녀가 자신의 생명에 위협을 느낄 때이다. '자기방어'는 매우 자명한 것처럼 보여지지만 실상 법이 가장 적용을 두려워하는 대상이기도 하다. 왜냐하면 이미 그 자체로 폭력의 독점에 대한 예외조항으로서 자기방어는 시큐리티에 대한 국가의 논리를 침범하기 때문이다. 전후 일본영화에 있어서 국가의 논리에 가장 예민하게 반응했던 마스무라 야스조는 1961년 영화 〈아내는 고백한다〉에서 공동체의 관습의 이름으로 이 '자기방어'의 판결을 내리는 데에 있어 주저하는 법정을 그리고 있다. 이 영화는 1964년 유현목에 의해서 동명의 영화로 리메이크된다. 한국과 일본 양쪽에서 전후 국가가 내면화되기 시작한 순간에 같은 영화가 만들어졌다는 것은 흥미로운 사실이다.

이 마지막 장면은 '살인'으로 인지되는 순간 과도한 것이 되어버린다. 그런데(같은 말을 거꾸로 이야기하자면) 살인으로 인지되기 위해서는 '폭력의 독점'이라는 상황을 개인들이 '이미' 내면화시키고 있어야 한다.

> 공포에 의해 맺어진 계약은 의무적이다. 이를테면 내가 적에 대해 자신의 생명과 맞바꾸며 몸값 혹은 서비스를 지불할 것을 약속한다면, 나는 거기에 구속된다. 즉, 한쪽이 생명에 관하여 편익을 얻고, 다른 쪽이 그 대신에 화폐 혹은 서비스를 얻는다는 계약이자, 따라서(완전한 자연상태에 있어서와 같이) 그 이행을 금지하는 법이 달리 없을 때 그 계약은 유효하다.[20]

이 계약 위에서 국가가 국민에게 요구하는 것은 생명(징병)과 돈(세금)이다.[21] 이런 가정을 해보자. 운칠은 그가 발견한 금에 부과되는 세금을 물었을까?(금의 획득이 운칠의 노동의 결과로 인정된다면 그는 소득세를 물어야 할 것이며, 행운으로 인정된다고 하더라도 그는 불로소득세를 물어야 할 것이다). 아마도 그 대답은 노가 될 터인데, 그는 세금을 지불할 이유가 없기 때문이다. 단순하게 말해보자. 국가의 폭력이 주민들에게 받아들여지는 것은 주민들 자신이 그 폭력을 "스스로를 지키기 위한 것"이라고 생각하기 때문이다. 그렇다면 스스로의 힘으로 자신의 소유물을 지키는 운칠은 세금을 낼 필요가 없다. 그런데 이러한 질문은 국가가 상정되는 순간 필연적으로 수반되는 것이다. 따라서 이 영화가 이 마지막 장면에 이르

---

20) トマス・ホブッズ, 水田洋 訳, 『リヴァイアサン』(一), 岩波文庫, 2009, 229면; 토머스 홉스, 진석용 역, 『리바이어던』, 나남출판, 2008, 189면.

21) 가야노 도시히토는 의도적으로 과도한 단순화를 통해 시큐리티의 담보와 그에 대한 대가로서 세금이라는 로직으로 국가의 논리를 투명하게 드러내고자 한다. 그에 따르면 이 논리 속에서 야쿠자는 국가의 논리를 그대로 모방하고 있는 셈이 된다. 야쿠자 또한 한 지역 혹은 집단을 보호한다는 명목으로 돈을 회수해간다. 물론 이것은 국가—사회의 공공성이라는 것을 간과하고 있다는 점에서 극도로 추상적인 논리이다. 그러나 이 단순화는 그만큼 명쾌한 구조를 보여주는 것이기도 하다. 萱野稔人, 『カネと暴力の系譜学』, 河出書房, 2006.

기 이전에도 어떤 공권력도 등장시키지 않고 있는 것은 이 까다로운 국가와 사적 소유 사이의 논평을 피하기 위한 것으로 보인다. 그것이 의도했든, 의도하지 않은 것이든.

그런데 공권력이 상정되지 않는 내부란 이미 불가능한 것으로 보인다(다시 한 번 말하지만 이 영화는 실재하는 지명 '부산'을 배경으로 하고 있다). 혹은 구성된 권력으로서의 내부가 설정된 순간 비로소 외부 또한 발생한다. 1960년대의 한국영화가 "광활한 만주벌판을 배경으로 한 방랑자의 통쾌한 활극"과 "도시에 기생하는 폭력배들의 활극"[22]을 그리기 시작한 것은 우연이 아니다.

4. 복종하는 야수는 경찰의 국적을 묻지 않는다-〈팔도사나이〉의 범법자들

> 이 영화는 조국이 수난을 겪던 1938년경 일제통치하에 민족의 울분을 삼키며 실의 속에 방황하던 이 나라의 불우했던 젊은 청년들이 불의와 싸우며 다소나마 애국애족의 밑거름이 되어왔던 의리로 뭉친 남아반생의 일편인 것이다. 오늘에 일컫는 불량배나 건달과는 차원이 다른 지난날의 의로운 쾌남호걸들의 생활을 되새기며 착오가 없기를 바란다.

이 자막은 1969년에 만들어진 김효천의 〈팔도사나이〉의 첫 장면에 등장한다. 이후 1970년대를 풍미할 깡패영화의 효시는(3편까지 거듭난 이 시리즈는 이후에 '용팔이' 시리즈로 전화되어 나갈 터이다)[23] 행여 있을지도 모

---

22) 이영일, 『한국영화전사』, 도서출판 소도, 2004, 282면.

23) 〈팔도사나이〉로부터 〈용팔이〉 시리즈로의 전이는 주인공이 경성 호랑이 장동휘에서 광주 용팔이 박노식으로 바뀌었음을 의미한다. 이 변화는 이미 〈팔도 사나이〉에서 예

를 '오늘에 일컫는 불량배나 건달들'과는 '착오가 없기를 바란다'고 거듭 당부하고 있는 중이다. 실제로 이 일련의 영화들은 식민지 공간을 차용함으로써 '범법자'의 이미지 대신에 '저항자'의 이미지를 전유해오기 위해 노력한다. 〈팔도 사나이〉에서 용 일파가 대결하는 것은 "전 반도의 뒷골목을 속속이 장악해야 하는 임무를 갖고 있다"고 자부하는 일본 야쿠자 아베 일파이다.

한국(조선) 깡패 대 일본 야쿠자라는 대결구도에서 사라지는 것은 공권력의 자리이다. 더 정확히는 공권력은 싸움의 대상으로 부상하지 않는다. 그것은 이미 이 공간의 전제라는 점에서 질문의 대상조차 되지 않는다. 1960년대 후반부터 70년대에 이르기까지 양산한 액션영화들로 이후 '한국 액션영화의 대표적 감독'[24]으로 알려지게 될 김효천의 일련의 영화들은 그가 줄곧 '깡패'들의 세계에 심취해 있었다는 점에서 이 순간 상상가능했던 범법자와 법의 형상을 매우 명료한 방식으로 보여주고 있다. 다음 세 장면은 김효천이 상상할 수 있었던 '주먹들', 그러니까 〈팔도 사나이〉에서 〈실록 김두한〉(1974)에 이르기까지의 몇몇 의미심장한 장면들이다. 주먹과 법의 관계 속에서 무법 혹은 법정립적 순간을

감된 것이다. 제목 그대로 〈팔도 사나이〉는 팔도의 주먹들이 경성의 호(虎)에게 도전, 패배를 받아들이고 그를 형님으로 모시는 이야기이다. 이 중 가장 흥미로운 캐릭터는 용팔이 박노식이다. 이 캐릭터를 그토록 흥미롭게 만드는 것은 박노식의 억센 전라도 사투리와 함께 권위에 대한 그의 강력한 '딴지걸기' 때문이다. 사실 이 시리즈는 기묘한 평등의식으로 잔뜩 고취되어 있는데, 박노식이야말로 이를 가장 노골적으로 드러내는 인물이다. 이를테면 술집에서 우연히 만난 대학교수와 그의 제자들과 함께 용 일파는 요정에서 연회를 갖는다. 배운 것 없음을 한탄하는 호에게 사학과(!) 교수의 민족의식 운운의 연설이 시작된다. 모두들 그의 연설에 고개를 끄덕거리고 있는 사이 프레임의 왼편에 박노식의 얼굴이 걸린다. 그 자리에서 유일하게 동의할 수 없는 표정으로 앉아있는 그의 얼굴은 너무나 이질적이어서 이 동의의 숏 전체를 무너뜨려버릴 지경이다. 이어지는 장면에서 그는 교수에게 춤을 추자고 강권한다. 박노식의 손에 이끌려 교수는 바보춤을 춘다. 박노식이 이 시리즈 안에서 가지고 있는 이미지는 박정희 정권의 인민주의와 일치하는 것처럼 보인다. 박노식은 1960~1970년대 한국영화에서 가장 흥미로운 스타 중 하나일 것이다. 하층계급 남성들의 판타지를 고스란히 재현해내는 그는 그러나 그 판타지의 과잉 속에서 언제나 좌절에 이르는 경로를 또한 보여준다.

24) 김종원 외, 『한국영화감독사전』, 국학자료원, 2004, 124면.

보았던 〈노다지〉의 정창화와 김효천의 그것이 보여주는 차이는 어떤 것인가.

첫 번째 장면, 〈팔도사나이〉에서 가장 이상한 대사는(이 영화 전체에서 가장 논리정연한 대사이기도 한데) 전문대까지 졸업한 이 집단의 유일한 엘리트 천일의 입에서 나오는 다음과 같은 말이다.

> 저도 사회에 나올 때는 꿈이 컸었죠. 나라와 민족을 위해 한점의 흙이라도 될 각오였습니다. 그러나 왜놈들이 날치는 이 판에서 너무나 무기력한 자신을 발견하고 의욕을 잃고 말았습니다. 날강도 같은 놈들의 식민지 정책 밑에서 민족이 당하는 설움을 받고만 있을 수는 없었습니다. 특히 고등계형사나 헌병들의 구둣발 소리보다 소위 정치성을 띤 깡패들이 각 도시 뒷골목으로 스며들어 그들 행정기관의 뒷받침을 발판으로 해서 공갈 협박 약탈을 마음껏 자행하는 것을 볼 때 배운 지식으로 혼자서 발버둥치느니 형님들과 어울려 의리에 죽고 의리에 살고 싶었습니다.

천일은 분명히 '날강도 같은 놈들의 식민지 정책'을 문제삼고 있는데 그가 적으로 삼고 있는 것은 고등계 형사나 헌병이 아닌 '소위 정치성을 띤 깡패'이다. 아주 단순하게 질문해보자. 왜 고등계 형사나 헌병이 아닌가? 혹은 다음과 같은 장면을 보자.

두 번째 장면, 동생들을 구하기 위해 호가 헌병대에 자수한다. 일본 '헌병'이 그를 잔인하게 고문하기 시작한다. 호가 마치 어린아이를 달래듯이 헌병에게 말한다. "이제 화가 풀렸니?" 이 장면은 대장 앞으로 인도될 때와 대조적이다. 호는 지극히 공손한데 심지어 그는 상대의 논리(내선일체)를 받아 안음으로써 자신이 원하는 결과(동생들과 학생들을 풀어주는 것)를 얻어낸다. 그의 태도가 고문 헌병과 대장 앞에서 다른 이유는 간단하다. 헌병은 일개 '어린애' 같은 개인이며(그럼으로 호는 이 헌병에게 자신의 육체적 강건함을 과시하고 그 효과를 볼 수 있다) 대장은 공권력의 상징이기 때문이다.

세 번째 장면, 〈팔도사나이〉와 거의 동일한 구조를 가지고 있는, 다만 실명을 등장시킨다는 점에서 후카사쿠 긴지의 '실록 야쿠자 영화'[25]를 벤치마킹한 〈실록 김두한〉은 김두한 일파와 야마구치 일파의 일대 격전으로 마지막 15분을 이끌어간다. 드디어 싸움이 끝나고 승리의 기쁨과 죽어간 동료들에 대한 애도의 시간이 끝나갈 무렵 김두한에게 일본인 형사가 다가온다. 이 일본인 형사는 이 싸움신이 시작되기 직전에 잠시 모습을 드러낸 적이 있다. 김두한 일파가 싸움의 장소로 달려갈 때 슬쩍 이를 지켜보고 있는 그의 모습이 비쳐진다. 이 시퀀스만을 떼어놓고 보자면, 이 형사는 의도적으로 깡패들 간의 싸움을 방조함으로써 한쪽을 없애는 데에 성공하고, 김두한을 잡아감으로써 목적을 달성한다. 김두한은 순순히 손을 내밀고 수갑을 받는다.

먼저 말해두고 싶은 것은 나는 이 일련의 장면들에서 민족의식 운운을 따질 생각은 없다. 오히려 내가 지적하고 싶은 것은 이 장면들이야말로 상대가 일본인 대장이든 형사이든 상관없이 범법자와 공권력의 관계를 투명하게 드러내는 순간이라는 점이다. 이들이 이토록 공손한 이유는 (호 스스로가 말하고 있듯이) 그들이 '감옥을 들락날락거린' 범죄자이기 때문이다. 여기에는 푸코가 '범죄의 식민지화'라고 부른 일련의 과정 끝에 이루어진 "범죄에 대항하고 범죄와 더불어 활동하는 경찰기구

25) 1973년 도에이는 정월영화 제2탄으로 〈인의없는 전쟁〉을 개봉한다. 이 영화는 공전의 히트를 기록했으며 이듬해 〈인의없는 전쟁〉 완결편에 이르기까지 다섯 편의 시리즈를 낳았다. 히로시마에서 실제로 일어난 야쿠자 항쟁을 소재(이 영화의 베이스가 된 것은 항쟁의 주역이었던 미노 고조가 감옥에서 쓴 수기이다)로 한 이 시리즈로 후카사쿠 긴지는 '실록 야쿠자 영화'라는 새로운 장르를 개척하는 동시에, 야쿠자 영화를 통해 전후 일본사에 대한 비판적 개입을 수행하고자 했다. 이 일련의 영화들에 대해 안보 투쟁의 패배 이후 무력감에 빠져 있던 젊은 세대는 열광적인 호응으로 답했다. 〈인의없는 전쟁〉의 제작과정과 전후 일본의 야쿠자영화에 대해서는 다음을 참조. 高橋賢, 『東映実録やくざ映画 無法地帯』, 太田出版, 2003; 笠原和夫, 『破滅の美学 ヤクザ映画への鎮魂曲』, 筑摩書房, 2004.

의 대상이자 도구라는 범죄의 애매한 지위"[26]가 관계해 있다. 그런데 이들 장면들은 단지 '범죄의 식민지화'라는 심급에서 끝나지 않는다. (혹은 이 심급 자체에 이미 관여하고 있는 것이지만) 이 영화들이 만들어진 시간을 염두에 둘 때 다시 한 번 부상하는 질문은 일본 식민권력으로부터 후기 식민국가라는 주권의 전이가 일어났음에도 불구하고 이 '범죄자'들의 형상 속에서는 결코 이를 질문할 수 없다는 점이다. 혹은 이를 드러낼 수 없다는 편이 좀 더 정확한 표현이 될 터인데, 다시 말해 이미 '범법자'로 규정된 자는 그의 행위가 '법을 범'한 것으로 규정되는 한에 있어서 결코 주권권력을 문제 삼을 수 없다.

이들 영화들은 끊임없이 폭력을 전시하지만, 그 순간 필연적으로 발생할 수밖에 없는 폭력의 독점에 대한 질문은 대상을 미끄러지게 함으로써 안전하게 차단당한다(공권력이 아닌 야쿠자 간의 싸움). 이 영화들은 그런 점에서 야쿠자와 국가의 관계, 혹은 더 정확히 말하자면 범법과 법의 관계 그 자체를 모방하고 있는 것처럼 보인다. 범/법은 이미 법이 성립한 이후에야 가능하다. 더불어 법은 범/법을 지적하고 포획함으로써 스스로를 법으로서 성립가능하게 만든다. 이 논리를 밀고 나아간다면 야쿠자와 국가는 서로가 서로에게 필연적인 존재의 근거가 된다고 해도 무방한 것이 될 것이다.

그런데 이 내부의 메커니즘은 외부를 배경으로 하는 순간 그 메커니즘의 기원을 폭로 당한다. 그런 점에서 지금부터 보게 될 대륙활극영화는 그 자체로 이중적인 것이라고 할 수 있다. 왜냐하면 외부라는 설정자체가 이미 주권적 권력의 내면화의 결과이면서 동시에 그럼에도 불구하고 그것이 외부를 배경으로 삼을 때 법이 성립하는 바로 그 순간을 끊임없이 반복하고 있기 때문이다.

---

26) 미셸 푸코, 오생근 역, 『감시와 처벌』, 나남출판, 1994, 408면.

5. 믿지 않는 자가 승리한다—〈쇠사슬을 끊어라〉의 무법자들

처음의 질문, 범법자와 무법자는 어떻게 다른가. 위의 논의의 연장선에서 이야기하자면 범법자는 말 그대로 법을 어기는 존재이지만, 무법자는 법 자체를 무화시킨다. 대륙활극영화의 주인공들이 범법자일 수 없는 것은 이 공간이 법(실정법)이 없는 곳이기 때문이다. 반대의 질문. 그렇다면 이 공간은 '무법'의 공간, 말 그대로 법이 없는 공간인가(혹은 그런 공간일 수 있는가). 나는 바로 이 지점이야말로 이 영화들의 형상을 매우 모호한 것으로 만드는 것이라고 생각한다.

몇 가지의 변주들을 낳고 있음에도 불구하고 대륙활극영화들을 하나의 하위 장르로서 구성시켜내는 몇 가지 키워드들을 정리하자면 다음과 같다. 첫 번째, 이들 영화들의 시간적 배경은 식민지 시대이다. 두 번째, 따라서 이 공간에서 가장 주된 힘의 대치 상태를 이루어내는 것은 독립군과 일본군이다. 세 번째, 여기에 다른 힘들이 가세한다. 비적 혹은 전문적 도둑, 밀정, 국제갱 등등. 그러면서 이 영화들은 두 개의 범주 사이에 스스로를 위치시킨다. 즉, 한편으로 실재했던 역사적 시간을 끌어들이지만[27] 구체적인 그 어떤 시간적 지표도 의도적으로 탈각시킴으로써 상상적 지리[28]의 영역을 만들어낸다.

---

27) 물론 당시 만주는 매우 촘촘히 짜인 공간이었다. 만주국은 관동군의 정치적 상상력의 현실태였으며, 그 성패여부와는 별도로 그 어디보다도 강력한 국가 권력을 실현하고자 했던 장소였다. 이에 대해서는 한석정, 『만주국 건국의 재해석』, 동아대 출판부, 1999. 岡部牧夫, 『満州国』, 講談社, 2007 등을 참조. 한편 프라센지트 두아라에 따르면 만주국은 관동군에 의해 이룩된 변종 국가가 아니라 그 인공성으로 인하여 오히려 근대 국가 논리의 집약판이었다(프라센지트 두아라, 한석정 역, 『주권과 순수성』, 나남출판, 2008).

28) 1960~1970년대에 만들어진 이 대륙활극영화에 대한 상상적 지오그라피로서의 분석은 김소영에게 빚지고 있다. 그녀에 따르면 이 영화들은 박정희 독재정권 하에서 그 어느 때보다도 '남한'이라는 폐쇄적 언설공간이 형성될 수밖에 없었던 당시, 표상의 차원에서 수행된 일종의 상상적 확장이자 동시에 도시 하층 노동자로 대거 편입된 하

매우 당연한 말이지만 이 이야기는 이 공간이 완전히 가상적 공간은 아니라는 것을 의미한다. 좀 더 정확히 말하자면 이 공간은 역사적 시공간과 상상적 표상 사이에 매달려 있는 장소이다. 이 상황은 고스란히 두 번째와 세 번째 특징에 관여한다. 즉, 이 공간은 (하나의 힘이 아닌) 복수의 힘들로 점유되어 있지만 그 속에서 군(軍)이라는 명칭을 부여받는 것은 유일하게 일본군과 독립군이라는 점이다(이를 집단과 개인으로 파악하는 것은 불충분한데 왜냐하면 비적들도 도적들도 종종 '떼'로 등장하기 때문이다). 그럼으로써 역사적 시공간의 흔적이 개입한다. 일본군과 함께 독립'군'이라는 명칭이 부여되는 순간에 이 영화들이 만들어지고 있는 현재의 주권국가로서의 대한민국의 정체성이 이미 개입해 있다(그럼으로 이들 영화의 내러티브 안에서 만약 가상의 주권이 존재한다면 그것은 대한민국 정부가 그 후계자를 자처한 상해임시정부가 될 터인데, 실제로 이 지역에 있었던 거의 유일한 '독립군'인 팔로군은 삭제되거나 비적의 형태로 등장한다). 그런데 한편으로 이것은 어디까지나 흔적이라는 점을 다시 한 번 강조해야 하겠다. 이 흔적들은 폭력의 독점이 이루어지지 못하는 이 공간을 가까스로 정당화시킬 수 있는 기제로 작용한다. 즉 이 폭력들이 정당화될 수 있는 것은 그것들이 이 흔적으로서의 주권권력을 배후에 끌어들이고 있기 때문이다. 혹은 그럼에도 불구하고 여전히 흔적에 불과함으로써 대치하는 군(軍)은(그것이 軍이라고 불림에도 불구하고) 개인들을 일방적으로 호출해낼 수 없다. 물론 주인공들은 이미 독립군이거나 독립군과 힘을 합치거나 알고 보니 독립군이거나 이 몇 개의 변수들 중 하나이고, 독립군 측은 그들과 함께 힘을 합쳐 싸울 것을 요구한다. 그럼에도 이 모든 상황은 변덕스러워 보이는데, 왜냐하면 목숨을 요구하고 목숨을 바치는 이 행위의 전제가 결여되어 있기 때문이다.

층계급 남성들의 '판타지적 해방구'로서의 역할을 수행하였다. 김소영, 「지정학적 판타지와 상상의 공동체-냉전 시기 대륙(만주) 액션영화」, 『트랜스-아시아 영상문화연구』 1호, 트랜스: 아시아영상문화연구소, 2000.

프랑스 혁명을 준비했던 루소의 유명한 명제. "군주가 시민에게 "네가 죽는 것이 국가를 위해 필요하다"고 말할 때 그는 죽어야만 한다." 그런데 이 명제는 다음과 같은 언급으로 이어진다. "왜냐하면 그가 지금까지 안전하게 살 수 있었던 것은 오직 이 계약조건하에서만 가능하였고, 또 그의 생명은 이제 자연이 베푼 은혜만이 아니라 국가로부터 조건부로 받은 선물이기 때문이다".[29] 근대국가의 고전적 패러다임이 '시큐리티'의 논리 위에서 성립한다면(이것이야말로 징병제의 논리이다), 이 논리 자체가 처음부터 아포리아 속에 잠겨 있는 것이라 할지라도(누가 나를 보호해 주는가. 국가다. 국가는 누가 보호하는가. 나이다. 나의 생명을 보호하는 것으로 알려진 국가를 위해 나의 목숨을 버리는 이 아포리아) 이를 벗어나기는 힘들어 보인다.

아마도 한국영화사에서 가장 낯선 한 장면이 이 장르에서 등장한 것은 우연이 아닐 것이다. 이만희의 〈쇠사슬을 끊어라〉(1974)는 이 단명한 하위 장르 영화가 쇠락해가는 마지막 시기에 찾아왔다. 만주 일대에서 활약하는 독립군의 명단이 적힌 금불상이 사라진다. 일본군과 독립군 양쪽에서 금불상을 손에 넣기 위해 혈안이 되어 있다. 이 배후를 등에 업고 세 명의 주인공, 청부업자(남궁원)과 조선인 밀정(허장강) 그리고 정체불명의 도적(장동휘)가 협력과 배신을 거듭하며 금불상을 찾아간다. 〈쇠사슬을 끊어라〉가 이 장르의 정수이자 일탈인 것은 이 전제에서부터 명확하다. 독립군도 일본군도 문제의 불상을 손에 넣기 위해 직접 개입하지 않는다. 대신 불상 찾기는 일종의 '계약관계'에 놓인 개인들(청부업자와 밀정)에 수행된다. 물론 이들은 자신들의 '욕망'에 따라서 이 일의 수행에 동의한 자들이다. 게다가 이 세 명의 중심에 놓인 것은 그 어느 쪽에도 속해 있지 않은 말 그대로의 '도적'이다. 이 구도가 의미하는 바는 무엇인가?

---

29) 장 자크 루소, 이환 역, 『사회계약론』, 서울대 출판부, 1999, 47면.

이 영화에는 소위 대륙활극영화를 구성해왔던 모든 요소들이(내러티브와 이미지 양 차원에서) 남김없이 끌려 들어와 있는 것 같다. 그 위에 저 미묘한 세 꼭짓점의 설정은 영화 전체를 마치 이 장르에 대한 각주처럼 보이게 만든다. 이만희는 이미 관객들과 공유되는 장르의 속성(장르에 대한 각주)을 최대한 극화시킴으로써 한편으로 이것을 일종의 유쾌한 '놀이'로 만듦과 동시에 이 장르의 영화들이 은밀하게 품어왔던 코멘트, 개인을 회수하는 근대국가의 논리를 부상시킨다.

〈쇠사슬을 끊어라〉에서 문제의 장면은 독립군과 일본군이 서로 대치해 싸우고 있는 마지막에 등장한다. 그 와중에 장동휘와 허장강이 싸움을 시작한다. 두 진영의 싸움이 있고, 두 개인의 싸움이 있다. 결국 독립군에 가담할 생각이 애초부터 없어 보이는 이 둘의 활약으로 전멸 위기에 처한 독립군이 살아난다. 말하자면 이 장면은 두 개의 분절로 이루어져 있다. 강한 개인들이 서로 힘을 다투고, 이 개인들의 힘으로 독립군이라는 흔적-국가가 살아난다. 이 분절이 흥미로운 것은 여기에서 시큐리티의 논리가 전도되고 있기 때문이다. 그들은 집단보다 힘이 세고 따라서 흔적-국가에게 안전을 의탁할 필요가 없다.

한국영화에서 거의 유일하게 바깥을 상상했던 이 영화들이 식민지 시대를 배경으로 하는 것은 이 영화들의 폭력이 법정립적 폭력에 가까운 것, 법이 공중에 걸리는 경험 이후에 찾아온 영화들이기 때문이다. 이 이야기는(같은 말이지만) 법유지적 폭력이 작동하지 않는 시공간을 상정하는 순간 비로소 이 영화들이 바깥을 배경으로 할 수 있었다는 것을 의미한다. 바로 이 순간을, 법정립적 폭력의 순간을 끊임없이 반복, 모방할 수 있었던 이들 영화가 1970년대 이후 사라진 것은 당연한 것일게다. 폭력의 기원은 그렇게 지워진다.

저자 / 역자 소개(게재순)

차승기 성공회대학교 동아시아연구소 HK 연구교수. 단국대 국문과 및 연세대학교 국문과 박사과정을 졸업했다. 연세대학교 국학연구원 연구교수를 거친 후 도쿄외국어대학에서 외국인 연구자로서 방일연구를 수행했다. 식민지 / 제국 체제의 구조변동이 초래한 문학장과 담론장의 변화를 일본 사상계와의 관련 속에서 탐구하고 있다. 지은 책으로는 『반근대적 상상력의 임계들』, 『근대를 다시 읽는다』(공저) 등이 있으며, 번역한 책으로는 『세계사의 해체』(공역) 등이 있다. neuzeit@hanmail.net

미하라 요시아키[三原芳秋] 일본 도시샤[同志社]대학 전임강사. 도쿄대학 문학부 영문과 및 동대학원 석사과정 졸업, 미국 코넬대학 박사과정 수료. 도쿄대학 영문과 조수(助手), 오차노미즈여자대학[お茶の水女子大学] 전임강사를 거쳐 현직. 논문으로는 「T. S. 엘리엇 / 재독(T. S. エリオット / 再読)」(『英語青年』), 「니오베의 눈물－버틀러와 벤야민에 관한 각서(ニオベーの涙－バトラーとベンヤミンにかんするメモランダム)」(『現代思想』) 등이 있고, 번역서로는 에드워드 사이드, 『고향상실에 대한 성찰(1)(故国喪失についての省察(1))』(共訳) 등이 있다. 현재, 코넬대학 제출 예정의 박사논문 프로젝트로, 엘리엇의 이론이 제국일본 / 식민지 조선의 언설공간에서 어떻게 수용되었는지에 대한 고찰을 행하고 있다. '문학'과 '이론'의 관계성 혹은 그 (불)가능성에 대한 사색을 이어가고 있다. ymihara@mail.doshisha.ac.jp

홍종욱(洪宗郁) 일본 도시샤[同志社]대학 준교수. 서울대학교 국사학과를 졸업하고 도쿄[東京]대학 인문사회계연구과에서 박사학위를 취득. 주일 한국대사관 전문조사원을 거쳐 현직. 식민지 시기 사회주의자의 전향의 논리 속에서 '종속적 발전'에 대한 지향을 읽어냄으로써, 해방을 전후한 한국사의 연속과 단절의 문제를 되묻는 일련의 연구를 발표. 논문으로 「1930年代における植民地朝鮮人の思想的模索－金明植の現実認識と「転向」を中心に」, 「해방을 전후한 주체 형성의 기도－좌파 지식인의 '전향'을 중심으로」 등이 있다. hongtsky@mail.doshisha.ac.jp

와타나베 나오키[渡辺直紀] 일본 무사시[武蔵]대학 인문학부 준교수. 일본 게이오[慶應]대 정치학과를 졸업하고 출판사 근무 등을 거쳐 동국대 대학원에서 한국문학 전공으로 석・박사를 수료했다. 고려대 초빙전임강사 등을 역임했다. 주된 관심은 식민지시대 문학이며, 특히 프롤레타리아문학에 관심이 있다. 주요 논저로서는 『문학지리 한국인의 심상공간』(공저), 『한국전후문학연구』(공저), 『남북한현대문학사』(공서), 「식민지 조선에서 '민주' 담론과 정치적 무의식」, 「張赫宙の長篇小説『開墾』(1943)について」, 「식민지 조선의 프롤레타리아 농민문학과 '만주'」, 「林和の詩作品における抒情性の位相について」, 「임화의 언어론」 등이 있다. wata2002@hotmail.com

황호덕 성균관대 국어국문학과 조교수. 성균관대 국문과 및 동대학원 박사과정 졸업하고, 일본 도쿄대학 총합문화연구과 박사과정을 수료했다. 캘리포니아 주립대학(Irvine) 동아시아어문학과에서 수학 · 강의했고, 일본 조사이 국제대학 인문학부 전임강사를 거쳤다. 고석규비평문학상·한국비교문학상을 수상했으며, 인문학의 정치성을 재탈환하기 위한 연속 기획 'What's up 총서'를 기획 편집하고 있다. 지은 책으로는 『근대 네이션과 그 표상들―타자, 교통, 번역, 에크리튀르, 국문담론』, 『프랑켄 마르크스―한국 현대비평의 성좌들』 등이 있다. hodukhwang@skku.edu

테드 구센(Ted Goossen) 캐나다 요크대학 인문학과 정교수. 토론토대학 동아시아학과에서 일본문학으로 박사과정을 졸업했다. 근현대 일본문학과 영화를 가르쳐 왔으며, 지난 2007년부터는 도쿄대학 현대문예론 대학원에서 번역학, 캐나다 및 미국 문학 / 문화를 가르치고 있다. 일본문학과 영화에 관한 다수의 논문과 번역물을 발표하였으며, 옥스퍼드에서 출판된 *Book of Japanese Short Stories* 등을 비롯한 세 저서의 편집을 맡았다. 현재 현대일본문학 잡지 영문판, *Monkey Business*의 편집을 맡고 있다. tgoossen@yorku.ca

권나영(Nayoung Aimee Kwon) 미국 듀크대학교 아시아학과 조교수. UCLA 박사과정을 졸업했다. UCLA 객원 조교수, Arizona State University 객원 강사, 와세다대학과 연세대 객원 연구원을 거쳤다. 발표된 논문으로 "Translated Encounters and the Japanese Empire-Colonial Korea and the Literature of Exile"(UCLA, 2007), 「어긋난 조우와 갈등하는 욕망들의 검열」(『연세국학총서』, 2007), "Translating Colonial Kitsch and National Tradition-Retelling The Tale of Ch'unhyang"(forthcoming, 2010) 등이 있고 번역서로 만화 Broken Angels(都筑せつり, 『壊れはじめた天使たち』, TokyoPop, 2005), 단편소설 "Foreign Husband"(野口赫宙, 「異俗の夫」, University of Hawaii Press, forthcoming, 2010) 등이 있다. na.kwon@duke.edu

정재원 연세대 강사. 연세대학교 국어국문학과 현대문학 박사과정 수료. 발표한 논문으로는 「한무숙 단편소설 연구」(연세대 석사논문, 1995), 「유미주의의 신화―김동인의 "광염소나타"를 중심으로」, 「김동인 문학에서 여(余)의 의미」가 있고, 공저로 『페미니즘은 휴머니즘이다』, 공역한 책으로 스즈키 토미 『이야기된 자기』, 고모리 요이치 『나는 소세키로소이다』(이상, 한일문화연구회 역) 등이 있다. siedim@hanmail.net

김응교 시인, 문학평론가. 연세대 대학원 국문과에서 박사학위를 받고, 일본 도쿄대 대학원에서 비교문학을 공부한 뒤, 1998년부터 10년 동안 와세다대학 객원교수로 한국학을 강의했다. 시집 『씨앗 / 통조림』, 저서로 『한국시와 사회적 상상력』, 『박두진의 상상력 연구』, 『시인 신동엽』, 일본에서 『韓国現代詩の魅惑』 등을 냈고, 번역서로 다니카와 슌타로의 『20억 광년의 고독』, 오스기 사카에의 『오스기 사카에 자서전』 등을 냈고, 일본어로 고은 시선집 『いま、君に詩が來たのか』를 사가와 아키와 공역했다. eungsil@hanmail.net

심원섭 인하대학교 BK21 동아시아한국학사업단 연구교수. 연세대학교 국문과와 동대학원 박사 과정을 졸업하고 도쿄외국어대학 연구과정을 수료했다. 경기대학교 대우교수, 와세다대학 국제 교양학부 및 문학부 객원교수를 거쳐 현직. 저서로는 『한일문학의 관계론적 연구』(1998), 『일본 유학생 문인들의 대정 · 소화 체험』(2010)이 있고, 편저에 『사진판 윤동주자필시고전집』(공편, 1999), 『원본이육사전집』(1986), 『김종한전집』(2005) 등이, 역서에 『사에구사 교수의 한국문학 연구』, 『일본근대사상사』, 『김사량 평전』, 『조선의 혼을 찾아서』 등이 있다. sws42@yahoo.co.kr

곽형덕 일본 와세다대학 문학연구과 박사과정. '전시기(戰時期) 쇼와 문학사 안의 외지 문단 고찰 — 김사량을 중심으로'(가제)라는 테마로 박사 논문을 준비 중에 있다. 출판된 책으로는 『김사량 작품과 연구 1 · 2』(공편, 2007 · 2010)이 있으며, 최근 쓴 논문으로는 「'대동아전쟁' 전후의 김사량 문학」(일본어 논문, 2008)과 「김사량의 일본어 소설 생성과정 연구」(한국어 논문, 2009), 「「빛 속으로」 다시 읽기 — '속죄의식'과 '계몽' 사이」(일본어 논문, 2010) 등이 있다. kwak202@gmail.com

이종호 성균관대 국어국문학과를 졸업하고 동대학원 박사과정을 수료했다. 웹저널 '자율평론'과 '연구공간 L'에서 활동하며 자율주의적 마르크스주의를 공부하고 있다. 현재 1940년대, 일제 말 전시체제기와 해방기를 중심으로 연구하며 박사논문을 준비 중이다. 주요 논문으로는 「일제시대 아나키즘 문학 형성 연구 — 『近代思潮』, 『三光』, 『廢墟』를 중심으로」, 「최남선의 지리(학)적 기획과 표상」, 「해방기 이동의 정치학 — 염상섭의 단편소설을 중심으로」, 「가난한 자[貧者]들의 공통된 이름, 다중(多衆)」 등이 있고, 지은 책으로는 『민중이 사라진 시대의 문학』(공저, 2007) 등이 있다. exodus18@dreamwiz.com

이주연(Jooyeon Rhee) 캐나다 토론토 요크대학교 인문학 박사과정 수료. 동대학 강사. 현재 요크대학에서 현대일본문학 / 영화를 가르치고 있으며, 독립 큐레이터로서 서울, 토론토, 뉴욕 등에서 다수의 미술전을 기획해 왔다. 최근 발표된 논문으로는 "Na Un Kyu and the Making of Nationalistic Films in South and North Korea", *Journal of Japanese and Korean Cinema*(2009.5)와 "Aesthetics of Disappearance — The Metaphor of Suicide and the Politics of Memory in Modern Japan and Korea", *Journal of Asian Studies on the Pacific Coast*(2009) 등이 있으며, 하라 겐야의 저서 *WHITE*, 하수미 시게히코의 로베르 브레송에 관한 영화평론을 비롯, 다수의 영문 번역물이 있다. yu200301@yorku.ca

이재명 명지대학교 문예창작학과 교수, 연극평론가. 중앙대 연극영화학과 석사학위 취득 후 모교인 연세대 국어국문학과 석사 및 박사학위를 취득하였다. 미국 시애틀 소재 워싱턴대학교 아시아어문학과 방문교수를 지냈다. 해방 전 희곡 및 시나리오 정리 작업 책임자로 『한국 근대희곡 시나리오 선집』 10권을 출판하였다. 최근에는 해방기 남북한 희곡 및 시나리오에 대한 연구를 수행하고 있으며, 해방기 남북한 희곡 자료집 3권을 펴낼 예정이다. 『희곡 창작의 실제』, 『극문학이란 무엇인가』, 『한국희곡론』 등의 저서가 있으며, 2007년 임종국상(학술 부문)을 수상하였다. dreamy56@hanmail.net

이영재 일본 도쿄대학 공생을 위한 국제철학교육센터(UTCP) 연구원. 성균관대 국어국문학과와 도쿄대학 총합문화연구과 표상문화론 코스 박사과정을 수료했다. 영화월간지 『키노』 기자로 7년 간 일했으며, 동시대 영화와 한국영화사에 대한 글을 써왔다. 지은 책으로는 『제국일본의 조선영화 : 식민지 말의 반도-협력의 심정, 제도, 논리』, 『아틀란티스 혹은 아메리카』(공저) 등이 있다. ghostrat@hanmail.net